欧阳哲生 编

胡适文集

11

胡适时论集

北京大学出版社
PEKING UNIVERSITY PRESS

胡适与他的塑像。

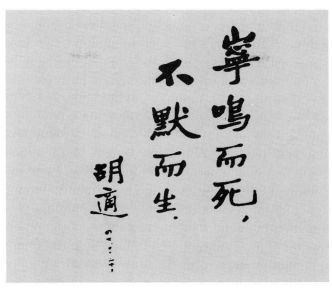

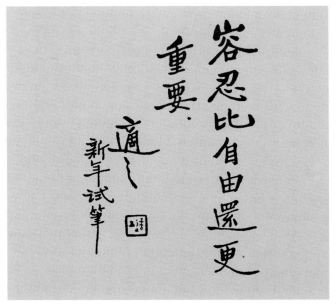

胡适晚年喜欢的两句政治格言。

上左：胡适在中国驻美大使馆双橡园内留影。

上右：1926年胡适赴英国出席中英庚款咨询委员会会议期间，拜访著名哲学家罗素时留影。

下：1942年9月14日，胡适卸任时与驻美大使馆工作人员及其家属在华盛顿双橡园惜别留影。

上：1951年胡适（右）与时任哥伦比亚大学校长的艾森豪威尔（中）等合影。
下：1953年1月，胡适由台湾去美国，途径日本东京时的留影。

上：胡适与老虎。

下：1961年在台北合影。后排胡适（左二）、蒋梦麟（右三）、胡祖望（右一）。前排曾淑昭（左一）、胡复（右一）等。

第十一册说明

　　胡适生前曾拟将自己的时评政论结集出版,并曾于三十年代手订了一份《胡适的时事论集第一编》目录(收入《胡适遗稿及秘藏书信》第 12 册)。胡适所发表的部分时评政论曾分别收入《胡适文存》、《人权论集》、《独立时论一集》、《胡适的时论》和《我们必须选择我们的方向》等书。

　　本册收入胡适的时评政论及各种杂文,上起 1918 年,下迄 1960 年,所收文章按时间顺序排列。已收入《胡适文存》、《人权论集》、《胡适演讲集》的文章,本册不再收入。

目 录

1918 年
成美学会缘起/1
研究所主任会议纪事/2
什么话/4
论《新青年》之主张/6

1919 年
差不多先生传/7
欢迎《新声》/9
求雨/10
欢迎我们的兄弟(《星期评论》)/11
爱情与痛苦/15
研究室与监狱/16
他也配/17
北京大学与青岛/18
数目作怪/19
爱情与痛苦/20
怪不得他/21
七千个电报/22
方还与杜威夫人/23
论大学学制/24
《孙文学说》之内容及评论/26
合肥是谁？/29

孔教精义？/30
女子解放从那里做起？/31
微妙之言/32
辟谬与息邪/33
辜鸿铭/34
谈《女子解放与家庭改组》/35
介绍新出版物(《建设》、《湘江评论》、《星期日》)/36
两偕同业/38
又一偕同业/39
辜鸿铭/40
大学开女禁的问题/41

1920 年
蔡元培《洪水与猛兽》附言/43
我们对于学生的希望/44

1921 年
胡适、高一涵启事/51

1922 年
对于新学制的感想/52
国立北京大学助学金及奖学金条例/56
我对于运动会的感想/58
读仲密君《思想界的倾向》/59
大家起来监督财政/62
政论家与政党/65
天津、保定间的捣鬼/68
宣统与胡适/73
本报特别启事/75
假使我们做了今日的国务总理？/76

记第八届全国教育联合会讨论新学制的经过——附学校系统草案/82
我们还主张召集各省会议/90
谁是中国今日的十二个大人物？/93
回顾与反省/96
新年的旧话/98
胡适启事（二则）/99

1923 年
"胡适先生到底怎样？"/100
蔡元培与北京教育界/102
一年了！/104
一师毒案感言/105
胡适启事（二则）/108

1925 年
刘治熙《爱国运动与求学》的来信附言/109
这回为本校脱离教育部事抗议的始末/111

1926 年
时间不值钱/117

1927 年
拜金主义/119
张慰慈《萨各与樊才第的案件》附记/121
记某女士/124

1928 年
说难/126
新年的好梦/128

1929 年
我们要我们的自由/130
中国公学校史/133
从思想上看中国问题/140
我们对于政治的主张/150
文化的冲突/152

1930 年
保寿的意义/159
读书杂记《黄金的美国》/161
东西文化之比较/165

1931 年
《绩溪公墓简章》启/176
北大哲学系毕业纪念赠言/177
后生可畏/178

1932 年
思想革命与思想自由/180
《独立评论》引言/183
宪政问题/184
上海战事的结束/188
废止内战大同盟/191
论对日外交方针/195
所谓教育的"法西斯蒂化"/200
论学潮/202
英庚款的管理/206
汪精卫与张学良/211
内田对世界的挑战/215

英庚款的管理(答杭立武先生)/218
中国政治出路的讨论/220
究竟那一个条约是废纸/225
陶希圣《一个时代错误的意见》附记/232
一个代表世界公论的报告/234
侮辱回教事件及其处分/240
统一的路/245
敬答江绍原先生/250
附答江绍原先生/251
国联新决议草案的重大意义/252

1933 年
国民参政会应该如何组织/257
国联调解的前途/261
民权的保障/265
国联报告书与建议案的述评/270
全国震惊以后/277
日本人应该醒醒了！/284
我们可以等候五十年/287
跋蒋廷黻先生的论文/291
我的意见也不过如此/294
从农村救济谈到无为的政治/299
制宪不如守法/305
《独立评论》的一周年/309
熊十力《要在根本处注意》一文的编者附记/313
保全华北的重要/315
建国问题引论/320
世界新形势里的中国外交方针/327
福建的大变局/332
建国与专制/336

再论建国与专制/341
为《东方杂志·新年的梦想》栏所写的应征答案/346
关于外交问题的几点意见/348

1934 年
报纸文字应该完全用白话/349
武力统一论(跋蒋廷黻、吴景超两先生的论文)/353
政治统一的途径/360
"旧瓶不能装新酒"吗?/367
再论无为的政治/370
国际流言中的一个梦想
　　(答平津《太晤士报》二月廿四日的社论)/376
公开荐举议(从古代荐举制度想到今日官邪的救正)/380
为新生活运动进一解/383
建设与无为/386
今日可做的建设事业/390
论《宪法初稿》/393
"协和外交"原来还是"焦土外交"/398
一个民族的自杀(述一个英国学者的预言)/404
今日的危机/408
中华民国华北军第七军团第五十九军抗日战死将士公墓碑/412
解决中日的"任何悬案"?/415
看了裁军会议的争论以后/418
写在徐梅女士的文章的后面/421
从私立学校谈到燕京大学/423
所谓"东欧洛加诺协约"/427
奥国的大政变/431
"九一八"的第三周年纪念告全国的青年/435
整整三年了!/436
论国联大会的两件事/439

双十节的感想/442

政治统一的意义/446

记全国考铨会议/449

谁教青年学生造假文凭的？/454

中国无独裁的必要与可能/458

一年来关于民治与独裁的讨论/463

汪蒋通电里提起的自由/475

国际危机的逼近/479

答丁在君先生论民主与独裁/483

新年的梦想/486

编辑后记/489

1935 年

从民主与独裁的讨论里求得一个共同政治信仰/516

中日提携,答客问/520

纪念"五四"/523

杂碎录(一)/531

个人自由与社会进步(再谈五四运动)/534

又大一岁了/539

今日思想界的一个大弊病/543

"无不纳闷,都有些伤心"/548

略答陶希圣先生/552

沉默的忍受/554

答陈序经先生/557

平绥路旅行小记/559

苏俄革命外交史的又一页及其教训/567

政制改革的大路/570

国联的抬头/579

从一党到无党的政治/586

再记国联的抬头/589

用统一的力量守卫国家！/595
敬告日本国民/598
华北问题/602
冀察时局的收拾/604
为学生运动进一言/607
再论学生运动/611
我们要求外交公开/614
编辑后记/618

1936 年
再论外交文件的公开/634
东京的兵变/637
《洛加诺公约》的撕毁/641
调整中日关系的先决条件（告日本国民）/645
关于《调整中日关系的先决条件》/649
《独立评论》的四周年/653
国联还可以抬头/657
敬告宋哲元先生/661
"亲者所痛，仇者所快！"/664
《新青年》重印题辞/667
张学良的叛国/668
编辑后记/672

1937 年
新年的几个期望/686
日本霸权的衰落与太平洋的国际新形势/690
中日问题的现阶段/698
读经平议/700
伦敦的英日谈判/704
再谈谈宪政/706

冀察平津举办国大选举/709
我们能行的宪政与宪法/711
编辑后记/714

1938 年
中国和日本的西化/724

1940 年
关于国民党国际宣传工作的意见（稿）/732

1947 年
"五四"的第二十八周年/733
眼前"两个世界"的明朗化/737
青年人的苦闷/740
争取学术独立的十年计划/744
援助与自助/748
北京大学五十周年/750

1954 年
"宁鸣而死,不默而生"
　　（九百年前范仲淹争自由的名言）/753

1956 年
述艾森豪总统的两个故事给蒋总统祝寿/758

1959 年
容忍与自由/762

1960 年
读程天放先生的《美国论》后记/767

1918年
成美学会缘起

　　天之生人,贫富安患,常失于均。均之之法,是在以富济贫,以安救患已耳。然消极的慈善事业,其利益止于个人,不如积极的集资助学。其利益之所及,直接在于个人,间接及于一社会一国家,远且及于世界。矧在今日国家之需才孔亟,社会之造就宜宏。所可憾者,天地生材,美质难得,苟有之矣,使其或以财用不足,遂莫由研究高深学术,致不克蔚为国才。则非第其一个人之不幸,实亦社会国家之大不幸,可惜孰甚焉。尝考中外历史,在我邦,则夙有"上品无寒门,下品无世族"之诮;在他邦,则有于凡受大学教育出而任事者,谓其在社会自成为一阶级,几拟于少数之贵族。夫以高等教育之重要,实为一国命脉所关,乃唯富者得以席丰履豫,独占机会。其有敏而好学,家境贫窭者,辄抱向隅之叹。而其结果,则足以减少人才之数,并促生阶级之感。某等怵于斯弊,思所以祛除之。爰有斯会之创,唯冀合群策群力,以共成之。社会前途幸甚,国家前途幸甚。

(原载1918年2月25日《北京大学日刊》)

研究所主任会议纪事

5月27日下午四时开研究所主任会议于校长室到会者陈、王两学长及沈尹默、黄振声、胡适、马寅初、陈启修、黄右昌、俞同奎七主任，由校长主席，是日所议定事件如下：

（一）讨论夏学长之意见书，议决下列办法：

（1）研究科当限于范围甚狭之专门学科。

（甲）本科所无。

（乙）本科所有而未能详尽。

（2）研究员以毕业生为主体，二年级以上之本科生欲习研究科，必须本班教员认可。

（3）研究所教员或学生均须随时讲演讨论。

（4）研究所现有学科依第一条之规定全行改组。

（5）研究所教员除特请者外均尽义务，惟可酌减施行细则之钟点数。

（二）议决暂时停止法科四年级之特别研究，以研究所之译名、译书两项代之（其详细办法另由法科各研究所主任议定之）。

（三）法科研究所改定科目：

（1）比较法律。（2）刑法。（3）国际法。（4）银行货币。

（5）财政。（6）经济学。

（四）文科研究所改定科目：

（1）研究科。

（甲）哲学门。

① 中国古代哲学史料问题。② 逻辑学史。③ 儿童心理学。

（乙）国文学门。

① 清代考订学。② 文字孳乳之研究。③ 文学史编纂法。

（丙）英文学门。

① 诗（Vietorian Period）。② 近代名剧（Vietorian Period）。

（2）共同研究。

（甲）哲学门。

① 审定译名。

（乙）国文学门。

① 字典编纂法。② 语典编纂法。③ 今韵之研究。④ 方言之研究。

（五）理科研究所："随后由理科学长与各门主任决定发布"。

（六）以上各门研究科目，如有程度适宜之学生愿研究某科，不在上列之内者，可随时酌增。

（原载1918年5月29日《北京大学日刊》）

什么话

我们每天看报,觉得有许多材料或可使人肉麻,或可使人叹气,或可使人冷笑,或可使人大笑。此项材料很有转载的价值,故特辟此栏,每期约以一页为限。

马二先生说:"中国人何必看外国戏?"

马二先生说:"中国戏何必给外国人看?"

王揖唐欢迎安福部的新国会议员词中,有一段说:"今天本俱乐部开欢迎大会,与会者俱系国会议员同人。各省英杰之士,同时聚于一堂。按字义言之,智慧过万人者曰英,过千人者曰杰。中国人口四万万,今到会者将四百人,岂非每百万人中选出一智慧超群之代表乎?谓之曰英,曰杰,谁曰不宜?"(《神州日报》8月22日)

王揖唐复徐世昌函,有一段说:"抑又闻之,总统之名义,考之腊丁原文,为伯理玺天德。伯理云者,勇于事也。玺天德云者,安于位也。"

北京新闻会开会词如下:"国步方艰,多士兴之。民困未苏,多士济之。凡兹多士,亿兆赖之。言坊行表,为举国重……"

林传甲上徐世昌"治安三策",原电中有云:"在野知人民公意,有治安三策。第一策:本美国总统减定大总统年俸岁十五万元,节存三十三万以立北京武昌广州三大学。黎宋卿不用此策致失位辱身。第二策:国会议员照英例取无给主义,则南北皆无所争。另选议员不致行贿。……总统议员不要钱,军人谁敢不用命?"林君之意以为争总统的只争三十三万的年俸,争议员的只争每月现洋四成票洋六成的月俸。可谓陋儒的"要钱主义"了!

徐世昌就总统职宣言书中,有句云:"惟事变纷纭,趋于极轨,我国民之所企望者,亦冀能解决时局,促进治平耳。而昌之所虑,不在弭乱之近功,而在经邦之本计;不仅囿于国家自身之计划;而必具有将来世界之眼光。"

(原载1918年10月15日《新青年》第5卷第4号,署名"适")

论《新青年》之主张

承示深为感佩。仆等主张以国语为文,意不独在普及教育;盖文字之用有二方面:一为应用之文,国语体自较古文体易解。一为文学之文,用今人语法,自较古人语法表情亲切也。今世之人,用古代文体语法为文,以应用,以表情者,恐只有我中国人耳,尊意吾辈重在一意创造新文学,不必破坏旧文学,以免唇舌;鄙意却以为不塞不流,不止不行;犹之欲兴学校,必废科举,否则才力聪明之士不肯出此途也。方之虫鸟,新文学乃欲叫于春啼于秋者,旧文学不啼叫于严冬之虫鸟耳,安得不取而代之耶?旧文学,旧政治,旧伦理,本是一家眷属,固不得去此而取彼;欲谋改革,乃畏阻力而牵就之,此东方人之思想,此改革数十年而毫无进步之最大原因也。先生以为如何?率覆不备。

　　　　　　　　　　　　　　　　　　　　胡适之　陈独秀

（原载1918年10月15日《新青年》第5卷第4号）

1919 年
差不多先生传①

你知道中国最有名的人是谁?

提起此人,人人皆晓,处处闻名。他姓差,名不多,是各省各县各村人氏。你一定见过他,一定听过别人谈起他。差不多先生的名字天天挂在大家的口头,因为他是中国全国人的代表。

差不多先生的相貌和你和我都差不多。他有一双眼睛,但看的不很清楚;有两只耳朵,但听的不很分明;有鼻子和嘴,但他对于气味和口味都不很讲究。他的脑子也不小,但他的记性却不很精明,他的思想也不很细密。

他常常说:"凡事只要差不多,就好了。何必太精明呢?"

他小的时候,他妈叫他去买红糖,他买了白糖回来。他妈骂他,他摇摇头说:"红糖白糖不是差不多吗?"

他在学堂的时候,先生问他:"直隶省的西边是哪一省?"他说是陕西。先生说:"错了。是山西,不是陕西。"他说:"陕西同山西,不是差不多吗?"

后来他在一个钱铺里做伙计;他也会写,也会算,只是总不会精细。十字常常写成千字,千字常常写成十字。掌柜的生气了,常常骂他。他只是笑嘻嘻地赔小心道:"千字比十字只多一小撇,不是差不

---

① 编者注:此文未署写作日期,现依陈金淦编:《胡适研究资料》(北京十月文艺出版社 1989 年版)和季维龙编:《胡适著译系年目录》(安徽教育出版社 1995 年版),暂系于此。

多吗?"

有一天,他为了一件要紧的事,要搭火车到上海去。他从从容容地走到火车站,迟了两分钟,火车已开走了。他白瞪着眼,望着远远的火车上的煤烟,摇摇头道:"只好明天再走了,今天走同明天走,也还差不多。可是火车公司未免太认真了。八点三十分开,同八点三十二分开,不是差不多吗?"他一面说,一面慢慢地走回家,心里总不明白为什么火车不肯等他两分钟。

有一天,他忽然得了急病,赶快叫家人去请东街的汪医生。那家人急急忙忙地跑去,一时寻不着东街的汪大夫,却把西街牛医王大夫请来了。差不多先生病在床上,知道寻错了人;但病急了,身上痛苦,心里焦急,等不得了,心里想道:"好在王大夫同汪大夫也差不多,让他试试看罢。"于是这位牛医王大夫走近床前,用医牛的法子给差不多先生治病。不上一点钟,差不多先生就一命呜呼了。

差不多先生差不多要死的时候,一口气断断续续地说道:"活人同死人也差……差……差不多,……凡事只要……差……差……不多……就……好了,……何……何……必……太……太认真呢?"他说完了这句格言,方才绝气了。

他死后,大家都很称赞差不多先生样样事情看得破,想得通;大家都说他一生不肯认真,不肯算帐,不肯计较,真是一位有德行的人。于是大家给他取个死后的法号,叫他做圆通大师。

他的名誉越传越远,越久越大。无数无数的人都学他的榜样。于是人人都成了一个差不多先生。——然而中国从此就成为一个懒人国了。

(原载1924年6月28日《申报·平民周刊》第1期)

欢迎《新声》

我们对于《新声》的出世，极表欢迎。我们恭恭敬敬的祝贺《新声》的成立！

来信所说"既然想做人，一定不能自在了"。这是我们极赞成的话。北京有一个中学校的学生做了一篇文章，对于孔丘颇不狠满意。他的先生看了大怒，加了一个长批，内中有"出辞荒谬，狂悖绝伦"八个大字的断语；又说，"有如此之才气，有如此之笔仗，而不为正轨之文，惜哉！惜哉！"这个学生心里不平，便把这篇文章和他先生的批语一齐送给我看。我看了那篇文章，又看了他那位先生的批语，晓得他同他先生是没有道理可讲的，所以只好写了一封回信，劝他不必失望；我说，"在这种世界，我们正该用出辞荒谬狂悖绝伦八个大字自豪"；末后更希望他"努力不为正轨之文"，《新声》我们只见了第一期不敢下什么批评，只好引用那位老先生的批语，略改几个字，把来奉祝诸君："诸君有如此之才气，有如此之笔仗，甚望努力勿为正轨之文；甚望勿畏'出辞荒谬狂悖绝伦'的批评，甚望时时以这八大字自豪！"

（原载1919年3月15日《新青年》第6卷第3号，署名"适"）

求雨

前年我回家乡，有人来谈，可惜黎大总统退位了。我问他何以可惜？他说，自从黎大总统即位以来，我们徽州的五谷丰登，几十年来不曾有过。我听了叹气开口不得。前些天北京下了一天雨，我在街上听见人说这雨是宣统皇帝求下来的。我听了心里想，可惜步军统领拣的求雨日子迟了三天，这件精诚格天的大功德竟被宣统皇帝抢了去！

（原载1919年5月4日《每周评论》第20号，署名"天风"）

欢迎我们的兄弟

《星期评论》

上海现在新出了一种周报,名叫《星期评论》。因为他的体裁格式和我们的《每周评论》很相像,所以我们认他是我们的兄弟。我们欢天喜地的欢迎我们的兄弟出世,更祝他长大,祝他长寿!

《星期评论》的第一期出世时,我们看了虽然喜欢,但觉得这不过是《每周评论》第二罢了。到了《星期评论》第二期出版,我们方才觉得我们这个兄弟是要另眼看待的了!为什么呢?因为《每周评论》虽然是有主张的报,但是我们的主张是个人的主张,是几个教书先生忙里偷闲杂凑起来的主张,从来不曾有一贯的团体主张。《星期评论》可就不同了。请看他的宣言:

> 我们要改造中国,先要把我们的改造方针对大家讲明白。因为中国人已经晓得旧思想旧政治旧社会的不好,但是不晓得用什么新的东西去代他。所以我们的宣传事业比一切事业都要紧。

《星期评论》的第二期果然登出一篇大文章,题目是"关于民国建设方针的主张"。题下的具名是"本社同人"。末后有一段跋语说:"以上这七章二十九条的意见,是同人几年来研究的结果。单是起草曾经费了几个月的时间,采用了多少学问家实际家的意见,参酌了多少专门的书籍。原稿的修改也费了多少次的研究。"

这一层是《星期评论》的特色。这种特色,分开来说,是:(一)有一贯的团体主张,(二)这种主张是几年研究的结果,(三)所主张的都是"脚踏实地"的具体政策,并不是抽象的空谈。

第一,我们要明白如果要使思想革新的运动能收实地的功效,非有一贯的团体主张不可。为什么呢？因为"宣传事业"的目的在于使大家明白我们的主张，在于使我们少数人的主张渐渐变为大多数人的主张。若是我们团体内部先就没有一致的主张，先就不能决定我们所要主张宣传的究竟是什么东西，那么，我们如何还能教别人明白我们主张，信从我们所宣传呢？我且举一个例。近年《新青年》杂志提出文学改革的问题，对于"国语文学"，有一致的主张，故收效最大又最快。但是他们有几种主张是内部先就不能一致的，所以不但不能收效，反惹起许多无谓的误会，挑起许多本可没有的阻力。这是我们亲自经验的事实。更举一个例。美国前四年有一班政论家和思想家要想用一种"思想界的组织"来做改造舆论的事业，所以邀集一班同志，创办一个《新共和国》周刊（The New Republic）。这个周报初出版的时候止销八百三十五份，不到两年销到几十万份，现在成为世界上一种最有势力的杂志；美国此次加入战团，变更百年来的立国方针，人都承认是这个杂志的功劳！这个杂志的编辑部每日相见，每周会议所发的议论，议定之后，把全部认可的议论作为"本社同人"的议论，不签姓名，以表示这是一致的团体主张。因为这一班学者、政论家能这样做"有组织的宣传事业"，能采定一致的团体主张，肯牺牲最不经济的"人自为战"的笨法，所以他们能收绝大的功效。现在《星期评论》的诸位先生竟能用"本社同人"的名义发表一种团体的改造方针，这是中国舆论界的空前创举，我们诚诚恳恳的祝他做一个中国的"新共和国"。更希望《星期评论》的榜样能引起中国舆论界的觉悟，渐渐的废去从前那种"人自为战"的习惯，采用"有组织的宣传方法"，使将来的中国真成一个名实相副的新共和国！

第二，单有一致的团体主张，未必就是好的。安福俱乐部何尝没有一贯的团体主张呢？所以我们所希望的团体主张必须是仔细研究的结果。现在舆论界的大毛病——死症——就是没有人肯做这种仔细研究的工夫。上海那几位最"红"的主笔先生，一个人每天要做几家报纸的社论或时评，还要天天打牌吃花酒，每天报馆里把专电送到他们的牌桌上或花酒席上，他们看一看，拿起一张局票，翻转来写上几行，就是一篇社论了。他们从来不做学问的研究，也不做社会的考察,只靠一个真滑的头脑,一支惯熟的破笔,就可以做"舆论家"了!这不是上海的实在情形吗?这种"舆论家"的主张还有什么价值可说呢?再看西洋的舆论界,那一家报馆里没有几层楼的藏书藏报?我前年到纽约的《世界报》社去看他们的设备,这家报馆共用一万三千人,有两百多人专管剪报的事,剪下的报纸并不是供主笔先生黏凑起来付印,乃是分门类收藏起来,作参考研究的材料。这家报馆共有十三层高屋,中有三层专为藏书藏报的地方。主笔先生虽然都是一些有点研究的人。此外还有一班专门学者,由报馆预先订定,遇有特别问题发生,不是本馆主笔所能讨论的,本馆即打电话去请一位专门学者替他们作一篇时评。当袁世凯帝制问题初发生时,我还在绮色佳城,纽约的 Outlook 报打电报来要我替他们做文章。我虽够不上专门学者,但是这事就可看出他们遇事小心,肯持研究的态度,不肯做"向壁虚造"的舆论家。《星期评论》的记者戴季陶先生前年曾发表一种杂志的组织章程,对于杂志社里图书的设备,说得非常详细。我那时就觉得这种办法是中国舆论界空前的计划。可惜那种杂志并不曾出世,就小产掉了。现在我看见《星期评论》的建设方针,看他们费几个月的时间,参酌多少专门书籍,采用多少专家的意见,修改了多少次,——这种研究的态度是我们极佩服的。我们很希望《星期评论》的诸位先生能坚持这种研究的态度,给中国的舆论界做一个好榜样,使那种局票背面写的社论时评将来决不能存在,使那班终身不读书不研究的"红"主笔将来都渐渐的"黑"下去。这是我们对于我们的兄弟的愿望。

第三,我虽极力主张"研究的结果"的议论,但是我所希望的"研究"并不是单指书本上的研究,乃是学问上的研究和实地的考察。前几年有一般学者做文章时,往往引上许多英文德文法文的句子,末后加上无数的参考书目。你引柏拉图来驳我,我便引阿里士多德来驳你,你又引海智尔来驳我,我再引伯伦知理来驳你。这种办法固然不是牌桌上或花酒席上能做得出的,但是究竟还不是正当的方法。为什么呢?因为二千三四百年前的柏拉图和阿里士多德,和我们时代不同,事势不同,历史地理不同,他们的话是针对他们的时势说的,未必能应用于我们中国今日的时势。我们往往痛骂"诗云子曰"的论调,正因为"诗云子曰"是两三千年前的议论,不能用到现在的情形。若是我们现在论中国的现势,却去引柏拉图和伯伦知理的话作根据,这岂不是西洋式的"诗云子曰"吗?现在的舆论界的大危险,就是偏向纸上的学说,不去实地考察中国今日的社会需要究竟是什么东西。那些提倡尊孔祀天的人固然是不懂现时社会的需要。但是那些迷信军国民主义或无政府主义的人就可算是懂得现时社会的需要吗?要知道舆论家的第一天职就是要细心考察社会的实在情形。一切学理,一切 Isms,都只是这种考察的工具。有了学理作参考材料,便可使我们容易懂得所考察的情形,容易明白某种情形有什么意义,应该用什么救济的方法。正如一个医生,单记得一脑子的学理是不够的。他必须实地诊察病人的实在病情,他的学理只能帮助他懂得某种现状是某种病症,某种病症该用某种治疗法。他不考察病人的情形,只顾引用张仲景或陈修园,难道就可以治病了吗?现在《星期评论》的建设方针,情愿牺牲一些"乌托邦的理论",只求"脚踏实地的行得通",这是极好的方法。再看这篇主张的内容,如第三、第四、第五等章所举的,大体都是很切实的具体主张。偶然有一两项"理想的"主张,也都加上"到了可能的时机"等等限制语。既没有民国初年那种空泛的口头禅,也很少近人的"乌托邦的理论"。这种具体的态度,将来发生良好效果,是可以预料的。

  以上所举的三项,虽然不免有我个人借题发挥的议论,但是这三项都是《星期评论》所表示的趋向,也是我们希望《星期评论》带领全国舆论界做去的趋向。至于那篇建设方针里面的细目,大致都是我们所赞成的,我们用不着一一讨论,请读者自己去看原文罢。(可参看本期选录)

  我们欢欢喜喜的欢迎我们的兄弟——《星期评论》万岁!

(原载 1919 年 6 月 29 日《每周评论》第 28 号,署名"适")

爱情与痛苦

《每周评论》第二十五号里，我的朋友陈独秀引我的话"爱情的代价是痛苦，爱情的方法是要忍得住痛苦"。他又加上一句评语道："我看不但爱情如此，爱国爱公理也都如此。"这几句话出版后的第三日，他就被北京军警捉去了，现在已有半个多月，他还在警察厅里。我们对他要说的话是："爱国爱公理的报酬是痛苦，爱国爱公理的条件是要忍得住痛苦。"

（原载1919年6月29日《每周评论》第28号，署名"适"）

研究室与监狱

你们要知道陈独秀的人格吗？请再读他在《每周评论》第二十五号里的一条随感录："我们青年要立志出了研究室就入监狱，出了监狱就入研究室，这才是人生最高尚优美的生活。从这两处发生的文明，才是真文明，才是有生命有价值的文明。"

（原载 1919 年 6 月 29 日《每周评论》第 28 号，署名"适"）

他也配

自学生爱国运动发生以来,有人造出一种谣言,说北大的新潮社社员傅斯年、罗家伦被安福俱乐部收买去了。上海有一家大报的驻京访员竟把这种谣言用专电传出去!那些鱼行的通信社自然不消说了。近来有许多朋友写信来问究竟这事是真是假。我们正式回答他们:"安福部是个什么东西?他也配收买得动这两个高洁的青年!"

(原载1919年6月29日《每周评论》第28号,署名"适")

北京大学与青岛

上海一位教育界的领袖对人说:"青岛可失,北京大学不可解散!"前几天安福部的《公言报》有一段记事,中有两句话道:"与日本争青岛乎?抑为蔡元培等争位置乎?"这两种见解可算是针锋相对。

(原载1919年6月29日《每周评论》第28号,署名"天风")

数目作怪

　　五四运动以来,数目大作怪。今天一个呈子,是某某等几百几十几人欢迎胡仁源作大学校长。明天一个呈子,是某某等几百几十几人请惩办熊希龄、林长民等。后天又一个传单,是北京大学本预各科一千三百五十八人"揭破教员之阴谋"。数目真会作怪!希腊哲学家披塔哥拉说道:"万物皆数也"。披塔哥拉真了不得,直料到二千五百年后数目作怪的奇闻!

（原载1919年6月29日《每周评论》第28号,署名"天风"）

爱情与痛苦

我的朋友陈独秀被捕之前作了一条《爱情与痛苦》的随感录(本报第二十五号)。后来我也做了一条《爱情与痛苦》的随感录(第二十八号)。有一天,我觉得这个意思可以入诗,遂用《生查子》词调作了这首小诗。

也想不相思,
免得相思苦。
几度细思量,
情愿相思苦!

(原载1919年7月6日《每周评论》第29号)

怪不得他

上海《密勒评论报》的东家密勒君从巴黎写信给他的朋友说："我在巴黎和会仔细观察了三个月之后，对于将来的世界和平，我觉得狠怀疑。"怪不得他要说这话，我们读了三个月的电传报告，也就对于将来的和平十分怀疑了！

（原载1919年7月6日《每周评论》第29号）

七千个电报

《华北明星报》(英文)说,巴黎中国议和专使团先后收到国内国外团体或个人关于和约的电报,共七千通。现在中国专使居然不签字了。将来一定有人说这是"电报政策"的功效。其实不然。这一次七千个电报所以能收效,全靠还有一个"五四运动"和一个"六五运动"。要不然,那七千个电报都只是废纸堆里的材料。

(原载 1919 年 7 月 6 日《每周评论》第 29 号)

方还与杜威夫人

北京女子高等师范学校校长方还,上月请杜威博士的夫人到该校演说。杜威夫人到校后,方还请该校英文女教员某女士转告杜威夫人道:"请杜威夫人今天演讲时务必注重学生服从的紧要。"杜威夫人听了,婉辞答他道:"请你告诉方先生,我不便把全篇演说的意思一齐更换了。"方还未免太笨了。他既然怕新教育的思潮,应该用他对待女学生的办法,把大门锁了,不许杜威夫人进来,岂不很妙?既让他进来了,又要请他讲"服从的紧要",不但丢脸,也未免太笨了。

(原载1919年7月6日《每周评论》第29号,署名"天风")

论大学学制

现有安福部议员克希克图提议请恢复民国元年的大学学制。这个提议很不通,为什么呢?因为"民国元年大学学制"所指的是元年的"大学令"呢,还是元年的大学原状呢?

若说是"大学令",则元年的大学令和六年的大学令,除了第八条预科修业年限由三年改为二年外,其余的并无根本的区别。两年以来大学的改革除了预科一项,并无和元年大学令不相容的地方。

若说是"大学原状",则元年的组织有许多不能恢复的,也有许多决不该恢复的。如元年的农科已于三年改为农业专门学校了,这是不能恢复的。又如元年各科各有学长又各有教务长,这种制度,是决不该恢复的。至于民国六年以来大学之成绩为全国所公认,若非丧心病狂,决无主张回到八年前的原状之理。

如此看来,这个议案的用意不出两条:第一是恢复工科大学;第二是公然想破坏蔡校长两年余以来的内部改革,使蔡校长难堪,使他无北来的余地。

我且先论工科的问题。北京大学与北洋大学本来都有工科,蔡校长因为这个办法太不经济了,况且北洋也是国立的大学,工科成绩较好,不如由北洋专办工科,把北大的工科并入北洋,而北洋的法科并入北大。这个办法,两校的设备都经济,是一利;两校的教授都经济,是二利;北洋附近多工厂,便于实习,是三利;两校各办所长,不相重复,不相冲突,是四利——有如此四利,而无一弊,何以还有人偏反对呢?这里面的情形,不消说得,只是一个饭碗问题了。

我再论蔡校长这两年多的种种改革。

第一,预科三年改为两年。预科的功课大都是语言文字的预备。

中学毕业生不能进大学,已是大不经济了。单习这些大学预备功课,要用三年的工夫,那是更不经济了。预科占了三年,本科也只得三年。三年的本科能学得些什么？蔡校长改预科为两年,是极好的办法。其中只要教授得人得法,两年尽够了。将来中学程度增高,预科还可减少,到后来竟可完全废止。一方面延长本科为四年,开办大学院后,又加上两年,如此方才有高深学问可望。

第二,文理两科合并。造谣人说大学废止理科,专办文科,这是极荒谬的话。蔡校长因为学文科的人或专治文学,或专治哲学,于一切科学都不注意,流弊极大；理科的人专习一门科学,于世界思潮及人生问题多不注意,流弊也很大。因此他主张把文理两科打通,并为大学本科。他的目的是要使文科学生多懂得一些科学,不致流为空虚；使理科学生多研究一点人生基础观念,不致流为陋隘。这种制度是世界最新的制度,美国之大学以"文理院"为基本,即是此意。世之妄人,乃引中古相传的学制来驳他,岂非大笑话吗。

第三,法科问题。法科也不曾废除。蔡校长因为经济、政治两门在欧美各国都不属于法科,况且新合并之大学本科之哲学史学诸门皆与政治、经济极有关系,故想把这两门加入文理科真成一个完备的大学基础。而法科则专习法律,为养成律师法官之人材。这是欧美各国通行的制度,用意本很好,后来因为法律一门孤立,于事实上颇不方便,故索性把法律一门也合起来,和其他各科同组织一个大学教务处,以归划一。但法科学长一职至今存在,法科大学并不曾废,何用恢复呢。

以上诸项,除预科年限一项系由民国六年北京国立六大学校长联名请教育部核准公布外,其余各项均由去年十月全国专门以上七十余校校长会议通过,又由本年三月教育部召集全国教育调查会详细审定通过,请部颁大学试行。原案具在,利害得失,都可复核。我因为一二腐败政客任意诋毁蔡校长一片苦心,故不能不把这里面的实情报告给全国知道。

国立北京大学文科教授胡适

(原载1919年7月9日上海《民国日报·觉悟》副刊)

《孙文学说》之内容及评论

▲ **本书内容**

全书的主旨在于打破几千年来"知之非艰,行之维艰"的迷信,在于要人知道"行之非艰,知之维艰"的新信仰。作者提出十个证据来证明这个"行易知难"的道理。十种证据是:(一)饮食;(二)用钱;(三)作文;(四)建屋;(五)造船;(六)筑城;(七)开河;(八)电学;(九)化学;(十)进化。自第一章到第四章,分说这十件事,证明人类有许多事行了一生一世,还不知道这里面所以然的道理。可见行是容易的,知是不容易的。

第五章总论知行。大旨说人类有三种人:一种是先知先觉的发明家;一种是后知后觉的鼓吹家;一种是最大多数懵懵懂懂的实行家。原文说:

"有此三系人相需为用,则大禹之九河可疏,而秦皇之长城能筑也。乃后世之人误于知易行难之说,虽有先知先觉者之发明,而后知后觉者每以为知之易而忽略之,不独不为之仿效推行,且目之为理想难行。于是不知不觉之群众,无由为之竭力乐成矣。"(页50)

这是全书的要旨。以下第六章论"能知必能行"。第七章论"不知亦能行"。第八章论"有志竟成",举作者自谋革命"三十年如一日"的历史,作一个具体的先例。

▲ **评论**

《孙文学说》这部书是有正当作用的书,不可把他看作仅仅有政党作用的书。

中山先生是一个实行家。凡是真实行家都有远见的计划,分开进行的程序,然后一步一步地做去。没有计划的政客,混了一天算一天。嘴里说"专尚实际,不务空谈",其实算不得实行家,只可说是胡混。中山先生一生所受的最大冤枉就是人都说他是"理想家",不是实行家。其实没有理想计划的人决不能做真正实行家。我所以称中山先生做实行家,正因为他有胆子敢定一种理想的"建国方略"。

但是,大多数的政客都是胡混的,一听见十年二十年的计划,就蒙着耳朵逃走,说"我们是不尚空谈的"。中山先生一生就吃了这个亏,不是吃他的理想的亏,是吃大家把他的理想认作空谈的亏。他的"革命方略",大半不曾实行,全是为了这个原故。本书第六章记民国初年民党不信任他的计划的事,很有研究的价值。后面附陈英士寄黄克强的长信,也狠可供史家的参考。

现在中山先生又作了一种"建国方略",听说是一种很远大的计划。(一部分见原书第七章的附录,页 84 至 86。)他又怕全国的人仍旧把这种计划看作不能实行的空谈。所以他先做这一本"学说",要人抛弃古来"知易行难"的迷信,要人知道这种计划的筹算虽是不容易的事,但是实行起来并不困难。

这是他著书的本意,是实行家破除阻力的正当手续,所以我说这书是有正当作用的。

这部书的根本观念,简括说来只有一句话:"知之则必能行之,知之则更易行之。"(页 50)他这一部书所举许多"行易知难"的证据,有几种是"不知而行之"的,如饮食用钱之类;有几种是"行而后知"的,如古时没有化学,先有瓷器、豆腐等化学品;有几种是"知之则更易行"的,如现代化学工程学、电学之类。全书最注重的是"知之则更易行"一句话。作者的意思是说,现在是科学昌明的时代,从前不能得到的参考材料现在都可得到;从前无法计算的种种方面现在都可通盘筹算;从前决不能征服的困难现在都有征服的法子。在这个时候,若能用科学的知识定下一种切实的远大计划,决没有不能实行的道理。从前不知尚且能行,现在有了正确的知识,行起来更容易了。这种学说是不限于一党一系的。无论那一种正当的团体,都该有根据于正确知识的远大计划,都应该希望大家承认那种计划是"能行"的,都应该用合法的手续去消除大家对于那种计划的怀疑。——换句话说,无论是何种有理由有根据的计划,必须大家有"知之则必能行之,知之则更易行之"的信仰心,方才有实行的希望。

现在的大危险,在于有理想的实行家太少了。现在的更大危险,在于认胡混为实行,认计划为无用。陆放翁说得好:"一年复一年,一日复一日,譬如东周亡,岂复须大疾?"没有计划的结果必至如此!所以我说中山先生这本书是不仅仅有政党作用的。

这是我对于这书大旨的赞成。

书中有许多我不能赞同的地方,如第三章论中国"文字有进化而语言转见退步",第五章论王阳明一段,比较的都是小节,我可以不细批评了。

(原载1919年7月20日《每周评论》第31号,收入1927年6月上海大东书局出版的《孙文主义研究集》)

合肥是谁?

这一次湖南的南军提到陆鸿逵,搜出北方勾通程潜的信三件。一封是薛大可的,内说:"合肥久已视我公若长城。"又说:"合肥将来对于我公必以待亲信者待之,且将引为唯一之亲信人。"又说:"合肥已允我公拍发电后即时接济湘军饷项。"一封是曾毓隽的,也提到"合肥待人之诚,倚任之专"。请问这个合肥是谁?难道是那个久已下台的合肥吗?他既不是内阁总理,又不是阁员,居然可许程潜"勋业未可限量",居然能"接济湘军饷项",这可怪了!

(原载 1919 年 7 月 20 日《每周评论》第 31 号,署名"天风")

孔教精义？

勾通程潜的信,还有一封是黄敦怿的。他说:"昔管仲释射钩之仇,入相小白,民到于今称之。若云人格为重,则事杀我君者,在当日伦纪森严,为世所唾弃,何孔子称道不置也?"原来孔二先生的学说还有军事的作用！怪不得军阀派要尊孔了！

（原载1919年7月20日《每周评论》第31号,署名"天风"）

女子解放从那里做起？

《星期评论》问我"女子解放从那里做起？"我的答案是："女子解放当从女子解放做起。此外更无别法。"

这话初听了似乎不通，其实这是我想了一夜再三改正的答案。

先说女子的教育。人都说现在的女子教育大失败，因为女学生有卖淫的，有做妾的，有做种种不名誉的事的。我说这不是女子教育失败，这是女子教育不曾解放的失败。我们只给女子一点初等教育，不许他受高级教育；只教他读一点死书，不许他学做人的生活。这种教育我们就想收大功效吗？可算是做梦了！

补救女子教育的失败，就是多给他一点教育。不解放的教育失败了，多给他一点解放的教育。

解放的女子教育是：无论中学大学，男女同校，使他们受同等的预备，使他们有共同的生活。

初办解放的教育一定有危险的，但是这种危险没有法子补救，只有多多的解放。解放是消除解放的危险的唯一法子。

教育如此，女子社交的解放，生计的解放，婚姻的解放，都是一样的。解放的唯一方法就是实行解放。

人常说"解放必须女子先有解放的资格"。换句话说，"先教育，先预备，然后解放。"我说："解放就是一种教育，而且是一种很有功效的活教育。"嘴上空谈解放的预备，实际上依旧把自己的姊妹妻女关起来，叫他们受那种预备将来解放的教育，这是极可笑的事。我十年前也曾提倡男女社交的解放，后来初同美国女子作朋友，竟觉得手足无措，话都说不出来。所以我说，我们如果深信女子解放，应该从实行解放做起。

（原载1919年7月27日《星期评论》第8号）

微妙之言

上月十日政府发表一道外交命令,有好几百个字,也不说决定签字,也不说决定不签字,末尾有"国交至重,不能遗世而独立,要在因时以制宜"的话。过了一天,有一位国立大学的教授问我可曾看懂昨天的命令,我说不懂,他也说不懂。过了一天,有一位美国大学教授问我道:"前天贵国大总统的外交命令,我在英文导报上看了,竟看不懂是什么命意。我去找法文报来看,也看不懂。究竟中文的原文说的是什么?"我只好对他说我也不懂。我后来想起韩非的话:"微妙之言,上智之所难知也。今为众人法而以上智之所难知,则民无从识之矣。"这回的外交命令,能使中外的大学教授都看不懂,可算是"微妙之言"了!

(原载1919年8月3日《每周评论》第33号,署名"天风")

辟谬与息邪

北京大学辞退的教员宜兴徐某前几个月做了一本"辟谬",痛骂蔡孑民。近来又做了一本"息邪",丑诋蔡孑民、陈独秀、胡适之、沈尹默等。这书里说蔡氏"居德五年竟识字百余,逌法三载,又识字十余"。又嘲笑陈沈诸人不通外国文,又说胡适"英文颇近精通,然识字不多"。我们初看了,以为这位徐先生一定是精通西文的了。不料翻开第一页,就见他把 Marx 拼成 Marks。这种"谬"也是该"辟"的了。

(原载1919年8月3日《每周评论》第33号,署名"天风")

辜鸿铭

现在的人看见辜鸿铭拖着辫子,谈着"尊王大义",一定以为他是向来顽固的。却不知辜鸿铭当初是最先剪辫子的人;当他壮年时,衙门里拜万寿,他坐着不动。后来人家谈革命了,他才把辫子留起来。辛亥革命时,他的辫子还不曾养全,他带着假发接的辫子,坐着车子乱跑,很出风头。这种心理很可研究。当初他是"立异以为高",如今竟是"久假而不归"了。

(原载1919年8月3日《每周评论》第33号,署名"天风")

谈《女子解放与家庭改组》

慰慈这篇文章的见解很可以补救现时人所主张的缺点。现在有许多人提倡"小家庭",以夫妇儿女为单位。这是很不错的。但这种个人主义的小家庭是一种奢侈品。除少数很有余钱的人家,决不能多雇男女仆人,所以家妇的职务格外加重,哪有余力来做真正解放的事业呢?我并不是说解放了的妇女便不该做煮饭炒菜洗衣裳的事。我的意思是说,如果一个女子是很配做学者或美术家的,因为社会的组织不完备,她不能不在她的小家庭里做那煮饭洗衣裳的事,这岂不是社会的大损失吗?所以慰慈说的"新家庭的事务非由多数家庭组织团体同力合办不可",是比"小家庭"的主张更进一层了。

(原载 1919 年 8 月 10 日《每周评论》第 34 号)

介绍新出版物
《建设》、《湘江评论》、《星期日》

《建设》 第一卷第一号

每册三角 上海环龙路四十六号

《建设》的宗旨是："鼓吹建设之思潮，展明建设之原理，冀广传吾党建设之主义，成为国民之常识；使人人知建设为今日之需要，使人人知建设为易行之事功。"

照本期的材料看来，《建设》的前途一定很能满足我们的期望。本期有孙中山先生的《发展中国实业计划》，廖仲恺先生译的《全民政治论》，民意先生译的《创制权、复决权、罢官权之作用》，都可以表示建设社同人所主张的趋向。当这个"盲人瞎马"的时代而有这种远大的计划和主张，可算是国内一件最可使人满意的事。

本期内有几篇很有价值的研究的文字。廖仲恺先生的《中国人民和领土在新国家建设的关系》没有登完，暂且不论。胡汉民先生的《吕邦的群众心理》用提要夹批评的方法来绍介吕邦的学说，是狠可给我们效法的。

本期最精采的著作要算戴季陶先生的《我的日本观》。这是一篇两万字的长文，研究日本的种种历史的势力，遗传思想的特性，经济的发展和发展的影响，政党的过去与现在，和今后日本的趋势。——材料很丰富，方法也狠有系统。我是不懂得日本的，故不配批评他的观察是否正确。但我觉得季陶先生的态度与方法是极可佩服的。当这个大家恨日本，骂日本，却不懂得日本的时候，他独能有这种耐性的、忠恕的、研究的态度。这不是很可佩服的吗？至于方法一层，他认定现在的日本不是一个孤立的怪现状，乃是无数历史的势力所造成的产儿。所以他的研究从古事记里"天沼矛"的神话直说到板垣退助的末路;从"武士"独占的时代经过"武士町人"混合的时代,直到将来可以预料的"工人农夫"的时代。这种历史的眼光是研究一国现状所不可缺的元素,季陶先生这篇日本的研究真可以给我们做"觇国"文字的模范了。

《湘江评论》 长沙落星田湖南学生联合会已出四期,每期大洋二分

《星期日》 成都桂王桥北街派报处

已到四期,每十期大洋一角七分

现在新出的周报和小日报,数目很不少了。北自北京,南至广州,东从上海、苏州,西至四川,几乎没有一个城市没有这类新派的报纸。本报上期的广告栏已经介绍了一些这类的报纸杂志。现在我们特别介绍我们新添的两个小兄弟:一个是长沙的《湘江评论》,一个是成都的《星期日》。

这两个周刊,形式上、精神上,都是同《每周评论》和上海的《星期评论》最接近的。就我们已收到的几期看来,《星期日》的长处似乎是在文艺的一方面,《湘江评论》的长处是在议论的一方面。《湘江评论》第二、三、四期的《民众的大联合》一篇大文章,眼光很远大,议论也很痛快,确是现今的重要文字。还有湘江大事述评一栏,记载湖南的新运动,使我们发生无限乐观。武人统治之下,能产出我们这样的一个好兄弟,真是我们意外的欢喜。

(原载 1919 年 8 月 24 日《每周评论》第 36 号)

两偕同业

本周的上海的《星期评论》说:"现在还没有承认女子参政权的国,较大的就剩法兰西、意大利、西班牙、葡萄牙、日本、中国了。"北京的《民治日报》说:"女子参政,欧美各国讨论已久,迄未实行,诚以此事关系甚大,未可冒然尝试也。"北京同上海不但隔开几千里路,原来还相差一两百年!

(原载1919年8月24日《每周评论》第36号,署名"天风")

又一偕同业

上海《神州日报》的"螣蝯"做了一条时评说:"吾所最不解者,以欧人学术之邃密,犹极尊重我之文化,至以我国文学教其国人,而我国人之高谈文学革命者,乃欲废弃汉字而别以拉丁文字为国文。"敬告螣蝯先生,你若不懂得我们的主张,何不买本《新青年》看看?何必把耳朵当作眼睛?至于欧人的学术,先生难道不知道他们不但研究中国文,还在研究猴子的语言咧!

(原载1919年8月24日《每周评论》第36号,署名"天风")

辜鸿铭

胡适之在英文《密勒评论报》上做了一篇论文学革命的文章,辜鸿铭做了一篇文章痛骂他。后来又有一个人写了一封信反驳辜鸿铭,辜鸿铭生了气,又做了一篇长文痛骂留学生与文学革命。他说:"中国十人有九人不识字,正是我们应该感谢上帝的事。要是四万万人都能读书识字,那还了得吗?要是北京的苦力、马夫、汽车夫、剃头匠、小伙计……等人都认得字,都要像北京大学生那样去干预政治,那还成个什么世界?……"我看了这篇妙文,心里很感动。辜鸿铭真肯说老实话,他真是一个难得的老实人!

(原载1919年8月24日《每周评论》第36号,署名"天风")

大学开女禁的问题

《少年中国》的朋友要我讨论这个问题,我且随便把我的一点意思发表在此,只可算作讨论这个的引子,算不得一篇文章。我是主张大学开女禁的。我理想中的进行次序,大略如下:

第一步,大学当延聘有学问的女教授,不论是中国女子是外国女子,这是养成男女同校的大学生活的最容易的第一步。

第二步,大学当先收女子旁听生。大学现行修正的旁听生规则虽不曾明说可适用于女子,但将来如有程度相当的女子,应该可以请求适用这种规则。为什么要先收女子旁听生呢?因为旁听生不限定预科毕业,只须有确能在本科听讲的程度,就可请求旁听。现在女子学制没有大学预科一级,女子中学同女子师范的课程又不与大学预科相衔接,故最方便的法子是先预备能在大学本科旁听。有志求大学教育的人本不必一定要得学位。况且修正的旁听规则明说旁听生若能将正科生的学科习完,并能随同考试及格,修业期满时,得请求补行预科必修科目的考试,此项考试如及格,得请求与改为正科生,并授与学位。将来女子若能做得这一步,已比英国几个旧式大学只许女子听讲不给学位的办法更公平了。

第三步,女学界的人应该研究现行的女子学制,把课程大加改革,总得使女子中学的课程与大学预科的入学程度相衔接,使高等女子师范预科的课程与大学预科相等,若能添办女子的大学预科,便更好了。这几层是今日必不可缓的预备。现在的女子中学,程度太浅了,外国语一层,更不注意,各省的女子师范多把部章的每年每周三时的外国语废了。即使不废,那每周三小时的随意科,能教得一点什么外国语?北京的女子高等师范预科,去年只有每周二时的外国语,今年本科始加至每周五时。高等师范本科的学生竟有不曾学过外国语的。这是女子学校自己断绝进大学的路。至于那些教会的女学校,外国语固然很注意,但是国文与科学又多不注重。这也是断绝入大学的路。依现在的情形看来,即使大学开女禁,收女学生,简直没有合格的女学生能享受这种权利!这不是很可怪的现状吗?前两个月,有一位邓女士在报上发表他给大学蔡校长请求大学开女禁的信。我初见了这信,以为这是可喜的消息。不料我读下去,原来邓女士是要求大学准女子进补习班的!补习班是为那些不能进预科的人设的。一个破天荒请求大学开女禁的女子,连大学预科都不敢希望,岂不令人大失望吗?这个虽不能怪邓女士,但是我们主张大学开女禁的人,应该注意这一点,赶紧先把现在的女子学校彻底研究一番,应改革的,赶紧改革,方才可以使中国女子有进入大学的资格。有进大学资格的女子多了,大学还能闭门不纳女子吗?

以上三层,是我对于这个问题的意见。我虽是主张大学开女禁的,但我现在不能热心提倡这事。我的希望是要先有许多能直接入大学的女子,现在空谈大学开女禁,是没有用的。

八年九月二十五日夜

(原载 1919 年 10 月 15 日《少年中国》第 1 卷第 4 期)

1920 年
蔡元培《洪水与猛兽》附言

这是蔡先生替《北京英文导报》的特别增刊做的。我们因为这篇文章是现在很重要的文字,很可以代表许多人要说而不能说的意思,故把他的中文原稿登在这里。

（原载 1920 年 4 月 1 日《新青年》第 7 卷第 5 号）

我们对于学生的希望[1]

今天是 5 月 4 日。我们回想去年今日,我们两人都在上海欢迎杜威博士,直到 5 月 6 日方才知道北京 5 月 4 日的事。日子过的真快,匆匆又是一年了。

当去年的今日,我们心里只想留住杜威先生在中国讲演教育哲学;在思想一方面提倡实验的态度和科学的精神;在教育一方面输入新鲜的教育学说,引起国人的觉悟,大家来做根本的教育改革。这是我们去年今日的希望。不料事势的变化大出我们意料之外。这一年以来,教育界的风潮几乎没有一个月平静的;整整的一年光阴就在这风潮扰攘里过去了。

这一年的学生运动,从远大的观点看起来,自然是几十年来的一件大事。从这里面发生出来的好效果,自然也不少:引起学生的自动精神,是一件;引起学生对于社会国家的兴趣,是二件;引出学生的作文演说的能力、组织的能力、办事的能力,是三件;使学生增加团体生活的经验,是四件;引起许多学生求知识的欲望,是五件;这都是旧日的课堂生活所不能产生的,我们不能不认为学生运动的重要贡献。

社会若能保持一种水平线以上的清明,一切政治上的鼓吹和设施,制度上的评判和革新,都应该有成年的人去料理;未成年的一班人(学生时代的男女),应该有安心求学的权利,社会也用不着他们来做学校生活之外的活动。但是我们现在不幸生在这个变态的社会里,没有这种常态社会中人应该有的福气;社会上许多事,被一班成年的或老年的人弄坏了,别的阶级又都不肯出来干涉纠正,于是这种

---

[1] 编者注:本文以胡适与蒋梦麟两人的名义发表。

干涉纠正的责任,遂落在一般未成年的男女学生的肩膀上。这是变态的社会里一种不可免的现象。现在有许多人说学生不应该干预政治,其实并不是学生自己要这样干,这都是社会和政府硬逼出来的。如果社会国家的行为没有受学生干涉纠正的必要,如果学生能享安心求学的幸福而不受外界的强烈刺激和良心上的督责,他们又何必甘心抛了宝贵的光阴,冒着生命的危险,来做这种学生运动呢?

简单一句话:在变态的社会国家里面,政府太卑劣腐败了,国民又没有正式的纠正机关(如代表民意的国会之类),那时候干预政治的运动,一定是从青年的学生界发生的。汉末的太学生,宋代的太学生,明末的结社,戊戌政变以前的公车上书,辛亥以前的留学生革命党,俄国从前的革命党,德国革命前的学生运动,印度和朝鲜现在的独立运动,中国去年的"五四"运动与"六三"运动,都是同一个道理,都是有发生的理由的。

但是我们不要忘记:这种运动是非常的事,是变态的社会里不得已的事。但是他又是很不经济的不幸事,因为是不得已,故他的发生是可以原谅的。因为是很不经济的不幸事,故这种运动是暂时不得已的救急办法,却不可长期存在的。

荒唐的中年老年人闹下了乱子,却要未成年的学生抛弃学业,荒废光阴,来干涉纠正,这是天下最不经济的事。况且中国眼前的学生运动更是不经济。何以故呢?试看自汉末以来的学生运动,试看俄国、德国、印度、朝鲜的学生运动,那有一次用罢课作武器的?即如去年的"五四"与"六三",这两次的成绩,可是单靠罢课作武器的吗?单靠用罢课作武器,是最不经济的方法,是下下策,屡用不已,是学生运动破产的表现!

罢课于敌人无损,于自己却有大损失。这是人人共知的。但我们看来,用罢课作武器,还有精神上的很大损失:

(一)养成倚赖群众的恶心理。现在的学生很像忘了个人自己有许多事可做。他们很像以为不全体罢课便无事可做。个人自己不肯牺牲,不敢做事,却要全体罢了课来呐喊助威,自己却躲在大众群里跟着呐喊。这种倚赖群众的心理是懦夫的心理!

（二）养成逃学的恶习惯。现在罢课的学生，究竟有几个人出来认真做事，其余无数的学生，既不办事，又不自修，究竟为了什么事罢课？从前还可说是激于义愤的表示，大家都认作一种最重大的武器，不得已而用之。久而久之，学生竟把罢课的事看作很平常的事。我们要知道，多数学生把罢课看作很平常的事，这便是逃学习惯已养成的证据。

（三）养成无意识的行为的恶习惯。无意识的行为就是自己说不出为什么要做的行为。现在不但学生把罢课看作很平常的事，社会也把学生罢课看作很平常的事。一件很重大的事，变成了很平常的事，还有什么功效灵验？既然明知没有灵验功效，却偏要去做；一处无意识的做了，别处也无意识的盲从。这种心理的养成，实在是眼前和将来最可悲观的现象。

以上说的是我们对于现在学生运动的观察。

我们对于学生的希望，简单说来，只有一句话："我们希望学生从今以后要注重课堂里，自修室里，操场上，课余时间里的学生活动。只有这种学生活动是能持久又最有功效的学生运动。"

这种学生活动有三个重要部分：

（1）学问的生活。

（2）团体的生活。

（3）社会服务的生活。

第一、学问的生活。这一年以来，最可使人乐观的一种好现象，就是许多学生对于知识学问的兴趣渐渐增加了。新出的出版物的销数增加，可以估量学生求知识的兴趣增加。我们希望现在的学生充分发展这点新发生的兴趣，注重学问的生活。要知道社会国家的大问题决不是没有学问的人能解决的。我们说的"学问的生活"，并不限于从前的背书抄讲义的生活。我们希望学生（无论中学、大学）都能注重下列的几项细目：

（1）注重外国文。现在中文的出版物，实在不够满足我们求知识的欲望。求新知识的门径在于外国文，每个学生至少须要能用一种外国语看书。学外国语须要经过查生字，记生字的第一难关。千万不要怕难,若是学堂里的外国文教员确是不好,千万不要让他敷衍你们,不妨赶跑他。

(2)注重观察事实与调查事实。这是科学训练的第一步。要求学校里用实验来教授科学。自己去采集标本,自己去观察调查。观察调查须要有个目的——例如本地的人口,风俗,出产,植物,鸦片烟馆等项的调查——还要注重团体的互助,分功合作,做成有系统的报告。现在的学生天天谈"二十一条",究竟二十一条是什么东西,有几个人说得出吗?天天谈"高徐济顺",究竟有几个指得出这条路在什么地方吗?这种不注重事实的习惯,是不可不打破的。打破这种习惯的唯一法子,就是养成观察调查的习惯。

(3)建设的促进学校的改良。现在的学校课程和教员,一定有许多不能满足学生求学的欲望的。我们希望学生不要专做破坏的攻击,须要用建设的精神,促进学校的改良。与其提倡考试的废止,不如提倡考试的改良;与其攻击校长不多买博物标本,不如提倡学生自去采集标本。这种建设的促进,比教育部和教育厅的命令的功效大得多啊。

(4)注重自修。灌进去的知识学问,没有多大用处的。真正可靠的学问都是从自修得来。自修的能力,是求学问的唯一条件。不养成自修的能力,决不能求学问。自修注重的事是:(一)看书的能力。(二)要求学校购备参考书报,如大字典、词典、重要的大部书之类。(三)结合同学多买书报,交换阅看。(四)要求教员指导自修的门径和自修的方法。

第二、团体的生活。五四运动以来,总算增加了许多学生的团体生活的经验。但是现在的学生团体有两大缺点:(一)是内容太偏枯了。(二)是组织太不完备了。内容偏枯的补救,应注意各方面的"俱分并进"。

(1)学术的团体生活,如学术研究会或讲演会之类。应该注重自动的调查、报告、试验、讲演。

(2)体育的团体生活,如足球、运动会、童子军、野外幕居,假期游行等等。

（3）游艺的团体生活，如音乐、图画、戏剧等等。

（4）社交的团体生活，如同学茶会、家人恳亲会、师生恳亲会、同乡会等等。

（5）组织的团体生活，如本校学生会、自治会、各校联合会、学生联合总会之类。

要补救组织的不完备，应注重世界通行的议会法规（Parliamentary Law）的重要条件。简单说来，至少须有下列的几个条件：

（1）法定开会人数。这是防弊的要件。

（2）动议的手续，与修正议案的手续。这是议会法规里最繁难又最重要的一项。

（3）发言的顺序。这是维持秩序的要件。

（4）表决的方法。（一）须规定某种议案必须全体几分之几的可决，某种必须到会人数几分之几的可决，某种仅须过半数的可决。（二）须规定某种重要议案必须用无记名投票，某种必须用有记名投票。某种可用举手的表决。

（5）凡是代表制的联合会——无论校内校外——皆须有复决制（Referendum）。遇重大的案件，代表会议的议决案，必须再经过会员的总投票。总会的议决案，必须再经过各分会的复决。

（6）议案提出后，应有规定的讨论时间，并须限制每人发言的时间与次数。

现在许多学生会的章程，只注重职员的分配，却不注重这些最要紧的条件，这是学生团体失败的一个大原因。

此外还须注意团体生活最不可少的两种精神：

（1）容纳反对党的意见。现在学生会议的会场上，对于不肯迎合群众心理的言论，往往有许多威压的表示，这是暴民专制，不是民治精神。民治主义的第一个条件，就是要使各方面的意见都可自由发表。

（2）人人要负责任。天下有许多事，都是不肯负责任的"好人"弄坏的。好人坐在家里叹气，坏人在议场上做戏，天下事所以败坏了。不肯出头负责的人，便是团体的罪人，便不配做民治国家的国民。民治主义的第二个条件,是人人要负责任,要尊重自己的主张,要用正当的方法来传播自己的主张。

第三、社会服务的生活。学生运动是学生对于社会国家的利害发生兴趣的表示,所以各处都有平民夜学、平民讲演的发起。我们希望今后的学生继续推广这种社会服务的事业。这种事业,一来是救国的根本办法;二来是学生的能力做得到的;三来可以发展学生自己的学问与才干;四来可以训练学生待人接物的经验。我们希望学生注意以下各点:

(1)平民夜校。注重本地的需要,介绍卫生的常识,职业的常识,和公民的常识。

(2)通俗讲演。现在那些"同胞快醒,国要亡了"、"杀卖国贼"、"爱国是人生的义务"等等空话的讲演,是不能持久的,说了两三遍就没有了。我们希望学生注重科学常识的讲演,改良风俗的讲演,破除迷信的讲演,譬如你今天演说"下雨",你不能不先研究雨是怎样来的,何以从天上下来;听的人也可以因此知道雨不是龙王菩萨洒下来的,也可以知道雨不是道士和尚求得下来的。又如你明天演说"种田何以须用石灰作肥料",你就不能不研究石灰的化学,听的人也可以因此知道肥料的道理。这种讲演,不但于人有益,于自己也极有益。

(3)破除迷信的事业。我们希望学生不但用科学的道理来解释本地的种种迷信,并且还要实行破除迷信的事业。如求神合婚,求仙方,放焰口,风水等等迷信,都该破除。学生不来破除迷信,迷信是永远不会破除的。

(4)改良风俗的事业。我们希望学生用力去做改良风俗的事业。如女子缠足的,现在各处多有,学生应该组织天足会,相戒不娶小脚的女子。不能解放你的姊妹们的小脚,你就不配谈"女子解放"。又如鸦片烟与吗啡,现在各处仍旧很销行。学生应该组织调查队、侦探队,或报告官府,或自动的捣毁烟间与吗啡店。你不能干涉你村上的鸦片吗啡,你也不配干预国家的大事。

以上说的是我们对于学生的希望。

学生运动已发生了,是青年一种活动力的表现。是一种好现象,决不能压下去的,也决不可把他压下去的。我们对于办教育的人的忠告是:"不要梦想压制学生运动。学潮的救济只有一个法子,就是引导学生向有益有用的路上去活动。"

学生运动现在四面都受攻击,"五四"的后援也没有了,六三的后援也没有了。我们对于学生的忠告是:"单靠用罢课作武器是下下策,可一而再,再而三的么?学生运动如果要想保存五四和六三的荣誉,只有一个法子,就是改变活动的方向,把五四和六三的精神用到学校内外有益有用的学生活动上去。"

我们讲的话,是很直率,但这都是我们的老实话。

(原载1920年5月4日《晨报副刊》《五四纪念增刊》,又载1920年5月《新教育》第2卷第5期)

1921年
胡适、高一涵启事

一湖,遇夫,知白,劢西,石曾,君亮,百里,几伊,诸位先生:

今天在《晨报》上看见诸位先生的紧要启事,替易家钺君郑重证明《呜呼苏梅》一文非易君所作。我们对于诸位先生郑重署名负责的启事,自然应该信任。但诸位先生的启事并不曾郑重举出证据,也不曾郑重说明你们何以能知道这篇文章不是易君所作的理由。我们觉得诸位先生既肯郑重作此种仗义之举,应该进一步,把你们所根据的证据一一列举出来,并应该郑重证明那篇《呜呼苏梅》的文章究竟是何人所作。诸位先生若没有切实证据,就应该否认这种启事;熊先生是女高师的校长,他若没有切实证据,尤不应该登这种启事。我们为尊重诸位先生以后的署名启事起见,为公道起见,要求诸位先生亲笔署名的郑重答复。

十,五,十九

(原载1921年5月20日《晨报》)

1922年
对于新学制的感想

我对于第七次全国教育会联合会议决的学制系统草案,大致都很满意。陶知行先生要我把我个人对于这个草案的意见写出来。我觉得这个问题很重要,这个讨论的时期尤其重要,故我不敢推辞,就把我的几个感想,——或是赞同,或是疑问,——都写了出来,请国内教育家指教。

(一) 关于初等教育的一段

新学制改小学七年制为六年制,废去国民学校与高等小学的名称,统称为小学校,但得分为二期:第一期四年,第二期二年。这个改革把小学的年限缩短了一年。我想这一层有几层好处:第一,省出一年来,加在中等教育上去,使六年的中学制容易实行。第二,当此义务教育未能实行的时候,——后三年的实行更不知在何年!——缩短一年便可以减轻学生家属一年的负担。第三,有人疑心年限的缩短便是程度的降低。这是错的。小学改用语体文以后,时间应该可以大缩短,而程度可以必不降低。但这个责任,课程与教科书也应该分担一部分。若把旧日古文体的教科书翻成了白话,就算完了事,那是决不行的。小学里用白话教授,教学的困难可以减去不少,教学的效率应该可以增加。若仍旧一课止能教"一只手;一只右手",那就是大笑话了。

新学制关于初等教育,还有一个大长处。总说明第四条云:

教育以儿童为中心,学制系统宜顾及其个性及智能,故于高等及中等教育之编课,采用选科制;于初等教育之升级,采用弹性制。

又第五条云:

图之左行年龄,以示入学及升级之标准。但实施时,仍以其智力与成绩或他种关系分别入学或升级。

这个弹性制是现在很需要的。现在的死板板的小学对于天才儿童实在不公道,对于受过很好的家庭教育的儿童也不公道。我记得十七年前,我在上海梅溪学堂的时候,曾在十二日之中升了四级。后来在澄衷学校,一年之后,也升了两级。我在上海住了五年多,换了四个学校,都不等到毕业就跑了。那时学制还没有正式实行,故学校里的升级与转学都极自由,都是弹性的。现在我回想那个时代,觉得我在那五年之中不曾受转学的损失,也不曾受编级的压抑。我很盼望这个弹性主义将来能实行;我很盼望办小学的人能随时留心儿童才能的个性区别,使天才生不致受年级的制限与埋没。当此七年小学制未废止的时候,我知道有许多儿童可以不须七年的;将来六年制实行之后,也许有一些儿童还可以缩短修业年限的。当缩短而不缩短,不但耽误了天才的发展,还可以减少求学的兴趣,养成怠学的不良结果。

(二)关于中等教育的一段

新学制把中学的修业期限由四年改为六年,分作两级:前一级为初级中学,或三年,或四年,或二年;后一级为高级中学,或三年,或二年,或四年。中学改为六年,是很好的。但我有几点疑问。现在的中学,可算是失败了。但失败的原因并不全在四年时间之短,乃在中学教员之缺乏与教授之不得法。年限的加长并不能救现在中学的弊病。用现在办中学的人,不变现在的教授法,即使六年的工夫全用来教现制中学四年的课程,也是不会有进步的。何况新制的六年中学,除了做完现制四年的中学课程之外,还要做完大学预科和高专预科的课程呢? 现在单办中学,人才还不够用;将来办这些兼大学预科的中学,又从那里得人才呢? 这几点都是我们应该注意的。

大学及各种高等专门学校皆不设预科,这固是我极赞成的。我常说,民国元年的学制把各省的高等学堂都废去了,规定"大学预科须附设于大学,不得独立",那是民国开国的一件大不幸的事。因为(1)各省设立大学的一点小基础,从此都扫去了;(2)各省从此没有一个最高学府了,本省的高等人才就不能在本省做学术上的事业了;(3)大学太少了,预科又必须附在大学,故各省中学毕业生,为求一个大学预科的教育,必须走几千里路去投考那不可必得的机会,岂不是太不近情理吗?试想四川、云南、贵州的中学毕业生必须跑到北京、南京,方才有一个投考预科的机会。这两年的预科教育,值得这么大的牺牲吗?

新学制主张废止预科,使各省的高级中学都可以做大学预科和高专预科的课程。这就等于添设无数大学高专的预科了。这是极好的意思。但是有一个大疑问。现在国立大学(北京、山西等)的预科成绩实在不能满人意。我们自己承认北京大学的预科办的实在不好。但是北京请教员自然比他处容易多多了;国立各大学对于预科教员的待遇,自然比将来高级中学教员的待遇要高的多了。北京的预科办不好,将来的高级中学分做现在预科的职务能更满意吗?这不是很可注意的一个疑问吗?

综合以上各点,我们对于新制六年中学的办法,不能不提出几条辅助的条件:

第一,高级中学之设立必须十分审慎。经费,设备,人才,教员资格,课程,……等项,必须有严格的规定。

第二,高级中学教员之待遇,须与现在大学预科教员的待遇略相等。

(三)余论

有许多别的问题,我不能讨论了。我现在且下两三个普通的观察。

(1)新学制的特别长处在于他的弹性。他的总标准的第三第五两条是:"发展青年个性,使得选择自由;""多留各地方伸缩余力。"

这就是弹性。学校的种类加多了,中等学校的种类更加多了,使各地方可以按照各地方的需要与能力,兴办相当的学校。职业教育多至六种以上,年限有一年至六年的不同,内容有完全职业的与由普通而渐趋向职业的两大类。中学修业年限也有四二,三三,二四的不同。大学也有四年,五年,六年的不同。这还是新制哩。若加上现制未能即改的种种学校,那就真成了一个"五花八门"的学制系统了!但这个"五花八门性"正是补救现在这种形式上统一制的相当药剂。中国这样广大的区域,这样种种不同的地方情形,这样种种不同的生活状况,只有五花八门的弹性制是最适用的。

（2）学制系统的改革究竟还是纸上的改革;他的用处至多不过是一种制度上的解放。我们现在需要的是进一步研究这个学制的内容。内容的研究并不是规定详细的课程表,乃是规定每种学校的最低限度的标准。这件事决不是教育部的几个参事司长能办到的。我很盼望国内的教育家应该早日作细密的研究,把研究的结果发表出来,引起公开的讨论。

（3）前日听见孟禄博士说,他对于学制改革,主张"一种新制学校非到办理有成效时,不得代替同种的旧制学校"。这是一个极重要的忠告。我们决不可随便把旧制学校的招牌改了就算行新制了。这种"换汤不换药"的法子是行不得的。我以为新制的大部分(中学一段尤其如此)应该从试验学校办起。旧制之下的学校暂时不去改动;旧制学校非确有最高成效为专家公认的,不得改为新制。等到试验学校的成效已证明了,然后设法推行这个新制。

（原载1922年2月《新教育》第4卷第2期）

国立北京大学助学金及奖学金条例[①]

一,本校为辅助毕业生继续求学起见,设助学金额,为奖励毕业生学术上的贡献起见,设奖学金额。

二,助学金额每名每年得国币二百元,分四次给与之。奖学金额每名每年得五百元,分四次给与之。

三,助学金之给与,限于贫苦之学生;奖学金之给与,以成绩为标准,不限于经济的状况。

四,本校研究所每门设助学金额六个,奖学金额两个,皆以研究所各门之名称称之。例如"研究所国学门助学金额","研究所自然科学门奖学金额"。有时,为特别提倡某种学科起见,得由研究所委员会指定一部分的金额为某种学科的助学金,例如研究所国学门得有一个"中国古物学助学金额",或一个"中国科学史助学金额"……。奖学金额不立学科名称,但每年的授与,应按照每研究所内所包学科的种类,略采均匀轮递之意(例如今年奖中国文学及哲学的研究生,明年轮奖中国古文及美术史的研究生,如美术史缺人,则轮奖科学史的研究生)。

五,除本校设立之奖学助学金额之外,各研究所均得收受校外私人或法人捐助的助学或奖学金额。其每人每年应得金数,由捐款人定之。此项捐助的金额,即以捐款人的姓名名之,例如"张□□先生中国古物学助学金额"。

---

① 编者按:此条例草案由胡适拟定,经1922年3月13日北大研究所国学门委员会第二次会议讨论通过。

六，凡欲得助学金者须填请愿书，附加成绩，证书，及著作物，于每年 5 月 1 日以前送至研究所所长办公室。由所长于五月内召集研究所委员会审查决定之。审查之结果皆于 6 月 1 日《大学日刊》上发表。审查合格者，于下学年 9 月 1 日，12 月 1 日，3 月 1 日，6 月 1 日，到会计课领取助学金。

七，奖学金之授与，由研究所委员会根据本年研究生的成绩，以四分之三以上的表决，拟定应得奖学金之研究生姓名，附加著作物，于每年 6 月 1 日以前，函请所长决定发表。发表之后，应得奖学金者，于下学年 9 月 1 日，12 月 1 日，3 月 1 日，6 月 1 日，到会计课领取奖学金。

八，助学金额与奖学金额，如本年不得相当之人，则宁阙无滥，此项阙人之金额存储会计课；其用途——或留为下学年之特别金额，或供研究所购书之用——另由研究所委员会决定之。

九，凡本年得奖学金或助学金之研究生姓名，皆刊于本年大学一览之末。

十，本条例经评议会通过后施行。

（原载 1922 年 3 月 20 日《北京大学日刊》"本校纪事栏"）

我对于运动会的感想

我到美国入大学后,第一次去看我们大学和别的大学的足球竞争(Football,此系另一种很激烈的足球,与中国现行的不同)。入场券卖每人美金二元,但看的人竟有几千人之多。每到紧要关头,几千人同声喊着本校的"呼声"(yell)以鼓励场中的武士。有受伤的球员,扶下场时,大众也喊着"呼声"祝贺他,安慰他。我第一次观场,看见那野蛮的奋斗,听着那震耳的"呼声",实在不惯;心里常想:这真是罗马时代的角抵和斗兽的遗风,很不人道的。

但是场中叫喊的人,不但是少年男女,还有许多白发的老教授,——我的植物教习罗里教授就坐在我的附近,——也拼命的喊着助威的"呼声"!我心里更不明白了。但是我以后还去看过几次,看到第三次,我也不知不觉的站起来,跟着我们的同学们拼命的喊那助威的"呼声"!难道我被那野蛮的遗风同化了吗?不是的,我渐渐把我从中国带去的"老人意态"丢开了,我也爱少年了!

我在北京大学住了五年,不知不觉的又被中国学生的"斯文样子"同化了,我的"老人意态"又差不多全回来了。

今天忽然听说北京大学要开一个运动会,这个消息使我很高兴。我的记忆力使我回到十二年前跟着大家大呼大喊的时候,我很想再有同样的机会使我弹去一点"老态"。我希望许多同学都来这运动场上尝尝少年的高兴,——把那斯文的老景暂时丢在讲堂上或寄宿舍里!

1922 年 4 月 21 日

(原载 1922 年 4 月 23 日《北京大学日刊》)

读仲密君《思想界的倾向》

昨天报上登出仲密君的《思想界的倾向》,我读了颇有点感想。我觉得仲密君未免太悲观了。他说,"现在思想界的情形,……是一个国粹主义勃兴的局面;他的必然的两种倾向是复古与排外"。仲密君又说,"照现在的情形下去,不出两年,大家将投身于国粹,着古衣冠,用古文字,制礼作乐,或参禅炼丹,或习技击,或治乩卜,或作骈律,共臻东方化之至治"。这种悲观的猜测,似乎错了。

仲密的根本错误是把已过去或将过去的情形,看作将来的倾向。"复古与排外"的国粹主义,当然不在将来,而在过去。"着古衣冠,用古文字"的国粹主义,差不多成了过去了。即如"金心异"先生也曾穿过用糊绉做的"深衣"来上衙门;即如仲密先生十几年前译《域外小说集》时也曾犯过"用古文字"的嫌疑。但这些都成了过去了。

至于"制礼作乐"的圣贤,近来也不曾推却那巴黎洋鬼子送他的羊皮纸。况且辜鸿铭先生曾说,"四存"的卷帘格,恰好对"忘八"。以崇古之辜鸿铭先生,而藐视"四存"之圣人如此,然则"四存运动"之不足畏也,不亦明乎?

至于"参禅炼丹,或习技击,或治乩卜,或作骈律",也都是已过去或将过去的事,不能说是将来的趋势。即以"作骈律"论罢。我可以预言将来只有白话文与白话诗作者的增加,决不会有"骈律"作者的增加。假如现在有一位"复古"的圣人出来下一道命令,要现在的女学生都缠三寸或四寸的小脚;仲密先生,你想这道命令能实行吗?他所以不能实行,只是因为这班女学生久已不认小脚的美了。虽然此时有许多女子还不能不衬棉花装大脚,但放足的趋势好像已超过未庄的赵秀才盘辫子的时代了(这个典故出在《阿Q正传》第七八章)。白话文与白话诗的趋势好像也已经过了这个"盘辫子"的时代;现在虽然还不曾脱离"衬棉花"的时代,但我们可以断定谢冰心、汪静之诸君决不致再回去做骈律了。最近的《学衡》杂志上似乎传出一个胡适之君做古体诗的恶消息,这个消息即使是真的,大概也不过是像昨天北京大学学生穿着蟒袍补褂做"盲人化妆赛跑"一类的事,不值得使《学衡》的同人乐观,也不值得使仲密君悲观的。

仲密君还有一个大错误,就是把"不思想界"的情形看作了"思想界"的情形。现在那些"参禅炼丹,或习技击,或治乱卜"的人,难道真是"思想界"中人吗?他们捧着一张用画片放在聚光点外照的照片,真心认作吕祖的真容,甘心叩头膜拜。这样的笨伯也当得起"思想界"的雅号吗?

仲密君举的例有朱谦之君的讲"古学",梅、胡诸君的《学衡》,章太炎先生的讲学。这都不够使我们发生悲观。朱谦之君本来只是讲"古学";他的《革命哲学》与他那未成的《周易哲学》,同是"讲古学"。他本不曾趋时而变新,我们也不必疑他背时而复古。梅、胡诸君的《学衡》,也是如此。知道梅、胡的人,都知道他们仍然七八年前的梅、胡。他们代表的倾向,并不是现在与将来的倾向,其实只是七八年前——乃至十几年前——的倾向。不幸《学衡》在冰桶里搁置了好几年。迟至1922年方才出来,遂致引起仲密君的误解了。

至于太炎先生的讲学,更是近来的一件好事,仲密先生忧虑"他的结果……只落得培养多少复古的种子"。这真是过虑了。太炎先生当日在日本讲学的历史,仲密君是知道的。东京当日听讲的弟子里,固然有黄季刚及已故的康心孚先生,但内中不是也有钱玄同、沈兼士、马幼渔、朱遏先诸君吗?仲密君又提及上海因太炎讲学而发生的言论。但以我所知,上海报界此次发生的言论并不表现何等盲目的复古论调。太炎先生有一次在讲演里略批评白话诗与白话文,次日即有邵力子与曹聚仁两君的驳论;曹君即是为太炎的讲演作笔记的人,这不更可以打消我们的疑虑吗?

最后,我想提出我自己对于现在思想界的感想:

我们不能叫梅、胡诸君不办《学衡》,也不能禁止太炎先生的讲学。我们固然希望新种子的传播,却也不必希望胡椒变甜,甘草变苦。

现在的情形,并无"国粹主义勃兴"的事实。仲密君所举的许多例,都只是退潮的一点回波,乐终的一点尾声。

即使这一点回波果然能变成大浪,即使尾声之后果然还有震天的大响,那也不必使我们忧虑。

文学革命的健儿们,努力前进! 文学革命若禁不起一个或十个百个章太炎的讲学,那还成个革命军吗?

1922,4,24

(原载1922年4月27日《晨报副刊》)

大家起来监督财政

　　　　　　　与其向政府讨账,不如向政府算账!

我们在《我们的政治主张》里,对于财政问题,只主张两点：

（一）彻底的会计公开；

（二）根据国家的收入,统筹国家的支出。

　　我们自信,这两条虽然简单,却是解决现今财政问题的唯一下手方法。近来司法长官辞职的呈文里,也认定财政之不公开与支配之不平均,为最大的病根。这个观察,我们认为不错。现在政府并不是绝对的没有维持政费与教育费的能力,政费与教育费的所以不能维持,只是因为财政不公开,由几个私人自由分配,自由侵吞,以致正当的用途反没有钱了。去年北京教育界要求交通部担任北京的教育费,他们的主张也只是要打破国家收入由各部自行支配的制度,但教育界一部分的力量是不济事的。我们以为现在各机关的人专向"索薪"一方面做功夫,乃是最下下策。我们不是叫化子,我们是国民,我们应该行使我们的职权来监督我们的财政。假如现在司法界的全体,教育界的全体,银行界的全体,以及各机关的人员有一个公同的组织,提出"会计公开,统筹支配"八个字做一个共同的大运动,进行则一齐进行,罢工则一齐罢工;法庭关门,监狱罢工,银行罢市,以及各机关同时停止。这样做去,一定可以达到我们的目的。

　　要证实我们的主张是不错的,我请大家仔细研究本年一二两月份盐余一项的收入与支出的实在情形。

　　△一月份共放盐余　　　　　　　3 760 000 元;
　　　由稽核总所支出　　　　　　　1 870 000 元;
　　　由财政部支出　　　　　　　　1 850 000 元。

我们再看财政部怎样支配这 185 万元：

(1) 陆军各项总计　　　　　　1 034 065 元；
(2) 海军　　　　　　　　　　 400 000 元；
　　陆海军总计　　　　　　　1 434 065 元；
　　占本月收入总数的百分之七七，五。
(3) 其他各项　　　　　　　　 415 934 元；

占本月收入总数的百分之二二，五〇，但是这各项之中，有 344 000 元是还债的。实在的非军费的支出，只有哈尔滨特别法庭 5 万元，与印铸局 2 000 元，共只有 52 000 元。这一个月 185 万元的收入，行政费只占了千分之二十八！

但是更可注意的是二月份的收支：

△二月份共放盐余　　　　　　3 650 000 元
　由核稽总所支出　　　　　　　770 000 元
　由财政部支出　　　　　　　2 880 000 元

这 2 880 000 元的支配是很简单的：

(1) 还债（四项）　　　　　　 440 000 元
　　占本月收入总数的百分之一五。
(2) 军费　　　　　　　　　　2 440 000 元
　　占本月收入总数的百分之八五。

这 244 万元之中，张作霖一个人拿去了 159 万元！其余 85 万是陆军各师与近畿军警饷。这一个月里的浮盐余差不多有 300 万元，不算少了，然而没有一个大多用在教育司法行政上！

我们再把这两个月总起来看：

一、二两月的净盐余有 4 730 000 元。军费去了 3 874 000 元，占了这两个月总收入的百分之八十一有零。行政费只占了百分之一有零。

两个敷月之中，司法方面得着 5 万元，教育方面不曾得着一个大钱。

所以我们说：现在政府并不是没有钱。因为财政不公开，因为罪恶的官吏可以自由支配国家的收入,所以我们到了这步田地,现在的对付方法没有别的,只有大家联合起来,齐心协力的做到"会计公开,统筹支配"八个字。如做不到,我们然后一齐罢工,法庭关门,监狱罢工,银行罢市,以及各机关同时停止!

十一,五,十九

(原载 1922 年 5 月 21 日《努力周报》第 3 期)

政论家与政党

"政论家可以不入政党,不组政党,而仍可以发生效力吗?"

这个问题现已在许多人的口头和心上了。我们的答案是:

有服从政党的政论家,

有表率政党的政论家,

有监督政党的政论家。

服从政党的政论家,纯粹是政党的鼓吹机关,自然是不能离开政党的,我们且不谈他。

表率政党的政论家,并不能代表一党的全部党员,只代表一党的思想阶级。他们是一党中的观象台,斥候队。他们观察时势,研究事实,替一党定计划,定方针。他们对内提出主张,要求本党的采用;对外说明本党的政策,替本党的政策作宣传与辩护。他们对于反对党,也只有公正的批评,不肯作恶意的攻击。他们对于本党的人物与政策,若认为不能满意时,也应该下公正的批评与弹劾。他们对于本党,因历史上或友谊上的情分,常存一种爱护的态度。但爱护和"姑息"大不相同。本党的人物与政策若不能满足他们的期望,他们要提出忠告;忠告不听,提出反对;反对无效,他们到不得已时,也许脱离旧党,出来另组新党。他们的责任是表率,不是服从;是爱护,不是姑息。他们虽在政党之中,而精神超出政党之上,足迹总在政党之前。

至于那监督政党的政论家,他们是"超然"的,独立的。他们只认社会国家,不认党派;只有政见,没有党见。也许他们的性情与才气是不宜于组织政党的;他们能见事而未必能办事,能计划而未必能执行,能评判人物而未必能对付人,能下笔千言而见了人未必能说一个字,或能作动人的演说而未必能管理一个小团体。他们自然应该利用他们的长处,决不应该误用他们的短处。他们也许有执行与组织的能力;但历史的原因(如美国的两大党),因时势的需要都可以使他们不便或不愿放弃他们的言论事业而投身于政党,况且社会上确然不应该没有一个超然的政论,不但立于一党一派之上(如上述的表率政党的政论家),并且立于各党各派之上,做他们的调解、评判与监督。这种独立的政论家,越多越有益,越发达越好。政党的政论总是染了色彩的居多;色彩越浓,是非越不明白。若没有一派超然的政论家做评判调解的机关,国内便只有水火的党见:不是东风压了西风,便是西风压了东风了!有时他们的责任还不止于评判与调解,他们是全国的观象台、斥候队。他们研究事实,观察时势,提出重要的主张,造成舆论的要求,使国中的政党起初不能不睬他,最后不能不采用他。他们身在政党之外,而眼光注射全国的福利,而影响常在各政党的政策。

有人说,"这种政论家,既无政党,自无政权,如何能使他们的主张发生效力呢?如何能影响各政党的政策呢?"

他们的武器有两种。第一是造舆论。一个新主张初成立时,总是居于极少数的;当这个时候,有势力的政党自然不屑注意它。但是有力的无党政论家往往可以帮助宣传这个不很惹人注意的主张;久而久之,这个主张成了空气了,政党就不能不光顾它了。于是在野的政党要用这个新主张来打倒当权的政党,于是当权的政党也要用它来维持它的地位。例如女子参政的问题和许多劳动立法的问题,在欧美各国,都是这样加入政治党纲中去的。第二是造成多数的独立选民。独立的政论家虽然无党,有时也可以说是有党;他们的党就是那许多无所统属的独立选人。在政治清明、教育发展的国家,总有一部分的选人是不常属于一党一派的;他们的向背是跟着各政党的政策与人物的优劣而变更的;今年赞成这一党,明年也许赞成那一党。在英国、美国那种两大党势均力敌的国家,独立选人的向背往往是政府起倒的关键。独立的选民也可以组成一个独立的小党,如英国的劳动党(Iabor Party)在议会里人数虽少,却可以操纵两大党,在立法上收极大的功效。在美国的独立选民是没有政党组织的;少数有政党组织的,如社会党,反不能收大功效;倒是那多数无党的"独立者"(Independents),可左可右,也可以左右两大政党的命运。就我个人亲眼看见的说,1912年大选举时,独立者倾向罗斯福,就使新起的进步党打倒当政权的共和党;1916年,进步党与共和党复和,但独立者倾向威尔逊,故1912年之少数总统,一跃而为1916年之多数总统,而进步共和两党合并的能力终打不倒民主党与独立者合并的能力。

在这个本来不惯政党政治,近来更厌恶政党政治的中国,今日最大的需要决不在政党的政论家,而在独立的政论家。独立的政论家只认是非,不论党派;只认好人与坏人,只认好政策与坏政策,而不问这是那一党的人与那一派的政策:他们立身在政党之外,而影响自在政党之中。他们不倚靠现成的势力,而现成的势力自不能不承认他们的督促。

十一,六,二

(**附论**)超然的政论、独立的政论,并不是麻木的政论与是非不明的政论。现在最可怪的一种现象就是舆论界的麻木与混沌。上海的报界在奉直战争时的议论,差不多全是"张作霖胜固可忧,吴佩孚败亦可喜"的论调;我们读了不能不回想到两年前直皖战争时代安福部的《公言报》;《公言报》虽坏,但远胜于近来这种麻木的"稳健"了!

北京近来的报纸更不能免这种麻木与混沌的责备。即如董康在这个时候敢出来做财政上的清理与改革,这种"捐木梢"的精神,不能不使我们佩服。舆论对他,至少应该表示一种同情的援助。然而北京的报界对他只有嘲笑与讥讽,甚至于那主张新文化的《晨报》也只有嘲笑与讥讽。董康的同情者倒是那远在三万里外的伦敦《太晤士报》与《孟彻司脱高丁报》![1] 这是我们不能满意的。

(原载1922年6月4日《努力周报》第5期)

---

[1] 编者注:《孟彻司脱高丁报》即《曼彻斯特卫报》(*Mauchester Guardian*)。

天津、保定间的捣鬼

此次去徐拥黎,在吴佩孚方面似出于诚意,而无耻之政客乘机做买卖,有的包围黎元洪,包办内阁;有的造出空气,沮黎来京,以便拥戴曹锟。本社现访得此种黑幕中的密电一束,先行发表,请国人注意。

(一)吴景濂东电(6月1日)

保定曹巡阅使吴巡阅使钧鉴。永密。日前到保,诸荷优遇,心感莫似。对徐问题,今日业经决议,即行通电,使其下野,望合力进行。黄陂复位,大局待决,问题甚多。揆席一人,非将南北各方无恶感或办事有热力者不克胜任。故昨与黄陂研及,提出敬舆兄(张绍曾),黄陂非常赞成。不日派员到保征求同意。特先奉闻,余俟洁清弟到保再面为详陈。吴景濂东。

据这个电报,张绍曾的内阁是吴景濂向黎元洪推荐的。

(二)吴景濂、张绍曾、边守靖江电(6月3日)

保定曹巡阅使吴巡阅使均鉴。敬密。近日大局丕变,谣言孔多。谨将由保返津后经过情形奉陈左右。此次约同王议长由保返津,在路中计划,本定积极进行国会,大局听自然变化,由尊处主持。后因次日黄陂约濂谈话,始提及总统问题,内阁问题。总统问题,黄陂表示愿为国牺牲之意。内阁问题,嘱濂代为觅人。嗣因在尊处曾经提出敬舆,故次日黄陂约午餐,即提出敬舆,征其意见。黄陂表示敬舆为总角之交,无可不可,并表示自己复位不要薪,其完全为国之意。又次日黄陂并约敬舆,当面言明希望共事之意。敬舆请其另想。黄陂表示极诚恳之意。至昨日午餐,王幼三等来津,力为孙伯兰运动组阁,并口经济调查会人以自重。而周少朴等亦野心勃勃,大肆活动。故黄陂现为鄂人研究系伯兰党所包围,受其鼓动,态度大变。今日表示不受何方面之拥戴,并须会员八百人同时劝驾,方能就职云。北京徐去,负责无人。全体现阁员顷又对国会表示奉还职权,倘如此迁延,恐生意外变化。望速决大计,免生枝节,至盼至盼。景濂绍曾守靖叩。江印。

(三) 张绍曾江电(6月3日)

急。保定曹巡阅使吴巡阅使南京齐督军开封冯督军鉴。永密。冬电敬悉。黄陂日来情形似非得多数省份军民及国会之拥戴,不肯到京就职。诚恐因此迁延时日,陷于无政府状态,况诸兄负推倒东海之责,又为首先拥戴黄陂之人,现竟有利用黄陂别有用意之蜚语。实于统一前途,反生阻力。今为救济计,拟请一面续电各省请公同力促黄陂就职,以示至诚。一面请各省迅派全权代表到京,协商政治之善后,以昭大信,且为黄陂不肯就职时救济之预备。总之,时局变化尚在无穷,不得不作因应一切之准备也。如此,则黄陂不至再有所怀疑,即谋我者亦无所施其破坏伎俩。此事关系甚巨。务恳斟酌至善,相机进行,并候明教。张绍曾叩。江。

(四) 吴佩孚支电(6月4日)

天津王幼珊、吴莲伯两议长,边洁卿议长,张敬舆将军同鉴。江电悉,吴佩孚等为统一民国,故敦请黄陂依法复位。凡有人心,当一致援促,早定国本。内阁问题,乃元首特权,某何人斯,敢行过问?公等请勿以此事相询。周少朴、孙伯兰等果材堪组阁,将来自有实现之日。乌用他人代为运动,令国人冷齿?敬舆以避迹远嫌为是,不宜瓜田李下自取热中之诮。国事至此,政客军人尚营营只督私利,真可痛哭也。幼珊、莲伯两兄应即代表议会,负责敦请元首克日还京,以巩中枢,再由元首提出总理,以南北众望允孚者为宜。内幕私图者,均非有心肝之人。特电奉复,无任企盼。吴佩孚。支。

边守靖吴景濂张绍曾之"敦密"江电本无王家襄之名,而吴佩孚

复电加上王家襄,遂揭穿江电的黑幕。

（五）张绍曾微电（6月5日）

急。保定吴巡阅使鉴。两奉支电,自应力劝黄陂到京复职。惟江日弟只发"永密"一电,请将连名江电原文见示,以便质证。弟绍曾叩。微印。

（六）王家襄吴景濂微电（6月5日）

万急。保定吴巡阅使鉴。顷接支日致家襄、景濂、洁卿、敬舆一电,文曰:"江电悉。佩孚等为此统一民国,故敦请黄陂依法复位,凡有人心,当一致援促,早定国本。内阁问题,乃元首特权,某何人斯,敢行过问？公等请勿以此事相询。周少朴、孙伯兰等果材堪组阁,将来自有实现之日。乌用他人代为运动,令国人冷齿？敬舆以避迹远嫌为是,不宜瓜田李下,自取热中之诮。国是如此,政客军人尚营营只瞀私利,真可痛哭也。幼姗、莲伯两兄应即代表议会负责敦请元首克日还京,以巩中枢,再由元首提出总理,以南北众望允孚者为宜。内幕私图者,均非有心肝之人。特电奉复,无任企盼。"等语,查江日家襄景濂并未与敬舆洁卿连名发电。尊处所收江电,究系何人所发,内容如何？乞将原文电复,俾明真相,无任企盼。王家襄、吴景濂微印。

（七）边守靖支电（6月4日）

保定曹巡阅使并转吴巡阅使钧鉴。敦密。黄陂复职,忽然犹豫。此中真相,谣言甚多。然据今日调查所得,其真因仍在国会东日之电。该通电只言合法总统,并未提及黎公之字。此中留余地甚多。且黎公有解散之嫌,恐上台后诸事办妥,国会与之捣乱,又为他人傀儡故欲双方赞成,不为拊制国会之地。此系外人方面之言。特电奉闻,藉备参证,再天津现在空气之坏,谣言之多,与数月前之北京等。弟从傍观之,实觉头疼,已决拟明日归里修墓,以避尘嚣,因祖茔战事后甚受破坏也。守靖叩。支。

此电的意思还想造空气,很明显的。但此时他也许已接得吴佩孚之支电,故末尾说要回家修墓了。

（八）边守靖微电（6月5日）

万急。保定曹巡阅使并转吴巡阅使钧鉴。敦密。日前江电,弟本因由保到津多日,恐尊处不知近日情形,故据有闻必录之一,电请存查。此电拟就,适吴、张二公前来,仓卒少加修饰,即行拍出。并未详核。顷接吴使与弟及王、吴两议长及张敬舆兄之支电,内开江电云云,是否即系指该电而言?如系指该电,请对莲伯兄之电即不必详复,以全支节。以该电原系报告性质,并无主持在内也。再此电中并无王议长之名,合并声明。莲伯兄等现在已追忆此中错误情形矣。弟守靖叩。微。

(九) 边守靖微二电(6月5日)

保定曹巡阅使并转吴巡阅使钧鉴。敦密。顷上微电,料应邀鉴。三人连名江电,本系三人共阅后,改正发出。因其中有对王幼珊不满意之词,恐该电宣布,因此激起国会暗潮。故决定由弟个人担任以免支节。务请酌核为盼。弟守靖叩。微二。

(十) 吴佩孚歌电(6月5日)

天津王幼珊、吴莲伯两议长、边洁卿议长、张敬舆将军同鉴。幼、莲两公微电,及敬舆微电,并洁卿敦密支电,均奉悉。承询江电原文,兹谨抄奉。文曰:"保定曹巡阅使吴巡阅使钧鉴。敦密。近日大局丕变谣言孔多……(电文见上〔二〕)……免生枝节,至盼至盼。景濂绍曾守靖叩,江印。"等语。特以奉闻,即希注詧。吴佩孚歌。

边守靖微二电要吴佩孚不宣布三日的敦密电,但吴佩孚究竟把此电发表了。

(十一) 张绍曾鱼电(6月6日)

急。保定吴巡阅使鉴。歌电敬悉。晤洁卿,始悉"敦密"江电原委。缘洁卿曾与弟及莲伯为一次之谈话。洁卿欲将天津空气告知尊处。弟与莲伯当以黄陂接谈经过相告。洁卿误认同意,联名发表。故有该电。今细阅该电后半文字,妄加考语,未免失当。奈党派中人说话习惯向来如此,良可慨也。弟绍曾叩,鱼印。

我们看张绍曾此电,竟想用"党派中人说话习惯向来如此,良可慨也"一句感慨话轻轻解释过去,真可谓"欲盖弥彰"了。

(十二)吴景濂虞电(6月7日)

保定吴巡阅使鉴。歌电诵悉。敦密江电,濂绝未列名。此复。吴景濂,虞印。

以上各项通电,读者自可了解,我们不必再加评语了。我们编辑完了,得一个感想,就是《我们的政治主张》里说的"公开是打破一切黑幕的唯一武器"。

(原载1922年6月11日《努力周报》第6期)

宣统与胡适

阳历 5 月 17 日清室宣统帝打电话来邀我进宫去谈谈,当时约定了 5 月 30 日(阴历端午前一日)去看他。30 日上午,他派了一个太监来我家中接我,我们从神武门进宫,在养心殿见着清帝,我对他行了鞠躬礼,他请我坐,我就坐了。他的样子很清秀,但颇单弱;他虽只十七岁,但眼睛的近视,比我还利害;他穿的是蓝袍子,玄色的背心。室中略有古玩陈设,靠窗摆着许多书,炕几上摆着本日的报十几种,内中有《晨报》和《英文快报》,炕几上还有康白情的《草儿》和亚东的《西游记》。他称我"先生",我称他"皇上"。我们谈的大概都是文学的事,他问起康白情、俞平伯,还问及《诗》杂志。他说他很赞成白话;他做过旧诗,近来也试作新诗。我提起他近来亲自出宫去看陈宝琛的病的事,并说我觉得这是一个很好的事。此外我们还谈了一些别的事,如他出洋留学等事。那一天最要紧的谈话,是他说的:"我们做错了许多事,到这个地位,还要糜费民国许多钱,我心里很不安。我本想谋独立生活,故曾想办一个皇室财产清理处。但这件事很有许多人反对,因为我一独立,有许多人就没有依靠了。"我们谈了二十分钟,我就告辞出来了。

这是五十日前的事。一个人去见一个人,本也没有什么稀奇。清宫里这一位十七岁的少年,处的境地是很寂寞的,很可怜的;他在这寂寞之中,想寻一个比较也可算得是一个少年的人来谈谈;这也是人情上狠平常的一件事。不料中国人脑筋里的帝王思想,还不曾刷洗干净。所以这一件本来狠有人味儿的事,到了新闻记者的笔下,便成了一条怪诧的新闻了。自从这事发生以来,只有《晨报》的记载(我未见),听说大致是不错的;《京津时报》的评论是平允的;此外便都是猜谜的记载、轻薄的评论了。最可笑的是,到了最近半个月之内,还有人把这事当作一件"新闻"看,还捏造出"胡适为帝师""胡适请求免拜跪"种种无根据的话。我没工夫去一一更正他们,只能把这事的真相写出来,叫人家知道这是一件很可以不必大惊小怪的事。

(原载 1922 年 7 月 23 日《努力周报》第 12 期)

本报特别启事

我们因为受了许多朋友的督促,已决意随时增添一些不限于政治的材料。但本报篇幅究竟有限,我们又不愿意把整篇的文艺作品割成碎段,所以我们现在决计,除每期酌添文艺思潮的作品外,自第十八期起,每月初的一期附刊一种《读书杂志》。

《读书杂志》的体例

（1）专篇的读书研究。

（2）翻译的名著。

（3）新书的批评及介绍。

（4）文艺的作品。

（5）每月一期,随每月第一周的《努力》出版,不另取报费。每期自一万二千字（一张）至二万五千字（二张）不等。

（6）外来投稿,是欢迎的。

请爱《努力》的朋友们把这个消息传出去！

（原载1922年8月27日《努力周报》第17期）

假使我们做了今日的国务总理?

记者:

你们在《努力》上曾责备颜惠庆、王宠惠不应该"没有计划的上台,没有计划的下台"。但是不但王宠惠至今没有计划,你们也不曾提出什么计划。难道你们有了那篇四个月前的《政治主张》就算完事了吗?

我有点忍不住了。今天拟了一个假定的计划,是专为目前的时局做的。一个人的理想自然是不会周到的。但你们曾说过,"一个平庸的计画,胜于没计画"。也许我这一个笨拙的发起,可以引出许多更好的,更高明的"大政方针"来呢。

十一,九,十二　　W.G.T

解决目前时局的计画

(一)政治的

大家都说,目前第一件要事是财政。其实那是错的。政治不能解决,财政决不能解决;你要办新税,各省不睬你;你要大借款,大家要反对;你要节省政费,裁了一千个冗员,还禁不起山海关附近的一炮! 所以我主张先从政治方面下手。我的计画是:

(1)由北京政府速即召集一个各省会议。

(甲)名称。如政府不受"联省会议"之名,尽可叫他做"全国会议",或"统一会议"。

(乙)组织。每省派会员四人(省议会举一人,省教育会与省商会各举一人,省政府派一人)。中央政府派三人。国会举三人。主席得由政府任命(以免纷争)。

（丙）地点。我主张在北京，因为北京虽在北京政府势力之下，然而比上海确实自由多了，文明多了。

（丁）权限。这个会议得讨论并议决关于下列各项问题：

a. 裁兵与军队的安插。
b. 财政。
c. 国宪制定后统一事宜。
d. 省自治的进行计划。
e. 交通事业的发展计划。

这五项问题，没有一项和国会的权限冲突的，国会不应该吃醋，政府也不应该因怕国会吃醋而不敢举行。况且此次政府召集的财政会议，岂不也是一种各省会议吗？既可以召集财政会议，何以不可以召集各省会议？况且我可以断定那单讨论财政的会议是无效的。

（2）由北京政府公开的调解奉直的私斗，消除那逼人而来的大战祸（对于这一件事，全国赞成弭兵的人也应该加入）。

我这个提议，初看了似乎未免带孩子气，但是我这话是板起面孔来说的正经话。本年四五月间的奉直战争固然是胜败太不彻底；但我们试问，奉直若再开战，就能打出一个彻底的结果了吗？况且人民有什么罪过，必须忍受这一回一回的战祸吗？即使一时打不起来，而两方拼命的预备作战，搜括一切款项，作为军费，那么浩大的军费也是人民不能长久负担的。况且前次直奉战争所以结束的快，大都是因为张作霖大举入关，故一败涂地；现在奉军若取守势，战祸便不知何日终了了。假使战事延长至两三个月，——这是很稳健的计算，北中国的什么事业（教育，矿业，工商，等）都不能不根本毁坏了。所以我们无论怎样推想，都回到一个同样的结论：直奉的私斗决不可不消除。

如果王宠惠们只愿做大官，只愿做一个"无抵抗力的内阁"（这是前某报的妙语），那也罢了。如果他们还想做像个样子的政治家，他们应该用公开的条件来调解消除直奉的私斗。我主张的条件是：

（甲）双方减缩军备，克期同时裁兵。

（乙）东三省取消独立，交还盐税及车辆。直系各省也不得提取铁路收入。

（丙）任曹张吴三人为北方裁兵专使。

（丁）北方各省实行废督,废巡阅使。

（戊）其他事项,由上述之各省会议解决之。

我也知道这件事决不是王宠惠们干得了的。但是我们既谈大政方针,就不能不列这一条了。我很希望国民注意此事,养成舆论,作一个实际上弭兵的大运动！就是王宠惠们干不了,这件事总得有人干的。

（二）财政的

财政的计划,说的最详细的是《努力》第八第九两期 RT 的《中国财政的出路》。他说财政的"根本整顿方法"分两项:

第一,划分中央财政和地方财政的界限。

第二,力行裁兵减政。

第一条是要靠国宪和各省会议的。此时空谈"划分财政",是没有用的。纸上的划分是早已有过的了。故单有国宪的规定,还是不够的;各省会议的一关是逃不过的。第二条的裁兵一项也必须等各省会议和奉直和议两事举行之后,方才可有把握。此时中央能行的只有减政一项。六七月间的减政计划,近来似乎又渐渐停顿了。大概欠薪太多是不能减政一个大原因。然而欠薪不能还而冗员又不能减,天天债台高上去,也终不成事体。如有相当时机,应该把陆军、海军参谋三部并作一部,设一个总长,两个次长,名为"军事部"。国宪制定之后,教育权既归地方,教育部也可废去,改为内务部的一司,此类的例甚多,一时不必细举了。

RT 君说的"目前过渡方法",也有两项:

第一,规定中央军政费之最大限度为每月五百五十万元。

第二,整理各项长短期内外债及垫款(包括欠薪),总数约四万万元。

他指出交通收入,盐余一部分。崇文关税,山西解款,四项每月不过三百万元。所以他主张等到适当的时期,举行大借款四万万元,以三万万四千万抵债,以三千万为一年军政费的补助,其余即作为裁兵基金。利息为六厘,担保为海关增率税。

他这两个过渡方法,其实只是大借款的一个法子。前天报上登出芮恩施在顾维钧茶会席上发表的财政演说,似乎可以表示政府确也有大借款的希望,但芮恩施的一篇浅薄的演说是没有用处的。外款非不可借,但现在政治未统一之前,大借款是决不能成立的。即使如芮氏说的,外国资本家肯借款,中国的国民未必肯承认这笔借款。借款给军阀政客去分赃,是决通不过的。

所以我主张现在救急的财政办法是:

(1)从速解决政治的纠纷。先从上文说的两事下手,……召集各省会议,消除直奉的战祸。

总计中央名义上的收入,应有

田赋	八千余万元
厘金及杂捐	四千余万元
关余	一千万元(依十一年度预测)
盐税	八千万元
杂税	五百万元
烟酒税	四千万元
印花税	六百万元
矿税	八十万元
中央机关收入	一百万元
官产收入	一千万元
总计	二万九千万元。

假如各省都像山西那样忠顺(山西省每年解中央二百余万元),中央的财政问题早已解决大半了。现在中央的势力不能放一个湖北省长或山东省长,还有人希望用财政会议来解决财政问题,岂不是做梦吗?即如盐税一项,别说那四川的一千万元,东三省近在咫尺,现在也扣留盐税了。这岂是一个财政会议就能解决的吗?所以我主张第一步是政治纠纷的解决。

(2)为目前计,宜从速宣布财政的收支实况,约如下各项:

(甲)收入尚有几项?

关余，

盐余，

省解款，

崇文关税。

中央机关收入：交通，农商，司法等。

（乙）负债实数：

a. 欠饷详数。

b. 临时军费。

c. 每月必需军饷总数。

d. 每月必需行政费（包括教育）。

e. 各机关欠薪实数（包括国会）。

f. 京师军警费。

g. 京师军警积欠。

h. 内外债到期应付利息。

i. 内外债到期应付本。

（丙）现在每月支出实数。

a. 究竟各军发饷若干？

b. 各机关发薪详报。

c. 各种内外债基金已拨付若干？

d. 其它实支。

（丁）收支比较，总亏若干？

这种公布是不可少的。政府现在想用一纸"依法惩办"的命令来禁止索薪的举动，那是自欺欺人的政策。即使你能禁索薪团的包围，你还不能禁各机关的罢工，更不能禁军队的闹饷。只有开诚布公的把财政的状况宣布出来，大家也许还可原谅政府一点。

况且政府为什么总不肯公布财政的实况呢？岂不是因为军费太多，怕人不平吗？其实当此变态的时代，军费之多自是大家意中之事，又何必瞒人呢？况且政府越秘密，大家越猜疑。所以越不能心平。所以倒不如一切公开的好。

况且国民若不知道财政的实况，政府虽有救济的计划，也不能得大家的赞助。假如政府此时下令回到民国元年各机关人员一律支薪六十元的办法,大家能不要求先查账吗?假如政府此时大借外债,大家能不要求先报告用途吗?所以我们可以说:没有公布,什么财政计划都行不去。

（3）公布财政实况之后,应通盘筹算,做一个目前救急的小计画。这个计画应分两个部分:

（甲）分还积欠。发给债券,按月摊还。

（乙）均平现状。无论交通财政,应与其他机关一律均平待遇。或发半薪,或竟回复元年每人六十元的办法。

这个计画应包括维持北京地方治安的方法。北京举行地税,专供地方之用,是应该办的。况且北京警察制度较完备。征收新税也不致有什么大困难。（北京中小学的经费也须由中央筹给,而北京市民不负一文钱的学校税,岂非怪事?）

（4）大借款如不可免,此时也只宜做计画,研究用途的分配,条件的磋商,而不能骤然实行,这时候若贸然做大借款,决没有不失败的!

以上计政治方面二条,财政方面四条,是我试做的对于目前时局的计画。此外尚有蒙古问题与承认俄国的问题。铁路问题与新银行团的问题,因不愿占《努力》太多的篇幅,此时只好不谈了。最后我要重引《努力》的话作结论:"一个平庸的计画,胜于没计画!"

（原载1922年9月17日《努力周报》第20期,署名W.G.T）

记第八届全国教育联合会讨论新学制的经过——附学校系统草案

十一年十月十一日下午二时,全国教育会联合会在济南开第八届成立会,这一次大会的重要问题,大家都知道是新学制问题。

第一天的会场上,这个问题便成了大家注意的中心了,教育部特派员陈容、胡家凤,带来了学制会议的议决案和教育总长提交学制会议的原案,各一百本。在开会之前,由主席非正式的分给各代表,部提原案的新学制案有一段引子,内中说民国元年,曾有一次教育会议,制定学制;现在隔了十年,已有修正的必要,所以提出这个学制改革案,九月间部里召集的学制会议,本是因为去年广州第七届全国教育会联合会的新学制草案而召集的。但部里的人偏要打官话,只提民国元年的教育会议,而绝不提及广州的大会议决案,这一层已很引起了许多会员的恶感。这一天开会时,教育部特派员代读教育总长汤尔和的致辞,内中提到学制会议。说这个会议,

> 为事浃旬,所得亦颇可观。惟教育事业,关系綦巨,省区状况,因应万殊;故调查宜求确实,探讨不厌精详。本部为教育行政中枢,自应秉甘白之虚衷,策措施之至当,尚希贵会诸君子悉心讨论,无隐无遗。

这几句话本是很明白的表示教育部希望联合会"悉心讨论"学制会议的议决案。但这篇致辞,事前并未曾印刷出来,又是用文言做的,读的又是江苏口音,故会员都听不懂。又主席代为分散的一本《教育总长交议案》,本是9月间提交学制会议的,但主席许名世头脑糊涂,不曾解释明白,所以有人竟误认为部里向联合会提出的议案(10月13日总事务所出版的会务日刊第二号,竟将此案登出,标题仍旧大书"教育总长交议案"!)教育部既向第八届联合会提议案,而案中竟完全抹煞第七届联合会的学制草案,岂不是打官话吗?当日

会场上引起很大的误会,全是这几种原因凑合造成的。

北京教育会代表胡适与部派员同车南下,车中谈及学制的问题,知道教育部致辞内虽有希望联合会"悉心讨论"的话,但部里总希望联合会维持学制会议的原案,不要大更动。12日上午,部派员访问了几省的代表,仍旧这样主张;稍明白当日情形的人,都知道是万难做到的。故开成立会时,胡适演说中,即提出一种调解的主张,大意说:

> 教育部召集学制会议时,完全打官话,全不提及广东的学制草案,好像他们竟不知道有第七届联合会议决新学制的一回事。教育部既打官话,不睬联合会,联合会本也可以打官话,装做不知道有学制会议的一回事。教育部十一年度的学制会议既可以直接到元年度的教育会议,我们第八届的联合会也可以直接到第七届联合会。但这样彼此打官话,究竟终不成事体,我们为的是要给中华民国制定一个最适宜的学制,不是彼此闹意气,所以我希望联合会的同人,千万不要再打官话了;还是老老实实的根据广州的议案,用学制会议的议决案来参考比较择善而从,定出一个第三草案来,把学制问题作一个总结束,呈请教育部颁布施行。

这个主张,大部分会员都认为有理,但会中激烈的分子还不满意。浙江代表许倬云上台演说,大骂:"教育部是什么东西?配召集学制会议!学制会议是一班什么东西,配定新学制!你们请看这本学制会议的新学制,那里有革新的意味?全是保存旧制。什么学制会议!明明是和我们教育会联合会开玩笑!现在的教育总长次长是什么东西!汤尔和、马叙伦都是我们浙江人,我现在兴之所之,且把他们的丑历史报告诸位听听……"于是他在台上痛骂了汤、马两人一顿。田中玉和两位部派员坐在台上静听。

其实学制会议还是高恩洪兼教育部的时代决定的,于汤尔和、马叙伦全无关系。这位浙江代表虽是借题发牢骚,但他主张"完全不睬学制会议,只认去年的广州原案和本年各省提出的修正案",也许是当日一小部分代表的心理(广东自然是如此的)。第一日的大会便因此弄成一种很紧张的空气了。

12日下午,开第二次大会,把议案分两组审查,凡关于学制,课程,地方教育行政制度的案子,归甲组;凡关系于这三项以外的事件,归乙组。大会完后,两组接着即分头开审查会,前一日大会完后,部派员即去访问浙江代表,解释学制会议的经过。故甲组开会时,许倬云即宣言,愿意把学制会议的议决案作为一种参考的底子,各省代表无异言,这个意思便成了审查会的一个原则了。是日甲组仅推定江苏代表袁希涛为主席,许倬云为书记,定次日开会,即散会。

散会后,部派员陈容、胡家凤到津浦宾馆访问北京代表胡适、姚金绅,讨论学制问题。他们此时已承认学制会议的原案是不能不改动的了,但他们总希望改动越少越好,所以希望胡适的调和论占胜利,怂恿胡氏提出一个折衷调和的修正案。胡适也虑审查会若无书面的底本,必致口头争论漫无限制,拖延时日,遂应允起草。这一晚上,从下午五时起,由胡、姚二氏起草,逐条皆与两位部派员讨论商酌。到次日晨一时,始草完。次日由胡适誊清稿,逐条下皆注明所根据的底本,如用广州原案第五条则注明"广五",下注参用学制会议的"制三";又如用学制会议的第五条则注"制五",下注参用江苏修正案的"苏五"。次日付印后,即由胡适提出审查会,作为讨论的底本。为便利起见,我们叫他做"审查底案"。底案的大旨,有几点:

（1）精神上大部分用广州案,而词句上多采用学制会议案。

（2）初等教育一段用广州案,稍加修正,学制会议承认了山西提议的七年小学今删去。

（3）中等教育一段,采学制会议案,以四二制为原则,以三三制为副则,但加一条"三年期之初级中学课程,应与四年期之初级中学前三年之课程一律。"

（4）职业学校一项,采用学制会议的概括主义,而不用广州案的列举主义,图上也用学制会议案的斜线。

（5）师范学校定为六年,依学制会议的图表,六年自为一栏,而不采广州案图表上把前三年画入初级中学的办法。

（6）高等师范只依旧制存在,不列入系统图;删去了学制会议降低一年的高等师范。

（7）师范大学,为单科大学之一种,收受高级中学毕业生,修业四年。

（8）学制会议降低了专门学校一年，收受初级中学毕业生。这是和广州案的精神大背的，故仍依广州案，提高二年。

（9）大学一项，酌采两案。

（10）凡学制会议中顾全旧制之处，如甲乙种实业学校之类，皆改为"附注"，不列入正文。

（11）学制会议有"注意"四条，今采"选科""补习"两条分入相当的各段；余两条：一论"天才教育"，一论"特种教育"，仍保存了，列为附则。

这一案提出之后，甲组审查会即根据他讨论。甲组开了五次会，至14日下午五时，全案讨论完毕。会场上讨论最激烈的几点，这几点的结果如下：

（1）七年的小学，仍得存在，但不承认学制会议中"七年毕业者，得入初级中学二年级"的一句，并且不列入学制。

（2）中学校仍回到三三制为原则，四二制与二四制为副则，文句仍用广州案。（此条讨论最烈，又最久）。

（3）高等师范不列入新学制一条，也颇有异议，但结果仍依底案，不列入学制。

（4）为救济初级中学教员之不足，审查会增入两条办法：

（甲）大学校与师范大学设二年期之师范专修科。

（乙）师范学校与高中之师范科俱得设展长二年之师范专修科。

讨论既毕，公推袁希涛、胡适、许倬云三人起草，根据讨论的结果，修正胡氏拟的底案。15日（星期）夜间，起草员开会，草改修正案，是为"起草员案"。起草员案有两点是新添的：

（1）中学校用三三制为原则，四二制为副则，但二四制不列入正文，而加一附注"四二制之中学校，其初级前二年得并设于小学校。"

（2）本年江苏师范学校会议，议决不办师范学校前三年，把五年的经费并起来专办后三年。起草员认此办法为最妥善，故添一条"师范学校得单设后三年，收受初级中学毕业生。"（图上采用教育部交议原案的办法）。

17日上午,甲组审查会开第八次审查会,讨论起草员案,全文经文字上的修正后,都通过了。只有二四制不列入正文的一项,不能通过。主张二四制最力的浙江代表经亨颐认为"太无诚意!"。后来删去附注,仍把二四制列入正文为副则之一。

全案修正通过后,作为"审查会报告案",付印分发各会员,预备明日(18)提出大会。但此案可以安稳通过大会,大概是无疑的了。

附《学校系统草案》(审查会报告)

标准

(一)适应社会进化之需要。

(二)发挥平民教育精神。

(三)谋个性之发展。

(四)注意国民经济力。

(五)注意生活教育。

(六)使教育易于普及。

(七)多留各地方伸缩余地。

学校系统图

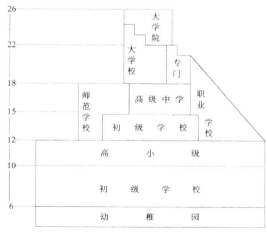

(本图左行之年龄表示各级学生入学之标准,但实施时,仍以其智力与成绩,或其他关系分别定之。)

说明

（一）初等教育

（1）小学校修业年限六年。

（附注一）依地方情形，得暂展长一年。

（2）小学校得分初高两级，前四年为初级，得单设之。

（3）义务教育年限暂以四年为准，各地方至适当时期得延长之。义务教育入学年龄，各省区得依地方情形自定。

（4）小学课程得于较高年级，斟酌地方情形，增置职业准备之教育。

（5）初级小学修了后，得与以相当年期之补习教育。

（6）幼稚园收受六岁以下之儿童。

（7）对于年长失学者宜设补习学校。

（二）中等教育

（8）中学校修业年限六年，分为初高两级：初级三年，高级三年。但依设科性质，约定为初级四年，高级二年，或初级二年，高级四年。

（9）初级中学得单设之。

（10）高级中学应与初级中学兼设，但有特别情形时得单设之。

（11）初级中学施行普通教育，但得视地方需要，兼设各种职业科。

（12）高级中学分普通，农，工，商，师范，家事等科。但得酌量地方情形，单设一科，或兼设数科。

（附注二）依旧制设立甲种实业学校，酌改为职业学校，或高级中学农、工、商等科。

（13）中等教育采用选科制。

（14）中等教育得设补习学校，或补习科。其补习之种类及年限，视地方情形定之。

（15）职业学校之期限及程度，得酌量各地方实际需要情形定之。

（附注三）依旧制设立之乙种实业学校，酌改为职业学校。

（16）师范学校修业年限六年。

（17）师范学校得单设后三年，收受初级中学毕业生。

（18）师范学校后三年得酌行分组选修制。

（19）为救济初级小学教员之不足，得酌设相当年期之师范学校或师范讲习科。

（20）为救济初级中学教员之不足，得设二年期之师范专修科，附设于大学校教育科或师范大学校；亦得设于师范学校或高级中学师范科，收受师范学校，及高级中学毕业生。

（21）为推广职业教育计，得于相当学校内，酌设职业教员养成科。

（三）高等教育

（22）大学校设数科，或一科，均可。其单设一科者称某科大学校，如医科大学校，法科大学校，师范科大学校之类。

（23）大学校修业年限四年至六年。各科得按其性质之繁简，于此限度内，斟酌定之。

医科大学校及法科大学校修业年限至少五年。

（附注四）依旧制设立之高等师范学校，应于相当时期内提高程度，收受高级中学毕业生，修业年限四年，称为师范大学校，或改为大学校之教育科。

（24）大学校用选科制。

（25）专门学校修业年限三年或四年。高级中学毕业者入之。四年毕业者，其待遇与大学四年毕业者同。

医学及法政专门学校，修业年限定为四年。

（26）大学校及专门学校得附设专修科，修业年限不等。凡志愿修习某种学术或职业，而有相当程度者入之。

（27）大学院为大学毕业及具有同等程度者研究之所，年限无定。

（四）附则

（28）注重天才教育，得变通教材及年期，使优异之智能尽量发展。

（29）对于精神上或身体上有缺陷者，应施以相当之特种教育。

审查长：袁希涛

审查员：胡适、张鹤浦、何日章、黄炎培、庆汝廉、陈鸿模、许倬云、吴炳南、方克刚、经亨颐、李㵎、段育华、刘炯文、徐鸿铎、金曾澄、徐方汉、王兴义。

（原载1922年10月22日《努力周报》第25期）

我们还主张召集各省会议

我们在第二十二期上曾说,我们再三考虑现在的政治情形,只有下面的简单结论:

(1)武力统一是绝对不可能的,做这种迷梦的是中国的公贼!

(2)宪法是将来的政治工具,此时决不能单靠宪法来统一的。

(3)大革命——民主主义的大革命——是一时不会实现的;希望用大革命来统一,也是画饼不能充饥。

(4)私人的接洽,代表的往来,信使的疏通,都是不负责任的,都是鬼鬼祟祟的行为,道理上这种办法是不正当的,事实上这种办法是很困难的。分赃可用此法,卖国可用此法,谋统一不可用此法。

(5)在今日的唯一正当而且便利的方法是从速召集一个各省会议,聚各省的全权代表于一堂,大家把袖子里把戏都摊出来,公开的讨论究竟我们为什么不能统一,公开的议决一个实现统一的办法。

我们现在还是这样主张。我们在第二十期,又曾讨论这个各省会议的组织;我们当日的主张是:

每省派四人(省议会一人,省教育会与省商会各举一人,省政府派一人)。中央政府派三人。国会举三人。

我们当日主张这个会议的讨论并议决关于下列各项问题:

a. 裁兵与军队的安插,

b. 财政,

c. 国宪制定后统一事宜,

d. 省自治的进行计划,

e. 交通事业的发展计划。

这个主张,有这几个要点:

第一，用会议式来解决国事，是正当的办法。

第二，公开的会议，打破不负责任的推诿与买卖。

第三，这是"全权"的各省代表会议，议决的东西是有效的。

第四，他们是现在推举出来的。虽未必"代表真正公意"，比那十年前选出的代议士的代表资格何如？

对于这个各省会议表示怀疑的人，自然不少。总结起来，不出三种反对论：

第一，怕各省不来，或不能全来。

第二，怕和国会的职权相重复，或相冲突。

第三，怕讨论出的结果，各省军阀"你观我望，置诸不睬"。

但这三种反对论都是可解释的。第一只须在组织法里明白规定法定开会人数，和法定表决有效的省数，那就不必各省全到了。美国的宪法制定后，十三邦之中，有了九邦追认了，联邦政府就成立了。第二，国会和各省会议并无冲突，我们（在二十期里）已说过了。况且现在这种国会，丑态毕露，天天做自杀的行为，天天自绝于国人；闹到将来，也许国会本身的问题也要靠各省会议来解决呢！第三，怕军阀不奉行各省会议的议决案，这一层更不必虑了。如果这个各省会议确能讨论出一些具体的办法来，如果这个各省会议确能号召舆论的注意与援助，我们可以断定军阀不敢反抗的。军阀今日已成强弩之末了。大多数的军阀是被钱神灌饱了，实在没有大志，只图一个满载而归；少数有政治野心的，究竟还有点好名之心，不敢公然冒大不韪，与舆论为敌。如果各省会议有可以号召全国舆论的人才与计划，军阀决不敢反抗的。

我们不信政治上有什么包医百病的良药。但我们深信现在这种坐而待毙的怪现状是不行的；支支节节的敷衍也是不行的；狭义的大复仇主义是不行的；偷偷摸摸的接洽，鬼鬼祟祟的买卖，是不行的。我们在这个沉闷可怜的空气里，回转头来，看看我们的老百姓受的痛苦，看看我们的无数同胞忍泪吞声的受痛苦，我们不能不问问自己：

究竟有什么救急的法子没有？

究竟有什么可以一试的法子没有？

我们的答案是：从速召集一个各省会议。国内反对或怀疑的人，我们也希望他们也平心静气的问问自己：

究竟有什么可以一试的救急法子没有？

（原载1922年11月12日《努力周报》第28期）

谁是中国今日的十二个大人物？

上海的《密勒氏评论报》(The Week by Review)现在举行一种投票，征求读者选举"中国今日的十二个大人物"。这种选举，定于明年1月1日截止；但每周的结果，在那报上发表的，已有四次了。

11月4日的结果是：

1. 王宠惠　　7. 蔡元培
2. 孙　文　　8. 阎锡山
3. 顾维钧　　9. 王正廷
4. 吴佩孚　　10. 陈炯明
5. 冯玉祥　　11. 余日章
6. 张　謇　　12. 颜惠庆

11月11日的次第和票数如下：

1. 孙　文 331票　　7. 张　謇 239
2. 顾维钧 323　　　8. 阎锡山 227
3. 冯玉祥 313　　　9. 余日章 187
4. 王宠惠 313　　　10. 王正廷 185
5. 吴佩孚 286　　　11. 黎元洪 149
6. 蔡元培 246　　　12. 陈炯明 145

这种报是英文的周报，行销于寓居中国的美国人和其他英语人士的居多，故这种投票只可以表示这一派人的倾向，本不值得什么严重的注意。办理这次选举的人，似乎亦不很知道中国的情形；如10月28日的报上，章行严有一票，而章士钊另有四票；11月11日的报上，章炳麟有十九票，而章太炎另有五十四票；他们竟不知道这四个姓章的,原来只是两个人!

但上海的一种有势力的英文报上竟因此大发其议论,说这一次投票的结果,是英美留学生占过半数,而且基督教徒占过半数,可见英美教育和基督教的影响之佳和势力之大了。这种论调便不能不引起我们的抗议了。我们因此试问自己:

谁是中国今日的十二个大人物?

我们也拟一张名单,请大家看看。我们不能说我们的意见比那三百多人的意见更能代表中国多数人的意见;我们至少可以说我们的意见似乎更公平一点。我们举的十二个人是:

第一组　学者三人:

　　章炳麟(太炎)

　　罗振玉(叔蕴)

　　王国维(静庵)

第二组　影响近二十年的全国青年思想的人四人:

　　康有为(长素)

　　梁启超(任公)

　　蔡元培(孑民)

　　陈独秀(仲甫)

第三组　影响虽限于较小的区域,而收效很大的,二人:

　　吴敬恒(稚晖)

　　张　謇(季直)

第四组　在近二十年的政治史上有很大的势力的。三人:

　　孙　文(中山)

　　段祺瑞(芝泉)

　　吴佩孚(子玉)

第一组的三人,社会上只知道章太炎而很少知罗王两位的;故《密勒氏评论报》的投票,章先生得七十三票,罗先生只得四票,而王先生一票也没有。其实章先生的创造时代似乎已过去了,而罗王两位先生还在努力的时代,他们两位在历史学上和考古学上的贡献,已渐渐的得世界学者的承认了。

第二组的人是不须介绍的。但我们看《密勒氏评论报》上的选举结果，康有为只三十二票，比梅兰芳只多十票，而比宋汉章还少五票，未免有点不平。康先生近年来虽然老悖了，但他在中国思想史上的位置是不能抹煞的。梁任公在《密勒报》上得的票数（一〇五），只比聂云台多一票，这也不能使人心服。

第三组的两人，张季直之外，我们不举阎锡山而举吴稚晖，这一点自然要引起一些人的疑问。吴先生是最早有世界眼光的；他一生的大成绩在于提倡留学。他先劝无锡人留学，劝常州人留学，劝江苏人留学，现在还在那里劝中国人留学。无锡在人才上，在实业上，所以成为中国的第一个县份，追溯回去，不能不算他为首功。东西洋留学生今日能有点成绩和声望的，内中有许多人都受过他的影响或帮助。他至今日还是一个穷书生；他在法国办勤工俭学的事，很受许多人（包括我在内）的责怪。但我们试问，今日可有第二个人敢去或肯去干这件"捐末梢"的事？吴稚晖的成绩是看不见的，是无名的，但是终久存在的；阎百川在山西的成绩是看得见的，然而究竟是有限的。所以我们不得不舍阎而举吴了。

第四组的三人，也不用特别介绍。我们只要指出，段芝泉虽然失败了，但他在历史上的位置究竟在黎宋卿一群人之上；我们不愿用成败来论人，自然不能不把他列入十二人之数了。

十一，十一，十五夜

（原载 1922 年 11 月 19 日《努力周报》第 29 期）

回顾与反省

今天的纪念盛会，我很想说几句话；不幸我在病中，不能正坐写字，所以只能极简单的发表一个意见，一面纪念过去，一面希望将来。

我看这五年的北大，有两大成绩。第一是组织上的变化，从校长学长独裁制变为"教授治校"制；这个变迁的大功效在于：（一）增加教员对于学校的兴趣与情谊；（二）利用多方面的才智；（三）使学校的基础稳固，不致因校长或学长的动摇而动摇全体。第二是注重学术思想的自由，容纳个性的发展。这个态度的功效在于：（一）使北大成为国内自由思想的中心；（二）引起学生对于各种社会运动的兴趣。

然而我们今天反观北大的成绩，我们不能不感觉许多歉意。我们不能不说：学校组织上虽有进步，而学术上很少成绩；自由的风气虽有了，而自治的能力还是很薄弱的。

我们纵观今天展览的"出版品"，我们不能不挥一把愧汗。这几百种出版品之中，有多少部分可以算是学术上的贡献？近人说，"但开风气不为师"（龚定庵语）。此话可为个人说，而不可为一个国立大学说。然而我们北大这几年的成绩只当得这七个字：开风气则有余，创造学术则不足。这不能不归咎于学校的科目了。我们有了二十四个足年的存在，而至今还不曾脱离"裨贩"的阶级！自然科学方面姑且不论；甚至于社会科学方面也还在裨贩的时期。三千年的思想、宗教、政治、法制、经济、生活、美术……的无尽资料，还不曾引起我们同人的兴趣与努力！这不是我们的大耻辱吗？

至于自治一层，我们更惭愧了。三年组不成的学生会，到了上一个月，似乎有点希望了。然而两三星期的大发议论，忽然又烟消雾散了！10月17日的风潮,还不够使我们感觉学生自治团体的需要吗？今回办纪念会的困难,还不够使我们感觉二千多人没有组织的痛苦吗？

我们当这个纪念过去的日子,应该起一种反省：

学校的组织趋向于教授治校,是一进步。

学校的组织与设备不能提高本校在学术上的贡献,是一大失败。

学校提倡学术思想上的自由,是不错的。

学校的自由风气不能结晶于自治能力的发展,是一大危机。

所以我个人对于这一次纪念会的祝词是：

祝北大早早脱离裨贩学术的时代,而早早进入创造学术的时代。

祝北大的自由空气与自治能力携手同程并进。

（原载1922年12月17日
《北京大学日刊·本校第二十五年之成立纪念号》）

新年的旧话

我病中想寻几句好听的话来做新年的颂词,想来想去,觉得还是我在第二十二期和二十八期上两次申说的一段旧话,最合用,最可以代表我们在这个时候的希望。所以我很郑重的第三次(一字不改的)向全国人士提出这些旧话,祝大家的新年

（1）武力统一是绝对不可能的,做这种迷梦的是中国的公贼!

（2）宪法是将来的政治工具,此时决不能单靠宪法来统一的。

（3）大革命——民主主义的大革命——是一时不会实现的——希望用大革命来统一,也是画饼不能充饥。

（4）私人的接洽,代表的往来,信使的疏通,都是不负责任的,都是鬼鬼祟祟的行为。道理上这种办法是不正当的,事实上这种办法是很困难的。分裂可用此法,卖国可用此法,谋统一不可用此法。

（5）在今日的唯一正当而且便利的方法是从速召集一个各省会议,聚各省的全权代表于一堂,大家把袖子里把戏都掇出来,公开的讨论究竟我们为什么不能统一,公开的议决一个实现统一的办法。

（原载 1922 年 12 月 31 日《努力周报》第 35 期）

胡适启事(二则)

1　我从山东回来,卧病至今,尚未完全痊愈。这一期的稿子,是我口述由我的侄儿思永笔记的。我应该感谢他。

(原载 1922 年 7 月 23 日《努力周报》第 12 期)

2　我因为年来不知节劳,起居无度,以致久病;现已向北京大学告假一年,使我可以休息养病。此事已蒙蔡校长允许,自 12 月 17 日起,离校休假。以后朋友赐信,请直寄北京钟鼓寺十四号转。

(原载 1922 年 12 月 24 日《努力周报》第 34 期)

1923 年
"胡适先生到底怎样?"

这是上海《民国日报》邵力子先生一条"随感录"的标题。关于这个问题,北京颇有几位医生研究过;但是他们还不曾有简单的答案。最近我因发现糖尿,从 12 月 29 日起,住在亚洲第一个设备最完全的医院里,受了三十次的便尿分验,三次的血的分验,七日的严格的食料限制;内科专家也看过,神经科专家白发的 Woods 博士也看过。然而他们到今天还不肯给我一个简单的答案。这并不是怪他们本事不行;这正是恭维他们的科学精神;因为科学精神的第一个条件是不肯轻下判断。但是我的病,我的告假,似乎颇引起了一些人的误会。上个月我在国语讲习所告假,那边就有人疑心我的告假是和国务会议"取缔新思想"的议案有关系了。现在邵力子先生这一段"随感录",很带有同样的疑心。他引《向导》周报国焘的话:

> 目前怎么样办呢?还是三十六计,跑为上计呢?还是坚持原来的主张呢?还是从此更有新的觉悟呢?

他接着就提到我因病向大学请假一年的启事;他虽不明说,然而他的疑心是很明显的。我借这个机会敬告邵力子先生和有同样疑心的人:

"三十六计,跑为上计";这种心理从不曾到过我脑子里。中国的事所以糟到这步田地,这种卑劣的心理未尝不是一个大原因。我们看看租界上的许多说风凉话高谈主义的人,许多从这里那里"跑"来的伟人小政客,就可以晓得这种卑劣心理造的福和种的孽了!

我是不跑的。生平不知趋附时髦;生平也不知躲避危险。封报馆,坐监狱,在负责任的舆论家的眼里,算不得危险。然而"跑"尤其是"跑"到租界里去唱高调:那是耻辱!那是我决不干的!

十二,一,五　胡适在协和医院

(原载 1923 年 1 月 7 日《努力周报》第 36 期)

蔡元培与北京教育界

我们读了蔡先生的宣言,应该明白两点:第一,他个人因为政治太黑暗了,"不能再忍而立刻告退了"。他自己的态度并不是完全消极的;他自己指出"退的举动并不但是消极的免些纠纷,间接的还有积极的势力"。这句话的意思,依我们看来,似乎是说:他的一去,明明是对恶政治的一种奋斗方法。假如他的抗议能引起一般人已经麻木了的政治感觉,那就是积极的势力了。无论如何,他的去志是十分坚决的。他既以他的一去为奋斗,他决不会回来了,这一点是很明白的。

明白了这一点,我们所以不主张挽留蔡先生,蔡先生是挽留不住了的;我们不如承认他的决心,体贴他抗议而去的精神;我们只能希望他能以自由个人的地位,继续作谋政治清明的奋斗;我们不应该学那个糊涂的黎元洪,劝他"勉抑高怀,北来视事"!

第二,他对北京大学的态度,也是很明白的。他说,"五四风潮以后,我鉴于为一个校长的去留的问题,生了许多枝节,我虽然抱了必退的决心,终不愿为一人的缘故,牵动学校。所以近几年来,在校中设立各种机关,完全倚教授为中坚,决不至因校长问题发生什么危险了"。这是他对于北京大学的态度。他不愿为一人而牵动北京大学,自然更不愿为一人而牵动北京学界了。

明白了这一点,我们所以主张:北京教育界应该认清蔡先生"不愿为一人的缘故,牵动学校"的苦心;应该继续维持各学校。北京教育界中的人,自然有许多对于蔡先生抗议的精神极端表示同情的;但同情的表示尽可以采取个人行动的方式,不必牵动学校。如有赞成他的不合作主义的,尽可以自行抗议而去。如有嫌他太消极的,尽可以进一步作积极的准备；个人行动也好，秘密结合也好，公开鼓吹也好，但都不必牵动学校。

至于北京教育界现在已经用团体名义进行的两件事——去彭允彝与国会殴打学生案——自然不能不仍用团体名义进行。但非至十分不得已的时候，总应该以不牵动学校为是。这几年的经验给我们的教训是：一切武器都可用；只有"罢课"一件武器，无损于敌人而大有害于自己，是最无用的。

至于政府方面，我们也不能不对他们提出一种"尽人事"的忠告。我们的忠告是：

（1）彭允彝是不能不去的。这一个无耻政客本不值得教育界全体的攻击；但事到如今，可不同了。教育界攻击彭允彝，并不是攻击他本身，乃是攻击他所代表的东西。

第一，彭允彝代表"无耻"。第二，彭允彝代表政府与国会要用维持一个无耻政客来"整饬学风"的荒谬态度。这个态度，从黎元洪对教员代表的谈话和张我华、王用宾们在参议院的宣言里，都可以看出来的。如果黎元洪、王用宾们真以为维持一个无耻的小人就可以整饬学风，他们真是添柴而想止沸，真是昏愦糊涂之极了。

（2）北京大学的校长是断不可随便任命的。今日的北京大学，有评议会和教授会可以维持秩序；蔡先生就不回来，这种"教授治校"的制度是可以维持下去的，此时国中绝无可以继任蔡先生之人；现政府的夹袋中自然更没有可以做北大校长的人了。如果政府倒行逆施的硬要派一个新校长来，——如民国八年徐世昌派胡仁源的故事，——我们可以预料全国（不但北大）一定要反抗的。我们不看见北京高等师范的故事吗？高师闹了许多校长的风潮，现在没有校长，由评议会治校，倒可以维持秩序了。

这两点，我们明知是白白地说了的。但我们为教育界前途计，明知无益，终于忍不住要说了。

十二、一、二十五

（原载 1923 年 1 月 28 日《努力周报》第 39 期）

一年了！

今天是《努力》第二年的第一期。一个小小的周报的周年，是不值得庆祝的，所以我们也不给他做周岁了。

《努力》的产生，是由于一点忍不住的冲动，希望在一个无可奈何的境地里，做一点微薄的努力。

我们回头看这一年的成绩，心里实在觉得惭愧。但过去的是过去了；我们现在只应继续地努力。我们深信，有意识的努力是决不会白白地费掉的！

我们这一年之中，最可欣幸又最可感谢的是那些帮助我们努力的许多朋友。这些同志的帮助，使我们觉得我们走的道路究竟不十分寂寞；使我们觉得这种努力究竟是有趣味的。

我们借这个机会，感谢那许多替《努力》做文章的朋友，并感谢那些替《努力》介绍或发行的朋友，我们尤其感谢我们的朋友章洛声和江裕如两位先生：他们牺牲了一年的休暇时间，给《努力》做发行的事务；若没有他们，《努力》也决没有今日。

十二、五、十　上海

（原载 1923 年 5 月 20 日《努力周报》第 53 期）

一师毒案感言

　　古人说,"暴得大名,不祥"。这句话是很有理的。名誉是社会对于一个人或一个机关的期望的表示。例如人说某学校是"最高学府",这就是说社会期望某学校做"最高学府"。如果将来某学校不能做到社会的期望,他就要使社会大失望了。期望愈大,愈容易失望;失望愈大,责备也愈严重。所以享大名的人,跌倒下来,受的责备比常人更大更多。所以古人说,暴得大名是一件不祥之事。

　　浙江一师自民国八年以后,忽然得着一种很可妒羡的盛名。社会上的新分子夸奖一师,说他是东南新思想的中心;社会的旧分子攻击一师,说他是危险思想的出产地。夸奖与攻击,无论是否正当,都帮助一师的名誉飞跃到很可妒羡的地位。本省内地的学生纷纷来投考一师,自不消说;甚至于我们徽州的少年,不甘受内地旧学校的束缚的,也都纷纷赶到杭州,想尝尝浙江一师里新思潮的滋味。我曾看见徽州学生程憬的日记,他记载当日投考被取时的心理,真有"出幽谷而迁乔木"的高兴。一个中等学校得此盛名,岂不很可妒羡吗?

　　一师背着"东南新思潮的一个中心"的盛名,已三四年了。"新思潮"是什么东西?在我个人看来,新思潮并不是几种生吞活剥的主义;新思潮所以能自别于旧思想,只靠一点:只靠一种新的态度。这种态度,我们叫他做"评判的态度"。无论对于何种制度,何种信仰,何种疑难,一概不肯盲从,一概不肯武断,一概须要用冷静的眼光,搜求证据,搜求立论的根据,搜求解决的方法:这便是评判的态度。这种精神的有无,便是思想新旧的区别点。但这种精神的有无,是不靠口头和笔头的表现的。最可靠的试验是,当一种困难问题发生时,要能用这种评判的态度去应付解决。多少负盛名的个人与机关,都因禁不起这种试验而使人失望了。现在竟轮到浙江一师的头上了!

浙江一师受的试验,乃是一件"空前"——而且我们渴望他"绝后"——的惨剧,就是本年的毒案。这件案子太惨了;太出于寻常情理之外了;我们关心一师的人,都怕一师禁不住这种突现的,奇惨的试验。因为他太离奇了,所以有种种无稽的谣言起来:有人说,一师大门外弓弦形的新路造坏了;有人说,杭州有妖怪作祟;有人说,这是无政府党的恶谋。因为他太悲惨了,所以身受和旁观的人都忍不住感情的冲动,都自然想尽量表现感情方面的要求:于是有主张念经拜忏追荐死者的,有提议发给死者毕业文凭的,有过分苛责学校办事人的,有用煽动感情的态度来督促法庭的。一师的教职员和学生处这种奇惨奇难的境地,是很不容易的。一师居然能于短时期中恢复上课,居然能不为种种谣言所扰乱,居然能不参加种种迷信的举动,居然能至今还保存一种冷静的态度,静候法庭侦查审判的结果:这一次奇惨奇严的试验,一师至少可以说是及格的了!

我们现在对于一师,只有两种希望。第一,希望一师继续保持这种不武断不盲从的态度,来研究这件毒案。这案子若果能有水落石出的一日,谋杀的凶手若果能伏罪受刑,那自然是最好的事。但我们若能暂时离开报仇雪恨的态度,若能用犯罪心理学的眼光来观察这件案子,我们不能不疑心这件案子或者不能全靠法律,而或者须借助于病态心学。一餐饭的结果,毒死者二十四人,病而未死者一百九十一人,这是何等恶毒凶狠的事! 最容易的解释,自然是"有意谋害"说。但我们在事过境迁之后,平心研察,总觉得这个解释很难成立;总觉得无论何种不共戴天的仇恨,总不能引起谋害二百三十几条人命的动机。所以我们从心理学上着想,总觉得这件案子可以有三个假设的解释:一是有意谋害,二是错误,三是病态心理。我们也是想罪人伏辜的,但我们渴望大家不要因为想报仇伸冤,就完全否认那其余两个假设的可能;更渴望大家不要因为感情上的刺激,而忘了"与其杀不辜,宁失不经"的古话!

第二,我们希望一师用评判的态度,来评判自己校内的制度,来谋学校的改革与进步。"盛名之下,其实难副"。一师在这个惨痛之中,总应该感觉盛名之不易处了。一师这三四年的内部组织,如注重学生自治,注重发展个性,注重选科等等,都带有试验的精神。他们试验的失败与成功,都未尝没有供教育家研究参考的价值。但这些制度,认为试验则可,认为定制则不可。一师经过这场惨案之后,得着无数从惨痛里出来的经验;若能利用这种经验来评判那些制度,定可发现他们的利病,因此又可以保存那有益的部分,而淘汰或改革那有弊的部分。况且这样的评判,不仅可施用于一校,还可施用于一切学校。例如学生膳食的问题,尤其是师范一类免费学校的膳食问题,在今日实有彻底研究改良的必要。倘能因一师的惨祸而使一省或一国的学校膳食问题,有一种彻底的改革,那岂不是不幸中的一件大幸事吗?古人骂人,"曲突徙薪无恩泽,焦头烂额为上客"。然而焦头烂额之后,我们若能从苦痛里感觉根本防患的必要,也可以算是不辜负这一场惨劫了。

　　十二、六、廿二　　胡适在西湖新新旅馆作

（收入胡颂平编撰:《胡适之先生年谱长编初稿》第 2 册）

胡适启事（二则）

1 顷从医院出来，收到许多朋友的贺年片。特此道谢，并给各位补贺新年。

此次诊察的结果，已断定不是糖尿病。这一层使我很安慰。承各地朋友慰问，十分感谢。

十二，一，六

（原载 1923 年 1 月 7 日《努力周报》第 36 期）

2 我自从 4 月 21 日出京以来，已过了五个多月了。这许多时候，《努力周报》和《读书杂志》的编辑与撰述，全靠北京、上海、天津三处的朋友继续担任，使《努力》得维持至今，使我得安心在山中养病。我对他们的感谢，自不消说。顷来上海，再受医生的诊察，医生仍不许我多做工。我自己既不能工作，而暑假过后，我的朋友又都很忙了，我实在不敢再拿这个报来累他们了。而且替本报负发行全责的章洛声又死去了！现在我没有法子，只好决定《努力》出至第七十五期为止，暂行停刊。将来拟改组月刊，或半月刊；俟改组就绪，我的病痊愈后，仍继续出版。《读书杂志》仍继续出版，赠与定阅《努力》的诸君。将来月刊或半月刊出版时，从前定阅周报的报费即作为定阅月刊或半月刊的报费。

停刊实在不是我们情愿做的事。但我们希望我们现在决心筹划的新《努力》将来出版时一定可以比现在的周报格外有生气，有精采。

此时只好请诸位爱读《努力》的朋友们准我们暂时告假了。

十二，十，十　胡适

（原载 1923 年 10 月 21 日《努力周报》第 75 期）

1925 年
刘治熙《爱国运动与求学》的来信附言[①]

刘先生说:"……民众运动的歧途,负有指导之责者应当予以纠正,不应付之一叹。"我要回答刘先生,这正是我做那篇文字的动机。对于今日的群众运动,利用的有人,煽动的有人,但是"指导"的却很少人。我们明知自命"负有指导之责者"是要挨骂的;但我们忍不住了,不能不说几句良心逼迫的话。

我并没有"根本否认群众运动的价值";我只想指出:救国事业不是短时间能做到的,而今日学生们做的群众运动却只能有短时间的存在;救国是一件重大事业,需要远大的预备,而跟着大家去呐喊却只能算是发发牢骚,出出气,算不得真正的救国事业。

刘先生问我:"民气的表现,除了赤手空拳的做些罢工抵货,和喊声咒骂的做些宣传请愿以外,还有什么花样呢?"这句话很叫我伤心。是的,花样变完了;又怎么办呢?

我要敬告刘先生和全国的青年学生:现在要换个花样了。

第一,青年学生应该注重有秩序的组织。今日学生纷纷加入政党,这不算是组织。学生团体本身没有组织,学生自己没有组织的训练,而仅仅附属于外面现成的,有作用的党派,那是无益的。学生时代的组织所以可贵,正在于两点:(1)学生自己参加,自己受组织的训练;(2)没有轨外的作用,不过是学生生活的一种必需的团体生

[①] 编者注:此文标题为编者所拟。

活。现在的学生团体完全是弩外的组织;平日不曾受过有秩序的团体训练,到有事的时候,内部可以容少数人的操纵,外面可以受有作用的人的利用;稍有意见的纷歧,也不能用法律上的解决,必闹到分裂捣乱而后罢休,——有时闹到分裂捣乱还不肯罢休。所以我们奉劝青年学生第一要注重那些有秩序而无作用的纯粹学生组织的训练,这是做公民的基础,也是做群众运动的基础。

第二,青年学生如要想干预政治,应该注重学识的修养。你们不听见吴稚晖先生说孙中山先生没有一天不读书吗?民国八年五月初,我去访中山先生,他的寓室内书架上装的都是那几年新出版的西洋书籍。他的朋友都可以证明他的书籍不是摆架子的,是真读的。中山先生所以能至死保留他的领袖资格,正因为他终身不忘读书,到老不废修养。其余那许多革命伟人,享了盛名之后便丢了书本子,学识的修养停止了,领袖的资格也就放弃了。

我们自然不能期望个个青年学生都做孙中山;但我们期望个个青年学生努力多做点学问上的修养。第一要不愧是个学生,然后第二可以做个学生的革命家。现在有许多少年人高谈"取消廿一条"而不知道"廿一条"是什么,大喊"打倒帝国主义"而不知道帝国主义是什么,口口声声自命的什么主义的信徒,而不知道这个什么主义的历史与意义,——这样的人就不配叫做"学生",更不配做什么学生救国的运动。

十四,九,二十二　胡适

(原载 1925 年 9 月 26 日《现代评论》第 2 卷第 42 期)

这回为本校脱离教育部事抗议的始末

　　本校脱离教育部的问题，代理校长蒋先生已于 8 月 31 日决定继续执行了。我们几个人自从上月 18 日以来，曾对于评议会此案继续抗议，不幸均没有效果。我们现在只好把这回抗议的始末和抗议所以无效的原因都记载出来，报告给本校的同事诸君。

　　我们的根本主张，我们从前已说过，不外这三点：

　　（一）本校应该早日脱离一般的政潮与学潮，努力向学问的路上走，为国家留一个研究学术的机关。

　　（二）本校同人要做学校以外的活动的，应该各以个人的名义出去活动，不要牵动学校。

　　（三）本校评议会今后应该用其大部分精力去谋学校内部的改革，不当轻易干预其职权以外的事业。

　　我们这几年来，始终认定这个主张。故于民国十二年本校反对彭允彝，十四年三月反对王九龄，及这回反对章士钊三件案子，我们始终抱定同样的主张。

　　民国十二年蔡校长"痛心于政治清明之无望，不忍为同流合污之苟安"，不愿在彭允彝之下讨生活，所以抗议辞职出京。当时北京教育界很多对蔡先生表同情的人，学生有请愿于国会要求否决彭允彝之举，教职员也有罢免彭允彝的请求。后来不但国会通过了彭允彝，请愿的学生反被军警殴打了。当时学潮汹涌，有全京师罢课的趋势。蔡先生在天津发出宣言，声明他的辞职是个人对政府表示不合作，并指出他所以迟到那时候始求去是因为他"不愿为一人的缘故牵动学校"。我们当时就主张北京教育界应该认清蔡先生的意思，不要牵动学校。当时胡适教授在《努力》三十九期里曾说：

> 北京教育界的人自然有许多人对于蔡先生抗议的精神极端表示同情的。但同情的表示尽可以采取个人行动的方式，不必牵动学校。如有赞成他的不合作主义的，尽可以自行抗议而去。如有嫌他太消极的，尽可以进一步作积极的准备：个人行动也好，秘密结合也好，公开鼓吹也好，但都不必牵动学校。（此文题为"蔡元培与北京教育界"；顾孟余等十七教授致同事的公函中也曾引此文中的一段；他们似乎有意忽略了此文的主旨。）

这是我们对于彭案的意见。

今年3月14日本校评议会开会反对王九龄为教育总长；事前并未声明开会的事由，所以到会的人不到半数，竟议决与教育部脱离关系。我们事后知道此事，即向蒋代校长提出质问与抗议。蒋先生于3月18日召集评议会与教务会议联席会议的谈话会，后当场改为正式会，议决如下：

> 议决：关于王九龄长教部事，维持十四年三月十四日评议会原案；以后进行，随时由本联席会议决行之。

当日联席会议本可以推翻原案，只为顾全学校面子计，不得已而维持原案，只制止了以后的进行。议案中并明言"以后进行随时由联席会议议决行之"，联席会议有匡正补救评议会议决事件的职权，是明白无可疑的。

这是我们对于王案的抗议的事实和结果。

本年8月18日，顾孟余教务长召集评议会，事前亦未声明事由，我们几个评议员到场始知为反对章士钊为教长的事。当时讨论甚久，最初表决的问题为本校对于此事应否有所表示；马裕藻教授并说明评议会本有建议于教育部之权，故表示是可以的。表决的结果为赞成与反对各六票（余文灿、罗惠侨两教授中途退席，不及参加投票），主席顾先生自投一赞成票，赞成表示者遂为多数。次表决应否与教部脱离；时皮宗石教授退席而去；王星拱、王世杰教授等声明对于此案无表决权，应交全体教授大会议决，但主席卒以此案付表决，赞成与教部脱离者凡六票。

是时蒋代校长因家事南归,校事由顾教务长代拆代行。顾先生不及待蒋先生之归,亦未电告蒋先生,即令文牍课退回教育部公事三件。蒋先生22日回京,顾先生又于前一晚(21日)八时许促令文牍课送一公函与财政部,声明已与教部脱离关系,以后经费请财政部直接发给本校。蒋先生回京时,这事件早已由顾先生代他执行了。

我们在19日即有抗议书送至评议会,但顾先生并不睬这种抗议。蒋先生回京后,我们知道此事已执行了,我们并不希望蒋先生否认他的代表人替他做的事,我们只希望他召集评教联席会议复议此案,所以我们于23日写公函给蒋先生:

梦麟先生:

本月18日评议会议决与教育部脱离关系一案,我们认为有审慎考虑的必要,所以要求先生召集教务会议与评议会开联席会议复议此案。我们的理由是:

(1)前次反对王九龄的一案,我们当时因为不愿本校牵入政治旋涡,故曾向先生表示反对,后由先生召集联席会议。当日我们因为要顾全大局,所以勉强承认"以后进行,随时由本联席会议议决行之"的议决。当日先生曾负责声明,以后凡有这样重要的议案,开会通告上皆须详细说明事由。今18日之会,事前仍未说明事由。此应复议的理由一。

(2)同一次的联席会议的席上,先生又曾宣言,以后遇这样重大的事件,皆须开评议会与教务会议联席会议。今此次评议会议决后即自行公布,不令教务会议有考虑的机会。此应复议的理由二。

(3)现当举国对外的时候,工商学三界一时都不易恢复原状,学校前途正无把握,一切补考及开学的事件均未有准备。本校若真不能不与教育部脱离关系,亦先应与各学系负责任的主任商榷善后的办法,然后举行。此应复议的理由三。

我们对于此事的主张,完全是以学校为前提,只希望本校对于这样重大的事件作一番慎重的考虑,毫无固执个人成见之意。我们希望先生能采纳我们的请求,早日召集联席会议复议此案。

　　　　　　颜任光　王世杰　丁燮林　高一涵
　　　　　　燕树棠　陶孟和　胡　适　皮宗石
　　　　　　周　览　王星拱　陈　源　胡浚济
　　　　　　陈翰笙　张歆海

（我们并请求先生将此信在日刊上以临时增刊发表）

　　　　　　　　　　　　　　　　十四，八，二三

当时顾孟余、李煜瀛、马裕藻等教授反对复议甚力。陈大齐、朱家骅、张凤举、王烈等四教授出来调停两方的意见，并无效果。我们又于二十五夜给蒋先生一信：

梦麟先生：

　　本月18日本校评议会通过与教育部脱离关系一案。我们因为不愿坐视本校牵入政治旋涡，故曾由适等五人对评议会提出严重抗议。此项抗议于19日送交评议会，至今已一星期，评议会尚未有答复。我们复于前日（23日）致书于先生，请先生早日召集教务会议与评议会开联席会议，复议此案。当时承先生允于26日开联席会议。乃至今日尚未闻有召集联席会议的通知。我们都很疑虑，不知先生为什么至今尚未召集此项会议。我们因此再致书于先生，请求早日召集此项会议。我们请求的理由已详具于23日的书中；如先生认为理由不充分或有特别情形阻碍此项会议之召集，亦望先生质直宣示，以释我们的疑虑。切盼，切祷！

　　　　　　颜任光　王世杰　丁燮林　高一涵
　　　　　　燕树棠　皮宗石　陶孟和　王星拱
　　　　　　胡　适　胡浚济　陈　源　陈翰笙
　　　　　　张歆海　邓以蛰　张祖训　周　览

　　　　　　　　　　　　　　　　十四，八，二十五夜

　　蒋先生于26日下午通知于28日上午召集联席会议。当时李煜瀛教授等八位评议员即写信给蒋先生，说联席会议无复议之权，此会只可为谈话会。廿七日即有爱国运动大同盟的代表多人往各评议员及各主任家访问，要求勿推翻评议会原案。廿八日开会时，复有北大学生会代表要求列席。

开会后,马裕藻教授等坚持此会只可为谈话会,并说联席会无法律上的根据。实则联席会议自民国八年五月成立以来,何止开会二三十次?岂但王九龄一案之职权分明而已?若抹煞本校六七年来的习惯法,则评议会职权九项之中有何根据可以议决脱离教育部?

我们当时不愿意固执己见,情愿让步,请改此会为谈话会,但声明谈话会仍可以投票表决,表决案只取建议书的形式,对学校无拘束力。此为一切会议规则之惯例,而马裕藻、李煜瀛、沈尹默、陈大齐诸教授仍坚持不认谈话会有表决权。争持既久,胡适教授谓既不许我们说话,我们只好退席,他遂退席。众人挽劝之。李煜瀛教授始承认可用个人签名式签名于建议书。我们虽不懂为什么投票表决不可用而签名表决却可用,但我们只好承认了。

于是胡适教授提出对校长的建议书一件:

> 同人建议于校长请其对于本月18日评议会议决案斟酌情形停止执行

签名同意者十二人。王世杰教授提出对评议会建议书一件:

> 同人愿建议评议会请求议定:评议会凡对于政治问题,以及其他与本校无直接关系之重大问题,倘有所议决,须经评议会之二度议决;或经由评议会与教务会议联席会议之复决;或经由教授大会之复决;方能执行。

签名者二十二人。散会时已下午一点半了。

蒋代校长于31日召集评议会,他报告他斟酌情形不能不继续执行评议会原案的苦衷。他另有启事皆载9月3日《大学日刊》,报告本校同人了。

是日评议会议决:

> 评议会对于与本校无直接关系之重大问题,倘有所予闻,须由评议会召集全校教授,依照多数意见决定之。

这是对于将来的保障。但这个议决案仍有一个漏洞,就是:所谓"与本校无直接关系之重大问题"一句的涵义发生争议的时候,谁去解释他?当日在评议会中讨论这点的时候,有的说是当然仍应由评议会自身去解释的。如果如此，这个议决案全然失掉限制评议会权利的原意，不成其为将来的保障。因此丁燮林教授等主张这项问题应由教授大会解释。因为有人不赞成用教授大会来做这事，于是另有人提议仍把解释之权留给评议会，但把评议会表决这项问题的有效人数由通常多数改成四分之三的多数。后来讨论许久仍无结果，主席声明保留此案将来再议，宣告散会。

以上为我们这一回抗议的始末。我们这一回为了一个主张出来抗争，起初即声明完全以学校为前提，毫无固执个人成见之意。我们对于这回本校脱离教部的事件竟不能挽救，我们很惭愧。现在本校对于这一类的事件既议决了一层保障，以后本校同人若能严格的尊重该项议决的精神，充分运用这点点保障，使本校早日脱离一般的政潮与学潮，回向内部改革上多做一番努力，那末，我们这回所受的种种诬蔑与毁谤，也就很值得了。

颜任光　王星拱　高一涵　陈翰笙
胡　适　胡浚济　罗惠侨　张祖训
王世杰　丁燮林　余文灿　李四光
周　览　皮宗石　陈　源　高仁山
陶孟和　燕树棠　张歆海　邓以蛰

（本文作于 1925 年 8 月 23 日。收入耿云志主编：《胡适遗稿及秘藏书信》第 20 册，黄山书社 1994 年 12 月版）

1926 年
时间不值钱

我回中国所见的怪现状,最普通的是"时间不值钱",中国人吃了饭没有事做,不是打麻雀,便是打"扑克",有的人走上茶馆,泡了一碗茶,便是一天了。有的人拿一只鸟儿到处逛逛,也是一天了。更可笑的是朋友去看朋友,一坐下便生了根了,再也不肯走,有事商议,或是有话谈论,倒也罢了,其实并没有可议的事,可说的话。我有一天在一位朋友处有事,忽然来了两位客,是□□馆的人员,我的朋友走出去会客,我因为事没有完,便在他房里等他。我以为这两位客一定是来商议这□□馆中这什么要事的。不料我听得他们开口道:"□□先生,今回是打津浦火车来的,还是坐轮船来的?"我的朋友说是坐轮船来的,这两位客接着便说轮船怎样不便,怎样迟缓,又从轮船上谈到铁路上,从铁路上又谈到现在中交两银行的钞洋跌价。因此又谈到梁任公的财政本领。又谈到梁士诒的行踪去迹。……谈了一点多钟,没有谈上一句要紧的话。后来我等的没法了,只好叫听差的去请我朋友。那两位客还不知趣,不肯就走。我不得已,只好跑了,让我的朋友去领教他们的"二梁优劣论"罢。

美国有一位大贤名弗兰克令(Benjamin Franklin)的曾说道:"时间乃是造成生命的东西。"时间不值钱,生命自然也不值钱了。上海那些拣茶叶的女工,一天拣到黑至多不过二百个钱,少的不过得五六十钱!茶叶店的伙计,一天做十六七点钟的工,一个月平均只拿得二三块钱!还有那些工厂的工人,更不用说了。还有那些更下等,更苦痛的工作,更不用说了。人力那样不值钱,所以卫生也不讲究,医药也不讲究。我在北京、上海看那些小店铺里和穷人家里的种种不卫生，真是一种黑暗世界，至于道路的不洁净，瘟疫的横行，更不消说了。最可怪的是无论阿猫阿狗都可挂牌医病，医死了人，也没有怨恨，也没有人干涉。人命的不值钱，真可算得到了极端了。

（原载1926年12月5日《生活周刊》第2卷第7期）

1927年
拜金主义

吴稚晖先生在今年5月底曾对我说:"适之先生,你千万再不要提倡那害人误国的国故整理了。现在最要紧的是要提倡一种纯粹的拜金主义。"

我因为个人兴趣上的关系,大概还不能完全抛弃国故的整理。但对于他说的拜金主义的提倡,我却表示二十四分的赞成。

拜金主义并没有什么深奥的教旨,吴稚晖先生在他的《一个新信仰的宇宙观与人生观》里,曾发挥过这种教义。简单说来,拜金主义只有三个信条:

第一,要自己能挣饭吃。

第二,不可抢别人的饭吃。

第三,要能想出法子来,开出生路来,叫别人有挣饭吃的机会。

《珠砂痣》里有一句说白:"原来银子是一件好宝贝"。这就是拜金主义的浅说。银子为什么是一件好宝贝呢?因为没有银子便是贫穷,贫穷便是一切罪恶的来源。《珠砂痣》里那个男子因为贫穷,便肯卖妻子,卖妻子便是一桩罪恶。你仔细想想,那一件罪恶不是由于贫穷的?小偷,大盗,扒儿手,绑票,卖娼,贪贼,卖国,那一件不是由于贫穷?

所以古人说:

> 衣食足而后知荣辱,
> 仓廪实而后知礼节。

这便是拜金主义的人生观。

一班瞎了眼睛,迷了心头孔的人,不知道人情是什么,偏要大骂西洋人,尤其是美国人,骂他们"崇拜大拉"(Worship the dollar)!你要知道,美国人因为崇拜大拉,所以已经做到了真正"夜不闭户,路不拾遗"的理想境界了。(几个大城市里自然还有罪恶,但乡间真能夜不闭户,路不拾遗是西洋的普遍现状。)

我们不配骂人崇拜大拉;请回头看看我们自己崇拜的是什么!

一个老太婆,背着一只竹箩,拿着一根铁扦,天天到弄堂里去扒垃圾堆,去寻找那垃圾堆里一个半个没有烧完的煤球,一寸两寸稀烂奇脏的破布。——这些人崇拜的是什么!

要知道,这种人连半个没有烧完的煤球也不肯放过,还能有什么"道德","牺牲","廉洁","路不拾遗"?

所以现今的要务是要充分提倡拜金主义,提倡人人要能挣饭吃。

上海青年会里的朋友们现在办了一种职业学校,要造成一些能自己挣饭吃的人才,这真是大做好事,功德无量。我想社会上一定有些假充道学的人,嫌这个学校的拜金气味太重,所以写这篇短文,预先替他们做点辩护。

十六,八,廿六

(原载1927年10月《文社月刊》第2卷第10册)

张慰慈《萨各与樊才第的案件》附记

慰慈的这篇文章是 8 月 22 日以前做的,那时萨各与樊才第的死耗还不曾传到这边。现在《现代评论》的记者要慰慈加一个跋尾,补记他们的结局。不幸慰慈有点病,不能作文字,他托我补作几句。

萨、樊二人的案子本定了今年 4 月 10 日执行死刑。那时我还在美洲,我的船是 4 月 12 日离开西雅图的,开船的前一天,报上登出邦长傅勒(Governor Fuller)已宣告缓刑四个月。

在这四个月之中,同情于萨各、樊才第的人在各方面运动,要求复审,要求邦长特赦或减刑,要求联邦法庭提问,要求大总统干涉,均没有效果。

邦长傅勒为了此事还组织了一个特别咨询委员会,会员为哈佛大学校长罗威尔(Lowell)、麻省工科大学校长施特拉顿(Stratton)及曾任法官格兰脱(Grant)都是全国知名之士。他们的意见也以为这件案子的审判不能说是不审慎了。

咨询委员会之外,邦长还组织了一个特别审查委员会,专作审查此案的事。审查的结果也承认此案没有复审的必要。

8 月 10 日的行刑期快到了,本邦最高法院审查被告律师团请求复检,尚未完毕。所以邦长宣告缓刑十二天,使法院可以完毕审查的工作。

最后,最高法院宣布审查的结果,说原判无误,不准复审的请求,因为上诉的期限已过了。最高法院宣告书的原文,我们没有见过;据报纸的记载,他的大意如此。

于是八月二十二夜,半夜后,萨各、樊才第与麦的罗遂死在电气椅子上了。一件惊动全世界的七年大案子遂从此结束了。

这件案子引起了全世界的注意。我们见惯了同情于萨、樊二人的言论，往往推想美国的法庭是暗无天日的。这也是一偏之见。研究此案的，除慰慈文中已举出的几点之外，还得明白下面的几点：

（1）美国各邦的司法制度很不一致。大概东方各邦偏于保守，而中部西部勇于改革。如此案的要求复审，若在中部西部的法庭，当可以达到目的。而在麻色珠赛邦（Massachusetts）则不能如此容易。哈佛大学法律教授弗兰福德（Frankfurter）记此案的长文（即慰慈所根据）中曾说：

> 此案若在纽约邦上诉院审查，或在英国刑事上诉院审查，则事实上的评判与律文上的评判皆在检查范围以内；法院可以检查全案而定原判能否成立，但在麻色珠赛邦，则上级法庭复检的范围狭小多了，他们只检查当日承审推事的行为，只能问律文的问题，而不及事实的问题。（大西洋月报，本年三月号，页四二七）

（2）美国是联邦制，中央的法院不能干涉各邦的司法。故联邦的法院与大总统皆无法干预此案。

（3）此案最强的证据是麦的罗的自供。麦的罗自认曾参与 South Braintree 的杀人劫财案，并声明萨各与樊才第二人无关。同情于萨、樊的人自然说这是充分的证据，但法庭上却不能这样说。因为麦的罗是因别的案已定了死罪的人，他多认几案，也不过是一死；况且麦的罗在狱里曾经越狱一次，已锯断了窗上的铁条，打倒了监狱的。所以他的证据不能得人的充分信任。

（4）邦长本可以特赦或减刑的。但美国与世界的无政府党人做出了种种示威的暴动，炸了使馆领馆，甚至于炸毁了纽约的地下电车道。这种暴动不能救他们的命，反激怒了一般公民的心理，因为暴力若能影响司法，司法制度就根本不能成立了。

这件案子引起了全世界的抗议，我们中国人却只有低头羞愧，不能加入这种抗议的喊声。我们不配讥弹美国。人家为了两个工人的生死闹了七年之久，审判与复查不知经过了若干次，然而至今还有许多人替死者喊冤,鸣不平。我们生在这个号称"民国"的国家里,两条生命算得什么东西!杀人多的便是豪杰,便是圣贤,便是"真天人"。我们记叙萨樊的案子,真忍不住要低头流愧汗了。

8月31日

(原载1927年9月3日《现代评论》第6卷第143期,前一篇是张慰慈的《萨各与樊才第的案件》)

记某女士

10月9日，我见着蔡孑民先生，谈起国民政府新免临时法院院长卢兴原之职，改任某女士为院长之事。我说，卢君是忠厚人，但他的司法训练是不坏的，还像个法官，名誉也很好。至于某女士则外间对她的官声实在不好。如律师某君是她的合股律师，今她做厅长，凡某君经手之案无不胜者。此间人因有"狼狈"之称。国民政府岂可不细查此人的底细？

蔡先生愕然：似不信此说。我就走了。

10月10日，某女士在交涉署庆祝会上见着美国人某君。某君在本日的《字林西报》上载有记事，颇为卢君说公道话。某女士坚邀他晚间往她寓中一谈。

那天晚间，某君与她夫人同车往她家。她只请他入谈。她谈起她在国民政府的势力，并说王宠惠得再入政府，全是她一人之功。谈到临时法院之任命，她说并不曾正式受任。谈了一会，她忽然说，"我想送你夫人一点点小礼物"。他正辞谢，她却已取出了一包钞票，说，这是五百元，"请你代我买点礼物送给你夫人"。某君坚不受，她把身子挡住房门，不让他走。某君大窘，没有法子躲避，再三同她解释他不能受的理由。她只是不放他走。她的声音洪大，声震屋外。某君没有法子，让她把钞票塞在袋里，才得脱身出来。她还赶下来和他的夫人握手言欢。

某君今早到交涉使郭泰祺家，把此款交给他，——因为她昨天曾说此款不是她的，是政府的！——并把昨天的事告诉他，请他斟酌办理。

此事是某君今日亲口告诉我的。中国的脸面真被这位女英雄丢尽了!

十六,十,十一日

郭君后将此事报告伍部长,伍部长转告王宠惠部长。王说:"展堂当日每月确有六百元给她收买报馆记者,故此事不为虚假。"结果是他们也无办法。

十六,十,廿

(收入耿云志主编:《胡适遗稿及秘藏书信》第 12 册)

1928 年
说难

韩非作的《说难》，是"说之难"。我今天作的《说难》，是"难之说"。

今日的最大危机在于我们大家都不觉悟我们当前的问题是世界各国都不曾经过的最困难问题。因为不觉得问题困难，故不重视学术，故不重视专门人才，故不把国家大事当你专门问题看，故不妨用纨袴子弟，腐败官僚，亲眷子弟去办国家大事。

今日所以把国事当作儿戏者，只因为大家都不肯承认当前问题的困难。

例如裁兵，便是一个绝大的专门技术的问题。当 1917 年美国加入欧战的时候，英国便知道大战结束的期近了，即组织专家委员会研究停战后裁兵的问题。次年停战之后，裁兵遂实行，二百万兵退伍回到职业去，居然不扰乱社会的安宁，这都是专家委员一年多的计划准备的成绩。

我们今年也听说要裁兵了。话刚说完，又听说某军某军已裁减完毕了，某军某军已缩编完毕了！这种神速的裁兵，真可叫那些欧战各国的专家委员惭愧死！

但我们问问究竟怎么样裁的？原来最优待的办法是每个兵士发八元五角钱，一件蓝布大褂。还有简便的方法便是遣散完事。还有更简便的方法便是包围缴械，强迫遣散。至于遣散的兵怎样回家乡，怎样生活，怎样不流落作土匪，……那些问题都可以不管了。这不是儿戏吗？

裁兵不过是随便举的一个例。此外如关税问题,考试问题,立法问题,审计问题,外交问题,卫生问题,……在我们书生看来,应该都是专门技术的难问题,而在我们的政府诸公看来,似乎都是很容易的事,随便什么人都干得了的。

所以当火夫出身的人可以办一省的财政;所以没有受过一点专门教育的人可以办一省的建设;所以没有进过大学的人,只要做过大官,都可以做大学校长!

我们今日的第一要务在于承认我们当前的问题是很困难的专门技术问题,不是几个老官僚解决得了的,也不是几个不学少年应付得了的;不是口号标语能解决的,也不是熟读《三民主义》就能解决的。

只要大家能明白当前问题的困难,便可以承认有些问题是要充分利用全国的专门人才的,有些问题竟是要充分延纳世界的专家的。

孙中山先生教我们"知难行易"的哲学,只是要我们服从领袖,尊重专家。知是难的,故是少数专家领袖的事。行是易的,只要能遵从专家领袖的指导,便可以努力做去。但现在的人似乎只记得下半句的"行易",却忘了上半句的"知难"。

没有知难,便没有行易。

十七,十二,十四①

(收入耿云志主编:《胡适遗稿及秘藏书信》第12册)

---

① 编者注:据《胡适的日记》手稿本1928年12月14日,此文送天津《庸报》,但经编者查阅《庸报》,未见发表。

新年的好梦

今年是统一后的第一年,我们做老百姓的,在庆祝新年的热闹里,总不免有时要白昼做梦,想像我们今年可以眼见的好现象,想像我们今年可以身受的好福气。

好梦人人有,我也不让别人,今天写出来,给全国同胞祝福。

第一,我们梦想今年全国和平,没有一处刀兵。各位武装领袖如有什么争执,都可以从容讨论,平和解决。各位长衫同志有饭的吃饭,有粥的吃粥,服务的服务,出洋考察的出洋考察,都不必去东挑西拨,惹是生非,让我们老百姓过一年和平的日子。

第二,我们梦想今年全国裁兵,——有计划的裁兵,确确实实的裁兵。我们梦想今年的"编遣会议"不单是一个巨头会议,应该有经济专家,农垦专家,工商代表,财政专家,参预裁兵的计划。现在每月一千八百万的军费若不减去一大半,我们休想做太平的梦。

第三,我们梦想今年关税新税则实行后,一切苛捐杂税可以完全取消。十七年召集的裁厘委员会议议决的"裁撤国内通过税施行大纲"所决定裁撤的十一项通过税(厘金,落地税,铁路货捐,邮包厘金,常关税,子口税,等等),本应于十七年底裁撤完毕,我们梦想他们今年都可以次第裁了。

第四,我们梦想新成立的铁道部在本年内能做到下列几项成绩:(1)把全国已成铁路收为真正国有,不许仍旧归军人有。(2)把各路收入完全用在各路的建设事业上。(3)筹划几条不容再缓的干路,在本年内可以开工。前一个月在各报上看见"胶济路本年度收入状况"的报告,说这条路在日本人势力之下,本年度收入骤增,可得利银四百七十万元,可还欠款二百四十万元,所余纯利尽供本路建设事业之用。我们希望在这一点上能学学帝国主义者的行为。

第五,我们梦想今年全国实行禁绝鸦片。年内喧传一世的江安轮船运土案,现在归中央审判,自然会水落石出,公道大彰,这是不用我们老百姓梦中烦心的。我们只梦想禁烟主席委员张之江能有前年常荫槐整理京奉路时的威权,能有全权,有兵力,指挥自如,使鸦片之祸永绝于中国,岂不美哉!

第六,我们梦想今年大家有一点点自由。孙中山先生说政府是诸葛亮,国民是阿斗。政府诸公诚然都是诸葛亮,但在这以党治国的时期,我们老百姓却不配自命阿斗。可是我们乡下人有句古话道:"三个臭皮匠,赛过诸葛亮。"诸位诸葛亮先生们运筹决胜,也许有偶然的错误。也许有智者千虑之一失。倘然我们一班臭皮匠有一点点言论出版的自由,偶然插一两句嘴,偶尔指点出一两处错误,偶尔诉一两桩痛苦,大概也无损于诸葛亮先生的尊严吧?

好梦说的口角流涎,只不知几成有准。好在日子长呢,咱们瞧罢。

十七,十二,十四

(原载1929年1月1日天津《大公报》。又收入《胡适的日记》手稿本第8册,1990年12月台北远流出版公司出版)

1929年
我们要我们的自由[①]

佛书里有这样一段神话:

有一只鹦鹉,飞过雪山,遇见雪山大火,他便飞到水上,垂下翅膀,沾了两翅的水,飞回去滴在火焰上。滴完了,他又飞去取了水回来救火。雪山的大神看他往来滴水救火,对他说道:"你那翅膀上的几滴水怎么救得了这一山的大火呢?你歇歇罢?"鹦鹉回答道:"我曾住过这山,现在见火烧山,心里有点不忍,所以尽一点力。"山神听了,感他的诚意,遂用神力把火救熄了。

我们现在创办这个刊物,也只因为我们骨头烧成灰毕竟都是中国人,在这个国家吃紧的关头,心里有点不忍,所以想尽一点力。我们的能力是很微弱的,我们要说的话也许是有错误的,但我们这一点不忍的心也许可以得着国人的同情和谅解。

近两年来,国人都感觉舆论的不自由。在"训政"的旗帜之下,在"维持共信"的口号之下,一切言论自由和出版自由都得受种种的箝制。异己便是反动,批评便是反革命。报纸的新闻和议论至今还受检查。稍不如意,轻的便停止邮寄,重的便遭封闭。所以今日全国之大,无一家报纸杂志敢于有翔实的记载或善意的批评。

负责任的舆论机关既被箝制了,民间的怨愤只有三条路可以发泄:一是秘密的传单小册子,二是匿名的杂志文字,三是今日最流行

[①] 编者按:据《胡适的日记》(手稿本)1929年3月25日,当日他为《平论周刊》作了一篇发刊辞,本文疑是这篇发刊辞。因《平论周刊》未出版故未正式发表。

的小报。社会上没有翔实的新闻可读,人们自然愿意向小报中去寻快意的谣言了。善意的批评既然绝迹,自然只剩一些恶意的谩骂和丑诋了。

一个国家里没有纪实的新闻而只有快意的谣言,没有公正的批评而只有恶意的谩骂丑诋,——这是一个民族的大耻辱。这都是摧残言论出版自由的当然结果。

我们是爱自由的人,我们要我们的思想自由,言论自由,出版自由。

我们不用说,这几种自由是一国学术思想进步的必要条件,也是一国社会政治改善的必要条件。

我们现在要说,我们深深感觉国家前途的危险,所以不忍放弃我们的思想言论的自由。

我们的政府至今还在一班没有现代学识没有现代训练的军人政客的手里。这是不可讳的事实。这个政府,在名义上,应该受一个政党的监督指导。但党的各级机关大都在一班没有现代学识没有现代训练的少年党人手里,他们能贴标语,能喊口号,而不足以监督指导一个现代的国家。这也是不可讳的事实。所以在事实上,党不但不能行使监督指导之权,还往往受政府的支配。最近开会的"第三次全国代表大会",便有百分之七八十的代表是政府指派或圈定的。所以在事实上,这个政府是绝对的,是没有监督指导的机关的。

以一班没有现代知识训练的人统治一个几乎完全没有现代设备的国家,而丝毫没有监督指导的机关,——这是中国当前的最大危机。

我们所以要争我们的思想言论出版的自由,第一,是要想尽我们的微薄能力,以中国国民的资格,对于国家社会的问题作善意的批评和积极的讨论,尽一点指导监督的天职;第二,是要借此提倡一点新风气,引起国内的学者注意国家社会的问题,大家起来做政府和政党的指导监督。

我们深信,不负责任的秘密传单或匿名文字都不是争自由的正当方法。我们所争的不是匿名文字或秘密传单的自由,乃是公开的,负责任的言论著述出版的自由。

我们深信,争自由的方法在于负责任的人说负责任的话。

我们办这个刊物的目的便是以负责任的人对社会国家的问题说负责任的话。我们用自己的真姓名发表自己良心上要说的话。有谁不赞成我们的主张,尽可以讨论,尽可以批评,也尽可以提起法律上的控诉。但我们不受任何方面的非法干涉。

这是我们的根本态度。

(收入耿云志主编:《胡适遗稿及秘藏书信》第 12 册)

中国公学校史

中国公学的发起,在前清光绪乙巳年(1905)。那时中国留日学生反对日本新颁的取缔学生规则,认为侮辱中国,故议决全体归国。归国的学生既多,遂发起办一个理想的学校,容纳这些抗议回国的学生。因为这学校含有对外的意义,归国学生又有十三省人之多,故名为"中国公学"。

中国公学成立于丙午年春天,其时反对取缔规则的风潮已渐松懈,许多官费学生多纷纷回去复学;而上海人士初见一大群剪发洋服的学生自办学校,多起猜疑,官吏指为革命党,社会疑为怪物。故赞助的人很少,经费困难,学校遂陷于绝境。干事姚宏业先生激于义愤,遂于4月6日投江自杀,以身殉学校,遗书数千言,说:

我之死,为中国公学死也。

姚烈士列举中国公学与中国前途之关系,凡有五点,最重要的是:

(一)中国公学含有对外的性质:"溯中国公学之所由起,盖权舆于留日学生争取缔规则之故。夫此次之争之当否,今姑无论,然公学……含有对外之性质,盖彰彰乎不可掩矣。故中国公学不啻我中国民族能力之试金石也者。……如不能成立发达,亦即我全国人能力劣败之代表也。"

(二)中国公学可以消除省界:"中国自今以往,有大问题焉,……则省界之分是也。……夫惟中国公学熔全国人材于一炉,破除畛域,可以消祸于无形。"

(三)中国公学为民立大学之基础:"考各国学术之进化,莫不有民立学堂与官立学堂相竞争,相补救。……今我中国公学实为中国前途民立大学之基础;若日进不已,其成就夫能驾耶鲁大学与早稻田大学而上之。"

他为什么要自杀呢?他说:

"我同志等组织此公学也,以大公无我之心,行共和之法,而各同志又皆担任义务,权何有?利何有?而我同志等所以一切不顾,劳劳于此公学者,诚以此公学甚重大,欲以我辈之一腔热诚,俾海内热心之仁人君子怜而维持我公学成立,扶助我公学发达耳。乃自开办以来,……海内热力赞助者,除郑京卿孝胥等数人外,殊寥寥。求助于政府无效,求助于官府无效,求助于绅商学界又无效。非独无效,且有仇视我公学,毁谤我公学,破坏我公学者。"

"我性褊急,我诚不忍坐待我中国公学破坏,……故蹈江而死,以谢我无才无识无学无勇不能扶持我公学之罪。"

"夫我生既无所补,即我死亦不足惜。我愿我死之后,君等勿复念我,而但念中国公学。"

"我愿我诸同学皆曰,无才无学无勇无识如某某者,其临死之言可哀也,而竭力求学以备中国前途之用。"

"我愿我诸同事皆曰,无才无学无勇无识如某某者,其临死之言可哀也,而振起精神,尽心扩张,无轻灰心,无争意见,……务扶我中国公学为中国第一等学堂,为世界第一等学堂,而后已。"

"我愿我四万万同胞……皆曰,无学无识无才无勇如某某者,其临死之言可哀也,而贵者施其权,富者施其财,智者施其学问筹划,以共维持扶助我中国公学,……则我虽死之日,犹生之年矣。……"

姚烈士的尸身和遗书发现之后,全国社会受一大震动,赞助公学的人稍多;同志诸人受他深刻的刺激,也振作精神,向各处奔走求助。一年之后,因郑孝胥、熊希龄诸先生援助,两江总督端方允于丁未年起每年由两江捐万二千元,又拨吴淞公地百余亩为校址。次年(戊申)又得大清银行营口经理罗洽先生借助银十万两为建筑校舍之用。这几年奔走四方募款,以公学干事张邦杰、王敬芳、黄兆祥诸先生之力为最多:张邦杰先生于宣统己酉年扶病监督校舍工程,尽瘁而死,遂葬于新校舍之侧。后来湖北浙江四川江西各省相继补助常款,故宣统末年公学每年常款有两万余元。

公学初不设校长,只有公选的干事,分任斋务,教务,庶务的事。后来推郑孝胥先生为校长,聘马君武先生为总教。君武先生不久即往德国留学,总教之职也就废了。公学得两江津贴之后,校长改为监督。戊申春间,郑孝胥先生辞监督,夏敬观先生继任为监督。其时始有董事会之设,推张謇先生为会长。

公学校舍初在北四川路黄板桥之北。戊申年(1908),即吴淞新校舍完成之前一年,公学学生与干事部争论学校组织的问题,意见各走极端,多数学生退出公学,在爱而近路庆祥里组织中国新公学,至己酉年(1909)之冬始解散。留校学生于己酉年迁入吴淞新校舍。

我是丙午年夏间考进中国公学的,在校两年多,在中国新公学又留一年,我现在回想当日公学的精神,有最可纪念的几点:

第一,中国公学真可算是全国人的公共学校,学校在上海,而校中的学生以四川、湖南、河南、广东的人为最多,其余各省的人差不多全有。学生说的话是"普通话",讲堂上用的也是"普通话"。我当时只能说上海话与徽州话,在校一年多,便说四川话了。二十年来,上海成为各省学生求学之地,这风气不能不说是中国公学开出来的。

第二,中国公学是革命运动机关。我那时只有十几岁,初进去时,只见许多没有辫子的中年少年,后来才知道大多数都是革命党人,有许多人用的都是假姓名。如熊克武先生,不但和我同学,还和我同住过,我只知道他姓卢,大家都叫他"老卢",竟不知道他姓熊。同学之中死于革命的,我所能记忆的有廖德璠,死于端方之手;饶可权死于辛亥三月广州之役,为黄花冈七十二人之一。熊克武、但懋辛皆参与广州之役。教员之中,宋跃如先生为孙中山先生最早同志之一;马君武、沈翔云、于右任、彭施涤诸先生皆是老革命党。中国公学的寄宿舍常常是革命党的旅馆,章炳麟先生出狱后即住在这里,戴天仇先生也曾住过,陈其美先生也时时往来这里。有时候,忽然班上少了一两个同学,后来才知道是干革命或暗杀去了。如任鸿隽忽然往日本学工业化学去了,后来才知道他去学制造炸弹去了;如但懋辛也忽然不见了,后来才知道他同汪精卫、黄复生到北京谋刺摄政王去了。所以当时的中国公学的确是一个革命大机关。

第三,中国公学的组织是一种民主国的政体。公学的发起人多是革命党人,故学校成立之时,一切组织多含有试行民主政治之意,全校分执行与评议两部。执行部的职员是学生投票互选出来的,有一定的任期,并且对于评议部负责任。评议部是班长和室长组织成的,有定期的开会,有监督和弹劾职员之权。开会时,往往有激烈的辩论,有时到点名熄灯时方才散会。姚烈士绝命书中所谓"以大公无我之心,行共和之法",即是指这种制度。——丁未以后,学校受了两江的补助常款,端方借此要监视这个有革命嫌疑的学校,故不久即委派监督,学校有了官派的监督,民主的政体,便发生了障碍,干事部久不改选,评议部也有废止的危险。到了戊申之秋,评议部与职员发生激烈的冲突,结果遂致绝大多数学生整队退学,自行组织中国新公学,仍继续实行民主政治,支持至一年余始解散。这三年多的雏形民主国,在中国政治革命〔史〕上是很可纪念的。

辛亥革命之后,各省财政多感困难,故中国公学的补助费一律停止了。南京临时政府的领袖诸公承认公学在革命史上的重要,故临时参议院通过于清理源丰润银号倒欠政府官款项下,拨给中国公学基金三百万元。孙中山、黄克强、宋教仁诸先生皆加入校董会,先筹款开学。后来政府北迁,"三百万元"基金之案迄未实行,后虽由元年国务会议改为一百万元,亦未拨付分文。民国二年,二次革命起来,公学校舍被革命军借住,学生分散,公学遂暂时停顿了。

自民国三至五年,中国公学得继续开学,全靠王敬芳、胡汝麟两先生维持之功。其时王、胡两君代表河南同乡与英商福中公司争矿权,至民国四年夏间,交涉完毕,成立福中公司,胡、王两君要求福中公司每年提出五万元,以三万元补助河南公益事业,以二万元捐助中国公学。公学得有常款,此为第二次。

民国五年,政治多故,学生骤减少;旧有之专门班毕业后,仅余中学生数十人,帝制既倒,学校当局想把公学改为大学,遂决计结束旧局,把中学分送上海各中学。其时中国参加欧战,德国人所办之同济医工学校陷于停顿地位,教育部与中国公学商借吴淞校舍为同济临时之用,中国公学遂又暂时停办。

同济学校借用公学校舍数年之久。民国八年夏间,公学暂借威海卫路德国人办的小学校舍,先行开学,次年始将校舍收回。其时董事会改组,推熊希龄先生为会长,王家襄先生为副会长,范源濂、胡汝麟、袁希涛、夏敬观、叶景葵、梁维岳、王敬芳七人为常务董事。王敬芳先生任校长。

此时公学有商科专门及中学。公学停顿期中,福中公司助款停止;开学后,王敬芳先生请福中公司补拨历年助款,除还公学欠债万余元之外,尚余四万余元,以备填补每年常款之不足。王校长因任福中公司总经理,不能住校办事,故请公学毕业同学李荫秾为事务长,刘秉麟为教务长,分代校长之事。民国十年,刘李两君先后辞职,王校长乃请张东荪先生为代理校长。

民国十一年,公学请张嘉森先生为筹办大学主任,计划改组大学事;次年张东荪先生辞职,由陈筑山先生代理校长,即将原有之商科专门提高程度,改升大学。十二年夏,因添办高级中学,学舍不敷用,故将商科大学迁设上海。十三年夏,董事会推张东荪先生任商科学长,陈筑山先生专办高中。十三年之秋,江浙开战,浙军占用吴淞校舍,高中遂停办。十四年春间,商科大学迁回吴淞,同时筹划添设哲学、政治、经济诸学系,拟仿伦敦大学经济学院的制度,作成一个社会科学的大学。

自民国九年以后,公学常款,除学费外,全靠福中公司的助款;民国十一年,常务董事呈准政府依据元年国务会议原案,拨元年六厘公债一百万元为补助金。此款由财政部于民国十二年及十三年先后拨给整理公债票四十万元。此项债票未经指定的款付息,故在市场上几于全无价值。后经王敬芳先生等呈准财政部领到第一期至第九期的利息三万元以供偿还积欠及扩充图书馆之用。第十期以下应付利息,也曾由公学呈请财政部,指定在福中总公司每年缴纳统税捐照十万元项下分四期缴纳,每期六千元,每年计二万四千元。此案虽经财政部公函(十四年财字二五五六号)照准,但不久河南即成战区,福中矿务停顿,不但不能由矿税项下拨款付息,连每年二万元的助款也完全停止了。

民国十六年春,国民革命军到上海,公学由旧同学何鲁先生接收办理。其时校董在南方者人数甚少,何先生乃请在宁沪各地的校董开会,并增入旧同学熊克武、但懋辛、丁毂音、周烈忠、杨诠、胡适、朱经农诸先生,组织新校董会。校董会公推何鲁先生为校长,熊克武先生为董事长。

其时公学经费支绌,教职员薪俸多不能照发,是年秋季,上海中法工专学校学生因风潮退学,转入中国公学肄业,大学院特准每月拨二千三百三十三元,为公学收容此项学生之补助费。此项补助费至十七年六月底始停止。

何鲁先生任内,公学之学科组织共分文学院、商学院、法学院、理工学院四院,设十七学系,以经费不足,终未能充分设备。

十七年三月,公学发生风潮,至四月底尚未解决。校董会议决准何鲁先生辞职,推我担任校长,并推但懋辛校董为总务长,丁毂音校董为秘书长。胡、但、丁三君于4月30日到校任事。

公学校董会自清末以来,经过多少变迁,校董随时增加,未有定额。除死亡不计外,现存校董散在各省者不下百人,召集既甚困难,组织又不合现行制度。于是校董会于十七年六月十日在上海集会,决定依据大学院颁布之私立学校校董会规程,改组校董会,遂通过校董会章程,决定校董名额为十五人,每两年改选三分之一。是日由校董会投票选举下列十五人为新校董:

蔡元培、于右任、熊克武、胡适、杨铨、夏敬观、叶景葵、朱经农、何鲁、王云五、刘秉麟、但懋辛、王敬芳、马君武、丁毂音。

同日校董会又通过《中国公学组织大纲》十三条。

我担任校长,本只解决公学的风潮而已,原定只维持两个月。故是日我向校董会辞去校长职务。校董会不准我辞,只准我提出副校长人选,由校董会聘任,以便有人驻校负责。后由校董会聘请杨亮功博士为副校长,暑假中即到校任事。

我们觉得何鲁先生任内所定学科组织的规模太大了,不是公学的经济状况能负担的,故自十七年暑假起,裁撤工学院与法学院,其余学系也经裁并,改为文理学院及社会科学院,共两院,七学系。原有之商学院成为社会科学院中之商学系。余六系为中国文学系、外国语文学系、哲学系、数理学系、史学社会学系、政治经济学系。

本年度共有学生六百零六人(内有女生五十人),教员四十六人,职员十四人。本年学生之多,为历年所未有,但公学宿舍只能容五百二十人,现有学生已远过此数,故原有的游艺室与饭厅都改为宿舍。课堂与图书馆也都感觉很大的困难。

(载于《吴淞月刊》1929年第3期)

从思想上看中国问题[1]

究竟从思想上看,中国的问题在什么地方?

问题是"不适宜于现代的环境"。

种族上,问题是"不能适于生存而有被淘汰的危险"。

社会的制度与心理习惯上,问题是"不能适于生存而有堕落的危险"。

经济上,问题是"不适宜于现代世界的经济生活而脱不了落伍的危险"。

思想上,问题也是如此。

思想上的不适宜有两个方面:

(1) 思想中有根本大不适宜的部分

(2) 思想的方法的不适宜

(上) 不适宜的思想

吴稚晖先生曾说:

> 中国在古代,最特色处,实是一老实农民,……安分守己,茹苦耐劳。惟出了几个孔丘、孟轲等,始放大了胆,像要做都邑人,所以强成功一个邦国局面。若照他们多数〔乡下〕大老官的意思,还是要剖斗折衡,相与目逆,把他们的多收十斛麦,舍铺鼓

---

[1] 编者按:据《胡适的日记》(手稿本)1929年5月19日记载:平社成员决定从各方面讨论"中国问题"。其中分给胡适的题目是"从思想上看中国问题"。胡适的这篇文章应是为此而作。当时规定胡适主讲的时间是"6月15日"。据《胡适的日记》1929年6月16日记:"平社聚餐,到的只有实秋、志摩、努生、刘英士几个人,几不成会。"胡适未提自己的主讲内容,本文疑是为此次聚餐讨论所准备的讲稿。

腹,算为最好,于是孔二官人也不敢蔑视父老昆季,也用乐天知命等委蛇。晋唐以前,乃是一个乡老(老庄等)局董(尧舜周孔)配合成功的社会。晋唐以来,唐僧同孙悟空带来了红头阿三的空气,徽州朱朝奉就暗采他们的空话,改造了局董的规条。

稚晖先生这个见解大致不错。中国古来的思想只有两大系,我姑且叫他们做:

积极的,有为的一系(局董系)

消极的,无为的一系(乡老系)

后来又加上了印度的和尚思想,乡下老的无为思想便得了一个有力的大同盟。乡下老,道士,和尚成了大同盟,其势力便无敌于天下;局董受了他们的包围与熏染,便也渐渐地变懒了,同化了。他们虽摆起了局董面孔,其实都不肯积极有为。故中国思想的"正宗"实在已完全到了"无为派"的手里。我们试看最有势力的俗语:

多事不如少事,

少事不如无事。

不求有功,但求无过。

靠天吃饭。

万事皆是命,半点不由人。

多做,多错;

少做,少错;

不做,不错。

所以我们今日研究中国思想是否适宜于现代的环境,其实就是研究这个正宗思想系统是否适宜。

这个正宗思想系统,简单说来,有这么一些方面:

(1) 宇宙观

主张自然变化,不信上帝造化,在思想史与宗教史上有解放的大功用。

但普通人并不懂这种自然主义的宇宙观,故魏晋以后,堕落成道教。宋以后的道学也从这里出来,但中古宗教的势力太深,道学运动对于自然主义已不能像王充、王弼诸人那样的彻底,故徘徊于太极阴阳之间，成一种不分明的，调和的宇宙论。

在这个现代世界，自然主义的宇宙论有昌明的可能，但须站在自然科学的新基础之上，扫除阴阳太极种种陋说。

（2）人生观：

因为太偏重自然，故忽略人为。"胡为乎，胡不为乎？夫固将自化"（《庄子》）。误认"自然的"为"最好的"，故有适性之论，主张自由，而自由的意义不明白，遂流为放浪旷达，人人以不守礼法为高。上层阶级自命颓放，而下层社会便更堕落。

自然主义主张命定论，命定论自有破除迷信的功用，而因为这种命定论缺乏自觉性，故信命反成了一种迷信。

学者以"不齐"为物之情，故不讲平等。平常人也承认命定的本分，故以"安分守己"为常德，不努力进取求提高生活与地位。

自然科学的旨趣在于征服自然以为人用。中国单有命定论，而没有自然科学，故把天然看作无所逃于天地之间的绝大势力，故造成一种"听天由命""靠天吃饭"的人生观，造成一种懒惰怕事不进取的民族性。

崇拜自然变化为合理的（The Natural = the Rationel）。故淡于是非之见。老子倡不争，而庄子倡"不谴是非"："辩也者，有不见也。"（《庄子》）

> 物固有所然，物固有所可。
> 无物不然，无物不可。（《齐物论》）

什么东西都是好的，都有他相当的地位，故我们最不讲究辩证是非真伪的风气，以"和光同尘"为美德，以"议论人长短"为大戒。什么事总是"差不多"。七百年的"格物""考证"的学风不能改革这根深蒂固的乡愿风气。

"自然"是对于"人为"而言的。崇拜自然，必流入于轻视一切人为的事业。老、庄本来反对文化，反对制度，反对知识，反对语言文字。这种过激的虚无主义虽然不能实现，然而中国一切文化事业（建筑，美术，技艺，学术）的苟且简陋，未尝不由于这种浅薄的自然崇拜。知足便是苟简。

（3）政治思想

崇拜自然而轻视人事，在政治上便是无为主义。无为之治只是听其自然。

所谓无为者，不先物为也，

所谓无治者，不易自然也。（《淮南子》）

一切只是跟着自然变化跑，不可自作聪明，勉强有为。

无为政治的造成，确有历史的原因。秦始皇、李斯一般人的确想大有为，但不久都失败了。汉帝国的安定全靠惠帝到文景五六十年的无为之治。盖公、曹参、窦太后等都是有意的实行无为之治。统治一个绝大的帝国，没有方便的交通器具，势不能不放任，但求相安无事，已为万幸了。况且一班无知识的纨袴子弟，老太婆，太监，若放胆有为，也有危险，不如劝他们无为无治为妙。

二千年"天高皇帝远"的大帝国的长期训练，遂使无为而治的观念深入人心，牢不可破，成为中国政治的唯一法门。

无为的观念最不适宜于现代政治生活。现代政治的根本观念是充分利用政府机关作积极的事业。十八九世纪的放任主义已不适用，何况无为？

现代政治重在有意识的计划，指挥，管理（Conscious Control），而无为之治重在"不易自然"。这是根本相反的态度。

况且无为的政治养成了人民不干预政治的心理习惯，以入公门为可耻，以隐遁为清高；更不适宜于民权的政治。

自然无为养成的懒惰怕事的习惯，也是最不适宜于这个多事的局面的。

不争不辩的道德，也是不适宜于民主政治的。道家的人生观名义上看重"自由"，但一面要自由，一面又不争不辩，故他们只好寻他们所谓"内心的自由"，消极的自由，而不希望实际的，政治的自由。结果只是一种出世的人生观，至多只成一种自了汉，终日自以为"众人皆醉而我独醒"，其实也不过是白昼做梦而已。他们做的梦也许是政治的理想，但他们的政治理想必不是根据事实的具体计划，只是一些白昼做梦式的乌托邦理想而已，或者，一些一知半解的道听途说而已。最近的例子如康有为的《大同书》，便是乌托邦理想；如四十年中的新政计划，——人说废科举，我也说废科举，人说兴学校，我也说学校，……——便是道听途说。

以上说正宗思想系统的种种方面，除了宇宙论会有相当现代性之外，可以说是完全不适宜于应付现代需要。约而言之，我们可以说：

（一）现代社会需要积极作为，而正统思想崇拜自然无为。

（二）现代社会需要法律纪律，而旧思想以无治为治，以不守礼法为高尚。

（三）现代文化需要用人力征服天行，而旧思想主张服从自然，听天由命。

（四）现代社会需要正直的舆论作耳目，而传统思想以不争不辩为最高。

（五）现代科学文明全靠一点一滴地搜寻真理，发现知识，而传统思想要人不争不辩，更甚者要人不识不知，顺帝之则。

（六）现代社会需要精益求精地不断努力，而传统思想要人处处知足，随遇苟安。

（七）现代社会需要充分运用聪明智慧作自觉的计划设施，而传统思想一切委任自然，不肯用思想，不肯用气力。

（八）现代社会需要具体的知识与条理的思想，而传统思想习惯只能教人梦想，教人背书，教人作鹦鹉式的学舌。

四五十年的新文化的接触，新教育的设施，新思潮的输入，新运动的澎湃，到如今有什么结果呢？思想上可有什么变化改善的倾向吗？

说也可怜，如果有什么变化，都只是皮毛的改换颜色，我就看不出什么脱胎换骨的思想。

今日的思想，从极左到极右，都看不见一点自己想过的思想，也看不见一点根据现实状况的思想。做尧、舜、禹、汤、周公、孔子的梦的，固然不曾思想。囫囵吞下马克思、考茨基、列宁、孙中山的，也算不得曾经思想。

根本的毛病还在思想的方法。

我们的传统思想习惯是不肯用心思去想。这叫做无为的思想方法。说得玄妙一点,叫做寂然不动,感而遂通。又叫做廓然而大公,物来而顺应。说得粗浅一点,叫做懒如死蛇。二千五百年前,老子教人"不出户,知天下;不窥牖,知天道"。现在的人也还说:"秀才不出门,能知天下事!"这都是懒人的思想方法。

需要证据吗?梁任公先生自己说:

> 自从和日本打了一个败仗下来,国内有心人真像睡梦中着了一个霹雳,……所以拿"变法维新"做一面大旗,在社会上开始运动。那急先锋就是康有为、梁启超一班人。这班人中国学问是有底子的,外国文却一字不懂。他们不能告诉人"外国学问是什么,应该怎么学法",只会日日大声疾呼,说"中国旧东西是不够的,外国人许多好处是要学的。"(《近著》下,238)

梁先生是个老实人,能说这样老实的话,叫我们知道三十年前的维新党人的思想方法。这种方法其实是没有方法,这种思想其实是不思想。不思想的结果是什么呢?自然是瞎眼的维新。梁先生在同篇(《五十年中国进化概论》)里估量五十年中国学问和思想方面的进步,指出

> 这里头最大关键就是科举制度之扑灭。……到戊戌维新前后,当时所谓新党如康有为、梁启超一派,可以说是用全副精力对于科举制度施行总攻击。前后约十年间,经了好几次波折,到底算把这件文化障碍物打破了。……用历史家眼光看来,不能不算是五十年间一件大事。(同书,236)

科举的废止是维新党人的第一件大罪案,而他们却引为大功劳。科举制度的弊病在两点:(1)是考试内容的无用,(2)是有了捐官的捷径,科举出身的人才不能不受其影响。乍不革其流弊,而遽废一个世界最有特色的制度,岂非因噎而废食?

他们以为有了学堂,便可以不用科举了。殊不知道学堂是造人才的地方,科举是国家选用人才来办公家职事的方法。新式的学校可以替代老式的学堂,而不能替代国家考试用人的方法。他们不知

道,只有新的考试制度,可以替代旧的科举制度。他们废了科举,却不曾造出一种新式的考试制度。于是这样大的一个国家,二十五年来全没有一个公道的,公开的,用客观标准的文官考试制度。二十五年来,政府机关用人还是靠八行书,靠荐信,靠贿赂,靠亲戚朋友,遂造成廿五年的政治腐化的现象!

思想不精确,为害如此之大!

康有为死了,梁启超也死了,戊戌(1898)距今有三十年了。三十年的不同,只是康、梁盲目地大声疾呼嘉富尔、俾士麦、大彼得,而三十年后的青年却大声疾呼马克斯,列宁,布鲁东而已!

十三四年前,我同一位美国朋友谈天,我说,"我们中国人有一点特别长处,就是不抵抗新思想。譬如'进化论',在西洋出现之后,打了五六十年的官司,至今美国的大学还有禁止教授的。然而1898年有个严复译了一部赫胥黎的《天演论》,出版之后,真是不翼而飞,有许多人自己出书刻版送人。一二十年中,'天演''物竞''天择''优胜劣败'都成了文人常用的话头。有些人竟用这些话做名字,陈炯明号竞存;有一家朋友,哥哥叫天择,弟弟叫竞存。我自己的名字也起于'适者生存'的话。从没有人出来反对《天演论》的。反对之声乃出于徐家汇的天主教教士"。

我们朋友想了一会,答道:"胡先生,贵国人不抵抗新思想,不一定是长处。欧美人抵抗新思想,不一定是坏处。不抵抗也许是看不起思想的重要,也许是不曾了解新思想的涵义。抵抗之烈也许是顽固,也许是不轻易相信,须心服了然后相信。"

我听了这句话,心里很惭愧。我就问自己,"我相信生物进化论,究竟有多少科学的根据?"我当时真回不出来!只好费了许多功夫,抱了不少佛脚,方才明白一点生物学上,比较解剖学上,胚胎学上,地质学上,古生物学上的种种证据。

有一天,我在哥仑比亚大学的 Furnald hall,碰见张□□先生,我问他,"你相信进化论吗?"他说,"自然哪"。我又问,"你有什么证据?"他支吾了一会,指着窗外的 Broad way,说道:"你瞧,这些电线,电灯,电车,那一件不是进化的凭据?"我说,"这样容易证明的一个学说,为什么要等到达尔文才能发现?"他回不出了。

我又去问别人,从 Furnald Hall 直问到了 Hartley Hall,几十个中国学生,现在大都成了名人名教授了,当时都不能给我一个满意的答案。

这个故事值得使我们想想。

人家的思想是实际状况的产儿,是多年研究实验的结果,——例如达尔文,马克斯,——到了我们的眼里,只不过是一个抽象名词,一句口头禅,一个标语。我们不肯思想,更不肯调查试验来证实或否证一个思想。我们的思想方法完全只在纸上变把戏。眼光不出纸上,心思不透过纸背。合我的脾胃的,便是对的思想;不合我的脾胃的,便是不对的。这叫做寂然不动,物来而顺应。

分开来说,有种种毛病可指,如拢统,如轻易相信(盲从),如同个人成见的武断,如浅薄,……但其实只是一个根本病,只是懒惰,只是不肯用气力,不肯动手脚,不肯用自己的耳朵眼睛而轻信别人的耳朵眼睛。话到归根,还只是无为的思想方法。

试举"拢统"作例吧!

拢统是用几个抽象名词来概括许多性质不同,历史不同的事实。如"资本主义"、"帝国主义"、"封建势力"、"文化侵略"……等等都是一些范围广漠的名词,所包含的意义有地域上的不同,有历史上的不同。然而这些名词一到了我们的手里和嘴里,一个个都成了法宝。你要咒诅谁,只消口中念念有词,唱一声"资本主义",画一道符,写上"封建势力",那人就打倒了,那制度也就永永被咒诅了!

这些名词所包括的制度和事实,有利有弊,有历史的原因,有民族的特性,而我们一概不问,只想画几道符,念几句咒,贴在他们身上,遂算完了事。例如"资本主义",有十七八世纪的资本主义,有十九世纪上半的资本主义,有十九世纪下半的资本主义,有廿世纪的资本主义,有社会主义思想未发生以前的资本主义,有社会主义思想已发生影响以后的资本主义。即如 Henry Ford 的资本主义,已不是马克思所指摘的资本主义了。资本主义的性质早已变了,而我们还用这一个老名词,来包括无数新制度,这便是拢统。

在去年 11 月出版的一部《社会科学大纲》里,有这么一句话:

> 资本家欲在世界上占势力，互相竞争，便不得不设法产生贫乏。欲产生贫乏，便不得不压迫劳动者，增加工作时间，减少工银。（第五章，42）

这种话给现代的资本家听见了，真要笑掉牙齿，现代的资本家的第一要义是"设法产生富裕"，人民越富裕，越有剩余资本可以买股票，买债券，保寿险，做储蓄；人民越富裕，购买力越大，才能多买资本家所造出的商品。故设资本家不得不设法产生贫乏，竟是梦话。

至于"增加工作时间，减少工银"的方法，也是一种已渐渐成为过去的方法。现在的资本主义，早已明白工作时间的减少和工银的增加都是增加效率的法子，效率愈增加，得利更大。Henry Ford 便是一个绝好的例：他的工厂里，工作时间比人家少，工银比人多，货价比人低廉，而得利比谁都大。苏俄政府近年极力宣传 Ford 的传记和著作，也正是因为这种绝大的效率，虽名为私有资本主义，而最可以作国家社会主义的模范。

在同书里（26）我们又读了这一段话：

> 一方面资本一天比一天集中于少数人手里，别方面小资本家渐变成贫穷的，贫穷的一天一天变成无产者。……

这是所谓"资本集中"的现象。但是这又是马克思的梦想，和五六十年来的事实完全不对。马克思只看见资本集中，而不看见资本的管理权虽集中，而资本的所有权仍可以分散普及，如一个一万万元的公司，不妨分作一万股，也可分作十万股，也可分作一百万股。其中的股东，可以是一个人，但平常的公司往往是几千人以至几万人。马克思主义说：

> 我们看一看美国金融资本的独裁者吧！一百多个王侯，和他们的董事，管理了五百亿金元，掌握了一切经济生活上最最重要的部门。（32）

但他们忘了告诉我们，这五百亿金元的所有者至少有几千万人！其中七分之一是保寿险费，所有者便是几千万的保户！

马克思主义者又对我们说：

> 资本主义社会的第一个特征是不单是为了满足人类的必要而

生产物品，特别是为了商品而生产的。(《中国资本主义史》，4)但我们不要忘了"人类的必要"是时时变迁的，不是固定的。商业制度的在文化史上的大贡献正在于用最低的成本生产多量的物品，使多数人能购买，又用广告的功能，引起人的欲望，使人感觉某物品的需要。文化的抬高全靠人类欲望的抬高，需要的增加。从前我们认为少数人的奢侈品的，现在都渐渐变成人人的必需品了。我们现在认电灯为必要了，不久将来应该认厨房电炉为家家必需之物，应该认无线电收音器为家家必需之物。"人类的必要"的增加，大都是广告宣传之功。资本主义为商品而生产，然而间接直接地抬高了无数人的欲望，增加了无数人的需要，所以有人说商业是文明的传播者。所以为商品而生产并不是资本主义的罪状，也可以说是他的一大功绩呵！

我举这几个例来说明思想拢统的危险。"资本主义"有种种的意义，在资本集中的方面说，是一种生产方法；从私有财产的方面说，是一种分配方法。从生产的方面说，资本集中而未尝不可以同时所有权分散在无数人，生产力增加而未必减少工人，增加工作时间，更未必增加物价。故凡种种劳工保障法，如八时工作，如最低工资保障，皆是资本主义的国家里的现行制度。从分配的方面说，私有财产的国家里，未尝没有级进的所得税，级进的遗产税，未尝不根本推翻"财产权神圣"的观念。故在资本主义国家之中，所得税有超过百分之五十的，遗产税有超过百分之五十五的。故我们不可用一个抽象名词来抹杀一切复杂的情形，须知共产集权的国家之中也往往采用资本集中的方法，而资本主义之下也往往有社会主义的分配原则存在也。

(收入耿云志主编：《胡适遗稿及秘藏书信》第 12 册)

我们对于政治的主张

我们都没有党籍,也都没有政治派别。我们的唯一目的是对国家尽一点忠心。所以我们的政治主张不用任何党义作出发点。我们的出发点是中国的实在需要,我们的根据是中国的实在情形。

我们不想组织政党,不想取什么政党而代之,故对现在已得中国政治权的国民党,我们只有善意的期望与善意的批评。我们期望它努力做的好。因为我们期望它做的好,故愿意时时批评它的主张,组织,和实际的行为。批评的目的是希望它自身改善。

我们对于今日的"党"和"政"的关系,认为太不分明,实际上行不通。我们以为今日应该明白规定党的权限是"政权",政府的权限是"治权"(这是借用孙中山分别"政权"和"治权"的主张)。治权是执行政务之权,政权是监督行政之权。

换句话说,我们主张,党的地位应该同民治国家的议会相仿,只有在一定的法律范围之内,依法定的手续,可以监督行政。过此范围的干涉便为非法。中央党部便等于中央议会,省党部便等于省议会,地方区党部便等于区议会,——都应该有明白规定的权限和手续。

我们以为今日党的机关糜费太多,不是我们这个穷国家所能担负的。故党员的党费(每月二角)应严格征收,充作各级党部的经常费用。党的机关应大加裁减,以免浪费。

我们以为现行的政府组织,名为五权并立,其实只是行政一权。立法、司法、考试、监察,若不能独立,便不能行使他们的职权。所以我们主张:行政院的地位应提高,作为政府。

立法院应独立,成为全国的法制编纂院。向来民治国家的议会所有的监督政府的种种权力,既有党部代行了,故立法院只执掌纯粹立法的任务。

司法院应独立,成为最高的法院。

监察院应绝对独立,监察院及其附属机关的人员不得兼任行政职务,也不得兼任党部职务。监察院应该监察政府,也应该监察党部。

考试院应该绝对独立,考试院及其附属机关的人员不得兼任行政或党部的职务。

我们深信,若监察与考试两种制度能严格地施行,政治的清明还可以有望。但这两种制度的施行,须要有下列两个条件:

(1)监察机关绝对独立,不受党及行政机关的牵掣。

(2)考试制度之下,只论人才,不限党籍。专制帝政之下,假使皇帝姓朱,却不限定天下士子先改姓朱,然后来投考。今制定考试新制,若限定党员方可投考,便是根本打销考试用人的原意了。

我们深信,今日军费占全国收入的百分的九十二(据三全大会的财政部报告),是亡国的现象。我们深信,本年编遣会议的裁兵计划是很不彻底的。我们主张,彻底裁兵,不可假借"国防"的名义,保留现有的军队。除必要的警备队外,全国军队均应分期裁遣。

我们深信,今日绝对谈不到军事上的国防。去年山东境内有二十万大兵,而不敢同三千日本兵作战,这个教训不够令我们深思吗?今日能修明内政,发展交通,运用外交,那便是真正的国防。我们若靠军队防卫国家,中国早已亡了!故今日有人借"国防"的名义保留军队,都只是拥兵自卫的托辞。

我们对于国家的组织,主张联邦式的统一国家。

(收入耿云志主编:《胡适遗稿及秘藏书信》第12册)

文化的冲突

冲　突

在我看来,中国的问题是她在多种文化的冲突中如何调整的问题。中国现在的一切麻烦都可归咎于在将近六十年间尖锐的文化冲突中未能实现这种调整。这个问题从未得到人们的充分认识和自觉对待,而只是被惰性、自大和表面的改良措施所避开和掩盖。结果,中国今天对自己问题的解决仍象半世纪前一样遥远。

可能的解决方法

现在是我们清楚地认识文化冲突这个问题的现实而予以解决的时候了。这个问题就是,中国当怎样自我调整,才能使她处在已经成为世界文明的现代西方文明之中感到安适自在。这个问题可以有三种解决的办法。中国可以拒绝承认这个新文明并且抵制它的侵入;可以一心一意接受这个新文明;也可以摘取某些可取的成分而摒弃她认为非本质的或要不得的东西。第一种态度是抗拒;第二种态度是全盘接受;第三种态度是有选择性的采纳。既然今天没有人坚持抗拒政策,我的讨论将只限于后两种态度。

选择性的现代化

乍看起来,选择性的现代化似乎是最合乎理性的上策。因此,这不仅是国内的提倡者,也是自命为中国之友和中国文明的热爱者的一些外国作家所鼓吹的一种最有力的态度。我甚至可以说,这是迄今任何思考过中国文化冲突问题的人所持的唯一认真和明确的态度。他们告诉我们,中国发展了灿烂的文明,这个文明绝不能在盲目接受西方文明当中丢掉。这些好心的忠告者们说,务必十分谨慎地从西方文明中选择那些不致损坏中国艺术、宗教和家庭生活中的传统价值的东西。总之,对现代文明的某些方面可以作为必要的恶来接受,但必须不惜任何代价保持中国文明的传统价值。

不受欢迎的变化

现在看来,这种态度究竟如何呢?实际上,这是说中国必须改变但又决不能改变。拆掉一座城墙,总会有人同声反对,理由是这座城市将失去中世纪的古雅。北京最初铺设电车道时,许多美国游客看到电车穿越这座城市的中心而深感遗憾。几乎现代化的每一步都会遇到这样的指指点点。工业化已破坏了人们的家庭生活并使他们放弃了祖先崇拜。现代学校教育使中国的书法成为一种失传的艺术。课本用白话文,使学生不能用古文作文了。小学生不再背诵孔子的经书。电影正在赶走中国戏。禁止缠足是好事,可是丝袜子太贵了,现代舞蹈吓人。妇女解放也许是必要的,但是剪短发、抹口红搞得过火。如此等等。

幸福与现代化

有一次,一位来中国游历的哲学家坐滑杆翻越一座崎岖小山。他在舒适靠椅上听到抬滑杆的唱一支他觉得好听的歌曲,不觉听得入迷,并从中得到启示,悠然陷入哲学遐想:像中国人这样的人力驮兽在担负沉重苦役时仍保持唱歌之乐,这远比现代工厂的工人为自己的苦命鸣不平要强得多。他担心中国实现工业化之日,工厂不仅会毁掉一切精美的手工业和家庭工业,而且也会扼杀中国苦力一边工作一边唱歌的欢快精神。

对选择性的现代化的认可

这样一来,国内外的忠告者们都认为中国必须走选择性的现代化的道路,即尽量保持她的传统价值,而从西方文明中只采取那些适合现实迫切需要所必须的东西。

传统价值安然无恙

我曾经也是这种选择性过程的倡导者之一。不过现在我表示后悔,因为我认为谨慎选择的态度是不可能的,而且也实在不必要。一种文明具有极大的广被性,必然会影响大多数一贯保守的人。由于广大群众受惰性规律的自然作用,大多数人总要对他们珍爱的传统要素百般保护。因此,一个国家的思想家和领导人没有理由也毫无必要担心传统价值的丧失。如果他们前进一千步,群众大概会被从传统水平的原地向前带动不到十步。如果领导人在前进道路上迟疑不决,摇摆不定,群众必定止步不前,结果是毫无进步。

接受现代化

中国之所以未能在这个现代化世界中实现自我调整,主要是因为她的领袖们未能对现代文明采取唯一可行的态度,即一心一意接受的态度。近几十年来,中国之所以不再谈论抵制西方文明,只是因为中国的保守主义已在选择性的现代化的理论伪装下找到庇护所。她在采用西方文明某些方面如电报、电话、铁路和轮船、军事改组、政治变革以及新的经济制度……所取得的微小的进步,大多是外国特权享有者或担心民族灭亡和崩溃的中国人所强加的。这些方面的进步没有一项是出于自觉自愿或明智的了解而引进到中国来的。甚至维新运动最杰出的领袖人物也没有充分了解他们所主张的东西。仅在几年以前,1898年维新运动最重要的领袖人物之一的梁启超先生曾歉然地自认道:"我们当时还不知道西学为何物,亦不知如何去学。我们只会日日大声疾呼,说旧东西已经不够用了,外国人许多好处是要学的。"①领袖人物本身浅薄如此,当然不能引起广大群众的真正的热忱或坚强的信念。

---

① 译者注:原文见《五十年中国进化概论》,参见《梁启超选集》(上海人民出版社,1984年版),第834页,英译引文有出入。

保存国粹

果如所料,要求改革的第一个浪潮被政府中反动分子镇压下去后,知识界立即发起了一个新运动,即"保存国粹运动"。这个运动中的许多支持者又同时是后来推翻满清的革命党的成员。这个事实可注意之点是,它表明反满的革命虽然是受西方共和理想的鼓舞而发动的民族自觉运动,但它还没有摆脱文化保守主义的情绪。这个保守主义最近几年有突出表现。有人在反对教会学校和教会医院时经常使用"打倒文化侵略"的口号。

工具与进步

直到最近几年才听到有人坦率发表现代西方文明优于中国的和一般东方的旧文明的议论。一位年逾花甲的思想家吴稚晖老先生于1923年—1924年发表了他的宏论《一个新信仰的宇宙观及人生观》。他在文中大胆宣称中国旧道德的总体都是低级的和粗浅的,欧洲种人在私人道德上和社会公德上以及日常生活方式上都超越其他种族之上。"他们是所有这些种族中最有才能和精力充沛的人民,他们的道德总体是高超的。"他劝告中国的知识分子把所谓的国故扔到茅厕里至少三十年。在此期间,用一切努力加快步伐建立像尘沙一般干燥的物质文明。他对被已故梁启超先生等保守思想家斥为濒于破产的现代科学文明大加颂扬而不惜余力。吴稚晖先生说:"人是一种会制造工具的动物,世界的进步全靠工具数量的增多。而科学又是工具制造的最有效途径。""我们相信文明愈进步,工具就愈繁多,实现人类大同的理想就愈接近,那些现在阻碍人类智慧的困难问题也就愈容易得到解决。"①

国际性的经验

这些话出自一位花甲老人之口这件事就值得注意。吴先生曾受

---

① 译者注:以上引文在吴稚晖原书中未查到,此处据英文译出。

教于江阴南菁书院,这所学院是当地最后的重镇之一。他曾在日本住过,也曾在英法两国呆过几年。他对西方新文明之了解不下于他对东方旧文明的了解的程度。

科学与人生

吴先生的文章发表在关于科学与人生的关系问题的激烈论战之际。这场论战把中国的知识分子划分为截然不同的两个阵营。所谓"玄学鬼"阵营的领袖是张嘉森,他提倡"内省精神生活"论,相信这种内心精神生活是超越科学范围之外的。因此张先生和他的好友,其中包括已故梁启超先生,主张恢复宋明新儒学的理学。另一个是由丁文江先生领导的现代科学家阵营。丁先生驳斥陈旧的哲学而力持科学与科学方法的万能论。这场论战持续整整一年。当参加这场论战的文章最后搜集起来在 1924 年出版时,全书超过二十五万字。不消说,吴先生和我在这场论战中都是站在丁先生方面的。

科学与民主的精神成分

我在 1926 年发表了《我们对于西洋近代文明的态度》一文。此文同时刊登于日本的《改造》月刊和中国的《现代评论》周刊上。文章内容又用英文改写,作为查理·A. 俾尔德教授编的《人类的前程》一书的一章。在这篇文章中我的立场是中国必须充分接受现代文明,特别是科学、技术与民主。我试图表明容忍象缠足那样的野蛮风俗达千年之久而没有抗议的文明,很少有什么精神性。我也指出科学与民主的宗教二者均蕴育着高度的精神潜力,并且力求满足人类的理想要求。甚至单纯的技术进步也是精神的,它可以解除人类的痛苦,大大增强人类的力量,解放人类的精神和能力,去享受文明所创造的价值和成果。我公开地谴责了东方的旧文明,认为它是"唯物的",以其无能为力地受物质环境所支配,不能运用人类的智能去征服自然界和改善人类生活。与此相反,我认为尽可能充分利用人类的聪明才智来寻求真理,来制服天行以供人用,来改变物质环境,以及改革社会制度和政治制度以谋人类最大幸福,这样的文明,才是真正的"精神"文明。

中国文明之不人道

吴稚晖先生和我本人的这种看法仿佛过于盛气凌人和过于武断。不过这些观点都是经过多年实际观察和历史研究得出的由衷之言。当一个象吴稚晖那样的老先生宣布他认为中国人道德很低下的时候,他是在讲大实话,这使他感到痛苦远远超过他的读者所能想象的。但是那是真情不得不讲。在我以缠足几千年或千百万人当牛做马为例谴责我国的文明时,我并不是仅仅从一些孤立事例作出概括;缠足代表全体女性十个世纪以来所受人的痛苦的最残忍的形式。当我们了解到宗教、哲学和伦常道德共同合谋使中国人视而不见,丧失良知,对这种不人道缺乏应有的认识时,了解到诗人做诗和小说家写出长篇描写女人的小脚时,我们必须作出结论,在一种文明中道德观念和美学意识被歪曲到如此荒谬的地步,其中必有某种东西是根本错误的。普及教育,普选制,妇女解放和保护劳工立法之所以未发源于实行缠足的国家,难道我们能说这纯粹是偶然的吗?

中国的旧文明

总而言之,我们对中国文明究竟有什么真正可以夸耀的呢?它的过去的光荣属于过去;我们不能指望它来解决我们的贫穷、疾病、愚昧和贪污的问题。因为这四大祸害是中国旧文明残存至今的东西。此外还有什么?我们国家在过去几百年间曾经产生过一位画家、一位雕刻家、一位伟大诗人、一位小说家、一位音乐家、一位戏剧家、一位思想家或一位政治家吗?贫困使人们丧失了生活的元气,鸦片烟与疾病扼杀了他们的创造才能,造成他们的懒散与邋遢。难道我们还要再推迟那种能提供战胜我们死敌以唯一工具并为一种新的活文明提供唯一可能基础的科学和技术文明的到来吗?

中国的新文明

日本的例子使我们对中国文明的未来抱一线希望。日本毫无保留地接受了西方文明,结果使日本的再生取得成功。由于极愿学习和锐意模仿,日本已成为世界上最强国家之一,而且使她具备一个现代政府和一种现代化文化。日本的现代文明常常被批评为纯粹是西方进口货。但这种批评只不过是搔到事物的表面,如果我们以更多的同情态度来分析这个新文明,我们会发现它包含着许许多多必须称之为土生土长的东西。随着由技术和工业文明造成普遍的兴盛的程度日益提高,这个国家土生土长的艺术天才已在数十年间发展了一种和全国的物质进步相适应的新艺术与新文学。她的风光和风景美还是日本式的,只是比以前管理得更好,现代交通工具也更为方便。今天日本人民的爱美和爱整洁仍同过去一样,不过他们今天有更好和更美的东西可以享受了。

我们所需的文化复兴

因此,让我们希望中国也可能象日本那样实现文化复兴。让我们现在着手去做日本在五六十年前着手做的事情吧。我们决不受那些保守派思想家们的护短的观点的影响,也不因害怕丢掉自己的民族特性而有所动摇。让我们建立起我们的技术与工业的文明作为我们民族新生活的最低限度的基础吧。让我们表达如下的希望吧!如果我们有什么真正具有中国特色的东西话,那么这些东西将会在科学与工业进步所产生的健康、富裕和闲暇的新的乐土上开花结果。

(原载1929年《中国基督教年鉴》(China Christian Year Book),
张景明译、罗荣渠校中译稿收入罗荣渠主编:《从"西化"
到现代化》,1990年3月北京大学出版社出版)

1930年
保寿的意义

我们中国古代有一个无名诗人留下了两句最有害的诗：
> 我躬不阅,遑恤我后。

译成白话,这就是说：
> 我自己看不见了,
> 何必顾虑后来的事呢？

这个意思是根本大错的。正因为我们自己有看不见的时候,所以我们必须在看得见的时候先给后来的事作点准备。人类所以比别的动物强,全靠这预计未来的能力。凡未雨绸缪,积谷防饥,都是预计未来的事。如果人人都不管将来的事,只图个今朝有酒今朝醉,那就是自己堕落下去和禽兽一样了。

我们中国人在这几千年中,受了老庄思想的毒,往往只顾眼前的享乐,不顾将来的准备。常言道：
> 儿孙自有儿孙福,
> 莫为儿孙作马牛。

替儿孙作牛马,固然大可以不必。但儿女是我们生的,我们对他们应该负教养的责任,我们难道连这一点准备都没有吗？况且我们既不愿替儿孙作牛马,也就不应该叫儿孙替我们自己作牛马。我们平日毫不准备将来,一朝两脚伸直,一口气转不过来,还要连累儿孙去借债买棺买坟来葬我们的老骨头,这就未免太对不起儿孙了。

生在这个新时代的人们,应该学一点新时代的新伦理。新伦理的最小限度有这几点：

第一,自己要能独立生活,生不靠朋友,死不累子孙。

第二,我对子女应该负教养的责任,这是我自己尽责,不希望子女将来还债。

第三,今天总得预备明天的事,总要使明天的景况胜似今天。

要做到这几点,只有储蓄的一个法子。储蓄的种类很多,保寿便是今日世界最通行的一种方法。保寿的意义只是今日作明天的准备,生时作死时的准备,父母作儿女的准备,儿女幼小时作儿女长大时的准备,如此而已。今天预备明天,这是真稳健。生时预备死时,这是真旷达。父母预备儿女,这是真慈爱。不能做到这三步的,不能算作现代的人。

我的朋友郝先生本是热心宗教事业的人,现在决心做人寿保险的事,他希望我说几句提倡保寿的话,所以我写这篇短文给他。

十九,三,五　胡适

(收入耿云志主编:《胡适遗稿及秘藏书信》第 12 册)

读书杂记《黄金的美国》

America The Golden, by Ramsay Muir. London. Williams and Norgate. 1927.

我在往青岛的船上读了英国穆尔教授的《黄金的美国》,觉得此书很可供中国今日一般谈社会问题的人的参考,故摘书中要点,以代介绍。

著者是英国的近代史学者,1925 年到美国讲演。观察美国的工业状况,与劳工情形,作此报告。书分十一章,其目如下:

(1) 英国和美国的不同之点
(2) 日中黑子(美中不足)
(3) 科学研究与大学教育
(4) 资产所有权之广被
(5) 资产所有权与管理权
(6) 提高工资与提高消费
(7) 大规模生产与大规模销货
(8) 代特洛(Detroit)主义
(9) 美国的工会运动
(10) 工业组织上的几种试验
(11) 几个结论

他的结论是,除了美国特殊状态所产生之各点为他国所不能仿行之外,有四点最宜效法:

(一) 资产所有权之散在人民(第四章)

(二) 崇拜科学方法,肯花钱提倡科学研究,尊重科学的训练(第三章)

（三）工业组织上的勇于试验（第十章）

（四）进步的工会的新态度与新政策（第九章）

关于科学研究一点，此书说的不很详细。（不如《百年中工业进步》书中所述之详细）他说工业所以能得科学研究之帮助，工业家所以能信任科学方法，皆由于高等教育之发达。此一层甚是。他所举统计，美国有五百八十八个大学，学生约有七十五万人。纽约一邦有六十一个大学，彭薛万尼亚邦有六十二个，伊利诺有五十六个，倭海倭有五十个。邦立大学之官费在一九二六年共有一万五千四百万金圆。私立大学之基金共有五万五千万金圆。（哈佛七千万；哥仑比亚六千万；耶尔四千万；芝加哥三千五百万；斯丹福二千八百万。）

他深惜英国大学教育的落后，他说，"两只战斗舰的代价便可以收奇效了！"此语骂倒英国的政府与社会。

关于资产散在人民一点，他用 1925 年 Robert S. Binkerd 的统计，在七年之中，执有铁路，公用具，以及二十个选作例子之煤油，钢铁，等公司之股票者之人数，从 1918 年的 2 537 105 人，增至 1925 年的 5 051 499 人。七年之中，增至一倍。此增加之数，七分之一为各公司之雇员所执；三分之一为主顾所执；二分之一为一般公众所有。

此项投资并不妨碍别种储蓄之进行，在同一七年之中，储蓄银行存款之人数由一千〇六十万人增至三千九百万人；存款数由一百一十一万万余元增至二百〇八万万余元。此外有保寿险者人数有五千万人，寿险公司准备金总数约有一百〇四万万元。"有寿险保单的人数，几乎比上届总统选举的投票人数多一倍！"（原书页四十）

这件事业已成为美国工业界的一种政策。在雇主方面的努力，可举 The Bell Telephone System 为例：在 1925 年，这公司的股东人数有六十三万人；其中六万二千五百人为公司雇员，投资共计七千五百万元；另有十六万五千雇员，每年分期扣薪俸买股本，每年约有二千万元。公司以外人也很多。最近一次新股，投资者有二万四千三百余人为工人，一万零七百人为店员。

铁路公司也多采用此政策。最著之例为纽约中央铁路公司两年前卖了六万八千新股（每股百十元，市价百廿元）给本公司雇员四万一千人。共计每四个雇员之中有一人是股东。

最奇的是工会方面也自己组织投资事业。1920 年 7 月，机器工会（Machinists Union）创办第一个劳工银行；11 月，机车工程师兄弟会创办弟兄银行，均用工会会费和公积作资本。六年（1920—1926）之中，已有了四十个这样的工会银行；据 1924 年终的统计，他们的资本共有一万七千五百万金元。最大的一个是克利弗兰城的弟兄银行；初办时占一个饭馆的一角，现在市中建大屋，资本共有二千五百万元。

铁路机车工师会所办银行已不止十二个。联合衣业工会（Amalgamated Clothing Workers）有两个大银行，一在纽约，一在芝加哥。机器工会有一个，在美京。

他们的办法大概是，主办的工会保留百分之五十一的股子，其余可由会员购买。营业一照银行通例，以银行信用为主，不当作罢工武器。普通银行可垫款与罢工工人，而此项工会银行则不肯垫款为罢工之用。

他们又还组织信托公司，——在银行以外。机车工会现已组织了八个信托公司，资本总数为二千万元。这个工会还有别种大规模的营业，如地产，如开矿，——他们有六个煤矿，——如建筑海滨避暑区城等。

关于第三项，——工业组织上的新试验，——著者举了六个例子：

（1）Dennison Manufacturing Co. 凡投资而不管事的股东，自成一种优先股，能分红（有定额）而无表决权。此外新股由做事的雇员分摊，有表决权，举经理，举董事。

（2）J. P. Penney Co.（成衣店）此店在数年之中，分设了六百支店，其法先由总店派有经验之人设分店，其利益之三分之二归总店，三分之一归分店经理。如再由分店分支，则总店，分店，支店经理各有三分之一。再分下去，则总店取消其利权，由分店，支店，子店三分之。而一切支店总由一个集中机关购办材料，故价廉而利厚。

（3）Wm. Filene's Sons（衣著百货公司）的雇员自治合作制度。在店三月以上的人皆为"合作会"会员，全体选举理事会，理事会四分之三的表决可以修改一切店规。若司事人否决，则由全体大会总投票，如有三分之二之多数，则修正案仍有效。理事会选出仲裁委员，受理店中一切争执。

（4）费城电车公司（Philadelphia Rapid Transit Co.）用雇员合作制，以余蓄购买公司股票至三分之一以上。旧股以六厘红利为限，盈余则为雇员合作公积，为购新股之用。此法可鼓励工作，又可淘汰不管事股东之权限。

（5）弗兰林合作牛奶房（Franklin Co-operative Creamery, Minneapolis）牛奶工会自办奶棚，每雇员皆是股东，又皆为工会会员。其盈余除分有定额之红利外，分摊给各家主顾（买主）。

（6）Nash 衣店的"忠恕之道"（略）

关于第四点，——新工会主义，——约有三点：

（一）他们（工会）走上了金融事业的路（详前）。工业靠银行资本，现在工会也开始建立银行资本了。

（二）他们自己想从联合投资方面逐渐得到工业上的管理权。例如美国钢铁公司（U. S. Steel Corporation）的雇员，想用联合投资的方法，在七年之中得到公司管理权。其实即不能得多数股权，他们投资的势力现在已可以大影响公司的管理。公司资本的新来源既靠雇员，则公司自不能不另眼看他们了。

（三）工会渐渐明了，要得权力，必须负责任。一面要公司给他们负责任的机会，一面努力表示他们确能负责任。

如 1922 铁路大罢工之后，B. and O. 铁路公司的工会即决计整顿全路效率，与公司合作，力谋增加效率；工会出资请一个工程专家来做顾问，四个月之后，功效大著，逐渐推行于全路及他路。

十九，八，十，青岛

（原载 1931 年 3 月 10 日《新月》第 3 卷第 1 号）

东西文化之比较

1 近年来欧洲许多消极的学者,唱着这种论调:西方的物质文明业已破产,东方的精神文明将要兴起。去年我在德国的时候,有一个很渊博的学者和我说:"东方文化是建筑在精神上面。甚至东方人的灵魂得救,都是以道德高下为选择的标准。轮回之说,不是如此吗?"这种言论,虽然是他们战后一种厌倦的心理;然而对于那些东方文化夸耀者,实足以助长其势焰。依我个人所见所闻,这种论调,也使西人对于他们自己那日见增长的文化,没有得着一种正确的观念。我草此文讨论东西之文化,就是想大家对于这两种文化有一种新的观念。

2 我是一个中国人,所以就从孔子讲起。依照孔子观象制器的理论,一切文化之起源是精神的,是从意象而生的。"见乃谓之象,形乃谓之器,制而用之谓之法,利用出入,民咸用之,谓之神。"孔子举出许多事实,证明这个理论。我们看见木头在水上浮,就发明了船;看见另一种木头可以沉入水内,就发明棺材坟墓以保存父母的遗体;看见雨水落在地下,就发明文字以记载事实,因为恐怕它们也像雨水一样落下不见了。

柏拉图与亚理士多德也有这种理论。人类的器具与制度都起源于意象,即亚理士多德所谓"法因"(formal causes),孔子,柏拉图,亚理士多德等都生于上古时代,那时并无所谓物质与精神的二元论,所以他们能够认清一切物体的后面都是有思想的。

实际上,没有任何文化纯粹是物质的。一切文化的工具都是利用天然的质与力,加以理智的解析,然后创造成功,以满足人的欲望,美感,好奇心等。我们不能说一把泥壶比较一首情诗要物质些,也不能说圣保罗礼拜堂比较武尔威斯洋房要精神些。最初钻木取火的时候,都以为这是一件属乎精神的事,所以大家都以为是一个伟大的神所发明的。中国太古神话时代的皇帝都是发明家,并不是宗教的领袖。譬如燧人氏发明火,有巢氏发明房屋,神农氏发明耕种与医药。

我们的祖先将一切器具归功于神是很对的。人是一种制造器具的动物,所以器具就构成了文化。火的发明是人类文化史中第一个新纪元,农业的发明是第二个,文字是第三个,印刷是第四个。中古时代世界各大宗教,从中国东海横行到英国,将世界的文化都淹没了。直到后来发明了望远镜、汽机、电气、无线电等,世界文化才到今日的地步。如果中古时代那些祭司们可称为"圣",那么,伽利略(Galileo)、瓦特、斯蒂芬孙、模司(Morse)、柏尔(Bell)、爱迪生(Edison)、福特等,就可称为神,而与伯罗米修士(Prometheus)、卡德马斯(Caddmus)居于同等的地位了。他们可以代表人群中之最神圣者,因为他们能够利用智力,创造器具,促进文化。

一个民族的文化,可说是他们适应环境胜利的总和。适应环境之成败,要看他们发明器具的智力如何。文化之进步就基于器具之进步。所谓石器时代、铜器时代、钢铁时代、机电时代等,都是说明文化发展之各时期。各文化之地域的发展也与历史的发展差不多。东西文化之区别,就在于所用的器具不同。近二百年来西方之进步远胜于东方,其原因就是西方能发明新的工具,增加工作的能力,以战胜自然。至于东方虽然在古代发明了一些东西,然而没有继续努力,以故仍在落后的手工业时代,而西方老早就利用机械与电气了。

这才是东西文明真正的区别了。东方文明是建筑在人力上面的,而西方文明是建筑在机械力上面的。有一个美国朋友向我说:"美国每个男女老幼有二十五个以至三十个机械的奴仆替他当差,但是每个中国人只有四分之三的机械奴仆替他服务。"还有一个美国工程师说:"美国每人有三十五个看不见的奴仆替他做事。美国的工人,并不是工资的奴隶,而是许多工人的头目。"这就是东西文化不同之处。它们原来不过是进步之程度不同,后来时日久远,就变为两种根本不同的文化了。

3 1926年7月我到欧洲去的时候,路过哈尔滨。这城是俄国的租借地,从前不过是一个小小的镇市,但是现今就成为"中国北部之上海"了。离哈尔滨租界不远,另有一个中国的城市,这城市从前是一个村庄。我在这里游玩的时候,有一件事令我很注意:中国城里一切运输都是用黄包车或是其他用人力的车,但是在租界上这种车子不许通行。现在租界已收回中国,不过一切行政仍照俄国旧时办理。租界的交通,都是用电车汽车;如有人力车进入租界,就必须退出,而且不给车资。

那些夸耀东方精神文明者,对于这种种事实可以考虑考虑。一种文化容许残忍的人力车存在,其"精神"何在呢?不知什么是最低限度的工资,也不知什么工作时间的限制,一天到晚只知辛苦的工作,这还有什么精神生活呢?一个美国的工人可以坐他自己的汽车去上工,星期日带着一家人出去游山玩水,可以不花钱用无线电机听极好的音乐,可以送他的儿女到学校里去读书,那学校里有最好的图书馆试验室等。我们是否相信一个拖洋车的苦力的生活,比较美国的工人要精神化些道德化些呢?

除非我们真正感到人力车夫的生活是这样痛苦,这样有害于他们的身体,我们才会尊敬哈格理佛士(Hargreaves),卡特赖特(Cartwright),瓦特,福尔敦(Fulton),斯蒂芬孙,福特等。他们创造机器,使人类脱离痛苦,如现今东方民族所忍受的。

这种物质文明——机械的进步——才真正是精神的。机械的进步是利用智力创造机器,增加人类工作与生产的能力,以免徒手徒脚的劳苦而求生活。这样,我们才有闲余的时间与精力去欣赏较高的文化。如果我们要劳苦工作,才能够生存;那么我们就没有什么生活了,还有什么文化可言呢?凡够得上文化这名词,必须先有物质的进化为基础。二千六百年前管仲曾经说过:"衣食足而后知荣辱,仓廪实而后知礼义。"这并不是什么经济史观,乃是很简单的常识。我们试想想:一群妇女孩子们,提着竹篮,拿着棍子,围聚在垃圾堆中寻找一块破布或是煤屑,这叫做什么文明呢? 在这种环境里能产生什么道德的精神的文明么?

那么,恐怕有人对于这种物质文明很低的民族,要谈到他们的宗教生活了。在此我不必讨论东方的各种宗教,它们最高的圣神也不过是些泥塑木雕的菩萨而已。不过我要问问:"譬如一个老年的叫化婆子,贫困得要死了,她死的时候口里还念着南无阿弥陀佛,深信自己一定能够到佛爷的西天那里去的。用一种假的信仰,去欺哄一个贫困的叫化子,使他愿意在困苦的生活中生存或死亡,这叫做道德文明精神文明吗? 如果她生在另一种文化里,会到这种困苦的地步吗?"

不,绝对不是如此,人老了,不能抵抗自然的力量,才会接受那种催眠式的宗教。他很失望,不愿意奋斗,于是他设法自慰,宣言财富是可鄙的,穷困是荣幸的。这样的人,正像狐狸吃不着葡萄,而反说葡萄味苦一样。这种议论,差不多是说现世的生活没有什么价值,幸福的生活,还在来生。哲人们既宣传了这种思想,那些过激派更进而禁欲,自制,甚至自杀。西方的祭司们常常祈祷,禁食,在柱头上鞭笞自己。中国中古时代也有许多和尚祈祷,禁食,天天吃香油,甚至用油布捆着自己烧死,献给佛菩萨作为祭品。

世界的文化,就是为中古时代这种自弃的宗教所淹没了。一千余年之后,人类才打倒那种以困苦为中心的文化,而建设以生活为中心的新文化。现在我们环观四周,中古的宗教还存在,巍伟的教堂还存在,一切庙宇也还存在;但是何以我们对于人生的观念完全改变了呢? 这种变迁,是因为人类近二百年来,发明了许多器皿与机器,以驾驭天然的财富与能力。利用这种机器,就可以节省人工,缩短距离,飞行空中,通过山岭,潜行海底,用电流来拖我们的车子,用"以太"来传我们的消息。科学与机械可以随意运用自然。人生逐渐舒适些,快乐些;人类对于自己的信仰心,也加大些。这样,人就把自己的命运,握在自己的手掌中了。有一个革命的诗人唱着:

我独战,独胜,独败;

我自由,毫无依赖;

我思想，终日无懈；
我死亡，何须基督替代？

这样，现代的新文化就产生了一种新的宗教——自立的宗教——与中古时代自弃的宗教完全相反。

4 我们都是历史的产儿，所以我们要了解现代各种文化，最好是与它们中古的历史背景相比较，就更易于明了。东西文化之成败，就是看它们能够脱离中古时代那种传统思想制度到什么程度。照我以上各段所讨论的，西方文化解脱中古文化之羁绊，可说是成功最大的；至于现代印度的文化，可说还是中古文化。在此两极端之中，其他东方各文化，其成功之程度，就各有高下不同了。

我们将日本与中国两相比较，对于这一点就更易于明了。一千二百年前，中国就开始反对佛教了。孔子之人道主义，老子之自然主义，都是极力反对中古之宗教的。八世纪时的大乘佛教变为禅宗，而禅宗不过是中国古代的自然主义而已。九世纪时，禅宗极力反对偶像，差不多与佛教脱离了。到了十一世纪，儒教又复兴。自此以后，佛教的势力，就逐渐消失了。因此，后来新起的儒教，成为学者的哲理，以理智的态度，"致知格物"。到了十七世纪中叶，学者对于一切研究考据，纯粹用科学的方法。凡文字版本历史等考据学，都必须以事实为根据。各学者既采用此种方法，以故中国近三百年的学术，极合乎科学的方法；而许多历史的科学，如文字学、版本学、汉学、古物学等，都极其发达。

中国虽则倡导人文主义，脱离宗教的羁绊，然而今日仍旧在落后的地位。她推翻了中古时代的宗教，但是对于大多人民的生活，仍旧没有什么改进。她善于利用科学方法，但是这方法只限于图籍方面。她的思想得了自由，但是她没有利用思想战胜物质的环境，使人民的日常生活也得自由。五百年的哲学思想，不能使中国逃出盗贼饥荒的灾害，以故十七世纪的学者，实在是灰心。于是他们不得不舍弃那空洞的哲学，而从事于他们所谓"有用的学识"。但是他们何尝梦想到这三百年来所用的苦工，虽则是用科学方法，仍不免只限于书本上的学识,而对于普通人民的日常生活,毫无补救呢?

至于日本呢,她很不客气地接受西方的机械文明,在很短的时期内,就造成了新式的文化。当培理(Perry)到日本的时候,她还是麻醉在中古文化里。对于西方文化,她起初还表示反抗,但不久就不得不开放门户而接受了。日人因着外人的凌辱蹂躏,于是奋起直追,制造枪炮,便利交通,极力生产,整顿政治;而对于中古的宗教封建制度等,都置之不理了。在五十年之中,日本不但一跃而为世界列强之一,而且解决了许多困难问题,为印度的佛教或中国的哲学所不能解决的。封建制度取消了,立宪政府起而代之,中古的宗教也立刻倒塌了。人力车是日本发明的,但是现今横滨东京等处的人力车,日渐减少。人力车之减少,并不是因为什么宗教的人道主义,也不是因为那些仁慈的太太们所组织的慈善机关,乃是因为"市内一圆"的福特车。国家既因着工业而富足兴盛,于是国内的文艺天才,乘机而起,产生了一种新的文学,与物质的进步并驾齐驱。日本现在有九十个专门科学的研究社;全国各工程师所组织的会社,共有三千会员。因着这许多人力与工具,东方就建筑了一个精神的文明。

这是怎样一回事,很易于明了。最初人类本身是制造器具的动物。发明新的器具,以胜过物质的环境,因而就构成了所谓文化。后来人类感觉得与自然奋斗太辛苦了,于是躲避在精神生活之下,而造成中古之黑暗时代。直到后来科学与机械兴起,大家才又恢复从前那种自信心,而产生现代西方的新文化。科学与机械传入日本,于是日本也构成了她的新文化。中国,印度,并其他东方各国,也必因着科学与机械,变为新文化的国家。

5 以上各节,已将现代西方机械文明之精神方面,详细说明。机械之所以为精神的,乃因其能解脱人生之困苦,使大众有享受快乐的机会。无论我们是否善于利用闲暇以寻求快乐,而专就利用机械以解脱困苦一层而论,就可说是精神的享乐。我们不能因为几个传教士被逼迫而烧死了,就咒诅上帝。

现在我们要讨论西方文明其他的精神方面。在此我不必谈什么艺术音乐文学,因为我们大概都可以承认西方的艺术与文学可以与东方的相颉颃,至于西方的音乐,就远胜于东方了。

我们先谈科学罢。无论我们对于精神生活的定义怎样,寻求知识是人类精神的需要,这是任何人不能否认的。但是古代的文明,都极力压制这种求知欲。照《圣经·创世纪》所讲,人类的堕落,并非因着女人,乃是因着求知的欲望。东方许多宗教,都以为无知则无欲,主张屏弃智识,服从天道。庄子说:"吾生也有涯;而知也无涯,以有涯随无涯,殆已。"这些哲人大都回避求知的路,而致力于内省默坐修养等工夫,以寻求他们所谓深奥的智慧。还有些以为冥想可以与神相通。此外,佛教中所谓"四禅""六度",也是如此。

1927年正月有一个埃及的僧侣在英格兰宣言东方的精神文明要高超些,因为他能够活埋在地下经过二点五十二分钟之久,仍旧可以复活。他比较大魔术家胡丁黎(Houdini)多能支持八十二分钟,但是戏院没有允许他表演,因为戏院的老板恐怕观众不能忍耐等待三点钟之久。

其实,这并不是什么精神文明。现在东方许多苦行僧,也能够表演这种伎俩。许多下等动物在蛰伏时期不是与这个一样么?至于那些科学家,用严格研究与实验的方法,发现自然的秘密,实在是真正精神的快乐。不下一番功夫,不利用观察,只知一味的偷懒,确实是找不着什么真理的。科学可以训练我们的脑力,供给我们好的工具与方法。智识虽然无限,但科学家并不失望,因为不断的努力,日积月累,就可以对于自然逐渐明了。一次的成功,就有一次的进步,也就有一次的精神快乐。阿基米得(Archimedes)去洗澡的时候,忽然解释了他所疑难的问题,他快乐得不知所措,赤着身子跑到街上四处喊叫。许多科学家,如伽利略,牛顿,巴士特,爱迪生等,每次有什么新发现的时候,都感觉得无上的精神快乐。至于那些古代冒名的先知们,自己以为用内省的工夫,可以寻求高深的智识,对于这种精神的快乐,完全没有经验过。

那些旧式宗教的信徒们所谓精神快乐者,就不外乎自行催眠的法术。十七世纪时中国有一个革命的哲学家颜元(1635—1705),有一段事实纪载他个人精神的快乐:"甲辰五月夏至前四日,思故人,引仆控骣,被绵褐衣,驮麦里左。仆稞,独至柳下,铺褐坐息。仰目青天,和风冷然,白云散聚,遂朗吟云澹风轻之句,不觉心泰神逸;覆空载厚,若天地与我外,更无一事物。微闭眸视之,浓叶蔽日,碧绿罗裹,宝珠光耀,在隐露间,苍蝇绕飞,闻其声不见其形,如跻虞廷听九韶奏也。"后来颜元反对空洞的儒教,在北方倡导力行主义,不过他把上面这一段记载,存留在他的集子里,以证明那种半宗教式的哲学思想,是空虚的,自欺欺人的。

科学之最精神的处所,是抱定怀疑的态度;对于一切事物,都敢于怀疑,凡无真凭确据的,都不相信。这种态度虽然是消极的,然而有很大的功劳,因为这态度可以使我们不为迷信与威权的奴隶。怀疑的态度是建设的,创造的,是寻求真理的惟一途径。怀疑的目的,是要胜过疑惑,而建立一个新的信仰。它不只是反对旧的信仰,而且引起了许多新的问题,促成了许多新的发明。许多大科学家的传记,如达尔文,赫胥黎,巴士特,科和(Koch)等,都贯注着这种"创造的怀疑"的精神,足以感悟后人。中古的圣徒基于信仰,现代的科学家则基于怀疑。

6 但是现代西方文明最精神的处所,还是在它的新宗教。这宗教无适当的名称,暂称之为"民治的宗教"。现代文明并非始于宗教,但结果造成了一种新的宗教;也无所谓道德,但是产生了一种新的道德标准。老实说,十五六世纪欧洲的列强,可说是强盗式的国家。当时的大英雄如哥伦布,麦哲伦,德类克(Drake)等,都是一些大海盗,乘风破浪以求金银财宝。他们这种冒险事业,都有政府为他们的经济后盾,而他们在外的荣辱,也与国体相关。他们的宗教,原是讲博爱的;他们的道德标准,原是惩责劫掠的,但是这些探险家并不理会这样的宗教与道德。

这种抢劫的行为,开辟了许多移殖通商的新大陆,增加了欧洲列强的财富与威势,激动了许多人发明与制造的热诚。接着就是工业革命,将产生的方法完全改变,各国的生产能力突然倍增。物质的享乐既然增高,就产生了许多中产阶级,而同时大家的想像力与同情心也扩大了。这样,大家都能掌握自己将来的命运,增加对于自己的信仰心,而各种社会意识,社会道德也应运而生了。以上种种,都造成了民治主义的新宗教。我所谓新宗教,就是十八世纪理想的个人主义,以及近百年的社会主义。

十八世纪的新信条是自由平等博爱。这新宗教到了十九世纪中叶就变为社会主义。这些新趋势,都是旧文化时所未曾梦想到的。不错,东方的宗教也谈什么博爱,什么土地与财产均分,但这些都不过是纸上谈兵,与实际的社会生活或政治组织毫不相关。

西方便不同了。自由平等博爱是法美及1848年各国革命的口号;以后的革命,也莫不如此。各新起共和国的宪法,都贯注着这种精神。这口号打倒了君王,帝国,贵族;实现了人群在法律上的平等,思想言论出版信仰的自由;并且解放了妇女,普及了教育。

社会主义可说是补充早期民治主义之个人思想的,是民治运动进程中之一部分。到了十九世纪中叶,经济的组织逐渐复杂,资本集中,以故从前的放任主义,不能达到平等自由的目的。大家反对义务教育,因其侵犯个人自由;反对劳资法及工厂法,因其专为某阶级的法律。近代经济组织既已改变,也必须有一种新的社会及政治哲学以适应此种新组织的需要。因此,一切社会主义运动,除掉什么经济史观阶级斗争的理论之外,不过是用社会群众或政府的力量,以求大多数最大的幸福。这运动大概可分为两大支流。一就是组织工会,用团体交涉或罢工的方法,以增进劳动阶级的利益。一就是用政府的力量,调和阶级斗争,而同时设法实行社会主义的思想,如征收遗产税及所得税,强迫工人保险,限制工作时间,制订最低工资等等。无论是用那种方法,以前许多看为很危险的社会主义思想,现在都实现在各新进国家的法律上或政策上了。我们虽然可以相信财产所有权是神圣的,但是实际上遗产税与所得税已成为各政府收入之一大宗了。英国是资本主义的大本营,但是英国的劳工党曾经组织过政府,而且不久仍有登台的希望。美国是极力主张个人自由的,但是美国政府还是强迫禁酒。现今的世界,已不知不觉的趋于社会主义之途了。

这种民治的宗教,不是专为个人的自由,也不是专为别人的自由,乃是设法使个个男女都能得自由。除了用科学与机械增高个人的快乐之外,还要利用制度与法律使大多数人都能得着幸福的生活——这就是西方最伟大的精神文明。我可以问问:妇女解放,民治政体,普及教育等,是否从东方的精神文明产生出来的呢?焚烧孀妇,容忍阶级制度,妇女缠足,凡此种种,是否精神文明呢?

7 现在我们将精神文明(spiritual civilization)物质文明(material civilization)唯物文明(materialistic civilization)等名词,作为本篇的结论。物质文明兼有物体与思想两意义,因为一切器具都是思想的表现。西方的汽车文明固然是物质文明,而东方的独轮车文明就不能说不是物质文明。现今大都将唯物文明这名词加在现代西方文明上面,但我想这名词加在落后的东方文明上还较为恰当。唯物文明的意思,是为物质所限,不能胜过物质;如东方不能利用智力,战胜物质环境,改进人群的生活。东方的圣贤,劝人知足,听天由命,昏天黑地的敬拜菩萨;这种催眠式的哲学,比较他们自己所住的房子,所吃的食物,所拜的偶像,还要偏于唯物了。

反之,如果某种文化能够利用智力,征服自然,脱离迷信蒙昧,改进一切社会政治制度,以为人类最多数的幸福——这才是真正的精神文明。这种文化将来还要继续增长进步,不过它的进步,不会转向东方精神文明的途径,而是照着它已往所走的途径,继续进行。

(胡先生对于此题,另用中文发表过几篇文章,读者可以参看。兹将胡先生的来信附在后面:)

附:致于熙俭

于先生:

谢谢你的信。

我的一文,原用中文发表过(1926年),题为"我们对于西洋现代文明的态度",现收在《胡适文存三集》里(九月已出版,五马路亚东图书馆)。后来(1928年)用英文重做时,稍稍有点改动。但这些改动,也有中文的文字发表过,也收在《文存三集》里,如《东西文化的界线》(五一面),如《东方人的"精神生活"》(六四面),及《请大家来照照镜子》(三九面以下),皆可参看。(下略)

胡适之　十九,九,二十八

(收入于熙俭译《人类的前程》,1933年上海商务印书馆版。此文为俾耳德〔Charles A. Beard〕编 Whether Mankind 的一章)

1931 年
《绩溪公墓简章》启

最文明的葬法是用电火把尸首烧成灰,装进一个小盒子,然后下葬。这个办法,既洁净,又不占地方,又容易保存。

但我们在这个时代,多数人还做不到这种最文明的葬法,只好在土葬上想出比较方便的公墓办法。公墓的办法是选定公共墓地,做好坟墓,由私家备价分葬,每棺只许占一定的地。这个办法有几层好处:第一,可免去私家寻地做坟的困难;第二,可以立时安葬,免得停丧不葬;第三,可以破除风水的迷信;第四,可以省地;第五,可以省费;第六,可以稍稍讲究建筑的壮丽,墓树的培养,而不必由私人独力担负重大的费用;第七,看守照应可由公家担任,可不愁损坏了无人过问。

徽州是风水之学的中心,所以坟墓也特别讲究。徽州的好山水都被泥神木偶和死人分占完了。究竟我们徽州人民受了风水多少好处呢?我们平心想想,不应该及早觉悟吗?不应该决心忏悔吗?

现在绩溪县的几位明白事理的人,胡运中先生,汪孟邹先生,程铁华先生,程士范先生等,发起在本乡建筑公墓。这是最可喜的事,是我们大家都应该赞成仿行的事。我盼望明白事理的同乡都能热心赞助这件美事。

二十年五月四日　胡适

(收入耿云志主编:《胡适遗稿及秘藏书信》第 13 册,黄山书社 1994 年版,原题为"公墓启")

北大哲学系毕业纪念赠言

一个大学里,哲学系应该是最不时髦的一系,人数应该最少。但北大的哲学系向来有不少的学生,这是我常常诧异的事。我常常想,这许多哲学学生,毕业之后,应该做些什么事?能够做些什么事?

现在你们都要毕业了。你们自然也都在想,"我们应该做些什么?我们能够做些什么?"

依我的愚见,一个哲学系的目的应该不是教你们死读哲学书,也不是教你们接受某派某人的哲学。

禅宗有个和尚曾说,"达摩东来,只是要寻一个不受人惑的人"。我想借用这句话来说:"哲学教授的目的也只是要造出几个不受人惑的人。"

你们应该做些什么?你们应该努力做个不受人惑的人。

你们能够做个不受人惑的人吗?这个全凭自己的努力。

如果你们不敢十分自信,我这里有一件小小法宝,送给你们带去做一件防身工具。这件小法宝只是四个字:"拿证据来!"

这里还有一只小小锦囊,装着这件小法宝的用法:"没有证据,只可悬而不断;证据不够,只可假设,不可武断;必须等到证实之后,方才可以算做定论。"

必须自己能够不受人惑,方才可以希望指引别人不受人惑。

朋友们,大家珍重!

二十,五,五　胡适

(收入耿云志主编:《胡适遗稿及秘藏书信》第12册)

后生可畏

一万日还不满二十八年,《大公报》还不够做三十岁的寿辰。在这二十八年之中,《大公报》改组革新以来不过几年而已。这个几岁的小孩子,比起那快六十岁的《申报》和那快五十岁的《新闻报》,真是很幼稚的晚辈了。

然而这个小孩子居然在这几年之中,不断的努力,赶上了那些五六十岁的老朽前辈,跑在他们的前面;不但从一个天津的地方报变成一个全国的舆论机关,并且安然当得起"中国最好的报纸"的荣誉。这真是古人说的"后生可畏"了。

《大公报》所以能有这样好的名誉,不过是因为他在这几年之中做到了两项最低限度的报纸职务:第一是登载确实的消息,第二是发表负责任的评论。这两项都是每一家报馆应该尽的职务。只因为国中的报纸都不敢做,或不肯做,或不能做,而《大公报》居然肯努力做去,并且有不小的成功,所以他就一跳而享大名了。

君子爱人以德,我们不敢过分恭维这个努力的小孩子。我们要他明白,他现在做到的成绩还不算很大,只算是个个报馆都应该有的成绩。只因为大家太不长进,所以让他跑到前面去了。在矮人国里称巨无霸,是不应该自己满足的。我们爱读《大公报》的人,应该很诚恳的祝望他努力更进一步两步以至百千步,期望他打破"中国最好的报纸"的纪录,要在世界的最好报纸之中占一个荣誉的地位。

要做到这种更荣誉的地位,有几个问题似乎是值得《大公报》的诸位先生注意的:

第一,在这个二十世纪里,还有那一个文明国家用绝大多数人民不能懂的古文来记载新闻和发表评论的吗?

第二,在这个时代,一个报馆还应该倚靠那些谈人家庭阴私的黑幕小说来推广销路吗?还是应该努力专向正确快捷的新闻和公平正直的评论上谋发展呢?

第三,在这个时代,一个舆论机关还是应该站在读者的前面做向导呢?还是应该跟在读者的背后随顺他们呢?

《大公报》的前途无限,我们的期望也无限。

二十,五,八

(收入耿云志主编:《胡适遗稿及秘藏书信》第12册)

1932年
思想革命与思想自由

建设时期中最根本的需要是思想革命,没有思想革命,则一切建设皆无从谈起。而要完成思想革命,第一步即须予人民以思想的自由。

诸君或者要想:题目的本旨是建设,而你却谈思想革命,这未免太矛盾了。实则建设与革命,皆除旧布新之谓,无建设不是革命,无革命不能建设,思想革命与建设的本旨是并不违反的。

思想何以须革命呢?

(一)因为中国的传统思想,有许多不合于现代的需要,非把它铲除不可。

(二)因为传统的思想方法和思想习惯亦不合于现代的需要,非把它改革不可。

中国古来思想之最不适合于现代的环境的,就是崇尚自然。这种思想,历经老、庄、儒、释、道等之提倡,已经根深蒂固,成为中国人的传统思想。现在把它分析起来,则有下列几项:

(一)无为 老庄等皆主清净无为,以为自然比人为好,即儒家亦有此种倾向,如说"夫何言哉。四时行焉,百物生焉"。然而这种思想,却与现代环境的需要相反背,我们所需要的是:①

(二)无治 现在的社会需要法律和纪律,而老庄之流则提倡无政府的思想,一切听诸自然。这种思想影响人民的生活者很深,驯致

---

① 编者注:此处原文至此。

养成"各人自扫门前雪,莫管他人瓦上霜"的态度。

（三）高谈性理　现在的人们需要征服自然,而传统思想,则令吾人听天由命,服从自然的摆布。

（四）无思无虑　惟有思虑,然后有新智识,传统思想则令吾人减少思虑,以不求知为大智,因此科学遂无由发达。

（五）不争不辩　现在的环境,需要人人参与政治,敢于发表舆论,主张公理。传统思想则令吾人得过且过,忘怀一切。"此亦一是非,彼亦一是非",无所用其争辩。以实行唾面自干,为无上的美德。这种思想与时代精神根本不能相容。

（六）知足　不知足乃进步之母,崇拜自然者叫人随遇而安,断了腿,失了臂,也听其自然,这样社会还有进步的可能吗？

以上几种传统思想,与现在中国的环境根本上不相容,故需要思想革命以铲除之。至于传统的思想方法和习惯,也有很多不合现代需要的地方：

（一）镜子式的思想　"寂然不动,感而遂通",自己不用力,物来则顺应之,这样可谓镜子式的思想。其流弊便是不求甚解,不加深思,只会拾人牙慧,随声附和。

（二）根本上不思想　思想所以解决问题,须要搜集材料,寻求证据,提出反证,再加上分析试验的工夫,是何等的难。然而从前的思想方法,并没有这些步骤,根本上竟是不思想,因此学术不能猛进。

（三）高谈主义而不研究　当此世界各种思想杂然繁兴的时候,国人的思想方法,仍沿旧时的习惯,于是发生种种不良的现象,人家经多年的研究,经几次的修正,始成立一种学说,一种主义,到了我国,便被人生吞活剥,提出几个标语口号,便胡行妄为起来。即以社会思想为例,各国的社会主义者,都研究本国经济发展的过程,社会上种种制度的沿革,以寻求一个改良的方案。返观我国一般人肯这样潜心研究的有几人呢。

（四）要纠正前述的弊病,今后必须尊重专家,延请专家去顾问政治,解决难题；没有专门研究的人,不配担负国家和社会的重要责任。从前袁世凯废止科举,把我国千余年来仅有的一种用人标准根本推翻了。他不想到改良考试的标准,而贸然把考试制度的本身推翻,弄得现在没有一种用人的标准,都是不深思之过。

现在要讲思想自由了。从前的弊端既在于不思想,或没有深的思想,那末纠正之道便是思想之,而思想自由就是鼓励思想的最好方法。无论古今中外,凡思想可以自由发表,言论不受限制的时候,学术就能进步,社会就能向上,反之则学术必要晦塞,社会必要退化。现在中国事事有待于建设,对于思想应当竭力鼓励之,决不可加以压抑。因为今日没有思想的自由,结果就没有真正的思想,有之则为:(一)谄媚阿谀的思想,(二)牢骚怨愤的思想。这两种思想,是只能破坏,不能建设的。

总之,思想如同技术,非经过锻炼不可,没有思想自由,就没有思想革命,没有思想革命,就无从建设一切,就〔即〕使有了建设,也只是建在沙土之上,决无永久存在之理。

(收入王维骃编《近代名人言论集》,1932年1月中外学术研究社出版)

《独立评论》引言

我们八九个朋友在这几个月之中,常常聚会讨论国家和社会的问题,有时候辩论很激烈,有时候议论居然颇一致。我们都不期望有完全一致的主张,只期望各人都根据自己的知识,用公平的态度,来研究中国当前的问题。所以尽管有激烈的辩争,我们总觉得这种讨论是有益的。

我们现在发起这个刊物,想把我们几个人的意见随时公布出来,做一种引子,引起社会上的注意和讨论。我们对读者的期望,和我们对自己的期望一样:也不希望得着一致的同情,只希望得着一些公正的,根据事实的批评和讨论。

我们叫这刊物作《独立评论》,因为我们都希望永远保持一点独立的精神。不倚傍任何党派,不迷信任何成见,用负责任的言论来发表我们各人思考的结果;这是独立的精神。

我们几个人的知识见解是很有限的,我们的判断主张是难免错误的。我们很诚恳的请求社会批评,并且欢迎各方面的投稿。

(原载1932年5月22日《独立评论》第1号)

宪政问题

最近几个月之中,宪政的运动颇有进展。国难会议开会之前,多数非国民党的会员都表示赞成早日结束训政,实行宪政。政府与国民党的领袖对于这一点颇多疑虑,所以把"内政"一类问题不列入国难会议讨论范围之内。许多会员因此不愿意赴会。然而国难会议开会时,居然也有一个"内政改革案"的产生与通过,决定于本年10月10日以前成立国民代表大会,由各大都市职业团体及各省区地方人民选出代表三百人以上组成之。

不久政府依据去年12月底国民党四中全会的决议案,通过了市参议会与县参议会的组织法。

住在上海的孙科先生于4月24日发表他的抗日救国纲领,其中主要的主张是(一)于本年10月由立法院起草宪法草案;(二)明年4月召开国民代表大会,议决宪法,决定颁布日期;(三)全国人民在不危害中华民国不违反三民主义之原则下,皆得自由组织政治团体,参加政治;(四)于本年10月召集各省省民代表会。

此外还有民选立法院和监察院委员各半数的办法,听说政府拟有草案,正在审查中了。孙科先生则主张立法和监察两院的委员都由国民代表大会选举。

住在香港的胡汉民先生近来也屡次发表谈话,表示他赞成宪政的实行。并且赞成党外可以有党了。

我们考察这些主张,可以说,这些主张无论内容有多大的出入,都可以表示宪政运动的开始进展。其中最大的异点,约有这些:

第一,政府派不主张缩短训政年限,要到民国二十四年才算训政结束;而在野派(包括暂时在野的孙科先生们)则主张提早宪政的开始。其实这一点不成多大问题。如果在这两年半之中,政府和人民都能积极准备宪政的施行,如果训政的目的是(如汪精卫先生去年12月10日说的)"在训练民众行使政权"。——那么,两年半的光阴也许是值得的。如果训政的延长只是为了保持政治饭碗,畏惧人民参政,执政权而不能做点治国利民的事业,号称训政而所行所为都不足为训,——那么,训政多延一日只是为当国的政党多造一日的罪孽而已。

第二,政府派(包括国难会议中通过提出政治改革案的先生们)虽然勉强承认民意机关的必要,而处处缩小民意机关的权限。如国难会议原案的国民代表大会,只有议决预算决算,国债,重要国际条约的三项职权。反之,在野派如孙科先生则主张国民代表大会有很大的权限,为"代表中华民国国民统治国家之最高权力机关,不受解散及任何之干涉"。这一点是值得讨论的。替国难会议原案辩护的梅思平先生(在《时代公论》第六号)说:"我们从过去北京时代国会的经验看起来,知道在初行民治的国家,议会的权力越大,他的腐化也越容易。"历史是可以有种种看法的。我们研究民国初年国会的历史,也可以说:在初行民治的国家,如果解散国会之权在行政首领手里,议会政治是不够制裁那反民治的恶势力的。梅思平先生指出"质问,查办,弹劾诸权,都变成敲竹杠的利器;官吏任命的同意权,简直是纳贿的好机会"。梅先生何不进一步说:预算决算和国债的议决权更是敲竹杠和纳贿的好机会?敲财政部的竹杠,岂不更肥?如此说来,还是爽性不要议会为妙!

奇怪,在这个宪政问题刚开始进展的时候,悲观的论调早已起来了。在《时代公论》第六号,我们得读何浩若先生的《不关重要的国民代表会》一文,根本怀疑民主政治的功用。他的结论是:

> 民主政治便是资产阶级的政治,便是保护有产阶级而压迫贫苦民众的政治。……

> 建国首要在民生;舍民生而谈民主,便是舍本求末。

在《国闻周报》第九卷十八期上,我们得读季廉先生的《宪政能救中国?》一文,也是根本怀疑宪政的,他说,实行宪政必须具备三个条件:(一)教育进步,(二)交通发达,(三)政风良好。因为中国没有这三个条件,宪政是无望的。况且宪政论的根本立场就不甚健全,因为

第一,从理论上言,议会政治是资本主义的产物,现在资本主义早踏上没落的阶段,议会政治更破绽毕露了。

第二,从事实上言,英美的民主政治并不足取法。

第三,从中国需要上言,宪政不能解决目前困难如"土皇帝"及共产党等等。

第四,为立国久远计,我们不应拾资本主义的唾余,我们应该采用"社会主义的政治制度"。

这种议论都不是在短评里所能讨论的。我们只想在这里提出几个问题,作这种讨论的引子:

第一,我们要明白宪政和议会政治都只是政治制度的一种方式,不是资产阶级所能专有,也不是专为资本主义而设的。在历史的过程上,议会政治确曾作过中产阶级向独裁君主作战的武器,但现今各国的普遍选举权实行后,也曾屡次有工党代表因议会政治而得掌握政权。近百年来所有保障农工和制裁资产阶级的种种"社会立法",也都从议会里产生出来。一种政治制度就好比一辆汽车,全靠谁来驾驶,也全靠为什么目的来驾驶。我们不因为汽车是资本主义的产物而就不用汽车,也不应该用"议会政治是资本主义的产物"一类的话来抹煞议会政治。

第二,议会政治与宪政不是反对"民生"的东西,也不是和季廉先生所谓"社会主义的政治制度"不相容的东西。"社会主义的政治制度"难道只有无产阶级专政的一种方式?如果只有这一种方式,那么,不信中国可行宪政的先生们,难道以为中国已具备无产阶级专政的种种条件了吗?

第三,我们不信"宪政能救中国",但我们深信宪政是引中国政治上轨道的一个较好的方法。宪政论无甚玄秘,只是政治必须依据

法律,和政府对于人民应负责任,两个原则而已。议会政治只是人民举代表来办政治的制度而已。今日之土皇帝固然难制裁,但党不能制裁土皇帝,政府不能制裁土皇帝,我们何妨试试人民代表的制裁能力呢? 当倪嗣冲、马联甲盘踞安徽的时代,一个很腐败的省议会,居然能反抗盐斤加价,居然能使安徽全省人民不增加一个钱的负担。现在堂堂党国之下,有谁能制裁我们的绥靖主任呢! 季廉先生举出最近1月20日何应钦部长提议削减各军经费,22日便有各军驻京七十二军事机关代表齐赴军部请愿,要求维持原案。季廉先生何不想想,那七十二个军事机关都有驻京代表在那里替他们七十二位土皇帝争权利,我们四万万五千万的老百姓受了无穷的冤屈,不应该请几位国民代表去说说话,伸伸冤吗? 难道我们应该袖手坐待季廉先生说的"那应运而生的政治集团"起来,才有救星吗?

1932,5,16

(原载1932年5月22日《独立评论》第1号)

上海战事的结束

上海停战协定已于5月5日签字了。协定的全文凡五条,附文三件,都已见5月6日的各报。协定中最不满人意的是没有明文规定日军撤退的期限。在完全撤退以前,日军仍可暂驻和公共租界及虹口越界筑路毗连的区域。日军的撤退已在5月6日开始了。

日军撤退期限的问题曾引起最久的争执,停战会议几乎因此破裂。国际联盟特别委员会的草案本主张:由关系各国合组混合委员会,得用大多数的表决,规定日军撤退的时期。但这一条最受日本反对,后来由英国公使蓝博森提出调和办法,根据停战协定附件三所规定,混合委员会对于缔约国之一方怠于履行协定第一二三条时,有唤起注意之权。这就是否认混合委员会有规定日军撤退之权。

撤兵期限的问题,以国联十九国特别委员会的压迫,终不能得日本的承认。所以此次协定第二条只规定"日本军队撤退至1月28日以前状态"的原则,而没有撤退日期的确定。

此次的协定本是一种"城下之盟",我们对他本来就不存多大的奢望,所以我们对于这次签定的条文虽然不能满意,也不愿苛责当局的诸人。平心而论,此次协定的结果,确定了日本撤兵的原则,收回了日军占据的各地,拒绝了那盛传一时的"中立市"的野心企图,确定了撤退区域内中国警察维持治安的主权:这都不能不说是中国停战代表失败之中的成功。

我们忍痛回想,自1月28日以来,我国死伤了几千个爱国健儿,损失了几十万万元的财产,结果只换得了这样的一纸城下之盟约。这自然是最可痛心的事。然而我们把眼光放的远一点,也可以在惨雾之中看见一线的光明。我们觉得,这三个月的淞沪事件至少有两种教训是值得我们注意的。

第一,是因这事件发见了我国民的抵抗力,增高了我民族的自信心。自九一八以来,许多忧国的人都陷入了极端的悲观,眼见那"勇于私斗,怯于公战"的恶劣现状,都几乎不信这个民族有竞争生存的能力了。十九路军在淞沪一带的三十多日的血战,用热血和爱国心替我民族一洗无抵抗的奇耻,使敌人震惊,使全世界起敬,使中国人人感觉一种新的生命,新的希望。虽然血肉搏战终久抵不住世界最精的武器,然而这一个月的抵抗可算是已为我们这个老病民族注射了一针返老还童的灵药。自从鸦片战争以来,九十年中,不曾有过这样振衰起懦的兴奋剂。民族自信力的恢复,国家的振作,都可以说是在这一役建立下了精神的基础。

第二,因这事件的外交经过,稍稍引起了政府负责任的态度。自九一八以来,政府除了迷信国联与《九国公约》之外,几乎束手无策。民众的激昂,本是意中的事;政府应该利用激昂的民气和国际的舆论,来争外交上的胜利。但政府一味敷衍民众,高唱"抵抗到底"而实无抵抗的准备,高唱"兼用外交"而实无外交的方针。天不能助那不自助之人,何况那无制裁实力的国联?一误再误,直至整个的东三省丢了,政府还在高唱绝交,而不抵抗的怪论!这种不战不和又不交涉的外交,不能不说是政府的大罪过。但自从淞沪战事发生以来,尤其是停战之后,政府的外交似乎稍稍表示一点负责任的态度。上海在全国经济上财政上的特殊重要地位,使政府不能不急谋结束战事,救济工商业,恢复政府的财政来源。上海在国际商业上的特殊地位,又使有关系的各国不能不出力斡旋。停战会议开始以来,中间有不少的波折,也有不少的舆论非难,但中央政府始终表示负责任的态度,极力慰留辞职的代表,明白表示中央决心负交涉结果的责任。前日上海愤激的民众有殴辱我国代表郭泰祺君的举动,汪精卫君为此事正式表示"停战会议经过情形,迭经中央及政府审核,认为力持大体,不辱使命"。这种积极负责任的态度,可算是政府的一大进步。八个月的国难,到今日才看见这一点点肯负外交责任的表示,真叫我们不胜感慨系之了!

廿一,五,八

附注:此文写成之后,日本政府已宣布决定一个月之内撤完驻军。

(原载1932年5月22日《独立评论》第1号)

废止内战大同盟

5月25日全国商会联合会,上海市商会,银行公会和钱业公会联合通电全国,发起"废止内战大同盟"。同盟章程十条,其中第二条说的是废止内战运动的方法,共分三个步骤:

(一)平时发表文字或演说,宣传内战的罪恶。

(二)如有政治纠纷发生足以引起内战时,本会应劝告双方信任若何民意机关(正式国民代表机关未成立前,法定民间职业团体可替代之)调处之,任何一方不得以武力解决。

(三)不幸内战竟发生时,本会团体会员及个人会员应一致拒绝合作,更得采用和平适宜方法制止之。

这个通电发表后,北方舆论大体赞成,但也有很悲观的论调。如北平《晨报》5月28日的社论,对于上列三项方法,都很怀疑。第一项宣传和平,《晨报》认为"几上空论";第二项调解办法,"亦与第一方法,得同一结论"。第三项不合作及制止方法,《晨报》认财阀拒绝合作为比较有效,但"仅赖此一法,尚未足以止战"。

《晨报》的结论是:

> 今日我国所需要者,不特断绝内战祸根,且当消灭敌对状态。……欲求取消敌对状态,只在政治上谋其公正与光明而已。而公正光明政治之实现,则有待于全民之奋斗。……倘不求内战之根源,而谋长治久安之道,则内战既未得苟免,而国难亦无可挽救。

这种批评自有他的立场,但我们不应该因为一时没有根本治疗方法而就菲薄头痛医头脚痛医脚。废止内战的运动并不是反对"公正光明政治之实现"。我们都会说:没有公正光明的政治,内战必不能完全废止。然而我们也可以说：内战不断发生的状态之下，也决没有公正光明的政治可说。这是一串连环套，在文人笔下颠来倒去，永远解不开。但在事实上，这种连环套，只有学那位齐国君王后一锤敲碎玉连环的方法，敲断的一点就是解决的一点。今日东南人士的发起废止内战运动，也不过是认定这连环套上的一个起点，想唤起全国人的努力，先击破这一点。这正是中国政治具体化的一个好现象。不然，我们只好高谈"根本解决"，"全民奋斗"，"长治久安"，而这一整套的连环终没有解开的希望。

我是赞成这个废止内战运动的。我赞成这个运动的第一个理由是因为这个运动的发起可以代表国内财阀商人的一种新觉悟。内战不全是军人造成的，是有钱阶级和有枪阶级合伙造成的。此次上海的商业和银钱业的领袖，从切身的痛苦和耻辱里得到一点点悔悟，公然宣言他们愿意用"拒绝合作"为制止内战的一种方法，并且宣言"更得采用和平适宜方法制止之"。所谓"和平适宜方法"，我们希望他们老实指出即是罢市罢工的手段。倘使南北各经济中心的商业银钱业领袖真能有这点"一致拒绝合作"的决心，再加上民众的援助，我们相信内战发生的机会应该可以消除不少。

但这一点并不是我赞成这个运动的主要理由。我相信这个运动可以造成一种道德的制裁力。近几年来，大家滥用名词；明明是内战，偏叫做护什么的革命，或叫做倒什么的革命。炮火停息之后，人民死伤了整千整万之后，半年一载之后，当日机关枪对打的仇敌又早已携手合作了，当日共同作战的文武同志也许又早已分崩离析，准备第二次机关枪对打了。大家回头想想，究竟打倒了谁？究竟拥护了什么？究竟解决了什么纠纷？究竟革了什么的命？现在这个废止内战的运动，只是要人把拳头叫做拳头，巴掌叫做巴掌，内战叫做内战。凡用武力来伸张私人或党派的意见，凡用武力来谋政治纠纷的解决，凡用武力来压迫铲除政治上的异己者，都是内战，都是应该废止的。这种心理本是多数人所同有，只是在那党政军三位一体的压迫之下，人人敢怒而不敢言。直到外患来临，国家遭了最大的耻辱，人民才敢出来公然宣告内战是罪恶。这虽然是太晚了的觉悟，然而这点觉悟究竟是一大进步。我们应该积极抓住这个因外患而痛恨内战的心理,造成一种有力的道德制裁。悲观的人们也许要嘲笑"道德制裁"的迂阔无力。但我们试看九一八事变发生以来,中央政府曾陷入最弱最穷的危急状态,然而各方的土皇帝和军人政客至今还不敢公然开始内战,并且曾有几处的军人声明不再参加内战。这里我们不能不承认一种无形的道德制裁的力量。今日的废止内战运动即是继续扩充这半年来因国难而兴起的道德制裁,要使他成为有形的,有组织的,自觉的权威。如果我们受了此番大耻辱之后,还不能造成全国一致制止内战的道德权威,这个国家,这个民族真成不可救的了!

最后,我们也感觉大同盟章程列举的方法很有可以讨论的余地。5月27日天津《益世报》有一篇赞成废止内战运动的社论,其中有这样一段话:

> 今日希望废战运动成功,根本即须设法免除武力维护政权,武力争夺政权的事实。在此点上,唯一方法即在建设和平方式改换政权之政制。今日倡废止内战大同盟的人即应澈底认清目前的政治环境,在今日局势下,和平方式改换政权之政制是否已经存在?

其实大同盟的发起人早已认清了在目前局势之下完全没有和平方式改换政权的政制,所以他们想暂时用那现有的民间职业团体来作调处政治纠纷的机关。我们也承认只有早日走上宪政的路才可以根本免除用武力攘夺政权的内战。在宪政实行之前,我们希望废止内战运动应该努力做到这几件:

第一,大同盟应该要求那些曾经表示不参加内战的军人加入这个运动。如十九路军,在日本发难之前就表示不肯打广东。我们希望陈铭枢先生们能扩充这一点不肯打广东的志愿,进一步作军人反对内战的大运动。

第二,大同盟应该忠告现在掌握政权的国民党至少要先在党内建立"和平方式改换政权"的制度,不可再年年火并唱武戏给党外人喊倒好了。

第三,大同盟既有用经济不合作来制止内战的决心,应该同时做提倡裁兵的运动。每年花三万多万元供养的军队,一旦国家有危急,不能守土,不能抗敌,或者发慷慨激昂的通电而不肯受政府的电调赴援淞沪:这种军队除了内战杀同胞之外是别无用处的。

第四,大同盟应该督促政府早日实行宪政,因为只有法律的解决可以根本替代武力的解决。

同盟章程第三条说:"本会除专为废止内战运动外,不得为他种之行为。"我们提出的这几点大概不能算是"他种之行为"罢?

(原载1932年6月5日《独立评论》第3号)

论对日外交方针

5月31日的天津《大公报》有一篇很重要的社论,题为"对日新方针之确立与进行",其中的主旨是:

> 外交应自主自动,乃独立国当然之态度。今日东北情势纵益于我不利,要当确定方针,昭告中外。借令一时无法交涉,亦须明示态度,永作努力目标。

关于这个方针的纲领,《大公报》说,

> 今日主要问题乃为如何取销伪国,促进交涉机运。

关于进行的步骤,《大公报》主张:

> 中国亟应自动宣布:愿于国联好意周旋之下,与日本开始东三省善后交涉,其法应仿华府会议时交还青岛之例,令中日出席国联之代表,在欧洲签立政治的协定,由日本声明尊重中国领土行政主权之完整,交回侵占各地。其详细办法则由两国派员在中国开会协议。
>
> 如果日本不愿在国联解决,则可扩大范围,根据《九国公约》之精神,仿照上海停战之办法,由远东有关系之各国,连俄国在内,互相邀约,在中国开一国际会议,进行中日争议之调解,请两国依友邦之献议,以自动的形式,派代表签订上述原则的条件,而后商定实施细则。

我们读了《大公报》的这篇社论,真有不堪回首的感慨!去年九月以后,衮衮诸公无人敢负外交的责任,事事推诿,日日拖延,就把整个东三省送在日本人手里。民众高呼"不撤兵,不交涉",政府也就乐得躲在这个喊声里,束手不作外交上的策画。国际联盟的理想主义者,——如德拉蒙,拉西门诸先生,——自然希望这个自有国联以来的最大国际争端能够由国联处理解决。倘使他们的理想能够实现，国联可以一跃而为世界政治的共主，和平的重心，这自然是人类史上的一大进步。但国联负责任的政治家，眼见日本的强烈抗拒，明知国联威信之不可轻易尝试作孤注之一掷，也明知中日直接交涉之不可避免，所以屡次的国联议决案中无一次不暗示两国直接交涉的途径。然而中国的政客，不明世界的形势，又没有肯负外交责任的决心，所以始终只利用国联来做延宕的工具，从不会运用国联的组织和国际的同情来做外交上的奋斗。名为信赖国联，实则躲避责任，贻误国家。四五个月延宕的结果，空毁了这班国联理想家的希望，空毁了国联本身的权威，只造成了满洲的伪国，并且促进了日本军阀的法西斯蒂的运动。

现在满洲伪国的招牌已撑起来了，日本军阀和浪人已在那伪国的影子底下实行统治满洲了。日本五月政变以后的联合内阁与议会公然讨论承认"满洲国"的时机了。悲观的论者已感觉此时几乎有虽欲交涉而不可能的形势了！在这个时期，我国当局方才有讨论对日外交方针的表示，方才拟议所谓"自动的"外交方案。"亡羊而补牢"，虽然太晚，究竟远胜于这半年来的推诿延宕的误国行为。《大公报》所谓"今日东北情势纵益于我不利，要当确定方针，昭示中外；藉令一时无法交涉，亦须明示态度，永作努力目标"，是我们极表同意的。此时若再不确立对日外交的方针，若再不肯积极谋外交上的挽救方法，将来只有于我更不利的情势，决没有骤变或渐变为于我有利的新局面，这是我们可以断言的。

《大公报》主张两种交涉方法已引见上文了。6月12日《大公报》社论又申明此意，而稍异同，其文云：

> 至其协商方式，或在欧洲由中日代表非正式交换意见，待至商洽成熟，然后由国联正式调停，签订大纲；或由国联主持，在远东召集一种国际会议，于各国好意周旋之下，由中日两国商订解决办法。

这几种方式，我们认为是在今日情势之下较为切近事实的办法。我们希望政府和国人都能平心考虑这些提议。

《大公报》6月12日的社论中又有这样一句很大胆的提议：

> 日本前任币原外相曾有五基本原则之提出，今苟据以接受协商，则国联斡旋当易着手。

这里所指的五项基本原则，即是日本政府去年10月19日通告我国驻日公使，同时呈报国联行政院的；在十月二十六夜，日本政府发表长篇声明书，其中第四节又重提此五项原则为中日直接交涉的先决原则，其文如下：

（一）否认相互之侵略政策及行动。

（二）尊重中国领土之保全。

（三）彻底的取缔妨害相互之通商自由及煽动国际的憎恶之念之有组织的运动。

（四）对于满洲各地之日本帝国臣民之一切和平的业务与以有效的保护。

（五）尊重日本帝国在满洲之条约上的权益。

这五项原则，当时我国施肇基代表对于最后一项，曾表示愿将条约解释问题提交公断。11月16日国联行政院在巴黎开会，白里安扶病主席，在演说词中又提到这五项原则，他以为前四项皆为国联行政院议案所包括，中国不会有异议；至于第五点，依施代表来函的轮廓，尚有相互谅解的余地。依此看来，中国代表当日争论之点只在民国四年中日条约的效力问题。但终以此一问题，国联行政院所欲斡旋的中日直接交涉就无法实现。其时日本军队节节进展，巴黎之会未散，马占山已败退，黑龙江已沦陷了。其后辽西又失，整个东三省在武力占据之下，日本政局又已大变，军人更跋扈了，一面攻占淞沪，一面成立满洲伪国。当日提出五项原则时所谓"确立两国间常态关系之基础大纲之协商，和日本军队撤回铁路附属地内"的问题，简直没有人重提了。我们现在平心回想，不能不承认《大公报》（五月三十）的议论的精警，《大公报》说：

> 自中国言，不承认民四中日条约，实则日本在东三省之行为早经超越该约，而纵容日本之超过者，固为中国自身也。如韩侨到处移殖，承种水田，乃出中国官许。故解决中日纠纷，应当根

据事实情况,不可拘泥理论。

民四中日条约至今还有人称为"二十一条",其实此约及其换文,除去已有新条约替代的(关于山东的部分),或已经日本在华府会议声明放弃的(换文七关于南满及东蒙铁路投资及借款的优先权,换文九关于南满聘用顾问的优先权,及二十一条第五项的保留)之外,其中采用二十一条的条款不过六条,而这六条所给予日本的权利,在事实上无一条不是日本享受至今的,并且在事实上往往超过条约的权利,如《大公报》所举的例子。此种事实上的享用与超越,都在九一八事件之前;我们所争的是纸上的废约,而敌人所至今享受的乃是事实上的实惠。我们不能抗阻事实上的丧权失地,反因否认这条约而授敌人以不顾条约信义的口实。我们所持的理由是:"此约与他约有异,乃受威胁而承认者。"我们当日既不能抗拒"威胁",则这"威胁"之下所签订的条约自应忍辱承认,至能报仇雪耻或和平修改之时为止。况且事至今日,岂但这六七条的权利无法收回?连整个的东北都断送掉了!如果这六七条的承认可以使我们恢复东三省的领土与行政权的完整,如果这条约的承认可以给我们一个重新在外交上图谋挽救东北的机会,我们实在想不出有何理由可以固执这条约的否认。

我们很钦佩《大公报》肯冒犯全国所谓清议,屡次作平允的,负责任的忠告。我这篇文字不过是引伸他们的社论,作一种很诚恳的共鸣。现在我且檃括《大公报》的主张,参加自己的一点意见,提出下列的几条,作为本文的结论,并且希望作为国人讨论对日外交方针的一个底子:

(一)中国政府应该表示愿意依据十月中日本在国联提出的五项原则,进行与日本交涉东三省的善后问题。

(二)交涉的方式略如《大公报》所提议,仿华府会议的前例,在国联或有关系的友邦斡旋之下进行两国全权代表的交涉。其地点或在国联,或在中国,或在中立的地点如檀香山之类,皆可。

(三)交涉的目标要在取消满洲伪国,恢复领土及行政主权的完整。

（四）中国应该自动的声明，在满洲国取消之后，在中国恢复东北领土与行政主权时，东三省的政治组织应该尽量现代化，政府人选应该以人才为标准，决不使军阀割据的政治复活。

（五）中国不妨自动的主张东三省的解除军备，中国与日本、俄国皆不得在东三省驻扎军队。

（六）中国不妨自动的主张：东三省原有军队现驻关内者，应该逐渐编遣，使他们有家可归的仍回关外，无家可归的应由东三省政府量移至北满各地留垦。其经费应由东三省财政整顿后之盈余项下筹划供给；其编遣计划，应由中央政府与北平绥靖公署会同聘任国内外专家妥筹。

（七）关于铁路的争议，应该由两国铁路专家会议，依据现有各种条约，作切合事实的协商。

（八）关于土地商租的问题，中国应该要求：在政治改良与司法革新的条件之下，日本臣民在东三省居住或经营农工商业者不得享受领事裁判权。

（九）中日两国缔结的新条约，不但应该解决积年久悬的争端，并且应该远瞩将来，确立远东两大民族可以实行共存共荣的基础。

廿一，六，十三夜

（原载1932年6月19日《独立评论》第5号）

所谓教育的"法西斯蒂化"

中国人是最会用名词来变戏法的。戏法人人会变,各有巧妙不同。最巧妙的一手是用的名词,喊起来满嘴响,听起来新鲜好听,而其意义谁都不能了解。最新的例可举近日北平学潮中产生的"法西斯蒂化的教育"一个新名词。这个名词,喊起来真是满嘴响,听起来真是新鲜好听,自是有耳共赏的了。它的意义的难懂,也正是它的特别巧妙的用处。因为不可懂,所以可以随处乱用,无所不包。可是北平的编辑先生们都不免有点掉在迷雾中叫苦了。老实的《北平晨报》记者下了这样的解释:

> 法西斯之内容,吾人愧无深切之研究,吾人能力所及,仅知其为意大利之新兴思想,大杰莫索里尼曾以之中兴祖国。今日此种思想已与共产思想对峙而为两种引人入胜之重要主义。……平大教育诚未足当法西斯之荣衔也。(6月13日社论)

更老实的《鞭策周刊》记者(第十六期)有这样的揣测:

> 所谓法西斯化者,大概是指独裁,高压的意思。实则今日之大学教育,在我们看来,已嫌放任太过,自由太甚,那里还有独裁高压之可言?

我们也是堕入迷雾中的几个人,只好向北平学生刊物中去寻这个名词的解释。果然,在北大几个学生办的《北大新闻》第十一二期合刊上寻着这样的考据:

> 法西斯蒂是什么,我们不必去旁证博引,只要查查改造社的《社会科学辞典》上是怎么说的:
>
> "资产阶级在经济方面,用产业合理化托辣斯化等在劳动阶级的牺牲之下使企业的收入增加,同时更在政治方面实行破

> 坏劳动阶级直接的组织(政党,组合,工厂委员会等),并废止社会立法。这种政治方面的运动就是法西斯运动,而这种运动在现今资产阶级国家几乎有全部存在的倾向。"

引用这个定义的人,似乎也明白此中所叙述的运动是不容易应用到今日北平教育界的情形上去的,所以他还得使它再摇身一变,变成了这样的一个新定义:

> 但是我们知道,"法西斯蒂"一语虽原于意大利的棒喝团,在目前它已变成代表一切右倾势力以暴力与恐怖政策镇压左倾革命势力的运动。

这个新定义虽然出现在北大几个学生办的刊物上,我们很可以猜想:在一般参加北平学潮的学生心目中,这个名词的意义大概不过如此;所谓"法西斯蒂化的教育"大概只是说今日中国教育机关有右倾势力用暴力与恐怖政策来镇压左倾"革命"势力的倾向。然而我们即使承认了这个新定义,我们还是掉在迷雾里。即以师范大学的风潮而论,送出去了一位真肯热心做学术事业的徐炳昶,回头来拥戴几位办学校最无成绩的政客,"左倾"在那里?"革命"又在那里?更奇怪的是在这种学生刊物里,竟有人把"陈果夫的整顿学制计划,和北大整顿成绩考查法案"都列为"很毒的法西斯蒂化政策"!整顿成绩考查也是"右倾"吗?也是"用暴力与恐怖来镇压左倾革命势力"吗?如此看来,所谓"打倒教育法西斯蒂化",只不过是一班无心求学有意捣乱的学生信口编造出来的一种名词新戏法而已。本来是无意义的,我们也不必追求它的意义。

二十一,六,二十四

这一篇短评是十日前写的,因为第七期缺乏篇幅,不曾登出。今天我到北大,看见墙上有一些红绿纸的无名标语,其中有一条果然是"反对成绩考查案"。北京大学的墙上有这样的标语,可算是北京大学历史上莫大的耻辱。

7月4日

(原载1932年7月10日《独立评论》第8号)

论学潮

6月27日平津国立院校教职员联合会发表了一个解决学潮的提案,其中列举学潮的十种原因,并且提出六项消弭学潮的办法。这提案是教育界中人谈教育界自身的状况,所以颇有亲切中肯的话。他们提出的消弭学潮的办法是:

(1) 用人应由考试。
(2) 宽筹经费以充实学校内容。
(3) 慎选校长。
(4) 保持师道之尊严。
(5) 实行校章以整饬学校之风纪。
(6) 禁止学生作政治活动。

平津院校教职员联合会所举学潮的十种原因,可以归并作这几种:

(1) 经费不足,又不按期拨付,故学校不能安定。
(2) 校长与教职员不够领导学生,故学校风纪不能整顿。
(3) 国家政治不能满人意,故青年倾向政治活动。
(4) 国家用人不由考试,故青年不看重学业成绩。

第一项原因,是大家公认的。消弭的办法,今日还谈不到"宽筹经费",只要政府能依预算按期发足,已可以使学校安定了。经费不能按期发足,甚至于拖欠至半年以上;在这种状况之下,校长简直不能责成教职员上课办公,哪里还谈得上执行纪律和严格考查成绩?经费最困难的学校,如北平的师大,如南京的中大,校长一席几乎无人敢就。师大与中大近来的校长问题,其实背后都是一个经费问题。(师大徐炳昶先生辞职由于经费领不到;中大任鸿隽先生不就,由于经费无办法;青大杨振声先生月前辞职,也由于经费问题。)所以我们说：政府如有诚意收拾学潮，整顿学风，第一件任务应该做到不拖欠教育经费。全国国立学校的经费每月约一百万元，全年一千二百万元，在政府全年收入六万余万元之中不过百分之二。政府无论如何窘迫，不应该连这戋戋之数都不能筹划指定。

学潮的第二个原因是校长不得人，这也是政府的责任。去年1月6日行政院下了一道整饬学风令，其中曾说："校长经政府慎重选择而后任命，反对校长即无异反对政府！"这道命令颁布以后，各大学反对校长的风潮仍旧继续不绝，所以者何？岂不还是因为校长往往不是"慎重选择而后任命"的吗？政府应该慎重选择官吏，人民反对官吏即无异反对政府。然而政府若任命了一些贪官污吏，难道人民不应该反对吗？政府应该觉悟：一个吴南轩可以造成学潮，而一个翁文灏可以收拾学潮。用大学校长的地位作扩张一党或一派势力的方法，结果必至于使学校的风纪扫地，使政府的威信扫地。此一原则不但限于国立大学，凡用政治势力来抢私立学校的地盘，或抢各省市教育厅长局长的地盘，都是制造风潮，自堕政府的威信而已。

学潮的第三个原因是学生不用功做工课。为什么不用功呢？因为在这个变态的社会里，学业成绩远不如一纸八行荐书的有用。学业最优的学生，拿着分数单子，差不多全无用处：各种职业里能容纳的人很少，在这个百业萧条的年头更没有安插人的机会；即有机会，也得先用亲眷，次用朋友，最后才提得到成绩资格。至于各种党部，衙门，机关，局所，用人的标准也大概是同样的先情面而后学业。即使有留心人才的人，学识资格的标准也只限于几项需用专门人才的职务，那些低薪职务——所谓人人能做的——几乎全是靠荐引来的。学业成绩本不全是为吃饭的；然而有了学业成绩而仍寻不着饭碗，这就难叫一般人看重学问工课了。所以平津教职员会提出"用人应由考试"的办法，自然是不错的。不过考试不是指戴院长所办的考试，应该是考试原则的普遍实行。约略举例，可以说有这几点：

（1）凡政府机关，除专门人才可由学术机关推荐酌量免试之外，一切人人可做之普通职务（从工友门房到科员书记）必须经过考试，并且要把考试成绩和各人在学校的成绩合并平均计算。

（2）凡公家机关的职员必须实行回避亲属之法，有犯者应去职。合资的公司也应该适用回避法。

（3）严格的保持海关邮务等处已有的考试用人制度。

（4）凡考试任用的人，除非有溺职的行为，不得随长官的喜怒而更动；其升迁皆应该有常法。

学潮的第四个原因，诚如平津教职员会所提示，是由于国家政治不能满人意。凡能掀动全国的学潮，都起于外交或政治问题。这是古今中外共同的现象：凡一国的政治没有上轨道，没有和平改换政权的制度，又没有合法的代表民意的机关，那么，鼓动政治改革的责任总落在青年智识分子的肩膀上。汉宋的太学生危言说议，明末的东林复社，清末的公车上书和革命运动，都是最明显的例。外国也是如此：欧洲中古的学生运动，1848年的全欧革命潮，土耳其，俄罗斯，波兰，以至印度，朝鲜，那一次不是上述公式的例子？所以有人责备某党某派利用学生作政治活动，那还是皮相的观察。即使无人利用，青年学生的政治活动也是免不了的。因为青年人容易受刺激，又没有家眷儿女的顾虑，敢于跟着个人的信仰去冒险奋斗，所以他们的政治活动往往是由于很纯洁的冲动，至少我们可以说是由于很自然的冲动。这种冲动既是很自然的，救济的方法决不能依靠平津教职员提议的"禁止学生作政治活动"的方案。禁止是无用的：前清末年禁止革命，有何效果？近年禁止共产党，又何有效果？平津教职员会还是主张由政府禁止呢？还是由学校禁止呢？在我们看来，这两方面都没有禁止学生政治活动的有效方法。我们考虑这个问题，觉得只有因势利导的一条路还不失为教育事业中人值得一试的一条路。所谓因势利导，只是要引导这很自然的政治兴趣，使它走向有教育训练的方向，好养成真能担负政治责任的能力与习惯。说的具体一点，我们提议这几点：

（1）学校对于一切政治派别，应该有同一的公道待遇，不应该特许某一党派公然挂招牌设区分部，而不许别的党派作政治活动；但同时学校也应该教导学生彼此互相尊重异己的主张。彼此尊重异己的主张是政治生活的首要条件，但在一党一派特别受特殊优待之下，这种态度和习惯是不会发生的。

（2）学校应该提倡负责任的言论自由：凡用真姓名负责发表言论文字，无论如何激烈，都应该受学校的保障，但不负责任的匿名刊物是应该取缔的。负责任是自由的代价。肯负言论责任的人，方才配争自由，方才配做政治活动。

（3）学校应该研究学生团体的组织法，指出他们的缺陷，引导他们改善组织，使多数学生能参加有组织有训练的团体生活，养成政治生活必需的组织能力。这种能力的养成，应该从小学中学时代训练起。孙中山先生认会议规则为民权初步，真是有见地的话。平日没有团体组织的训练，组织又素不健全，一旦有非常事故，自然极少数的小组织可以操纵全学校的命运。徐旭生先生有一天对我说："看了中央大学等处的学潮，使我们对于中国民治的前途很怀疑。"我对他说："此等风潮都不是民治之过，全都是没有民治之过。"凡有真正民治精神的学生组织，我敢保它不会闹风潮；即有风潮，也决不会是无意识的胡闹。

廿一，七，十

（原载 1932 年 7 月 17 日《独立评论》第 9 号，署名"臧晖"）

英庚款的管理

7月6日上海英国人出版的《金融商业报》(Finance and Commerce, Vol. 20, No. 5)有一篇短评,题为"英庚款的用途",其中说:

> 一两日前,伦敦路透电说:有一位议员在国会里发表意见,说他恐怕英国退还庚款的钱在中国支用的方法并没有完全依照两国政府订定的手续。这个消息并不足使我们惊讶。上海这边的流言多着咧。最近有一大批马口铁(tin plates)在上海市面上出卖,价钱比市价低的多多;有人传说这一批马口铁是原来用英国退还的庚款买的。我们不知道这种疑心有什么充分的证据,然而在商业场中一般人颇相信庚款的支用曾有不规则之处(irregularities),一种严密的调查是我们最欢迎的。

这个消息也不足使我们惊讶,因为南方来的朋友也曾对我们说起:近来有某个政府机关领到英庚款的钱买了英国的机器,本来是做什么建设事业的,后来因为那机关没有钱发薪俸,就把买来的机器贱价卖了,既可以发薪,还有人可以赚钱!

这种传说引起两个问题:一是政府官吏的舞弊问题,一是英庚款本身的问题。这两个问题都应该引起政府和国人的注意。

前一个问题是很明白简单的。如果一个政府机关把用庚款买的机器或材料拿在市场上贱价变卖了来发薪水,或者竟因此营私利,这种事是政府的一个大污点。我们希望政府要彻底调查此事的真相,要把调查的结果详细公布出来,使国内外的人明瞭这事究竟是谣传还是事实。如果上文所述的马口铁案和机器案是确凿有据的,我们要求政府要依法惩罚这种舞弊辱国的官吏。

但这种流言又使我们注意到英庚款的处理方法的本身问题。本来英庚款的处理是很苟且的。当时英国正闹着失业救济的大问题,短见的政客要把这笔大款子(本利合计一千一百余万金磅〔镑〕,依当时的金价,约合二万二千万银元)留在英国购买英国的机器材料。中国方面的短见政客也就迎合英国人的心理,答应"将该项庚款……整理及建筑中国铁路,并投诸其他中国生产事业";并且声明"如以该款在国外购买需用材料时,当向英国订购之"。双方这样凑拍,这搁件〔浅〕了十年的交涉就成功了。

当时中国政府方面提出的理由是:这样投资于铁路及其他生利事业,即是为教育事业设立基金的"最有利益之计划"。所以两国政府换文中都明白规定"在英国用去之款,当作为中国董事会借给各铁路或其他生产事业的借款,应支付利息及担任最后清偿。凡清偿该项借款本利之款项,均应交付该董事会,由该董事会即行用诸教育事业"。所以管理中英庚款董事会所定"借用英庚款保息办法"中,有下列的规定:

(一)凡向董事会借用庚款,应照中央之规定,按照周息五厘计算利息。

(二)中国到期款项,各机关借用时,应先扣利息一年。其第二第三两年利息亦应预付。至第四年起之利息,到期再付。在伦敦款项,各机关借拨后,其每一次到期之年息不能清付时,应即停付继续借拨在中国及伦敦部分之款项。

(三)凡借用庚款机关,其本身能生利者,该借款利息应由该机关在其收入项下按期提付。遇不敷时,应由主管机关负责筹还。

(四)凡借用庚款机关,其本身暂时不能生利者,该借款利息应由借用之主管机关指定他项的确收入,清付到期应付利息。或由该主管机关商妥财政部指定的款按期垫付之。

(五)凡借用庚款机关,其本身非系生利者,该项借款利息,应由借用之主管机关商请财政部指定的款按期清付之。

我们看了这些规定,应该可以明白:英庚款的管理是很不容易上轨道的。英庚款退还的目的是办教育事业,而这种教育事业要全靠基金的利息。基金在那儿呢？基金是借给在中国铁路和其他生产事业去了；绝大部分是用在英国购买机器及材料去了。两国换文上明明说着借款的本和利都是基金，然而至今没有人注意到这种借款应该怎样还本，还本应该如何担保。这是第一个漏洞，我们真不解这笔大借款的本钱将来怎样还到基金里去。其次是付息。付息的办法，虽有上文所引的保息办法，然而我们听说，多数的借款至今不曾起息，财政部的担保自然是一句空话，借款机关自身的收入按期提付也是不可靠的居多。如果上海的传说是真的，那么，买来的机器材料只是借款机关发薪水的一个方法，那有生利的收入？又那能提取收入来付利息？伦敦路透电说，那位在英国国会中提出质问的议员所以怀疑的理由是因为管理英庚款董事会请求中国政府发给正式文件保障借款的利息，而中国政府至今不理这种请求。其实中国政府就发给了正式文件，庚款基金的利息还未必是靠得住的。借款利息之全无保障，是第二个大漏洞。

英庚款以借款为基金，而借款的还本与付息都至今全没有保障，基金可说是没有下落的了。我们推想这种危机，不能不归咎于当日解决庚款的苟且，也不能不归咎于管理庚款机关之组织上的不完备。管理英庚款的机关有两个：一是在伦敦的购料委员会，一是在中国的董事会。购料委员会有主席一人，委员五人，主席为中国驻英外交代表，委员之一为中国铁道部代表。其他四人由英国外交部长推荐殷实而富有商业经验之人，由中国政府与董事会商定后任命。

购料委员会的任务是专管订立购料的契约并监督其实行；有余款时，由该委员会设立储金，留为将来购料之用。庚款解决以前（1922年12月至1931年3月）积存之庚款全归此会管理；以后逐年的退款，一半交此会，一半交在中国之董事会。在中国之管理英庚款董事会有董事十五人（十个中国人，五个英国人），皆由中国政府任命。其中之中国董事，多是政府机关之代表，如外交部，教育部，财政部，铁道部，建设委员会，导淮委员会，各有代表。这两个管理庚款的机关，职权上是不相统辖的。购料委员会掌管巨款，远在外国，委员任期几乎是终身的，只有辞职而无满任，他们自以为是与董事会同时依据中英换文产生的,故不受董事会的统辖。董事会根据中英换文里所载"其他四个购料委员,由英国外交部长开一名单推荐于董事,由中国政府与董事会商议后,随时派充"一节,以为"董事会在事实上当然为购料委员会之上级机关"。董事会订定了购料委员会的章程,规定该会为"隶属于董事会"。但委员会向外交部声称,"与英方委员讨论,均云中英换文规定,即系委员会章程,自可勿须再订"。这是明白否认董事会订的章程了。董事会在去年11月17日曾呈行政院抗争统辖权,至今没有结果。购料委员会所持理由是不充分的,他们的态度是很不对的;然而董事会本身的政治臭味太浓厚,根基不稳固,组织不健全,也是不能叫人敬重的大原因。依现在的情形看来,购料委员会竟是一个独立的机关,董事会完全管不着。董事会所管的款项只有借款的利息和去年3月以后的庚款的一半。今年3月以后,英庚款停付一年,于是董事会所管只有那渺茫不可靠的利息了。

董事会的董事是由政府任命的,有缺额时仍由政府任命补充。董事是不免受政治影响的,如去年秋间,董事黄汉梁因政治上的关系脱离铁道部,即被政府免去董事职,另任颜德庆补充。这种政治上的牵动是很不好的现象,因为黄汉梁可以因政局变迁而被免职,其他董事也都可以随时因政局而被更换了。这是董事会组织上的一大缺点。其次,董事所代表的机关,如建设委员会,铁道部,导淮委员会等,都是借用庚款的机关。他们所注意的是帮助他们代表的机关向庚款借钱,至于借的钱如何还本,如何付息,那是关系将来教育事业的事,他们似乎很不关心。至于借去的钱是否全用在生产事业,是否用的得当,这也似乎是他们不很关心的。这又是董事会组织上的一大缺点。

总结以上所说,我们要指出英庚款的管理有下列的几项大危险:

(一)庚款全数用在官办的生产事业上,还本无办法,付息无可靠之担保,这决不是"设立基金最有利益之计划"。

(二)董事会不能脱离政治势力的支配,自身基础不能稳固,所以名为"管理英国退还庚款",其实没有管理的实权。

（三）中国董事多数系借款机关的代表，其流弊也许可以单顾到借款机关的利益，而不顾到基金的前途。救济的方法是很不容易的。我们的希望是要从根本上变更庚款换文所规定用投资借款作基金的原则。去年3月以前所积存的庚款，有四百万镑之多，不妨依原案作铁路及其他生产事业之用，但亦须严格规定起息日期及还本付息的担保。去年3月以后的庚款，应该变更办法，完全交董事会管理，以一半存储作基金，以一半随时用在基本的文化教育事业上。根本原则若能变更，董事会的组织法也应该彻底修正，总要一面使董事会完全脱离政治的波动，一面增加它的实权与永久性。如此办法，也许还可以救得英庚款的一部分。若由今之道，不变今之法，我们对英庚款的前途是免不了很大的悲观的。

二十一，七，十二

（原载1932年7月17日《独立评论》第9号）

汪精卫与张学良

8月6日行政院长汪精卫先生突然从上海发表了五个辞职的通电,其中他给行政院各部会的一电说他辞职的理由"具详于致张主任学良电",并且说"此实为弟个人引退之原因"。他给张学良主任的电文如下:

北平张主任汉卿兄勋鉴:溯兄去岁放弃沈阳,再失锦州,致三千万人民,数千万里土地陷于敌手。敌气益骄,延及淞沪,赖第十九路及第五路军奋死抵御,为我民族争生存,为我国家争人格。此本非常之事,非所望于兄,然亦冀兄之激发天良,有以自见。乃因循经年,未有建树,而寇氛益肆,热河告急。中央军队方事剿匪,溽暑作战,冒诸艰苦,然为安定内地巩固后防计,义无可辞。此外惟兄拥兵最多,军容最盛,而敌兵所扰,正在兄防地以内。故以实力言之,以职责言之,以地理上之便利言之,抵抗敌人,兄在职一日,断非他人所能越俎。须知中国者中国人之中国,凡属族类,皆有执干戈以卫社稷之义务。当日第十九路及第五路军作战淞沪,实本斯义,岂有他求。及战事既酣,在中央固悉索敝赋,以供前方,而人民更裹粮景从,以助士气。今兄未闻出一兵放一矢,乃欲藉抵抗之名,以事聚敛。自一纸宣言抗御外侮以来,所责于财政部者,即筹五百万,至少先交二百万。所责于铁道部者,即筹三百万。昨日则又以每月筹助热河三百万责之行政院矣。当此民穷财尽之际中央财政竭蹶万分,亦有耳目,兄宁不知,乃必以此相要挟,诚不解是何居心。无论中央无此财力,即令有之,在兄未实行抵抗以前弟亦断不忍为此浪掷。弟诚无似,不能搜括民脂民膏,以餍兄一人之欲,使兄失望于弟,惟有引咎辞职以谢兄一人，并以明无他。惟望兄亦以辞职谢四万万国人，毋使热河平津为东北锦州之续，则关内之中国幸甚，惟兄裁之。汪兆铭鱼（六日）

汪先生已于发电的前一日到了上海，六日招待报馆记者发表辞职电文之后，他就谢病不见客了。行政院副院长宋子文先生和内政部长黄绍竑先生都似乎避嫌不肯代理院务，而司法行政部长兼外交部长罗文干先生今天（8日）又通电辞职与汪先生同去了。青天白日里的一声霹雳，中央政局就立刻陷入了无政府的危险状态。

汪精卫先生在本年1月中南京与上海都在最危险的时候，慨然出来担任行政院院长的大任，那种不怕牺牲的态度，使我们很佩服，所以我们对于汪先生的期望很深。然而对于他这回突然辞职的举动，我们颇感觉失望。第一，在这个国难最紧急的时期，负中央重责的行政院长不应该因对一个疆吏的不满意就骤然抛弃他的重大责任，"以谢一人"。他的愤慨，我们都表同情；他的方法，我们不能原谅。第二，政府对于"致三千万人民数千万里土地陷于敌手"的大罪，如有决心追咎负责之人，应该明下惩罚处分的命令。政府对于热河事件，若已决定抵抗，应该明令负守土责任的人竭力抵抗；不遵命令的，可以明令免职惩办。但行政院长用自己辞职的手续来劝一个疆吏辞职，是很失政府体统的。第三，汪先生电文中表示他大不满意于张学良主任之催索补助军费，而电文中的措词却指为"藉抵抗之名以事聚敛"，又说"不能搜括民脂民膏以餍兄一人之欲"。这种措词是很失体的。政府如认为某项军费有浮滥不实的数目，尽可交主管机关核实宣示，但很不应该在未审核以前即坐实某人所要求的军费为餍足某一人的私欲。这种攻讦的口吻，用于私人尚可以引起刑事的诉讼，用在一国行政首领的电文里更是暴露一个政府的没有上政治轨道了。

我们很盼望汪先生能觉悟他的责任的重大，能早日打消辞意，重新鼓起七个月以前的牺牲精神来支撑当前的危局。那是他补过的唯一途径。若因一时的感情冲动，就不顾国家的危机以一走了事，那是我们不希望于汪先生的。

张学良先生对于这事的态度自然是最足引起全国注意的。昨天（7日）他发表谈话，声明"自今以后，立当部署所属，准备交代"。今日《大公报》发表他的谈话，说他已决意辞职，又说他表示"无论如何，总不使以个人之进退贻地方以不安"。今日平、津各报都记载昨日北平政务委员会开谈话会时，张学良主任辞职的态度极坚决，并已决定电汪院长，大致说："东北沦陷，本人应负责任，理应辞职以谢国人，此后政务交北平政务委员会，军事交北平军事整理委员会分别办理。惟当此国难期间，汪院长担负全国行政重任，不宜以个人细故突然求去，请即打销辞意，继续负责。"

张先生这种表示，我们认为是能顾全大体的态度。我们很赞成张先生的辞职。理由有三点：

第一，东北的沦陷虽然不是那一个人应负全责的，然而张学良先生以军政两方的全权领袖的资格，负的责任最重最大，这是谁都不能否认的。九一八以后，他还可以说有整理残余军队和军实以谋恢复失地的机会和责任，但锦州退兵以后，社会上对他的责难就很不容易答辩了。他在这个时候，若能决心引咎自劾辞职，还可以使一般人觉悟凡不能御侮守土的军人必不能保持其权位；即使政府的威权不能立即执行其应施的惩罚，个人良心的谴责和社会舆论的潜势力终有使他不能不自劾的一日。

第二，张先生不能早日自劾辞职，政府又无力免他的职，以致汪精卫院长闹出自己辞职"以谢一人"的怪举，这是最可痛心的事，其暴露国家赏罚的不行，政治组织的病态，贻笑于敌人，贻讥于全世界，已无可讳饰了。在此时机，张学良先生一人的进退，可以有绝大的意义。他若还不肯自劾引去，或自劾而无求去的决心，那么，中央政府真是无法可以去一个疆吏了，那就是明白宣示世界我们这个国家真不成统一的国家了！反过来说，如果张先生在这个时机能毅然决然引咎辞职，那么，他的一去还可以挽救中国再分裂的危机，还可以使世人憬然明白"中国的谜"自有中国的奇巧解决法：一个无拳无勇的书生院长的一封电报居然能使一个两世独霸一方的军阀翻然下野。

这也可说是给陈调元、何成濬一班人"树之先声",而替国家打开一个新局面,——使人知道"杯酒释兵权"不完全是历史家欺人之谈。

第三,张学良先生是个少年军人,经过了这五年来奇惨大辱的经验,他应该明白今日国家的重要责任不是可以轻易担当得起的。他如果还有替国家做大事的野心,他应该撇开他的过去,摆脱一切障碍,努力向前途去创造他的将来。少年的得志几乎完全毁了他的身体和精神,壮年的惨痛奇辱也许可以完全再造一个新的生命。如果他能决心离开他现在的生活,到外国去过几年勤苦的学生生活,看看现代的国家是怎样统治的,学学先进国家的领袖是怎样过日子的,——那么,将来的中国政治舞台上尽有他可以服劳效力的机会。如果他到了今日还不能有这种觉悟,以身败名裂的人妄想支撑一个不可终日的危局,将来再要寻一个可以从容下台的机会,怕不容易得了。

我们本"君子爱人以德"的古训,很诚恳的劝告张学良先生决心辞职。

二十一年,八,八

（原载1932年8月14日《独立评论》第13号）

内田对世界的挑战

8月25日,日本外相内田在第六十三届议会作长篇的外交演说,其全文见于次日的各报,其大意有几点:

(1)日本已决定从速承认"满洲国",并加以援助。此为全文的主旨。

(2)他说,远东国际关系恶化的主要原因是由于中国的混乱状态和排外的革命外交政策;九一八的事件是日本的自卫的行动。

(3)他说,帝国此种行动并不违反《非战公约》。

(4)他说,"满洲国"之成立是由于中国境内人民的分离运动与独立运动的结果。

(5)他说,日本承认"满洲国",并不违反《九国条约》。

(6)他说,承认"满洲国"为日本解决满蒙问题的唯一有效方法。

(7)他说,某方面拟议要使中国本部的政权在某种方式之下得行使于满洲,此种敷衍一时的方法,日本国民决不能承认。

内田的演说虽然也有采取强辩的形式的地方,然而大体上可说是直裸裸的正式宣示日本的强暴政策,毫不客气的向世界的舆论挑战,抹煞一切国际条约的束缚,公然对中国和世界喊着:"我们要这样干,就这样干了!你们其奈我们何!"

他并不倚靠什么理论做强辩的根据;他的唯一根据是武力的强横。例如他说日本的行动并不违反《非战公约》,他只说"非战公约并不禁止一个缔约国便宜采取任何必要手续来防止本国领域及其任何利益的危害。况且,很明显的,此种自卫权的行使可以推广到本国的领域以外"。这是何等露骨的坦白!这种"自卫"的行动可以推行到东三省,可以推行到全中国,也可以推行到伦敦、华盛顿、莫斯科,假如伦敦、华盛顿、莫斯科也肯不抵抗的话!

又如《九国条约》明说各缔约国尊重中国之主权与独立及领土与行政之完整,而内田只须说:"《九国条约》并不禁止中国国内的种种分离运动,也并不阻止任何地的中国人以自由意志建立独立国家。"至于中国和世界如何否认"满洲国"的自由意志,那是他满不在乎的了!

这样的露骨的蛮横外交,在现代外交史上确是开一个新局面,所以欧美各国政府负责的人对于这一篇宣言,简直没有办法。这几天以来,各国重要的报纸对内田演说都有了很正直的批评,只有各国官方都保持一种很可怪的缄默。说者以为在国联调查团的报告公布与国联采取正式行动之前,各国政府也许不会发表什么关于中日问题或"满洲国"问题的声明。其实,我们疑心,各国政府都落在这位日本外相的猛烈烟幕弹的迷雾之中,急切正不容易决定应付的方法。

我们不留心内田演说中提及的"某方面拟议的计划,要想弥缝一时,使中国本部的政权在或种方式之下得行使于满洲"吗?(此一段,华字各报所译不甚明白,不如路透社所传英文本的清楚。)这个"某方面"是那一方面呢?我们猜想这是指国联调查团报告书的结论的一部分。内田大概微闻或是预料国联调查团有这种解决方案的主张,所以在报告书未送达国联之前,就采取这种先发制人的恐吓手段,预先声明这种办法是日本国民所决不能承认的,预先向世界警告:日本已决心不肯回复中国在东三省的领土与行政权的完整了!

如果我们的猜想不错,那么,国联调查团的报告发表以后,国联无论采取任何行动,如果含有否认"满洲国"或回复中国在东三省的行政主权的主张,日本必仍旧采取反抗国联的态度,这是无可疑的。半年的国联调查,在日本人的眼里,不过是添了一大堆废纸!中国人民与政府对国联的期待,照现在的情形看来,是难免绝大的失望的。

所以我们到了这个时候,真不容再假借期待国联的藤牌来姑息自己了。世界各国是否能长久容忍日本的挑战态度,是否还有联合起来共同制裁一个害群之马的决心,——那都不是我们所应该特别重视的。我们不能倚靠他人,只可倚靠自己。我们应该下决心作一个五年或十年的自救计划,咬定牙根做点有计划的工作,在军事,政治,经济,外交,教育的各方面都得有个"长期拼命"的准备。无论国际政局如何变化,一个不能自救的民族是不会得人的同情与援助的。幸运满天飞,飞不到那不自助的懒人的头上!

廿一,八,廿九夜

(原载 1932 年 9 月 4 日《独立评论》第 16 号)

英庚款的管理
答杭立武先生

杭先生是在英庚款董事会任职的人,他指出的几点,使我们知道董事会最近补救的办法,我们读了自然很高兴。然而我还有不能不顾虑的几点。

第一,"借用英庚款还本办法"不过是呈准行政院备案的一件公文,杭先生自己也说"不敢谓还本即有保障"。究竟现在已借出的庚款(中国伦敦两处)已有了还本的保障没有呢?

第二,我说"多数的借款至今不曾起息",杭先生说是"道听之说,幸非事实"。然而他自己也说建设委员会与导淮委员会的借款至今还不曾商妥还本付息的条件。此外铁道部各路的购料借款究竟起了利息没有?杭先生说:"虽不敢即谓利息将来必可实收,但亦不能预存悲观。"其实我们的悲观也不过是如杭先生说的"不敢即谓利息将来必可实收"而已?

第三,关于董事会的组织,杭先生一面说"董事会成立一载余,事实上尚未尝一受政潮之重大波荡",而他一面又说,"人事变迁,政潮起伏,所谓中国董事多数系借款机关代表之现象,已渐不复存在"。这就是说,政潮起伏可以影响各董事所代表的机关,而不致更动董事的人选。这自然是很可喜的现象,我们希望将来政府不要破坏这个很可喜的成例,并且希望各位董事不要因为他们现在不代表借款机关了而就减少他们对庚款管理的兴趣。

第四,董事会与购料委员会的统辖问题,有了行政院第二十二次会议的议决案,已可算有了一个比较满人意的解决了。何以至今购料委员会还不曾"函复遵照办理"呢?是否行政院的命令不能行于王景春先生们的购料委员会呢?

第五,最后我要请杭先生和董事诸先生以及国内外关心这个问题的人大家考虑我在《独立评论》第九号的结论:"我们的希望是要从根本上变更庚款换文所规定用投资借款作基金的原则。去年三月以前所积存的庚款,不妨依原案。……去年三月以后的庚款,应该变更办法,完全交董事会管理,以一半存储作基金,以一半随时用在基本的文化教育事业上。"杭先生对于这个结论,完全不表示意见。但我的原文的要点只在于证明换文原则之荒谬不可用,只在于证明换文原则之不可不变更。那个荒谬的原则不更换,英庚款的管理是不会有效率的。

(原载 1932 年 9 月 4 日《独立评论》第 16 号)

中国政治出路的讨论

丁文江先生的《中国政治的出路》(本刊十一号)发表之后,《国闻周报》(九卷三十一期)登出一篇季廉先生的《挽救国难的一个私案》,次期(九卷三十二期)又登出一篇季廉先生批评丁先生的文字,题为《中国政治出路商榷》。这三篇文字都是讨论中国政治出路的,都使我感觉深厚的兴趣。丁先生不幸在山上病了一场,病起不久,他又出门旅行去了。他对于季廉先生的批评是否另有答复,我不知道。我此时要说的,只是我个人对这三篇文字的感想。

先看看季廉先生批评丁先生的五点:

一,季廉先生责备丁先生下错了"武力革命"的定义。其实这是季廉先生把文字看错了。丁先生说,改革政治的一条路"是用武力革命,在短时期内推翻原有的政府"。这里他并不曾下什么革命定义,只是说用武力来在短时期内推翻政府的一条路。季廉先生误把下半句看作上半句的定义,所以他错怪丁君了。

二,他又责备丁君的"出路"都不能针对他所指出的七个革命困难,所以"差不多不是对症之药"。他说:

> 现在是什么时候?现在是什么局面?社会的崩溃就在目前,敌人的侵略已入堂奥,只是对于现在的政府用"要求"的方式来改革政治,会有成效吗?……要想由"讨论"、"清理"、"研究"中来找条出路,恐怕路还没找着,敌人的飞机就来光临了,共党的暴动就要发生了。

这段话,我看了很觉得奇怪。季廉先生似乎忘了他自己刚在半个月之前还在一篇《最低限度的改革》里提出四项"我们最低限度的要求"哩!(《国闻周报》九卷二十九期)他最近发表的几篇大文章,那一篇不是"讨论,清理,研究"的文章?——他最近还提议要"改造风俗"哩!风俗的改造怕也未必比敌人的飞机走的更快吧?——如果我的观察不误,季廉君和丁君同是想找到三年之艾来医七年之病的。救国没有捷径,也许最迂缓的路倒反是最快捷的路。

三,他说丁君文中有自相矛盾之处,比如丁君说过中国旧有的政府组织很少可以利用,何以他又对现政府提出各种要求呢?对于这一点,最好用季廉君自己的话来回答:

> 我们不高唱实行宪政,不高唱澈底改革,我们为稍改进我们的环境计,为国民党本身存在计,我们提出这简单的几条方案。

(《国闻周报》九卷二十九期)

四,他很严厉的批评丁君"要求国民政府明白规定政权转移的程序"一条,他"考察英美德法民主政治先进各国,从来没听说政府明白规定政权转移的程序"!我想,季廉君未免失言了。凡宪法中规定总统几年改选一次,议会的任期和解散,总统可以被弹劾去位,总统中道死了或辞了时应由何人继任,凡此等规定都是"明白规定政权转移的程序"。

五,他又怪丁君要求"尊重人民的言论思想自由"一条为"丝毫没有替贫苦大众着想"。这自然是个人的观点的不同,我们不能勉强季廉君抛弃他的"严刑峻法"论来牵就我们的自由论。但我们忍不住要请教:季廉君赞成五年内备有一千架飞机五十只潜水艇四十只驱逐舰的国防政策(《国闻周报》九卷三十一期),是否"替贫苦大众着想"的结论呢?

以上五点,不过是就季廉先生的怀疑,稍稍替丁先生加一点分剖解释。以下要讨论季廉先生自己的"私案"。

季廉先生的"挽救国难的一个私案"确是一个很大胆又很动人的动议,是值得大家平心考虑的。他的原则是这样的:

> 现在我们人民要自动组织一个能够肩荷政治责任的团体,要自动设置一个代表民意的机关。到了相当时期,如果政府再不能尽他的职责,我们便只好自动组织有力的政府。

> 这样理想的团体,就是全国各种有信用有实力的职业团体,

组织联合会。由全国各省市商会,工会,农会,教育会,银行公会,律师工会,新闻协会,工程师会等同各地真正的职业团体,推选代表组织之,不妨就命名为"全国职业联合会"。由这个联合会的代表大会,产生一个执行委员会,执行通常职务。全国代表大会每年举行大会二次,决议各种方针。代表大会投票方法以团体为单位,每一团体一票,一个团体有代表三人。代表大会的人数不要过三百人。执行委员会人数,最多不要过二十人。

季廉君希望由全国教授联合会发起组织这个全国职业联合会。这个联合会应该"向政府提出下列各种改革要求,愿同政府协同研究,彻底合作,促其早日实现":(1)树立有力的政府。(2)认真执行既存法律。(3)切实编裁军队。(4)安定社会,发展生产。(5)积极准备抵抗暴日。(6)厉行巩固国防。(7)积极对俄复交。

大会成立之后,先要作一两件事(例如教育经费的独立)试试力量。……有了美满结果之后,再进一步作禁烟运动,或裁兵运动,先与政府合作,若果不能,再采取严厉手段。农人拒种鸦片,商会拒绝为政府筹款,商人拒纳苛捐杂税,全国报纸极力援助,这两种运动也就不难达到目的。到了这个地步,联合会的力量有了充分表现,经过严重实验,证明意志一致,步伐整齐,然后可以大有为了。

这是季廉君的"私案"的大旨。他自己说(九卷三十二期)他的提议有四个优点:一,可以避免革命;二,可以使人民得到政治的训练;三,"以职业团体或其他有实力有信用的团体联合起来从事政治运动,现在已经有了基础(例如废除内战大同盟)。将这种运动扩大,比较轻而易举。"四,此案有基尔特社会主义的理论的根据。

我对于此案的原则是深表同情的。我们此时确实需要一个能够担负政治责任的人民团体,一面帮助政府使他有力,一面监督政府不使他腐化。我想这个原则大概很少人不赞同的。但是季廉先生的议论,依我个人的观察,未免太乐观了,未免忽略了事实上的许多困难。

第一,我们的"全国各种有信用有实力的职业团体"究竟在那里?季廉先生所列举的许多团体中,除了银行公会和律师公会之外,商会已很散漫了,工会只是无数不能合作的小团体,农会是压根儿不存在,教育会是久已废止了,新闻协会是没有的。就是季廉先生所希望来发起这个新运动的"全国教授联合会",至今也还不曾应运而生。没有这些分子团体,又何从产生那有力的全国联合会呢?

第二,现有的各种职业团体又往往是四分五裂,不能合作的。即以上海的商会而论,就有不少的党派纠纷。工会的分裂斗争更是大家知道的。各地教育界的派别纷争也是不可讳的事实;将来若有全国教授会的组织,我们很难希望一个"有信用有实力"的救国团体。

第三,现在所谓"公团",那一个不是在党部的箝制之下的?即以报馆业而论,政府已有保障言论自由的种种法律及命令了,已明令停止电报与新闻的检查了,然而各地报纸杂志时时还受检查,还被没收或停止邮寄,我不曾听见有何地的"新闻协会"出来作一点点的抵抗。季廉先生所期望的"实力"又在那里?他们不能抵抗本业的受压迫摧残,如何能有"实力"作全国的政治运动呢?

第四,季廉先生说他的提案"可以避免革命",但他明明表示,"到了相当时期,如果政府不能尽他的职责,我们便只好自动组织有力的政府"。这就是革命的事业了。这种革命的事业可以希望从上文所举的职业团体里发生吗?他们能负荷这种政治责任吗?

以上是我对于季廉先生的提案的几个疑点。我的怀疑是因为他的说法有点"三分颜料开染坊"的过度乐观而引起的怀疑。但我已说过,我是赞成他的原则的。中国今日应该有一个负责任的人民干政团体。但我们对于这个团体,希望不可太大,责效不可太急,更不必说"自动组织政府"一类的大话把虞洽卿、史量才一类的人吓跑。我们不能希望"全国人民齐集在一个严密组织之中,以四万万人的力量向共同的目标努力"。我们只能希望在最近几年之内国中的智识阶级和职业阶级的优秀人才能组织一个可以监督政府指导政府并且援助政府的干政团体。

这个干政团体的产生,依我个人的估计,在最初的时期,应该从下列的几种团体里出来:

(一)学术团体:如中国经济学社,中国社会科学社,中国政治学会,中国工程学会,中国地质学会……以及各大学教授会,各地学者的小组织之类。

（二）商人团体:如重要城市有组织的商会,银行公会,钱业公会之类。

（三）技术职业团体:如律师公会,记者公会,邮务公会,以及其他技术职工的组合,如南方的机器工会,海员公会之类。

这些团体本身都站得住,都有相当的信用,其中都含有知识高明眼光远大的分子,只要有能负责任的领袖人物出来号召,我想,在一种积极的,建设的,有益于国家民族的目标之下,应该可以产生一个有计划有力量的政治大组合。

这样一个团结,如果没有更适当的名称,我们或者可以称他做"建国大同盟"。因为今日的真问题,其实不是敌人的飞机何时飞到我们屋上的问题,也不仅仅是抗日联俄的问题,也不是共产党的问题,乃是怎样建设一个统一的,治安的,普遍繁荣的中华国家的问题。我们要担负的政治责任,就是这个建设国家的责任。如果我们能在这个"建国"的大目标之下,把国中的智识,技术,职业的人才组织起来,也许就是中国政治的一条出路罢？

二一,九,五夜

（原载 1932 年 9 月 11 日《独立评论》第 17 号）

究竟那一个条约是废纸

9月14日,日本承认"满洲国";次日日本代表武藤在长春签订所谓"日满议定书",议定书的内容分两项:(一)"满洲国"承认"日本国或日本臣民根据从来中日间之条约协定及其他公私契约所获得之一切权利利益";(二)"约定两国共同以任国家之防卫,为此所需之日本国军乃驻扎于满洲国内。"

同日,日本政府发表声明书,声明此次实行承认"满洲国"系"与帝国所加盟之任何条约均无抵触";并且声明帝国军队驻扎于满洲国内是要"永远巩固两国间之善邻关系及确保东洋之和平"!

16日,我国政府向日本提出抗议书,指出日本应负责任之重大凡有七点:

(1)日本已违犯国际公法之基本原则,

(2)日本已违犯法律的初步原则,

(3)日本已违犯国联盟约,

(4)日本已违犯非战公约,

(5)日本已违犯九国条约,

(6)日本已违其自为之誓约,因为日本曾声明在东省无领土企图,且允于最短期间内将日军撤至铁路区域内。

(7)日本已违犯国联历次的训诫。

同日,我国政府向参加九国条约的十二国(美、英、法、义、比、荷、葡、挪威、瑞典、丹麦、墨西哥、玻利维亚)发出照会,请其对于日本自去年9月18日至今年9月15日之种种侵略行动及因此造成的事态,采取正当及有效的应付方法。照会中说:"如日本之行为不受相当制裁,九国条约当事国坐视该公约之成为废纸,其结果诚有不忍言者。"

同日,我国政府又向国联通牒,依据国联盟约第十条,请求国联加紧工作,采取有效的方法,应付这局面。

我们早已说过,日本的行动只是赤裸裸的向世界的舆论挑战,抹煞一切国际条约的束缚,毫无忌惮的实行武力的侵略。日本政府宣言此次承认"满洲国"是"与帝国所加盟的任何条约均无抵触的"。这正是日本大胆抹煞一切国际条约的表示。别的条约我们且不论,1922年的《九国条约》的第一条明明载着:

> 各缔约国协定尊重中国之主权与独立及领土与行政之完整。

第二条又载着:

> 缔约各国协定,不得彼此间及单独或联合与任何一国或多国订立足以侵犯或妨害第一条所举各项原则的条约,或协订,或协议,或谅解。

一年以来日本的行为,无一项不是违犯第一条的原则的。现在日本在东三省建立傀儡国,给它正式的承认,又和它订立条约,抹煞中国的主权,破坏中国领土与行政的完整,这又是公然废弃九国条约的第二条了。

《九国条约》的本身是中国现代史上的一件不光荣的事。一个国家不能自己保护其主权与独立及领土与行政之完整,而让别的国家缔结条约来"尊重"他们:这是很可耻的事。然而华盛顿会议的召集实在是因为欧洲大战后各国的均势局面已完全破坏,太平洋西面的霸权已完全操在日本的手里,中国又毫无能力可以自己支撑那个已失掉均衡的危局,所以美国与英国协商召集这个会议,附带挽救这个远东问题,使中国从日本一国的掌握之中脱离出来,变成欧美亚三洲强国共同护持的国家。这是华盛顿会议与《九国条约》的历史的意义。

十年以来,我国虽然不能充分利用《九国条约》造成的局面来做自己的民族复兴事业,究竟我们因此收回不少的利益,得着国际上十年的苟安。这都是日本的侵略主义者所最痛心疾首的。不幸不列颠帝国的连年多故,全世界近三年的经济大萧条,美国自身的经济凋敝,这些因子都使欧美不能用全力顾到远东的局面。于是日本的野心家以为机会到了,可以一举而推翻华盛顿会议的束缚,解决满洲的问题,压迫中国的民族运动,使中国仍然回到欧战期中完全在日本掌握之中的局面:一举而雪十年之愤,偿百年之大欲,这是九一八事件的国际的意义。

所以在太平洋的国际关系上,《九国条约》的重要确然比什么条约都更大。中国在这三十年中完全在国际均势的局面之下讨生活,而这个国际均势的具体方案,欧战以前为美国的门户开放宣言及英日同盟条约,欧战以后则为这两项合并扩大变成的《九国条约》。国际联盟的盟约自然有他的重要地位,然而因为美国与苏俄都不是国联会员,国联盟约在太平洋上的地位就不如《九国条约》的重要。苏俄也不曾参与九国条约,然而《九国条约》的主体为美国,日本,与英国,已包括太平洋上的四个最重要的国家,所以可以补助国联盟约在太平洋西岸的势力的缺陷。但九国条约并不是孤立的。在这十二个月之中,国联自身感觉在太平洋上势力的薄弱,所以极力拉拢美国,渐渐的把《九国条约》与《非战公约》和《国联盟约》牵合在一起;到了现在,这三项国际和平的协约差不多成了一个连环大协约了。《九国条约》加入者只有十二国,《国联盟约》加入者五十五国,《非战公约》加入者六十二国,这个大连环包括全世界,是任何国家不能轻易藐视的。

九国条约自有他在太平洋国际关系上的历史的重要性,又因连锁上了国联盟约和非战公约,他的意义更为严重了。其中非战公约更是美国与国联合作的关键。本年1月7日,美国政府正式宣布:

> 凡用违反1928年8月27日巴黎(非战)公约的规定与义务的方法而造成的局面,修约,或协定,美国均不承认。

本年3月11日,国联的五十个会员国在大会上一致决议:

> 凡因违反《国联盟约》或巴黎公约之方法而造成的局面,条约,或协定,国联会员国有不予承认之义务。

这两条宣言在文字上与精神上是完全一致的：东西两半球在这一点上的一致是有力量的。美国总统胡佛在8月中旬接受共和党推他候选总统的通告时，有一篇重要的政见演说，其中关于外交政策的，他也特别提出美国政府1月7日的宣言，他说：

> 我曾提出一个新的主义，就是：凡违反我们所签订的各个和平公约而得来的土地的所有权，我们都不承认，并且永不会承认。

这里胡佛用的"和平公约"是复数字（Peace Pacts），应该是有意包括九国条约在内。

这都是很严重的宣言，"整个的文明世界"的严重宣言，任何"侵略者"都不能不注意。当眼前日本承认满洲伪国并且假借签订议定书用武力长期占据东三省的时候，我们重读这些宣言，不能不感觉他们的意义的非常严重。8月8日美国国务卿司汀生的在纽约演说《非战公约》，称他为"一个至今不曾试验过的条约"（a treaty as yet untested）。美国法律上所谓"试验"（test）是用一件案子告到法庭里去证明某条新法律有效或无效。现在是九国条约与非战公约试验有效无效的日子到了，因为中国政府已经正式援引这两件条约向世界提起控诉了。

《国联盟约》有第十六条明白规定的经济绝交的制裁方法，然而这一年以来，国联虽受理了中日的争执，始终不肯援用这一条的制裁方法。于是悲观的人就说，国联盟约本有制裁方法尚且不敢执行，何况那本来没有规定制裁方法的《九国条约》和《非战公约》呢？这还不是两张废纸吗？在这一点上，悲观的论者和野心的荒木贞夫，内田康哉等人走上同一条路去了。

诚然，《九国条约》与《非战公约》都没有规定制裁方法。美国当日所以不加入国联，其中一个最重要的原因正是因为不满意于盟约第十六条的制裁规定。经济绝交只是宣战的一个步骤；未有不具备宣战的决心和准备而能实行对某一国经济绝交的。中国今日受侮辱损失到如此地步，然而终不能由政府实行对日本经济绝交，岂不是因为我们自己还没有作战的决心和准备？因此，美国主持的《九国条约》和《非战公约》都故意不规定制裁的方法。

然而我们不能因此就断定这两约的无力。8月8日司汀生在纽约的演说里答辩这一点最明白。他说：

> 在文字上,《非战公约》明是含有确定承诺(Promises)的一个条约。在他的引言里,他明白的提到"所有本约所予的利益",并且明说凡违反本约之承诺的国家将被剥夺这些利益。我们看这条约的起草人的通信,可以知道他们有意要使这公约成为一个给予利益(Benefits)的条约。

这就是说,这条约的力量在于六十二个国家的负责任的承诺:他们承诺的是不用战争作解决国际争执的方法。

司汀生又说：

> 《非战公约》没有规定强力的制裁。他全靠公论的制裁,这种制裁可以成为世间最有力的。……公论是平时一切国际往来的制裁力。他的效力全靠世界人民有使他有效的意志。如果世界人民有意使他有效,他是无敌的。那些讥嘲他的人,都是不曾正确的估计欧战以来世界公论的演变。
>
> 自从1929年7月24日此约经国会认可后,美国政府决心要使世界公论有效,并且决心要使这巴黎公约成为世界上一种活的力量。我们承认了他所代表的希望。我们下了决心不使这些希望成为失望。

他说,不光是美国有如此决心,

> 1929年10月,美国总统胡佛和英国首相麦唐纳在拉比丹(Rapidan)发表一个联合宣言,其中说:"我们两国政府决定接受这个《非战公约》,不仅仅作为一种好意的宣言,实作为一种积极的方针,要依着他所承诺来指导国家的政策。"这个宣言开了一个新的纪元。

那一年正是中俄开衅的时候,《非战公约》遇着第一次的小试验。美国通告英日法义德及中俄两国政府,指出他们在非战公约上应负的责任。三十七个签约国赞成或参加美国的劝告。其时俄国的军队侵入中国境内已近一百英里了,后来两国都接受恢复原状的提议,侵入的军队也撤退了。

现在《非战公约》到了一个更大的试验日子了。司汀生指出美国政府本年 1 月 7 日的宣言与国联大会 3 月 11 日的五十国决议案(均见上文),认为这都可证明这个公约是有世界公论作后盾的。他说,这两个宣言代表一个新观点和两个新盟约之下联合起来的各个国家的动作。他说:

> 假如没有这个新观点和这些盟约,那辽远的满洲事件在旧日国际公法的原则之下,就和我们美国没有什么相干了。……可是如今在这《巴黎公约》之下,凡与和平问题有关的,都不能不关心这样的一件纠纷了。一切使这公约有效的行为,必须从这个新局势上看去,方好评判。……所以这《巴黎公约》的力量是不容易正确领会的,除非我们明了这条约的背后有全世界的公论的联合力量,联合在那个容许个个民族国家有权表示道德的裁判的公约之下。……当一月七日美国政府单独表示决不承认侵略所得的结果,侵略者见了也许不放在心上;可是当整个的文明世界都表示赞成美国政府的主张时,这局面可就显出他的真意义了。道德的贬议,一旦成了全世界的贬议,他的意义的重大是国际公法从来不曾有过的。

司汀生的纽约演说确是近代史上一篇极重要的宣言。他代表美国的外交政策背后的一种理想主义的政治哲学。他所谓"新观点",不但日本的侵略主义者不能了解,我们国内一般怀疑主义者也不容易相信。其实他的论点并不难懂,也并不是大言欺人之谈。国际政治原来与国内政治是同一理的。一个政府自然是建筑在一种力量之上,但那种力量不全靠武力,大部分还得靠社会的习惯和公论的制裁。说的浅一点,政府的力量就好比一个纸老虎,全靠思想,信仰,习惯等等无形的势力来共同维持。纸老虎未戳穿的时候,一纸空文可以叫一个大将军束手就缚,砍头时还得谢圣恩。纸老虎戳穿时,钱也买不动了,兵也征不服了。所以善为政者只是要养成威信,情愿做一个纸老虎,有力量而不肯滥用力量。如果每一个契约,每一条法律,每一道命令,都得动用干戈方能有效,那就不成其为政府了。国际政治也是如此。华盛顿会议正当欧战之后，只有日本的实力是整个不曾损失的。然而那时代的"威尔逊理想主义"的余波居然能使日本放弃山东，放弃她在欧战期中已到手的远东独霸地位。现在的国联也就是建筑在一种空泛的，理想的公论的护持之上的。其实全世界今日的互相维系也不是全靠武力的；所靠的还是国际间有守信誓的义务，有顾忌公论的需要。说破了也只是一个纸老虎。可是这个纸老虎一旦戳穿了，条约不成了条约，承诺不成了承诺，这个世界就没有一日的安宁。所以为了自身的安全，为了世界的安全，欧美国家是决不愿意叫日本公然戳穿这个纸老虎的。美国今日之与国联互相提携，也只是要维持这个纸老虎，——就是司汀生所谓"道德的裁判"。他对日本说：

> 道德的贬议，一旦成了全世界的贬议，他的意义的重大是国际公法从来不曾有过的！

日本的侵略主义者何尝不怕这种贬议？试看他们送出那么多的宣传家，花出那么多的钱来做宣传，为的是什么？为的是妄想减轻一分半分"全世界的道德的贬议"而已。你再看看，为什么日本政府要说他们的行为"与任何条约均无抵触"？为什么他们口口声声要说明他们只是行使他们所谓"自卫权"？为的是《非战公约》排斥一切战争，而只留下了一个漏洞，就是所谓"自卫权"。但是这种不成话的自辩是决不会遮尽世人的耳目心思的。司汀生在8月8日对日本说：

> 一个国家尽管假借保卫本国臣民的名义来掩饰他的侵略主义的政策，不久总会被剥去那假面具的。在这样一个容易明了的问题（自卫权）上，在这一个容易搜集事实考订是非的现今世界里，那样的国家莫想长久惑乱世界的公论！

这是很严厉的警告。

在那不远的将来，究竟那一个条约是一张废纸？《国联的盟约》呢？《九国条约》呢？非战公约呢？还是9月15日武藤、郑孝胥的议定书呢？我们瞧着吧！

廿一，九，十九夜

（原载1932年9月25日《独立评论》第19号）

陶希圣《一个时代错误的意见》附记

我们在《时代公论》第二十三号上读了杨公达先生的一篇《革命的回忆和国民党的复兴》,其中说统一国民党有渐进方法和非常手段两种方式,他嫌那渐进方法"收效极为迟缓",所以他倾向于那"非常手段"的方式,他说:

> 或者国民党现存派别中,有一派能以统一党权为己任,本大无畏的精神,不避一切艰险,采取史达林对付托洛斯基,孟梭里尼对付尼蒂的手段,不惜放逐异己的别派,举一网而打尽之,国民党由此亦可以统一。此种方式收效极为迅速。

这番话出于国民党中的一个学者的笔下,很可以使我们诧异。

接着在《时代公论》的第二十四号上,我们又读了杨公达先生的一篇《国难政府应强力化》,其中主张取消五院制,采用元首制,并且提出"元首的条件":

> 要绝对负责。不特要负兴国的责任,还须要负亡国的责任;不特要做岳武穆,还须要做李鸿章;不特要下流芳百世的决心,还须要立遗臭万年的遗嘱。

接着又在《时代公论》的第二十五期上,杨先生在他的一篇《九一八以来之中国政治》里,宣告他对于"精诚团结"的绝望,主张"与其多方面的组织政府,不如一方面的组织政府"。他说:

> 如果是清一色的政府的话,则亡国兴国,责皆由负(?),良心所在,能不努力?

这些话都是很明显的主张,表示出一些人,在这个烦闷的政局之下因忍耐不住而想求一条"收效极为迅速"的捷径,这种心理虽学者也不能免,这是我们很感觉惋惜的。

我本想讨论杨公达先生的主张,今天收到陶希圣先生的文章,我的文字可以暂时不做了,所以把杨先生的原文的主张摘抄几句,附在这里,供读此文者的参考。

上个月,我收到上海一位老辈先生来信,其中说:

> 近来政治不上轨道,当然政府之过,亦因社会宽纵过甚(除共产派外),不免陷长君逢君之病。平心言之,当局者非绝对不可为善。

是的,我们自命负言论之责的人,都应该领受这种很忠厚的劝告。

(原载 1932 年 10 月 2 日《独立评论》第 20 号)

一个代表世界公论的报告

国联调查团关于中日问题的报告书的摘要,昨夜公布于全世界了。全文凡十章,前八章为历史事实的概括的叙述,第九章为"解决的原则及条件",第十章为"供国联行政院考虑的意见"(这两章因为特别重要,所以公布的是全文)。我们今天读了外交部的译文,又用英文原文对勘之后,不能不佩服李顿调查团的团员和专家的审慎的考查,他们的公平的判断,和他们为国际谋和平的热心。他们这七个月的辛勤工作,是值得我们的感谢和敬礼的。

报告书的历史叙述部分中,有两点最足以唤起世界的注意,最足以扫除一切淆乱是非的谬论,而树立中日关系史上两大事件的铁案。其一为第四章中论去年九一八夜日本的军事行动"不能视为合法的自卫的办法",乃是"一种精密预备的计划"的敏捷准确的实行。这个判断,我们认为最公道。其二为第六章中论"满洲国"的成立,报告书说:

> 从各方面所得的一切证据使调查团相信"满洲国"的造成虽然有若干助成的因子,而其中最有力的两个因子是日本军队的存在和日本文武官吏的活动;依调查团的判断,若没有这两个因子,所谓"新国"决不能成立的。
>
> 根据于这个理由,现在的新政权决不能认为由真正的,自然的独立运动产生的。

这是很切实明白的判断,使全世界人都可以感觉调查团在这一点上是丝毫没有疑义的。

第九章论解决原则及条件,分两部分。前一部分讨论调查团认为不能满意的解决方案:第一,他们不主张"恢复原状",因为恢复去年九月以前的原状不过是徒然使种种纠纷依旧出现,并不能解决什么问题。第二,他们也不主张"维持'满洲国'",因为这种办法(一)违反国际义务的原则,(二)妨害那关系远东和平最深切的中日两国之间的好感,(三)违反中国的利益,(四)不顾满洲人民的志愿,(五)这种办法究竟是否能维护日本的永久利益,至少也是可以疑问的。

在这一部分,调查团对于日本的侵略主义者提出不少的逆耳的忠言。他们说:

> 无论在法律上,或在事实上,将这几省从中国他部分割出来,势必为将来造成一个严重的"领土恢复"的问题(Irredentist problem,外交部译本误译为"严重难解之问题"),使中国常怀仇视之意,并且或许继续抵制日货,那就足以妨害和平了。

调查团又指出日本认占据满洲为巩固国防之论调的谬误,他们说:

> 无期限的武力占据满洲,势必担负财政上的重担,是不是抵御外患的最有效方法呢?况且,万一这一方面真有抵御外患的必要,而四围有强顽叛乱的民众,背后有敌视的中国,日本的军队是否能不受重大的迫胁呢?这都是很可疑问的。……也许因世界的同情与好感,日本倒可以不费一钱而得着安全的保障,也许比她现在用重大代价去寻求的保障还更安全哩。

这种不入耳的良言,我们想,荒木陆相一班人在这个时候决不会领受的。

第九章的下半提出十条适当解决的条件:

(1)顾全中日两国的利益。

(2)顾到苏俄的利益。

(3)遵守现行的多方面的各种条约(《国联盟约》,《巴黎公约》,《九国条约》)。

(4)承认日本在满洲的利益。"日本在满洲之权利及利益,乃不容漠视之事实,倘某种解决不承认此点,或忽略日本与该地历史上之关系,亦不能认为适当之解决。"

(5)建立中日两国之间的新的条约关系。

（6）筹设解决将来纠纷的有效办法。

（7）满洲自治。

"满洲政府之改组，应于无背于中国主权及行政完整之范围内，使其享有自治权，以求适合于三省之地方情形与特性。新民政机关之组织与行为，务须具备好政府之要件。"

（8）内部的秩序与对外的安全"境内的秩序应由一种有效的地方宪警维持。对外患的安全则有两途：宪警以外的武装军队一概撤退，并且由关系各国相互订立不侵犯的条约"。（此条外交部译本有错误。如 The conclusion of a treaty of non-aggression between the countries interested，译为"须与关系各国订立互不侵犯条约"，那就成了自治的满洲"与"关系各国订立条约了。这是大错的。）

（9）鼓励中日两国之间经济上的携手。

（10）中国建设事业上的国际合作。

这十个条件，都只是原则，其详细节目都在第十章内讨论。国内的舆论对于这些原则必定有很不同的见解。依我个人的愚见看来，在今日的现状之下，在承认国际调处的原则之下，这些条件如果都能做到，也未尝不是一种解决的途径。我们要认清楚，这个解决方案的目标是"取消'满洲国'，恢复中国在东三省的主权及行政的完整"。如果我们能有其他途径可以达到这个目标，我们当然不须求助于国际的调处。现在既然走上了国际调处的路子，我们只应该问问这些条件是否能做到上述的目标？如果承认日本在满洲的条约上的利益，和承认满洲的自治权，可以取消"满洲国"，可以使中国的主权与行政权重新行使于东三省，我以为这种条件是我们可以考虑的。

这十条之中，最可以引起国人的反对的，自然是"满洲自治"一条。在报告书第十章里，调查团详细说明所谓"满洲自治"，是要中国政府宣言承认东三省为中华民国的一个自治区域。对于这个自治区域，中央政府保留下列的权限：

（1）一般的条约及外交关系之权（除特别规定外）；

（2）管辖海关，邮政，盐务所之权（或于可能范围内，有管

辖印花税及烟酒税行政之权);

(3)依照中国政府宣言所规定的程序,任命东三省政府行政长官之权,——至少第一次应当如此。此项官吏出缺时,或以同样方法补充,或以东三省内的某种选举方法补充。

(4)东三省自治政府管辖下之事项有关于中央政府所订国际协定之执行者,中央政府有权训令东三省长官执行之。

(5)议定的其他权限。

这五项列举的权限之外,一切其他权限均属于东三省自治政府。在这自治区域内并应筹划某种代表民意的机关。

这样的一个自治省政府,我看不出有什么可以反对的理由。调查团的五位团员之中,三位(英,德,美)是从联邦国家来的,大概他们都假定中国的政治制度的演变总免不了要经过一种联邦式的统一国家。他们想像中的东三省自治政府也不过是联省政府之下的一个自治省。其独立的程度,依上文所规定,远不如往日的东三省,或今日的广东四川。凡中央与地方的权限的划分,本来有两种方式:或者列举地方的权限,而剩余的权限全归中央;或者列举中央的权限,而剩余的全归地方。报告书中东三省自治政府对中央的关系是采取第二种划分法。其所列举,不过是举例而已,也许有遗漏的,其第五项中当然还得添入一些"其他权限"。但有些论者因此就说调查团的提议是主张把东三省划出中国范围之外,这未免有点冤枉调查团了。调查团的建议,正是要说:这三省是已经被人家用暴力划出中国范围之外了,现在也许可以用这个自治省的方式使他们重新回到中国范围之中。

其次,可注意的是东三省解除武装的问题。第十章内提议,"由外国教练官协助训练一种特别宪兵,为东三省境内之唯一武装实力。宪兵组织完成后,其他武装军队,包括中国方面或日本方面之一切特别警队或护路守备队,皆应即退出东三省境"。批评这个提议的人,也许要说,日本应该撤兵,为什么中国也不可以驻兵呢?这不是自己放弃主权吗?东三省解除军备,我在几个月之前也主张过(《独立评论》第五期)。理由很简单。去年九一八之夜,在东三省境内不曾有二十万中国大兵吗?二十万的大兵守不住这块疆土,武装的实力在守土上究竟有何效用?所以为地方的安全计,为三省人民的福利计,我是赞成三省的解除武装的。

第十章内又主张东三省自治政府之下可以雇用相当数额的外国顾问,其中日本人民应占一重要比例。自治政府又可以从国联行政院所拟的名单中指派两个不同国籍的外国人员来监督警察及税收机关。前一项是很牵就现在"满洲国"的局面,后一项却是想用他国人员来稍稍打破那日本顾问包办三省政治的局面,并且想开创一个雇用外国专家的新局面。在事实上如果办得到,我以为这种国际顾问的办法在一个"好政府"之下是有利益的。但我们可以预料日本人一定要用全力反对这后一项提议的。

报告书的第十章是对于国联行政院建议的进行调处的手续与内容。手续共分五个步骤:

第一步是由国联行政院提出,请中国政府和日本政府依据第九章所示的纲领,讨论两国纠纷的解决。

第二步,如中国和日本接受了上项提议,即应早日召集一个"咨询会议"。(Advisory Conference,外交部本译为"顾问会议"。)此项会议的分子有四:一为中国政府代表,一为日本政府代表,一为中国政府规定办法选出的东三省人民代表团,一为日本政府规定办法选出的东三省人民代表团。如经当事双方的同意,此会议可以得中立观察员的协助。咨询会议专讨论关于改组东三省特殊政制的提议。

第三步,当咨询会议开会期中,中日两国政府交涉之代表应同时开会,分别磋商中日两国间发生纠纷之各种权利及利益问题。如双方同意,中立观察员亦可襄助。

第四步,上两项会议中讨论与谈判的结果,应作成四种文件:

(1)中国政府公布组织一种东三省特殊政制的宣言。

(2)关于日本利益的中日新条约。

(3)中日和解,公断,不侵犯,及互助的条约。

(4) 中日商约。

第五步,由中国政府发表那商定的宣言,送交《国联盟约》及《九国条约》签字的各国。

在这些步骤之中,我们最怀疑那咨询会议的组织法。调查团的用意是要使满洲居民有代表出席,"可为现政体与新政体递嬗的协助"。可是用日本政府规定的方法选出的那些满洲居民代表,在原则上决不会有情愿取消现政权的人在内。同这班人磋商怎样改组满洲政权,使他回到中国的主权与行政权之下,这不是与虎谋皮吗?调查团也见到了这一层,所以提议,"咨询会议如有不能互相同意的任何特殊之点,可以提出于国联行政院,行政院当设法求得一个同意的解决法"。但我们实在想不出行政院有什么好法子可以应付那必不可避免的僵持局面。

以上我们所讨论的,其实都是枝节的问题。那真正根本的问题还是:日本的侵略主义者能不能接受国际调处的原则?荒木陆相与内田外相早已一倡一和的明白向国联挑战并向世界挑战了。司汀生所谓"全世界的道德的贬议",昨晚上已经向全世界发表了。整个文明世界的道德制裁力,已到了千钧一发的试验时期了。

如果这样严重的全世界公论的制裁力在这个绝大危机上还不能使一个狂醉了的民族清醒一点,那么,我们这个国家,和整个文明世界,都得准备过十年的地狱生活!

1932,10,4 夜

(原载 1932 年 10 月 9 日《独立评论》第 21 号)

侮辱回教事件及其处分

10月24日下午,我到北平东车站搭车往天津讲演,在车站上看见足足有一千多人有老的,有少的,有长衣的,有短衣的,都拿着旗子,旗子上有许多标语。我走过去细看,才看出大旗上写的是"华北回民护教团欢送南下代表",小旗上写着约有十种标语,其中我记得的是"封禁《南华文艺》","严惩曾仲鸣","严惩娄子匡","为教争光"。那一天,有一个火车头出了轨,倒压在轨道上,所以我搭的平津快车和回教代表搭的平浦通车都开不出去。天快晚了,欢送的回教民众才整队退出月台,前面行的是军乐队,那一千多回教民众摇着旗子,喊着很热烈的口号,从月台的极东头向西出站。四位回教代表在二等车上向他们挥手告别,另有一班人散发四代表答谢送行教友的传单,声明他的自誓力争他们的要求。这千余民众走了二三十分钟才走完。听说司法院院长居正先生也在平浦车上,当然他也看见这一次群众运动的热烈与严重。

说也惭愧,我那时候还没有见着《南华文艺》,也不知道娄子匡是什么人,更不知道他说了什么话得罪了回教徒,引起了这样绝大的公愤。但我当时就感觉得这事件的重大,因为这事件必定包含宗教问题,对待宗教信仰的态度问题,言论自由的限度问题,等等。所以我到了天津,见着《益世报》的记者,我就请他注意这件事(《益世报》10月25日的社论,是全国注意这问题最早的一篇文字)。果然这事件后来成为一个绝大问题。因《南华文艺》娄子匡文中引用了北新书局本年4月出版的一部《小猪八戒》的故事,回教徒认为这故事侮辱回教最甚,故后来攻击的中心就由《南华文艺》迁移到北新书局。11月6、7等日,中常会的谈话会与行政院均讨论此事,最后由行政院决议处分办法:一是《南华文艺》已自行宣告停刊了,原撰稿人娄子匡交法院究办;一是北新书局应即查封,并将发行人编辑人及著作人依法究办;一是通令全国,申明民族平等,信教自由,以后各种刊物对于任何宗教,不得稍存侮视。

我们评论这事件,应分两方面讨论,第一应讨论《小猪八戒》与娄子匡原文的内容,第二应研究政府此次处分此案的得失。

我们先讨论娄子匡的《回教徒怎么不吃猪底肉》(《南华文艺》第十四期),和北新书局出版的《小猪八戒》。《小猪八戒》的故事的大意是说猪八戒的儿子,小猪八戒,发愿去寻他的父亲,因为牛魔王和羊角大仙和他作对,所以小猪八戒仇恨牛羊;牛魔王并且杀死了他的母亲,结仇更深。小猪八戒做了回回,立誓屠杀牛羊。这书中说:

> 回回杀牛的时候,还有两句经语:"不该不该真不该,你不该弄死我奶奶。"

最荒谬的是说:

> 小猪八戒的猪父八戒就是回回的祖先,小猪八戒的母亲就是回回的祖妣。

这两句话,无论怎么解释,都是重大的侮辱。解作民族的祖先,那就是侮辱一个民族;解作宗教的始创者,那就是侮辱一个教主。回教徒认这个故事是侮辱回教,我们对他们表示同情。

据说这个故事是西北部汉回对峙区域内的一个民间故事。我们以为,即使某地方真有这样一个传说,这种故事决不值得编印流传,更不应该印作儿童读物,使幼年儿童养成轻侮别人的宗教的恶习惯。近年来,国内学者渐渐知道民俗学的重要,到处有人搜集民歌,儿歌,民间故事,这自然是一个好现象。但因为国内文艺的贫乏,和儿童读物的需要,就有一班无识的文人把许多没有整理,又没有文学趣味或教育功用的民俗材料编作儿童读物。这是大错的。民俗学的材料是应该供民俗学者的研究整理的,不是可以随便用作儿童读物的。儿童读物应该由专家依据儿童心理去创作,意境不妨荒唐,而材料不可不慎重选择。凡可以养成仇视妒害的心理习惯的,都不应该用作儿童的教材。

至于娄子匡先生的考据文字,那更使我们感觉到学术界贫乏的可怜可耻了。"回教徒怎么不吃猪肉?"这个问题,稍有一点历史知识的人都应该有一个依据历史事实的答案。这历史的答案是:回教徒不吃猪肉,和犹太民族不吃猪肉一样,都由于民族长期的经验承认猪是不洁净的,容易传染瘟疫的。猪肉的禁忌起于一种公众卫生的戒律。宗教上的意义是后来加上去,使迷信的民众因宗教而遵守更严。这本来不须详细引证的;但为了解除一般人对于这问题的怀疑,我可以稍稍引证一点可信的史料。回教禁食猪肉的条文见于《哥兰经》第五篇第五节:

> 你们不许吃病死的东西,不许吃猪肉,……不许吃自己倒下的动物,或刺死的,或野兽咬过的——除非是你们自己赶快杀死的。

我们看这几种戒忌在一块,就可以明白原意是防卫不洁净的兽肉的伤害身体。这种卫生的意义,在犹太民族的经典里格外明显。回教起于耶教纪元后的第七世纪;以地域论,以年代论,回教都逃不了犹太民族的绝大影响。《哥兰经》时时提起犹太教和基督教的先知和教训。回教中有许多教义和许多教礼是从犹太民族传授来的,"割礼"和禁食猪肉是最无可疑的两个例子。《旧约》的《利未书〔记〕》第十一章专论"洁净的和不洁净的,可吃的和不可吃的",全文凡四十七节,列举最详细。我们只能引几节:

> 在地上一切走兽中,可吃的乃是这些:凡蹄分两瓣,倒嚼(即"反刍")的走兽,你们都可以吃。……猪,因为蹄分两瓣,却不倒嚼,就与你们不洁净。这些兽的肉,你们不可吃,死的你们不可摸,都与你们不洁净。……

> 凡走兽分蹄不成两瓣,也不倒嚼的,是与你们不洁净,凡摸了的就不洁净。凡四足的走兽用掌行走的,是与你们不洁净;摸其尸的,必不洁净到晚上。拿其尸的,必不洁净到晚上,并要洗衣服。……地上爬物与你们不洁净的乃是这些:鼬鼠,鼫鼠,蜥蜴,与其类;壁虎,龙子,守宫……。这些爬物,在他死了以后,凡摸了的必不洁净到晚上。其中死了的掉在什么东西上,这东西

就不洁净,无论是木器,衣服,皮子,口袋,不拘是作甚么工用的器皿,须要放在水中,必不洁净到晚上,到晚上才洁净了。若有死了掉在瓦器里的,其中不拘有什么,你们要把这瓦器打破了;其中一切可吃的食物,沾水的就不洁净;并且其中一切可喝的也必不洁净。其中已死的,若有一点掉在什么物件上,那物件就不洁净,不拘是炉子,是锅台,就要打碎,都不洁净,也必与你们不洁净。……

　　我是耶和华,你们的上帝,……我是把你们从埃及领出来的耶和华,要作你们的上帝,所以你们要圣洁,因为我是圣洁的。(用官话译本)(同样的训戒又见于《申命记》第十四章)

我们看这一大篇谆谆的训戒,最可以明白这种饮食的禁忌完全起于那个奇异民族的卫生经验。犹太人从亡国的奴房苦痛中从埃及出来,在那暑热的气候里流离迁徙,时时遭遇大瘟疫。(《民数记》第十六章所记一次瘟疫死者一万四千七百人。第二十五章所记一次瘟疫死者二万四千人。)他们的领袖从苦痛的经验里磨炼出来,知道饮食卫生的重要,所以定下种种卫生规律,还恐怕民族不能遵守,所以又假托于上帝耶和华的命令。我们在三千年后读他们的详细卫生规律,真不能不佩服那个民族的一班先知的仁心远虑和他们的科学精神。(最可惊叹的如《利未记》第十三章以下所记检验大麻疯的条例,其防御之严,检察之细,为任何民族所未有!)

禁吃猪肉的谜,不过如此如此,有什么考证的必要!爱作考据的人,何不费几点去读读古犹太民族遗留下的那几篇详细精密的民族流亡史料?何不看看猪肉是不是单独的,唯一的禁忌食物?何不把猪肉排在犹太教人与回教人的各种饮食禁忌之列,然后看看"图腾"、"拜物"等等谬论是否可以用来解释这许多的卫生禁例?不肯寻《哥兰经》,不肯读《旧约》,而征引到那种无稽的《小猪八戒》故事,还要扳起面孔来谈什么"民俗学的立场",这岂不是中国学术界的大耻辱!

我们对于引起这事件的两种文件,也不免要动点感情,怪不得回教中人要大动公愤了。回教徒此次的公愤使全国人感觉此问题的严重性,并且使政府下申明侮视任何宗教的禁令,在中国信教自由史上开了一个新纪元,这次的抗议可算是已有了绝大的成功了。然而我们对于政府此次的处分,终不能不感觉太过分了。《南华文艺》原撰稿人娄子匡应该由法院正式起诉,公平判决。《小猪八戒》的著作人朱扬善没有地址和职业可查,此人如尚在人世,应该挺身出来自负文字的责任,听候法庭起诉。如此人不肯出头,责任应由北新书局的编辑主任或《民间故事丛书》的编辑人担负,也可以由法庭起诉。起诉之后,一切应静候法庭判决。判决之后,如有不服,回教代表尽可以上诉。我们以为最大限度的处分不过如此。这样办法还不失为一个希望法治的国家的行为。

行政院此次不经法律手续,遽然决定发封北新书局,这是很错误的处分。发封财产是一种附加刑罚,政府不应在法庭判决北新书局整个法人有罪之前,就执行发封财产之处罚。某篇文字的著作人应负责,编辑人也许应负责,但书局的全体股东为什么应担负全部财产的大损失?书局中其他享有版税权的著作家为什么应该替《小猪八戒》的作者担负财产上的损失?回教民众在群众心理愤慨的时候,提出几种严厉处分的要求,那还是可原谅的。一个号称法治的政府,不依法律手续,遽然下查封的处分,那是不能叫人原谅的。

现在北新书局已自动宣告停业了。上海书业公会已有呈请政府对《小猪八戒》案"依法持平办理"的举动。我们所盼望的也只是"依法持平办理"而已。

廿一,十一,十五

(原载 1932 年 11 月 20 日《独立评论》第 27 号)

统一的路

这一期的本刊付印之日，正是国联行政院会议开幕的第一天，也是日本政府发表对李顿报告的意见书全文的第二天。这次国联行政院会议对中日事件如何处理，有何结果，我们此时还不能有可靠的推论。日本政府的意见书，我们没有看见全文，只见了一篇短的摘要，但可以从这摘要上推知那是一篇很蛮横无理的对世界公论的挑战书。我们在没有看见全文之前，尽可以不理会他。世界上虽然也偶有为日本辩护的议论，然而在大体上我们可以相信这一篇意见书是不会变更世界谴责日本的公论的。

只有一点，在这个时期似乎值得我们的讨论。日本此次发表的意见书好像特别注重"中国不成一个有组织的国家"和"中国自民国以来迄今日系近于无政府的状态"那两句旧话。对于这种论调，李顿报告书（页十七，外部译本页二二）已替我们提出这样的答复了：

> 中国过渡时代的景况——那不能避免的政治，社会，文化，道德的紊乱——虽然是很可以使她的缺少耐心的朋友们失望，并且引起足以危害和平的敌意，然而中国尽管有种种的困难，阻碍和失败，却也做到了不少的进步。在这一次争执之中，常常有人发议论，说中国"不是一个有组织的国家"，或者说她"陷于完全纷乱和骇人听闻的无政府状态之中"，并且说，中国的现状应使她失去国联会员国的资格，不得继续享受国联盟约里的保护条文的保障。

在这一点上，我们何妨回头想想，在华盛顿会议的时候，与会的列强所持的态度完全不是这样的。然而，在那时候，中国有两个完全分离的政府，一在北京，一在广州；国内又有大帮匪乱，内地的交通时常受障害；而漫及全国的内战当时正在准备中。1922年1月13日，华府会议还正在开会时，内战的通牒竟送达中央政府；战事的结果，中央政府于五月间被推翻；后来北京成立了新政府，张作霖上将在七月间竟宣告东三省独立。当时中国至少有三个号称独立的政府，其他实际上自主的省分还不算咧。

现在虽然在有些省分内中央政府的权力还是薄弱的，究竟还没有公然否认中央政权的；若中央政府能这样继续存在，各省行政，军队与财政，都可望逐渐变成"国家的"性质。去年九月间国联大会所以选举中国入行政院，上述的几点当然是其原因之一。

李顿报告书答辩此点，用华府会议时代的中国政治状态来作比较，说，当日与会的列强（日本在内）并不曾因中国有内乱而否认中国的国家资格；又说，中国今日的政治状况比1922（民十一年）好的多了，所以1931年9月有被选入国联行政院的资格。其实日本人攻击中国不成一个有组织的国家的论调，是去年9月以后才起来的，起初不过是一两个阿世的法政学者倡出此说；10月中上海开太平洋国际学会，有一个日本代表提起此说，引起中国代表的责难，后来这位日本会员还当众道歉，说他不过是引证一位英国法理学家的理论，他自己并不信此说！但日本的军阀认此说为可以利用，在这一年之中，此种论调就屡次见于日本政府的公牍及宣言之中，成为日本侵略政策的唯一辩护理由了！我们看这种论调在这一年中骤然变时髦的历史，可以明了日本军阀政客的行为真是药死了人然后补开脉案，绞死了人然后搜求证据！

话虽如此，我们自己却不可不反省。我们不应该引李顿报告书中答辩日本人的话来替自己解嘲；我们不应该自安于这个过渡时期不可避免的紊乱状态之中。我们明知道敌人诋毁我们的话是一种藉口，但我们应该努力不再给敌人有可以藉口的材料。我们固然不是一个完全没有组织的国家，但我们的政治组织确有应该努力改进的必要。我们看此次山东内战的发生与处分，我们看此次四川内战的扩大,这都应该使我们低下头来感觉莫大的耻辱,感觉我们真有不敢抬头的羞耻。我们应该承认自己太不努力,太不长进,所以过渡过了二十年还不曾渡过这些不能避免的紊乱。

眼前就是中国国民党的三中全会了。我们希望,在那个大会的席上,负有政治责任的诸公,应该把一切对人对党派的小问题都暂时搁起,打起精神来想想中国当前的唯一大问题,就是:怎样建立一个统一的国家,怎样组织一个可以肩负救国大责任的统一政府?日本军阀政客诋毁中国不统一,无组织,无政府的议论,别人可以不睬,负有政治责任的国民党诸公却不可不读,不可不铭刻在心上。如果这样空前的国耻与国难还不能惊醒我们的迷梦,如果敌人这样的公然嘲骂还不能督促我们努力做到统一国家的目标,那么,这个民族真不配自立于天地之间了!

本年8月29日汪精卫先生在中央党部纪念周的会场上有一篇演说,提出"用何方法达到统一的目的"的问题。他提出了三项办法:

第一,能够统一的各省,如江苏,浙江,安徽,江西,湖北等,应替他们解决困难,极力整顿,建树起近代政治的榜样来。

第二,名义上服从中央而实际上不完全一致的各省,应该详密考察他们的政治;其中有一部分较好的,应该打算以建设来求统一,以均权来求共治;但是最低限度也要做到共赴国难的目的。

第三,民众组织起来,如国民参政会以及各省各县的民意机关。因为必须民主政治扶植起来,各省割据的局面才能根本推翻。

这三项办法,其实是一个办法的三个步骤。我们认为这是国民党的领袖人物第一次公然承认一个不必完全求一致的统一方案,这是值得全国关心政治的人的注意的。近年来谈统一者的大病就在于妄想全国一色的统一,而不肯虚心承认事实上的不能一致。因为梦想一致,所以一面要用武力去统一,一面对于鞭长莫及的省分又只求名义上的"易帜",而不复计划逐渐"国家化"的步骤。汪精卫先生这篇演说的精采地方在于老实承认一个不一致的统一国家,把全国分作两个大门类,一是"能够统一"的直辖省分,一是"名义上服从中央而实际不完全一致的"远道省分。前者譬如德意志的普鲁士,是必须努力整顿成一个近代政治的榜样的。后者他又分作两小类,一类是政治较像样的,应该"以建设来求统一,以均权来求共治"。一类是政治落后的,应该至少也要能共赴国难。

在这里,我们可以指出,汪先生的计划在实际上就是一种联邦式的统一国家。若有人嫌"邦"字刺眼,不妨说是一个联省的统一国家。其实这是一个文字上的争执,不成实际上的问题。如罗文干先生在他的《狱中人语》里曾有反对联邦论的话:

> 北美……各邦或人种不同,或宗教不同,或言语不同,法律不同,风俗不同。简言之,大抵皆先有邦而后有国。我则何如乎? 我则先有国而后有省,人种,宗教,法律,言语,文化也无不同。彼由邦而必使成国,今我已成国而再强分为邦,予期期以为不可也。

然而他在同书里又说:

> 省之组织,亦宜予以多少之权,自定制度。二十二行省,情状贫富不同,地势及人才互异,若强为一律,详细规定,事实不能。

其实新疆与广东福建的不同,何止美国罗得岛与乌尔芒(Rhode Island and Vermont)的不同? 美国最初之十三州何尝有人种言语风俗等等不同呢? (法律有小差异)罗先生也承认各省"贫富不同,地势及人才互异",所以也主张各省应有多少"自定制度"之权。我所谓"邦",也不过如此而已。至于"已成国而再强分为邦"之说,事实上也不然。今日之大患正因为五六十年来,离心力超过于向心力,分崩之势远过于统一之势,二十二省无一省不曾宣告过"独立",今日虽有名义上的服从中央,事实上各省自主的程度远过于美国与德国的各邦:军队是独立的,是可以自由开战的,官吏是省派的或防区军人派的,税收是各地自为政的,货物过省境是须抽重税的,甚至于过防区也须抽重税的:省久已成为邦,所以有"由邦再组成国"的需要了

(但我已说过,邦与省只是文字之争,我决不愿固执)。

言归正传。汪先生提出的"以均权来求共治"一句话,最可以表示他心里确有联省式的统一制的意义。均权的意义应该是把中央与地方的权限明白订定:或中央列举权限,而其余权限都归各省依各省的情形自行订定;或明订地方权限,而其余权限统归中央。依现在国内的情形,似应该采用中央列举权限而以余权归地方的方式。汪先生所谓"以建设来求统一"一句话的意思不很明了;依我的揣度,他的意是要用铁路,电线,无线电,航空等等交通上的建设来连贯那较远的省分,使他们逐渐和那中央直辖的区域打成一片。

最后,汪先生的第三项办法,"扶植民主政治来根本推翻各省的割据局面",我们也认为很重要。现在统一的最大障碍是在各地割据的局面之上绝没有一个代表全国或全省人民的机关,所以割据分裂的趋势终无法挽回。挽救的方法只有在各割据防区之上建立全省民意机关,在各省割据区域之上建立全国民意机关。只有国会和省议会一类的民意机关可以超越一切割据的区域,造成一个统一国家的最高统治权的基础。也只有这一类的民意机关可以领导民众在法律的轨道内逐渐造成制裁割据军阀的势力。(关于民意机关的问题,将来另有讨论。)

所以汪精卫先生的三项办法,可以归纳成几个原则:

(一)从近处下手,先造成一个模范的中央政治区。

(二)发展交通,以造成统一国家的物质的基础。

(三)中央与地方均权,以造成共治的统一。

(四)建立民意机关,以造成超越割据局面的"全国的"最高统治权,以造成统一国家的政治的基础。

我们觉得这个方案是值得认真的考虑与试行的。我们希望在三中全会中有这一类的议题与讨论。倘使日本人的冷嘲热骂能够使中国从分裂紊乱之中爬出来走上统一的道路,这一年的苦痛的代价也还不算完全没有结果。

廿一,十一,廿一夜

(原载1932年11月27日《独立评论》第28号)

敬答江绍原先生

我很感谢江先生的指教。我更感谢他说明娄子匡先生的作文的动机只是"忠实的记载那个故事"和那种故事的影响。我很诚挚的向娄先生道歉。江先生发表的几篇笔记,我不幸没有得读,将来读了之后若有什么意见,我也愿意写出来请江先生指教。至于我的食忌起于卫生经验说,我虽然不否认有讨论的余地,但我的主张是这样的:(一)回教的食忌是从犹太民族的食忌传来的,而(二)犹太民族的种种食忌,若把他们排列比较着看,显然是公众卫生的戒忌。

二十一,十一,二十三夜

(原载1932年12月4日《独立评论》第29号)

附答江绍原先生

我今天回北平,读了这信,还想附加几句答复的话。

第一,关于娄子匡先生的受法外的"惊惧"我们对他深表同情。我的原文的主旨(想江先生一定看得出)只是要"依法持平办理"。一切法外的行动都是我们反对的。

第二,怎样叫做"依法持平办理"呢?一切应该由司法机关研究本案事件,如有法律条文可引据,如有犯法行为的证据,那么,检查官应该提起控诉;一切人应该静候司法审判的结果。如检察机关认为无法律条文可引用,或者检察官认为不应该起诉,政府和回教同胞都不应该用法外行动要求法外的惩罚。

第三,江先生说:"《旧约》里面的话,不打折扣便承认下来,是件危险的事。"这种教训,我最肯领受。但我要回敬一句;打折扣是得随时随地细心考虑的,不可以用一种折扣来评估一部《旧约》。例如说上帝七天造完宇宙和人,这里用的折扣不应该适用于《利未》、《民数》诸篇。

廿一,十二,十

(原载1932年12月18日《独立评论》第31号)

国联新决议草案的重大意义

12月15日国联的十九国委员会通过了两个决议案和一个理由书的草案。这三项文件至今还不曾正式公布,因为委员会还正在征求中日两国的意见。但据今天日内瓦发出的路透社和新联社的报告,我们可以知道这三种文件的内容是这样的:

第一个决议案只是对李顿调查团表示感谢之意,承认李顿报告书是一种良心的公平的制作。

第二个决议案大致分几段:

(一)本会有努力解决本案的义务,而不必拟具报告书。

(二)本会回忆国联大会3月11日的决议,确认任何解决必须不违背《国联盟约》,《非战公约》,及《九国条约》的旨趣。

(三)本会的任务是要得争执的双方的参加,由本会办理交涉,以李顿报告书第九章为基础,而参考其第十章的建议。

(四)本会主张成立调解委员会(Conciliation Committee),并付以邀请美俄两国参加之权。

(五)调解委员会应于3月1日以前提出报告书。

理由书(用12月18日北平《晨报》译新联社电文)是说明第二议案的,共分四段:

一,十九国委员会相信其任务在于第十五条第三项之下达成调解,因此设置调解委员会求迅速考究调解手续。

二,调解委员会以柬请美俄参加十九国委员会而构成之为适当。

三,调解委员会于必要时,得柬请或设置一名乃至若干名之专门委员分科委员会,征求其意见。调解委员会根据三月十一日之大会决议,以李顿报告书第一章乃至第八章为基础,实行审议。本该报告书第九章所示之调解诸原则,考虑第十章,而讲求解决案。

四,虽不期待满洲原状之恢复,而相信满洲现政权之维持及承认,亦非解决。

因为十九国委员会严守秘密,又因为国内报纸往往不愿意登载日本通信社所传的消息,所以这三项文件的内容直到今天我们见了新联社的详电方才明白。例如两个决议草案之外的理由书,我们若不见新联社的电文,竟全不知道有此一项很重要的文件。若不读此理由书,议案主文就不易明了了。我们现在明白了这三件的内容,可以尝试指出他们的意义,供国人的考虑(以下的讨论只限于第二议案和理由书)。

为什么议案开首就说,"本会有努力解决本案的义务而不必拟具报告书"呢?我们须先读国联盟约的第十五条的第三第四两项:

(三)行政院应尽力使此争议得以解决;如其有效,须将关于该争议之事实与解释,并此项解决之条文,酌量公布。

(四)倘争议不能如此解决,则行政院经全体或多数之表决,应缮发报告书,说明争议之事实及行政院所认为公允适当之建议。

倘使十九国委员会,或大会或行政院,在这时候认本案为不能调解,那就需要引用第十五条的第四项,缮具报告书,说明事实并提出一个"公允适当"的解决方案,请求公决。公决时,即适用第十五条约第六项,除相争两造的代表外,只须其他各会员国有一致的赞成,就成为正式议决案了。如相争的一造不服从议决案而开战,那就可以引用第十六条的各种制裁了。

所以这回议决案的第一个意义是要暂时避免盟约第十五条第四项的引用,只依据本条的第三项,试作调解的努力。本来这次国联会上中国代表团要求引用第十五条第四项,而日本代表团极力反对第十五条的引用。这回理由书中明说"于第十五条第三项之下达成调解",这虽然不能满足中国的要求,也可算是一进步,因为第三项的失败是必须走入第四项与第六项的。我们看17日日本政府对其代表团的回训中申明"日本保留关于本案适用盟约第十五条一事,坚持到底",就可以明白这一步骤的国际意义了。

第二,这个议决案回顾到国联大会3月11日的决议案,"确认任何解决必须不违背《国联盟约》,非战公约,及《九国条约》的旨趣"。这句话的重大意义,我们没有注意,然而日本政府早已注意了。17日日本政府的回训的第一点就是说,国联尽可以单独确认(affirm)国联盟约,但"此次提出《九国公约》,则全然不能承认。《九国公约》字句应行删除"。要明白这种抗议的意义,我们应该回忆这两件事:

(一)本年1月7日,美国政府正式宣布,"凡用违反巴黎《非战公约》的规定与义务的方法而造成的局面,条约,或协定,美国均不承认"。

(二)本年3月11日,国联的五十个会员国在大会上一致决议:"凡用违反《国联盟约》或《巴黎公约》之方法而造成的局面,条约,或协定,国联会员国有不予承认的义务。"

现在再加上第三事:12月15日的国联新决议草案,又把《九国公约》也连锁上去了。《非战公约》的签字者有美国和苏俄,九国公约的签字者也有美国。这个新议案加入《九国公约》的意义在此,日本政府的严重抗议的意义也在此(参看《独立评论》第十九号胡适的《究竟那一个条约是废纸》)。

第三,这个新议案的方式是调解;是要由十九国委员组成一个调解委员会,并邀美俄两国参加,共同进行中日两国争议的调解。怎样调解呢?就是由调解委员会办理中日两国间的交涉(路透社电文为Conduct negotiations),以李顿报告书第九章作基础,而参考第十章的建议。

这是这个新议案的最重大的意义。自从去年九一八以来,国联屡次劝告两国在国联调处之下进行交涉,但始终不曾成立何种调解机关,也不曾提出何种交涉基础。去年11月中日本币原外相提出五个基本原则,但中国代表施肇基公使表示不能接受第五原则所包涵的民四中日条约一项。后来施代表有正式公函送达白里安氏,愿意将此条约一项交付国际法庭仲裁。但不久中国政府改组,日本的若槻币原政府也倒了,军阀的气焰更嚣张了,交涉的机会就成过去了。现在李顿报告书发表了,其中前八章陈说本案的事实与历史,第九章提出十条解决的原则,第十章提出一个进行调解的方案,"期于国联之适当机关因欲提交于相争两造而拟具某种提案时有所帮助"。李顿报告书不曾拟议何种"适当机关",十五日的新议案始提出一个"调解委员会",由十九国委员会组成,并有权可以邀请美俄两国参预。此种调解办法,初看去颇像本年春间的上海停战会议,但有一点不同:上海会议是中日两国在国际调处之下直接进行交涉,而这个调解委员会的任务却是要来办理中日间的交涉。这一点是很重要的。所以日本政府的回训要求"新委员会的任务应限定为促进中日间的交涉。若予新委员会以交涉任务,当绝对反对"(《世界日报》译17日东京电通社电)。我国政府对于这一点的回训,现在我们还不知道。依我个人的推测,由调解委员会来担负交涉的任务,恐怕中国政府也不能承认。日本怕的是小国会员的主持正谊,中国怕的是大国会员的牵就既成事实。所以这个新委员会的任务将来在事实上至多只能做到促进交涉,而在交涉进行中尽一点调处劝解的责任,略如上海会议时的国际特别委员会。

第四,新议案里的调解委员会可以邀请美国和苏俄参加。这一点的意义与上文第二点援引《九国条约》的意义相同。这一点是中国政府必然赞同的,也是日本政府必然反对的。果然,17日电通社说日本政府的回训已反对柬请美俄两国的参加了。

第五,新议案既然接受李顿报告书的第九章为交涉基础,其中已含有不承认"满洲国"的意义了,因为那第九章里明白指出虽不主张恢复原状,也不主张维持满洲伪政权。但十九国委员会似乎要特别声明这一点,所以在理由书的第四项明说:"虽不期待满洲原状之恢复,而相信满洲现政权之维持及承认亦非解决。"这就是于概括的承认报告书第九章之外,又特别提示不能承认满洲伪国。这一点是日本所最反对的,所以电通社所传日本政府回训中对于理由书末项要求修正,又要求对于报告书第九十两章,附以明确的限制。

依照今日的消息看来，这一点已成为中日两代表团争论的焦点了。日本方面说，凡与"满洲国"之独立及日本之承认相背驰者，当绝对反对。中国代表团发表宣言说，日本之放弃所谓"满洲国"，乃是调解之最低必要条件。但我们相信，如果调解委员会的进行是要依据李顿报告书第九章作基础的，那么，否认"满洲国"是这一章的主脑，决无丢弃之理。如果新议案的修正本删去了附加理由书的末项，或者限制了报告书第九章的条文，那就是十九国委员会自己丢弃了调解的资格，还有什么调解可说呢！

以上所说，都只是根据报纸所传的新决议草案的内容立论的。此文的目的只是要指出这草案的几个重大意义。如果电传的内容无大错误（我相信无大错误），如果将来十九国委员会不至于因日本的反对而根本丢弃我所指出的几个要点，那么，我个人以为这个新议案是一大进步，是我们可以接受的。我的理由是：如果调解成立，我们可以在国际调处之下试作一度外交上的解决。这总比现在这种不战不和不死不活的局势强一点。如果调解不成立，或调解成立而交涉中间决裂，那么，依国联盟约第十五条的程序，自然走到了那一条的第四项与第六项，国联如果还想谋自身的存在，也不能不被逼上第十六条的裁制之路，那也是比现在的僵局进了一步，虽然我是决不愿望这个世界同我们一齐走上地狱之路的。

二十一，十二，十九夜

（原载 1932 年 12 月 25 日《独立评论》第 32 号）

1933年
国民参政会应该如何组织

关于国民参政会的演变历史,上期有陶希圣先生的投稿,说的很详细。我们从那一段历史里可以看出现在的统治者对于人民参政的问题始终抱着怀疑和畏惧的心理。他们十分不愿意人民参政,所以把国民代表会变成国民参政会,所以取消了立法院和监察院半数委员民选的原议,所以又在国民参政会里设立"延聘"的代表,所以又规定国民参政会决议案的最后决定权仍在国民党的中央执行委员会。

我完全赞成陶希圣先生说的:

> 国民参政会虽去民权主义甚远,但指出走向民权主义的路。它将来是不是真能走向民权主义,仍然看国民是不是继续的往前去争。

所以我不反对国民参政会的设立。我现在只讨论这个国民参政会应该如何组成,应该如何选举国民参政的代表。

我提议:第一,国民参政会不应该有政府延聘的代表,应该全由选举产生。这是一个根本态度问题。加入延聘的代表,就是政府不信任民选的代表。政府不信任人民,人民决不能信任政府。国难会议的失败全由后来执政的人不信任那已发表的会员名单,一批一批的增加国民党员,惟恐党外会员太多了要和政府为难。老实说,多数国难会员的拒绝出席,都不是出于本心;他们原来都感觉"国难"的名义是不应该拒绝的,在国难的号召之下他们是应该诚心与政府合作的。平津的国难会议会员在2月初发出拥护政府的通电是全体一致签名的。但政府终不信任他们,他们也就从不信任政府的态度逐渐变到拒绝出席的态度了。

这一段历史是值得今日执政者的严重考虑的。在这个制定国民参政会组织法的时机,政府与国民党应该考虑他们究竟要一个什么样子的国民参政会。他们要的是一个政府御用的参政会?还是要一个能监督同时也能赞助政府的参政会?我们要郑重的忠告国民党与政府:只有能捣乱也能监督政府的参政代表的赞助是有力量的。御用走狗的赞助是不值得要的。政府有不怕捣乱,不怕监督的诚意,在要紧的关头,人民代表自然会诚意的拥护政府。政府若先存了不信任民意机关代表的私心,至多只能添设一个位置御用代表的机关而已。

第二,国民参政会的代表人数不必过多,至多不应该过一百人。现在国内的实际情形,使我们不能不承认,这个国家决不能有三百五百人才来做国民参政。即使有那么多人才,也决不应该把他们一齐挤到国民参政会里去。此时所需要的是一个能代表一国人望的第一个民选的雏形国会。必须人数少,被选资格稍严,然后可以使人感觉做参政代表是一种很高的荣誉,然后可以使各省的第一流人才肯出来当选做国民参政。美国参议院会员,每邦出二人,全院止有九十六人。我们此时应该略仿其制度,每省出代表至多四人,其新设之省(察,热,绥,宁夏,西康等)每省至多出二人,特别市出一人。总数约一百人。如此则国民参政会也许可以有网罗各省第一流人才的希望。

第三,国民参政会代表的选举应该以省为选举区单位,每省的代表皆代表全省,皆由全省选民投票选举出来。此条用意与上条同,同是希望国民参政代表能得上选人才。以全省为选举区,则所选出的人也许是全省的第一二流人望。若再分小区,则所出代表不过当地的土豪劣绅或小政客而已。况且全省人多,不容易贿买操纵,亦是一利。

第四,国民参政会代表的选举法应该废除旧日国会选举的间接选举法,改用选民直接选举方法。旧日的间接选举法,由选民选出极少数的"初选当选人",然后由初选当选人开会选出复选当选人。这种复选制,当初的用意是要各地人民推举他们所熟知的本地贤豪,再由这些各地的领袖人才选举他们所公认的全省人才为国会议员。岂料结果恰和事实相反。各地的劣绅土豪做了初选当选人,人数既少,容易被恶势力操纵,容易做选举的买卖。例如有一次安徽的初选当选人在芜湖开会,决定选举肯出最高价钱的人为参议员;他们索价太高,无人肯收买他们的票;他们急了,只好推代表到上海去寻某大地主,请他出来作参议员,他们只要五万元的代价!这种流弊是我们今日应该全部革除的。

第五,直接选举法应该先有一个"预选"机关,推出加一倍或二倍"候选人"来,由人民从那些"候选人"里用无记名方法投票选出他们的代表。直接选举的最大困难在于大多数人民不知道谁肯当选或谁配当选;若由人民任意投票,票数必纷乱散漫,少数有组织的团体就可以操纵选举,选出的人未必是适宜的人选。"预选"(Primary election)即是补救此等困难的最好方法。在没有民治训练的国家,我们主张:应该用智识程度较高的法团代表来做预选机关,在选举期前三个月开"预选会",依照法定的代表人数,加一倍或两倍,推出适宜的人才为国民参政会代表候选人。此项法团代表,约以下列各种有组织之法团为限:

(1)省市党部代表
(2)省市商会代表
(3)省市教育会代表
(4)省立大学(或国立大学在省区内者)教授会代表
(5)省市律师公会代表
(6)省市总工会代表
(7)省市银行钱业公会代表

此项法团程度皆较高,皆代表社会上相当的权力,故最合宜于做预选机关。况且此项法团虽以全省为范围,事实上自然皆以大都市为活动中心,他们推出的候选人自然侧重大都市的代表人物。在这个过渡时代,大都市的人才,不但代表大都市的职业,并且比较的最能代表国家的人望。有了这种预选机关的制度,国难会议原案所主张的"各大都市之代表至少应占全额之半数"的精神也可以有个妥当的实行方案了。

第六,为防范预选机关把持预选起见,可以参用选民签名请愿补推候选人之法。预选制流弊较少。预选所推出之候选人,未必即可当选,故贿买预选之弊自不易发生,一也。参加预选的各法团程度较普通选民为高,不能不顾全他们在社会上的信用,不能不推举一些负人望的人才,二也。即有一部分的候选人是不很满人意的,全省选民投票时,那些名望较劣,或舆论所不满的候选人是不易被选的,三也。预选会是公开的,预选结果是必须公布的,预选机关对预选是应负完全责任的,故舆论的制裁容易发生效力,四也。——有此四利,预选制的流弊已不多了。但预选结果发表时,也许真有太不满人意的,那时就应该有补救的方法,就是选民一千人以上的签名盖章的请愿也可以推举一个候选人,也可以呈请选举监督列入选举票上,与其他候选人同由全省选民投票选举。如此,则预选机关虽欲把持包办,也不可能了。

第七,选举应该完全用无记名投票。秘密无记名投票是保障民权的最大利器。一切贿买运动,一切利诱威逼,到了秘密投票时,全无用处。必须使人人明白无论花了多少贿选的金钱,而选民还有最后到期不交货的无上权利,然后贿选之风自然减除。

以上我提出的几项都是原则的问题,希望得着读者充分的指教。

廿二年元旦

(原载1933年1月8日《独立评论》第34号)

国联调解的前途

今天(1月16日)是国联十九国委员会开会的日子。据报纸上的消息,今天集会后,又得休会几天,等待国联秘书长德拉蒙和中日两国代表团接洽修改12月15日的十九国委员会决议草案及理由书的结果。12月15日的原草案已够和缓了,因为日本政府的坚强反对,国联秘书厅已拟有修正草案,颇牵就日本的主张;但据报纸上的揣测,这个妥协的新修正案还不能得日本的接受,而我国政府则已电令我国代表团"猛烈反对"了。我们现在先叙述原草案和电传修正案的内容,然后推论国联调解的前途。

12月15日十九国委员会通过的两个决议草案和一个理由书草案,我们在本刊第三十二号曾推测其内容,并指出其重大意义。这三项文件的全文,本月8日已在日内瓦发表了。理由书共分九节:其(三)(四)节说明委员会此时应该先依国联盟约第十五条第三项试行"调解"的工作;其(五)(六)节说明十九国委员会应该改组为调解委员会,并得邀请美俄两国代表参加;其第(八)节说明调解委员在办理交涉时,"凡法律问题,应依据国联大会3月11日议决案的第一第二部分;凡事实问题,应依据李顿调查团报告书前八章所树立的证据。至于解决方案则须根据李顿报告书第九章内所提出之原则,同时参考第十章所载的建议"。其第(九)节内,十九国委员会明白表示"单是恢复九一八以前的原状不能够得着一个永久的解决,而满洲现政权的维持与承认也不能看作一个解决"。

决议草案两件,其第二案是对于李顿调查团各团员表示感谢,谢他们的忠实公正的工作。第一案共分十节:其(二)(三)节叙述国联大会于3月(各报电文均误作2月)11日议决案中已规定解决中日争议的原案,"确认此种解决必须尊重国联盟约,巴黎公约与九国条约的旨趣"。其(四)节"决定组织一个委员会,其任务为与两当事国协力,办理交涉,期于依据李顿报告书第九章之原则,参考其第十章之建议,求得一个解决"。其(五)(六)(七)节规定此项调解委员会由十九国委员会组成,并有邀请美俄两国参加之权,并有便宜行事之权。第(八)节请调解委员会在1933年3月1日以前报告其工作。

12月15日以后,十九国委员会即休会,由国联秘书厅与中日两国代表团磋商议决草案的接受的问题。中国方面早就宣告:调解的先决条件是取消"满洲国"。日本方面坚决反对议决草案,其反对最力的几点,我在本刊第三十二号《国联新决议草案的重大意义》一篇里已讨论过了。简单说来,日本最反对的是:

(1)理由书末项明白否认"满洲国"的维持与承认。
(2)邀请美俄两国参加调解。
(3)解决方案须根据李顿报告书第九章之原则。
(4)由调解委员会办理中日交涉。

据近日报纸所传,日本的反对已发生了不少的效力,决议草案已有修改的传说。据说,国联秘书长德拉蒙已提出一种修改案,其大意有这几点:

(一)调解委员会原拟由十九国委员会组成,今拟改为由英,法,德,意,比五国组成。

(二)不明说邀请美俄两国参加,只说招请与中日有利害关系之联盟国及非联盟国。

(三)承认中日两国直接交涉之精神,调解委员会得为援助中日争议之解决而提出建议。

(四)决议案之理由书改为主席的宣言,不作为决议的一部分。

(五)删除理由书最末项否认满洲现政权的宣言。

这是日本新联社所宣传的消息,我们不敢断定他的可靠程度。如果这消息是确实的,那么,国联此次未免太牵就日本的强力的要求了。所谓"德拉蒙修正案"的五项,若果然如日本通信社所宣传,其中有几项(如改十九国调解委员会为五国小组,如删除理由书末项)

都是根本违反原草案的精神的。

然而强暴的侵略者还不满足,他们还在要求国联抛弃李顿报告书第九章的解决原则,尤其是那一章的第七条项。我们应该记得,那第九章在提出十条适当解决的原则之前,先提出了两个消极的原则:第一是不主张恢复原状,第二是不主张维持"满洲国"。并且在那十条积极原则内,其第七条虽然主张满洲自治,但很明白的说明"满洲政府的改组,应于无背中国主权及行政完整之范围内,使其享有自治权"。据 14 日东京新联社电讯,日本政府不但反对理由书的末节,并且明白反对李顿报告书第九章中的第七条原则,"因该第七项中有许满洲自治之事,显然为日本所不能受诺"。日本要求决议案中明白规定将此条除外。

无疑的,这一点是今日国联与日本折冲的焦点,其余的比较的都是枝节。我国代表团早已宣言过:取消满洲伪政权是调解的先决条件。所以国联若不能明白否认"满洲国",则是国联自己先已否认了李顿报告书的第六章与第九章的基本立场,则是国联自己先已否认了 3 月 11 日的大会决议案,则是国联自己先已丧失了调解的资格。这种调解,不但中国政府决不能承认,世界的公论也决不能承认。所以我们推测,国联的让步至多不过删除理由书的末前九章或其中的一部分的原则,尤其是否认满洲伪政权的根本原则。

这回十九国委员会重行集会,远东的局势更形恶化了。日本的军阀在新年元旦的晚间在山海关开衅,造成了武装向世界挑战的局面。山海关已被日本占据了;日本军队正在积极准备进攻热河。中日的大战事也许不久即可在热河及榆关两方面同时爆发。在这种形势之下,强暴的日本不但要中国接受一个城下之盟,简直是要使国联在那带甲的拳头之下接受他的无理的要求!

所以我们推测,除非日本有根本悔祸的觉悟,这回的国联调解是必定失败的。我们爱护国联的人,只希望国联这回的失败是一种光荣的失败。所谓"光荣的失败"者,只是希望国联做到这几点:

第一,明白宣布此次调解失败应该完全由日本负其责任。

第二,应即由行政院缮具报告书,接受李顿调查团报告书前八章的事实部分,声明满洲事件的发生及满洲伪国的造成完全由日本负其责任。

第三,应即由国联大会正式否认满洲伪国,并声明日本破坏国联盟约,《巴黎公约》及《九国条约》的责任。

第四,应即由行政院依据盟约第十五条第四项,采取李顿报告书第九章的原则,提出国联认为公允适当的解决方案。

1933,1,16 夜

(原载 1933 年 1 月 22 日《独立评论》第 36 号)

民权的保障

前几天在中国民权保障同盟北平分会的席上,杨杏佛先生说了一句很沉痛的话:"争民权的保障是十八世纪的事;不幸我们中国人活在二十世纪里还不能不做这种十八世纪的工作。"

先进的民族得着的民权,不是君主钦赐的,也不是法律授予的;是无数的先知先觉奋斗力争来的,是用血写在法律条文上去的,是时时刻刻靠着无数人的监督才保障得住的。没有长期的自觉的奋斗,决不会有法律规定的权利;有了法律授予的权利,若没有养成严重监护自己的权利的习惯,那些权利还不过是法律上的空文。法律只能规定我们的权利,决不能保障我们的权利。权利的保障全靠个人自己养成不肯放弃权利的好习惯。

"权利"一个名词是近三十多年来渐渐通用的一个新名词。当这个名词初输入的时代,梁任公先生等屡作论文,指出中国人向来缺乏权利思想,指出中国人必须提倡这种权利思想。其实"权利"的本义只是一个人所应有,其正确的翻译应该是"义权",后来才变成法律给予个人所应享有的"权利"。中国古代思想也未尝没有这种"义权"的观念。孟子说的最明白:

> 非其义也,非其道也,一介不以与人,一介不以取诸人。

这正是"权利"的意义。"一介不以与人"是尊重自己所应有;"一介不以取诸人"是尊重他人所应有。推而广之,孟子所谓"富贵不能淫,贫贱不能移,威武不能屈"也正是个人自尊其所应有,自行其所谓是。孔墨两家都还有这种气概。但柔道之教训,以随顺不争"犯而不校"为处世之道,以"吃亏"为积德之基,风气既成,就无人肯自卫其所应有,亦无人肯与强有力者争持其所谓是。梁先生们所谓中国人无权利思想，只是这种不争不校的风气造成的习惯。在这种习惯支配之下，就有了法律规定的人权民权，人民也不会享用，不会爱护的。

然而普通人的知识和能力究竟有限，我们不能期望人人都懂得自己的权利是些什么，也不能期望人人都能够监护自己的权利。中国人所以不爱护权利，不但是长久受了不争与吃亏的宗教与思想的影响，其中还有一个更重要的原因，就是中国的法制演进史上缺乏了一个法律辩护士的职业。我们的老祖宗只知道崇拜包龙图式的清官，却不曾提倡一个律师职业出来做人民权利的保护者。除了王安石一流远见的政治家之外，多数儒生都不肯承认法律是应该列为学校科目的。士大夫不学法律，所以法律刑名的专家学识都落在一种受社会轻视的阶级的手里，至高的不过为刑名师爷，下流的便成了讼棍状师。刑名师爷是帮助官府断案的；人民的辩护还得倚赖自己，状师讼棍都不能出面辩护，至多不过替人民写状子，在黑影子里"把案"而已。我们看《四进士》戏里讼师宋士杰替他的干女儿打官司，状子是按院大人代写的，是宋士杰出庭代诉的，还几乎完全败诉了，我们看这戏的用意，可以想见我们的老祖宗到了近代也未尝不感觉到法律辩护士的需要。但《四进士》的编著者是个无名的天才，他的见解完全不能代表中国的一般社会。普通人民都只知道讼棍是惹不得的，宋士杰是人间少有的，同包龙图一样的不易得。所以他们只希望终身不入公门，不上公堂；上了公堂，他们只准备遭殃，丝毫没有抵挡，没有保障。好胜是天性，而肯吃亏是反人情。中国人的肯吃亏、不好讼，未必是宗教与哲学造成的，绝大的造因是因为几千年来没有保护人民权利的律师阶级。

西洋人的权利思想的发达同他们的宗教信条正相反。基督教的教主也是教人不抵抗强权的："有人打你的左脸，你把右脸也给他打。"然而基督教的信条终久不能埋没罗马人提倡法律的精神。罗马不但遗留下了《罗马法典》，更重要的是她遗留下的法学与辩护制度。士大夫肯终身研究法律，肯出力替人民打官司；肯承认法律辩护是高尚的职业，而替人伸冤昭枉是光荣的功绩，——有了这种风气和制度,然后人民有权利可说。我们不要忘了:中古欧洲遗留下的最古的大学,第一个(Salerno)是医科大学,第二个(Bologna)就是法科大学,第三个(巴黎)才是神科大学。我们的士大夫是"读书万卷不读律"的,不读律,所以没有辩护士,只能有讼棍:讼棍是不能保障人民权利的。

中国人提倡权利思想的日子太浅,中国有法律教育的日子更浅,中国有律师公开辩护的日子又更浅了,所以什么约法和宪法里规定的人民权利都还是一些空文,军人官吏固然不知道尊重民权,人民自己也不知道怎样享用保护自己的权利。到了权利受损害的时候,人民只知道手忙脚乱的去走门路,托人情,行贿赂;却不肯走那条正当的法律的大路。直到近几年中,政治的冲突到了很紧张的地步,一面是当国的政党用权力制裁全国的舆论,不容许异党异派的存在,一面是不满意于现政权的各种政治势力,从善意的批评家到武装反抗的革命党派。在这个多方面的政治冲突里,现政权为维护自身的权力计,自然不恤用种种高压方法来制裁反对势力,其间确有许多过当的行为,如秘密军法审判的滥用,如死刑之滥用,如拘捕之众多与监狱生活之黑暗,都足以造成一种恐怖的心理。在这种政治势力的冲突之下,尤其在现政权用全力制裁武装反抗的政治势力的情形之下,一切情面门路友谊种种老法子在这里都行不通了。直到这个时候,才有人渐渐感觉到民权保障的需要。民权保障的运动发生于今日,正是因为今日是中国政治的分野最分明,冲突最利害的时候。我们看上海发起这个运动的宣言特别注重"国内政治犯之释放与非法的拘禁酷刑及杀戮之废除",就可以明白这个历史背景了。

我是赞成这个民权保障运动的。我承认这是我们中国人从实际生活里感觉到保障权利的需要的起点。从这个幼稚的起点,也许可以渐渐训练我们养成一点爱护自己权利并且尊重别人权利的习惯,渐渐训练我们自己做成一个爱护自己所应有又敢抗争自己所谓是的民族。要做到这种目的,中国的民权保障运动必须要建筑在法律的基础之上,一面要监督政府尊重法律,一面要训练我们自己运用法律来保障我们自己和别人的法定权利。

但我们观察今日参加这个民权保障运动的人的言论，不能不感觉他们似乎犯了一个大毛病，就是把民权保障的问题完全看作政治的问题，而不肯看作法律的问题。这是错的。只有站在法律的立场上来谋民权的保障，才可以把政治引上法治的路。只有法治是永久而普遍的民权保障。离开了法律来谈民权的保障，就成了"公有公的道理，婆有婆的道理"，永远成了个缠夹二先生，永远没有出路。前日报载同盟的总会宣言有要求"立即无条件的释放一切政治犯"的话，这正是一个好例子。这不是保障民权，这是对一个政府要求革命的自由权。一个政府要存在，自然不能不制裁一切推翻政府或反抗政府的行动。向政府要求革命的自由权，岂不是与虎谋皮？谋虎皮的人，应该准备被虎咬，这是作政治运动的人自身应该的责任。

我们以为这条路是错的。我们赞成民权应有保障，但是我们以为民权的唯一保障是法治。我们只可以主张，在现行法律之下，政治犯也应该受正当的法律保障。我们对于这一点，可以提出四个工作的原则：

第一，我们可以要求，无论何种政治犯，必须有充分证据，方可由合法机关出拘捕状拘捕。诬告的人，证实之后，必须反坐。

第二，我们可以要求，无论何种政治犯，拘捕之后，必须依照约法第八条，于二十四小时之内送交正式法庭。

第三，我们可以要求，法庭受理时，凡有证据足以起诉者，应即予起诉，由法庭公开审判；凡无犯罪证据者，应即予开释。

第四，我们可以要求，政治犯由法庭判决之后，应与他种犯人同受在可能范围之内最人道的待遇。

这都是关于政治犯的法律立场。离开了这个立场，我们只可以去革命，但不算是做民权保障运动。

以上所说，不过是举政治犯一个问题做个例，表示我个人对于这个运动的见解。除了政治犯之外，民权保障同盟可以做的事情多着哩。如现行法律的研究，司法行政的调查，一切障碍民权的法令的废止或修改，一切监狱生活的调查与改良，义务的法律辩护的便利，言论出版学术思想以及集会结社的自由的提倡,……这都是我们可以努力的方向。

二二,二,七

（原载1933年2月19日《独立评论》第38号）

国联报告书与建议案的述评

国际联盟的十九国委员会自从去年12月15日提出中日争执的调解草案以后,很委曲求全的疏通日本,盼望日本不要使调解一条路完全闭塞。但国联很明白的表示必须接受李顿报告书第九章的十项原则。日本军阀把持的政府始终反对"满洲国"的取消,所以不肯承认李顿报告第九章中的第七项原则。我们在一个月之前,就推测国联"决不至于承认日本的蛮横要求,抛弃李顿报告书的第九章或其中一部分的原则,尤其是否认满洲伪政权的根本原则"(本刊三十六期,页四)。

1月16日十九国委员会开会以后,日本政府不但不肯接受调解的原案,并且不肯接受国联让步的新案。(国联让步的要点是取消邀请美俄两国参加调解委员会,和把原决议案的理由书改为主席宣言。)国联既不能否认其自身所委任之国际调查团的公正报告,就不能不承认调解的失败。调解失败之后,十九国委员会就依据盟约第十五条第四项进行制作报告书及建议案。在报告书起草之前,委员会通过了三项原则,其中最重要的是不承认满洲伪政权。这三项原则由英国代表提出,法国代表赞成,国联的态度到此时始得着最明白的正式表示,世界的舆论也骤然趋向一致。

日本还想惑乱世界的耳目,避免调解破坏的责任,于是又假意表示愿意继续考虑调解的途径。国联的特委会,一面进行做报告,一面正式质问日本究竟能否接受李顿报告书第九章的第七项原则。这样正式的逼迫,使日本不能狡赖了。日本的答复,延迟又延迟,最后还只是一篇谜语式的遁辞。国联认日本为绝无诚意,就用全力进行报告书与建议案。

2月13日，十九国委员会通过了报告书前三章的初读；14日，通过了建议部分。2月17日下午三时，国联以书本式发表报告书草案的全文；下午四时（北平时间十一点二十分）国联用短波无线电向全世界广播这一部世界史上划时代的报告书草案。

报告事实的部分完全采用李顿报告书前八章的记载，只补充了上海战事及李顿调查报告完成以后的事实两项。这篇报告的结论，——即是国联对于中日争执的事实的判决书，——有这几个最重要之点：

第一，报告书用老吏断狱的文字，确切的判定东三省是中国主权之下的一块领土；凡俄国和日本在满洲所得的权利都是根据于中国的主权的。这就是说，如果中国在这里没有主权，日俄所得的权利就都没有法律的根据了。

第二，在中国各次战事与地方独立时期，满洲始终是整个中国的一部分。

第三，在1931年9月以前的二十五年中，满洲与中国在政治上与经济上的关系都一天一天的更密切了，而日本在满洲的利益同时也继续发展。日本所获得或自以为获得的权利的行使，往往妨碍中国主权之行使。此种局势当然引起两国之间的误会与冲突。两方面的各种权利的互相连带，法律地位的不分明，有时日本对于其特殊地位的见解与中国民族主义的要求之对抗，这些也是许多事故与纠纷的根源。

第四，在"九一八"之前，双方各有正当的不平：日本利用有疑问的权利，而中国则阻碍那无疑的权利的行使。"九一八"事件发生之前，曾有用外交与和平方法解决悬案的努力，此种方法并未用尽；但形势日见紧张，日本方面主张遇必要时用武力解决。——这就是说，报告书指明日本蓄意用武力解决。

第五，空气紧张的原因，报告书中颇以为中国方面负一部分的责任。如排货方法的使用，如学校中的排外教育，都足以增加空气的紧张。但报告书也明说，"九一八"以后的抵制日货则属于国际报复的一类。

第六,报告书指出国联盟约的目的正是要防止国际空气紧张时决裂的危机。"据李顿调查团的观察,中日间的争执无不可用'公断'方法解决的。正因为悬案堆积已使空气紧张了,那自以为受侵害的国家如果感觉外交方法拖延过久,就应该唤起国联的注意。国联盟约第十二条对于国际争执的和平解决,定为会员国的正式义务。"——这是明白的对日本的责备,因为当时日本"自以为是受侵害的国家"。

第七,报告书明说"九一八夜日本军队在沈阳及其他地方的军事行动,不能认为自卫的动作;就是当争执时期内日本的一切军事动作,总括看来,也不能认为自卫的动作"。报告书虽然沿用了李顿调查团的话,说,"当九一八之夜,日本军官或许自信其行动为合法的自卫,此种可能,不必断其必无",但报告书很严重的申明:"合法自卫的行使,并不免除一个国家对盟约第十二条的责任。"

第八,报告书明白指斥"九一八以后日本军事当局的一切活动,无论在军事上或在民政上,其主要动机都是政治的"。又明白指出,"一群日本文武官吏,在满洲境内计划了,组织了,并且实行做出了一个独立运动,来做九一八事变以后满洲局势的解决方法。……这一个由日本参谋部的援助与指挥的运动,若非有日本军队的存在,决不会实现。这不能认为自然发生的,出于真情的独立运动"。报告书又明白宣告:"上述的运动所产生的'满洲国'政府的政治的及行政的主要权力都在日本官吏的手里,名为顾问,其地位皆足以充分把持行政。满洲境内占绝大多数的中国人民,都不赞成这个政府,并且认它为日本人手里的工具。"

这是国联对中日冲突一案的结论。我们看这些结论,可以看出这些判断无一条不是用李顿报告书的前八章作根据的。当李顿报告书发表之日,我曾在本刊作文,称为《一个代表世界公论的报告》,当时国内舆论都不赞同这个见解。我所以那样称许李顿报告,因为我们知道那个调查团里有显然袒护日本的人,居然能全体一致签字于一个很明白指斥日本理屈的报告书里,使此次争端的是非大白于世界,不能不说是世界正谊的最大胜利。西洋国家有了长期的法治的训练,对于公断人的信仰是我们东方人所不能梦见的。公断人也自己明白他们的地位的尊严,都不敢曲徇私情的偏向,损失自己在公论里的声价。即如英国前任外交部长雷丁勋爵（Lord Reading），在二十年前做美国与加拿大的渔权争执的公断人时,他研究本案的结果,认美国的理直,就不惜宣判加拿大的败诉。一个法家肯宣判他本国属地的败诉,这正是西洋人所以尊信公断人的由来。自中日争执提出〔到〕国联以来,世界舆论因为认识不充分,因为厌恶中国近年排外的嚣张,因为日本宣传能力之大,因为中国自身政治之实在不满人意,所以同情于日本的议论在各国都颇占势力。在这种空气里,我们虽用全力做宣传,终不能期望国外舆论的一致同情于我们。在这种形势里,止有负世界重望的公断人的报告可以统一世界的是非,矫正世界舆论的错误。李顿报告书的最大功用在此。李顿报告书里自然有不少指斥中国的文句,自然不能使我们全国人满意。但我们要明白,我们所需要的不是完全偏袒我们自己的见地,是一种不偏不党的公断人报告。完全偏袒我们的意见,和完全偏袒日本的意见,在中立国家的眼里是同样可以怀疑的。李顿报告书公布之日,我们料到世界的观听一定可以渐趋一致,虽有一千个 Bronson Rea（满洲国的美国顾问）,虽有一万个新渡户博士,虽有一百万个松冈洋右,都不能减低欧美国家对于公断人的判断的信仰了! 国联里的各大国何尝不怕日本? 何尝不想偏袒日本? 但国联决不能否认李顿报告的公正判断,因为李顿调查团的主要团员都是各大国的代表,他们的六个月实地调查的结果若还不足依据,那么世界上真没有可依据的是非标准了。所以李顿报告书公布之后,国联的主张都不能逾越李顿报告的范围：调解案的原则必须依据他；调解失败了,国联提出的报告书也必须依据他,报告书的建议也得依据李顿第九章的原则。若没有李顿的前八章,决不会有这样明白确定的国联宣判。李顿报告书的权威给了国联一个最可信任的事实的基础与解决的原则,所以国联能在很短时期内制成这样明白公允的判断书。

依照国联盟约第十五条第四项,国联"缮发报告书说明争议之

事实"之外,还得提出国联"所认为公允适当之建议"。此次国联提出之建议案,共分三章:

第一章引用盟约第十条,非战公约第二条,九国条约第一条,并宣言国联大会采用1931年12月10日白里安所提倡的原则,并重行声明去年2月16日国联行政院对日本的宣言:凡违反盟约第十条而侵略一个会员国的领土或改变其政治独立,国联会员国皆不得承认。此下并声明,中日冲突之解决必须符合于李顿报告第九章的十条原则。

第二章为建议案的本身,共分四节:

第一节:因为满洲主权属于中国,故大会建议在适当时间内在满洲设立一个在中国主权下又不违反中国行政权之完整的机关,有广大的合法自治权,并顾及日本的特别权益,顾及一切现行的多方面条约,第三者的权益,以及上节列举的一般原则。中国中央政府与本地当局间之各种权限及关系的决定,由中国政府发表正式声明,此项声明有国际条约同等的效力。

第二节:因为日本军队出现于南满线之外殊不合上述解决应遵守的法律原则,故大会建议此等日本军队的撤退。下文所建议的谈判的第一个目的即是办理撤兵,并规定其条件,次第,与时期。

第三节:关于调查团报告书中所述及的其他争执问题,大会建议两国依据上述各种原则与条件,商定其解决。

第四节:因为此项谈判进行时任何一造不应该强令其他一造接受违背上述建议之条件,所以大会建议双方的谈判应照下述方法进行:(1)请任何一造通告国联秘书长愿否接受大会建议的解决,其唯一条件即其他一造亦愿接受建议。(2)谈判的进行应由大会设立之委员会襄助,此项委员会之组织如下:九国条约签字国,十九国特委会中其他会员国之愿意加入者。两造表示接受大会建议时,国联秘书长即通告各国选派委员会之委员,并通告美俄两国选派代表加入委员会。(3)在两造接受大会建议后一个月之内,秘书长应采取适当步骤,开始谈判。

第三章声明大会建议之解决方案不是仅仅恢复九一八以后的原

状,也绝不包含维持与承认满洲的现政权,因为此种现政权的承认与现行国际义务之基本原则不相容,又违反远东和平所系的中日两国间的和好。本章又声明,国联会员国应继续在法律上或事实上不承认满洲现政权,并应相约不作关于满洲局面的单独行动。会员国应采取一致行动,并应在可能时与有关系之非会员国采取一致行动。

这个建议案虽然仍是用李顿报告书第九第十章作根据,但有几点可说是比李顿的建议有点进步。李顿第十章的建议的办法本来有点太烦琐,其中有些步骤(如所谓"咨询会议")本来就行不通。国联的建议案把许多枝节都删去了,只留下了几个重要解决方式,这是一个优点。此案所定的方式只有四个:(一)满洲主权属于中国,故由中国政府正式声明建立东三省自治政府,(二)日本军队撤退到南满路线内,(三)其他争执问题由两国谈判解决,(四)国联设立委员会,襄助谈判的进行,以免任何一造强令其他一造接受不合建议原则的条件。这样的明白规定,表示国联对满洲局势的认识已比李顿报告发表时更明了了,所以能毅然决然抛弃李顿报告所拟议的咨询"满洲居民代表"的笨重办法,这是最大的优点。此案明白命令国联各会员不得在法律上或在事实上承认满洲伪政权,这是李顿报告书所要说而未敢明说的话,也是一大进步。

但此建议案也有很使我们失望之处。第一,任何一造的接受建议,皆以其他一造也愿接受为条件;若一造不愿接受,则委员会不能产生,谈判不能进行。在此局势之下,国联将取什么步骤?第二,如果有一造不但不接受建议,甚至于退出国联,国联将取何步骤?第三,此跋扈的一造若更进一步,不但无视国联的建议,并且继续进行对中国作战争行为,如今日日本军队大举进攻热河之暴行,国联应取何步骤?——凡此三点,都极关重要,何以建议案在此种明显的局势之下,完全不提起预防或救济的办法?

照现在事实上的趋势看来,日本已决定不接受国联的建议案了,已公然宣布要脱离国联了,已公然大举进攻热河了,在此形势之下,国联的建议不待大会的通过,早已被日本抛入废纸堆里去了。中国方面应该如何自卫,那是我们自身努力的问题。但国联的权威与尊严在今日已到了最后的试验时期,国联既已代表世界公论发表了这一篇最明确又最严重的判断,不应该不采取相当的步骤,使这"全世界的道德的贬议"有一个可以发生效力的机会。我们希望国联大会要明白:日本的暴行者对于国联的建议早已有明白答复了!日本答复不待松冈洋右的书翰,而在于热河境上的飞机坦克的作战!我们希望今日开会的国联大会不但通过这个正义的报告与建议案,并且立即宣告日本的战争行为已足够构成盟约第十六条所规定的犯罪行为,"应即视为对于所有国联其他会员国有战争行为"。第十六条所规定的"制裁"方法,国联大会应即宣告已到适用的时期,并应即采取有效的步骤,计划此种制裁方法的实施。

昔者威尔逊总统曾宣言,要使民治在这个世界可以安全。今日之事已不仅是中国与日本的冲突了,今日之事乃是日本与世界正谊的作战。国联的责任是要使人类在这世界可以安全!

1933,2,21 国联大会开会之日

(原载 1933 年 2 月 26 日《独立评论》第 39 号)

全国震惊以后

当十九路军因浏河受迫胁从上海退兵的第三夜（廿一年三月四夜），我还在北平协和医院里，忽然有几个护士特别跑进我病室里来，手里拿着各种晚报，十分高兴的说："胡先生，十九路军又打回去了！日本人大败了！"我细细看了报纸，摇头对她们说："这个消息靠不住。恐怕没有这样好的事。"她们见我不相信，脸上都很失望；我很不愿意扫她们的兴，可是我知道她们到了明天失望还得更大。果然，到了第二天，每个护士都是很懊丧的样子；我回想她们昨晚狂喜的神气，我几乎忍不住要掉眼泪了，——因为她们的狂喜真是从心坎里出来的对国家的热望。

过了一年，我到上海，听我的朋友们谈起那一夜上海的人民为了一句谣言，人人都发了疯狂，满街上爆竹的残纸堆到几寸厚；还有几个人在那隆冬天气赤裸着半截身体，开着汽车，吹着喇叭，满市狂走！我听了两眼都噙着热泪，抬不起头来，因为我能了解那狂喜的意义，也能想像那第二天失望的奇惨。

在那狂喜里，在那失望的奇惨里，我们经验了整个民族的精神的悲哀！

现在——在那狂喜与奇惨的一夜的一周年纪念的时候——我们全国的人民得着热河全省陷落的警报。南方同胞派来的慰劳抗日将士团的代表还在津浦车上，带着一百五十箱的慰劳品，每箱里装着无数男女同胞的热烈的期望！他们梦里也想不到热河六十万方里的土地已在十天之内完全被我们的敌人不战而得去了！他们梦里也想不到孤军深入的敌军，一百二十八人，四辆铁甲车，可以爬山越岭，直入承德，如入无人之境！他们梦里也想不到热河境内的中国军队已开始总退却,退入长城以内了!

这一天的全国国民所受的精神上的惨痛,只有去年今天(3月5日)的全国狂喜之后的大惨痛可以比拟。所不同的是去年十九路军与第五军在淞沪苦战的成绩确有引起全国热望胜利的理由,而今天的惨痛只是我们虽然不曾期望张学良汤玉麟的军队会打胜仗,然而也决不曾想到失败的如此神速!

我们初受着这种惨痛的刺激,都感觉到惭愧,失望,痛恨:惭愧的是我们这个民族如何能抬头见世人,失望的是我们本不应该希望这种军队有守土的能力,痛恨的是国家的大事真如同儿戏。

在这猛烈的刺激之下,我们应该镇静我们自己,回头想想这件事的教训。这回热河的事件给我们的第一个教训是敌人的胜利真是疾风扫落叶,丝毫不费劲;我们的失败是摧枯拉朽的失败。

第二,从这回的热河事件,我们可以证明一件历史事实:就是前年"九一八"的失败,也不是有计划的"无抵抗",其实也是一种摧枯拉朽的崩溃。几百个决死攻城的日本兵眼里就没有看见那二十万的东北大兵。即使没有那9月6日张学良将军"不准冲突"的密令(见《李顿报告书》页一一〇),即使没有王以哲司令"不抵抗"的命令(见同书页一一一),那二十万大兵也不会抵抗的,也会在很短的时间就崩溃的。当时变起仓猝,来不及抵抗,还可以说是有主张的避免冲突。但我们看后来锦州的退却,北满的溃败,这都是有了相当准备时期以后的情形,都够证明当日的不抵抗只是无有抵抗的能力。今年元旦的山海关事件又是"九一八"事件的缩影,少数的敌兵黑夜爬城,也就可以使中国军队惊惶失措,一昼夜的接触,"天下第一关"就入敌人之手!元旦以来,重兵十几万云集滦河东西,热河的必被侵攻是人人皆知的,然而榆关方面毫无反攻计划;直到日兵已大举进攻热河了,榆关方面的十万大兵也始终没有反攻榆关进兵绥中以牵掣日军后路的计划。日军孤军深入,丝毫没有顾忌,正因为敌人眼里早已不看见那十几万的正式军队,更不看见那号称十几万的义勇军。日军一昼夜冲锋五十英里,因为他们经过的是虽有人而等于无人的土地!一百二十八个日本先锋冲进了承德,十几万的中国大兵就总退却了!这不但是汤玉麟的军队的溃灭,也不但是义勇军的消灭,这是东北军队的第二次大溃败,这也是华北军队的整个失败。所以我说,这回的事件足够证明前年东三省二十万大兵的不抵抗是实在没有能力抵抗。一年零五个月的整理与补充还不能抵抗,热河的绝好的天险地利还不能抵抗,可以证明这种腐败军队遇着现代式的敌军势必如枯叶之遇劲风,朽木之遇利斧,无有不崩溃之理。

第三个教训是我们从这回的大败可以看出这样摧枯拉朽式的崩溃究竟原因在什么地方。3月5日北平《世界日报》列举热战失败的四个主因:

(1) 指挥缺乏统一
(2) 沟壕工事太不坚固
(3) 全线未能一致动作
(4) 民众之不合作

同日《大公报》也提出四个结论:

(1) 中央地方当局者自始未曾尽力布置热河之防御。
(2) 如此重大之军事而无作战的计划。
(3) 将帅未融为一体,呼应不灵,指挥亦不当。
(4) 赏罚不明,军纪不整,弃土丧军者罚不及身,无以奖勇士而励怯懦。

这些评论自然都是事实。但依我们的观察,此次大溃败的主要原因有这些:

(1) 军队全没有科学的设备,没有现代的训练。3月5日宋子文院长发表谈话,叙述热河的情形,"我国守热河之军队绝无所谓参谋工作。军事长官逍遥后方,迟迟其行。太古式之车辆用作运输,自北平至前方用骆驼须数星期方能运达。最前线各部军队一无联络,高射炮及排壕工具丝毫未备。军士所受者仅操场之训练"。他又泛论吾国"养兵数百万,而器械窳劣,衣食不周,几等乌合"。这是政府最高官吏的评语。丁文江先生在本刊第三十七号《抗日的效能与青年的责任》一篇里曾痛论中国军队的缺乏现代科学的设备,及中国军官教育的落后。他屡次对我说,中国军官都不会看地图。我起先还不相信,近日我才相信了。前几日北平一个机关负责的人对我说,"此次军队出发,都没有地图,都来问我们要地图。我们半价买了许多幅苏甲荣编印的东三省热河地图送给他们"。我听了真不胜诧异。苏甲荣先生的地图只可供我们平常人看报时的帮助而已,岂能用作军事地图!何况各军连这种简单的地图都没有呢?举此一端,可见中国军队完全是太古式的军队。此种军官与此种军队,即使拥有贵重的新式设备,也只是"赍寇兵,资盗粮",拱手送给敌人,如沈阳的飞机与兵工厂一样而已。

(2)军官的贪污堕落。朱庆澜将军曾说,"军官有了两万块钱以上的财产,决不能打仗了"。东北军队从前曾有能战的名誉,近年所以一蹶不振,都由于军官积产太丰厚,生活太奢侈,久已无斗志了。石友三一役,能勉强一战的已不是东北嫡系的军队了。"九一八"以后,东北军人虽遭绝大耻辱,而他们在关内的行为无一不是存了日暮途远的颓废心理,只想快发财,毫不体恤士卒,更不系念国家。拿这种颓废堕落的军官来抵抗那抱着并吞东亚的野心的日本军人,岂非以卵投石吗?

(3)地方政治的贪污腐败。热河政治之腐败,人民之怨毒,是人人知道的。锦州失守后,北票朝阳已成了前线,而汤玉麟父子叔侄们还只用种种苛法剥掠这地方的人民,使人民天天盼望有人来解救他们的迫切的苦痛。关内民众团体的代表,如朱庆澜、熊希龄诸先生都曾向汤玉麟呼吁过,劝他解除苛捐杂税,并且替他筹划补充饷源的方法。但中央与北平的当局都塞了耳朵,不肯协助饷源,使汤玉麟一群人有所借口继续敲剥人民的脂膏。朝阳一带的人民,本有自卫的组织,抗捐至一年之久;后来因抗日救国的民众团体的劝告,自动的把一年的抗捐全数补缴给政府!这可见人民真是好人民。但这种可爱敬的举动丝毫不能感动那一群贪官污吏的天良;苛政苛税借军事而更加严重,竟使人民不能不暂时投入仇敌的怀抱里以求避免当前水深火热的暴政。张学良将军前几天亲对我们说,热河人民因痛恨汤玉麟而痛恨一切抗日军队,所以丁春喜旅进入热河,途中丢了两个营长,大概是被老百姓杀害了。是的,热河人民因痛恨虐政而痛恨一切曾庇护这虐政的更高当局,这是这回失败的大原因。

(4)张学良应负绝大的责任。张学良将军自从民国十七年以来负了东北四省军政全权的责任;自从十八年以来更负了华北的军政领袖的大责任。东三省之沦陷,他应负最大的责任,这是他去年8月7日自己曾承认的。他的体力与精神,智识与训练,都不是能够担负这种重大而又危急的局面的。倘使他在前年引咎辞职了,中央还可以有一年多的时间来布置热河与华北的防务。倘使他去年八月初真能实行了他辞职去国的决心,中央也还有半年多的时间可以计划布置。不幸他受了他的部下的包围,变更了去职的决心,又不能振作起精神来积极准备。恶恶而终不能去,善善而终不能用。汤玉麟、高纪毅、沈能毅、周大文、张学铭一班人的饭碗虽然保全至今,然而六十万方里的热河全省终于在他统治之下送在敌人的手里!他的罪过,综括说来,至少有五点(一)自己以丛咎丛怨之身,明知不能负此大任而偏要恋栈,贻误国家,其罪一;(二)庇护汤玉麟,纵容他祸害人民,断送土地,其罪二;(三)有充分时间而对于热河榆关不作充分的准备,其罪三;(四)事机已急,而不亲赴前线督师,又至今还不引咎自谴,其罪四;(五)性情多疑,不能信任人,故手下无一个敢负责作事的人才,亦无一部能负责自为战的军队;事必躬亲,而精力又不容许;部下之不统一,指挥之无人,联络之缺乏,设备之不周,都由于无一个人敢替他负责任:其罪五。

(5)中央政府也应负绝大的责任。汤玉麟的责任应由张学良担负;张学良的责任至少有一大部分是应由中央政府担负的。要而言之,中央政府对于此次事件,至少有四层罪过:(一)容留汤玉麟在热河,其罪一。(二)容许张学良在华北,又不督责他作有效的准备,其罪二。(三)当此强敌压境之日,中央不责成军事领袖蒋中正北上坐镇指挥,乃容许他逗留在长江流域作剿匪的工作,轻重失宜,误国不浅,其罪三。(四)如宋子文3月5日的谈话,他明知热河不能守至"一星期至十日",此言如果确实,则是中央最高行政当局明知热河必不能守而静待这六十万方里土地的沦失了!既明知不能守,宋院长何必在承德发那大言的通电来欺骗国人与世人?何不电召蒋中正委员长飞来指挥挽救？何不征召全国最精良军队出关补救？何不明告政府全体，早日筹划军事以外的救济方法？此种罪过岂但如宋院长所谓"驱市人而战"？简直是他自己说的"拱手让人"了！其罪四。

以上三个大教训，我想全国人都不会不承认的。最后又最重要的教训，是我们应该深刻的反省我们为什么这样的不中用？为什么只是这样做劲风里的枯叶，利斧下的朽木，做人刀俎上的鱼肉？

是不是因为这个国家上上下下整个的没有现代化，整个的没有走上科学工业的路？是不是因为在这个现代世界里我们还不肯低头做小学生的苦学，所以不能抵抗一个受过现代科学工业文化的洗礼的民族？

是不是因为我们的老祖宗和我们自己都是罪孽深重，腐化太深，所以闹了三四十年的维新至今还是不可雕的朽木，禁不起风吹的败叶？

是不是因为我们自从庚子以后，受了国际均势之下的苟安局势的麻醉，误认"彼入我京师而不能灭我"（王壬秋语）的形势可以长久存在，误认中国真是亡不了的，所以又陷入了醉生梦死的昏迷状态里，既不能自立又不肯埋头学人家自立的本领，既不能吸收他人的新把戏又不肯刮除自己的腐肉臭脓，就成了这样一个禁不起风吹草动的无用民族？

现在到了这个大试验的日子了。在全世界人的眼光注视之下，我们的一切法宝——口号标语，精神文明，宝华山念经，金刚时轮法会，"太古式"的军备与运输，等等——都不灵了，我们方才明白我们原来至今还只是一个束手坐待强人宰割的国家！

这就是说，世界尽管变了，我们这个国家的危机还和十九世纪末年的情势相差不远。也许比那时代还更危急，因为那时代远东的一点均势局面现在久已不存在了，我们的近邻还是我们最可怕的侵略者，而全世界没有能力也没有决心制裁她的暴行。我们丝毫没有准备怎样在这个现代世界里求民族之自由平等，所以几百吨的大言空谈，抵不过"九一八"夜的一炮，也抵不过今天朝阳承德之间横冲直撞的敌军。

古人说的,"多难所以兴邦",这不是欺人之谈,这是人类历史的教训。我们这个民族在甲午以后,欧战以前那二十年中,屡经大难,所以确有一点自己悔悟的态度,有谴责自己的雅量,有冒险出国求学的少年精神,——这都是"兴邦"的气象。欧战至今,二十年中,国外有形的压迫稍稍松懈了一点(虽然无形的经济的压迫只有加重而无轻松),我们的虚骄与夸大狂又都回来了,那二十年前刚萌芽的一点自责与愿学的虚心都销灭了。不先整顿自己的国家,而妄想用空言打倒一切强敌;不先学一点自立的本领,而狂妄的貌视一切先进国家的文化与武备;不肯拼命去谋自身的现代化,而妄想在这个冷酷的现代世界里争一个自由平等的地位:这都是亡国的征象。

这种迷梦,今日应该醒醒了!"养兵数百万,而器械窳劣,衣食不周,几等乌合",这个国家是不能自存于这个现代世界的。没有科学,没有工业,"太古式之车辆用作运输",这个国家是不能自存于这个现代世界的。贫到这样地步,鸦片白面害到这样地步,贪污到这样地步,人民愚昧到最高官吏至今还信念经诵咒可以救国的地步,这国家是不能自存于这个现代世界的。

二千五百年前,一个哲人曾说:"既不能强,又不能弱,所以毙也!"我们今天的最大教训是要认清我们的地位,要学到"能弱",要承认我们今日不中用,要打倒一切虚骄夸大的狂妄心理,要养成虚怀愿学的雅量,要准备使这个民族低头苦志做三十年的小学生。这才不辜负这十八个月(也许还更长)的惨痛的教训。

除此一条活路之外,我看不出别的什么自救的路子。

廿二,三,六夜写完

(原载 1933 年 3 月 12 日《独立评论》第 41 号)

日本人应该醒醒了!

本期有尔和先生译出的一篇日本人的谈话,是 3 月号的东京《同仁》杂志上发表的。这里面开端就是这样的问答:

K　中日问题到底怎样才好?

L　目下没有法子。

K　这不是说没有法子就可以丢开的问题,到底有方法没有?

L　也不是没有,要之,日本人停止侵略中国就行。

这真是一针见血的话,我们中国人要对日本人说的话,也只有这一句话:"中日问题不是没有法子,只要日本人停止侵略中国就行。"

这样的谈话居然可以在日本出版,居然能在这个军阀气焰最高涨的时候在东京出版,这不能不说是日本心理转变的一个起点。虽然在这篇谈话里,那位大概代表日本自由主义者(Liberals)的 L 氏说的话还只能很委婉的指出一个光明的方向,还不敢提出具体的主张,然而我们在这里已可以看出他们已公然提倡"披沥胸襟,互相研究"一种有"觉悟"的"国策"。

这种觉悟的表示,正因为是在那很可怕的恐怖主义之下发出来的微弱的喊声,是我们应该表示同情的敬意的。

这个时候,——九一八事件发生后整整一年半了——日本的军队不但占据了整个的东三省,不但捏造了一个傀儡的伪政权,居然又侵略到热河的全省了。日本的炸弹和重炮的声音也许不久就可以在我们的编辑室里听得见的了。——然而我们要问日本人:中国人屈服了没有?中日的问题的解决有了一丝一毫的进步没有?中日两国的国际关系有了一分一寸的接近没有?

没有！绝对的没有！

即令日本的暴力更推进一步乃至千万步，即令日本在半年一年之内侵略到整个的华北，即令推进到全海岸线，甚至于深入到长江流域的内地，——我们还可以断言：中国民族还是不会屈服的。中国民族排日仇日的心理只有一日深似一日，一天高似一天。中日问题的解决只有越离越远的。

即使到了最后的一日，中国的"十八九世纪之军队"真个全被日本的新式武器摧毁到不复能成军了，即使中国的政府被逼到无可奈何的时候真个接受了一种耻辱的城下之盟了，——我们还可以断言：那也只是中国人的血与肉的暂时屈伏，那也决不能够减低一丝一毫中国人排日仇日的心理，也决不会使中日两国的关系有一分一寸的改善！因为中国的民族精神在这种血的洗礼之下只有一天一天的增长强大的；也许只有在这种血的洗礼之下我们的民族才会真正猛烈的变成日本的永久的敌人！

这都是常识与历史都能保证我们的事实。这都是日本的人民与政府不可不觉悟的事实。

是的，"这不是没有法子就可以丢开的问题"！

是的，"法子也不是没有。要之，日本人停止侵略中国就行"！

日本的真爱国者，日本的政治家，到了这个时候，真应该醒醒了！

萧伯纳先生（George Bernàrd Shaw）在2月24日对我说："日本人决不能征服中国的。除非日本人能准备一个警察对付每一个中国人，他们决不能征服中国的。"（这句话，他前几天在东京也一字不改的对日本的新闻访员说了。）

我那天对他说："是的，日本决不能用暴力征服中国。日本只有一个法子可以征服中国，即就是悬崖勒马，彻底的停止侵略中国，反过来征服中国民族的心。"

这句话不是有意学萧伯纳先生的腔调，这是我平生屡次很诚恳的对日本朋友的忠告。这是我在这个好像最不适宜的时候要重新提出忠告日本国民的话。

日本是最能学德国的，我希望这个德国好徒弟不曾忘了德意志帝国创造时代的两件富于历史教训的故事。1866年6月12日,普鲁士对奥国宣战。在三个星期之内,奥国的军队大败不能复振了。普鲁士全胜之后,俾士麦主张立即停战议和,终于接受了一个"不割地不赔款"的和议。俾士麦的政策留下了奥国作普鲁士的友邦与将来的联盟。过了四年,普鲁士同法国开战,七个星期之内,法国大败了,法帝被俘了,巴黎被围了。这回战事的结果,法国赔款五十万万佛郎,并且割地两省。然而这回的大胜利种下了法德两国四十八年的不解冤仇,种下了1914年的大战,种下了德国最近十五年的空前的挫辱与苦痛。这两个不同的故事的教训是值得日本全国人想想的。

日本军阀在中国的暴行所造成的仇恨到今天已是很难消除的了。但这一个仇恨最烈最深的时候,也许正是心理转变最容易的时候,九世之仇,百年之友,都在这一点觉悟与不觉悟的关头上。

日本的自由主义者已大胆的宣言了:"日本人停止不侵略中国就行。"

我们也可以回答日本的自由主义者:"只有日本人彻底忏悔侵略中国,是征服中国的唯一的方法。"

二十二,三,十二夜

(原载1933年3月19日《独立评论》第42号)

我们可以等候五十年

热河失陷以后,日本的军部与政客都表示希望中日两国开始直接交涉。从这一点谬妄的希望上就生出了许多见神见鬼的谣言,到今天还有人宣传中国政府里有某某人主张这种直接交涉。

我在这一年半之中,曾经主张在某种条件之下中国政府应该表示可以和日本开始交涉(《独立评论》第五期,《论对日外交方针》)。但我曾明白的说:"交涉的目标要在取消满洲伪国,恢复中国领土及行政主权的完整。"

在最近几个月之中,事实的昭示使我们明白这种交涉的原则已经完全没有希望了。最明显又最正式的表示是2月14日日本出席国联代表团答复国联秘书长的书信。先是2月9日国联秘书长代表十九国特委会致书于日本代表团,请他们明白答复:日本政府究竟是否承认"满洲国"的继续存在不能解决现前的争端;究竟是否接受李顿报告书第九章中的第七项原则。2月14日日本代表的答书有许多强辩的遁辞,但有一句话是很明白的:"日本政府深信'满洲国'独立的维持与承认是远东和平的唯一的保障。"国联十九国特委会接到这封答书之后,当日即回答日本代表团,说,"在这种情形之下,讨论日本代表提出的各点是不会有结果的"。

是的,在这种情形之下,我们决没有和日本交涉的可能。此时中国全国的人民都应该明白这一点:交涉的目标是要取消满洲伪国,恢复中国在东三省与热河的领土及行政主权的完整;除了这种条件之外,中国决不能和日本开始交涉。

理由是很简单的。第一,我们要对得住国联和美国的"不承认主义"。美国政府去年1月7日曾正式宣布:

> 凡用违反1928年8月27日巴黎(非战)公约的规定与义务的方法而造成的局面,条约,或协定,美国均不承认。

去年3月11日国联大会的五十个国家也通过了这样的决议案:

> 凡因违反国联盟约或巴黎公约之方法而造成的局面,条约,或协定,国联会员国有不予承认之义务。

这就是所谓"不承认"主义,有时也叫做司汀生主义。司汀生去年8月曾说:

> 当1月7日美国政府单独表示决不承认侵略所得的结果,侵略者见了也许不放在心上;可是当整个的文明世界都表示赞成美国政府的主张时,这局面可就显出他的真意义了。道德的贬议,一旦成了全世界的贬议,他的意义的重大是国际公法从来不曾有过的。(参看《独立评论》十九号,《究竟那一个条约是废纸》)

司汀生的话,有许多中国人和日本人也许至今还很怀疑。这种怀疑也很自然,因为现在已有"全世界的道德的贬议"了,然而侵略者的暴行并没有因此减轻了一分一毫!可是我们不能这样性急。向来国际的关系总是承认一个已成的局面的。这一回的司汀生主义确是开了一个"国际公法从来未曾有过的"新局面:就是不承认用暴力造成的任何局面。这是一种新的政治理想,它的成功与失败是关系全世界人类的前途的。这种新的政治理想的第一次试验的场所就是我们的东北四省。我们对于这种理想主义尽管怀疑,可是无论如何我们决不应该自己首先跪下来承认日本用暴力造成的而整个世界拒绝承认的局面。

第二,我们不应该抛弃国联。中国在这个中日冲突开始的时候就根据国联盟约第十一条,提出国联行政院。在这十八个月之中,国联的行动虽然引起了我们中国人不少的失望,但是平心论之,国联在这一年半之中对中日冲突案的努力是值得我们全国人的深刻的感谢的。假如没有国联的受理,这个冲突在旧日国际公法的原则之下只是中日两国之间的冲突,别的国家尽可以趁火打劫,或者宣告中立,都没有参预评判或调解的义务。这个问题所以成为一个全世界的大问题,使侵略者不能不有所瞻望顾忌,这是国联的第一贡献。国联派出的李顿调查团,发表了他们的公正的报告书,指出"九一八"夜的日本军事行动不能视为合法的自卫办法;指出"满洲国"的成立是由于日本军队的存在及日本官吏的活动,而不是由于真正自然发生的独立运动;指出满洲伪国之维持决不能解决中日两国的冲突。这个报告书的公布使得此次争执的真是非大白于全世界,这是国联的第二贡献。最后,国联在本年2月24日的大会,通过了十九国特委会的报告书与建议案,在那报告书里整个接收了李顿报告书的公正的结论,正式判定东三省的主权无疑的属于中国,正式判定日本军队在九一八夜以及后来的军事行动均不能认为自卫的动作;正式判定满洲伪国是一群日本文武官吏在满洲境内计划组织起来的傀儡,是"满洲境内占绝大多数的中国人民都不赞成的";正式判定虽然九一八以前中日两国都有错处,九一八以后,日本应负完全责任;正式判定九一八以后中国抵制日货是属于国际报复的行为。这种种的判断使我们的申诉得着整个文明世界的正谊的判决,得着国际公法上的法律根据,得着了蒋廷黻先生(本刊四十三号)所谓"联合全世界一致对日的预备工作"。这种判断使日本成为全世界道德的贬议之下的大罪人。这是国联的第三贡献。——在国联给了我们这种种援助之后,我们至少的限度的义务是必须做一个忠实的国联会员国;这就是说,我们必须遵守去年3月11日国联大会通过不承认用暴力造成的任何局面的决议;必须遵守本年2月24日大会通过的报告书与建议案的规定,解决争执的办法必须不违反李顿报告书第九章的十项原则,必须与其他会员国一致在法律上或在事实上继续不承认满洲伪政权。

这两个理由完全是从中国的国际的局面着想。至于国中舆论的道德上的制裁决不容许政府当局作今日之李鸿章,这是国中各报纸都已详细发挥的了,不用我再来申说。

总而言之,国家的生命是千年万年的生命,我们不可因为眼前的迫害就完全牺牲了我们将来在这世界上抬头做人的资格。国家的生命是国际的,世界的,不是孤立的:我们不可因为怕一个强暴的敌人就完全抛弃了全世界五六十个同情于我们的友邦。

我们此时也许无力收复失地，但我们决不可在这全世界的道德的援助完全赞助我们的时候先就把失地签让给我们的敌人。我们也许还要受更大更惨的侵略，但我们此时已被"逼上梁山"，已是义无反顾的了。我们此时对自己，对世界，都不能不坚持那道德上的"不承认主义"，就是决不承认侵略者在中国领土内用暴力造成的任何局面，条约，或协定。

我们要准备牺牲，要准备更大更惨的牺牲。同时我们要保存一点信心。没有一点信心，我们是受不起大牺牲的。我们现在至少要有这样的信心："现在全世界的正谊的赞助是在我们的方面，全世界的道德的贬议是在我们敌人的头上，我们的最后的胜利是丝毫无可疑的！"

1914年比利时全国被德国军队占据蹂躏之后，过了四年，才有光荣的复国。1871年法国割地两省给普鲁士，过了四十八年，才收回失地。

我们也许应该准备等候四年，我们也许应该准备等候四十八年！在一个国家的千万年生命上，四五年或四五十年算得什么？

1933，3，27

（原载1933年4月2日《独立评论》第44号）

跋蒋廷黻先生的论文

蒋先生这篇《长期抵抗中如何运用国联与国际》，我读了之后，觉得这是一篇极重要的文字，所以我大胆把我读后的感想写在这里做一篇短跋。

十年前（民国十一年十月），我在《努力周报》上发表了一篇文字，题为"国际的中国"，本意是对于当时的中国共产党倡出的"瞎说的国际形势论"下一点批评和矫正。当时我说：

> 我们要知道：外国投资者的希望中国和平与统一，实在不下于中国人民的希望和平与统一。……投资者的心理，大多数是希望投资所在之国享有安宁与统一的。……国际投资之所以发生问题，正因为投资所在之国不和平，无治安，不能保障投资者的利益与安全。故近人说，墨西哥，中国，波斯，近东诸国，可叫做"外交上的孤注，国际上的乱源"。

所以我那时说：

> ……我们现在尽可以不必去做那怕国际侵略的噩梦。最要紧的是同心协力的把自己的国家弄上政治的轨道上去。国家的政治上了轨道，工商业可以自由发展了，投资者的正当利益有了保障了，国际的投资便不发生问题了，资本帝国主义者也就不能不在轨道上进行了。

我的结论是：

> 政治的改造是抵抗帝国侵略主义的先决问题。（全文见《胡适文存二集》卷三，页一二八 a 以下）

十年以来，我当时所批评的"瞎说的国际形势论"不但没有减少势力，竟渐渐成为有力政党的正统思想。所以全国政治的努力不用在改造国家的政治,倒用在排外思想的煽动,用在口号标语式的打倒帝国主义。结果是我们糟塌了整整十年的宝贵光阴,自己国家的政治至今还不曾上轨道,而在外交上反早已走上了某先生所谓"止有敌人而无与国"的孤立地位。华盛顿会议给我们的休养整理的时间,我们完全不会利用,全用在自己相残相杀相压迫的死路上了。直到国难临头,我们从噩梦里跳起来,方才知道阿蒙还是十年前的腐败阿蒙,方才知道一个残破散漫的中国止可以给敌人做侵略的口实,而决不能抵御最新式的武力的侵略。十年的大错铸成了今日的奇耻大辱,还落得我们的敌人向全世界宣传我们是一个没有现代国家资格的民族。

在一年半的惨痛的经验里,我们的大多数政论者似乎还完全不曾了解这回事情的教训。我们还只看见整串的名词和口号的搬弄,全不顾到事实的局势。即如最近一期的《东方杂志》(三十卷六号)的"太平洋现势之分析"专号的引论,开口便说:

> 帝国主义分割中国的悲喜剧,已从日内瓦政治外交斗争的场面,移转到太平洋武装斗争的场面来了。

又说:

> 自九一八以来,一直到最近为止,帝国主义者想在日内瓦的绿色坛坫上,用政治外交方法解决日本独占或国际共管的问题。

这种议论完全是一串杜撰的名词在那儿变戏法,名词的背后若不是恶意的抹杀事实,就是无识的武断。我们至今还没有一点点自责的态度,还不肯用一点思考的工夫,还只知道造作名词来抹杀青天白日的事实:这种现象真是亡国的现象。

蒋廷黻先生这一篇文字,我认为是对于今日这种"瞎说的国际形势论"的一种最切实的纠正。他第一劝我们要认清国联的性质。今日的国联已不是几个大国所能完全操纵的了:它一面要顾到许多小国的志愿,一面又要顾到几个非会员的强国(苏俄与美国)的趋向;它为自己的生命与前途的发展,不能不维持盟约的尊严。这十八个月中国联应付远东局面的经过,至少应该可以使我们相信它宁愿得罪一个跋扈的强国而不肯失去世界公论的同情的。这是我们今日谈国际政治时必须认识的第一点。

第二，蒋先生劝我们要认清国际的形势。他指出列强（小国更不必说）之中至少有些国家对于中国除了通商之外没有别的侵略野心："华府会议以后，在华只图通商的国家切望中国的自强更加热烈，有时比中国人只有过而无不及。"在这一点上，这些国家的利益可说是和中国的利益相同的，因为他们知道一个富强的中国必定是他们的更大又更有益的市场。这是我们今日谈国际形势应该认识的第二点。

第三，他劝我们要认清只有一个现代化成功的中国方才可以根本解决远东问题；并且在中国现代化的过程中，国联可以给我们最可靠又最少危险的援助。我们必须充分了解这种形势，然后能放手放胆去利用欧美资本与技术的合作来促进中国的现代化。这虽然很像是迂远的路径，然而只要我们打定方针做去，最迂远的路也许是最快捷的路。这是我们今日谈国际形势应该认识的第三点。

我读了蒋先生的文章，觉得他的主张和我十年前的主张有不少共同之点，我忍不住要写这几句读后感，表示我的同情的敬意。蒋先生的论调在今日一定要挨那班"瞎说的国际形势论者"的诅咒的，正如我十年前挨他们的诅咒一样。但今日的国际形势的事实比十年前明显的多，瞎说的人未必能使今日全国的人都变成瞎子。我相信蒋先生这种历史事实的观点终久是会占胜利的。

1933，4，3 夜

（原载1933年4月9日《独立评论》第45号）

我的意见也不过如此

徐炳昶先生从西安来信(见本期),其中有一段是希望《独立评论》的几个朋友联合起来出个宣言"主张坚决的战争"。他特别问起我"近来的意见若何"。我想,我的意见虽然不能代表《独立评论》同人的全体,也未见得有多大的价值,然而我觉得这个时候我们都应该赤裸裸的说自己良心上要说的话,所以我借这个机会说说我的意见。

我的意见不过如此:

我在前年(1931)11月曾主张政府当局应该接受日本政府在国联提出的五个基本原则,开始交涉。

我在去年(1932)6月曾公开作文主张政府应该表示愿意依据上述五项原则,进行与日本交涉。(本刊第五期,《论对日外交方针》。)我当时说,"交涉的目标要在取消满洲伪国,恢复领土及行政主权的完整"。

到了今年日本拒绝国联调解并且退出国联之后,我不主张与日本交涉了。我深信,对日交涉无论取何种方式,必须不违背国联在今年2月24日的大会上通过的报告书与建议案的原则。在日本没有表示承认这些原则之前,中国对自己的人民,对世界,都有不同日本进行交涉的义务。(本刊四十四期,《我们可以等候五十年》)

这是徐先生和其他朋友都知道的。至于徐先生特别要知道我对于主战的意见,我可以说:我不能昧着我的良心出来主张作战。这不是说凡主战的都是昧着良心的,这只是要说,我自己的理智与训练都不许我主张作战。

我极端敬仰那些曾为祖国冒死拼命作战的英雄,但我的良心不许我用我的笔锋来责备人人都得用他的血和肉去和那最惨酷残忍的现代武器拼命。

我读了董时进先生的《就利用"无组织"和"非现代"来与日本一拼》(4月3日至4日的《大公报》),很佩服董先生的痛快的笔锋与辩才,但我的理智决不能允许我希望"脱开赤膊,提起铁匠铺打的大刀"的好汉可以"徼幸三次四次乃至于许多次"。我决不能像董先生那样信仰"大车骆驼和人"的运输;更不信他说的"后方运送械粮,单用人挑抬也尽够!"我绝对不信他说"我们的老百姓到了草根树皮都没有,他们不吃也成,到饿死也不会骚动,更不会同兵士争粮饷":如果真是这样,这样"到饿死也不会骚动"的百姓里决不会产出董先生所希望的拼命为国家作战的武士!

我的良心绝不能容许我学董时进先生说这样的话:

> 到必要时,我们正不妨利用百姓的弱点,一使军阀惯用的手段,去榨他们的钱,拉他们的夫。反正我们的百姓好对付,能吃苦,肯服从,就拉他们上前线去死,尽其所有拿去供军需,他们也不会出一句怨言。

老实说,我读了这种议论,真很生气。我要很诚恳的对董先生说:如果这才是救国,亡国又是什么?董先生说的"我们"究竟是谁?董先生是不是"我们"的一个?"他们"又是谁?董先生又是不是"他们"的一个?这样无心肝的"我们"牵着无数的"好对付,能吃苦,肯服从"的"他们""上前线去死",——如果这叫做"作战",我情愿亡国,决不愿学着这种壮语主张作战!

董先生在本刊这一期里有一篇《中国的废话阶级》,劝我们大家不要说废话。他有他的废话的定义。但依我的愚见,凡不负责任的高调,都是废话。孔子曾说:

> 故君子名之必可言也,言之必可行也。君子于其言,无所苟而已矣。

言之必可行也,这就是"无所苟",这就是自己对自己的话负责任。凡立一说,建一议,必须先把此说此议万一实行时可以发生的种种结果都一一想像出来,必须自己对于这种种结果准备担负责任。这才是立言无所苟。不能如此的,都是不负责任的废话。

作政论的人,更不可不存这种"无所苟"的态度。因为政论是为社会国家设想,立一说或建一议都关系几千万或几万万人的幸福与痛苦。一言或可以兴邦,一言也可以丧邦。所以作政论的人更应该处处存哀矜,敬慎的态度,更应该在立说之前先想像一切可能的结果,——必须自己的理智认清了责任而自信负得起这种责任,然后可以出之于口,笔之于书,成为"无所苟"的政论。不能如此的,只是白日说梦话,盲人骑瞎马,可以博取道旁无知小儿的拍手欢呼,然而不是诚心的为社会国家设计。

"作战"不过是两个字,然而我们很少人充分想过这两个字包涵的意义。最近出版的《东北月刊》第二卷第二期有一篇多马舍夫斯基的《未来战争的研究》,约有四万多字,详述"吾人所可想见之将来战争,为大量之军队,在物质方面有丰厚之供给,交战之各方必竭其一切之能力,一切之方法,直至一方完全疲尽为止"。作者告诉我们:当上次欧洲大战开始时,德国于1914年8月1日至17日共计十七日之中,铁路方面共开行一万二千列车,共运送三百二十万人,九十万匹马,而无一次意外及不幸事件发生。他又告诉我们欧战各国汽车运输的统计:到欧战终了之日,

汽车　　十一万五千辆

机师　　八万一千二百九十人

工匠　　二万七百六十二人

办公职员　十六万五千人

官员　　二千六百五十七人

从1917年11月到1918年11月,一年之中,共耗用了

汽油　　2 411 531 立脱

油　　159 835 立脱

水电石　　18 864 基罗加伦

擦轮油　　16 799 基罗加伦

他又告诉我们"空间防御"的种种方面,他说:

一国空防组织,必多设侦察之点,使其声息相通。……于各

侦察点上当设置收音机,可于数十里外听得敌机之声响,同时且能预测其距离及速度。在法国专理此事之人员,平时大约有一千五百人,战时则增至二千人。

他又说:
> 法国之施用及准备上述各项(侦察,防御,空军)方法者,即达十五万人,而犹不敢谓其全国之各大城镇皆有完全之保障。

这不过是摘抄那篇长文中的几个例子。我们读了这种统计,至少可以稍稍想像"战争"的意义是个什么样子,至少可以不至于随便说出"后方运送械粮,单用人挑抬也尽够"那样的梦话。

董先生的《就利用无组织和非现代来与日本一拼》一篇是对本刊四十三期《热河失守以后》而发的。他说:
> 我们千万不要相信暂时忍耐以后励精图治收复失地的话。这和懒人所说"今朝多睡一刻,明朝早点起来",是同一口吻。大约从前割台湾琉球的时候,也曾经有人说过同样的话。

我可以根据历史的事实,告诉董先生:从前中法之战和中日之战都有像徐先生董先生一样的慷慨激昂的"清议"极力主战,"全国一致的主张",使政府"无所躲闪"。当时只有一两个立言无所苟的先知者,如郭嵩焘之流,大胆出来反对主战之论。郭嵩焘在中法战时上疏说:
> 交涉西洋通商事宜,可以理屈,万不可以力争。可以借其力以图自强,万不可恃其强以求一逞。臣尝论西洋要求事件,轻重大小,变幻百端,一据理折衷,无不可了。一战则必不易了。

(《郭侍郎奏议》卷十二,《因法事条陈时政疏》)

这种话是当日的"清议"所不容的,正如今日我们的话或为徐先生董先生乃至无数"清议"家所不容一样。然而失安南,失朝鲜,割台湾,割辽东半岛,以至造成今日的局面,当日主持清议的名流又何尝想像得到,又何尝准备负其责任呢?

郭嵩焘在四五十年前曾有这样很感慨的话:
> 圣人之立教曰慎言,曰其言也讱,曰古者言之不出,曰巧言乱德,曰言无实不祥。无相奖以言者。宋儒顾不然:凡有言者皆善也!……凡事皆可言也!……唐宋之言官虽嚣,尚无敢及兵

政。南渡以后,张复仇之议,推陈兵事,自诸大儒倡之,有明至今承其风,持兵事之短长尤急。末流之世,无知道之君子正其议而息其辩,覆辙相寻,终以不悟!(《文集》卷十,《致曾沅甫》)

这是对当日的"废话阶级"下的针砭。我们谈政治的人,在今日读这种忠告,应该作什么感想?

1933,4,11

(原载1933年4月16日《独立评论》第46号)

从农村救济谈到无为的政治

前不多时,政府发表了一个农村复兴委员会,其中有我的名字。我因为实在没有研究过农村问题,又因为不久就要出国了,所以决定辞去农村复兴委员会的委员。可是政府的好意却也使我在这几天之内想想这个问题。现在这个委员会快要在南京开会了,我想向各位委员,并且向政府,提出一个门外汉的意见,供他们的考虑。

我的意见是这样。农村的救济有两条大路,一条是积极的救济,一条是消极的救济;前者是兴利,后者是除弊除害。在现时的状态之下,积极救济决不如消极救济的功效之大。兴一利则受惠者有限,而除一弊则受惠者无穷。这是我要贡献给政府的一个原则。

积极的救济如农民借贷,如合作运动,如改良农产和改良农业技术,这都是应该努力去做的事。但此种积极事业必须假定两个先决条件:第一要有钱,第二要有人才。有多少钱,才可以办多少事;有了钱而没有相当训练的人才,也往往糜费扰民而无功。所以此种积极政策的可能范围必须受财力与人才的限制;在这种无钱又无人的状况之下,积极救济的可能范围是很有限的。

反过来看看,究竟全国农村为什么大都陷入了破产的状态呢?这里面的因子很复杂;有许多因子是由于世界的变迁,国际的关系,不是我们自己轻易管顾得住的(如西洋妇女剪发盛行,而我国的发网业衰落;如中俄商业断绝,而洋庄茶业破产;如世界经济萧条,而我国蚕丝皮货都大衰落)。但绝大多数的农村所以破产,农民所以困穷,都还是由于国内政治的不良,剥削太苛,搜括太苦,负担太重。此种政治的原因,都是可以用政治的方法去解除的。解除人民的苦痛,减轻人民的负担,这是消极的救济。

现时内地农村最感苦痛的是抽税捐太多,养兵太多,养官太多。纳税养官,而官不能做一点有益于人民的事;纳税养兵,而兵不能尽一点保护人民之责。剥皮到骨了,吸髓全枯了,而人民不能享一丝一毫的治安的幸福!在这种苦痛之下,人民不逃亡,不反抗,不做共产党,不做土匪,那才是该死的贱种哩!

依我的愚见,此时在绝大多数的内地省分,第一急务是努力推行消极的救济。最容易的是裁减官吏与机关;其次是停止一切所谓"建设事业",如强制征工筑路一类的虐政。其次是努力裁兵。在实行裁兵之前,应该赶紧停止近日各省抽提壮丁编作保卫团的新政。今日的大患不在兵少,而在兵多而无用。已有的兵不能剿匪,不能卫国,不能保护人民,即使再添一倍两倍的保卫团,只夺取民时民力,只增加人民的苦痛,决不可提倡。

这三件事,——裁官,省事,裁兵,——都是今日救济农村的最先急务。因为这三件事是减轻捐税的先决条件。现在各省人民的捐税实在远超过他们的纳税能力了。四川的租税已预征到三四十年后,每两钱粮券已加到十七八元了。江浙的钱粮每两也加到十元了。苛捐杂税之多,已是古今中外的得未曾有。("古今中外"四个字是我考虑过才用的!)至于烟亩捐之野蛮,逼款之奇惨,更是人间的地狱变相(参看本刊第廿八,廿九,三十期《乡居杂记》及《关中见闻纪要》等篇)。救济农村必须赶紧努力做到减轻正税和免除一切苛捐杂税;而减除捐税必须从裁官、省事、裁兵三事下手。

裁官,停止建设,裁兵,减除捐税,这都是消极无为的救济。读者莫笑这种主张太消极了。有为的建设必须有个有为的时势;无其时势,无钱又无人而高倡建设,正如叫化子没饭吃时梦想建造琼楼玉宇,岂非绝伦的谬妄?今日大患正在不能估量自己的财力人力,而妄想从穷苦百姓的骨髓里榨出油水来建设一个现代式的大排场。骨髓有限而排场无穷,所以越走越近全国破产的死路了!

此时所需要的是一种提倡无为的政治哲学。古代哲人提倡无为,并非教人一事不做,其意只是教人不要盲目的胡作胡为,要睁开眼睛来看看时势,看看客观的物质条件是不是可以有为。所以说:

"无为者,不先物为也。"所以说:"不为物先,不为物后;与时推移,应物变化。"所谓"时",即是时势,即是客观的物质条件。第一是经济能力,第二是人才。没有经济能力,就须用全力培养经济能力;没有人才,就须用全力培养人才。在这种条件未完备之先,决不能做出什么有为的政治。

现时中国所需要的政治哲学决不是欧美十九世纪以来的积极有为的政治哲学。欧美国家有富厚的财力,有济济跄跄的专门人才,有精密强固的政治组织,所以能用政府的工具来做大规模的建设事业。我们只是贫儿,岂可以妄想模仿富家的大排场?我们只是婴孩,岂可以妄想做精壮力士的事业?我们此时只能努力抚养这婴孩使他长大,教练这贫儿使他撙节积蓄,养成一点可以有为的富力。

最好的抚乳培养的方法是一种无为的政治,"损之又损,以至于无为",以至于无可再损。这种老子的话头也许太空泛;我们可以用十九世纪后期哲人斯宾塞(Spencer)的话:要把政府的权力缩小到警察权。这就是无为政治的摩登说法。警察权只是维持人民的治安,别的积极事业都可以不管;人民只要有了治安,自然会去发展种种积极的事业。斯宾塞在十九世纪的英国提倡此种消极的政治主张,自然是背时。但这种思想在今日一切落后的中国,我们认为是十分值得我们的政治家注意考虑的。

试看中国境内的几处租界发达的历史,那一处不是先从努力做到警察权下手?租界的政府只是一个工部局,俗名为巡捕房,他的唯一作用只是维持公共治安。治安维持住了,一切公用事业,一切商业工业,一切建设,自然有人来发展,自然有法子发展。决没有一个政府不能做到维持治安,而能发展建设事业的!

再看看中国历史上,统一帝国的成立全靠汉朝四百年立下了一个基础,而汉朝四百年的基础又全靠开国六七十年的无为政治。《汉书·食货志》说:

> 汉兴,接秦之敝,诸侯并起,民失作业,而大饥馑,凡米石五千(《史记·平准书》作"米至石万钱")。人相食,死者过半。高祖乃令民得卖子就食蜀汉。天下既定,民亡盖藏,自天子不能

具醇驷（四匹马一色），而将相或乘牛车。

经济的状况如此，自然不是可以有为的时势。所以鲁国的儒生对叔孙通说：

> 今天下初定，死者未葬，伤者未起，又欲起礼乐！礼乐所由起，积德百年而后可兴也。吾不忍为公所为。

所以当时哲人陆贾也主张无为的政治。最奇怪的是当日的武将，"身被七十创，攻城略地功最多"的平阳侯曹参，也极力主张无为的政治。曹参和韩信平定了齐地，高祖把韩信调开了，封他的长子肥为齐王，用曹参做齐相国（前202年）。曹参以战功第一的人，做韩信的继任者，他岂不明白高祖的用意？司马迁说：

> 参之相齐，齐七十城，天下初定，悼惠王富于春秋。参尽召长老诸生，问所以安集百姓如齐故俗，诸儒以百数，言人人殊，参未知所定。闻胶西有盖公，善治黄老言，使人厚币请之。既见盖公，盖公为言治道贵清静而民自定，推此类具言之。参于是避正堂，舍盖公焉。其治要用黄老术，故相齐九年（前202—前193），齐国安集，大称贤相。

> 惠帝二年（前193），……参去，嘱其后相曰，"以齐狱市为寄，慎勿扰也"。后相曰，"治无大于此者乎？"参曰，"不然。夫狱市者，所以并容也。今君扰之，奸人安所容也？吾是以先之"。（《史记》五四）

曹参在齐相国任内，行了九年的清静无为的政治，已有成效了，故他到了中央做相国，也抱定这个无为不扰民的主义。

> 参代萧何为汉相国，举事无所变更，一遵萧何约束。择郡国吏，木（《汉书》三九木字作"长大"二字，孟康说，年长大者。）讷于文辞，谨厚长者，即召除为丞相史；吏言文深刻，欲务声名，辄斥去之。日夜饮醇酒。卿大夫以下吏及宾客，见参不事事，来者皆欲有言。至者，参辄饮以醇酒；间之，欲有所言，复饮之，醉而后去，终莫得开说。相舍后园近吏舍。吏舍日饮歌呼，从吏恶之，无如之何，乃请参游园中，闻吏醉歌呼，从吏幸（希冀）相国召按之。乃反取酒张坐饮，亦歌呼与相应和。参见人之有细过，

专掩匿覆盖之。府中无事。

惠帝看了曹参的行为,有点奇怪,叫他的儿子曹窋去规谏他。曹窋回去问他父亲为什么"日饮,无所请事"。曹参大怒,打了他二百下,说,"天下事不是你应该说的!"第二天,惠帝只好老实说是他叫曹窋去说的,

> 参免冠谢,曰:"陛下自察圣武孰与高帝?"
> 上曰,"朕乃安敢望先帝乎?"
> 曰,"陛下观臣能孰与萧何贤?"
> 上曰,"君似不及也"。
> 参曰,"陛下言之是也。高帝与萧何定天下,法令既明,今陛下垂拱,参等守职,遵而勿失,不亦可乎?"
> 惠帝曰,"善,君休矣"。

这里明明说出他的无为政治的意义是:"我们都不配有为,还是安分点,少做点罢。"曹参的尊重盖公,实行黄老的思想,便已是有意的试行无为主义了。孝文、孝景二帝的政治也都含有一点自觉的无为政策。文帝在位二十三年,所行政策,如除肉刑,除父母妻子同产相坐律,减赋税,劝农商,以及对南越及匈奴的和平政策,都像是有意的与民休息。他的皇后窦氏便是一个尊信黄老的妇人。她做了二十三年的皇后,十六年的皇太后,六年的太皇太后,先后共四十五年(前179—前135)。《史记》(四九)说:

> 窦太后好黄帝老子言,帝(景帝)及太子(武帝)诸窦不得不读黄帝老子,尊其术。

从曹参到窦太后死时,五六十年中,无为的政治已发生了绝大的效果,做到了全国的太平与繁荣。司马迁在《吕后本纪》后面说:

> 孝惠皇帝高后之时,黎民得离战国之苦,君臣俱欲休息乎无为,故惠帝垂拱,高后女主称制,政不出房户,天下晏然。刑罚罕用,罪人是希,民务稼穑,衣食滋殖。(《史记》九)

可见当时的政治尽管龌龊,而"政不出房户",人民便受惠不少。几十年的无为,有这样大成效:

> 至今上(武帝)即位数岁,汉兴七十余年(前202—前130)

> 之间,国家无事,非遇水旱之灾民则人给家足,都鄙廪庾皆满,而府库余货财。京师之钱累百巨万(万万为巨万),贯朽而不可校。太仓之粟陈陈相因,充溢露积于外,至腐败不可食。众庶街巷有马,阡陌之间成群,而乘字牝者摈而不得聚会。守闾阎者食梁肉,为吏者长子孙(吏不时时更换,至生长子孙而不转职),居官者以为姓号。故人人自爱而重犯法,先行义而后绌耻辱焉。
> (《史记》三十)

有了这六七〔十〕年的无为政治做底子,所以汉武帝可以有几十年的大有为。这一段汉初的无为政治的故事也许可以供我们今日的政治家开会议做纪念周完时的一点有趣味的读物罢?

(**附记**)蒋廷黻先生主张承认克复的共党区域内的田地分配,这也是我所谓无为政策之一种。

(原载 1933 年 5 月 7 日《独立评论》第 49 号)

制宪不如守法

立法院的宪法草案委员会上月通过了《缩短宪法草案起草工作程序》案,其程序如下:
（一）研究时期　　　　4月1日至4月30日
（二）初稿时期　　　　5月1日至6月30日
（三）本会讨论时期　　7月1日至7月15日
（四）公开评论时期　　7月16日至8月15日
（五）再稿时期　　　　8月16日至8月31日
（六）大会讨论时期　　9月1日至9月15日

这回的宪法草案起草工作需时半年之久,并且公开的征求全国国民的研究与批评,这样的慎重从事,比前年的约法起草与通过时的潦草,自然大不相同了。然而我们观察全国舆论,总不免感觉得全国人对于这回的制宪事业还是很冷淡的,很不注意的。这是为了什么缘故呢？

现在宪法草案的"原则"十二项已陆续通过发表了。起草的程序已到了"初稿"的时期了。然而我们观察全国的舆论对于这件事还是很冷淡的,还是很不关心的。这是什么缘故呢？

我们猜想,全国对于这回制宪工作的冷淡,其原因有偶然的,也有根本的。偶然的原因是在这国难严重的时期,大家的注意都在中日的问题,所以制宪事业在一般人的心目中反成了一种不紧急的点缀了。

除了偶然的原因之外,还有一个更根本的原因:这就是人民对于宪法的效能的根本怀疑。我们读了报上用五号或六号小字登载的宪法草案委员会的新闻,或读了他们征求意见的广告,总不免微微苦笑，自己问道："有了新宪法，能执行吗？这还不是和民国元年临时约法以来的许多种宪法同样的添一大堆废纸吗？现今不是已有了一部《训政时期约法》吗？有了和没有，有什么不同呢？那一部八十九条的约法，究竟行了几条没有呢？"

这种对于宪法的根本不信任，是今日大家不注意这回的制宪事业的根本原因。而这种根本不信任，完全是政府自身造成的。我们试分析人民为什么这样不信任国家的根本法，可以得着几种有益的教训：

第一，官吏军人党部自身不愿守法，所以使人民不信任法律。凡官吏军人党部感觉于他们不方便的法律，他们都不愿遵守。例如《训政约法》第六十二条规定中央应以法律限制各种有弊害之课税，然而在中央权力直辖省分的鸦片特税，如皖北的烟亩捐，如江苏的鸦片公卖，中央可曾有制裁的决心吗？又如《训政约法》的原草案第四十二条本规定"人民除依戒严法所规定外，不受军法审判"，这条文本来很妥善；但后来改成了"人民除现役军人外，非依法律，不受军事审判"（《约法》第九条），这一改把"除戒严法所规定外"改成了"非依法律"，就把种种绝不应该存在的单行法（如《危害民国紧急治罪法》等）都保留下来了！军人官吏党部觉得这种单行法于他们最方便，所以他们不惜牺牲根本法来保留那些于他们有利的单行法。又如《约法》草案第二十九条本规定"凡逮捕拘留人民之命令，除现行犯外，限于法院"；但后来的《约法》删去了此条，也只为党部官吏军人都感觉这种规定于他们的权威大有妨碍。又如《约法》第八条明明规定"人民因犯罪嫌疑被逮捕拘禁者，其执行逮捕或拘禁之机关至迟于二十四小时内移送审判机关审问（草案原作'提交法院审问'！）"。《约法》颁布至今，恰恰满两年了，试问这一条约法有一次实行过吗？——官吏军人党部自己不愿守法，故不但不许那些于他们不便的条文列入国家的根本法，并且肆无忌惮的违背里〔了〕根本法内已有明文的规定！这样有法等于无法，何怪人民不信任宪法呢？

第二，政府立法之先就没有打算实行，所以立了许多纸上具文，使人民失去对法律的信仰。《训政约法》中的"国民生计"、"国民教育"两章,就是最好的例子。如第五十条"已达学龄之儿童,应一律受义务教育";第五十一条"未受义务教育之人民,应一律受成年补习教育"。此种条文,岂不好看好听? 然而政府立法时何尝打算实行呢? 立法至今又何尝准备实行呢? 法律的灵魂在于执行;故商鞅变法之先有移木之令,使人民相信他的法令是要执行的。凡多立不行的法律,必使人民轻视法律本身的效能。《约法》八十九条之中,不准备实行的空文居其半数,何怪人民对国家根本法没有信任心呢?

第三,宪法中列举的条文总是空泛的原则,若没有附加的详细施行手续,就都成了无效力的具文,这也是中国的根本法不能得人民信仰的一个根本理由。试举《约法》六十二条的课税限制为例:空泛的说"妨害社会公共利益"的课税应由中央裁制,有何用处? 要使这一条生效力,必须有明白禁止鸦片烟的亩捐,吸捐,营业捐等等的详细手续法。此外如同一条所载的"复税"、"妨害中央收入来源"等项,也都必须有详细执行制裁的手续。宋子文财长近年在中央直辖各省推行卷烟等税,其所以有实效者,全靠中央一面能担保各省的收入,一面又严格的担保商家如有被地方政府复征之税概由中央偿还。若无此种详细执行的手续,虽有宪法的条文也决不会得人民的信任。课税如此,其他如教育,如人民权利,都是如此。宪法上尽管规定"中央及地方应宽筹教育上必需之经费,其依法独立之经费并予以保障",但政府若无教育经费的具体办法,若无切实保障种种教育基金的具体手续,那么,本来独立的教育经费,如清华大学基金,如中华教育文化基金,尚且可以随时受侵害,何况那本来不固定的国家与地方教育经费呢? 又如《约法》第八条规定的"人民因犯罪嫌疑被逮捕拘禁者……本人或他人并得请求于二十四小时内提审"。此种"提审"手续,至今没有规定颁布,不但人民不知道如何运用,法院也从来不曾办过,谁也不知道此种"提审状"是什么样子。此时即使有人依据《约法》向法院请求提审,法院就根本没有"提审令"一类的东西! 此种无施行手续的空泛条文,是无法执行的。有法而无法执行,又何怪人民对法律不生信任心呢?

以上所说,都要指出人民何以对国家根本法绝不生信仰。此种状态若无法改进,虽有最完美的宪法条文,终不过与《天坛宪法》、《训政约法》等同其命运!

所以我们希望政府明白这种很明显的事实。此时未尝不可制宪,但制宪之先,政府应该要在事实上表示守法的榜样,养成守法的习惯,间接的养成人民信任法律的心理。这才是宪政的预备。宪政的预备不在雇人起草,不在征求讨论,而在实行法律。与其请吴经熊先生们另起新花样的宪法草案,不如请他们先研究研究现在已有的各种法律,看看有多少种法令是应该立刻废止的(如《危害民国紧急治罪法》等);看看有那些法律是从来没有执行的;看看有多少种法律是必须编制施行细则方才可以施行的;看看有什么法子可以教官吏军人党部多懂一点法律,多守一点法律。

总而言之,制宪不如守法。守法是制宪事业的真正准备工作。

1933,5,8

(原载1933年5月14日《独立评论》第50号)

《独立评论》的一周年

《独立评论》是去年 5 月 22 日出版的,原定寒假中或有印刷上的不方便,所以每年只出五十期,现在已出到五十一期了。一周岁的婴孩本来不值得什么纪念,可是在这一年之中,我们承许多朋友的帮忙,使这个刊物随时得着不少的好文字,并且时时得着很有益的指导,我们很想借这个周年号对这些好朋友表示很诚挚的谢意。

《独立评论》社的社员只有十一个人,每人除每月捐出所认捐本刊经费之外,还须长期担任为本刊作文字。我们都是有职业的人,忙里偷闲来作文字,不但不能持久,也不会常有好文字做出来。所以我们每天希望社外的朋友来帮助我们。果然,社外的朋友不曾叫我们失望。《独立评论》出了几期之后,社外投稿渐渐增加了,直到后来有时候我们差不多可以全靠社外的文字出一期报,我们不过替他们尽一点编辑校对发行的责任,或者加上一两篇比较有时间性的政论文字。有时候投稿的作者是我们从未识面的人,我们因这个刊物竟添了不少新朋友。这是我们最感觉快慰的事。我们办这个刊物,本来不希望它做我们这十一二个人的刊物,也不希望它成为我们的朋友的刊物;我们自始就希望它成为全国一切用公心讨论社会政治问题的人的公共刊物。我们曾说过:我们不期望有完全一致的主张,只期望各人都根据自己的知识,用公平的态度,来研究中国当前的问题。这一年以来投稿的增多至少可以证明国内有不少的朋友对于我们这种态度表示信任,所以我们感觉很愉快的安慰。现在我把这五十期的文稿的来源,试做成一表如下:

《独立评论》期数　　社员撰稿篇数　　社外投稿篇数

第一至十期	43	7
第十一至二十期	33	26
第廿一至三十期	30	25
第三一至四十期	29	27
第四一至五十期	22	32
总　计	157	117

社员的稿子逐渐减少,而社外的投稿逐渐增多,这不但减轻了我们这几个人的文字负担,并且显示了社会上对我们表同情的人逐渐加多。如果这个趋势能继续发展,使这个小刊物真成为我们所希望的公共刊物,那就是我们发起的人最高兴最满意的了。

在这个最严重的国难时期,我们只能用笔墨报国,这本来是很无聊的事。但我们也不因此就轻视我们自己的工作。我们自己回头看看这一年的工作,虽然很感觉不满意,然而也还有几点是我们自己至今认为值得提倡,值得"锲而不舍"的反复申明的。

第一,我们希望提倡一点"独立的精神"。我们曾说过:"不倚傍任何党派,不迷信任何成见,用负责任的言论来发表我们各人思考的结果:这是独立的精神。"我们深深的感觉现时中国的最大需要是一些能独立思想,肯独立说话,敢独立做事的人。古人说的,"贫贱不能移,富贵不能淫,威武不能屈",这是"独立"的最好说法。但在今日,还有两种重要条件是孟子当日不曾想到的:第一是"成见不能束缚",第二是"时髦不能引诱"。现今有许多人所以不能独立,只是因为不能用思考与事实去打破他们的成见;又有一种人所以不能独立,只是因为他们不能抵御时髦的引诱。"成见"在今日所以难打破,是因为有一些成见早已变成很固定的"主义"了。懒惰的人总想用现成的,整套的主义来应付当前的问题,总想拿事实来傅〔附〕会主义。有时候一种成见成为时髦的风气,或成为时髦的党纲信条,那就更不容易打破了。我们所希望的是一种虚心的,公心的,尊重事实的精神。例如"开发西北"是一种时髦的主张,我们所希望的只是要大家先研究西北的事实(本刊第三期及第四期《中国人口分布与土地利用》),然后研究西北应该如何开发(本刊第四十期《如何开发西北》)。又如"建设"是一种最时髦的风气,我们所希望只是要大家研究建设应该根据什么材料做计划,计划应该如何整理,如何推行(本刊第五期《建设与计划》),并且要研究在现时的实际情形之下究竟有多少建设事业可做(本刊第三十期《多言的政府》,第四十九期《从农村救济谈到无为的政治》第二十三期《中国矿业的厄运》)。这种态度是一定不能满足现时一般少年读者的期望的,尤其是我们对于中日问题的许多文字。我们不说时髦话,不唱时髦的调子,只要人撇开成见,看看事实,因为我们深信只有事实能给我们真理,只有真理能使我们独立。有一位青年读者对我们说,"读《独立评论》,总觉得不过瘾!"是的,我们不供给青年过瘾的东西,我们只妄想至少有些读者也许可以因此减少一点每天渴望麻醉的瘾。

第二,我们希望提倡一点"反省的态度"。希腊哲人教人:"认得你自己",中国哲人也教人"自知者明"。我们最忧虑的是近二十年来中国人的虚骄与夸大狂,是我们不认识自己的弱点与危机。我们认为这真是亡国的现象,所以我们不惜在大家狂热的虚骄心与夸大狂上面去浇冰冷水。我们要大家深刻的认识"一个国家的强弱盛衰都不是偶然的,都不能逃出因果的铁律的。我们今日所受的苦痛和耻辱,都只是过去种种恶因种下的恶果"。(本刊第七期《赠与今年的大学毕业生》;第十八期《惨痛的回忆与反省》,第四十一期《全国震惊以后》。)我们要大家拿镜子照照我们自己的罪孽,要大家深刻的反省:"贫到这样地步,鸦片白面害到这样地步,贪污到这样地步,人民愚昧到最高官吏至今还信念经诵咒可以救国的地步,(今天报上还载着何键送一位法师去替蒋中正医牙痛,替熊式辉医脚痛哩!)这个国家是不能自存于这个现代世界的。"我们认这种自责的态度是真正的"心理建设"的基础。必须自己认错了,然后肯死心塌地的去努力学上进。

第三,我们希望提倡一种"工作的人生观"。我们曾说:

> 我们要深信:今日的失败,都由于过去的不努力。
> 我们要深信:今日的努力,必定有将来的大收成。

（第七期《赠与今年的大学毕业生》）

我们曾说：

> 在这样苦境中，你只有努力工作；你更应该拼命做你的工作。世界上只有真正的工作能够造成人类的幸福。（第十期《一个打破烦闷的方法》）

我们曾说：

> 欧美的富强是至少二三百年努力的结果。日本也经过六十年小心翼翼拼命工作，方能够有今日放肆的力量。我们从落伍的国家要赶上人家，非但要努力，真还要拼命。苏俄的建设工作便是拼命赶的榜样。……人就是为工作生的，不工作就是辜负此生。播了种一定会有收获，用了力决不至于白费。……万一中国亡了，那时候我们要工作人家都不要也不许我们工作了。趁现在中国还是我们的，我们正应该起日暮途远之感，拼命的工作。虽然我们觉悟已经太晚了，也许神明之胄天不绝人，靠我们今日的努力能造下复兴的基础。说到极点，即使中国暂时亡了，我们也要留下一点工作的成绩叫世界上知道我们尚非绝对的下等民族。只要我们真肯努力，便如波兰捷克也还有复兴的日子。（第十五期《我的意见不过如此》）

我们曾说：

> 佛典里有一句话："福不唐捐。"唐捐就是白白的丢了。我们也应该说："功不唐捐。"没有一点努力是会白白的丢了的。在我们看不见想不到的方向，你瞧！你下的种子早已生根发叶开花结果了！（第七期《赠与今年的大学毕业生》）

工作！拼命工作！这是我们要向一切中国人宣传的人生观。救国做人，无他秘诀，无他捷径，只有这一句老话。

我们回头看看我们这一年说的话，不过如此而已。然而我们并不惭愧，因为这都是我们良心上要说的话。

1933，5，15

（原载1933年5月21日《独立评论》第51号）

熊十力《要在根本处注意》
一文的编者附记

编者附记:

  熊十力先生现在北京大学讲授佛学,著有《新唯识论》等书,是今日国内最能苦学深思的一位学者。他读了我的《我的意见也不过如此》之后,曾有长函给我,颇怪我"谨慎太过",他说,"今日已举世无生人之气,何待以不抵抗教之耶?"我因为当时已有董时进先生的答辩了,熊先生的大旨与董先生相同,所以我不曾发表此信。

  熊先生此次来信,长至五千字,殷殷教督我要在根本处注意,莫徒作枝节议论,他的情意最可感佩,所以我把全文发表在此。他的根本主张,我想另作较详细的讨论。我在此处只想答复一两点"枝节议论"。

  一者,熊先生说,"土耳其有几多科学设备?而苦战抗敌矣"。他前次来信,也有此语。此系熊先生不曾细考土耳其苦战的历史。凯末尔将军所抗之敌已不是1918年停战以前的协约国联军了,不过是那贪横的希腊军队。希腊的政治组织本不坚固,军队也不是劲敌,故新起的土耳其民族主义运动之下的军队居然能苦战退敌。其时意大利与法国都颇同情于土耳其,协约国的巨头也怕苏俄在新土耳其太占优势,况且全欧都不愿延长那一隅的战争了,所以1923年的洛山条约放弃了五年前停战时的条件,容许土耳其保留在欧洲仅存的一线土地。几个月之后,希腊革命起来,推翻那战败的政府,废去君主政体,改为共和国家。我们应知道新土耳其与希腊的战争与今日的中日战争是不能相提并论的。

第二,熊先生提及我在燕京大学的一次讲演,我在那讲演里并不曾说"国府统一全国以后渐自尊大",恐是笔记者误记。我说的正是熊先生所谓"无知无耻之志得意满"。我说,近二十年来的国人心理全忘了自己的百般腐败,百般不如人,百般亡国灭种的危机,事事归咎于人,全不知反省,全不知责己,更不知自己努力拯救自己。自甲午至辛亥,尚有一点谴责自己愿学他人的大国风度,还可说是有一点兴国气象。民国二十一年中,尤其是欧战以来,正是熊先生说的"无知无耻的志得意满",我所以说是"亡国气象"。

(原载 1933 年 5 月 21 日《独立评论》第 51 号)

保全华北的重要[①]

我们的国家现在已到了一个十分严重的时期,不能不平心静气的考虑我们所处的局势,然后决定我们应该采取的步骤。

我们所处的局势是这样的:第一,整个的中日问题,我国政府在这时候决无解决的能力,也没有解决的办法。此时的解决,无疑的,就等于放弃东北四省,承认满洲伪国,这都是全国民众所不许的,也都是政府在道义上,在责任上所不能接受的。第二,现在的战事已由热河榆关进到长城以南,不但北平天津有陷落的危险,连整个的华北都有被侵吞的可能。喜峰口与古北口两处我国军人的奋勇抵抗,南天门的八日八夜的血战,都是全国人与世界同声赞叹的。但现在长城以南已无险可守了。我们的最精良的军队的血肉牺牲,终不能长久支持敌人的最新式武器的摧残,终不能撑持这个无险可守而时时刻刻有腹心之患的大局:这也是我们都不能否认的。

在这个局势之下,我们不能不承认两点:

第一,整个的中日问题此时无法解决。

第二,华北的危机目前必须应付。

怎样应付这平津与华北的问题,这一点上至少有两种根本不同的主张。一种主张是准备牺牲平津,准备牺牲华北,步步抵抗,决不作任何局部的妥协,虽有绝大的糜烂,亦所不恤。还有一种主张是暂时谋局部的华北停战,先保全华北,减轻国家损失。现在北平的军分会与

[①] 编者按:此文前登有一《胡适启事》:"我定于六月十八日在上海起程赴美国,从本周起,《独立评论》的编辑事务由蒋廷黻先生负责担任。一切稿件均请直寄北平清华大学蒋廷黻先生收。"

华北政务委员会大概是主张这第二种办法的,所以从五月廿二夜以来,有停战谈判的进行。

我个人是赞成这第二个主张的。此时华北军政当局所进行的停战谈判,因为没有正式的记载与报告,我们至今还不知道详细的内容。但我观察今日的形势,深觉得华北停战是一种不得已的救急办法,我们应该可以谅解,同时应该监督政府,使他不得逾越局部救济的范围,不可因谋局部的保全而放弃整个问题的奋斗。

我所以主张华北停战,有几层理由:

第一,我认为这是为国家减轻损失。我不信失地绝对不能收复,但我深信此时单靠中国的兵力不能收复失地。这十八个月的经验是失一地便丢一地,失一城便丢一城,失一省便丢一省。敌人的野心无穷,而我们的疆土有限;即使敌人不能久占华北,而我们决不应该不顾虑到敌人占据华北来威胁中央,来做承认东北热河新局势的代价。我们看了最近几十天之中两次的滦东大奔溃,看了长城南面各县人民的流离痛苦,我们深感觉政府在此时不能不为国家人民谋怎样减低损失的方法。到了华北又成了第二热河,那就太迟了。所以我们说,如果此时的停战办法可以保全平津与华北,这就是为国家减轻了一桩绝大的损失,是我们应该谅解的。

在这一期的本刊里有徐旭生先生从西安来的信,其中有一段是反对华北任何停战的协定或默契的,他说:

> 像上海那样的停战协定,我们虽然未见得怎么样反对,可是如果现在有人再草那样的协定,或定同样性质的默契,那我们一定是坚决反对!因为上海协定,无论怎么样,敌人总算把我们的地方退出去了;我们虽受巨大的损失而未得赔偿,可是敌人也没有得着我们的什么。至于现在,敌人能将我们的东四省退出来一尺一寸么?无论协定,无论默契,那是不是就算承认我们对于我们的东四省没有说话的余地了?

旭生先生这段话的论理,我不大能领会。我看不出上海停战和华北停战有多大的不同。如有不同,只是华北的停战比上海停战更为迫切,更为需要。旭生先生说:"上海协定,无论怎么样,敌人总算把我们的地方退出去了;我们虽受巨大的损失而未得赔偿,可是敌人也没有得着我们的什么。"如果这几句话可以辩护上海的停战,那么,我们也可以说:华北停战的目的,至少应该做到(一)使敌人退出已占据的河北各县,(二)使他们不能再在华北"得着我们的什么",(三)使国家人民在土地与生命财产上不致受更"巨大的损失"。华北停战虽不能使敌人将东四省退出一尺一寸,至少他应该使他们不得在东四省以外多占一尺一寸的土地。这不是放弃我们对我们的东四省说话的余地:这正是要留我们对东四省说话的地位。倘使整个华北也沦陷了,我们对东四省更没有说话的地位了!

第二,我们必须充分明白平津与华北是不可抛弃的。现今许多短见的人,住在东南的都会里,看着平津华北好像不很关心,有些人至今还相信平津华北是可以糜烂牺牲而决不应该委曲求全的。这种见解是绝对错误的。我们必须充分认识:(一)华北是中国的重要富源,是供给全国工业原料与动力的主要区域:"冀鲁晋豫四省占有全中国百分之五十六的煤矿储量,也可算是世界煤矿最富的区域。"(二)中国已成的铁路的绝大部分都在华北。(三)天津的关税收入在全国各口占第二位。(四)北平天津是整个北方的文化中心,尤其是北平。六七百年来,北方的文化所以还能维持着一个不太低的程度,全靠有个北京做个政治与文化的中心,在那里集中着不少的学者才人,从那里放射出来不少的文化的影响。近年政治中心虽已经南迁,但北平的文化学术机关则继续发展,设备格外丰富,人才格外集中,成绩也格外进步。北平在教育上的影响,一面远被西北,一面远被东北(民国初年至今,北京各大学的学生总数中,东北各省占第一第二的地位),实在是北方的唯一的教育中心。而在北平学术研究上的地位则不但影响全中国,并且引起世界各国的注意与承认(参观本期翁咏霓先生的《中国的学术中心就此完了么?》)。如果我们让北平沦陷于敌人之手,如果我们坐视这个文化学术中心的摧毁,那么,将来整个北方的文化事业恐怕只有全盘让给日本外务省的东方文化事业部来包办了!

这些话本来都是人人应该知道的;我说这些话也不是说投鼠应

该忌器,不是说因为平津与华北的重要就应该牺牲国家民族的整个利益而谋局部的幸存。我只是要说:华北是应该守而勿失的,如还有可以保全的方法,我们应该尽心力去保全他。如能保全华北而不至于签东北四省的卖身契,我们应该赞成这种办法。万一政府尽心尝试了这种保全华北的和平努力,而结果终不能不使平津糜烂或华北沦亡,在那种形势之下,政府才算是尽了他的责任,他的失败或许可以得华北人民与全国人民的谅解。

第三,平津与华北的保全在国际上的意义是避免战事的扩大而不可收拾。现在还有一些短见的人以为中日冲突越扩大越好,越扩大越有办法,所以平津的占领与华北的糜烂都是值得的。他们妄想这样扩大可以引起世界的注意,可以引起国际的干涉或制裁。这种见解是错误的。现在欧美各国都用全力去对付他们最切身的几个大问题(经济问题,军缩问题,欧洲和平问题),在这几个问题没有解决之前,他们决不会有余力来应付远东的问题。国联的小国会员国的心理也许希望中日事件扩大到列强不能不制裁的地步,但我们知道在这时候远东事件无论扩大到如何程度,几个有实力的国家决不会因此用武力来干涉日本。世界大战也许终免不了,但现在决不是世界大战起来的时机。我们试看苏俄在北满受了日本多少的威胁,然而苏俄应付的方法只是节节避免正面的冲突,甚至于不惜抛弃新复交的中国人民的同情而提议出售中东路!与日本利害冲突最直接的苏俄,加上日本军人的种种有意挑衅,还不能不努力避免对日作战,这不是应该可以使我们深省的教训吗?苏俄之外,在远东有利害关系的自然要算英国了。稍知英国政情的人,都可以明白英国决不会因她在华北的利益有被日本侵占的危险而出来向日本作战。民十四五年,南方的排英运动几乎毁了香港,而英国坚持镇静;民十六年武汉政府夺回汉口的英租界,而英国不报复;河南的军人党部直接毁了中原公司,间接毁了英人的福中公司,而英国镇静如故。九一八以后,北宁铁路的西段成了伪国的奉山铁路,英国人也只有微温的外交的抗议而已。华北的英国利益,最大的莫如开滦煤矿与天津的英租界;证以最近六七年来的历史,我们可以预料英国在今日决不会为了保护此种事业准备向日本作战。英国如此，别国更不用说了。

我说这番话，并不是说日本可以横行无忌而不至于受世界的制裁。我深信日本的行为若不悛改，这个世界为了整个世界的安全，必有联合起来共同制裁日本的一日。但今日决非其时；今日即有世界大战起来，我们也决不能利用。何况纵观全世界物质与心理的状态，我们决不能妄想世界各国为我们出多大的死力。（天津一家英国报纸曾问：国联若真执行盟约第十六条的经济制裁，中国能和日本完全断绝经济关系吗？）我们可以断言，现时几个有实力的国家（国联内的英法，国联外的美俄）无不希望我们能做到对日问题的一个暂时的段落。上海的停战是一个段落，今日华北的停战又是一个段落。军事做到一个段落即是使敌人的暴力暂时无用武之地。暴力无用武之地，然后敌人国内的和平势力可以渐渐抬头，而国外的正谊制裁也可以有从容施展的机会。战事延长，局势扩大，则军人的势力可以无限的伸张，国中舆论决不敢与军人背驰，而一切国际制裁也决不能发生丝毫的效力。

以上说我个人赞成保全华北的理由。

最后，我要说一句忠告此间军政当局的话。此次停战的谈判，有何不可告人？何必这样秘密？更岂可因登记实事而封禁报馆？当局越秘密，谣言越多，猜疑越多，人心越不安定，奸人越容易施展其鬼蜮的煽动。所以我们要求当局随时将谈判的实际情形用负责的态度发表出来，使全国的人可以共同讨论。政治家在国家吃紧的关头虽然不必全听高调的舆论的指使，但舆论到底是政府的后盾，舆论调子之高正可以使政治家的还价不致太吃亏辱国：这是负责的政治家所不可不知的。

1933，5，29

（原载 1933 年 6 月 4 日《独立评论》第 52、53 号合订本）

建国问题引论[①]

前几天,孟心史先生来谈,他说:"现在人人都说中国应该现代化,究竟什么叫做'现代化'?"我们谈论之后,他回去就写了一篇很有风趣又很有见地的长文,题为"现代化与先务急"(登在本期)。他嫌"现代化"太笼统,不如中国老话"当务之为急"。他引孟子的话"尧舜之知而不遍物,急先务也",说"急先务"就是"自审于国之所当行者即行之"。他说,用"急先务"作标准,"则先决之问题亦必即为所急之先务矣"。

"现代化"的问题,在本年七月的《申报月刊》上曾有很多位学者参加讨论,论文有二十六篇之多,文字约有十万字。我们读了这二十六篇现代化的讨论,真不免要和孟先生表同情:这些论文好像是彼此相互打消,一方面说,"使中国现代化,最急需的是在整个地实行社会主义的统制经济和集体生产"(罗吟圃先生的论文,页三三);一方面也有人说"中国生产之现代化应采个人主义","欲使中国现代化,以采用私人资本主义为宜"(唐庆增先生的论文,页六二);同时又有人说,"中国不是单纯的资本主义社会,所以不需要社会主义革命;它也不是单纯的封建主义社会,所以不需要欧美式的资本主义化;它仅是介于两者中间的复式社会,很可以而且需要采取非资本主义的路线"(董之学先生的论文,页五八)。我们看了这十万字的讨论,真有点像戏台上的潘老丈说的:"你说了,我更糊涂了。"这种讨论所以没有结果,正因为一说到"现代化",我们不能不先问问"现代"是什

[①] 编者按:此文前登有一《独立评论社启事》:"《独立评论》自第七十六期起复由胡适之先生担任编辑。他的通信住址是:北平米粮库四号。"

么,我们要化成那一种现代?这就是孟先生说的:"必有一形成之现代,而后从而化之"。那个"形成的现代"是什么呢?1917年以前的欧美是不是已够不上"现代"的尊称了?1917年以来的苏俄是不是"形成了的现代"呢?

在《申报月刊》的讨论上,又有吴泽霖先生的论文(页九),对于"中国现代化"的问题发生根本的疑问。他说:

> 文化是一个错误尝试的过程,中古式的文化当然是走错的歧路,"现代"式的文化也未免不是一条塞底的胡同。人类真正的出路,现在正还在摸索着。

但他又说:

> 我们以为中国现在所迫切需要的,不是已告失败的现代化,乃是正在萌芽的社会化。现代的物质文明当然为这种新文化所拥护而维持的;现代的精神蛮性(Spiritual Barbarism)却是它改造的目标。在物质生活方面,当然仍旧尽量应用科学,它更将进一步的把科学加以人化(Humanization)。

如此说来,我们此时还没有法子寻得一个"形成之现代"做我们现代化的目标。我们至多只能指着一个"正在萌芽的社会化"做我们的理想境界。

这种迟疑,这种种的矛盾,都是历史演变的结果。在三十年前,主张"维新"的人,即是当日主张现代化的人,对于所谓"新",决没有我们今日这样的迟疑与矛盾。当日虽然也有君主立宪与民主共和的争论,但在他们的想像中的西洋文明,却没有多大的疑义。试读梁任公先生的《新民说》,他那样热烈提倡的新民的新德性,如独立,自由,自治,自尊,自立,冒险,进步,尚武,爱国,权利思想,……无一项不是那十九世纪的安格鲁撒克逊民族最自夸的德性。那时代的中国知识界的理想的西洋文明,只是所谓维多利亚时代的西欧文明:精神是爱自由的个人主义,生产方法是私人资本主义,政治组织是英国遗风的代议政治。当时的知识领袖对于西洋文明的认识本来还没有多大异义,所以当时能有梁先生那样热烈的,专一的信仰崇拜。然而在西洋各国,早已有怀疑的呼声起来了。社会主义的理论与实际运动早已起于欧洲,那十八十九两世纪的个人主义的风气早已招致很严厉的批评了。梁启超先生还不曾受到此种及个人主义的熏染,另一位中国领袖孙中山先生却已从亨利乔治(Henry George)的著作里得着此种社会化的理论了。欧战以后,苏俄的共产革命震动了全世界人的视听;最近十年中苏俄建设的成绩更引起了全世界人的注意。于是马克思列宁一派的思想就成了世间最新鲜动人的思潮,其结果就成了"一切价值的重行〔新〕估定":个人主义的光芒远不如社会主义的光耀动人了;个人财产神圣的理论远不如共产及计划经济的时髦了;世界艳羡的英国议会政治也被诋毁为资本主义的副产制度了。凡是维多利亚时代最夸耀的西欧文明,在这种新估计里,都变成了犯罪的,带血腥的污玷了。因为西洋文明本身的估价已有了绝不同的看法,所以"新"与"现代"也就都成了争论的问题了。中国的多数青年,本来就不曾领会得十九世纪西洋文明有什么永久的价值:现在听见西方有人出头攻击西欧文明,而且攻击的论调又恰恰投合中国向来重农抑商的传统思想,不知不觉之中,最容易囫囵吞下去;所以不上十五年,中国青年人的议论就几乎全倾向于抹煞1917年以前的西洋文明了。有些人自然是真心信仰苏俄的伟大的,艰苦卓绝的大试验的。有些人却不免有吠声之犬的嫌疑,因为他们绝不曾梦想到西欧文明与美国文明是什么样子。然而无论如何,中国人经过了这十五年的思想上的大变化,文化评判上的大翻案,再也不会回到《新民丛报》时代那样无异议的歌颂维多利亚时代的西洋文明了。今日国内人士对于"现代化"的迟疑与矛盾,都只是这十几年来文化翻案的当然结果。

我们要的现代文化究竟是什么,这个问题在今日已成了很不容易解答的了。因此,"现代化"差不多只是一种很广泛的空谈,至今还没有确定的界说。既不能明定现代的目标,自然不能有一致的步骤与程序。不但如此,大家对于"现代"的见解,显然有相背驰的,所以不但不能一致协力,还有彼此互相消减的浪费。若1917年以前的西洋文明都不足取法,那么,这几十年的一点点改革工作,都不值得我们的留恋,也许都得一把劫火毁灭了才快一部分人的心愿。若私家的工商业都不应该存在,那么,中国的生产事业都只好停顿下来,静候中国的列宁与斯塔林的出现。若近二十年的"文化运动"都只是如陈高佣先生(上述《申报月刊》页50—51)说的"西洋近代的资本主义文化",那么,我们的教育学术也都得根本打倒,恭候那货真价实的真正现代文化的来临。——更可怜的,是近年许多青年人与中年人"本其所信,埋头苦干",而因为目的不同,方向背驰,所以有互相压迫,互相残杀的惨酷行为。今日国中各地的杀气腾腾,岂不是几种不相容的主义在那儿火并?同是要把国家社会做到各人所信为"现代化"的地位,结果竟至于相仇杀,相屠相灭,这岂不是今日最可痛心的一件事!

怪不得孟心史先生要提出抗议了。他说:"不要再乱谈现代化了!我们应该大家平心静气商量出什么是今日的当务之急。"

然而"当务之急"也是一个相对的观念,也可以引起无穷的纷争。孟先生的办法是:

> 取现代已有之成法,聚深通世界国情政情之士,条列其可以移用于吾国者,与不必移用于吾国者,质诸当局,证之国论,又加审量其间,而后定其孰为最急之先务。既定之后,即为吾国当务之急。

这个办法也是不容易施行的。因为"何者可移用于吾国",和"孰为最急之先务",这两个问题的答案也都依靠各人的社会政治思想。唐庆增先生说私人资本主义适宜于中国的生产;罗吟圃先生必定说"在中国目下的现况,无论从那一方面观察起来,经济上的个人主义是万万行不得的"。在这种歧异不相容的意见之下,谁配做最终的判决人呢?至于何者为先务也必有同样的歧异。一部分人必要先打倒帝国主义,一部分人必说先须剿共,另一部分人必要先推国民党的政权。也许有人要先从教育下手,也许有不少的人要先买飞机重炮。也许还有不少的人(如今日广东的领袖)要先读孟先生说的六经四子!孟心史先生悬想的国是会议或先务会议,依我看来,必至于闹到全武行对打而散。所以"急先务"好像是比那广泛的"现代化"简明多了,然而到底还不能免于纷歧与争执。何者为先务,与何者为现代,同样的不容易决定。

我个人近年常常想过,我们这几十年的革新工作,无论是缓和的改良运动,或是急进的革命工作,都犯了一个大毛病,就是太偏重主义,而忽略了用主义来帮助解决的问题。主义起于问题,而迷信主义的人往往只记得主义而忘了问题。"现代化"也只是一个问题,这个问题的明白说法应该是这样的:"怎样解决中国的种种困难,使她在这个现代世界里可以立脚,可以安稳过日子。"中国的现代化只是怎样建设起一个站得住的中国,使她在这个现代世界里可以占一个安全平等的地位。问题在于建立中国,不在于建立某种主义。一切主义都只是一些汤头歌诀,他们的用处只在于供医生的参考采择,可以在某种症候之下医治病人的某种苦痛。医生不可只记得汤头歌诀,而忘了病人的苦痛;我们也不可只记得主义,而忘了我们要用主义来救治建立的祖国。

我们都应该回头去想想,革命是为什么?岂不是为了要建立一个更好的中国?立政府是为什么?岂不是为了要做这建国的事业?练兵是为什么?岂不是为了要捍卫这个国家?现代化是为什么?岂不是为了要使这个国家能站在这个现代世界里?——这一切的工作,本来都只是为了要建立一个更满人意的国家。

这个大问题不是一个主义就可以解决的,也不是短时期就能解决的。这件建国的工作是一件极巨大,极困难,极复杂的工作。在这件大工作的历程上,一切工具,一切人才,一切学问知识,一切理论主义,一切制度方式,都有供参考采择的作用。譬如建筑一所大厦,凡可以应用的材料,不管他来自何方,都可以采用;凡可以供用的匠人,不管他挂着什么字号招牌,都可以雇用。然而我们不要忘了问题是造这大厦。若大家忘了本题,锄头同锯子打架,木匠同石匠争风,大理石同花岗石火并,这大厦就造不成了。

现在的社会思想家,大都没有认识这个当前问题。他们忘了这是一个绝顶繁难的大问题,其中包含着无数的专门技术问题。他们把它错看作一个锄头或锯子的小问题了(上述《申报月刊》的现代化讨论,差不多完全把中国现代化的问题完全看作生产的问题)。欧洲人的国家，根本就没有这个建立国家的大问题，因为他们的国家都是早已成立的了。因此他们能有余力来讨论他们的社会问题、生产问题、分配问题等等。然而在我们这国内，国家还不成个国家，政府还不成个政府；好像一个破帐篷在狂风暴雨里，挡不得风，遮不得雨；这时候我们那里配谈什么生产分配制度的根本改造！

我不是说生产分配等等问题是小问题。我只是说，在中国的现状之下，国家生存的问题没有办法之前，那些问题都无法解决。例如土地问题岂不重要，然而在江西湖北国军赤军连年作战的状态之下，土地问题是否能有满意的解决？一切赤区的土地新支配，是否于人民有多大的实惠？这种支配的办法是否值得这连年血战的牺牲的代价？一方面是少数人抱着某种社会经济的主张，就去干武装的革命；一方面是当国的政府为了自卫起见，也就不惜积聚全国的精锐兵力去围剿。结果是人民受征战的大祸，国家蒙危亡的危险；政府所辖区域内的积极政治无一可办，而赤区内的社会问题又岂能在这种苦战的状态之下得着永久的解决了吗？

近两年的国难，似乎应该可以提醒一般人的迷梦了。今日当前的大问题依旧是建立国家的问题：国家有了生存的能力，政府有了捍卫国家的能力，其他的社会经济问题也许有渐渐救济解决的办法。国家若陷入了不能自存的地步，外患侵入之后，一切社会革命的试验也只能和现存的一切政制同受敌人铁蹄的蹂躏，决不会有中国亡了或残破了，而某地的赤色革命区域可以幸免的。

所以我们提议：大家应该用全副心思才力来想想我们当前的根本问题，就是怎样建立起一个可以生存于世间的国家的问题。这问题不完全是"师法外国"的问题，因为我们一面参考外国的制度方法，一面也许可以从我们自己的几千年历史里得着一点有用的教训。这问题也不完全是"必有一形成之现代，而后从而化之"的问题，因为一来此时的世界正在演变之中，无有一个已形成的现代；二来我们的病状太危险，底子太虚弱，恐怕还没有急骤追随世界先进国家的能力。这问题也不是一个"急先务"的问题，因为这个国家满身是病痛，医头固是先务，医脚也是先务；兴利固是先务，除弊也是先务，外交固是先务,内政更是先务;学术研究固是先务,整顿招商局也是先务。

我前几年曾说过:我们只有一条路,就是认清了我们的问题,集合全国的人才智力,充分采用世界的科学知识与方法,一步一步的作自觉的改革,在那自觉的指导之下一点一滴的收不断的改革之全功。

我们此后想把我们对这个建国问题的各方面的思考的结果,随时陆续写出来,请关心这问题的人时时指教匡正。

(原载1933年11月19日《独立评论》第77号)

世界新形势里的中国外交方针

自从华北停战以后,国内国外都有一种揣测,说中国的外交政策要根本改变了,改变的方向是抛弃欧美的路,重叩日本的门。外长罗文干的辞职,汪精卫的暂代外交,唐有壬的外部次长,黄郛的回任,华北的中日合作剿匪,以至近日喧传的接收长城各口,长城设税关,北宁路通车出关,通邮问题,——这些事都帮助造成国内外的风说。日本的方面自然尽力宣传中日两国有接近的可能。日本用威吓和利诱两种方式来促进他们所谓中日的接近。威吓如东京对宋子文的国联技术合作计划的警告,利诱如长城各口的退出,如通车设关的引诱。最近财长宋子文辞职,西洋文的报纸的议论都说这是和中国外交政策的改变有关系的。他们自然疑心宋子文的辞职是日本的胜利。后来宋子文继续担任全国经济会议的常委,并且负责办公了,此种猜疑稍稍减除了一点。然而华北外交的喧传,冈村与有吉的往来,都还使国内外的人对于中国政府的外交方针不免有很大的疑虑。

我们深信今日当国的人没有一个敢抛弃"不承认满洲伪国"的主张的。但同时我们也感觉政府好像没有何种积极的外交政策或方针,只有一种消极的招架应付。因为国内国外的人只看见那枝枝节节的应付,而不看见什么积极的政策,所以有种种揣测。这种现象只是一种飘泊,随波逐流的混日子。在这个严重的世界局势里,这样的飘泊是很危险的。诗人陆放翁曾有这样的警告:

  一年复一年,一日复一日,
  譬如东周亡,岂复须大疾?

今日的外交,关系我们国家民族的前途,岂可让他随波逐流的飘泊?人说"弱国无外交",这是大错。因为国弱,所以更需要外交。外交不仅是应付目前,是要把眼光放的远一点,认清国际的趋势,决定一个国家民族的朋友和敌人,并且努力增加朋友,减除敌人。现在的飘泊的局面里,朋友和敌人竟缠不清了。在华北和我们"合作"剿匪的,是朋友呢?是敌人呢?在日内瓦发出通告请各国政府拒绝承认"满洲国"的,是朋友呢?是敌人呢?如果前者是朋友,那么,后者的举动使我们不得自由承认伪国,岂不成了我们的敌人了吗?

我们承认华北有许多问题都是不能不应付的;我们也承认:政府若在不承认伪国的基本条件之下做到一些局部问题的解决,也许是可以得着国民与世界的谅解的。我们所虑的是,政府与国民只顾得应付日本,敷衍日本,而忘了我们在世界局势里的地位与责任。对付华北的局面,不过是外交问题的一个部分,决不是外交的全部。日本之外还有苏俄,还有欧美,还有个整个的世界。目前的局部问题之外,还有个中国整个问题,还有个国家民族要在世间抬头见人等问题,还有个中国的前途的问题。

我们一班朋友在这一年之内,曾屡次说过:中国目前外交的方针应当是:不可放弃国联与国际,也不必与日本冲突或决裂(本刊六十六号,君衡的《中央外交方针如何转变》)。现在的情形好像是只想做到不同日本冲突就可以过日子了,而不复顾到那国联与国际的一条路。一些无远虑的人的心理只觉得,国联与国际既然无力制裁日本,我们又何必去拉拢他们呢?况且日本曾屡次表示反对中国勾结欧美国联的外交,我们既要避免对日本的冲突,何必又去挑日本的恶感呢?——这种心理最足以害事误国。日本军阀的欲望是不能满足的:把整个的中国做他们的保护国,他们也不会满足的。一个国家的生存自不能依靠一个狼贪虎噬的强邻,何况这个强邻的横暴行为又正在替他自己树立四围的仇敌,替他自己掘坟墓呢?

无论在平时或在急难时,中国的外交必须顾到四条路线:一是日本,二是苏俄,三是美国,四是国联(代表西欧和英帝国)。最上策是全顾到这四线;不得已而思其次,也要顾到四线中的三线。民国十五六年的外交,鲍洛廷的本意还是近交远攻,专攻英帝国,而一面亲俄,一面敷衍日本而忽略美国。但野火易放而难收,后来竟成了一个

"只有敌人而无与国"的孤立局面。民国十八年以后,世界经济萧条,欧美自顾不暇,不能过问远东的形势了。我们自己还不觉悟这个孤立局面的危险,以为英帝国尚可软化,何况其他国家。九一八事变之初,世界各大国都没有中国的公使,只剩一个施肇基在日内瓦唱独脚戏!政府里也只有一个宋子文在北极阁上支撑那危迫的局面!两年以来,外交方面的成绩在于抓住了国联与美国两线,後来又修复了苏俄的一线。在事实上虽然没有多大的挽救,但在精神上却可说是有了很大的成功,就是使中国问题变成了世界的大问题,使中国得着世界的文明国家的道德的援助,使我们的敌人成为整个文明世界的道德贬议之下的罪人。这虽然是日本军人努力暴行的结果,其中也有一大部分是宋子文、罗文干以及施、颜、顾、郭诸位先生奋斗的成绩。

但这两年的外交成绩是很可以在短时期中消灭的。世界对我们表同情,我们自己总要值得人家的同情才好。我们应该明白,我们决不能在我们的强邻手下讨生活;即使那位强邻真肯让我们过日子,那种日子也不是好过的日子。我们的将来又决不能全靠我们自己的武力,因为时间太晚了,无论如何我们总赶不上武力立国的路了。我们的将来必须倚靠一个比较近于人类理性的国际组织,使强者不轻易侵暴弱者,使弱者也可以抬头讲理,安稳过活。我们的强邻的暴行,使这种理想境界要展迟出现多少年。但我们不能不认清楚,这个理想境界不是绝对不可能的事。也许日本的暴行更可以促进它的实现。因为那强暴的"王道"、"皇道"如果永久胜利下去,不但我们没有好日子过,这世界也没有好日子过!我们不看见国联的许多小国家的义愤吗?我们不看见美国与国联的合作吗?我们不看见最近苏俄与美国的携手吗?

我们对于这个将来的近于理想的世界,虽然不能太乐观,但也不可不抱着一点信心。我们要彻底明白:我们的将来固然不能倚靠那几只往来青岛广州到处寻娘讨奶吃的海军旧舰,也不能完全倚靠蒋介石、陈铭枢诸公造成的陆军空军。从今天起,五年十年之内,我们能造几只战斗舰?能造多少飞机潜艇?能赶上谁呢?我们的将来,无疑的,必须倚靠一个可以使丹麦、瑞士和英吉利、法兰西同时生存的世界组织。我们必须有这种信心,然后可以决定我们的外交政策。

我们的外交政策的原则应该是:我们必不可抛弃那国联国际的大路。在不放弃国联与国际的原则之下,我们可以和日本作种种事实问题的讨论,但我们必须认清楚:今日军阀统制之下的日本,决不是我们的朋友。君衡先生在本刊里(六十六号)曾说:"向国联和国际求可能的援助,对日本求必要的谅解。"其实日本是不会谅解我们的。我们今日的情形,老实说,只能是:多交朋友,谨防疯狗。我们若因为怕疯狗,就连朋友都不敢交结了,那就不够资格做朋友了。

近几个月来,日俄的形势紧张,所以世界战争的预测常出现在一般报章的社论里。但我们知道美国和苏俄都是不愿战的。两年以来,苏俄的忍耐不和日本决裂,是近年国际史上一件大成绩,无怪有人要主张把本年的诺贝尔和平奖金送给李维诺夫了。此次美俄国交的恢复,换文上郑重声明"我两民族为彼等相互之利益以及全世界和平之保持,将合作到底"。这不全是官样的文章。这两个大国的携手,在全世界和平的保持上,确有很大的权力;因为这两个国家各有他们的理想主义,他们互相用精神上的援助来维持和平。应该可以使野心的军阀国家稍稍敛戢他的暴行。如果日本的浪人不闯出惊人的事件,世界战争的爆发也许真可以展缓一两年。美国在对俄复交之前,已宣布久驻太平洋的海军明年将回航到大西洋去:这也是罗斯福总统的维持和平的表示。

两年前日本军阀窥见世界各大国的无法合作,又无力顾及远东,所以大胆发难,不惜撕破一切国际间和平的保障,不惜挑动全世界的敌视。今日世界的形势已大变了。美国与国联已几次合作了。两年来日本的无敌的经济侵略——对英国纺织业商场的攘夺,对法国与意国的丝绸业商场的竞争,——使得各国无不寒心。国联的会员国最近对日本一致敌视,已是不可讳的事实了。世界外交网的最后一个漏洞,美国与苏俄的不合作,直到昨日始修补完好。两年前日本军阀所认为千载一时的国际弱点,现在已大不同了。我们不能断言太平洋上的战祸可以完全避免,但我们可以预料今后的国际外交必将有重大的新发展。苏俄的国际理想主张与新大陆的国际理想主义,加上国联的国际理想主义,这三大集团的结合,应该可以有一种有力的国际和平的主义出现。这种理想的形成,如果可以不流血而有效,那是人类的大幸福。如果此种理想必经过一次大牺牲才可实现,那是人类的愚蠢所招致,虽深可惋惜,然其结果也许可以真做到十五六年前的哲人梦想的"用战争来消灭战争"的境界。

在这类急骤的重大的国际变局里,我们不可不早日考虑决定我们的外交方针。

1933,11,20

(原载1933年11月26日《独立评论》第78号)

福建的大变局

11月20日,福州忽然有所谓"人民代表大会"出现,通过了一种"人民权利宣言",并且一致议决了建立一个"人民革命政府"。新政府就在那天晚上成立了,定名为"中华共和国人民革命政府";国旗也有了,是上红下蓝,中嵌五角黄星的;政府的组织是先设军事,经济,文化三个委员会,和财政外交两部,政府委员十一人,主席是李济琛,委员中有陈铭枢,蒋光鼐,蔡廷锴,戴戟,陈友仁诸人,他们的宣言和通电的要点是(一)否认南京的政府,(二)打倒国民党的系统,(三)建立生产人民政权。现在李济琛、陈铭枢诸人都已通电脱离国民党了;福建的国民党各级党部也都解散了,新政府通令各机关,把中山遗像和遗嘱都撤废了。据报纸所载,20日人民代表大会的主席黄琪翔也通电脱离"第三党"。这个运动的领袖至今好像还没有宣布什么特别政党的组织。

陈铭枢、李济琛诸人21日联名发电给广东广西的胡汉民诸人,电文中的大意又好像是说这个革命运动是专为讨伐蒋介石的!前日报载两广领袖的复电,对于"讨蒋"虽然表示赞成,对于"脱离国民党,废止党国旗,内结共党,外亲日本,声称推翻党治,组织农工政府",则认为"尽丧所守","必将为亲者所痛,仇者所快"。

福建的变局,是这四五个月来留心时局的人都料到要爆发的。但爆发成一个完全反对国民党的局面,这却是很少人能预料到的。道路遥远,报告不完全,我们很难知道这个运动怎样演变成11月20日以后的形势。但我们研究三四个月以前陈铭枢、蒋光鼐运动粤桂领袖的情形,参较近日骤变的局面,我们可以想像最近的急骤变化也许不是陈蒋诸人的本意;他们的本意只是不满于南京,不满于蒋介石而已。在那个立场上,他们才可以期望广东与广西的一部分领袖的赞助。但野火是易放而难收的。十九路军原来出于第四军,其中本含有很激烈的左倾分子;而十九路军的新将领中又有翁照垣一类的显然反对国民党的右倾分子。我们猜想,在那些高级首领还在奔走酝酿的时期,中下级军人早已有一种更急进的有力联合了。11月20日的变局,从报纸上的记载看来,颇像是一种陈桥兵变,黄袍加身的故事。陈铭枢并不曾到场,而大会上最有力的指挥者却是前第四军长黄琪翔。人民权利的宣言是黄琪翔宣读的。闽皖代表提出了"建立人民革命政府"的提案,黄琪翔即宣称"大会决定无条件的接受此项提案"。这提案当然无条件的一致通过了。于是翁照垣、丘国珍即展开他们准备好的五角黄星旗,这就成为新政府的新国旗了(参考11月26日《大公报》的"福州通信")。

依我们的推论,陈铭枢、蔡廷锴诸人岂不知道胡汉民、陈济棠、李宗仁、白崇禧诸人是不能在这个反国民党的旗帜之下和他们合作的。然而此次闽变竟然成为反党(或者甚至于联共)的革命,这里面的消息颇值得寻味。最近情理的解释似乎是这样的:高级领袖也许还在做反蒋护党的梦,中下级军人已暗中结合决心做反国民党的革命了;持重的领袖也许还想与粤桂合作,而急进派已准备不要粤桂的合作了;两栖的陈济棠本来是他们要打倒的,那无实力的胡汉民也用不着了。在这种最后决心之上,闽变就忽然成了一个根本推翻国民党的运动。最持重的如蔡廷锴等,也就像辛亥革命时躲在床下的黎元洪,不能不被拥戴做那人民革命军的新领袖了。

如果这种揣测是不大错的,那么,今日的闽变已超出了陈铭枢、蔡廷锴诸人的原来意向,所以由"反蒋"变为"反国民党"了。此种变化,只是群众心理的寻常现象,毫不足奇怪。徐谦曾对蔡元培说:"我本来不想左倾。不过到了演说台上,偶然说了两句左倾的话,就有许多人拍掌。我不知不觉的就说的更左倾一点,台下拍掌的更多更热烈了。他们越热烈的拍掌,我就越说越左了。"一个前清翰林,妄想领导群众,就这样被群众牵了走。世界多少英雄好汉,几个能逃出那种"拍花"的迷惑!今日的闽中局面,还只是唱当年克伦斯基的二月革命的老戏。将来越走越远,也许有揭开面幕,老实参加共产革命运动的一日。到那时候,——也许等不到那时候,——今日七拼八凑的聚义群雄,其中也许又有人回过头来,做当年的李济深,做当年的蒋介石,清共的清共,护党(自然不止国民党)的护党,戏又唱回到民国十六年的老腔调了。——然而国家与人民受的物质与精神上的无限损失,是永没有赔偿的了!

我们对于闽事,就现有的不充分的材料看来,只能作如此的观察。如果此种观察能得着事实的证实,那么,这一回的闽变只是一群"同床异梦"的军人政客,用骤然的手段,临时凑合成的一个反国民党的革命局面。我们检查11月20日到场的"人民代表"名单,其中至少有十分之一是我们平时认识或知道的人。我们觉得他们这回的举动是深可惋惜的。"取消党治"何尝不是一个很动听的名词?"保障人权"又何尝不是我们平日主张的?但我们要记得:六七月间冯玉祥、方振武所揭起的"抗日救国",那岂不是更能号召人心的旗子?何以那样时髦的旗子不能得到全国的响应呢?岂不是因为一班人的心理总觉得,在这个时候,无论打什么好听的旗号来推翻政府,都有危害国家的嫌疑?危害国家是不会得着大多数人的同情的。我的朋友蒋廷黻先生在7月间说过一段很沉痛的话:

> 现在的竞争是国与国的竞争。我们连国都没有,谈不到竞争,更谈不到胜利,我们目前的准备,很明显的,是大家同心同力的建设一个国家起来。别的等到将来再说。(本刊五十九期,页六)

这几句话最可以代表大多数爱国的人心里要说的话。大家岂不愿意抗日救国?但他们心坎里明白:必须先有个国家,然可以讲抗日救国。挂了"抗日救国"的招牌,事实上却是要使一个无力的政府更无力,要使一个不团结的国家更分裂:这就是人人都看得透的"挂羊头,卖狗肉"了。

今日之事,正与察哈尔事件相同,多数有心人虽然常常感觉许多事实不能满意,他们总不免有一个同样的感想:必须先要保存这个国家;别的等到将来再说!这个政府已够脆弱了,不可叫他更脆弱;这个国家够破碎了,不可叫他更破碎。"人权"固然应该保障,但不可捎着"人权"的招牌来做危害国家的行动。"取消党治"固然好听,但不可在这个危急的时期借这种口号来发动内战。今日最足以妨害国家的生存的,莫过于内战;最足以完全毁坏国家在世界上残留的一点点地位的,莫过于内战。无论什么金字招牌,都不能解除内战的大罪恶!

十九路军在淞沪抗日的英名,是中国现代史上最荣誉的事。我在加拿大和美国各地旅行,凡有中国人的地方,无论是洗衣铺子或杂碎馆子,总看见壁上挂着陈铭枢、蔡廷锴、蒋光鼐三位的相片。然而我们不要忘了:一般人对于贤者,求全责备之心自然更大。枪口向外的热血换来的英名,一旦枪口转向内时,都会化作飞灰而散尽。这是我们最感觉十分惋惜的。

二十二,十一,二十七夜

(原载 1933 年 12 月 3 日《独立评论》第 79 号)

建国与专制

上期蒋廷黻先生发表了一篇《革命与专制》,根据欧洲的近世史立论,说:

> 中国现在的局面,正像英国未经顿头专制,法国未经布彭专制,俄国未经罗马罗夫专制以前的形势一样。我们现在也只能有内乱,不能有真正的革命。我们虽经过几千年的专制,不幸我们的专制君主,因为环境的特别,没有尽他们的历史职责。满清给民国的遗产是极坏的,不够作革命的资本的。第一,我们的国家仍旧是个朝代国家,不是个民族国家。一班人民的公忠是对个人或家庭或地方的,不是对国家的。第二,我们的专制君主并没有遗留可作新政权中心的阶级。其实中国专制政体的历史使命就是摧残皇室以外一切可作政权中心的阶级和制度。结果,皇室倒了,国家就成一盘散沙了。第三,在专制政体之下,我们的物质文明太落伍了。我们一起革命,外人就能渔利,我们简直无抵抗的能力。

蒋先生的结论是要指出:"各国的政治史都分为两个阶段:第一是建国,第二步才是用国来谋幸福。我们第一步工作还没有作,谈不到第二步。""我们没有革命的能力和革命的资格。"他的大意,不过如此。

可是他给了这篇文章一个很引人注意的标题,叫做"革命与专制"。他列举了英法俄三个国家的历史:英国若不经过十六世纪的顿头朝(Tudor 钱端升先生译为推铎尔朝)的专制,就不能有十七世纪的革命;法国若不经过二百年布彭朝(Bourbon)的专制,也就不会有十八世纪的大革命;俄国若不经过罗马罗夫朝三百年的专制,列宁和杜洛斯基也就未见得能造成他们的革命伟业。我们读了他的历史引证,又回想到他的标题,不能不推想到三个问题:(1)专制是否建国的必要阶段?(2)中国经过了几千年的专制,为什么还没有做到建国的历史使命,还没有造成一个民族国家?我们还可以进一步追问:(3)中国的旧式专制既然没有做到建国的职责,我们今后建国是否还得经过一度的新式专制?

我想,读了蒋先生那篇文章的人,大概都不免发生这三个推想。蒋先生将来一定还有更详细的说明。我现在先把我个人对于这三点的意见写出来,请蒋先生和读者指教。

(一)专制是否建国的必要阶段?

关于这一点,我的观察和蒋先生有一个根本的不同。蒋先生所举的英法俄三国的历史,在我看来,只是那三个国家的建国史,而建国的范围很广,原因很复杂,我们不能单指"专制"一项做建国的原因或条件。我们可以说那三个朝代(英的顿头,法的布彭,俄的罗马罗夫)是建国的时代;但我们不能证明那三个国家的建立都是由于专制。英国的顿头一朝的历史,最可以说明这一点。亨利七八两世做到了统一的功绩,亨利八世的一个儿子和两个女儿继续王位,尤其是他的小女儿伊里沙伯女王享国最久,史家称为伊里沙伯时代。英吉利民族在这一百年之中,成为一个强盛的民族国家,是有种种原因的。顿头一朝的几个君主虽然也有很专制的,如玛丽女王在三四年间因宗教罪过烧杀男女异教徒至三百人之多,但这种专制的行为只够引起人民很严重的反抗,而不能增民族国家的建立。玛利女王的末年是英国人民最痛恨的;她的恢复天主教的政策,也是最违反民意的行为。史家说她的时代的英国是几百年来最紊乱的时代,"不但法纪废弛,无领袖,无武备,无精神,无统一性,平时战时俱受侮辱;而且无论从那一方面讲,英国只是西班牙的一个附庸国"(钱端升译屈勒味林的《英国史》,页409)。顿头一朝的两个英主,前有亨利八世,后有伊里沙伯,都能利用英国人民的心理,脱离罗马教皇的管辖,树立英国国教,扶植国会,培养国力,提倡本国方兴的文化。凡此种种,固然也可说是开明的专制。但英国民族国家的造成,并不全靠君主之力。英国语的新文学的产生与传播,英文翻译的圣经与祈祷书的流行,牛津与剑桥两大学的势力,伦敦的成为英国的政治经济文化的中心,纺织业的长足的发展,中级社会的兴起:这些都是造成英国民族国家的重要因子。这种种因子大都不是在这一个朝代发生的,他们的起源往往都远在顿头朝之前;不过在这百年的统一承平时代,他们的发展自然更快了。

　　蒋先生的本意大概也只是要说统一的政权是建国的必要条件;不过他用了"专制"一个名词来包括政权的统一,就不免容易使人联想到那无限的独裁政治上去。其实政权统一不一定就是独裁政治。英国的亨利第八时代正是国会的势力抬头的时代:国会议员从此有不受逮捕的保障,而国王建立新国教也须借国会的力量。所以我们与其说专制是建国的必要阶段,不如说政权统一是建国的条件,而政权统一固不必全学罗马罗夫朝的独裁政治。

(二) 中国几千年的专制何以不曾造成民族国家?

　　关于这一点,我和蒋先生也有不同的看法。照广义的说法,中国不能不说是早已形成的民族国家。我们现在感觉欠缺的,只是这个中国民族国家还够不上近代民族国家的巩固性与统一性。在民族的自觉上,在语言文字的统一上,在历史文化的统一上,在政治制度(包括考试,任官,法律,等等)的统一与持续上,——在这些条件上,中国这两千年来都够得上一个民族的国家。其间虽有外族统治的时期,而在那些时期,民族的自觉心更特别显露,历久而不衰,终于产生刘裕、朱元璋、洪秀全、孙文一流的民族英雄起来做民族革命的运动。我们今日所有的建国的资本,还是这两千年遗留下来的这个民族国家的自觉心。

　　这个民族的国家,不能不说是两千年的统一政权的遗产。最重要的是那个最光荣的两汉帝国的四百年的统一。我们至今是"汉人",这就是汉朝四百年造成的民族自觉心的结果。其次是唐朝的三百年的统一,使那些新兴的南方民族至今还自称是"唐人"。有了汉唐两个长期的统一,我们才养成了一个整个中国民族的观念。我们读宋明两朝的遗民的文献,虽然好像都不脱忠于一个朝代的见解,其实朝代与君主都不过是民族国家的一种具体的象征。不然,何以蒙古失国后无人编纂元遗民录?何以满清失国后一班遗老只成社会上的笑柄而已?我们所以特别表同情于宋明两代的遗民,这正可以表现中国早已成为一个民族的国家;这种思古的同情并不起于今日新的民族思想兴起的时代,其种子早下在汉唐盛世,在蒙古满洲入主中国的时期已有很悲壮的表现了。

至于蒋先生指出的三种缺陷,只可以证明旧日的社会与政治的恶果,而不足以证明中国不是一个民族的国家。第一,"一班人民的公忠是对个人或家庭或地方的,不是对国家的"。这是因为旧日国家的权力本来不能直接达到一般人民,在那"天高皇帝远"的情势之下,非有高等的知识,谁能超过那直接影响他的生活的亲属而对那抽象的国家表示公忠呢?十八世纪的英国名人布尔克(Burke)曾说:"要人爱国家,国家必须可爱才行。"难道我们因此就说十八世纪的英国还不成一个民族的国家吗?今日一般人民的不能爱国家,一半是因为人民的教育不够,不容易想像一个国家;一半是因为国家实在没有恩惠到人民。

第二,"我们的专制君主并没有遗留可作新政权中心的阶级。其实中国专制政体的历史使命就是摧残皇室以外一切可作政权中心的阶级和制度"。欧洲各国都是新从封建时代出来,旧日的统治阶级还存在,尤其是统治阶级的最下层,——武士的阶级,——所以政权的转移是逐渐由旧统治阶级移归那新兴的中等社会的领袖阶级,更逐渐移到那更广大的民众。我们的封建时代崩溃太早了,两千年来就没有一个统治阶级。科举的制度发达以后,连"士族"都不固定了。我们又没有像英国那样的"冢子袭产制",遗产总是诸子均分,所以世家大族没有能维持到几代而不衰微的。这是中国的社会结构太平民化的结果,虽有专制君主有意维持某种特殊阶级(如满清之维持八旗氏族),终敌不住那平民化的自然倾向。辛亥革命之后,那些君主立宪党也无处可以请出一个中国家族来做那候补的皇室,于是竟有人想到衍圣公的一门!因为今日中国社会本无"可作新政权中心的阶级",所以我们的建国(建立一个在现代世界里站得住的国家)事业比欧美日本要困难无数倍。但这是一个政权中心的问题,而不是民族国家的问题。

第三,蒋先生又说,"在专制政体之下,我们的物质文明太落伍了"。物质文明的落后,是由于我们的知识不够,人才不够,又因为旧式的民族自大心的抵抗,不肯急起直追。这是和专制政体无大关系的,也不足以证明中国不是一个民族国家。

以上所说,只讨论了蒋先生的论文引起的两点。我的意思只是要指出:第一,建国固然要统一政权,但统一政权不一定要靠独裁专制。第二,我们今日要谈的"建国",不单是要建设一个民族的国家。中国自从两汉以来,已可以算是一个民族国家了。我们所谓"建国",只是要使这个中国民族国家在现代世界里站得脚住。

还有第三个问题:中国的旧式专制既然没有做到建国的大业,我们今日的建国事业是否还得经过一度的新式专制?这个问题,今天谈不了,且留在将来再谈。

二十二,十二,十一

(原载 1933 年 12 月 17 日《独立评论》第 81 号)

再论建国与专制

上一期我讨论蒋廷黻先生的《革命与专制》，曾提出一个主张，说建国固然要统一政权，但统一政权不一定要靠独裁专制。我们现在要讨论一个比较更迫切的问题：中国的旧式专制既然没有做到建国的大业，我们今日的建国事业是不是还得经过一度的新式专制呢？

这个问题，并不算是新问题，只是二十多年前《新民丛报》和《民报》讨论的"开明专制"问题的旧事重提而已。在那时候，梁任公先生曾下定义如下：

> 发表其权力于形式，以束缚人一部分之自由，谓之制。专制者，一国中有制者，有被制者，制者全立于被制者之外，而专断以规定国家机关之行动者也。由专断而以不良的形式发表其权力，谓之野蛮专制。由专断而以良的形式发表其权力，谓之开明专制。凡专制者以能专制之主体的利益为标准，谓之野蛮专制；以所专制之客体的利益为标准，谓之开明专制。（《饮冰室文集》，乙丑重编本，卷二十九，页三五——四一）

现时有些人心目中所悬想的新式专制，大概不过是当年梁任公先生所悬想的那种以国家人民的利益为标准的开明专制而已。当时梁先生又引日本法学者笕克彦的话，说"开明专制，以发达人民为目的者也"，这和现在一部分人所号召的"训政"更相近了。所以当时民报社中，有署名"思黄"的，也主张革命之后须先行开明专制。当时孙中山先生还不曾提出"军政，训政，宪政"三时期的主张，那时他的三期论的第二期还叫做"约法"时期，是立宪期的准备。"思黄"所说，似是指那"约法"时期的开明专制。汪精卫先生在当时虽声明"与思黄所见稍异"，但他也承认"政权生大变动之后，权力散漫，于是有以立宪为目的,而以开明专制为达此目的之手段者"。这正是后来的"训政"论。

平心而论,二十多年前,民党与非民党都承认开明专制是立宪政治的过渡办法。梁任公说:

> 若普通国家则必经过开明专制时代,而此时代不必太长,且不能太长;经过之后,即进于立宪:此国家进步之顺序也。若经过之后而复退于野蛮专制,则必生革命。革命之后,再经一度开明专制,乃进于立宪。故开明专制者,实立宪之过渡也,立宪之预备也。(同上书,页五四)

《民报》里的"思黄"说:

> 吾侪以为欲救中国,惟有兴民权,改民主。而入手之方则先以开明专制,以为兴民权改民主之预备。最初之手段则革命也。(同上书,页八一引)

《民报》与《新民丛报》走上一条路线去了。他们所争的,其实不在开明专制,而在"最初之手段"是不是革命。梁氏希望当日的中国能行开明专制,逐渐过渡到立宪,可以避免种族革命与政治革命。而革命党人根本上就不承认当日的中国政府有行开明专制的资格,所以他们要先革命。汪精卫说:

> 论者须知行开明专制者必有二条件:第一则其人必须有非常英杰之才,第二则其人必须为众所推戴。如法之拿破仑第一,普之腓力特列第二,是其例也(汪氏全文引见同上书,卷三十,页三五——五八。此语在页四七)。

当日的政府确然没有这些条件,所以辛亥革命起来之后,梁任公作文论"新中国建设问题",也不能不承认:

> 吾盖误矣!……民之所厌,虽与之天下,岂能一朝居!(同上书,卷三四,页十五)

这一段二十多年前的政论之争,是值得我们今日的回忆的。二十多年以来,种族革命是过去了,政治革命也闹了二十二年,国民党的训政也训了五六年了。当年反对革命而主张开明专制的人,早已放弃他的主张了。现在梦想一种新式专制的人,多数是在早一个时期曾经赞成革命,或者竟是实行革命的人。这个政治思想的分野的骤变,也是时代变迁的一种结果。在二十多年前,民主立宪是最令人歆羡的政治制度。十几年来,人心大变了:议会政治成了资本主义的副产,专政与独裁忽然大时髦了。有些学者,虽然不全是羡慕苏俄与意大利的专制政治的成绩,至少也是感觉到中国过去二十年的空名共和的滑稽,和中国将来试行民主宪政的无望,所以也不免对于那不曾试过的开明专制抱着无穷的期望。还有些人,更是明白的要想模仿苏俄的一阶级专政,或者意大利的一党专政。他们心目中的开明专制已不像二十多年前《新民丛报》时代那样的简单了。现在人所谓专制,至少有三个方式:一是领袖的独裁,二是一党的专政,三是一阶级的专政(最近美国总统的独裁,是由国会暂时授予总统特权,其期限有定,其权力也有限制,那是吾国今日主张专制者所不屑采取的)。其间也有混合的方式:如国民党的民主集权的口号是第二式;如蓝衣社的拥戴社长制则是领袖独裁而不废一党专政;如共产党则是要一阶级专政,而专政者仍是那个阶级中的一个有组织的党。

我个人是反对这种种专制的。我所以反对的理由,约有这几项:

第一,我不信中国今日有能专制的人,或能专制的党,或能专制的阶级。二十多年前,《民报》驳《新民丛报》说:

> 开明专制者,待其人而后行。

虽然过了二十多年,这句老话还有时效。一般人只知道做共和国民需要较高的知识程度,他们不知道专制训政更需要特别高明的天才与知识。孔子在二千四百多年前曾告诉他的国君说:"为君难,为臣不易。如知为君之难也,不几乎一言而兴邦乎?"今日梦想开明专制的人,都只是不知道为君之难,不知道专制训政是人世最复杂繁难的事业。拿破仑与腓力特列固然是非常杰出的人才,列宁与斯塔林也是富有学问经验的天才。俄国共产党的成功不是一朝一夕的偶然事件,是百余年中整个欧洲文明教育训练出来的。就是意大利的专制也不是偶然发生的;我们不要忘了那个小小的半岛上有几十个世间最古的大学,其中有几个大学是有近千年的光荣历史的。专擅一个偌大的中国,领导四万万个阿斗,建设一个新的国家起来,这是非同小可的事,决不是一班没有严格训练的武人政客所能梦想成功的。今日的领袖,无论是那一党那一派的健者,都可以说是我们的"眼中人物";而我们无论如何宽恕,总看不出何处有一个够资格的"诸葛亮",也看不出何处有十万五万受过现代教育与训练的人才可做我们专政的"诸葛亮"。所以我们可以说:今日梦想一种新式专制为建国的方法的人,好有一比,比五代时后唐明宗的每夜焚香告天,愿天早生圣人以安中国!

第二,我不信中国今日有什么有大魔力的活问题可以号召全国人的情绪与理智,使全国能站在某个领袖或某党某阶级的领导之下,造成一个新式专制的局面。我们试看苏俄,土耳其,意大利,德意志的专政历史,人才之外,还须有一个富于麻醉性的热烈问题,可以煽动全国人心,可以抓住全国少年人的热血与忠心,才可以有一个强有力的政权基础。中国这几十年中,排满的口号过去了,护法的问题过去了,打倒帝国主义的口号过去了,甚至于"抗日救国"的口号也还只够引起一年多的热心。那一个最真切,最明白的救国问题还不能团结一个当国的政党,还不能团结一个分裂的国家,这是最可痛心的教训。这两年的绝大的国难与国耻还不够号召全国的团结,难道我们还能妄想抬出一个蒋介石,或者别个蒋介石来做一个新的全国大结合的中心吗?近年也有人时时提到一个"共同信仰"的必要,但是在这个老于世故的民族里,什么口号都看得破,什么魔力都魔不动,虽有莫索里尼,虽有希忒拉,虽有列宁、杜洛司基,又有什么幻术可施呢?

第三,我有一个很狂妄的僻见:我观察近几十年的世界政治,感觉到民主宪政只是一种幼稚的政治制度,最适宜于训练一个缺乏政治经验的民族。向来崇拜议会式的民主政治的人,说那是人类政治天才的最高发明;向来攻击议会政治的人,又说他是私有资本制度的附属品:这都是不合历史事实的评判。我们看惯了英美国会与地方议会里的人物,都不能不承认那种制度是很幼稚的,那种人才也大都是很平凡的。至于说议会政治是资本主义的政治制度,那更是笑话。照资本主义的自然趋势,资本主义的社会应该有第一流人才集中的政治,应该有效率最高的"智囊团"政治,不应该让第一流的聪明才智都走到科学工业的路上去,而剩下一班庸人去统治国家。(柏来士 Bryce 的"美洲民主国"曾历数美国大总统之中很少第一流英才,但他不曾想到英国的政治领袖也不能比同时别种职业里的人才;即如名震一世的格兰斯顿如何可比他同时的流辈如赫胥黎等人?)有许多幼稚民族很早就有民主政治,正不足奇怪。民主政治的好处在于不甚需要出类拔萃的人才;在于可以逐渐推广政权,有伸缩的余地;在于"集思广益",使许多阿斗把他们的平凡常识凑起来也可以勉强对付;在于给多数平庸的人有个参加政治的机会,可以训练他们爱护自己的权利。总而言之,民主政治是常识的政治,而开明专制是特别英杰的政治。特别英杰不可必得,而常识比较容易训练。在我们这样缺乏人才的国家,最好的政治训练是一种可以逐渐推广政权的民主宪政。中国的阿斗固然应该受训练,中国的诸葛亮也应该多受一点训练。而我们看看世界的政治制度,只有民主宪政是最幼稚的政治学校,最适宜于收容我们这种幼稚阿斗。我们小心翼翼的经过三五十年的民主宪政的训练之后,将来也许可以有发愤实行一种开明专制的机会。这种僻见,好像是戏言,其实是慎重考虑的结果,我认为值得研究政治思想的学者们的思考的。

二十二,十二,十八夜

(原载 1933 年 12 月 24 日《独立评论》第 82 号)

为《东方杂志·新年的梦想》栏所写的应征答案[①]

(问题一)先生梦想中的未来中国是怎样的?(请描写一个轮廓或叙述未来中国的一个方面。)

(答案一)

话说中华民国五十七年(西元1968)的双十节,是那位八十岁大总统翁文灏先生就职二十年的纪念大典,老夫那天以老朋友的资格参预那盛大的祝典,听翁大总统的演说,题目是"二十年的回顾"。他老人家指出中华民国的改造史,可分为两个时期:第一时期是"统一时期",其中最大的事件是:

(一)全国军人联合通电奉还政权(三十七年)

(二)元老院的成立,容纳

(问题二)先生个人的生活中有什么梦想?(这梦想当然不一定是能实现的。)

(答案二)

我梦想一个理想的牢狱,我在那里面受十年或十五年的监禁。在那里面,我不许见客,不许见亲属,只有星期日可以会见他们。可是我可以读书,可以向外面各图书馆借书进来看,可以把我自己的藏书搬一部分进来用。我可以有纸墨笔砚,每天可以做八小时的读书

[①] 原编者注:《东方杂志》社于1932年11月1日发出启事,为1933年新年号《新年的梦想》栏征求答案,这是胡适所写的应征答案,"答案一"未写完,《东方杂志》亦未见发表。

著述工作。每天有人监督我做一点钟的体操,或一两点钟的室外手工,如锄地,扫园子,种花,挑水一类的工作。

我想,我如果我有这样十年或十五年的梦想生活,我可以把我能做的工作全部都做出,岂不快哉!

(收入《胡适来往书信选》下册)

关于外交问题的几点意见[①]

外　交

一、我们深信,我们到了今日应该觉悟敌国外患决不是排外的标语口号所能打倒的。我们深信,在外无外交内无实力的状况之下,空言提倡排外的政策是有百害而无一利的。一切街头的标语,和教科书中的排外教材,在事实上不能减轻外患的万分之一,徒然给我们的敌人用作反宣传的好材料,给我们的国家造成"只有敌人而无与国"的孤立形势。所以我们主张:在最近的将来,我们应该停止一切不负责任的排外论调,应该教育全国民众认识自己国中的危机和国际的局势,应该努力充足自己的实力而不倚靠浅薄无益的煽动。

二、在这个现代世界里,我们决没有孤立的生存。我们应该认识中国外交的对象有四个方面:一是日本,二是俄国,三是美国,四是那代表西欧和不列颠帝国的国际联盟。我们主张,中国的外交政策应该尽力兼顾到这四个方向,才可以希冀在国际上得到一点地位。

三、我们深信,根本上中国的外交问题还只是内治的问题。我们的内政不上轨道,国内没有治安的保障,则我们的国家在国际上决不会得着自由平等的地位。所以我们主张,我们应该多责己而少责人,多在内政上努力而少作排外的空谈。

(收入《胡适来往书信选》下册)

[①] 原编者注:此稿约写于1933年,可能是为《独立评论》所草拟的宣言、政治主张之类的文稿的一部分,标题是编者加的。稿内所举的"只有敌人而无与国"、四条外交路线等等提法,均见1933年11月26日出版的《独立评论》第78号胡适所作《世界新形势里的中国外交方针》一文。

1934 年
报纸文字应该完全用白话

　　近几年来,中国报纸的趋势有两点最可注意:第一是点句的普遍;第二是白话部分的逐渐增加。这两件事其实只是一件事,都只是要使看报人容易了解,都只是要使报纸的文字容易懂得。

　　古书的难懂,不全在文字的难认;识了几千字的人,往往还不能读没有句读的书。所以古时凡要人容易懂得的文字,必须加上句读。所以童蒙读本有句读,告示有朱笔句读,佛经刻本有句读,诉状公牍必须点句,科举考卷也要作者自己点句。平民社会最流行的唱本和戏文也须每句每顿空一格,这也是一种点句法。从前北京销行下层社会最广的《群强报》,他的新闻差不多全是剪抄普通报纸的新闻,不过每句每读留一个空格,居然也就好懂多了。最早的报纸,如南方的《申报》、《新闻报》,如北方的《大公报》,都不点句,也不空格。最早的杂志如《清议报》、《时务报》,也都不点句。这种日报杂志本来都是给读书人看的,所以没有断句的必要。断句就是瞧不起列位看官了! 只有一班志士为老百姓办的官话报或俗话报,才有空格断句的方法。圈点的采用起于《新民丛报》时代的杂志;而最先影响到日报的社论一栏。《时报》,《南方报》,《神州日报》的论说都是采用圈点最早的。但当时的圈点都还是文章家浓圈密点的欣赏符号,至多也不过是引人注意的符号,还不全是为了谋一般读者便利的断句符号。新式句读符号的采用,起于留美学生办的《科学》杂志。民国七年以后,《新青年》杂志开始用新式句读符号。后来北大教授们提出的"标点符号案"经教育部颁布之后,"标点符号"的名称就正式成立了,标点的采用也更广了。日报的"副刊"盛行之后,各报都找少年作家来办副刊,而少年作家得风气较先,所以标点符号最早侵入了各报的副刊里。可是日报的访员与编辑都还是旧人居多,所以新闻栏的采用点句法不过是最近几年的事。近年的新式广告也渐渐有采用标点的了。报纸有了点句,稍识字的人就能看报,报纸的销路也自然增加了。所以新闻点句的风气现在差不多普及全国的报界了。

　　用白话做文章,这也是近十六年的新风气。十六年前,白话报是为"他们"老百姓办的,不是给"我们"读书人看的。民国七年复活的《新青年》杂志才有一班文人决心用白话为"我们"自己写文章。民国十年以后才有国语的小学教科书。八年的"五四"运动以后,国内发生了无数的白话小杂志,造成了许多少年的白话文作家。十几年来,国内的杂志,除了极少数的几种之外,差不多完全白话化了。日报"副刊"的编者与作者大都是新少年,所以白话化的也特别早。所以日报的白话化,同日报的标点分段一样,是从"报屁股"上白起的。现在有许多日报已经白到头上了,白话化到社论栏里了。可是中间的大部分——电报与新闻——都还是文言。试取天津两家最大的日报来作统计:

《大公报》1月4日 十四版	《益世报》1月3日 十四版
文言合计　四版	三版半
白话合计　二版半	二版半
广告合计　七版	八版
图画　　　半版	零

　　在十四版之中,白话所占篇幅还不到百分之十八。在《大公报》的六版半的读物之中,白话只占百分之三十八。然而从日报的历史上看来,这样的比例也就很可以使我们乐观了。十六年的工夫,能使日报的文字变到百分之四十的白话化,这不能不算是很大的进步了。

　　报纸的文字越易懂,销路自然越好,影响也自然越大。这是人人都知道的。然而今日国内日报何以还不肯完全用白话作社论写新闻呢?

我想，这时候全用白话办日报，的确还有不少的困难：第一是用白话打电报，字数比文言多，电报费太重。第二是用白话记载新闻，字数也比文言多，占篇幅太多。但仔细一想，这些困难都不是无法解决的。西洋人发电报也有删削虚字等等省费方法，报馆访员发电删略更多，几乎成一种特别文字，非受过报馆训练的人就完全看不懂。但通信社与报馆都有一种"改写"（rewrite）的制度，有专员多人管理电报的改写。每到一个电报，即付改写部，把一篇删节缩写的简电改成通畅明白的文字。改写之后，再交编辑部去编排整理。往往几十个字的电文可以改写成几百字的长篇新闻。其实中国的报馆现在早已有了"改写"的需要，如电文中"鱼"下加注"六日"，"啸"下加注"十八日"，"汪"下加注"精卫"，都是"改写"的起点。不过中国报馆的编辑先生至今还不肯删去"鱼"、"啸"等字，老实改作"六日"、"十八日"，因为报馆要表示他们的确有钱打专电，若删去了"鱼"、"啸"等字就不像"本馆专电"了！若能推广这种"改写"的方法，电文不妨仍旧用简短的文字，只须这一头收电时有个渊博能文的改写专家，就可以把简短删略的电文改作漂亮明畅的白话了。

至于新闻的记载，更不成问题。新闻本是今天的事，应该用今天的活言语记载；对新闻记者谈话当然更应该用白话记录，才可以传神传信。有经验的访员，若能抓住事实的纲领或谈话的中心，用白描的文字去描写记录，自然能扼要而不烦琐。现在各报的记事记言，往往都是把活人的言行翻作死人的文字，记录的人又往往没有文学的训练，所以只能用许多陈言烂调来做文章，所以往往在一段比球的记事里也可以发现许多陈腐的套语，文字的冗长往往都是这样来的。试看今日各报的文言记载，"天寒"必用"朔冈刺骨"，"住"必用"下榻"，"问"必用"询"，"使"必用"俾"，这种人做记载，文字那得不冗长呢？今日要救正这种陈腐拖沓的文字病，用干净的白话是最有效的方法。

今天（5日）晚报的福州专电说，福州的人民政府已把一切公文都改用白话加标点符号了。这是自然的趋势，迟早总会全国实行的。我们睁眼看看世界，今天还有一个文明国家的公文报纸用死文字的吗？报纸应该领导全国，所以我借《大公报》的新年第一次星期论文的机会，很诚恳的提议：中国的报纸应该完全用白话。

二三，一，五

（原载 1934 年 1 月 7 日《大公报》星期论文）

武力统一论

跋蒋廷黻、吴景超两先生的论文

在本刊的第八十三期，蒋廷黻先生有一篇《论专制，并答胡适之先生》。同时吴景超先生也寄了一篇《革命与建国》来，登在本刊的第八十四期。这两篇文章虽然是各不相谋的，其中有许多互相发明的地方，所以我把这两篇参合起来讨论。

蒋先生说：

> 近代国家每有革命，其结果之一总是统一愈加巩固及中央政府权力的提高。……我们的革命反把统一的局面革失了，而产生了二十余年的割据内乱。这又是什么缘故呢？

他这一问，吴景超先生已代他回答了。吴先生根据历史的先例，说中国每一次革命可分作八个小阶段，合成三个大阶段：（一）从苛政到革命，为旧政权打倒的时期；（二）从群雄割据到统一完成，为新政权创立的时期；（三）从施行善政到和平恢复，为建国的时期。他说：

> 我个人的私见，以为自清室推翻以后，这二十余年，我们闹来闹去，还没有跳出革命的第二期。……我们如用历史的眼光来看，中国近二十余年来的混乱，乃是革命中必走的过程，而且二十余年还不算是最长久的。

中国革命只做到了两三次推翻旧政权，还没有做到统一的新政权的建立：这一点我想蒋吴两先生都会同意。可是一问"为什么旧政权推翻之后必须经过一个群雄割据的阶段？"他们两位的解释就不同了。吴景超先生根据中国历史，说：

> 旧政权推翻之后便有群雄割据的情形发生的原因：第一是

因为参加推翻旧政权的人，除推翻现状之外，对于别种主张，别种政策，并不一定有一致的信仰，所以每于现状推翻之后，便分道扬镳了。……第二是因为各人都有野心，所以在野心与野心相冲突的时候，革命的势力便分裂了。

蒋廷黻先生另有他的解释，他说：

不是军阀把中国弄到这种田地，是这样的中国始能产生军阀。……因为中国人有省界县界的观念，所以割据得成家常便饭；又因为中国人的穷，所以军阀得养私有的军队。……总而言之，军阀的割据是环境的产物。环境一日不变，割据就难免。

可是蒋先生在下文又提出一个比较简单的解释：

统一的敌人是二等军阀和附和二等军阀的政客。每逢统一有成功可能的时候，二等军阀就连合起来，假打倒专制的名，来破坏统一。

这就和吴先生的解释很接近了。

现在姑且不讨论这些解释是不是正确，我们先看他们两位提出的统一方法。吴先生根据历史的先例，说：

在中国历史上，几乎没有例外，统一是以武力的方式完成的。……

在群雄割据的时期内，除却武力统一的方式外，我们看不出还有什么别的方式可以完成统一的使命。

蒋廷黻先生说：

破坏统一的既是二等军阀，不是人民，统一的问题就成为取消二等军阀的问题。他们既以握兵柄而割据地方，那末，惟独更大的武力能打倒他们。

这样看来，蒋先生所要的"专制"，原来并不是独裁的政治制度，原来不过是希望一个头等军阀用武力去打倒一切二等军阀，原来就是吴先生说的"武力统一"。这还是吴先生说的三期革命的第二期的事业。即使我们完全让步，承认武力统一的必要，那也还只是承认了一个"马上得天下"罢了，还谈不到"马上得天下"以后应否用专制或用民主宪政。换句话说，武力统一是军事问题，在孙中山先生的三期革命里只属于第一期的"军政时代"的"肃清反侧"的事业(吴先生的第一第二两个阶段,都属于中山先生的军政时代)。我们姑且放下那政治制度的专制问题,先来谈谈眼前的统一工作的方式。

我们先要温习一点现代史,先要记得武力统一是在这二十余年中已做到好几次的了。民国三四年的袁世凯,岂不是做到武力统一了?民国十七年北伐完成时,又岂不是做到统一了?蒋廷黻先生也曾说过:

> 我们更加要注意:以袁世凯及吴佩孚一流的人物,离统一的目的,仅功亏一篑了。

我们何不更进一步问:袁世凯及吴佩孚,以至于民国十七八年的蒋介石,为什么离统一的目标终于"功亏一篑"呢?是不是因为这几个人的武力不够大呢?是不是因为他们的个人专制还不够专呢?是不是还有其他的原因呢?究竟这"一篑"的关键在什么地方呢?

蒋先生说:

> 每逢统一有成功可能的时候,二等军阀就连合起来,假打倒专制的名,来破坏统一。

这是说二等军阀。他又说:

> 士大夫阶级反对专制的议论,不是背西洋教科书,就是二等军阀恐惧心,忌妒心的反映。

这是说士大夫阶级。我们要问蒋先生:那抓住中央政权的头等军阀有没有失政,应不应负一部分责任呢?在那些"西洋教科书"还没有出世之前,司马氏父子三代平蜀平吴,做到了武力统一,为什么不上二十年,就闹成"八王构兵"、"五胡乱华",闹的中国分裂到三百年之久呢?隋朝的杨氏篡周平陈,统一了中国,为什么也不到二十年,就闹到群雄蜂起,天下分裂呢?远史且不谈,袁世凯的"功亏一篑"是不是他自己和他手下的梁士诒一流人应负责任呢?吴佩孚的"功亏一篑"是不是他自己和他所拥戴的曹锟一党也应负责任呢?

最可惜的,自然是民国十七八年的统一局面的崩坏。民国十五六年的国民革命军北伐,真是能号召全国感情的一件空前大壮举:许多少年人的投考黄埔军官学校,更多少年人在各地的秘密活动;还有许多中年老年人也受了那个运动的震荡,都期望它的成功:那种精神上的统一是中华民族史上绝无仅有的。如果民十五年的一些幼稚举动引起了士大夫与商人阶级的疑虑,至少在南京政府成立以后,绝大多数人的心理是赞助新政权并且渴望统一的。在那个全国精神上一致的大运动之下,张作霖也不能不退出关外,张学良也不能不承认新政权。民国十七八年的统一,不是全靠武力的,是靠那武力背后的全国比较的一致的新精神——可以叫做新兴的民族主义的精神。

然而这个新统一的中国是怎样又破碎了的呢?破坏统一的罪恶是不是全在"二等军阀和附和二等军阀的政客"呢?是不是因为士大夫阶级读死了西洋教科书因而反对专制,所以助成统一的崩坏呢?是不是头等军阀也应该分担一部分或一大部分的责任呢?是不是那些不背西洋教科书而梦想个人专制的政客党员也应该分担不少的责任呢?

说起"二等军阀",我们应该还记得,两个月削平了桂系,六个月打倒了阎冯,似乎二等军阀也算不得怎样难对付。可是当日那些最可怕的二等军阀打倒之后,统一在那里?和平又在那里?今日割据的局面是不是比民国十七八年减低多少了吗?福建的变局不用说了。冯玉祥倒了;起来的是韩复榘、宋哲元等等。阎锡山倒了;现在又在娘子关里努力他的模范省了。桂系倒了;现在李宗仁、白崇禧又在广西第二次造成他们的模范省了。四川的割据如故,云南、贵州的鞭长莫及如故。广东是比李济琛时代更独立了。难道我们到了今天还只能提出一个"惟独更大的武力能打倒他们"的方案吗?

"武力统一","用更大的武力打倒二等军阀",这种理想,当然有人在那儿梦想实现的,用不着我们去教猴子上树。我们的责任是要研究这条路究竟走得通不,是要看看是不是真的"除却武力统一的方式外,没有什么别的方式可以完成统一的使命"。

老实说,我不信武力统一是走得通的路。我的理由,其实蒋廷黻先生已代我说过了。他说:

> 毛病不在军阀,在中国人的意态和物质状况。

他说的"意态"是说"中国人的头脑里有省界";他说的"物质状况"

是说"中国人的穷"。然而蒋先生却又主张"唯一的过渡方法"是个人专制,是用武力打倒二等军阀。难道武力统一就可以破除"中国人头脑里的省界",就可以打倒"中国人的穷"了吗?既然"毛病不在军阀",蒋先生如何又说"统一的敌人是二等军阀"呢?

我要套用他的话,说武力统一所以行不通:

> 毛病不在军阀,在中国人的意态和物质状况。

先说"毛病不在军阀":现在的二三等军阀,实不够中央军队的一打,我想这是他们自己也知道的。如果十九路军这回也失败了,中央军队的武力的优越,更不成问题了。所以若单以武力而论,中国今日的统一应该可以不战而成功的了。次说"在中国人的意态和物质状况":意态不是蒋先生说的"省界";二十余年前,中国的省界何尝不比现在更深?何以那时的省界无碍于统一呢?何以当日建立帝国的政治家能造出科举的方法和回避本省的制度,使省界观念反成为统一的基础呢?我所说的"意态"是指中国智识思想界的种种冲突矛盾的社会政治潮流。例如昔日的汪精卫一派,今日的胡汉民,可以作政治上的妥协,而不是武力所能打倒。又如今日的共产党以及无数左倾的青年,也不是单靠武力所能扫净。武力也许可以破灭红军,特务队也许可以多捉几个共产党,但那种种左冲右决的社会潮流(包括种种蒋先生说的"反对专制的议论")是不是武力所能统一的呢?何况中国今日最有力的新意态是外患压迫之下造成的一种新民族观念,它决不容许任何头等军阀用他的武力去征服全国。这种新意态一面能使张学良下野,一面也能使蒋介石不能挽救韩复榘的驱逐刘珍年。

我说的"物质状况"也不单指贫穷,虽然贫穷也不是武力统一所能扫除的。我所谓"物质状况"是说中国疆域之大,和交通之不便。这都是武力统一的绝大障碍。四川,云南,贵州,今日中央军队有何办法?新疆的混战,中央军队有何办法?广东、广西的独立,中央军队又有何办法?韩复榘打刘珍年,中央军队又有何办法?阎锡山闭关自守,中央军队又有何办法?即使半年或一年之内,福建与江西都解决了,难道这几十万的中央军就可以抽出来南征北剿,东征西讨了吗?

所以我说,今日武力统一是走不通的:

> 毛病不在军阀,在中国人的意态和物质状况。

蒋先生和吴先生都曾指出种种"别的方式","从事实上看起来"都绝不能行。我们在上文指出"武力统一"的行不通,难道不是事实? 例如广西的李宗仁、白崇禧,如果他们不造反,不出兵,只努力做"保境安民"的事业,难道中央政府好意思下令讨伐广西吗? 又如四川的大小军阀,既不保境,又不安民,确应该如蒋先生说的"拿一个大专制来取消这一些小专制"了。然而"从事实上看起来",今日的头等军阀是否能下决心用武力去平定四川呢? 为什么不可以讨伐两广? 为什么不可以讨伐四川呢? 简单的很,中国人今日的新意态不容许无名的内战;中国的物质状况也不容许那一点子中央军队去做西征南伐的武力统一工作。

最后,我对于蒋吴两先生的论文,还有一点根本上的质疑。蒋先生很严厉的说:

> 西洋的政治和中国的政治截然是两件事。在我的眼光里,这是一件明明白白的事实,排在我们的面前。

然而蒋先生有时也不免引证西洋政治史的事实。在同一篇内,他也曾引证英国的顿头,法国的布彭,俄国的罗马罗夫,说"君主专制在这些国内曾受人民的欢迎",他因此判定"从〔中国〕人民的立场看,个人的大专制是有利的"。我们依据蒋先生的中西政治截然两事的立场:是不是也可以说:

> 西洋的政治和中国的政治截然是两件事。十五六世纪的英国顿头朝,十六七世纪的法国布彭朝,十八九世纪的俄国罗马罗夫朝,和二十世纪的中国更截然是四件事。所以者何? 地理不同,民族不同,时代更绝不同,似未可相提并论。

关于吴先生的历史方法,我也有点怀疑,历史是"不再来的",所以一切公式比例,都不能普遍适用。即以中国历史上朝代革命来说罢,秦亡于民间的革命,而齐民革命的刘氏享国四百年,以后就没有同样成功的革命了,直到明朝的革命成功,才有个略相似的例子。此外如魏之代汉,如晋之代魏,如隋唐之代周隋,如五代之相继,如宋之代周,如元清之代宋明,皆不是同比。即以汉比明,也有截然不同之点。如楚汉是先推翻秦的政权,而后相争;而明太祖则是先削平群雄而后打倒蒙古的政权。又如自王莽曹丕至赵匡胤,政权移转都由于权臣篡位。而自从宋以后,大概是因为理学的影响,权臣篡位竟全绝迹了。二千多年来,政权转移的方法实在太简单。古之所有,今未必有;古之所无,今何妨有;吴先生因为"在中国历史上,几乎没有例外,统一是以武力的方式完成的",就以为今日除了武力统一之外,没有别的方式可以完成统一的使命。这未免太拘泥于历史例证了。

吴先生说:
> 我们根据中国历史的分析,革命实分三个时期,现在还是一个群雄割据时期,说不上建国的大事业。

这是迷信历史重演的态度,我认为最不合逻辑,并且含有最大危险性。即如"善政"一项在吴先生的八个阶段中,列在第七。如果中国五十年不能完成统一,难道这五十年之中就不能有"善政"吗?

今日政治家与政治学家应该研究的问题正是如何能缩短这个割据的时期,如何在能这个割据时期做到建国的大事业。

1934,1,7

(原载1934年1月14日《独立评论》第85号)

政治统一的途径

凡梦想"武力统一"的人,大概都是对于别的统一方法都抱悲观了。例如吴景超先生(本刊八十四号)指出三种其他方式的不可能:第一"开放政权"于统一是无补的;第二"联省自治"实际上便是拥护群雄割据的局面;第三"以建设谋统一"也得先设法早日脱离割据的时期。因为吴先生认这几条路都走不通,所以他说:

  在群雄割据的时期内,除却武力统一的方式外,我们看不出还有什么别的方式可以完成统一的使命。

又如蒋廷黻先生(本刊八十三号)也指出其他方法的绝不能行:第一是"维多利亚时代的自由主义和代表制度"绝不能行;第二是"割据的妥协"也绝不能成立;第三是"再来一次的革命"也行不通。因为这些方法都绝不能行,所以他说"唯一的过渡方法是个人专制",是"拿一个大专制来取消一些小专制",是拿更大的武力打倒一切二等军阀。

武力统一的困难,我在上一期(八十五号)已经说过了。其实这种统一方式的困难,蒋吴两先生也都感觉得到。蒋先生说:

  中国人的私忠既过于公忠,以个人为中心比较容易产生大武力。

他应该料得到:冯玉祥也曾这样想过,也曾这样做过;张作霖、张学良也曾这样想过做过;现在的许多割据领袖也都在那儿如法炮制,"以个人为中心,产生大武力"。人人都要造成那"更大的武力",所以武力统一终不可能。蒋先生又说:

  这个为中心的个人必须具有相当的资格。

既然说是"必须",这就是一个必要的条件了。我说中国没有能专制

的人;蒋先生也只能说:

> 中国今日有无其人,我也不知道。

那么,蒋先生也不知道今日中国有无具备那"必须"条件的中心人物,他的统一武力论也就很脆弱了。

吴先生的武力统一论也有同样的困难。他也承认:

> 武力虽然重要,而运用此武力的,还要一个能干的领袖。这位领袖至少应具下列几个条件:
>
> 第一,他要有为国为民的声望,这种声望是建筑在领袖的行为上面的。……
>
> 第二,他要有知人善用之明,要网罗国内第一流人物,来与他合作。……
>
> 第三,他要有开诚布公的胸怀,要使得与他接近的人都觉得他真是"推赤心置人腹中"。……
>
> 现在的革命事业有国际背景在内,所以当领袖的人……还应当有现代的眼光,以及一个高明的外交政策。

可是吴先生也不能指出我们现在已有了这样一位领袖。他只能说:

> 根据时势造英雄的原则,这种领袖迟早总要出现的。

假如我们大家每夜焚香告天的祈祷终无灵应,这种领袖终不出现,那么,中国又怎么办呢?这样看来,吴先生的武力统一论的希望也是很脆弱的。

总而言之,武力统一的困难,依我们三个人这回讨论的结果,至少有三点:

第一是中国今日的"意态"不容许。(看第八十五号)

第二是中国今日的"物质状况"不容许。(看第八十五号)

第三是中国今日还没有具备那些"必须"条件的领袖。

我们现在可以回到我上次提出的问题:如何能缩短这个割据时期?如何能在这个割据时期做到建国的大事业?

换句话说,假如此时没有用武力统一全国的希望,我们还有法子建设起一个统一的国家来吗?

我所设想的统一方法,简单说来,只是用政治制度来逐渐养成全国的向心力,来逐渐造成一种对国家"公忠"去替代今日的"私忠"。

中国统一的破坏,由于各省缺乏向心力,就成了一个割据的局面。这个局面的形成,不完全是这二十多年的事,是太平天国乱后逐渐造成的。清朝盛时,督抚都不用武人,而各地驻军甚少。当时所以能维系住一个统一局面,全靠制度的运用。任官全出于中央,而中央任官有一定的制度;科举是全国一致的,升迁调转是有一定的资格限制的,而文官统辖武官(自中央以至各省)也是一致的。科举制度虽然不切实用,但人人都承认它的公道无私;老生宿儒应考到头发白了,也只能叹口气说"场中不论文!"他不怨那科举制度本身的不公。智识阶级都感觉有"正途出身":贫家子弟,用了苦工夫,都可以希冀状元宰相的光荣。重文轻武的风气造成之后,武官自觉得他们应该受文人的统治,所以文人管兵部,巡抚掌兵权,人人都认为当然的道理。

太平天国之乱,把那个"纸老虎"打破了。政府的军队不能平乱,而平乱的大功全靠新起的乡兵与募兵。湘军虽然多数遣散了,淮军继续存在,成为新式军队的起点。平乱之后,各省督抚虽然仍是文人,可是这些封疆大吏多是带过兵立过战功的,又往往负一时盛名,他们的声望远在中央政府的一班庸碌大官之上。从此以后,"内轻外重"的局势已造成了。到了庚子年(1900),宫廷与政府迷信拳匪,造成了国际大祸,内旨令沿江沿海各省督抚招集义和团攻打洋人,北方有山东巡抚袁世凯不受命,南方两江总督刘坤一与两湖总督张之洞也都不奉诏,并且提倡保障东南的政策。当时端王与刚毅都主张要严厉的惩罚刘张,但想不出执行的有效方法来。这是各省对中央独立的起点。十年之后,辛亥(1911)革命起来,各省相继响应,主其事的虽有文人,但反正的新军将领往往成为实际上的领袖。南北统一之后,北方政权渐归北洋的将领;南方各省的有力军人也渐渐成为各省的领袖。民国三四年以后,虽有军民分治的试验,而各省大权都移归军人,就成割据的局面。

辛亥革命以后,从前所有一切维系统一的制度都崩坏了。中央政府没有任官权,没有军权,没有赋税权;而各省的督军都自由招兵,自由作战,自由扣留国税,自由任命官吏。到了后来,有力的督军还要干预中央的政治,中央政府就变成军人的附属品了。离心力的极端发展,造成了一个四分五裂的局面。

民国十五年,国民革命军北伐,打开了一个新的局面。当时的主要旗帜是民族主义,对外是打倒帝国主义,对内是建立一个统一的民族国家。统一的中心在国民党,要以党治军,以党当政:党权高于一切。这一套的新组织与新纪律,在当时真有"无坚不摧"的威风。无主义又无组织的旧势力,都抵不住这新潮流的震撼。不到三年,就做到了统一全国的大事业。

但这一回的新统一里也含有不少的离心势力。政权属于党,而党不幸先分裂了。党中本有从极右到极左的成分,后来一分为国共,再分为国民党内的各派,三分为以个人为中心的各系。党中又因为原来没有计划到分派的处理方法,从没有准备怎样用和平法律手段来移转政权的方法,所以一到分裂时就不能不互相斗争,而斗争的方法又有时各各倚靠一部分的军人,用机关枪对打。党争要倚靠军队,党就不能治军了。新起的军事领袖,虽然比旧日北洋军阀高明的多了,然而其中始终没有出一个像刘邦那样"恢廓大度"或像刘秀那样"推赤心置人腹中"的伟大人物。所以党争之外,又加上了领袖与领袖的斗争。其中虽有比较优胜的领袖至今还能保持最优胜的势力,然而那分裂的局势终无法收拾:第一是党争无法解决,第二是私怨无法消灭,从党争变到个人恩怨,从党中心变到个人中心,越变离心力越大了。

在这个割据局势之下,有什么法子可以逐渐减除各省的离心力,而逐渐养成全国的向心力呢? 有什么法子可以逐渐造一种对国家的"公忠"来替代今日的"私忠"呢?

我们要认清,几十年来割据的局势的造成是因为旧日维系统一的种种制度完全崩坏了,而我们至今还没有建立起什么可以替代他们的新制度。当日"以党治国"的制度,确是一个新制度,如果行得通,也许可以维系一个统一的政权。但民国十六年国共的分裂,就早已显示这个制度的自身无法维持下去了,因为党已不能治党了,也不能治军了,如何还能治国呢?党的自身已不能统一了,如何能维系一国的统一呢?

古人说的好:"时移则事异,事异则备变。"旧制度已崩坏了,我们就应该研究新的需要,建立新的制度去替代那无法挽回的旧制度。今日政治上的许多毛病,都只是制度不良的结果。即如蒋廷黻先生指出的:

> 中央政府的各部,无论在北京时代,或在现在的南京,部长是那一省的人,部中的职员就以他同省的人居多,甚至于一部成为一省的会馆。

他说这是因为中国人的头脑里有省界。其实省界是人人有的,并不限于中国人。美国国会的议员,那一个不替他的选举区争权利?不过他们的国家有较好的制度,所以他一旦做了部长,他决不能把他的贵部变成他的同乡会馆。蒋先生指出的笑柄,只消一点点制度上的改革就可以消灭了。

回到国家统一的问题,我们主张,今日必须建立一个中央与各省互相联贯的中央政府制度,方才可以有一个统一国家的起点。

从前的帝国时代,中央与各省的联贯,全靠任官权之在中央:不但督抚藩臬是由中央派出的,州县官也是由中央分发到省的;外官可以回中央去做京官,京官可以派出去做外官;江苏人可以做甘肃的官,云南人也可以做山东的官。自从割据的局势形成以后,割据的区域里中央不能任官,至多只能追认原有的官吏,加以任命而已。任官权分在各省之后,中央与各省就没有联贯的方法了。省与中央越离越远,所以只有小割据,而没有统一国家的形态了。

我们相信有许多的政治方法可以逐渐挽回这种分裂的趋势。这篇短文里不能详细多举例子。我们可以举出"国会"一个制度来做一个最重要的例。国会不是蒋廷黻先生所嘲笑的"维多利亚时代的自由主义和代表制度"。国会的功用是要建立一个中央与各省交通联贯的中枢。它是统一国家的一个最明显的象征,是全国向心力的起点。旧日的统一全靠中央任命官吏去统治各省。如今此事既然做不到了,统一的方式应是反其道而行之,要各省选出人来统治中央,要各省的人来参加中央的政治,来监督中央,帮助中央统治全国。这是国会的根本意义。

蒋廷黻先生一定不赞成这个主张,他曾说:

> 人民不要选举代表,代表也不代表什么人。代表在议会说的话,不过是话而已。中国近二十年的内争是任何议会所能制止的吗?假若我们能够产生国会,而这国会又通过议案,要某军人解除兵柄,你想这个议案能发生效力吗?只要政权在军人手里,……你的国会有一连兵就可解散了。

这些话都是过虑,有成见的过虑。第一,人民最不要纳租税,然而他也居然纳租税,岂非怪事?所以蒋先生也不必过虑人民不要选举代表。第二,议会能有多少权力,如今谈不到。不过我们前几天还看见报上记载着,立法院"在悲愤中"勉强通过了一万万元的公债案。一个确然"不代表什么人"的立法院也会"悲愤",蒋先生也许可以看见一个代表全国的议会发起大"悲愤"来制止内战,谁敢保没有这一天呢?第三,一连兵诚然可以解散国会,正如一个警察可以封闭你我的《独立评论》一样容易。然而曹锟要做大总统,他用一连兵也就可以包围国会了,何必要花五千元一票去贿选呢?马君武先生曾说:曹锟肯花五千元一票去贿选,正可以使我们对于民主宪政抱乐观,因为那个国会的选举票在曹锟的眼里至少还值得四十万元的代价。况且有了贿选的国会,也就可以有贿不动的国会;有了一连兵解散得的国会,也就可以有十师兵解散不了的国会。

不过这都不是眼前的话。现在我要请大家注意的只是要一个连贯中央与各省的国家机关,要建立一个象征全国全民族的机关。各省要捣乱,就请到国会里来大家一块儿捣乱。各省要建设,就请到国会里来大家一块儿建设。无论如何,总比"机关枪对打"要文明一点。让各省的人到中央来参加全国的政治,这是养成各地方向心力的最有效的一步。

十八世纪的英国政治家贝尔克(Burke)曾说,"若要人爱国,国家须要可爱"。若要全国人拥护国家,国家也须要全国人拥护。现在最奇怪的现状是把党放在国家上面。这样如何能养成"公忠"？国会是代表全国的议会，是一个有形的国家象征，人民参加国会的选举，就是直接对那个高于一切的国家尽义务。现在全国没有一个可以代表整个国家的机关，也没有一个国家可以使人民有参加干预的机会，人民又从何处去报效他的"公忠"呢？

　　我只举这一个国会制度，已占了这许多篇幅了。我的意思只是要说明今日需要这种挽救全国离心力的政治制度，国会不过是一实例而已。其他促进统一的制度，将来有机会再谈。

二十三，一，十六晨

（原载 1934 年 1 月 21 日《独立评论》第 86 号）

"旧瓶不能装新酒"吗?

近人爱用一句西洋古话:"旧瓶不能装新酒。"我们稍稍想一想,就可以知道这句话一定是翻译错了,以讹传讹,闹成了一句大笑话。一个不识字的老妈子也会笑你:"谁说旧瓶子装不了新酒?您府上装新酒的瓶子,那一个不是老啤酒瓶子呢?您打那儿听来的奇谈?"

这句话的英文是"No man put the new wine into old bottles",译成了"没有人把新酒装在旧瓶子里",好像一个字不错,其实是大错了。错在那个"瓶子"上,因为这句话是犹太人的古话,犹太人装酒是用山羊皮袋的。这句古话出于《马可福音》第二章,二十二节,全文是:

> 也没有人把新酒装在旧皮袋里,恐怕酒把皮袋裂开,酒和皮袋就都坏了。只有把新酒装在新皮袋里。

这是用 1823 年的官话译本。1804 年的文言译本用"旧革囊"译 Old bottles。皮袋用久了,禁不起新酒,往往要裂开(此项装酒皮袋是用山羊皮做的,光的一面做里子。耶路撒冷人至今用这法子。见圣经字典 Bottles 一条)。若用瓦瓶子,磁瓶子,玻璃瓶子,就不怕装新酒了。百年前翻译《新约》的人知道这个道理,所以不用"瓶"字,而用"旧皮袋"、"旧革囊"。今人不懂得犹太人的酒囊做法,见了 Bottles 就胡乱翻作"瓶子",所以闹出"旧瓶不能装新酒"的傻话来了。

这番话不仅仅是做"酒瓶子"的考据,其中颇有一点道理值得我们想想。

能不能装新酒,要看是旧皮袋,还是旧磁瓶。"旧瓶不能装新酒"是错的;可是"旧皮囊装不得新酒"是不错的。

昨天在《大公报》上看见我的朋友蒋廷黻先生的星期论文,题目

是"新名词,旧事情"。他的大意是说:

> 总而言之,近代的日本是拿旧名词来干新政治,近代的中国是拿新名词来玩旧政治。日本托古以维新,我们则假新以复旧。其结果的优劣,早已为世人所共知共认。推其故,我们就知道这不是偶然的。第一,旧名词如同市场上的旧货牌,已得社会信仰。……所以善于经商者情愿换货不换牌子。第二,新名词的来源既多且杂,……正如市上的杂牌伪牌太多了,顾客就不顾牌子了。所以新名词既无号召之力,又使社会纷乱。第三,意态是环境的产物。……环境不变而努力于新意态新名词的制造,所得成绩一定是皮毛。

他在这一篇里也提到旧瓶装新酒的西谚。他说:

> 日本人于名词不嫌其旧,于事业则求其新。他们维新的初步是尊王废藩。他们说这是复古。但是他们在这复古的标语之下建设了新民族国家。……日本政治家一把新酒搁在旧瓶子里,日本人只叹其味之美,所以得有事半功倍之效。

我想,蒋先生大概也不曾细考酒瓶子有种种的不同。日本人用的大概是瓦瓶子,瓶底子不容易沥干净,陈年老酒沥积久了,新酒装进去,也就沾其余香,所以倒出来令人叹其味之美。鸦片烟鬼爱用老烟斗,吸淡巴菰的老瘾也爱用多年的老烟斗,都是同一道理。可是二三十年前,咱们中国人也曾提出不少"复古"的标语。"共和"比"尊王废藩"古的多了,据说是西历纪元前八百多年就实行过十四年的"共和";更推上去,还可以上溯尧舜的禅让。"维新"、"革命"也都有古经的根据。祭天,祀孔,复辟,也都是道地的老牌子。孙中山先生也曾提出"王道"和忠孝仁爱等等老牌子。陈济棠先生和邹鲁先生在广东还正在提倡人人读《孝经》哩!奇怪的很,这些"老牌子"怎么也和"新名词"一样"无号召之力"呢?我想,大概咱们用来装新酒的,不是瓷瓦,不是玻璃,只是古犹太人的"旧皮袋",所以恰恰应了犹太圣人说的"旧皮囊装不得新酒"的古话。

蒋先生说:

> 问题是这些新主义与我们这个旧社会合适不合适。

是的！这确是一个问题。不过同时我们也可以对蒋先生说：

> 问题是那些老牌子与我们这个新社会合适不合适。

这也是一个真实的问题。因为，无论蒋先生如何抹杀新事情，眼前的中国已不是"旧社会"一个名词能包括的了。千不该，万不该，西洋鬼子打上门来，逼我们钻进这新世界，强迫我们划一个新时代。若说我们还不够新，那是无可讳的。若说这还是一个"旧社会"，还是应该要倚靠"有些旧名词的号召力"，那就未免太抹杀事实了。

平心而论，近代的日本也并不是"拿旧名词来干新政治"。因为日本的皇室在那一千二百年之中全无实权，只有空名，所以"尊王"在当日不是旧名词。因为幕府专政藩阀割据已有了七百年之久，所以"覆幕废藩"在当日也不是旧名词。这都是新政治，不是旧名词。

我们今日需要的是新政治，即是合适于今日中国的需要的政治。我们要学人家"干新政治"，不必问他们用的是新的或旧的名词。

二十三年，一，二十三

（原载1934年1月28日《独立评论》第87号）

再论无为的政治

在去年5月初,我写了一篇《从农村救济谈到无为的政治》(《独立》第四九期),我说:

> 我的意见是这样。农村的救济有两条大路,一条是积极的救济,一条是消极的救济;前者是兴利,后者是除弊除害。在现时的状态之下,积极救济决不如消极救济的功效之大。兴一利则受惠者有限,而除一弊则受惠者无穷。这是我要贡献给政府的一个原则。

我举出"消极救济"的四项实例:(1)裁减官吏与机关,(2)停止一切所谓"建设"事业,(3)努力裁兵,(4)减轻捐税。这都是消极无为的救济,在今日一定有人骇怪,所以我自己声明:

> 读者莫笑这种主张太消极了。有为的建设必须有个有为的时势;无其时势,无钱又无人而高倡建设,正如叫化子没饭吃时梦想建造琼楼玉宇,岂非绝伦的谬妄?今日大患正在不能估量自己的财力人力,而妄想从穷苦百姓的骨髓里榨出油水来建设一个现代式的大排场。骨髓有限而排场无穷,所以越走越近全国破产的死路了!

从这种观察上着想,我曾提出一个大胆的建议,我说:此时中国所需要的是一种提倡无为的政治哲学。古代哲人提倡无为,并非教人一事不做,只是要人睁开眼睛看看时势,看看客观的物质条件是不是可以有为。所以他们说:"无为者,不先物为也。"又说:"不为物先,不为物后;与时推移,应物变化。"所谓"时"即是时势;所谓"物"即是客观的物质条件。第一个条件是经济能力,第二个是人才。没有经济能力,就须用全力培养经济能力;没有人才,就须用全力培养人才。在这种条件未完备之先,决不能做出什么有为的政治。我看此时最好的培养方法是一种无为的政治,"损之又损,以至于无为"。换句话说,这就是要把政府的权力缩小到警察权:只要能维持人民的治安,别的建设事业可以暂时不管。人民有了治安,自然会用他们的余力去发展积极的事业。

凡是留意我的著作或听过我的哲学史工课的人,都知道我平日是最反对无为的政治哲学的。现在我公然提倡中国应该试行一种无为的政治,这当然要引起不少的朋友们的惊异。所以"弘伯"先生(他是上过我的课的)老远从国外寄了一篇很严重的抗议,题为"我们还需要提倡无为的政治哲学吗?"(《独立》第六八至六九期)当时我在海外,不曾作答。我回国时,恰好区少干先生从广州寄来了一篇《无为与有为》(《独立》第七六期),那篇文字是替我答复"弘伯"先生的。区先生还嫌我说的"把政府的权力缩小到警察权"一句话不切事实。他要改为"把政府的权力扩张到警察权",因为"我们现在的政府还没有做到警察权的境界"。他希望"政府先把警察权做到了,然后才可以扩张到比警察权更大的权。换句话说,就是我们先做了'无为之为',然后可以做'有为之为'"。

我很愿意接受区先生的修正。我的本意也是说今日的政府还没有做到警察权的境界,所以我主张把别的建设事业都暂时停顿下来,努力做到维持人民治安的境界。我从减省其他事业说起,故说是"缩小"政府的权力。缩小了其他方面,用全力办好警察权,这就是"扩张"了。

区先生特别指出,农村复兴非经过无为政治的抚乳培养不可。他说:

> 现时复兴各地农村,最要紧的是给他们一个翻苏的机会;最低限度使他们能够继续呼吸,才可以继续工作。

这正是无为政治的目的:与民休息。这个意思很浅显,所以谈政治与干政治的人都不屑注意。最难叫现在的人们了解的,是"停止建设"一个提议。"弘伯"先生赞成裁官和裁兵,但他不能赞成"停止建设"一项。他说:

> 在全体比例中,建设费实微乎其微。即使全部取消了,于农民的负担也轻不了多少。(六八期,页一四)

关于全体费用的比例,弘伯先生的话似乎太看轻了建设费在内省农民负担上的重量。本期的《独立》有何会源先生《论田赋附加》一篇,痛论农民受田赋附加的痛苦。他指出田赋的附加税往往"超过正粮一倍,二倍,以至十余倍之多。江苏各县有的加到二十六倍!"最可注意的是他指出田赋附加税都是跟着"新政"加起来的。他所谓"新政",即是我们所谓"建设"。何先生说:

> 自民元以来,特别自十六年以来,这种附加税随着新政一天一天的加多。例如办党要钱,办自治要钱,修路修衙门要钱,甚至复兴农村也要钱,这些钱只好尽先向农民要。

他又说:

> 田赋附加与新政有不可分离的关系。差不多每一附加都有一项新政做背景。新政的名目很多,如教育,公安,自治,清丈,户籍,仓储,保甲,等等,真是应有尽有。……其实无所谓政,也无所谓新,只不过是田赋多一种附加,农民多一种负担,同时无业游民多一种饭碗。

何先生这两段话,说的最沉痛。他又指出:

> 到了民国二十年,厘金裁撤了,有许多经费向来依靠厘金或厘金附加的,现在也要在田赋附加上面想法。于是从前一部分工商的负担,现在也放在农民的肩上了。

所以何先生不知不觉的也走上了我们所谓无为政策的路,也主张停办那些扰民害民的"新政",他很平和的提议:

> 地方新政,得减便减。不能减时,中央政府应与以补助。
>
> 各省政府应立即着手调查各县新政,看看其中有无可以不办的,可以缓办的。

何先生只从田赋附加税上着眼,他列举的事实也自然叫他得到"停减新政"的结论。他这篇文字很可以答复弘伯先生"建设费实微乎其微"的驳论了。

弘伯先生还有一个议论:

> 况且名符其实的建设,是取之于民用之于民的,是生产的,不光是消费的;是救民救国所必需的,不光是做样子出来好看的。……要得中国富强,必需现代化;要得现代化,必需努力建设。

所以他的结论是:

> 该建设,该认真建设,而不是应该停止建设。

关于这一种议论,我们必须认清今日所谓"建设"是不是"用之于民"的,是不是"救民救国所必需的"。平心说来,这几年的建设事业的绝大部分都只是吴稚晖先生说的"凿孔栽须"。有一口好须,岂不美观?可是为了要美观而在光光的脸上凿下无数栽须的孔,流出不少的血,受了不少的痛苦,结果还是栽不了须,这就未免太冤了!前几年有过一阵拆城造马路的狂热,于是各地方纷纷把城墙拆了。这几年匪乱多了,有些地方(如南昌)又赶着造起城墙来;造城还不够,还要加造起新式的要塞来。拆城还只限于城市,近年造公路的狂热比拆城更普遍了。许多年前,早有些人说过:汽车路是最不经济的,车容易损坏,路也要时常修治,又只能载人,不能多运货。可是这几年来,各省都争着造公路,谁也不计算人民的担负,谁也不计算征工征料的苛扰,谁也不计算路成之后有无人用,有无货产可以输出。四五年前,我们安徽的北部忽然奉令赶成了五条汽车路,限几个月内完工。路是造成了;可是上个月有人去调查,从太湖到潜山的公路,连路带两旁的沟,足有四丈;四丈阔乘一百里长,要占去多少民田!这一带的人民,农民之外,出门最多的是补锅补碗的,他们只能挑担走路,那能坐汽车?汽车也多坏了,每天至多只能开一次车。路上满长了草了,中间只剩两尺多行人常走的路没有草。这种建设不是"凿孔栽须"吗?"取之于民"则有之矣;"用之于民"又在那里?

我所以赞成消极的救济,是因为现在的人民实在太苦痛了,实在负担太重了,而为政者不知道"除一弊胜于兴一利"的政治原则,不明白除弊正是政府的首要责任,只知道羡慕建设的美名,巧立名目,广设机关,结果是每兴一利即是多生一弊,即是加多一重人民负担。我希望大家明白无为的政治是大乱之后回复人民生活力的最有效方

法,是有为政治的最有效的预备。常燕生先生在他的《建国问题平议》(《独立》第八八期)里,也赞成我这个主张,他说:

> 中国今日已经民穷财尽,人民所惟一需要的是休息。……在几千年官僚政治训练之下的中国,妄想以国家的力量来兴作一切,结果每办一事即为官僚造一搜刮人民机会。……我认为中国今日欲谈建设,必须先经过两个预备时期。第一个是休养的时期,这时期的工作是裁兵,裁官,减政,减税,澄清吏治,铲除盗匪,使人民的负担逐渐减轻,能够自由吐口气;在思想上也不妨取同样的政策,言论,出版,集会结社,一切自由,大家自由说说谈谈,把不平之气放出一点,社会上自然减少许多乱子。这个时期经过之后,人民的能力逐渐恢复了,然后可以进入于第二个小规模培植的时期。……然后才能进入于第三个大规模建设的时期。

最后,我们也可以说:这种种"消极"的政策也就是今日最需要的积极政策。裁官,裁兵,那一项不需要积极的去做?我们所以谆谆提出这种消极的看法者,正因为今日为政者都不敢朝这些除弊除暴减轻人民苦痛的方面去想。例如裁兵,岂不是全国人民所渴望?然而政府却只向加税筹饷的方面去想,从不闻有人切切实实去想一个着手裁兵的办法。现在中央的收入,用在军费上的已超过百分之八十五了。这个局面能支持多久?假使五六个月之内,剿共的工作真能完成了,我们以为政府应该切实计划裁兵的逐渐实行,财政方有出路,国家方有办法,人民方有生路。前几天,政府领袖对全国宣言两大政策,一是完成剿匪工作,一是"以建设求统一"。我们的私见是希望政府的领袖正式提出"裁兵"的计划来,以裁兵求统一!我们也希望各地的军事领袖大家明白国家统一的需要,明白武力的终久不可倚靠,明白人民负担的太重太苦,大家把兵权交还国家,请中央实行编遣,分期裁减一切向来割据地方的军队。在今日中央军力最盛的时候,在两年多的国难所造成的一点新国家观念之下,中央若以裁兵号召全国,全国不应该没有有力的响应。"以建设求统一",话是积极的,其实等于空谈。"以裁兵求统一",看起来像是消极的,其实是积极的,是富有可能性的,因为这是全国人人心里所渴望的,因为这是有全国人民的理智与情感作后盾的。我们说过,无为是"不为物先,不为物后"。全国大裁兵的时势到了,政治家有胆子放下那些建设的空谈,来试试这种好像消极的大政策吗?

二十三,二,十九
(原载 1934 年 2 月 25 日《独立评论》第 89 号)

国际流言中的一个梦想
答平津《太晤士报》二月廿四日的社论

前几天外国通讯社传出了几个谣言,忽而说德国要承认"满洲国"了;忽而说美国政府要放弃菲律宾的海陆军根据地了;忽而说罗斯福总统愿意重行考虑"司汀生主义"(不承认用武力造成的领土变更)了。几天之后,柏林也否认了,华盛顿也否认了,——原来都是有作用的人制造的空气。

可是在流言盛行的那几天,我们平时尊重的一家同业——平津《太晤士报》(*The Peking and Tientsin Times*)——却借这个机会做了一场快意的梦,写在 2 月 24 日的社论里,题为"新的一手"(*A New Deal*)。这篇文字是被上文说的那两种华盛顿谣言引起的,其中有这样一段:

> 我们现在困在各色各样的许多文件(documents)的喧闹声里,而明显的事实告诉我们:我们若要跳出来站在青天白日里,站在远处望个分晓,我们总免不了要踏践着几种文件。在这个时代,世界是在整个花样翻新的时候,各国内政上许多先例遗风都踢翻了的时候,踏践着几件公牍也算不得什么大不了的事。我们还是永远在无能之下做俘虏,眼看着事变,让他们管着我们,也许让他们领我们走进像上回世界大战一样的浩劫里去呢?还是鼓起勇气来打上前去,决心要做命运的主人翁,而不做命运的奴隶呢?

我们试看我们的同业提议的"新的一手"是什么。他说:

> 必须有一个清楚的目标,而那个目标必须是顶远大的。最后的目标是一个"统一的大国家",略如当年中国文化独霸时代

的大一统;开始时先成一个远东的国际联盟,将来重行建筑在一个经济统一的基础之上。

这是他的目标。要达到这个目标,他提议几个步骤:

"满洲国"是争执的中心,我们必须从"满洲国"做起。第一步,"满洲国"应向中国提议一个联盟,约如今日日本和"满洲国"的联盟。第二步,满洲境内的日本陆军的职务须改变,凡南满铁路线外的治安皆改由"满洲国"军队维持。以后关东军实行减缩,逐渐撤到租借地内,以至完全撤退。……目的在于把一个假独立做成真独立。……

假定这最有密切关系的三方面协定是可能的,就可以进行磋商中东铁路的出卖,关东军退回原防,苏俄也可以把一年内调到远东的军队撤退一部分。……苏俄近日在远东建立了一个新经济组织;若再进一步,自治权稍加大,可成一个变相的旧日远东共和国。……这个自治邦也可以在那远东国联里有代表参加。

如此做去,平津《太晤士报》的记者梦想一个远东国际联盟,包括日本,中国,朝鲜,蒙古,"满洲国",西藏,东西伯利亚,菲律宾,香港,安南。(他以为中国应采联邦制,西藏与蒙古都成为中国的自治邦,也许新疆也成一个自治邦,略如不列颠帝国,以联邦会议为最高统治机关。)从这个远东国联,他还希望发展到一个"统一的大国家"。

以上略述我们这位天津同业的梦想。如今他所根据的两条美国谣言既然吹破了,这个梦想本来也可以不必讨论了。可是我们知道,做这种如意梦的,不只平津《太晤士报》的记者一个人。有许多日本人现在到处做宣传,印送匿名说帖,做的也是和这个大同小异的如意梦。所以我们不能不借这个机会指出这种梦想的几个根本错误。

第一,"满洲国"诚然是争执的中心,然而即使华盛顿和伦敦、巴黎、柏林、罗马的政府都承认了"满洲国",中国的政府和人民也决不会承认它的,更不用说中满的同盟了。《太晤士报》的记者希望"满洲国"做中日两国之间的"连锁"(a binding link),而不能了解"满洲国"的存在恰是割断了中日两国之间的一切连锁,使这两国成为不解的仇雠!这是他的根本错误。现在伪国公然称帝了,长春的傀儡戏唱的越热闹,长城这边的怨毒种的越深沉。南京政府越缄默无声,中国人民越感觉这深刻的怨毒。此中无有理智可说,因为这完全是一团盲目的情感。如今高揭理智的口号来劝我们顾虑利害的人们,在二十年前,也曾昏迷了心窍,用机关枪坦克车拼命相屠杀。当时何尝没有人指出(如今日《太晤士报》向我们指出)"和平是值得努力的,值得慷慨的努力的,值得决心的努力的"?然而理智终于敌不住感情与怨毒,所以整个的文明的欧洲大踏步的走进"世界大战的浩劫"里去!我们决不鼓励怨毒,也不抛弃理智;我们只要指出怨毒是可怕的,而日本今日只是火上加油,在怨毒上堆起侮辱。中国的朋友们既没有方法与力量解除这种怨毒,就不该妄想我们非基督的民族能够爬在重重怨毒与侮辱之下,认仇雠做同盟。

第二,即使我们退一步想,想寻求一个比较合理的解除将来无穷惨祸的方法,我们也实在想不出一条路来,除非日本忽然真有一种决心悔祸的具体表示。这就是说:平津《太晤士报》的记者把步骤恰恰想颠倒了。如果他把他的第一步和第二步倒转来看看,他就可以明白那就差不多接近了李顿报告书的解决方案的精神了。如果日本军队撤退了,如果"假独立做成真独立"了,那三千万的中国人民自然会做到李顿报告书所建议的"在无背于中国主权及行政完整的范围内"的自治权,——那么,东北四省当然成了中华联邦国的一个自治邦,这就是《太晤士报》社论所谓"保存李顿报告书里的公道原则"的解决方案,也就是中国政府所曾在日内瓦声明接受的方案了。如果这个第二步不能先做到,先就要中国不但承认"满洲国",还要和它联盟,这岂不是西洋俗话说的"在伤害之上加侮辱"吗?

第三,我们也承认今日远东局势包孕着绝大的危险;我们也明白,如果远东有大战祸爆发,受害最先又最烈的一定是中国。可是我们要回问我们的天津同业先生:这一场"像上回世界大战一样的浩劫"是中国能阻止的吗?即使绝不可能的忽然变成可能的了,即使中国政府真能"为世界和平而慷慨的牺牲",毅然承认了"满洲国",——难道国际的形势就可以立时改变了吗？难道世界的第二次大战就可以安然避免了吗？我们可以断然回答："不,不,不。"日本所以成为孤立,世界所以猜疑日本,防备日本,这都是因为日本这两年多以来的行为足以破坏人类在三十年来辛苦造成的一点点国际和平的希望,足以使人类回到十九世纪末叶的弱肉强食的野兽世界。美国与国联的五十个同盟国所以违反一切国际法的先例,毅然决然的提出"决不承认一切用暴力造成的局面"的空前新原则,这岂是仅仅哀怜中国？这岂是仅仅"兔死狐悲"的一点同情之感？这岂不是因为人类的文明已进到了一个较高的水准,百余年的理想主义者的呼吁已因物质经济的进步而到了实际收功之日；所以需要一个新的国际关系的原则来维持一个新的世界？今日世界各强国的积极备战,岂是为了要维持南京政府之不承认满洲伪国吗？岂不是因为日内瓦的"纸老虎"一旦被日本的带甲拳头打破了,从此条约都成了废纸,军缩会议也成了笑柄,所以世界的文明国家无论大小强弱都自然想到"道德的制裁"之不足恃,都想在那"全世界的道德的贬议"的背后建筑起一种有实力的制裁来？中国今日如果完全屈服了,如果立刻承认了长春的傀儡,那也只够增添那个日本带甲拳头的一点气焰,使它更无忌惮,使全世界人更感觉畏惧,使世界战祸更不能避免而已！总之,今日世界的战祸与和平,锁钥全在日本。日本若无根本悔祸之心,世界迟早终不能避免一场空前浩劫。中国的明白人决不妄想世界任何国家为中国作战,但也看不出中国有何法子可以解救或阻止那一个浩劫。

最后,我们要正告我们平日尊重的天津同业朋友：一切维持国际安宁的"文件"都在这两年内,践踏撕碎完了。现在所剩的只有前年1月7日华盛顿提出的和前年3月11日日内瓦五十个国家一致表决通过的那一个"文件"了。文明的人类应该爱惜那一个短短的文件,使他成为这个新世界的有力护符,不可再想践踏它了！

1934,2,27 夜

(原载 1934 年 3 月 4 日《独立评论》第 90 号)

公开荐举议
从古代荐举制度想到今日官邪的救正

考试院举行了两次考试大典，费了国家一百多万元的经费，先后共考试了二百零八人。这二百零八人，听说至今还有不曾得着位置的。国家官吏十多万人，都不由考试而来；独有这两百人由正途出身，分部则各部会没有余缺，外放则各省或者不用，所以考试制度至今没有得着国人的信仰。

因此我想起亡友赵文锐先生，他从美国留学回来，不顾朋辈的非笑，决心去应北京政府的高等文官考试。他考的名次很高，分在某一部里学习，月薪不过五六十元。学习了好几年，他始终没得着相当的位置，每年还得靠教书维持他的生活。后来政局变了，他到南方去，不久就在国民政府之下做到了杭州关监督。考试正途只能给他一个分部学习，而同学的提携倒可以给他一个关监督。在这种状况之下，考试任官的制度那能有成立和推行的希望呢？

因此我又想到几年前北方某省的县长考试。考取的县长，省政府总怕他们经验不够，必须在行政人员讲习所讲习半年，又须到各处去考察半年，然后有候选补缺的资格。然而那些不由考试出身的县长，只军人的一张条子，或政客的一封介绍信都可以走马上任，又都不愁"经验不够"了，在这种情形之下，除了极少数忠厚安分毫无"奥援"的人，谁还肯走那条考试正途呢？

总之，今日任官的方法全由于推荐介绍，而考试制度至今只能有万分之一的补救。所以今日任官流弊的中心在于荐举，而匡正官邪的关键也在改革荐举方法，而不在考试制度。

今日的官吏都由于推引介绍，而推引介绍的方式都是私荐而不是公开的荐举,都是循情面而不是负责任的荐举。老实说,今日的荐举,无论贤不肖,都用汲引私人的方式,而不是用为国家推荐人才的方式。其流弊最大者约有几点:(一)荐条私相授受,无公开的举状,谁也不知某人是谁荐举的,是以何种资格何种理由荐举的;(二)荐举者不必负责担保,故可以滥荐滥保,往往重要官吏发表之后,社会上皆不知其来历,甚至于税收官吏亏卷公款巨万而逃,也从没有人追问原来保荐的人是谁;(三)荐举只是个人的,而不是制度的,所以全无限制,又全无裁制。近年每一部换一个部长,部中人员往往全部更换。朝野名流往往滥发荐书,每年有写荐信至七八百函的:一位交通部长曾对我说,他因为收到荐书太多,竟不能不添两个书记专做回达荐信的事!

欲纠正这种流弊,我主张三个原则:

(一)凡荐举必须用公开的荐举状,用政府规定的格式(由政府印卖)填写,由铨叙部登记后,可以在政府公报上发表。凡私递的荐书荐条,皆由政府立法严格禁止。

(二)凡出具荐举状者为"举主",举主在荐举状里须将被举人的学历经验详慎开载,并须声明愿负完全责任:如不称职,愿受误举的惩戒处分;如犯赃罪,情甘同坐。

(三)凡在职官吏举荐人才,皆须有法定的限制,不得超过限制。例如特任某官得举荐几人;简任某级官得举荐几人。荐状上应声明有权可荐几员,现今所举为第几员,并未超过限制。凡在野的人,无论曾任何官,不得荐举官吏。

这都不是外国搬来的新法,都只是我们老祖宗早已行过的古法。试看古人的荐状,都是公开的"明保",都得声明负完全责任,又都得声明依法可荐举几人。试举张淏《云谷杂记》附录的南宋举状四篇中的一篇作例:

　　肖逵举张淏状

　　(具官)臣萧逵,准格节文(按此指"庆元令格节文"),职自观文殿大学士至待制,每岁许于十科内举三人。臣伏睹迪功郎监漳州永丰仓张淏,性姿恬静,学问该深,博考群书,多所是正。……臣今保举堪充"学问该博,可备顾问科"。如蒙朝廷擢用后,犯正入己赃,臣甘伏朝典。……臣照得嘉定十年分,合于十科内举三人,已举过一员外,今来举张溟系第二员合举之数。……嘉定十年十二月十四日奏状。

此种文例,各家文集中皆可寻得。试再看南宋宰相周必大文集中所保存的荐状,其举吴概等堪任监司郡守状尾云:

> 右臣所举吴概等,并系保任终身。或不如所举,甘坐谬举之罚。(《奏议》卷一)

其荐尤袤石垫堪任监司郡守状尾云:

> 两人如蒙擢用,后犯入己赃,臣甘当同坐。(《奏议》卷六)

周必大又有《乞申严荐举连坐之法》一疏云:

> ……法令中明有连坐之文,而其奏牍亦云"甘当同罪"。然旷岁逾时,未尝有所惩治也。今莫若此严申制,务在必行。其制既严,其选必慎。纵未能尽得俊杰之士,比之乏然而取,则有间矣。若治平间英宗方倚枢密直学士李彦知泰州,会所举人坐赃,特命夺官。夫以守边之臣宣劳于国,犹且不废绌罚,况余人乎?此亦救弊之要道也。(《奏议》卷七)

这种线装书里的议论和例子,可算是"汉家制度"总比"棘闱锁院赋诗"一类的故事更值得我们的考虑罢?

民众雇一个老妈子,还得问荐头;店家用一个伙计,还须有铺保;旅馆雇一个茶房,还须有押柜。国家的官吏岂不更重要,岂可不要公开的负责的荐举吗?

(原载 1934 年 3 月 4 日天津《大公报》星期论文)

为新生活运动进一解

蒋介石先生近日在南昌发起新生活运动，一个月之中新生活的呼声好像传遍了全国，各地都有军政各界的领袖出来提倡这个运动。前天报载中央党部决议"交中央组织宣传民运三委员会及内政教育两部会同拟具新生活运动推行办法"，很像是要用政府的权力来推行这个运动了。

蒋介石先生是一个有宗教热诚的人；前几年，当国内许多青年人"打倒宗教"的喊声正狂热的时代，他能不顾一切非笑，毅然领受基督教的洗礼。他虽有很大的权力，居很高的地位，他的生活是简单的，勤苦的，有规律的。我在汉口看见他请客，只用简单的几个饭菜，没有酒，也没有烟卷。因为他自己能实行一种合于常识的生活，又因为他自己本有一种宗教信心，所以他最近公开提倡这个新生活运动，想在三个月之内造成一个"新南昌"，想在半年之内"风动全国，使全体国民的生活都能普遍的革新"。我们读他2月19日的讲演，字里行间都使我们感觉到一个宗教家的热诚。有了这种热诚，又有那身体力行的榜样，我们可以想像他在南昌倡导的新生活，应该有不少的成绩。

我们看南昌印出来的《新生活须知》小册子，所开九十六条（规矩五十四项，清洁四十二项。）都是很平常的常识的生活，没有什么不近人情的过分要求。其中大部分是个人的清洁与整饬，一部分是公共场所应守的规律，大体上诚如蒋介石先生说的，不过是一些"蔬米布帛"，"家常便饭"。一个民族的日常生活应该有一个最低限度的水准。蒋先生这回所提倡的新生活，也不过是他期望我们这个民族应该有的一个最低限度的水准。这自然是我们应该赞成的。

但我们观察最近一个月来这个运动的趋势,我们不能不感觉一点过虑。我们很诚恳的提出一点意见,供这个运动的倡导者的考虑。

第一,我们不可太夸张这种新生活的效能。《须知》小册子上的九十六条,不过是一个文明人最低限度的常识生活,这里面并没有什么救国灵方,也不会有什么复兴民族的奇迹。"钮扣要扣好,鞋子要穿好,饭屑不乱抛,碗筷要摆好,喝嚼勿出声,不嫖不赌,不吃鸦片烟,……"做到了这九十六样,也不过是学会了一个最低限度的人样子。我们现在所以要提倡这些人样子,只是因为我们这个民族里还有许多人不够这种人样子。九十六件,件件俱全,也只够得上一个人的本分。即如做官不贪污(不在这九十六条之内)乃是做官的本分;此外他还得有别种治事安人的本领,方才可以做出治事安人的成绩。救国与复兴民族,都得靠智识与技能,——都得靠最高等的知识与最高等的技能,和钮扣碗筷的形式绝不相干。认清了目标,大家勉力学一点最低限度的文明人样子,这是值得鼓励的。但是过分夸张这种常识运动的效果,说这就是"报仇雪耻"的法门,那是要遗笑于世人的。

第二,我们要认清楚,新生活运动应该是一个教育的运动,而不是一个政治运动,生活是习惯,道德是习惯。古人说:"由是而之焉之谓道;足乎己,无待于外之谓德。"这个说法是不错的。朝一个方向走,久而久之,成了习惯,成了品行,就是道德。宣传的功用只在指明一个应该走的方向,使人明白某种目标是应该做到的,某种习惯是应该改革的;使人把不自觉的习惯变成自觉的努力的对象,这是改革习惯的起点。但生活习惯改革,不是开会贴标语所能收效的。政府必须明白什么是它能做的,什么是它不能做的。把一些生活常识编到小学教科书里去,用一些生活常识做学校考绩的标准,用政府力量举办公众卫生,用警察的力量禁止一些妨害公安与公共卫生的行为,官吏公仆用一些生活标准来互相戒约,——这些是政府所能做的。此外便都是家庭教育与人格感化的事,不在政府的势力范围之内了。近二三十年中,许多生活习惯的改革,如学校运动场上的道德,如电车中的让坐给妇女与老人,如婚丧礼的变简单,都是教育进步的自然结果。若靠一班生活习惯早已固定的官僚政客来开会提倡新生活,那只可以引起种种揣摩风气,虚应故事的恶习惯,只可以增加虚伪而已。十年前山西的洗心社和自省堂,不可以做我们的好镜子吗?(民国八年我在太原一个自省堂里参观,台上一位大官正讲经书,我面前一个中学生正拿着粉笔在他的同学制服上画一个乌龟!)

　　第三,我们不要忘了生活的基础是经济的,物质的。许多坏习惯都是贫穷的陋巷里的产物。人民的一般经济生活太低了,决不会有良好的生活习惯。"拾到东西,交还原人"(九十六条之一),在西洋是做到的了;我们看欧美车站上和报纸上"拾物招领"的广告,看他们乡村里夜不闭户的美俗,回忆中国劝善书上所记载的许多"拾金不昧"的果报故事,我们真十分感觉惭愧。生活提高了,知识高了,不但"道不拾遗",拾了遗物还会花钱去登报招领。在我们这个国家,父母教儿女背着篮子,拿着铁签,到处向垃圾堆里去寻一块半块不曾烧完的煤球,或一片半片极污秽的破布。虽有"拾金不昧,拜相封侯"的宗教,有何益哉?《儒林外史》说万雪斋家的盐船搁了浅,就有几百人划了小船来抢盐,却没有人来救人。贫穷的乡下人自然不足怪。《儒林外史》又写一位品学兼优的余大先生,出去"打抽丰",州官教他替一件命案说人情,可以得百余两银子,他就高高兴兴的拿了银子回家去替父母做坟。做书的人毫不觉得这是不道德的事。又如今日的大学学生——甚至于大学教授——假期回家,往往到处托人弄火车免票,他们毫不觉得这样因私事而用公家的免票就是贪污的行为。凡此种种,都是因为生活太穷,眼光只看见小钱,看不见道德。提倡新生活的人不可忘记:政府的第一责任是要叫人民能生活,第二责任是要提高他们的生活力,最后一步才是教他们过新生活。

(原载1934年3月25日天津《大公报》,又载
1934年4月8日《独立评论》第95号)

建设与无为

上期我们登出了两篇拥护建设反对无为的文章，同时也登出了一篇赞成无为反对建设的通信。还有一些投稿，两方面的主张多有，我们因为篇幅关系，不发表了。我看了许多批评我的无为政治的议论，不能不再写一篇文字，申明我的立场，同时解释一些误会。

我是最赞成建设的人；我曾歌颂科学，歌颂工业，歌颂有为的政治，歌颂工业的文明。这是大家都知道的。现在我忽然提出无为政治之论，并非自己向自己挑战，也不是像某君说的"没有把事实详细研究，而为'立异'的心理所影响"。我的无为论是研究事实的结果。我至今还是有为的歌颂者；但我要指出一个极平常的原则：有为的建设必须有个可以有为的时势，必须先看看客观的物质条件是否许我们有为。在这种条件未完备之先，盲目的建设是有害而无利的，至少是害多而利少的，是应该及早停止的。我不反对有为，但我反对盲目的有为；我赞成建设，但我反对害民的建设。盲目害民的建设不如无为的休息。

蒋廷黻先生在3月11日《大公报》的星期论文里，很严厉的责备那些"过端的批评"建设的人们；他恐怕"建设的前途大有堵塞的可能"，所以他的论文标题是"建设的前途不可堵塞了！"他替今日的建设提出两种辩护：第一是对内不可不建设，第二是对外不可不建设。在对内方面，他说，"现在我们得着科学和机械，我们初次能有积极的解决生活问题，一方面能改良农业，一方面又能发展工业，把单轨的（农业）经济变为双轨的（工商业）经济。……对于这个机会，我们还不想充分利用，还是怀疑踌躇，岂不是自暴自弃吗？"在对外方面，他说，"在最近几年之内，我们外交活动的能力及我们的国际地位,大半要靠我们建设的成绩"。

这些话,我们岂不懂得?我们所以"由笃信建设以至于怀疑,反对",只是因为今日的建设,没有一项够得上叫做"改良农业",也没有一项够得上"发展工业"。征地,征料,征工来筑的公路,不是发展工业。清丈土地不是发展农业。强占民家田地为路基,强征人民力役为路工,占了民田还要人民完田赋,不是发展农业。浙江省办理"清丈",只办了杭州市和杭县的一部分,已花费了一百二十万元了;据专家的估计,浙江全省的清丈,必须有二千四百万元,才能完事。即使浙江省能筹二千四百万元的清丈费,完成之后,距离"改良农业"还有二千四百万里之远!又如广西一省,公路最发达了,于贵州鸦片过境是方便了,于军事也许便利了,但这与"发展工业"有何关系?

所以蒋先生的辩护是错认了题目。他所辩护的是改良农业与发展工业的建设;但今日的建设只是为军事用的公路,为学时髦的公路,为准备增加田赋收入的清丈,就使他的辩护文不对题了。

我们所反对的是盲目的与害民的建设。蒋先生的辩护文里,却替我们举了不少的好例子。先说"病民",可举他引的浙江省建设三弊为例:

第一,浙省自民国十六年以前,田赋几全无附加,自十六年到现在,各县附加少者等于原额的二倍,多者至五倍。……

第二,因汽车运费过高,乡民的货运仍靠人力。

第三,经费大部分用在公路上,河流就无法维持和改良。

次说"盲目",也用蒋先生论浙江建设的话:

(一)"汽车营业不发达,尤其是货运的缺乏,证明公路的建筑不一定就是我们当前的急务。"富庶的浙江如此,广西可知了,他省可知了。这是盲目。

(二)"江浙民间向靠水利和水运。我们现在为建设民间所不能利用的新交通工具,竟致废弃了民间所能利用的,最便宜的水运。难怪我们愈建设,乡村经济就愈不景气。"(参看本期孟森先生的论文末段论江浙水利一节。)这是不是"盲目"?

（三）蒋先生又泛论筑路："全国对于建设实无经验……。因为没有经验，我们只好模仿。外国大修汽车路，于是我们也大修汽车路。这种死板的抄袭不是我国工程司独有的缺点。"这是不是盲目？

盲目与害民，二者之中，盲目是因，害民是果。所以我们大声疾呼的反对这一切盲目的建设。然而我们的蒋廷黻先生还要替盲目建设家辩护！他说：

> 这种死板的抄袭不是我国工程司独有的缺点。……
> 我们要知道，抄袭是学习的初步，不能避免的。

他又说：

> 数年前，凡谈建设的人，谁不以为建筑铁路及汽车路是当前的第一急务？我们拿事后的眼光来批评当局事前的设计，未免太不恕了。

这几句话，我真不明白了。事前的盲目设计，在事后既然证明是做错了，我们正应该拿事后的聪明来批评事前的懵懂。难道此外还有别的更好的批评方法吗？难道我们都应该将错就错吗？

我们所以要批评今日之建设，正因为这种盲目的建设并不是"我国工程师"的过失，乃是一班领袖群伦的人物的普通过失。工程师是执行命令的；而一切盲目的建设乃是政治领袖所提倡，学者与政客所附和，与工程师无大关系。政治领袖为的是好大喜功，政客为的是可以吃建设饭，学者为的是迷信建设总不会错。我们也曾"笃信建设"，但我们不护前，不护短；我们现在很诚恳的奉劝我们的政治领袖：建设是一件需要专门技术的事业，不当用作政治的途径，更不可用作装点门面的排场。翁文灏先生（《独立》第五号：《建设与计划》）曾很沉痛的追述前清许多建设事业所以失败，都由于糊涂与冒昧。他说：

> 建设真不是容易事。建设必先有计划，计划又必有实在根据，不能凭空设想，也不能全抄外国成法。……应该由富有学识的头脑来做计划，再叫各部分的工作者各就所专去调查研究，征集应备的材料，或解决局部的问题。而这种计划大部分纯是专门问题，必须先搜集已有的材料，考察实际的情形，然后方能下

手,决不是普通行政机关四壁萧然毫无参考设备的办公室内所能凭空杜撰的。

现今的人所以轻易谈建设,都是因为他们不了解建设的专门性质。而这几年各省的建设所以只限于筑路拆城一类的事业者,其原因不在于仅仅盲目的模仿,其真实原因是因为此种工程都不需要专门的学术。政客与商人粗工都干得了,都包得下,都可以吃饭邀功,升官发财:今日建设所以成为风气,都由于此。人民的痛苦,国家的利益,百年的大计,在他们的脑子里都没有地位。要挽救此种风气,必须先要政治领袖们澈底觉悟建设是专门学术的事,不是他们可以随便发一个电报命令十来个省分限几个月完成的。他们必须彻底明白他们自己不配谈建设,更必须明白他们今日办的建设只是政客工头的饭碗,而不是真正的永久的建设。他们明白了自己不配建设,然后能安分无为,做一点与民休息的仁政;等到民困稍苏国力稍复的时候,等到专门人才调查研究有结果的时候,方才可以有为。

蒋廷黻先生问我们:

> 倘若苏俄第一五年计划失败了,你看她的国际地位能有如今日吗?

我们要请他想想翁文灏先生两年前说的话:

> 古人说七年之病必求三年之艾。现在可以说,五年建设必须先有五年的测量,调查,研究。所以俄国五年建设计划比较可能,因为他们预备工夫究竟比我们开始得早了许久。他们的第二个五年建设计划成功必定更大,因为已有了第一个五年工作做了基础。(《独立》五,页十二)

没有一个国家能靠盲目的建设得着国际的地位的。也没有一个政治领袖能靠害民的建设得着人心的拥戴的。

大家歇歇罢! 必须肯无为,然后可以大有为。

廿三,三,廿六

(原载1934年4月1日《独立评论》第94号)

今日可做的建设事业

关于建设与无为的讨论，我在上期曾有一篇短文——论《建设与无为》——申明我的立场："我不反对有为，但我反对盲目的有为；我赞成建设，但我反对害民的建设。"我申明我所以提出"无为政治"那个使人骇怪的口号来，只是因为我希望今日的政治领袖们澈底觉悟建设是专门学术的事，不是他们可以随便发一道电报命令十来个省分限几个月完成的。那样的建设必然是政客商人的饭碗，必然不是根据于专家研究，富国利民的建设事业。我也明白，在这个时代高谈无为的政治，真有点像朱熹对宋孝宗高谈正心诚意一样的迂阔。但是，如果这种讨论可以减少一点点盲目的有为，或者减轻一点点人民的苦痛，我是不避迂腐的讥笑的。

有人问我："你既然不是根本的反对建设，那么，你看现在有什么不盲目的建设可以举办吗？换句话说，你赞成那样子的建设事业呢？"

我很欢迎这位朋友的质问，因为他给了我一个机会，使我可以补充上期论文没有说完的一点意见。

我曾说过：有为的建设必须先有可以建设的客观的条件：第一是经济能力，第二是人才。两件之中，专门人才更重要，因为有价值的建设事业都是需要专门技术的事业。有了专门学术人才，没有钱，还可以量米下锅，从小计划做起，慢慢的发展。若没有人才。即使有很多的钱，也只会做到张之洞的建设事业，赔了钱还替国家增添一个大祸害。所以我们可以提出这样的建设标准：

第一，有了专家计划，又有了实行的技术人才，这样的建设可以举办。

第二，凡没有专门学术人才可以计划执行的事业，都应该先用全力培养人才。

第三，在创办新事业之先，应该充分利用专门技术人才，改革已有的建设事业，使他们技术化，使他们增加效率。

我们试举几个例子来说明这几个标准。公共卫生是最明显的需要专门学术的事业。近几年来，中央与几个大城市的公共卫生所以比较有成绩，都是因为这件事业太专门了，官僚与商人插脚不进去，只好让几个专门技术人才去计划执行。薛笃弼先生从前也曾想用拥彗扫地的本领来办公共卫生，但因为国内有个第一流的医学校，又有一些留学国外的医学人才，所以薛笃弼先生改做律师之后，南京上海北平等处的公共卫生事业仍旧继长增高，有显明的进步。这样的建设是不会有人反对的。

再举农业改良为例。公共卫生办在大都会，事业集中，所以中国现有的少数技术人才在眼前还勉强可以够用。农业改良的范围太大了，专门人才实在不够分配，而历来政府当局又不完全明白农业科学的专门性质，至今还不曾有个培养农学人才的决心，所以至今全国只有一两个像样的农科大学，而偌大的北方竟没有一个。在人才这样缺乏的状态之下，一切"农业改良""农村复兴"的呼声都不过是热空气而已。"七年之病，求三年之艾"，正是指这一类的事业。为今之计，政府必须下最大的决心，集中财力，完成一两个第一流的农科大学，多聘国外的第一流专家，务要在十年二十年之内训练出一些农学领袖人才出来。这种工作收效最迟缓，而经营必须及早；向来人都说工科大学最费钱，但近人都知道工科教育还不如农科教育费钱之多。费钱最多而收效最缓，所以必须用政府的财力，必须下很大的决心，必须存一种不妄想收速效的大决心。这虽不是普通人心目中想像的农业建设，但这是农业建设绝对必需的预备。在这种预备工作收效之先，一切空头的"改进中国农业计划"，都可以暂时搁在高阁上。

最后一个例子是交通。今日已有的交通机关的腐败，最可以表示政府对于建设没有诚意，又没有理解。汪精卫先生最近在中央党部纪念周上教训我们批评造路的人道："如今已到了空中飞行的时候了,我们却连在地上走的路也不想造,那么,岂不是等着被人和鸡犬一般的宰割么?"政府如果有建设交通事业的诚意与决心,应该把交通和铁道两部划出政治之外,合并作一个纯粹专门技术的管理机关,不受政局的影响;然后把国有各铁道和招商局等也都改为专门技术机关,使他们集中全国技术人才,努力增进效率,减轻债负,添加车辆船只,减低水陆运费,便利各地农产货物的输送。这样的建设才可算是为建设运动"树之风声"。这样做法,既不须征地征工,又不须增加田赋附征,而可以做出一点刮刮叫的建设成绩来昭示全国与全世界,——政府又何嫌何疑而不肯大有为一番呢?国家请来了无数外国建设专家顾问,都把铁道交通两部所属的交通事业看作"禁脔"而不敢过问,却偏要成群结队的陪着大官上西北去寻访建设事业做,这岂不是世界的大奇事吗?

以上举了三个例子,说明我提出的三个建设标准,同时也借此说明我可以赞成什么样子的建设。

廿三,四,二

(原载 1934 年 4 月 8 日《独立评论》第 95 号)

论《宪法初稿》

我们读了立法院公布的宪法草案初稿,在评论之前,应该先想想这个宪法之下的中国政治制度是个什么样子的。依我的浅陋的了解,这个宪法要给我们的是这样一个制度:

一、先从最低层说起:人民直接选举县议会,直接选举县长(县长候选人以经中央考试及格者为限)。县长可由县议会弹劾,经县议员四分三之议决,得请县民罢免他。县民若否决了弹劾案,县议会应即改选(市与县同)。

二、第二层是省。省无议会,只有一个省参议会;参议员每县市一人,由人民直接选举。省长由行政院提出五个候选人,由省参议会选出一人,由国民政府任命之,任期三年。但省参议会无弹劾省长之权。省长受中央政府之指挥,但对于省参议会不负责任。

三、第三层是国民政府,其组织成分有六:

(1) 总统。任期六年,由国民大会选举罢免。

(2) 行政院。行政院长由总统提经国民大会或国民委员会之同意任免之。行政院长遇立法院提出不信任案经国民委员会接受时,或被监察院弹劾经国民委员会接受时,都应去职。

行政院设各部及各委员会,其各部长与各委员长均由行政院长提请国民政府任免。

(3) 立法院。立法委员不得过二百人,任期三年,由国民大会选举罢免。立法委员互选其院长副院长。

立法院对于行政院有质询之权,并有提出不信任行政院长案之权。

立法院的议决案,由总统署名及主管院长副署后公布。总统得将议决案提交复议;但立法院若以出席委员三分二以上之决议维持原案时,总统不得再交复议。

(4) 司法院:院长副院长由国民大会选举罢免。

(5) 考试院:院长副院长由国民大会选举罢免。

(6) 监察院。监察委员不得过五十人,由国民大会选举罢免。监察委员互选其院长副院长。

四、最上一层为国民大会,由每县市选出代表一人,及蒙古西藏代表,国外华侨代表,组织之。国民大会每三年开会一次,其会期以一个月为限。国民大会的职权很大(第五十一条),但其职权"于闭会之日终了"。

国民大会闭会期间,设国民委员会,置委员二十一人,由国民大会选举之。国民委员会并不代行国民大会的职权,只在平时接管大会秘书处,并筹备下届大会;此外得受理监察院对于立法委员监察委员及各院院长、副院长的弹劾案,及立法院对于行政院长的不信任案。国民委员限于四十五岁以上有特殊功德,颇像一个元老院。

五、中央与地方采均权制。

这是这个宪法初稿准备建立的政治制度。我们把这个政治体系总括起来看,想像他的各部分的连络,想像他在实际行使时的效能,我们可以看出他有可以批评的几点。

第一,我们感觉这个制度有许多地方缺乏连络,实行时有许多障碍。试举一个例。既许人民直接选举县长了,又限定县长候选人必须经中央考试及格。今日中央考试院考取的县长人数够分配一千几百县吗?每县都有本县人在中央考试及格的吗?假如我们绩溪县只有一个中央考试及格的县长候选人,是不是只有他可以候选?又假如绩溪县没有一个中央考试及格的候选人,是不是我们还得请考试院或省政府交下一个候选名单,才可选举?这个名单上的人,当然不是我们本县的人了,我们本县人民又如何能知道他们的资格与人格而选择他们呢?这个制度可谓奇怪极了。为什么不规定县长候选人的资格,让各县人民去推举候选人呢?

再举一个例。省长候选人须由中央政府提出,如果省参议会觉得中央提出的五个候选人都不能满意,省参议会可以请中央另提候选人吗?选出的省长,省参议会又何以绝无弹劾之权呢?万一省长有违法或溺职的行为,难道省参议会还得静待他三年任满,才可以不连选他吗?

中央政制在实行上的困难更多了。行政最高权在行政院长,而行政院长可以被监察院弹劾,可以被立法院投不信任票,时时可以动摇。这一点已有许多人指出了,我可以不必详说。国民政府公布法律,发布命令,由总统署名,并须经主管院院长副署;万一总统同意,而主管院不副署,又怎样办?(看《独立》第九三号,陈受康《读宪法初稿》。)立法院的议决案,总统可以提交复议;监察院的弹劾案是不是(除了弹劾总统副总统各院长副院长及立法监察委员另有第五十八条的规定之外)都算最后的决定呢?现在监察院的弹劾案,送交惩戒机关之后,往往不执行。宪法初稿将公务员惩戒委员会设在司法院,这个惩戒会对于监察院的普通弹劾案是否有提交复议的否决权呢?是否弹劾案出了监察院的大门就完全由惩戒委员会处理呢?又如第八十六条说:

行政院院长遇有左〔下〕列情形之一时,应行去职:

一,立法院提出不信任案,经国民委员会决议接受时。

二,监察院提出弹劾,经国民委员会议决接受时。

据此条文,是国民委员会可以议决不接受此项不信任案及弹劾行政院长案。又据第五十八条,监察院弹劾总统副总统,须经国民委员四分三以上之决议,方可召集临时国民大会。若不得四分三的决议,国民委员会也可以不接受弹劾总统案了。以上三种重大案,国民委员会不接受时,立法院怎么办呢?监察院又怎么办呢?他们是不是就此收兵了回头来重新拥戴那曾被弹劾的总统和那曾被不信任的行政院长呢?还是另有方法可以使弹劾案和不信任案发生效力呢?

第二,我们感觉这个制度是一个七拼八凑的百衲本,缺乏一贯的政治理解,更谈不到什么一贯的政治信仰。初看那下层的县,似乎是直接选举产生的代议制的民治。到了省的制度,只有一个权限极少的省参议会,连弹劾省长的权都没有了,只成了省长的一个咨询机关了。再看上去,到了中央政府,只设一个一千几百人的国民大会,三年之中集会一个月;闭会之日,职权就终了了。这一千几百人,来自全国各县,平日素不相识,更无组织,到了首都,真成了刘姥姥初入大观园!这一大群刘姥姥,如何能负担那国民大会的极重大的职权呢?这岂不是在宪法里先就准备叫他们被少数伶俐的政客牵着鼻子跟人瞎跑吗?为什么不老老实实的叫各省人民选出他们本省的立法委员来组织一个代表全国的立法院呢?既已拘泥了孙中山先生的"国民代表大会"的主张,又何不老老实实的让他们每年在首都多住几个月,多得一点政治经验,实行《建国大纲》说的"参预中央政事"呢?如果大家明知中央政府此时不能常年担负这一两千人的旅费和俸给,或者明知各县代表每年来往奔波为太困难,那么,又何不老老实实指出"每县得选国民代表一员"的制度不能实行,而另想更易行的制度呢?

这个政制所以这样七零八落,毛病在于起草诸公不曾详细研究国内现状需要何等样子的一个政治组织,却只拘拘的用《建国大纲》做他们的纲领。其实他们又全不曾了解孙中山先生的《建国大纲》的理路,只拘执着他的文字。《建国大纲》是有一贯的政治理想的。依孙先生的理想,宪政必须有个渐进的程序,先做到自治的县,次做到自治的省;某一省全数之县完成自治了,这一省就开始宪政;全国有过半数省分都开始宪政了,然后开国民大会决定宪法而颁布之。《建国大纲》的程序如此,试问今日草成的宪法初稿是不是依此程序呢?既不依此程序,又如何可以拘执《建国大纲》的条文?这样割裂孙先生的条文,非但失了他的精神,并且毁了他的一贯的政治理想。

中山先生没有想到他死后几年之中我们的国家就会陷在空前的危急状态里,所以他的《建国大纲》是假定一个可以从容渐进的时势的。现在既无此时势,我们只能把他的理想计划暂时留作一个供后来人研究的历史文件。我们只应该考察此时我们如要行宪政,应该从如何下手,应该建立何种制度。如果我们此时需要的是一个巩固的中央政府,我们就不应该拘泥某种历史文件,造出种种机关来捆住他的手脚。如果我们需要各省来参预中央的政治,因以造成一个维系全国的统一局面,那么,我们就不应该拘泥某种历史文件,造出一个三年集会一个月的空虚的国民大会来叫各省失望。如果我们此时实无坚强的信心可以信任一县的人民能推出几个县长候选人来,那么,我们就更不应该拘泥某种历史文件,骤然一跳就做到全国的民选县长;我们就应该认清国内的现状与需要,先从改善省政府下手,吃紧训练县长人才,一面先行省政府考试任命县长,一面建立各省的省议会和巡行的监察制度来监督各省各县的政治设施。——总而言之,中山先生的建国大纲的文字上的程序是由下而上渐进的,但他的精神是要政府"训导人民之政治知识能力",也还是由一个有知识能力的中央政府出发到各地方的。我们在今日不可拘泥他的文字,应该活用他那一贯的精神。

关于宪法初稿的其他部分,我们认为大都是空头支票,尤其是经济与教育两章。这些一时无能力兑现的空话,放在宪法里,只可以使人民轻视国家的根本大法,不如全行删去,而提出一项两项——如平准粮食,如普及教育——用全力实行起来。在宪法里说欺骗人民的大话,就是亵渎宪法,罪过不小。

廿三,四,九

(原载1934年4月15日《独立评论》第96号)

"协和外交"原来还是"焦土外交"

4月17日,日本外务省的一个非正式声明使得全世界震惊。但是这个声明的文字,华北的中文报纸上都没有登载;天津《益世报》在20日曾译载日文京津《日日新闻》的新闻联合社的17日东京电,只是很简略的一段。其余各报评论这事大都是根据路透社一个短电。西文报纸上,19日的北平《时事日报》(英文)登出了17日东京路透社的短电;20日京津《太唔士报》登出了18日新闻联合社和电报通讯社的两个东京长电,英文译本虽有文字上的不同,内容是一样的。直到今天(4月23〔日〕),《大公报》,天津《益世报》,北平《晨报》方才把这个声明的全文从日本报纸翻译出来。我们现在抄录全文如下(用《晨报》译本;《大公报》所据的原本似稍有删节):

  关于中国问题,日本之立场与主张,或有不与列国一致者,唯日本为尽在东亚之使命与责任,实立于不能不尽其全力之立场。向时日本之所以不能不退出国联,实因日本对于自国在东亚地位之见解,与国联相左有以致之。
  日本对于中国之态度,或有与外国未能一致者,亦未可知;唯此种情形,乃导源于日本在东亚之地位与使命而不得不尔。日本对于各外国,常维持增进友好关系,自不待论,而日本为维持东亚和平及秩序,以单独责任进行之事实,日本亦认为系当然之归结。又单独进行维持东亚之和平与秩序,乃日本之使命,日本对此使命,有决行之决心。唯欲使右(上)述使命得以进行,日本又不能不与中国共分维持东亚和平之责任,中国以外国家,固非分责任者也。

职是之故,中国之保全,统一,乃至国内秩序之恢复,自东亚和平见地观察,固日本最所切望者。唯中国之保全,统一,及秩序恢复,必有待于中国自身自觉与努力,已为过去历史所昭示,此种情形,现在为然,即将来亦莫不然。

帝国自此种见地出发,认中国方面苟有利用他国,排斥日本,出之以违反东亚和平一类手段,或出之以夷制夷之对外方策,日本不得已,决不能不与以排击。

又列国方面,苟因顾虑满洲事变上海事变形成之情势而对中国欲采共同动作,则纵令其名目为财政的援助或技术的援助,终局在中国,必然的带政治意味。此种形势助长之时,遂开设定势力范围,国际管理或瓜分之端,此不仅对中国为大不幸,即东亚之保全,乃至为日本计,亦有影响重大之惧,日本在主义上,不能不对此表示反对。

唯各国各别与中国自经济上贸易上进行交涉,事实上虽为对华援助,但在不妨碍东亚和平维持范围以内,日本亦无对此实行干涉之必要。如右(上)述措置,诚使东亚和平维持陷于纷乱,则日本不得不反对。例如最近外国对华售卖军用飞机,教授飞行术(各报作"设置飞机场"),派遣军事教育顾问,军事顾问等,或借政治借款,结局明白离间中国与日本及与其他各国间之关系,发生违反东亚和平维持之结果,日本就其立场言,不得不反对。

上述方针,虽为日本从来方针之当然的演绎,然因最近外国在中国国内,共同动作,以援助一类之种种名目,积极的策动,此时明我立场,决非徒尔也。

当18日联合社与电通社向世界播送这个声明时,他们都特别提及宋子文与孔祥熙新近组织的银公司,并且明说外务省的谈话是对此事表明日本的态度的。我们现在读了那谈话的全文,特别是全文的末节,更可以明白这个声明的最近动机是银公司的组织。银公司的组织本是要吸收外国的资本来做中国的建设事业的,宋子文又是中国与国联的技术合作政策的有力的代表者。日本人早就表示反对这种国际协助中国技术建设的政策,所以在拉西曼回日内瓦出席 5 月 15 日的国联技术合作会议之时,在中国银公司的计划刚发表之时,日本外务省又来这一个严重的,强横的警告。

这个声明同时有三种作用:一是威吓中国,二是警告国联,三是警告美国。在路透社的简略电讯传出以后,国联与欧美各国果然都十分注意这个"对中国袖手"的警告。4 月 19 日,路透社又从东京发出一个更露骨的电讯:

> 外务省的发言人今晨说:如果因为国际合作协助中国而远东的和平与秩序被扰乱了,日本将要作积极的行动。他又说:如果别国用武力,那么日本也要用武力。

如此看来,所谓广田的"协和外交",同内田的"焦土外交"有何区别?内田在九一八事件的狂潮之中,他的阿附武人,昌言"焦土外交",本不足怪。广田任外相以来,曾有取守势的外交的虚声,世界各国本来无奈日本何,也就欢迎这外交态度上的变更。所以这半年来的日本国际地位,——尤其是日美关系,——颇有一点于日本有利的形势。但冷眼观察的人也能看出所谓广田的新外交也不过是一种狙公养狙的戏法。满洲伪国的改称帝号,海军比率平等的宣言,正足以证明日本外交还是一意孤行的向世界挑战,丝毫不能改变他的攻势。然而究竟因为有了这半年中许多甜蜜蜜的外交辞令,世人未免对于这位来自渔村的新外相抱着一点改善国际关系的奢望,所以这回 4 月 17 日的外交炸弹一掷出来,就好像大家正妄想云开天霁的时候忽然又来一声霹雳,世界人士的震惊当然比当年惯听荒木内田唱黑脸双簧时更厉害了。连那向来爱摆绅士架子的英国报纸,也忍不住哼起这样的儿歌来:"矮胖哥儿坐的高高,矮胖哥儿跌一大跤!"(伦敦《日日快报》社论)

4 月 17 日的声明有几个要点:

第一,日本向世界宣言,东亚和平秩序的维持应由日本单独负担。

第二,中国若想利用他国来排斥日本,日本必须用全力反对。

第三,各国若采"共同动作"来帮助中国,无论是财政的援助,或技术的合作,日本不能不反对。

第四，各国若不采共同动作，而仅单独的，各个的与中国贸易交通，在不妨碍东亚和平的范围以内，日本可以不干涉；但如"对华售卖军用飞机，设置飞机场，派遣军事教官顾问，或借与政治借款"等事，日本也不能不反对。

这是日本的东亚门罗主义的最新纲领。这个最新纲领毫不掩饰的推翻一切"门户开放"、"机会均等"的传统政策，毫不掩饰的一笔抹煞九国公约的条文。在这个最新纲领之下，日本是唯一的东亚主人，唯有他可以判断何种对华贸易是她可以允许的，唯有她可以判断各国何种行动是"违反东亚和平之维持"的。

我国外交部在4月19日已有一个很温和的非正式声明书，声明五点：（1）中国不承认任何国家在中国有独负维持国际和平的责任；（2）中国并无中伤任何国家或扰乱东亚和平之意；（3）中国与他国的合作常属于非政治的范围；（4）中国购买军用品，用军事教官，都是仅仅为国防上的必要，他国对中国若无野心，可不必过虑；（5）中日两国间和平的真正基础只能建设在善意与互相谅解之上。——这种声明无论如何和婉，决不会得着日本谅解的。日本恨国联，而我们亲近国联；日本猜忌美国，而我们信任美国；日本要打苏俄，而我们并不想打苏俄；日本不许中国有近代武力，而我们不能不有一点必要的国防；日本要吞噬我们，而我们总想不被她吞下肚去——两国的利害恩怨，无一不处于正相反的地位，决不会互相谅解的。到了今日，我们必须明白我们已无求得强邻谅解的可能，也无求得谅解的必要。今日因强邻的反对而取消银公司，明天也可以来一个通牒请我们退出国联！今日因强邻的反对而不买飞机，明天也可以来一个通牒命令我们缴出已有的飞机！无底之壑是填不满的，无厌之求是偿不清的。我们只有埋头苦干而已，此外岂有其他途径？

至于世界各国对于日本的强横的宣言作何态度，于我们也无多大的重要。我深信这个文明的世界还有一点很高的理想主义；我也深信这个文明世界对于我们有绝大的同情心，——不自私的同情心。但我同时也深信这个文明世界的公道，理想主义，同情心，都还没有一种有效的表现力量，都还没有一个有力的组织能使这些为善势力变成足以改革世界的动力。试举一个最明显的例子。这个时期最需要的自然是美国和苏俄一同加入国际联盟,把那个衰病疲弱的国联改造成一个能说能行的世界共主,然后一面担保德国的安全,做到欧洲大陆的裁军;一面担保太平洋的安全,做到1936年比1922年更彻底的海军大裁缩。这是世界明眼人都能想到的世界救济的唯一和平而有效的途径。然而这种梦想在今日似乎还没有实现的可能,所以尽管有公道,尽管有理想主义,尽管有对弱者受侵暴者的无限同情心,在眼前都还只是不结果的奇花,系而不可食的瓠瓜。我们空费心思去计较某也如何厚我,某也如何仇彼,于我们有何益哉?

话虽如此,我们也不可不明了东京这件强横声明的世界的意义。九一八事件的发生,世界上明眼的政治家都认它为绝大的世界事件;无奈那时的世界正在最散漫,最倒霉的时期,国联与美国的一年多的工作,只能做到一部代表世界公论的李顿报告书和1933年2月24日的国联报告书。那部伟大的报告书通过后十天之内,我们不战而抛弃了热河全省,失去了全世界的同情心。从此以后,东北四省的事件变成了中日之间的局部问题,我们也无面目向世界陈诉,世界人士也没有心情来过问这个问题了。可是在这一年之中,那个倒霉的世界好像又有了一点转机。当热河失守之日,正是罗斯福总统就职之时,也正是美国金融界大崩溃的时候;从此以后,美国经过了一年的壮烈的复兴运动,物质上的恢复虽然还不曾有显著的成效,但一个大国家的勇气已在那个新领袖之下恢复回来了。英国的经济的恢复也算是这两年中最可惊异的成绩。苏俄的伟大的试验,在这两年之中,也逐渐得着了世人的承认与了解。苏俄与美国的邦交的回复,苏俄对欧洲各国的联络,都是收拾起多少年来的已坠之绪,弥补起一个文明世界在九一八事件发生时那种七零八落的缺陷。——在这个全世界元气将复苏的时期,东京外务省的一个小炸弹又把中日的问题回到全世界人士的注意里,使这个久已沉埋在关东军与黄郛的酬酢之下的局部问题忽然又一跃而为一个绝大的世界问题。这个问题的第二度世界化,不是靠施肇基,颜惠庆的辞令的宣传,也不是靠德拉蒙,拉西曼的政治手腕的运用,乃是靠日本军阀和军阀卵翼之下的政客的无忌惮的向世界挑战。日本已明目张胆的对全世界人宣言:"这半个世界是我独霸独占的了!"日本掷下了这只铁手套,世界人接受不接受,世界人何时接受,如何接受,都和日本的命运有关;也都和全人类的文明的前途有关。日本还是真变成一个二十世纪的成吉思汗帝国呢?还是做欧战后的德意志呢?还是做殖民大帝国失败后的西班牙呢?这个世界还是回到前世纪的弱肉强食的丛莽世界呢?还是继承威尔逊的理想主义变成一个叫人类可以安全过日子的人世界呢?——这是这个广田谈话的世界的意义。

二十三,四,二十三夜

(原载1934年4月29日《独立评论》第98号)

一个民族的自杀

述一个英国学者的预言

去年8月太平洋国际协会在加拿大的班府(Banff)开第五次大会之后,许多英国代表和澳洲,纽西兰,加拿大各国的代表都往东去,准备赴9月中在陀朗陀(Toronto)开"全不列颠联邦关系讨论会"(British Commonwealth Relations Conference)。我回到美国境内,有一天在纽约报纸上看见一段惊人的报告,说,在陀朗陀的讨论会席上,有一位学者曾说:在将来的第二次世界大战时,加拿大的西边一省——英属哥仑比亚——将要做第二个比利时。我很注意这段记载,所以我10月初回到温哥华候船回国时,在旅馆中会见曾出席班府与陀朗陀两会议的一位纽西兰代表,我就问他那位预言家是谁。他回答:是英国现代国际关系史的专家学者陀音贝先生(Arnold J. Toynbee),这更使我注意了,因为陀音贝先生是伦敦大学的国际史的研究教授,是英国国际关系研究所(Royal Institute of International Affairs)的研究主任,他每年主编的《世界大事年鉴》是世界公认为最正确公平的记载。这样一位权威作者是不会轻易造出耸人听闻的谣言的。

过了几个月,太平洋国际学会改组的《太平洋大事》季刊(Pacific Affairs)的3月号出来了,第一篇大文就是陀音贝先生的论文,题为"下一次的大战,在欧洲呢,在亚洲呢?"这篇文章的大意是说日本和美国的战争是可能的;说日美战争时,美国的海军一时不易在太平洋西边作战,但空军战争有许多此时还不曾梦见的可能,也许美国可以用阿拉斯加(Alaska)作空军根据〔地〕,用空军攻日本;也许日本要先占据阿拉斯加海岸。所以那夹在阿拉斯加与美国本部之间的英属哥伦比亚,大有做第二次世界大战的比利时的可能。

陀音贝先生说:人们总想日本不至于疯狂到向美国挑战,他们总想:"中国和西伯利亚都是日本口袋中的东西,随时可以取得,日本何必要向那些英语国家挑战呢?"其实这样的疯狂不是没有历史的先例的。最近的先例就是1914年至1917年的德国。德国当时若在西线专取守势,也许可以用全力打败了俄国,也许可以在那年秋叶未凋时把巴尔干各国和土耳其都放在她的口袋里了。德国为什么偏要发疯,把法国,英国,美国次第都拖进漩涡里来呢?这个德国的先例,很可以说明暴力主义和常识是不并立的。即使人人承认日本向英语国家挑战是疯狂的行为,这也不能担保日本的军人不走这条疯狂的路。

况且,在某种情形之下自杀,本来是日本民族的遗风。如果这种情形一旦发生了,整个日本民族毅然走上"切腹"的路,也不是绝不可能的事。

陀音贝先生说:也许日本现在的统治者,真感觉目前的绝大难关无法渡过,只有全国自杀的一条生路。1931年九一八的事件的背景是日本农民的经济破产。日本军人对农民说:只要征服了满洲,他们就有救济了。殊不知这是绝不可能的迷梦。日本农村移民到了满洲,第一受不了那边的气候,第二不能同那两千八百万的中国人竞争。所以满洲的征服至多不过能添出一二十万穿长袍和军服的饭碗罢了;对那好几百万的急待寻出路的过剩人口,还是毫无办法。所以满洲的征服不是一本戏剧的终场,后面也许还有许多幕呢——也许后来的几幕要用更多的脚色在一个更大的舞台上演做出来。"一只老虎一尝到了血腥,就同一个酒狂尝到了酒味一样,他要发疯的乱跳了。"如果太平洋西岸的一块瘦骨头不中吃,隔水可望见的肥肉更要引起这支老虎的馋涎来了。

至于美国呢,陀音贝先生也承认美国的海军不能在距离根据地那么远的海洋里活动,但他不信美国会忍受日本的挑战而不回手。他说,美国人民的心理是走直线的,在一个时候只能专注一件事;但他们每做一件事,总会用全力去干;而且他们专注的目标也会忽然变换的。平时你刺她一针,她好像不觉得;你戳她一刀,她也好像不会叫痛;可是你把刀子在她肉里打个旋,她忽然回过身来把你撕成几块。从1914年到1917年,德国军人对待美国的历史就是这样的。今日的日本军人也许会照抄这篇老文章。"他们相信美国人民今日正用全力应付经济恐慌引起的内部问题,无暇顾到国外的事,所以他们也许趁此机会得步进步,在那个美洲巨怪的厚皮上刺戳,刺进了一层,更进一层,总有一天戳到了那个巨怪的嫩肉上,他会怒跳起来的。我们可以想像日美关系上一大串可能的事件,起初全世界必定很诧异美国人民好像全不感觉日本的挑衅,到后来全世界必定又很诧异美国人民好像不看见别的,只看见日本的挑衅了"。

至于这场日美战争的结果,陀音贝先生毫不迟疑的说:"这一战是一场'辟尼克战争'(Punic War 即是纪元前三世纪至前二世纪罗马与迦太基的战争),扮罗马的是美国,扮迦太基的是日本,结局当然是迦太基的毁灭。"

陀音贝先生是一个历史家,他爱用史事作比例(前四年我们谈中国中世史,他劝我用东罗马帝国的历史作比较)。他说:如果古今历史可以等例齐观,那末日本的毁灭还算不得终局,只可算是一篇新历史的开端。迦太基的败灭引起了罗马帝国的大扩展。在日美战争的过程中,太平洋的英语国家(加拿大,澳洲,纽西兰)都会加入战团,变成美国的"卫星";中国与苏俄当然不但都是战争的目标,并且要变成一个主要的战区。战事终了之后,美国不能就完全退出这些地方,正如罗马当日不能退出西班牙与非洲北岸一样。所以这场日美战争的终局也许可以看见美国变成太平洋列国的霸主。这些国家占全世界有人烟的土地的三分之二,这就离武力统一全世界不远了。

以上摘译陀音贝先生的预言,是他在几个月之前说的。4月17日东京外务省发表了一篇谈话式的声明,震动了全世界。远东的暴行,自从去年热河失守以后,久已变成了一个局部的中日问题,现在又忽然第二次世界化了。这个问题今回骤然变成全世界的问题,不是靠施肇基、颜惠庆的辞令,也不是靠德拉蒙、拉西曼的政治手腕,乃是全靠日本军阀和军阀卵翼之下的政客的无忌惮的向世界挑战。在这一只铁手套掷下之后,第一个牺牲者当然是我们自己。但我们在准备受最大最惨的摧毁的时刻,终不能不相信我们的强邻果然大踏步的走上了"全民族切腹"的路。我们最惭愧的是,我们不配做这切腹武士的"介错人"(日本武士切腹,每托其至友于腹破肠出后斫其头,名为介错人),只配做一个同归于尽的殉葬者而已。

二十三,四,二十八

(原载 1934 年 4 月 29 日天津《大公报》星期论文)

今日的危机

自从4月17日东京外务省的发言人发表了那篇蛮横的声明以后,这半个月之中,这个非正式的文件成了全世界注意的中心。

我们看了这半个月之中的世界舆论,看了伦敦对东京的通告,看了华盛顿的可怪的缄默,看了东京外务省的屡次修正的宣言,当然不能不感觉这个事件振动全世界的程度,也不能不感觉这个世界确还有一点正谊,一点公道,一点对我们的同情心。我们也不能不感觉这个世界贬议是有一点力量的。

但我们决不可以因此就起一种毫无根据的乐观。

第一,我们切不可妄想日本因此竟会改变她的政策。是的,28日路透社的东京电说:广田外相现在说4月17日的声明"正式的只算不存在"(officially non-existent)了。是的,25日广田答复英国大使的质问,曾说,日本现仍护持九国公约,毫无违反那个条约之意了。是的,26日广田答复美国大使的询问,曾说,日本对于在中国机会均等,门户开放的主义以及现存的条约,并无违反的意图了。——但是这些话都是官话,都是外交官的口头禅。美国不会相信,英国也不会相信,我们中国人更不能相信。九国公约是早已被九一八晚上的一炮轰碎的了。我们的东北四省是早已被日本的带甲拳头划出九国公约之外的了。当日若槻内阁的许多正式声明,有何效力?

我们细细研究这半个月内日本的种种声明,正式的和非正式的,我们只觉得日本丝毫没有改变她在4月17日发表的态度。我们要记得这些重要的事实:(1)26日广田对蒋作宾公使说:日本的声明"措辞颇嫌强硬,但日本政府是准备维持其中的实质的"。(2)日本的陆军领袖林陆相已发表谈话,声明拥护4月17日的表示了。(3)

日本的海军也已声明拥护那个声明了。(4)28日新联社传出广田修正的英文译文,是26日送交美国大使的,其中内容八项,除第四项声明无意违反现存条约外,措辞的强硬与4月17日的声明没有差异。(5)28日北平电通社传出"驻平日方某有力者"发表的谈话,声明:"旅居华北之吾侪,对我外务省当局之正正堂堂的具述其所信之事,表示谢意,且绝对支持之,而誓愿协力使之具体化。"这些话,我们不可轻轻放过了。我们要明白:4月17日的声明,尽管"正式的只算不存在",非正式的不但真实存在,并且因为世界各国舆论的不利的批评,这种强横的政策更有激起日本军人促进他急骤具体化的可能。28日上海日本使馆情报局书记岩井发表书面的声明,严厉的指摘我国外交部最近对驻外各使的电训,说:"似此以夷对夷政策,日本绝对反对。中国如不放弃此态度,将来国际上发生何项问题,须由中国负责!"一个使馆情报局的书记,竟敢对于他所驻在国的外交部发这样严厉的警告!这样的事情应该可以使我们明白今日的形势只有急骤严重化的可能,绝无丝毫变和缓的趋势。

第二,我们切不可妄想太平洋的世界大战即有爆发的可能。伦敦《太晤士报》26日的长篇社论(见30日京津《太晤士报》的路透电)说:"日本驻美驻德两个大使的宣言,使我们不能不疑心日本认定了欧洲美洲眼前是困难正是日本的好机会。当1915年欧洲正大战的时候,日本乘机对中国提出了那有名的二十一条。当1931年欧洲美洲正闹经济恐慌的时候,日本又趁机会对中国开始了军事行动,抢了满洲去。现在全欧洲的外交家正为军缩问题困斗,而美国正用全力改造全国的生活,日本又抓住了这个机会来宣布她更大规模的垄断中国的要求。"——这段话是很中肯的观察。日本的军阀算准了眼前是最好的机会,欧洲自顾不暇,英国的新加坡海军根据地还不曾赶造成功,美国的海军建造还正在开始,俄国的军备还不很充足;这时候,全世界虽然已不像1931年的七零八落了,究竟还没有联合对付日本的可能。此时不动,更待何时!难道还静候新加坡一万三千人赶造的海军根据地设备完成吗?难道还静候苏俄的第二个五年计划完成吗?难道还静候美国海军的新设备完成吗?日本所以在此时骤然用非正式的谈话发表那个独霸东亚的宣言,正因为她看准世界各国此时还无可奈何她。这就是说:日本料到太平洋上的世界大战此时还不会爆发。在这一点上,我们也是这样看法。世界上现在只有两个大国可以要开战就开战,那就是日本和苏俄。英美国家的政治制度使他们不容易宣战。我在美国观察上回美国参战的困难,使我不能不赞同一位英国学者的话,他说美国是一个厚皮的巨怪,除非你刺的太深了,除非你戳进他的嫩肉上,他是不会怒跳的。其实英国也是如此。英国在此时,若无绝大的利害关系,也决不会动手对付日本的。报纸上不说英国外相西门已承认日本前日的答复为满意了吗?满意是她决不会满意的。不过这时候离"牛约翰"(英国的绰号John Bull)怒吼狂奔的时候还早哩!前天英国《曼哲斯脱保傅报》①上译登东京《报知报》上说日本将要向英国要求停止建筑新加坡海军根据地的话。这种要求从前早已有过了,并且英国曾因此停止了新加坡的建筑计划至三年之久。直到九一八事件以后,英国才醒过来,又用全力进行。现在日本要想英国再抛弃这个海军根据地,恐怕非打一仗不可了。但此种事都是将来的事;在眼前,西门外相即已表示对日本 4 月 17 日的声明的事件可算是"结束"了。

美国对此声明,至今不曾有正式的表示。28 日哈瓦斯社的华盛顿电讯说:"美国眼前大概不会有什么抗议出来了。即使日本正式宣言要履行她的声明中的政策,美国也宁愿等候日本真干出侵犯美国权利的实事来。"这个猜想,我们觉得是不差的。如果广田送出的译文真有无意违反现存条约的话,我们猜想国务卿胡尔也会暂时认为满意的了。

前几天(27 日)京津《太晤士报》社论说:"错上加错,不能使错的变成不错,而可以引起一个世界大战。"世界大战不是一两篇非正式谈话能引起来的。必须我们的强邻,极力模仿他的德国老师,错上加错,侵害上加侮辱,方才有全世界第二次卷入地狱的可能。

所以我们在今日切不可妄想 4 月 17 日的霹雳已过去了,也不可

---

① 编者注:《曼哲斯脱保傅报》即《曼彻斯特卫报》(Mauchester Guardian)。

妄想世界的大国在这个时候听见了我们的几个外交官的喊叫,就会拼死命来替我们打退强盗,救出这哭喊的婴孩。

我们要澈底明白中国今日的局势是一个空前最严重的局势。日本的军人已下了绝大决心了,已宣言要绝对拥护4月17日宣布的政策,并且用实力促进其具体化了!在很近的将来必定就有很严重的事件发生,其严重性必定比二十一条还更严重,也许比九一八以来的任何事件还更可怕。我们今日的地位也许比1914年八月的比利时还更危险。

我们要彻底明白:4月17日的宣言的主要意义就是不许我们准备做比利时。我们现在究竟有做比利时的决心没有?我们若有这种决心,我们应该做怎样的准备?

廿三,四,三十

(原载1934年5月6日《独立评论》第99号)

中华民国华北军第七军团第五十九军抗日战死将士公墓碑

中华民国二十二年三月,日本军队占据了热河,全国都大震动,从3月初旬到5月中旬,我国的军队在长城一带抗敌作战,曾有过几次很光荣的奋斗。其间如宋哲元部在喜峰口的苦战,如徐庭瑶、关麟徵、黄杰所率中央军队在南天门一带十余日的血战,都是天下皆知的。但这种最悲壮的牺牲终于不能抵抗敌人的最新最猛烈的武器。5月12日以后,东路我军全退却了;北路我军苦战三昼夜之后,也退到了密云。5月21、22两日,北平以北的中央军队都奉命退到故都附近集中;22夜北平政务整理委员会委员长黄郛开始与敌方商议停战。

当5月23日的早晨四时,——当我国代表接受了一个城下之盟的早晨,——离北平六十余里的怀柔县附近正开始一场最壮烈的血战。这一战从上午四时直打到下午七时,一千多个中国健儿用他们的血洗去了那天的城下之盟的一部分的耻辱。

在怀柔作战的我方军队是华北军第七军团第五十九军,总指挥即是民国十六年以孤军守涿县八十八天的傅作义军长。他们本奉令守张家口。4月29日,他们奉令开到昌平待命增援;命下之日,全军欢呼出发,用每小时二十里的跑步,赶赴阵地;5月1日全部到达昌平,仅走了二十四小时!5月15日,第五十九军奉令开到怀柔以西,在怀柔西北高地经石厂至高各庄的线上构筑阵地;17日复奉令用主力在此阵地后方三十余里的半壁店、稷山营的线上构筑主阵地。他们不顾敌军人数两倍的众多,也不顾敌军器械百倍的精利,他们在敌军飞机的侦察轰炸之下,不分昼夜,赶筑他们的阵地。他们决心要在这最后一线的前进阵地上用他们的血染中华民族历史的一页。

23日天将明时,敌军用侵华主力的第八师团的铃木旅团及川原旅团的福田支队向怀柔正面攻击;又用铃木旅团的早川联队作大规模的迂回,绕道袭击我军的后方。正面敌军用重野炮三十门,飞机十五架,自晨至午,不断的轰炸。我方官兵因工事的坚固,士气的镇定,始终保守着高地的阵地。那绕道来袭击的早川联队也被我军拦击,损失很大。我军所埋地雷杀敌也不少。我军的隐蔽工事仅留二寸见方的枪孔,必须等到敌人接近,然后伏枪伏炮齐发,伏兵齐出,用手掷弹投炸。凡敌人的长处,到此都失了效用。敌军无法前进,只能向我高地阵地作极猛烈的轰炸。有一次敌军篡中队攻进了我右方的阵地,终被我军奋力迎击,把阵地夺回,我军虽无必胜之念,而人人具必死之心;有全连被敌炮和飞机集中炸死五分之四,而阵地屹然未动的;有袒臂跳出战壕,肉搏杀敌的;有携带十几个手掷弹,伏在外壕里,一人独力杀敌人几十的。

到了下午,他们接到了北平军分会的命令,因停战协定已定局了,令他们撤退到高丽营后方。但他们正在酣战中,势不能遽行撤退,而那个国耻的消息又正使他们格外留恋这一个最后抗敌的机会。直到下午七时,战事渐入沉寂状态,我军才开始向高丽营撤退,敌军也没有追击。次日《大阪朝日新闻》的从军记者视察我军的高地阵地,电传彼国,曾说:"敌人所筑的俄国式阵地,实有相当的价值;且在坚硬的岩石中掘成良好的战壕,殊令人惊叹!"又云:"看他们战壕中的遗尸,其中有不过十六七岁的,也有很像学生的,青年人的热狂可以想见了!"

怀柔这一战,第五十九军战死的官和兵共三百六十七人,受伤的共二百八十四人。

5月31日停战协定在塘沽签字后,第五十九军开至昌平附近集结;凡本军战死官兵未及运回的,都由军部雇本地人民就地掩埋,暗树标志。6月,全军奉令开回绥远复员;9月,怀柔日军撤退后,傅军长派人备棺木殓衣,到作战地带,寻得官兵遗骸二百零三具,全数运回绥远。绥远人民把他们公葬在城北大青山下,建立抗日战死将士

公墓,并且辟为公园,垂为永久的纪念。公墓将成,我因傅作义军长的嘱托,叙述怀柔战役的经过,作为纪念碑文,并作铭曰:

> 这里长眠的是二百零三个中国好男子!
> 他们把他们的生命献给了他们的祖国。
> 我们和我们的子孙来这里凭吊敬礼的,
> 要想想我们应该用什么报答他们的血!

后　记

　　碑版文字用白话,这未必是第一次;但白话的碑文用全副新式标点符号写刻,恐怕这是第一次了。因为这个缘故,《学文月刊》的朋友们要把这碑文影印出来。这里影印的底本是我拿钱玄同先生的原写本,托北平图书馆的照相室用 Photostat 影印的,所以是黑底白字,很像刻本的拓本,其实不是的。这碑还在摹刻中,大概不久可以刻成了。

　　写本第十六行第一字误衍"极"字,同行第二十字"右方"下脱一"的"字。刻时是须挖改的。这个影印本是未挖改的最古本。

　　钱玄同先生在六月大热天里费大气力写成这篇很长的碑文,他自己说,这全是因为我这篇文字是全用白话又全用标点的。

廿三,八,廿四,胡适。

(原载 1934 年 8 月《学文月刊》第 1 卷第 4 期,题为"一篇新体的墓碑"。收入耿云志主编:《胡适遗稿及秘藏书信》第 13 册,黄山书社 1994 年版。)

解决中日的"任何悬案"?

今天东京新联社电报说,日本驻我国公使有吉预定23日起程回任;他这一次回任,携有新近决定的对华方针的训令,据新联社的报告,日本对华方针的大纲如下:

一、日本政府今后为增进及维持东亚全局之和平,愿与中国分担责任。但对第三者之干涉,或以对华援助为标榜而具有政治的色彩者,因鉴于上述之精神,决予以排击。

二、解决中日悬案,即真成为中日亲善与确立东亚和平之前提;中国如表示诚意,则对于任何悬案之解决,日本决不惜与之努力援助。

三、日本政府就友邦之养成,常予以好意之指导,极力回避地方性之交涉,欲辅助国民政府协力于友邦之繁荣统一与治安之维持恢复。

这个方案,在许多已往宣布的方案中,要算是最具体的了。总括起来说,这个方案要求中国与日本合作,反对第三者的干涉或政治色彩的援助;同时表示要援助中国的统一,避免地方性的交涉;又表示如中国有诚意,日本不惜努力援助解决中日间"任何悬案"。这三项之中,第一项是原则,而其余两项是方法。如果后两项做不到,第一项的中日合作是不可能的。

我们早就屡次明白说过:今日的日本决不是我们的朋友;我们在日本的侵害与侮辱之下,也无法可以和日本做朋友。我们也说过:"满洲国"的存在恰是割断了中日两国之间一切连锁,使这两国成为不解的仇雠。这里面没有多大的理性可说,这完全是一个平平常常的感情问题。人们岂不知道全欧洲的和平必须建筑在德法携手的基础之上？然而感情的障碍没有划除之前,德法携手是不可能的。所谓"东亚全局的和平",不是中国破坏了的,是日本的军阀破坏了的。日本军人这两年半的工作,在中日两国之间建筑起了一道感情上的壕沟,把平时爱好日本文明或敬重日本民族的中国人都逼上了仇视日本的不幸的路上去了。我们老老实实的承认,这一道感情上的壕沟在今日是无法可以填平的,——除非是有一种超人的,灵迹一般的,绝伟大的政治手腕!

就拿今天电传的日本对华方针来说,我们也承认"解决中日悬案是真成中日亲善与确立东亚和平之前提"。但我们要问:日本真有诚意解决"任何悬案"吗？日本政府既已提出这个"解决任何悬案"的方针来了,我们当然要指出:"任何悬案"当然应该包括"满洲国"为第一个必须解决的中日悬案。这个第一悬案如果无法解决,其他的"任何悬案"即使都能有解决的方法,都不够铲除两国之间的仇雠的恶感。

然而汤尔和先生告诉我们(《独立》101期):日本某前当局对他说:"中国人在这时候,倘使向日本政府要求交还满洲,没有人敢答应这句话。即使我自己再上舞台,也决不能办这件事。"如果日本在朝的外交当局也和这位在野的外交家作同样的看法,那么,"任何悬案"直是欺人之谈,而所谓"中日亲善"与"东亚全局之和平"也都是欺人之谈。

我们要忠告我国的外交当局:有吉公使这番回任,如果要求中日两国直接交涉中日间的"任何悬案",我们必须欢迎他,但是必须明白的,坚决的提出这个先决的"满洲国"悬案。我们必须依照我们从前应付胶澳问题的方法,无论在巴黎或在华盛顿或在日内瓦或在任何地方,我们必须提出这个问题作为先决的问题。

在这个先决条件之下,我们不反对直接谈判。

我们要警告我们的外交当局:据外间的传说,关东军将领在大连会议的结果,表示对于"满洲国"不满意,主张把东北四省改为一种委任统治,委托给日本军人直接统治。这个传说如果属实,日本军阀真要把那个傀儡国改作直接统治的属地了！我们政府不可轻易忽视这种传说,应该特别注意这种形势。我们对日本,对世界,决不可回避这个满洲问题。我们的敌人要我们不谈这个问题,难道我们就乖乖的不谈它了吗?我们必须时时刻刻提出这个问题,天天谈,日日喊,站在屋角上大喊,锲而不舍的大喊。我们决不可因敌人忌讳而就忽略了这三千万人民所在的失地,让他们去任日本军阀的随意宰割!

廿三,五,廿二晨,华北停战协定的周年纪念

(原载1934年5月27日《独立评论》第102号)

看了裁军会议的争论以后

上月 29 日，裁军会议的总委员会在日内瓦开会，连开了两天，就延会到 6 月 1 日；1 日开了会，又延会到 6 月 5 日。因为 5 月 30 日的会上英国外相西门和法国外长巴都有对抗的演说，意见相去甚远，所以大家都感觉这个裁军会议经过了二十八个月不死不活的历史，现在大概要寿终正寝了。

英国西门外相主张签定裁军草约，至少可以做到三项重要事业：（一）禁止化学战争，（二）各国军费预算公开，（三）成立一个永久的裁军委员会。

法国外长巴都主张必须从保障安全着手。苏俄外长李维诺夫在 29 日有长篇演说，也主张裁军会议已无实际收效的可能，不如将裁兵会议改作一个永久的定期开会的和平会议，用全力图谋"安全"与"和平的保障"。

看这情形，法俄似乎是站在一个方面，英德也站在一个方面，虽然德国早已退出裁军会议了；而此次英法的争执显然是法国与苏俄的接近，合力阻止英国领导的那个让步的裁军草约的成功。英国的主张是相当的承认德国的军备平等的要求；但德国也申明在此草约的十年期限的前五年，别国可以不必裁军，但第六年起须一致裁减。这种办法，法国认为不足保障法国的安全；所以法国外长在 5 月 30 日的演说中指斥英国有偏袒德国的嫌疑。

李维诺夫的演说（29 日与 6 月 1 日）反复申明保障安全的重要，他的警句是：

> 如要做到裁军，所有各国的一致赞成是必要的。但如要做到其他保障安全的方法，就不一定要各国的一致赞同了。

在他的第二次演说里,他说的更清楚:

> 没有一个裁军公约,也许各国会引起军备的竞赛。但我要请大家想想:如果某些国家在他们本身的武力之外,还可以倚赖多少国家的团结与协助,那么,军备竞赛的危机应该更大呢,还是更小呢?是不是这样联合保障安全倒可以自然走到裁减军备的路上去呢?

这种安全保障,李维诺夫曾声明,"决非军事联盟,也不是将各国分成若干敌对的营垒,更不是包围任何国家的意思"。他的意思只是要增加赞成苏俄所提出的"侵略者"的定义,明定破坏和平及破坏巴黎和平公约的"制裁",订立一种制裁办法而不引起军事行动,并且不必适用于一切国家。同时在这种多少含有普遍性的公约之外,还可以有各种地域间互相援助的公约。

我们撇开英法的争点,细看李维诺夫的提议,不能不感觉苏俄的保障安全的建议是有点诚意的。李维诺夫岂不明白他的提议不过是一种变相的国联?国联久已不能执行国联盟约内规定的制裁了,苏俄又何苦重提这种非军事的制裁方法呢?李维诺夫在他的第二次演说里曾说:

> 欧洲的政治情形已大变了,我们眼看见危机不但没有丝毫减少,并且逐年逐月的加大,难道我们只应该束手旁观,静待事变之来,而不在裁军之外另想可能的办法来防止或减轻这种危机吗?

在这里我们可以推测他的用意似乎是要想造成一个比国联盟约还更有效力的和平保障。只要欧洲的和平有了保障,军备的问题自然可以有比较顺利的解决。国联盟约也有制裁的规定,但那些规定是普遍的,是必须有各会员国的一致行动的。苏俄的互不侵略条约是局部的,是不必适用于一切国家的。主要大国家的顾忌可以使国联一事不能办;而苏俄的相互对等条约可以无有此种顾忌,可以和向来的仲裁条约有同样的便利。这是一种变相的,多方的"洛加诺条约",要在多方的相互保障之下减除国际的猜忌与危机。

我们终相信国际和平不是绝对无望的,但同时我们也相信现时有补充国际联盟的实力的必要。苏俄在此时期望英法等等欧洲国家搁起一个现成的国联而另起炉灶造出一个变相的国联来,那是不可能的幻想。最好的方法还是苏俄不迟疑的加入国联,把她的新鲜的理想主义和新鲜的勇气灌输进那个最近受了重伤的国联,使他重新鼓起精神来,使那个十三年的世界共主不至于一蹶不振,使那个本来规定有制裁的盟约不至真成为废纸。一个中兴的国联也许可以逐渐做到保障欧洲安全与和平的大事业;苏俄近年对于东欧和平的努力也许可以因加入国联而更有效果。

如果因为苏联的努力而使那个中兴的国联变成一个有诚心与实力的和平保障,也许大西洋西岸的那个有势力的新国家也可以加入国联,世界和平的把握就可以更有希望了。

1934,6,4 夜

(原载 1934 年 6 月 10 日《独立评论》第 104 号)

写在徐梅女士的文章的后面

我读了徐女士的长文,很感谢她的批评,但我读后也有几点感想:

第一,我的"第四个方子"是有感而发的:我看报纸上常有一种论调,说大学生失业是今日社会组织不良的当然结果;甚至于说大学生若想不失业,必须先改造社会(6月23日北平《世界日报》社论即有这样的话)。这种论调使我很感觉奇怪;如果社会不改造大学生就没有事做,那么,大学生真该绝望了!即如徐女士说的"供不切求",她的解释完全和我两样。我说社会要的是人才,而学校毕业的未必都是社会所需要的人才,这正是"供不切求"。她的看法是说,社会上没有那么多的"空位子",而大学每年产生过多的毕业生,所以说"供不切求"。我并不完全否认徐女士的看法有一部分的真实;但这个问题不在我对大学毕业生要说的话的范围之中。我对大学毕业生说话,劝他们责己,劝他们努力多学一点本事,这是他们本身所能做的。至于社会上有多少"空位子",那是用不着我对他们说的,说了于他们也没有用处。他们若能因为出学校之后受了失业的刺激而努力训练自己,使他们成为社会需要的人才,那就是减少"供不切求"的一个可靠的方法。

第二,徐女士怪我不曾解答"整个的问题"。我那篇"药方"本来不是解答"整个问题"的,我的目的不过是奉送几根防身的毫毛,劝人在毕业后怎样自处才可以不至于堕落灰心。在那篇短文里,我认清了我说话的对象是个人,不是社会。我自己有自知之明,向来不谈"整个的问题",所以徐女士的责备是近于苛责了。

第三,徐女士举出黄、许二君的例子,并不够否证我说的今日社会上已逐渐有一个用人的严格标准。社会上新兴的机关确有许多是真肯留心选用各大学的高材生的；但因为他们多不愿接受整千整百的荐信，所以他们只能委托他们信任的人随时访问，而不能公开的征求。徐女士说的"人们忽略"与"机会不巧"当然不能完全避免。我的意见是大学生应该努力做出良好的成绩来，叫人们不能"忽略"他，这也就是替自己造"机会"。捧了要人荐书去奔走，是可耻的；但是自己拿自己成绩来介绍自己或请专家介绍，是正当的，而且是应该受人欢迎的。

第四，关于"不够格"的学校，我们当然应该责问教育当局；但在我对大学毕业生说话时，我只能劝他们自己用反省责己的态度来补救。从前有个强盗临受死刑时，叫他母亲近前，他用嘴咬下她的耳朵来，说道："我当初偷了一只鸡回家，你不但不打我，还夸我能干。现在我杀头，都是你纵容出来的！"我不奉劝一般失业的人回去咬掉他们的校长老师的耳朵，我只奉劝他们及早做点补救自己的工夫。

第五，我接受徐女士的忠告，奉劝将要投考大学的人们千万不要贪图容易而投考那些功课太松，管理太宽，设备太简陋，教员太不高明，学风太不良的野鸡大学，——当然不限于私立的野鸡大学。徐女士又问，那投考好大学而未经录取的中学生，"是不是宁可让他失学？"我的答复是：宁可请好先生多预备一年，再去投考好大学。

至于"那些已经拿着了不值钱的毕业文凭的大学生"的"出路问题"，我想来想去，还只有请徐女士重读我的第四个方子的最后一段话。

二十三，七，四

（原载 1934 年 7 月 8 日《大公报》星期论文，徐梅的文章是《读胡适之先生〈赠与今年的大学毕业生〉文后》）

从私立学校谈到燕京大学

詹詹女士在《吾人对于外人设立的学校应负的责任》一文中,指出近年国内的教会学校因受美国经济恐慌影响,经费上很困难,因为这些学校若因经费不足而衰歇,受其影响的还是我们本国的青年,所以中国政府与社会应该尽力援助。她特别提起燕京大学百万基金的募集,希望社会人士热心赞助这百万基金的成功。我很赞成詹詹女士的意思,所以也想补充几句话。

最近教育部有一个补助私立大学的计划,每年准备提出国币七十万元,补助有成绩的私立大学。这是最值得赞颂的一件事,我们切盼他的早日实现。凡是好的学校,都是国家的公益事业,都应该得国家社会的热心赞助。学校只应该分好坏,不应该分公私。在英美两国,私立学校最发达,社会所最信任的大学往往是私立的。这些私立大学往往能得着政府绝大的援助,社会上人士也最热心捐助。最有趣味的一个例子就是我的母校康南尔大学(Cornell University),原来是一个私人康南尔捐钱创立的,但创办之初就请得联邦政府的一大批兴学公地作为基金的一部分。后来纽约省政府要提倡农业教育,就把"省立农科学院"附设在康南尔大学;后来又把"省立兽医学院"也附设在那边。一个私立大学里有两个省立的学院,这是最可效法的事。最近我国教育部有在南京设立一个女子大学的提议,大可效法康南尔大学之办法,把这国立女子大学和金陵女子大学合在一处,增加其经费,扩大其名额,就叫做"金陵大学内的国立女子大学",岂不是更经济的办法? 又如河北省立各学院,除工学院外,成绩都不算好。其中一部分也许可以归并到私立有成绩的南开大学,也就可以叫做"南开大学内的河北省立某学院",岂不也是更经济的办法吗?

至于我国私人捐款兴学,从前往往爱单独行动,自立门户,另挂招牌。在从前只须有房子(或租房子),有教员,有学生,就可以叫做大学了,所以这些春笋般的私立大学居然可以存在。现在大家渐渐明白大学不是这样容易办的了,政府的法令也不许私人随便挂大学招牌了,这条路是走不通的了。以后私人若有财力兴办教育事业,都应该捐助已有成绩的学校,不问是国立公立或私立。钱多的可以改造一个大学,如煤油大王罗克斐洛的改造芝加哥大学;次多的可以改造某大学的某一学系,如赛箕(Sage)的担负康南尔大学的整个哲学系的讲座与助学金(至今此系的讲座名为赛箕讲座,助学金皆名为赛箕助学金);钱少的也可以专补助某一校的某一个部分,如吴鼎昌先生的捐赠南开大学经济学系助学金额。这样方才可以积少成多,使已有成绩的学校变为更有成绩。已故江苏督军李纯自杀时,遗嘱将遗产的一部分捐赠南开大学,此君虽是武人,其聪明远过于后来许多自办大学的政客了。近闻宋子文先生捐赠巨款为约翰大学造图书馆,这也是值得提倡的一个好榜样。总之,以后私人兴学已很难独立创办一个好大学了,都应该用他们的余力扶助已有成绩的好学校。

私立学校之中,有教会与非教会的两大类。在十年前,这个区别是很明显的,因为教会学校有他的特别性质:一是因财源出于外国教会的捐助,所以管理权全属于外国人,二是抱有传教的目标,三是本国文字往往太不注意。但在最近几年中,这些特别色彩渐渐变淡了。国民政府成立以来,私立学校都受限制,一切教会学校,除约翰大学抗不受命外,都换了中国校长,董事会也都有了多数的中国人,虽然因为财政来源未改,中国校长与董事都还往往无多大的实权,但这几年的改革已有很明显的进步。传教的目标,也因受法令的干涉而减轻了;在一些开明的教会大学里,这个目标已渐渐不存在了(上星期辅仁大学毕业生七十六人中,只有十六人是天主教徒,这在天主教的大学里是很可注意的事。在新教教会的大学里,教徒的比例远在这个比例之下)。至于本国文字的被忽略,在十年前还是不可避免的事实。这十余年来,燕京大学首先提倡,南北各教会大学都受国立大学的影响,所以岭南大学,金陵大学,齐鲁大学,辅仁大学,福州协和大学,都渐渐注重中国文史的教学。所以今日我们已不能概括的讥笑教会大学不注重中国文字了。所以在今日教会大学已渐渐失去了他们的特殊色彩(中等以下的教会学校,因为原设立的教会往往是顽固孤陋的小教会,所以除大都市外,还有许多是没有受近十余年的新潮流的洗刷的),今日的教会大学和其他的私立学校已没有多大的分别,只是在财政上比较安定,在校址校舍上比较弘丽整洁,在管理上比较严格,在体育上比较发达而已。他们的长处我们应该充分认识,他们的困难我们也应该充分救济。往日的教会大学所以能得社会信用,其最大原因还在财源之比较宽裕而安定,不须全靠学宿费作开销。近年世界经济萧条,传教的热诚与服务的公心都抵不住金钱的贫乏,何况我们的法令又不许他们用学校作传教的工具,所以教会的捐款更减缩了。财源动摇的结果,我们政府与社会若不加救济,难道要逼他们学野鸡大学的倚靠学生缴费来作开销吗?所以我以为今日政府应该认清这些比较有成绩的教会大学值得补助救济的。社会的经济状况还不曾到慷慨捐助私立大学的程度,燕京大学百万基金募集的困难,可以为证。即使捐得百万基金,每年平均收入也不过七万元,在燕大每年九十万元的预算中只占得一个很小的部分。政府今日真能每年提出七十万元作补助金,其功用等于私立大学筹得一千万元的基金。在政府所费甚少,在各私立大学所受恩赐已很多了。

最后,我要借此替燕京大学说几句话。燕京大学成立虽然很晚,但他的地位无疑的是教会学校的新领袖的地位。约翰东吴领袖的时期已过去了。燕京大学成立于民国七年,正当北京大学的蔡元培时代,所以燕大受北大的震荡最厉害。当时一班顽固的基督教传教士都认北大所提倡的思想解放运动为于宗教大不利的。有几个教士竟在英文报纸上发表文字,攻击北大的新领袖;有一篇文字题为"三无主义"(A-three-ism),说北大提倡的是"无政府,无家庭,无上帝",其危险等于洪水猛兽。但是一班比较开明的基督教徒,如燕京大学之司徒雷登先生与博晨光先生,如协和医学校的一班教员,都承认北大提倡的运动是不能轻易抹煞的;他们愿意了解我们,并且愿意同我们合作。几个公共朋友奔走的结果,就在民国八年的春天,约了一日在西山卧佛寺开一个整天的谈话会。北大方面到的有蔡元培先生,李大钊先生,陶孟和先生,顾孟余先生和我;基督教徒到了二三十人。上午的会上,双方各说明他们在思想上和宗教信仰上的立场;下午的会上讨论的是"立场虽然不同,我们还能合作吗?"结论是我们还可以在许多社会事业上充分合作。十五年来,基督教的一班领袖,在司徒雷登先生的领导之下,都极力求了解中国新兴的思想潮流与社会运动,他们办的学校也极力求适合于中国的新社会。有时候,他的解放往往引起他们国内教会中保守派的严厉责备和批评。近年中国的教会学校中渐渐造成了一种开明的,自由的学风,我们当然要归功于燕大的领袖之功。

上文曾说到教会大学近年注重中国文史的教学,在这一方面,燕京大学也是最有功的领袖。我记得十多年前,司徒雷登先生有一天来看我,谈起燕大要改革中国文学系,想请周作人先生去做国文教授,要我给他介绍。我当然很高兴的介绍他和周先生相见,后来周先生就做了燕大国文系的第一个新教授。后来燕大得着美国铝大王霍尔(Hall)的遗产的一部分,与哈佛大学合作,提倡中国文史的研究,吸引的中国学者更多,渐渐成为中国文史研究的一个中心。其影响所及,金陵,岭南,齐鲁,都成立了比较新式的中国文史教学机关。今日在辅仁大学领导中国学的陈垣先生,当年也是燕大的一个国学领袖。如果这些教会大学不曾受美国经济恐慌的恶影响,也许他们在这一方面的成就还更大哩。

我觉得燕京大学在这十几年中的努力,是最值得国家与社会的援助的,所以我把我所知道的一些事实写出来,作为詹詹女士的文字的一点点补充。

(原载 1934 年 7 月 8 日《独立评论》第 108 号)

所谓"东欧洛加诺协约"

我在《看了裁军会议的争论以后》(《独立》第一〇四),曾指出5月底法国和苏俄在裁军会议总委员会席上所主张的"安全保障"是"一种变相的,多方的《洛加诺条约》,要在多方的相互保障之下减除国际的猜忌与危机"。

英国在那时颇坚决的表示不赞成这种保障安全的理想,这并不是因为英国不希望欧洲的和平与安全,只是英国受了上次大战的教训,不敢轻易担保欧洲的安全了。所以英国政府领袖一再声明,英国除了《洛加诺条约》外,不曾担负何种安全保障,也不愿再有这种担负。

但欧洲的和平,没有英国的担保或默许,终是不成的。所以这一个月来的法国外交就全向英国下功夫,要想出一个相当的方案来使英国可以接受。英国所顾虑的是法俄两国联结东欧中欧一些国家,在德国的四围造成一个包围的圈子,那种办法虽然可以暂时钳制希忒拉,终未必能长久保障欧洲和平。所以英国屡次表示:凡国际联结,其目的是对付某一国的,英国不能赞同。这就是说:无论何种安全保障,若把德国除开,是不能得英国赞助的。

这四十多天的外交现势使我们知道俄法两国的主张和英国逐渐接近了。7月8日,法国外长巴都(Barthou)到伦敦访问英国外部,谈判的结果,双方的官报都说很满意。但详细内容双方都不曾公布。直到7月13日,英国外相西门在下议院发表长篇的演说,世人始信英法的谈判果然是大可满人意的外交成功。据西门外相说:法国外长来讨论的乃是一种东欧各国的互助协约(Pact of Mutual Assistance),准备包括苏俄,巴罗的海诸国,波罗,捷克斯拉夫,及德国。

这个协约大致是仿照"洛加诺条约"的,故可以称为"东欧的洛加诺条约"。

要明白这个"东欧洛加诺"的意义,我们应该先明了原来的《洛加诺条约》的意义。

1925年(大战后第七年)德国外相司脱累斯曼(Stresemann)宣言:德国情愿放弃阿尔萨司,罗伦两省的恢复,并且提议一个安全保障的协约,以为全欧和平的基础。结果就是在瑞士的洛加诺(Locarno)缔结的几个安全协约,其中最主要的是《西欧安全保障协约》,由英、法、德、意、比五国共同保证德法两国间的边界及德比两国间的边界;并且由法、德、比三国互约不用战争来解决争执。这个协约在当时确使一般人相信西欧和平得着保障了。

但洛加诺协约所保障的只是德国西边的国境,当时德国仍不曾表示承认巴黎和会所规定的德国东边的国境。后来司脱累斯曼死后,国社党逐渐露头角,高唱极端的民族主义,要求军备平等,要求修正非色野和约的耻辱条件。希忒拉在这种口号之下,数年之中,一跃而为德国政权首领。在希忒拉初当政之日,欧洲的和平迷梦似乎完全惊破了。于是欧洲的政治家又都顾虑到安全保障的大问题,全欧的外交都集中在这一点。

希忒拉得政权以来,也明白德国外交的孤立,所以口号尽管激烈,手腕不能不缓进。至今德国不但不曾否认那个"西欧洛加诺",其实德国和波兰新近缔约互不侵犯的条约,德国承认了东边的"波兰走廊",这已是继续"洛加诺"的精神,立下今日"东欧洛加诺"的基础了。

据英国西门外相的演说,东欧的安全协约的主旨是:由苏俄一面保证德国,一面保证法国,使原来的《洛加诺条约》不至于动摇。如此则两个"洛加诺"打成一片了。其具体方法是由苏俄与德国法国成立同样的安全保障协约,由法国担保尊重苏俄的疆界,并且担保德国东边的疆界。西门外相说:

> 苏俄准备把同样的保证给与德国和法国吗?如果法国能准备把她给与苏俄的保证也给与德国,那么,一切认这种安全保障

不是真正的相互保障的疑心都可以打消了。

这可见英国政府已赞成这个东欧安全协约了。

在这个东欧安全保障的办法里,英国负什么责任呢? 西门外相很明白的说:

> 法国方面很愿意承认:无论英国对这个新协约能给与何种鼓励,英国不须增添何种新的担负。

这好像是说:英国的责任仍旧是限于维持西欧的洛加诺协约;但因为俄德与东欧诸国的相互保障,而法国对于两个"洛加诺"都负担保的责任,间接的也把苏俄拉来和旧的洛加诺协约发生关系了。这样,英国与德、法、意、比相互担保德国西境的安全,苏俄与德法又相互担保德国东境的安全,英国也间接的和新的洛加诺发生关系了。形式上是局部的,地方的,多方的互相保障;意义上是东欧西欧的连锁的保障,就是全欧相互保障了。

据西门的报告,意大利的莫索里尼也有热心赞成的回答了。德国对于这个东欧安全保障的协约取什么态度呢?

英国报纸大都预料德国不会不赞成这样一个相互的平等协约。其实德国早已非正式的表示赞成了。当法国巴都外长到伦敦之日(7月8日),德国国社党的代理首领海司(Rudolf Hess),即是代表希忒拉管理党务的,在克尼虚堡(Kcenigsberg)作长篇演说,其中有一段说:

> 希忒拉常常宣言,德国只要在一切方面的平等权,包括军备上的平等。德国政府里的退伍军人很诚实的愿望和平与了解。我们知道法国的国民也有同样的愿望。……我们深信法国政府也不愿有战争。就是巴都自己,他常自负他是一个崇拜瓦葛纳(德国大音乐家)的人,当然也希望对德国和解。……在德国东边境上,相互的协约正保障着两大邻国(指波兰与德国)的人民的和平。我们的希望是我国其他方面国境上的各国政府与人民不久也会明白和平的协定是比积聚军器还更可靠的安全。

这种要求和平协定的呼声,出于国社党领袖之口,是最可乐观的现象。

所以我们可以预料东欧安全保障的协约是可以得着德国（希忒拉清党后的德国）的赞成与接受的。也许法国可以放弃对于德国恢复武装的要求；也许在9月10日国联大会之前，德国可以陪苏俄同到日内瓦去出席哩。这真是英国外交次长艾登(Eden)说的"一个可焦虑的局面里的一点新希望"了。

二十三，七，十六夜

（原载 1934 年 7 月 22 日《独立评论》第 110 号）

奥国的大政变

7月25日,奥国国社党一百多人攻入总理公署,开枪打死总理道尔夫斯(Dolliuss),并且拘禁公安部长费少佐(Fey),造成了大政变。但因为陆军与内卫军合作,围攻政府及无线电台的国社党人全被拘捕;各地虽有国社党人暴动,都没有大成功。内卫军领袖史太韩堡亲王(Prince Starhemberg)现时代行总理职权;道尔夫斯的遗体已于前日用极悲壮的仪式殡葬;国内秩序已逐渐恢复了。

当这个大政变猝然爆发时,全欧洲都大震动。意大利政府立时调重兵驻扎奥国境上,匈牙利也调兵压境。世界人士谈起此事,都自然回想到二十年前奥国皇太子在沙拉叶勿被暗杀而引起四年的世界大战的往事,人人都忧虑维也纳的大政变也许可以引起一个牵动全欧的大战争。倘使德国国社党公然援助在奥的国社党,公然干预奥国的内乱,以谋促成德奥两国的合并,那么,意大利必要用维持奥国独立的名义,出兵干涉;其他拥护《凡尔赛和约》并声明维持奥国的独立与土地完整的各国,也许都可以被牵入这个大旋涡,那就可以造成全欧的大战了。幸而德国的希忒拉政府不敢轻动,立即下令封锁德奥边境。奥国国社党没有德国的援助,都纷纷逃奔犹哥斯拉夫国境。希忒拉的慎重政策,倘能维持下去,也许可以避免世人最忧虑的第二次大战的爆发。

要了解奥国这次政变的重要,我们应该追述一段历史。七百年来,奥国是中欧的大霸国。十八世纪以后,普鲁士渐渐露头角,造成两个日耳曼民族争霸中欧的局势。普鲁士成为强国后,国中即有两大党派起来:一为大德意志派,主张德奥合并;一为小德意志派,主张统一日耳曼诸邦,但把奥国撇开。后来普法战后,德意志帝国成立,把奥国除开,只是实行了那小德意志主义。到1918年大战终了时,奥国就分裂了;一个五千万人口的大国忽然变成了六百万人口的小国:匈牙利独立了,波兰割了一大块土地去,意大利又割了一块土地去,罗马尼亚也割了一块去,剩下的还建起了捷克斯拉夫,犹哥斯拉夫两个新国,——奥国的土地比英格兰本部还小了!

奥国疆土既缩小,维也纳旧京只成为游人凭吊赫普斯堡皇朝往迹的古城,重要的工业区域都不存在,奥国在经济方面已无独立自给的可能,所以德奥两国人士时时有合并的议论。自从希忒拉攫得德国政权之后,国社党积极鼓吹德奥两国合并成一个大德意志,并且在奥国造成国社党运动。这种手段一方面引起了邻国的疑忌,使人疑虑一个大德国的可畏;一方面又挑起了奥国人士爱护本国独立的心理。尤其是希忒拉得政权的初期所行的横暴政策(如对犹太种人的摧残),使一般人士感觉一种厌恶德国政权的心理。所以国社党的合并政策推行越猛烈,奥国人民的反抗也越坚强。道尔夫斯就是应时代的需要起来拥护奥国的独立的伟大领袖。

道尔夫斯生于农家,在维也纳学过法律,在柏林学过经济;欧战时他在前线服过三十七个月的兵役。战事终了之后,他很注意农民的组织,做过农民联合会的职员。他对农民生活的了解与同情使他渐渐得着人民的信仰,成为一个代表农民利益的领袖。1930年,他被举为奥国国家铁道委员会的委员,不久就做了委员长。1931年,他做农林部长;1932年5月他就做了国务总理,兼外交部长及农林部长。奥国推翻帝制之后,新宪法采用议会民主政治,行政方面常受议会的束缚,道尔夫斯很感困难。当国社党与社会党斗争最烈的时期,议会政治更难应付。政府党在议会里的票数比反对党只多几票,有时只多一票,政府深感觉政权的不稳定。去年他决心解散议会,重组政府,内阁不复依据政党,不复对议会负责。从此以后,他成了奥国的"狄克推多",一身兼领外交,国防,公安,农林诸部,使陆军与警察都隶属于统一的管辖之下,使军事完全脱离政党的势力。去年9月,举行维也纳从土耳其人手里克复二百五十年纪念时,道尔夫斯演说中曾宣言他要建立一个有权威的,合作的国家。

道尔夫斯是国社党运动的最大敌人。国社党在这两年中在奥国活动最厉害,时时有暴动,暗杀,炸毁铁道的行为。道尔夫斯制裁他们的手段是很严厉的:去年有一个时期,被拘捕的国社党员至二千人之多。国社党要的是德奥两国合并为一个大德国;道尔夫斯要的是保持奥国的独立。去年年底他在一篇很重要的演说里曾说:

> 外国人也许不懂得我们和德国何以发生了这许多争执。我们愿意和德国做朋友,但我们同时也愿意在我们自己家里过和平日子,不受别人的侵扰。我们的自尊心和决心所以更坚强,正因为我们是一个地小民贫的国家。

这样的呼声,我们外人至今读了还感觉无限的同情,在他同国的人民心里当然更能引起广大的共鸣。28日道尔夫斯的遗体陈列在市政厅,几万的市民排列成行,挨次进去敬礼凭吊;29日出殡时,送丧的人排至一英里之长;路上观礼的有一百万人;全国与世界都哀悼这个少壮(他死时不满四十二岁)弘毅的爱国政治家。奥国大总统米克拉斯,在他的殡仪演说里,说:"我们的道尔夫斯是一个伟大的奥国人,是一个伟大的欧洲人,我们必须要实行他的遗志。他要建立一个自由独立的国家,站在坚固的基础之上。道尔夫斯是以身殉奥国的。"

依这五天的消息看来,奥国的内乱似乎还不会发展到不可收拾的地步。内卫军(Heimwehr)的首领史太韩堡亲王已是公认的继续道尔夫斯的领袖了。自从去年10月以后,道尔夫斯与史太韩堡成立了一种结合,消除向来的意见,组成一个"爱国前线",合力抵御国社党的进攻。此时史太韩堡继承道尔夫斯的大权,内卫军的力量应该可以平定各地的内乱。倘使国际局势没有急骤的变幻,奥国内部还可以渐渐安定下去。政府派曾说:国社党此次在各地的作乱,正好给政府一个"肃清"内乱的机会。国社党人虽然杀死了他们最恨最怕的敌人,他们的暴行使他们失去不少的同情心,使希忒拉当政的德国也不能不有所顾虑而不敢援助奥国的国社党。在这个外无援助,内失同情的状况之下,奥国国社党的失败也许是可能的。

在此次事变之中,最可注意的是德国驻奥公使李特(Rieth)的声明。国社党人攻入总理公署,杀害道尔夫斯之后,他们要求被拘的阁员保证他们安全退入德国边境,并且打电话请德国公使李特来做担保。他先不肯来;后来接到公安部长费大佐(被乱党拘禁的阁员之一)的电话催促,他才来了。阁员已接受了乱党的条件,李特也允许担保了;后来乱党一百四十四人全数被捕,那个威胁之下的保证当然无效。但欧洲各国的报纸因此大攻击李特公使,疑心他有参预此次惨剧的嫌疑。在这种攻击之下,李特(已召回柏林)在 27 日发表声明,声明他不过是协定已成时的一个见证,况且是奥国政府阁员邀去的,不是乱党邀去的。这种声明的是非,我们可以不论。但因此我们可以明白德国政府不愿担负参预此次奥国政变与暗杀的责任。我们回想到去年八月间,德国敏尼克市(Munich)的无线电天天放送演说,鼓动奥国国社党起来推倒道尔夫斯的政权。我们试比较那时的公然鼓吹,和此时的力辩,也可以明白这一年中形势变迁的痕迹了。

从我们中国人的立场看来,我们不能不切望此次奥国政变不致扩大成为全欧战争的导火线。世界今日只有两个大火药库:一个在中欧,一个在东亚。中欧的火药库万一爆发了,全欧的精力集中到那个大火场上时,东亚的火药库必然也要作第二次大爆炸,那时我们当然是首蒙其害的牺牲品了。所以我们此时最渴望的是德国能有绝大的觉悟,继续保持他最近表示的不参预奥国内乱的决心,使这回最惨事件不至于变成全欧洲和全世界的最惨事件。

世界大战开始(7 月 28)二十周年纪念的后三日

(原载 1934 年 8 月 5 日《独立评论》第 112 号)

"九一八"的第三周年纪念
告全国的青年

在这个惨痛的纪念日，我们应该最诚恳的反省，应该这样自省：

第一，为什么我们把东北四省丢了？是不是因为我们自己太腐败了？是不是因为我们自己太不争气了？是不是因为我们自己事事不如我们的敌人？

第二，在这三年之中，我们自己可曾作何种忏悔的努力？可曾作何种补救的努力？可曾作何种有实效的改革？

第三，从今天起，我们应该从什么方向去准备我们自己？应该如何训练磨练我们自己？应该怎样加速我们自己和国家民族的进步来准备洗刷过去的耻辱，来应付这眼前和未来的大危机？

我们口头和笔下的纪念都是废话，我们的敌人不是口舌纸笔所能打倒的；我们的失地也不是口舌纸笔所能收回的。

我们的唯一的生路是努力工作，是拼命做工。我们的敌人所以能够这样侵犯我们，欺辱我们，只是因为他们曾经兢兢业业的努力了六十年，而我们只在醉生梦死里鬼混了这六十年。现在我们懊悔也无用了。只有咬紧牙根，努力赶做我们必须做的工作。

努力一分，就有一分的效果。努力百分，就有百分的效果。

奇耻在前，大难在后，我们的唯一生路是努力，努力，努力！

廿三，九，一七

（收入耿云志主编《胡适遗稿及秘藏书信》第12册）

整整三年了！

前几天,政府训令各直辖机关,颁行中央执行委员会规定的"九一八"第三周年的纪念办法。那个纪念办法包括全国停止娱乐,各机关集会纪念,此外还要

>全体党务公务人员,各学校,各商店,各住户,于是日上午十一点钟停止工作五分钟,起立默念,誓雪国耻,并对抗日死亡将士及殉难同胞致沉痛之哀悼。

明天是"九一八"的三周年了,我们不知道全国国民中有多少人能够实行这五分钟的纪念。这样简单的纪念是最庄严,同时又是最不容易实行的。我现在说一件我生平最受感动的一个纪念日的故事。

1926年11月11日,我到英国康桥大学去讲演。那天是欧洲大战的"停战纪念"(Armistice day),学校并不停课。向来的纪念方式是上午十一点钟,一切工作全停止一分钟。在最热闹的街上,钟敲十一点时,教堂敲钟,一切汽车行人全停住,男人都脱下帽子,一切人都低下头来,静默一分钟。这是每年在参战各国处处看得见的庄严的纪念。

我在那一天看见了一件平常不容易看见的更庄严的停战纪念礼。我到了康桥,住在克赖斯特学院里,院长薛勃莱先生(Sir Aithur Shipley)把他的书房让给我预备我的讲稿,他说:"我不来惊扰你。不幸这天花板上的油漆正在修理,有个匠人要上去油漆,他不会打扰你的工作。"我谢了他,他走出去了;我打开我的手提包,就在那个历史悠久的书房里修改我的稿子。那个工人在梯子上做他的工作。房子里一点声响都没有。到了十一点钟,我听得外面钟楼上打钟,抬起头来,只见那个老工人提了一桶油漆,正走上梯子去。他听见了钟

声,一只手扶住梯子,一只手提着漆桶,停在梯子中间,低下头来默祷。过了一分钟,钟楼上二次打钟,他才抬起头来,提着油漆桶上去,继续他的工作。

我看见那个穿着油污罩衣的老工人停住在梯子半中间低头默祷,我的鼻子一酸,眼睛里掉下两滴眼泪来。那个老工人也许是在纪念他的战死的儿子,也许是在哀悼他的战死的弟兄。但是他那"不欺暗室"的独自低头默祷,是那全欧洲同一天同一时间的悲哀的象征,是一个教育普及的文明民族哀悼死者的最庄严的象征。五十万陆军的大检阅,欧洲最伟大的政治家的纪念演说,都比不上那个梯子半中间的那个白发工人的低头一刹那间的虔敬的庄严!

我每次在中国报纸上读到各种纪念日的仪式和演说,总想到薛勃莱院长书房里那个老工人。今天,在"九一八"的三周纪念的前夕,我更想到他。我想到我们国内的一切纪念典礼的虚伪,一切纪念演说的空虚烂熟;我想到每年许多纪念假期的无意义与浪费;我更想到全国真能诚恳纪念国家的耻辱与危难的人数之少的可怕!

我用十分诚意敬告全国的同胞:这种浅薄空虚无意义的纪念是丝毫无用处的。我们在这一个绝大惨痛的纪念日,只有一个态度是正当的:那就是深刻的反省。

我们应该反省:为什么我们这样不中用?为什么我们事事不如人?为什么我们倒霉到这样地步?

我们应该反省:鸦片之战到如今九十四年了;安南之战到如今整整五十年了;中日之战到如今整整四十年了;日俄之战到如今整整三十年了。我们受的耻辱不算不大,刺激不算不深了。这几十年的长久时间,究竟我们糟蹋在什么上面去了?

我们应该反省:"九一八"之事到如今三个整年了,这一千多日之中,究竟我们可曾作什么忏悔的努力?可曾做什么补救的努力?可曾作什么有实效的改革?

我们应该反省:从今天起,我们应该从什么方向去准备我们自己,训练我们自己?我们应该怎样加速我们个人和国家民族的进步,才可以挽救眼前的危亡,才可以洗刷过去的耻辱?

古人说的最明白："不耻不若人，何若人有？"反省的第一义是自耻事事不如人。反省的第二义是自耻我们既不如人又还不知耻，白白把八九十年的光阴费在白昼做梦里。反省的第三义是要认清我们必须补救的缺陷，认清我们必须赶做的工作，努力做去，拼命做去。

我们必须澈底的觉悟：一个民族的兴盛，一个国家的强力，都不是偶然的，都是长期努力的必然结果。我们必须下种，方有收获；必须努力，才有长进。

我们今日必须彻底的觉悟："九一八"的国难，还不算最大的国难；东北四省的沦亡，还不够满足我们的敌人的大欲，还不够购买暂时的苟安！我们如果不能努力赶做我们必须做的工作，更大的"九一八"就要来到；全国沦亡的危机就在不远的将来！（你若不信，请看本期小招先生的《强暴下的罪恶》！）

但是我们也不必自馁。工作是不负人的，努力是不会白费的。努力一分，就有一分的效果；努力十分，就有十分的效果。只有努力做工是我们唯一可靠的生路。

从今以后，我们如果真要纪念"九一八"的国难，我们也应该学那个康桥工人，在一声不响的本分工作中间，想起了国家过去的奇耻和当前的危机，可以低下头来，静默一分钟，然后抬起头来，继续我们的工作；——用更大的兴奋，继续我们的工作。

廿三，九，一七夜

（原载 1934 年 9 月 23 日《独立评论》第 119 号）

论国联大会的两件事

9月17日国际联盟的大会,决议请苏俄加入国联,赞成者三十九国,反对者三国,弃权者七国;又决议选苏俄为国联行政院常任理事,赞成者四十国。同日大会改选行政院非常任理事,中国要求连任,赞成者只有二十一国,不足三分二的法定票数,就失败了;本年当选非常任理事的三国,土耳其得四十八票,智利得五十二票,西班牙(连任)得五十一票。

苏俄加入国联,是世界国际关系史上的一件最大事。其意义的重大,约有两点:第一,苏俄的参加国联可以减除世人对于国联的许多误解。即如近年中国刊物上诋毁国联为"世界资本主义国家用来压迫国际社会主义运动的工具",大都是从共产党的口头禅里学来的,从今以后,因苏俄的参加,也不能不抛弃了。此类误解的减除,不仅消极的可以塞反对国联者之口,积极的还可以抬高国联的声望。从前有人说,1917年俄国的二月革命把帝制推倒了,威尔逊总统方才坦然无愧的决心参加欧战,因为他知道美国有许多人是不愿和专制的俄国在同一边作战的。这话虽然不一定有历史的根据,这个传说也可以表示挑选一个伙伴不是一件小事。国联添个苏俄作会员国,这在世界上许多向前看的人们的心里,是一件最可喜的事。

第二,苏俄的参加可以使国联增加一点新的勇气,打开一个新的生命。在这三年之中,为了远东的风云,为了德国的退盟,国联的地位大动摇了,所以墨索里尼一流人就有改组国联的议论。其实这三年来国联的失败,不是国联的和平主义的失败,乃是它的和平主义太不澈底的失败;不是它主持国际正谊而失败,乃是它不敢澈底主持国际正谊而失败。这失败是由于主持国联的几个大国当时太怕强权了,所以显出一种畏首畏尾的顾忌;他们把国联的保存看的比国联所代表的和平与正谊的维持还更重要,结果是被强暴的国家卖了,丧失了它自身的立场,几乎陷入一跌不起的危险状态。如今国联失掉了两个迷信强权的会员国,新添了一个最大胆向前看的理想主义的会员国,这是国联的生命再造的绝好机会。苏俄入盟之日,李维诺夫演说:"苏俄要使人觉得它是国家团体中追求和平的一个有力分子。和平与安全不是建筑在口头许诺和宣言的散沙之上的。"这是一种新的调子。李维诺夫说,苏俄的入盟,不是放弃它的个性来的,是带了它的个性来加入的。苏俄的个性是敢于冲开一切阻力来实现一个理想。我们希望这种新精神可以做国联的新的生命素,可以使那个徘徊歧路的国家大组合渐渐的恢复它初结胎时那种威尔逊式的理想主义的精神,使它做成世界上维持和平与正谊的真实力量。

1926年国联决议邀请德国加入国联,同时决议为德国特设一个行政院常任理事缺。八年之后,苏俄入盟,国联也为它特设一个常任理事缺。在苏俄入盟之日,我国连任非常任理事的要求竟被否决了。这两大邻国的荣辱的相形之下,我们当然更感觉我们的国家的羞愧。

但平心而论,中国此次在日内瓦受的羞辱,大部分是自取的。我们只应该责己,不应该一味责人。

第一,我们的政府不应该容许驻欧各大国的大使公使逍遥国内,奔走于青岛、上海、南京、庐山之间,而不去折冲于巴黎、莫斯科、日内瓦的外交坛坫之上。政府明知道今年日内瓦的大会有苏俄入盟和我国自身竞选理事的重大事件,而不命令颜大使与顾公使早日回任,只派了几位在国外说话不够斤两的公使去敷衍国联大会,这是政府很大的失职。

第二,我们也不能不责备我国代表团的处置失宜。他们不能在事先努力布置妥帖,已是很大的失职了。他们眼见局势不利于我国的竞选,就应该早早放弃,预先声明赞同轮值的原则,赞助土耳其的候选,如此还不失为一个大国的风度。他们在事前似乎全不了解日内瓦的形势,直到国家的脸面已丢了,又还不能学一点西洋人所谓

"竞艺员的风度"（Sportsmanship），甚至于悻悻的发表宣言，说"许多国家曾允投票赞成中国连任，卒食其言，尤以南美诸国家为然"！这是最失体统的外交态度，既无补于过去的失败，又为国家结怨树敌，更足以证明政府此次选派代表团的大错了。（外间传闻我国代表团在落选后即有要求减轻中国岁费的话，我们十分诚恳的希望这个消息是绝对不确的！）

第三，我们应该想想：为什么战败后的德国加入国联时，国联自动的为它特设一个常任理事缺？为什么我们这一个四万万人口的大国要求一个非常任的理事而不可得呢？这不够我们深刻的反省吗？

二十三，九，二十四夜

（原载1934年9月30日《独立评论》第120号）

双十节的感想

我们这一期报的付印正当双十节的前夕,所以我们也要借这个机会来想想这个革命纪念节的历史的意义。

双十节有两层重大意义:种族的革命和政治的革命。

第一,辛亥革命在当时最容易使一般人了解的意义是"排满",是种族的革命。种族的革命在当时颇有人反对,一半是因为有些持重的人恐怕革命要引起瓜分,一半是因为有些人对于满洲皇室还抱一点中兴的希望。现在回头看来,怕瓜分还有点历史的根据,期望满洲皇室的中兴是完全错误的。满洲民族,到了乾隆以下,已成了强弩之末;皇室都成了败家子弟,后来竟连儿女都生不出来了;八旗兵丁也都"文"化了,在乾嘉之间的匪乱里,他们的战斗力已大衰了。太平天国之变更证明了这一群外族统治阶级已丝毫没有抵抗力了。从十九世纪中叶到辛亥革命,满族的统治权全靠汉族新兴领袖的容忍。其间戊戌年的"百日维新",不足以证明满族可以出个维新皇帝,只足以证明他们只配拥戴一个昏残顽固的西太后。拳匪之祸,主要的政治领袖都是皇室贵族,从此满洲皇室更被全国人民厌恨了。崩溃的统治阶级早已不能抵抗那几次爆发的民族仇恨了;只有那七百年理学余威还在那里支持一个尊君的局面,使曾国藩、左宗棠、李鸿章诸人不敢作进一步取而代之的革命。但理学的本身也早已成了强弩之末,禁不起那西来的民族观念与平等自由的思想的摧荡。这一道最后的壁垒有了漏洞之后,他所掩庇的满洲帝室自然瓦解了。所以辛亥革命"排满"成功的意义只是推倒一个久已不能自存的外族统治;那种"摧枯拉朽"的形势,更可以证明时机的真正成熟。这个说法不是小看了革命先烈的功绩,这正是要表明他们的先见远识。倘使当时那班昏愚的帝室亲贵能继续维持他们的统治权到今日,中国的形势更不堪想像了!

第二,帝制推翻之后,中国变成一个民主共和,这也是历史造成的局势。在二百七十年的满族统治之下,汉人没有一家能长久保持一种特殊尊贵地位的,也没有一家能得国民爱戴,有被拥戴做统治中国的皇室的。即使君主立宪党人出头当政,他们也没有法子凭空捏造出一个皇室来,所以辛亥革命不能不建立一种共和政体,乃是历史必然的趋势。还有一个历史的理由,就是中国向来的专制帝政实在太糟,太无限制,太丑恶了,一旦戳穿了纸老虎,只看见万恶而无一善。这是中国和日本的一个根本不同之点。日本自从九世纪以来,一千余年中,天皇没有实权,大权都在权臣的手里;天皇深居宫中,无权可以为恶,而握专制实权的幕府成为万恶所归,所以后来忧国的志士都要尊王倒幕。后来日本天皇成为立宪的君主,其实很得了那一千多年倒霉的帮助。中国则不然:一切作威作福的大权都集中在皇帝一身,所以一切罪恶也都归到他的一身。在纸老虎有威风的时候,一切人都敢怒而不敢言。等到纸老虎不灵的时候,"专制万恶"的思想处处都可以得着铁凭铁据,自然众口一声的要永远推翻专制帝政了。帝制的罪恶是历史上最明显的事实,何况还有共和自由平等的幸福的期望在将来等着我们享受?所以日本维新变成君主立宪,而中国革命不能不打倒帝制,都是历史上的自然趋势。袁世凯张勋的帝制失败都是这个趋势的旁证。

但辛亥革命的政治的意义不止于此。帝制的推翻,虽然好像是不曾费大力,然而那件事究竟是五千年中国历史上的一件最大的改革。在一般人的心里,这件事的意义是:"连皇帝也会革掉的!"这是中国革新的一个最深刻的象征。辛亥以前,中国人谈了四五十年的改革,实在没有改变多少。因为那班老狗是教不会新把戏的。八股改了,来的是策论;策论废了,来的是红顶子做监督提调的学堂。要"预备立宪"了,来的是差不多"清一色"的亲贵政府。——但是辛亥以后,帝制倒了,在积极方面虽然没有能建立起真正的民主政体,在破坏的方面确是有了绝大的成绩。第一是整个的满洲亲贵阶级倒了,第二是妃嫔太监的政治倒了,第三是各部的书办阶级倒了,第四是许多昏庸老朽的旧官僚也跟着帝制倒了。这多方面的崩溃,造成了一个大解放的空气。这个大解放的空气是辛亥政治革命的真意义。在辛亥以前,无论什么新花样,——例如编排一出新戏——只消一位昏庸的御史上一个参本,就可以兴起一场大狱。在辛亥以后,许多私人提倡的改革事业都可以自由发展,不能不说是政治革命的恩赐。即如民国六七年北京大学的教授提倡的白话文学,在当时虽然也有林纾先生们梦想有大力的人出来干涉,究竟没有受着有效的摧残。若在帝政之下,我们那班二十多岁的青年压根儿就不能走进京师大学堂的门墙里去讲中国学问,更不用说在"辇毂"之下提倡非圣无法的思想了!民国十三年以后的政治社会的改革当然是比辛亥革命激烈的多了;但若没有辛亥革命的政治大解放,也决不会有这十年来的种种革命。辛亥革命变换了全国的空气,解除了一个不能为善而可以为恶的最上层高压势力,然后才能有各种革命的新种子在那个解放的空气里生根发芽。

所以我们可以说辛亥革命是后来一切社会改革的开始。中国古来的政治虽然是完全放任的,然而那个"天高皇帝远"的放任政治之下,一切社会制度实在都还是倚靠那个礼法分不清的政治制度的维持。放任是放任的,但变换新花样是不容许的;其实也并不是有意的不容许,只是无法子变换出来。那个上层的硬壳子僵化了,他的压力自然能僵化一切他所笼罩的东西。辛亥革命只是揭起了,打破那个硬壳子,底下的社会就显出流动性来了。

这二十年中最容易看见的改革是妇女的解放。然而妇女的解放运动,无论在家庭,在学校,在社会,都直接间接的受了辛亥政治革命的推动。即如今日男女同学的普遍,在旧日帝制之下,是谁也梦想不到的。又如新民法根本推翻了旧礼教所护持的名分,亲属关系,宗法观念,造成了一种不流血的礼教革命。这样澈底的法律革命,在旧日礼教与刑法互相维护的帝政之下决没有实行的机会。这不过是随便举出的一两点,已可以说明辛亥革命有解放全社会的大影响了。

我们在今日纪念这个革命节日,一面当然感谢那许多为革命努力牺牲的先烈,一面当然也不能不感觉我们自己在这二十年中太不努力了,所以虽有一点成绩,究竟不够酬偿他们流的血,出的力。他们梦想一个自由平等,繁荣强盛的国家。二十三年过去了,我们还只是一个抬不起头来的三等国家。他们梦想造成一国民主立宪的自由国民,二十三年了,却有不少的人自以为眼界变高了,瞧不起人权与自由了,情愿歌颂专制,梦想做独裁下的新奴隶!这是我们在今日不能不感觉惭愧的。

廿三,十,九晨

(原载 1934 年 10 月 14 日《独立评论》第 122 号)

政治统一的意义

在几个月之前,我们几个朋友在《独立评论》上讨论到"建国"的问题(《独立》第七十七号到八八号)。当时我个人提出的一个结论是:"凡梦想武力统一的人,大概都是对于别的统一方法全抱悲观了。……中国统一的破坏,由于各省缺乏向心力,就成了一个割据的局面。……我所设想的统一方法,简单说来,只是用政治制度来逐渐养成全国的向心力。……今日必须建立一个中央与各省互相联贯的中央政府制度,方才可以有一个统一国家的起点。"(第八十六号)

那时我举了一个例子,就是国会制度。后来颇有人笑我迂腐。其实我当时明说:"我要请大家注意的只要一个连贯中央与各省的机关,要建立一个象征全国全民族的机关。"国会的根本观念只是"让各省的人到中央来参加全国的政治,所以是养成各地方向心力的最有效的一步"。

我所说的"政治统一",只是指那些维系全国,把中央与地方连贯成一个分解不开的全体的制度和关系。关系有多种,如经济的利害相关,如国防的安危相关,如交通的往来相关,等等。但这种种的相互关系,若没有统一的政治制度的表现与统制,明明相互的关系也可以松懈到不相关;甚至于相冲突的地位。政治统一全靠政治家能充分了解各部分的相互关系,用政治的制度去培植他们,巩固他们。一个国家的统一,决不能单靠武力一项把持各部分使他们不分崩。国家的统一其实就是那无数维系各部分的相互关系的制度的总和。武力统一之后,若没有那种种维系,统一还是不能保持长久的。

秦始皇的统一是武力的统一,他把天下人的兵器收去了,却没有造成一些可以维系全国各部分的制度,所以他的帝国不久就瓦解了。

汉高祖革命成功之后，他并没有收天下的兵器，然而汉朝不但保持了四百年的统一，还留下了两千年的统一规模，使我们到于今还自称为"汉人"，真可说是替中国建立下了"大一统的民族国家"的基础。所以者何？在汉家初期，在那"与民休息"的七十年中，各种维系全国各部分的制度，如统一的法律，统一的赋税，统一的货币，选举的制度等，都逐渐成立，并且实行有效了，所以人民渐渐感觉统一帝国的利益。四百年的统一是建筑在这些维系之上的。二千年的统一的民族国家，也就是建筑在这些大维系之上的。

在这最近二十年的短期纷乱之下，我们所以还能保持一个民族国家的大轮廓，也全靠我们还留得一些虽松懈而不曾完全割断的大维系在。有些维系是历史上遗留下来的：如历史，文化，语言，文字，风俗，宗教等等。这些当然是最基本的维系，因为他们是一个民族国家的灵魂。凡这些根本关系存在的地方，都有统一的可能，因为都有潜伏的伟大向心力存在。凡这些根本关系不存在或很薄弱的地方，向心力就薄弱，一遇到机会，离心力就容易发展了。

但这些历史的维系，尽管是根本的，往往可以被暴力摇动，拆散，割断。这二十年中的分裂局面，并不是因为那些根本的维系不存在了，只是因为我们在这时期里所造成的制度还不够维持那些历史遗留的老关系，更不够建立这个新时代所需要的种种新关系。所以二千年的统一，禁不起十几个军人的割裂。然而在那割裂之中，还能多少保持一个中国大轮廓，这不完全仰仗那些历史的大维系，其中也还有一些新兴的统一势力。第一是近几十年的新教育，无论如何浅薄，至少比向来普遍多了，容易了解多了。第二是一些销行全国的大报纸，无论如何幼稚，总算是向来没有的一种新的统一势力。第三是从报纸与学校里传播出去的一点点民族观念，国家观念，爱国思想，——虽然薄弱的可怜，也居然能使一个地方发生的对外事件震撼全国，使穷乡僻壤的小学生认为国耻国难。第四是新兴的交通机关，如电报、邮政、轮船、铁路、公路等等，也究竟缩小了不少的距离，使全国各地的人增添了不少互相接触的机会。

今日我们的民族国家的轮廓的统一，是靠那些老的历史关系和这些新的连锁支撑着的。这许多新旧大连锁是超政治的。去年福建人民政府成立之后,改国号,改元,分一省为四省,真所谓"俨然一敌国"了。然而我每回收到福建各地的信件,检看邮局盖的印子,年月仍旧是中华民国的纪年,地名仍旧是老地名。邮局是统一的,电报是统一的。又如教育部规定的各省中学毕业会考,在中央势力管辖之下的各省当然举行了,可是那政治上独立的广东省何以也会举行中学会考呢?名义上尽管是广东教育当局自动的举行的,事实上我们看见的广东会考的试题和别省的会考试题并没有多大的分别。但是如果广东不举行会考,广东学生就不能投考外省的大学,所以广东也就不能不有会考了。所以就这一点上看,教育也是统一的。司法制度至今还能维持一种统一的系统,也是因为同样的道理:如果一个割据省分不承认中央的最高法院,诉讼人就少了一次上诉的权利,他们当然不情愿的。

我所谓"政治的统一",就是充分发展这些维系统一的大连锁,建立贯串中央与各省的密切关系,使全国各地都感觉在这重重叠叠的关系之中,没有法子分开。历史的旧连锁固然是应该继续培植的,适应新的需要的新维系更是应该赶紧建立的。

今日各省与中央之间的维系实在是很薄弱的。不是要钱,不是告急,各省都不感觉中央的需要。邹鲁先生要想增加中山大学的经费了,就忽然认得中央政府了。云南发生了对法国的交涉了,于是张维翰先生就跑到南京来了。四川军队被共产党打溃了,于是四川代表来中央请派兵入川了。这样"无事不登三宝殿"的关系,不是统一的途径。所以我们主张,政治的统一必须建设在平时的维系全国各部分的相互关系的政治制度之上。我们所指出的国会制度不过是一个最扼要又最能象征一个全国大连锁的政治统一的制度。但我们观察将近三读的宪法草案,看那个国民大会的组织,不能不疑心今日指导政治的人们似乎还不曾感觉这种大连锁的需要。这是我们不能不感觉失望的。

(原载 1934 年 10 月 21 日《独立评论》第 123 号)

记全国考铨会议

我在《独立》第六号(二十一年六月)里曾说过这样一句话:"裁撤戴季陶先生的考试衙门,在江浙皖鄂赣五省彻底实行考试任官的制度。"这一次考试院召集全国考铨会议,国立大学应有代表出席,北京大学蒋校长要我出席,我因为两年前说过那句话,所以也很愿意去看看"戴季陶先生的考试衙门",所以我就代表北大出席考铨会议了。

出乎我的意料之外,这一次的考铨会议给了我一个很好的印象。这回的会议的准备很不坏。在九月中,中央各机关的代表先开了三天的预备会议,预备出一些重要的议案,送给应派代表的各机关;这些议案之中,有些是考试院自己根据经验矫正已往的错误的,有些是考试院期望各方面合作推行考试铨叙制度的。除了少数例外,考铨会议的重要议案都是预备会议提出的。会议正式开会后的组织也很有条理:全体会员都参加提案审查委员会,依提案的性质,分两类七组审查:考选类分三组,铨叙类分四组。提案的分类,会员的分组,事先都有人研究计划,所以条理秩序都很好。审查委员会的各组主席都是考试院外的人,但每组都有考试院的重要职员襄助,备会员的咨询。每天上午都有大会,但提案审查报告未完备时,大会即散会,由各组分组继续审查。审查了三天,审查的报告在两次大会上全解决了。四天半的会议席上,差不多没有什么空议论。据一般人的观察,这回会议组织的效率之高,大部分是会议秘书长王用宾先生的成绩;他是民国初元的国会老手,熟于议会规则,所以这回的会议组织大部分是采用国会议场的方式。

这回的提案约有九十件,在各组审查席上,可合并的都合并了,大多数是用"送主管机关参考"的客气公式打销了。其中比较重要的提案都由各组修正后报告到大会,由大会讨论通过。第一次大会解决了十七个审查报告,第二次大会解决了四十五个审查报告,每次大会时间不过四点钟,初看去似乎很是潦草。其实那些潦草通过的都是"送主管机关参考"的变相否决;至于那十来件重要提案在大会席上都曾有很详细的讨论。这些重要议案,在考铨会议的宣言里都有简单的叙述了,我在这里只想指出我认为值得大家注意的几项。

先说"考选类"。一个很重要的改革是专门技术的官吏的考试法的修正。原来专门技术人员的考试分三场:先考普通学科(国文史地等),及格后才准考正试(所习专门学科),最后为口试。第一试不及格的,就没有考试他的专门科学的机会了,这是最不公道的办法。这回大会的通过的修正办法如下:

（一）拟将甄录试,正试,面试,改为第一试与第二试。

（二）第一试试专门实用科学(即原来之正试科目并可加增其他专门基本科目)。第二试或为笔试,或为口试,或两者并用,均由考选委员会斟酌考试之性质决定之,其内容除所学专门科学外,应包括总理遗教本国历史地理宪法及服务经验。

（三）各试平均分数合计为总分数时,第一试占百分之七十,第二试占百分之三十。

这是考试院自己提出的修正案,审查时又修正过的。这样改三试为二试,把专门科学移在第一试,使技术人才得尽其所专长,比原来的三试法合理多了。

考选类有一个《考试科目及程度与学校课程之联络办法案》,其全文如下:

一、普考科目及程度,应力求与现行之中学课程标准相关应。

二、由教育部从速编订最低限度之大学课程纲目(即列举各科目而不必详定各科目内容)。高考科目及程度,应在可能范围内,力求与大学课程相关应。

三、普考高考各科目之内容,应由考试院规定客观之范围。

其法由考试院在可能范围内,依考试种类之性质,每科分别选择主要参考书若干种,定为某年至某年度考试命题之范围。

以上各项详细办法,由教育部与考选委员会会同有关系机关,国立大学,独立学院,分别拟订。

这个案子通过后,颇引起了一些误会的批评。例如《时代公论》(一三七号)的社论《高考与参考书》文中,不但把这个案误认作"胡适博士"的贡献,并且完全误引了原案的文字。这案子是四个提案合并修正而成的。在那些原提案之中,有两个不相容的原则:

(1) 国家考试应该参照现行各级学校的课程。

(2) 将来教育部编订各级学校课程时,应该参考历届考试试题及标准答案。

依第(1)说,考试须依据学校课程;由第(2)说,学校课程须追随国家考试。我们审查的结论是采用第(1)原则,所以有修正案的(一)(二)两项的规定。那些原提案中又提到考试命题的范围,如河北省政府提案要以后试题不得涉及六经三传,而甘肃省政府提案却要"将经书酌量加入各级学校课程,并定为必修科",这又是不相容的原则了。审查的结果,我们都感觉"客观的范围"是必要的,可是怎样才能规定"客观的范围"呢?我们因此想到英美大学的入学试验规定某年至某年度"精读"、"略读"各书的办法;又想到从前清华大学国学研究院曾预先指定《经义述闻》,《经传释词》等书为入院考试的范围的办法。多数会员觉得这个方法是比较最客观的,所以经过长时间的讨论,这第(三)项也通过了。这一项的文字是逐字逐句付表决的,所以规定的很周到:第一,"在可能范围内":万一某种学科没有好书可以指定,当然不必指定。第二,"依考试种类之性质":例如考工程师的史地,当然和考外交人员的史地有程度的区别。第三,"每科分别选择主要参考书若干种":若干种是不止一种,例如本国史,作者有新旧见解的不同;例如经济学,也有学派思想的差异,都可以多举几种,既可以提倡学生多读书,又可以提倡学者多著书。第四,"定为某年至某年度考试命题之范围":这一句含有两个意思,一是预先公布,使大家预知某年至某年之间的考试命题的范围;一是规定某些书的有效期间，倘使在此期间内有更好的著作出现，当然可以取得下一时期被选作参考书的地位。——这一案的本意不过如此。

考选类还有一个重要的议案，就是"自民国二十七年起，专科以上学校毕业考试应由政府主持；其详细办法由考试院与教育部商定之"。这个案也是三个提案合并审查的结果。我们审查那些原提案时，发现了许多矛盾与困难。安徽省政府提案主张专科以上学校毕业会考；考试院提案主张"此后学校毕业考试，如经政府掌理，其考试成绩自应于任用考试时予以相当之优遇"。但提案的人似乎都不懂得他们提议的事有多大的困难。现今专科以上各学校所谓"毕业考试"只是第八学期的学期考试；况且多数大学生到最后一学期，早已修完了必修学科，考的大都是一些选修科目。这种情形若不变更，毕业会考是绝对不可能的；况且这最后一学期的科目，因为大都不是必修科，绝少"与任命人员考试科目相同"的。所以我们讨论的结果，只能把"专科以上学校毕业考试由政府主持"一个原则提出来付表决，但规定须有四年的筹划准备。在这四年之中，如果教育专家认此案为行不通，此案当然不生效力。如果教育专家认大学毕业考试应由政府主持，那么，他们应该筹划一种真正的"毕业考试"的内容和方法。四年的时间应该够我们的研究考虑了。

"铨叙类"也有一些重要的议案，闭会宣言里特别指出五案，其中我们认为最重要的是教育部提出的"考绩制度"案，原案要点如下：

（一）订立严密考绩方法，各机关一律于每年六月严格举行考绩一次。

（二）各机关每年考绩，应将性行能力低劣人员量予淘汰。此项淘汰额不得低于该机关总员额百分之四。

（三）每年九月考试院应举行各种公务员考试一次。其录取人数，应与次年六月考绩后各机关之淘汰总额约略相当（但得较淘汰人数酌增五分之一），录取人员随即分发各机关实习，俾于次年六月完成其实习。

（四）各机关依本法考绩，执行淘汰后，所遗员缺，必须以考试实习及格人员补充。

（五）本办法先就中央政府机关及其一部分之直属机关行之，逐渐推行于其他机关。适用本办法之机关，每年由国民政府以明令列举公布。

这一案在审查会里争论很激烈，结果把第二项"淘汰额不得低于百分之四"改为"量予淘汰"。到了大会，这案又引起了很激烈的争辩，有许多人力争此案的精神在于规定淘汰额不得低于百分之四，所以这一句决不可删改。争论的结果，这一项改为"原则通过；但淘汰额应否规定为百分之四，请考试院参考"。其余各项也通过了。我们看当时的形势，如果主席将"百分之四"的原文付表决，大多数一定会赞成的。考绩是考试制度的一个最重要部分；今日各机关的公务人员的资格是经过一种很宽的审查，得着保障的了，此后若没有严厉的考绩制度，滥用的官吏将永不被淘汰，考试出身的人员将永被挡驾，仕途的澄清将永无实现之日了。如果考试院能明了当日会场上多数代表的期望，能了解外间舆论对于中大罗家伦校长所提"每年抽考公务员十分之一"一案的赞助的心理，早日把这个考绩案制成法令，早日实行，那也可以使全国人知道政府对于考铨制度不是没有推进的诚意的。如果"中央政府及其一部分之直属机关"还不能实行考试与考绩的制度，那么，岂但这四五天的考铨会议是白费，"戴季陶先生的考试衙门"也真是可以裁撤的了。

二十三，十一，十九

（原载1934年11月25日《独立评论》第128号）

谁教青年学生造假文凭的？

近日报纸登载北平破获了一个制造假毕业文凭的机关,其中有专制文凭的,有专刻印章的,有专模笔迹的,还有专造官厅钢印的。据北平某私立中学校长的报告,此次发现的机关在本年内卖出假文凭一千几百张,每张平均卖十八圆:这是因为营此业的人加多了,竞争厉害了,所以价格贬落了。前年价高时,每张可卖八十圆!

当我四年前在上海做私立大学校长的时候,每年招考之后,教务处总要发公函给各地的中学,查询文凭的真伪。有些中学校——什么吉林某中学,什么贵州某中学,——根本就不存在,去信往往退回;有些远地中学,函件往返需要一两个月。等到文凭检查明白,考取的学生早已上课大半个学期了。发现假文凭的,照章得开除。有一年,教务处报告我,用假文凭的共有七十人,都是上了两个多月课的! 我很不忍开除这许多人,问他们可否查查他们开学后的成绩,功课优良的可否从宽发落。教务处的人说,不行,这个例是开不得的。所以我们只好硬起心肠来干那"挥泪斩马谡"的苦戏。

在那个时候,我们校里还发生了一件怪事。有一天,庶务课正在整理储存室里一些学生寄存多年不取的杂件,忽然在一只破网篮里发现了一个□□大学的木质印章,还有校长□先生的石质私章。我们检查旧卷,那只网篮的旧主人果然是用那个大学的证书转学来的,可是他早已在我到校之前平安毕业走了! 我们只好把那些木石假印送还给□□大学的□校长去。

我在那时代(民国十七八年)还听说四川某地有位校长每次到下江来,总带一些空白的文凭来送给亲友人家,做他的礼物! 这个故事我本不相信,但我自己后来真遇着同样的一件实事。民国十八年我到北平,一个本家来同我商量,要叫我的侄儿去考清华大学。我很诧异的说:"他今年刚从初中毕业,怎能考清华?"他说:"可以。他有文凭。"我更诧异了,说:"我们家的子弟怎么好用假文凭!"他说:"是文凭,而且是教育局盖印的。"我说:"那里来的?"他说:"一个朋友做中学校长,今年办毕业,多报了十来个名字,领了文凭来分送给朋友,我也托他替某人办了一张高中毕业文凭。"那张文凭我虽然不许我的侄儿用,可是这种文凭确是"真"的,无论怎样送到原学校或教育局去查问,都不能证明他是"假"。

上面说的几件事,都可以使我们明白假文凭是近年教育界的一个很严重的问题。

我们要研究防止假文凭的方法,似乎应该先追溯假文凭所以发生的历史。我可以武断的说:假文凭所以发生是由于民国七八年间教育部废止了"有中学毕业同等学力者"可以投考大学的一条章程。往日专门以上学校的预科招考,除中学毕业者外,凡"有中学毕业同等学力者"也可以投考。傅增湘先生做教育总长的时代,召集了一个专门以上学校校长会议,议场上有人提议删去"同等学力"的一条,他们的理由是:有了这一条,中学的天才生到了第三年(那时中学四年毕业)都去投考升学了。天资中等的也往往要去尝试徼幸,所以中学的训练往往不充分,并且办中学的人很感觉种种困难,往往三四年级的人数太少,又大都是庸材。讨论的结果,"同等学力"一条竟被删去了。十五年来,这一条始终没有恢复。凡专科以上学校的入学考试皆限于高中毕业生,有许多青年,或因天资较高而不肯忍耐六年的中学,或因经济不充裕而想缩短学校的负担,或因高中办理不善而功课等于初中课程的复习,以致不能引起学生的兴趣,或因历年大学入学试验程度降低而引起学生徼幸之心,——因此种种原因,有许多青年往往冒险做出种种造假文凭的犯法行为。

近年教育部规定,中学招考可以有"同等学力"的一种办法,但此项学生不得超过全部百分之二十。这一条是绝大的德政,因为有许多人家的儿女是家庭教师教出来的,有一条活路,就无须造假高小文凭了。

我们主张:专科以上的学校入学考试也应该容许"有中学毕业同等学力者"去投考。我们深信,这一条规定可以断绝今日买卖假文凭的恶习。如果有人恐怕这一条方便之门有流弊,我们尽可以加上几种限制:例如①此项学生必须在中学四年以上(考理科者必须在中学五年),其在校各年成绩须平均在八十分以上而基本学科平均在八十五以上;②其年龄不得在若干岁以下;③此项学生考取后须受特别的体格检查。

我们所以主张"同等学力"一条的恢复,有下列几项理由:

第一,民国十一年改革学制时,就有人主张:改用国语文以后,小学可以缩短两年,但后来只缩短了一年,改七年小学为六年小学。照现在的中小学课程,若能删除重叠与枝叶,注重工具学科,十二年的中小学还可以缩短一年。其中天才生大可以缩短一年至两年。依现行的硬性制度,天才生与低能儿同等看待,是很不适宜的。

第二,民国十一年新学制废止大学与专校的预科,改中学为六年,原意是很好的,但当日改制的人只希望高中设在教育中心的城市,设备与人才都要比得上往日最好的大学预科。他们万不料十一年以后政治紊乱,中央与各省的教育行政机关都管不住中学,就使高中遍于各地,设备与人才都远不能比往年的大学预科。往年北京大学的预科教员至少每小时报酬四元,比今日的多数私立大学的待遇高的多,而图书与仪器部与大学本科不分。故往年的预科可以上比大学,而今日之高中和初中多无分别。今日救济之法,只有一面痛裁高中,一面提倡良好的大学添设高中,而一面开方便之门使高材青年早日跳入大学,免除那种害多而利少的野鸡高中教育。究竟大学不多,容易整理;与其纵容高中毒害青年,不如改大学为五年,而宽大入大学之路。

第三,考试若严,应考资格稍宽是无害的。如果文凭可凭,又何必再考试?既有文凭,仍不能升学,而必须考试,这可见文凭不足为凭。我们既不信文凭而信考试,那么,没有文凭而自信有同等学力者也应该给他一个考试的机会。我回想二三十年前,我在上海读了五六年书,从梅溪小学考入澄衷学堂,从澄衷学堂考进中国公学,从来不曾拿过一张毕业文凭。后来考留美官费,也不要毕业文凭。后来到美国进大学,也只凭北京考试的成绩。我觉得那时代不用文凭只凭考试的办法倒是彻底的。今日个个学校有文凭,而文凭又不算资格的凭据,还得考试。既须考试,又必须先验那不是为凭的文凭,真是进退失据最不合逻辑的了!

总之,今日许多青年做出假文凭的犯罪行为,政府的硬性制度应该负一大部分的责任,现在的制度若不改革,若不许"同等学力"的人受考试,那就是政府引诱青年犯罪,假文凭是不会减少的。

(原载1934年12月2日天津《大公报》星期论文)

中国无独裁的必要与可能

本月27日汪精卫、蒋介石两先生联名通电全国,电尾有这样的一句话:

> 盖中国今日之环境与时代,实无产生义俄政制之必要与可能也。

同日蒋介石先生答复日本大阪《每日新闻》记者的访问时,也有这样的一句话:

> 中国与义大利、德意志、土耳其国情不同,故无独裁之必要。

在今日不少的政客与学者公然鼓吹中国应采独裁政制的空气里,上述的两句宣言是值得全国的注意的。

"感"电说中国今日的环境与时代实无产生独裁政制的"必要"与"可能",这都是拥护独裁的人们不愿意听的话。我们姑且不问这种宣言含有多大的诚意,这个结论我们认为不错。现在我们把这个结论的两层分开来讨论。

先论中国今日没有独裁的"必要"。

近年来主张中国有独裁政制的必要的学者,要算蒋廷黻先生和钱端升先生。钱端升先生在《民主政治乎?极权国家乎?》一篇长文(《东方杂志》第三十一卷一号)里说:

> 我以为中国所需要者也是一个有能力,有理想的独裁。中国急需于最短时期内成一具有相当实力的国家。……在一二十年内沿海各省务须使有高度的工业化,而内地各省的农业则能与沿海的工业相依辅。……欲达到工业化沿海各省的目的,则国家非具有极权国家所具有的力量不可。而要使国家有这种权力,则又非赖深得民心的独裁制度不为功。

钱先生的大目的——沿海各省的工业化——本身就是很可怀疑的问题，因为沿海各省很少具有工业区域的基本条件（如煤铁的产地）的。况且在现时的国际形势之下，一个没有海军的国家是无力保护他的沿海工业的，所以先见的人都主张要建设内地的经济中心。况且中国工业化决不是单靠政府力量的。工业化所需要的条件很复杂，政府的力量虽大，也不能作无米之炊，不能赤手空拳的剪纸作马，撒豆成兵。政府有了极度的权力，就能有资本了吗？就能有人才了吗？就能有原料了吗？单说人才一项，苏俄的五年计划，就需要一百五十万个专家。这不是有了独裁的极权就能变化出来的。所以如果独裁的要求只是为了"工业化沿海各省的目的"，我们不信独裁是必要的。

蒋廷黻先生所以主张独裁，是因为要统一政权。他的议论见于《独立评论》第八十号和第八三号，大旨是这样的：

> 我们必须有一个中央政府。……中国的现状是数十人的专制。……我所提倡的是拿一个大专制来取消这一些小专制。……破坏统一的就是二等军阀；统一的问题就成为取消二等军阀的问题。……惟独更大的武力能打倒他们。中国人的私忠既过于公忠，个人为中心比较容易产生大武力。

所以他主张用个人专制做到武力统一。

这些议论，我们从前已经讨论过了（《独立》八五号）。总括说来，问题不是蒋先生看的这样简单。蒋先生自己也说过：

> 毛病不在军阀，在中国人的意态和物质状况。

既然"毛病不在军阀"，我们就不能说"统一的问题就成为取消二等军阀的问题"了。两个月削平了桂系，六个月打倒了阎冯，然而中国至今还是不曾统一。这五年的教训还不够清楚吗？这里面的真原因就在所谓"中国人的意态和物质状况"了。说也奇怪，武力打不倒的，有时候某种"意态"居然能做到武力所不能做的奇迹！满清的颠覆，当然不是武力之功，当然是一种思想潮流的力量。袁世凯帝制的推翻，也不是武力之功，也是一种新"意态"的力量。十七年张作霖的自动出关，也不是武力之功，也是某种"意态"使他不能不走的。

今日统一的障碍也不完全是二等军阀的武力,某些"意态"也是很有力量的。共产党的中心意态,不用说了。"反对独裁"也是今日不能统一的一个重要原因。蒋廷黻先生也说过:

> 每逢统一有成功可能的时候,二等军阀就连合起来,假打倒专制的名,来破坏统一。

"打倒专制"的口号可以使统一不能成功,这就是一个新时代的新意态的力量,不是刘邦、朱元璋的老把戏所能应付的了。吴景超先生曾分析中国历史上的内乱,建立他的内乱八阶段说(《独立》第八四号)也以为只有武力统一可以完成统一的使命。但他忘了他那八阶段里没有"打倒独裁"一类的阶段。这一类的新意态不是武力能够永久压伏的。在今日这些新意态已成不可无视的力量的时代,独裁决不是统一政权的方法。所以从统一政权的观点看,我们也不信独裁制度是必要的。

其次,我们可以讨论中国今日没有独裁的"可能"。

我在《独立》第八二号里曾提出三点来说明独裁政治在中国今日的不可能:第一,我不信中国今日有能独裁的人,或能独裁的党,或能独裁的阶级。第二,我不信中国今日有什么有大魔力的活问题可以号召全国人的情绪与理智,使全国能站在某个领袖或某党某阶级的领导之下,造成一个新式专制的局面。第三,我不信中国民族今日的智识经验够得上干那需要高等智识与技术的现代独裁政治。

这三点,我至今不曾得着一个满意的答复。这三点之中,我自己认为最重要的是那第三点。我说:

> 我观察近几十年的世界政治,感觉到民主宪政只是一种幼稚的政治制度,最适宜于训练一个缺乏政治经验的民族。……民主政治的好处在于不甚需要出类拔萃的人才;在于可以逐渐推广政权,有伸缩的余地;在于集思广益,使许多阿斗把他们的平凡常识凑起来也可以勉强对付;在于给多数平庸的人有个参加政治的机会,可以训练他们爱护自己的权利。总而言之,民主政治是常识的政治,而开明专制是特别英杰的政治。特别英杰不可必得,而常识比较容易训练。在我们这样缺乏人才的国家,

最好的政治训练是一种可以逐渐推广政权的民主宪政。

我又说：

> 今日梦想开明专制（新式独裁）的人，都只是不知道专制训政是人世最复杂繁难的事业。……专擅一个偌大的中国，领导四万万个阿斗，建设一个新的国家起来，这是非同小可的事，决不是一班没有严格训练的武人政客所能梦想成功的。

我这个看法，换句话说，就是说：民主政治是幼稚园的政治，而现代式的独裁可以说是研究院的政治。这个见解在这一年中似乎不曾引起国内政治学者的注意，这大概是因为这个见解实在太不合政治学书里的普通见解了。其实我这个说法，虽然骇人听闻，却是平心观察事实得来的结论。试看英国的民主政治，向来是常识的政治，英国人也向来自夸"混混过"（Muddling Through）的政治；直到最近几十年中，一班先知先觉才提倡专门技术知识在政治上的重要；费宾会（The Fabian Society）的运动最可以代表这个新的觉悟。大战的后期和最近经济恐慌时期，国家权力特别伸张时，专家的政治才有大规模试行的可能。试看美国的民主政治，那一方面不是很幼稚的政治？直到最近一年半之中，才有所谓"智囊团"的政治出现于美国，这正是因为平时的民主政治并不需要特殊的专家技术，而到了近年的非常大危机，国会授权给大总统，让他试行新式的独裁，这时候大家才感觉到"智囊团"的需要了。英美都是民主政治的发祥地，而专家的政治（"智囊团"的政治）却直到最近期才发生，这正可证明民主政治是幼稚的，而需要最高等的专门技术的现代独裁乃真是最高等的研究科政治。

所以我说，我们这样一个知识太低，经验又太幼稚的民族，在这最近的将来，怕没有试行新式独裁政治的资格。新式的独裁政治并不是单靠一个领袖的圣明的，——虽然领袖占一个绝重要的地位，——乃是要靠那无数专门技术人才的。我们从前听丁文江先生说（《独立》第一一四号）苏俄的地质探矿联合局有三千个地质家，在野外工作的有二千队，我们都不免吓一大跳。现在陈西滢先生在上期《独立》里说，苏俄自从实行五年计划以来，据官方的统计，需用一百五十万专家,其中工业方面需用四十四万工程师及专门家;农业方面需用九万高级的,三十六万中级的专家,森林方面需用一万一千高级的和二万七千中级的专家;交通方面需用三万高级的和十二万中级的专家。这种骇人的统计是今日高谈新式独裁政制的人们万不可忽视的。民主政治只要有选举资格的选人能好好的使用他们的公权:这种训练是不难的。(我在美国观察过两次大选举,许多次地方选举,看见许多知识程度很低的公民都能运用他们的选举权。)新式独裁政治不但需要一个很大的"智囊团"做总脑筋,还需要整百万的专家做耳目手足:这种需要是不容易供给的。

苏俄与意大利都不是容易学的。意大利有两个一千年的大学;五百年以上的大学是遍地都有的。苏俄也有近二百年的大学。他们又都有整个的欧洲做他们的学校与训练所。我们呢?我们号称五千年文明古国,而没有一个满四十年的大学。专门人才的训练从那里来?领袖人才的教育又从那里来?所以钱端升先生期望的那个"有能力,有理想的独裁",蒋廷黻先生期望的那个开明专制,在中国今日都是不可能的。

在这个时候,不少的学者和政客鼓吹独裁的政治,而他们心目中比较最有独裁资格的领袖却公然向全国宣言:"中国今日之环境与时代实无产生意俄政制之必要与可能。"只此一端已可证中国今日实无独裁的可能了。这个宣言的发表,表示在今日有发表这样一个宣言的必要。而在今日何以有这样一个宣言的必要呢?岂不是因为"中国人的意态和物质状况"("环境与时代")都不容许"意俄政制"的产生吗?

我们很诚恳的赞成这个宣言,并且很诚恳的希望作此宣言的人不要忘了这样严重的一个宣言。

廿三,十二,三

(原载 1934 年 12 月 9 日《独立评论》第 130 号)

一年来关于民治与独裁的讨论

《东方杂志》社为明年元旦号征文,出了一个"过去一年之回顾"的题目。我想这个题目太大了,我只能挑出一个范围比较不大的题来谈谈。

这一年中,有一个问题引起了好几个人的讨论,因此引起了不少的注意。这个问题,钱端升先生在《东方杂志》里称为"民主政治乎?极权国家乎?"但在别处,我们泛称为"民治与独裁"的问题。说的具体一点,讨论的中心是"中国将来的政治制度应该是独裁呢?还是民主立宪呢?"这个问题至今还是我们眼前急待解答的问题,所以我借《东方》征文的机会,把这一年来的讨论的要点,收集在一块,做一个提要;遇必要时,我也加上一点批评的意见。

这个问题的发生,当然是因为这三年的国难时期中一般人不能不感觉到国家统一政权的迫切,所以有些人就自然想寻出一条统一的捷径。所以政党中人的言论与活动,时时有拥护领袖独裁政制的倾向。政党以外的舆论机关也有时发表同样主张的言论。去年11月中,福建忽然有独立组织"人民革命政府"的举动,这事件更使一般人畏惧一个已够分裂的国家或者还有更破碎分裂的危险。去年12月初,清华大学历史教授蒋廷黻先生发表了一篇《革命与专制》(《独立评论》第八十号),他的主旨是反对革命的,所以他很沉痛的指出,革命的动机无论如何纯洁,结果往往连累国家失地丧权。他因此推论到为什么我们中国只能有内乱而不能有真正的革命,他的答案是:中国还没有经过一个专制时代,所以还没有建立一个民族的国家,还没有做到"建国"的第一步工作。必须先用专制(如英国顿头朝的百年专制,如法国布彭朝的光明专制,甚至于如俄国罗马罗夫朝的专制)来做到"建国",然后可以"用国来谋幸福"。

对于蒋廷黻先生的主张,我在同月里先后发表了两篇答辩。第一篇《建国与专制》(《独立》第八十一号)提出了两个问题:

(一)专制是否建国的必要阶段?

(二)中国何以至今不曾造成一个民族国家?

关于(一)项,我的意见是:建国并不一定要靠专制。即如英国的顿头(Tudor)一朝,正是议会政治的抬头时代,又是商业与文艺的发达时代,何尝单靠专制。关于(二)项,我的答案是:中国自从两汉以来,已形成了一个"民族国家"了。"我们今日所有的建国的资本,还是这两千年遗留下来的这个民族国家的自觉心。"

在我的第二篇文字《再论建国与专制》(《独立》第八十二号)里,我提出了蒋先生原文暗示的第三个问题:

中国的旧式专制既然没有做到建国的大业,我们今日的建国事业是不是还得经过一度的新式专制呢?

我在那一篇里,表示我自己是反对中国采用种种专制或独裁的政制的,因为我不承认中国今日有专制或独裁的可能。我提出三项专制不可能的理由:

第一,我不信中国今日有能专制的人,或能专制的党,或能专制的阶级。今日梦想开明专制的人,都只是不知专制训政是人世最复杂繁难的事业。

第二,我不信中国今日有什么有大魔力的活问题可以号召全国人的情绪与理智,使全国能站在某个领袖或某党某阶级的领导之下,造成一个新式专制的局面。

第三,我观察世界各国的政治,不能不承认民主政治只是一种幼稚的政治制度,最适宜于训练一个缺乏政治经验的民族;而现代的独裁政治是一种特别英杰的政治,是需要很大多数的专家的政治,在中国今日是做不到的。

我提出的这三项理由,至今不曾得着一个满意的答辩。这三点之中,我自己认为比较最重要的还是那第三点,然而这一点似乎最不能引起政治学者的注意,这大概是因为学政治的人都受了教科书的朦蔽,误信议会式的民主政治需要很高等的公民知识程度,而专制与独裁只需要少数人的操纵,所以他们(例如蒋廷黻先生)总觉得我这个见解是有意开玩笑的,不值得一驳的。

我现在郑重的说明,我近年观察考虑的结果,深信英美式的民主政治是幼稚园的政治,而近十年中出现的新式独裁政治真是一种研究院的政治;前者是可以勉强企及的,而后者是很不容易轻试的。有些幼稚民族,很早就有一种民主政治,毫不足奇怪。民主治政的好处正在于不需要出类拔萃的人才;在于可以逐渐推广政权,有伸缩的余地;在于集思广益,"三个臭皮匠,凑成一个诸葛亮";在于可以训练多数平凡的人参加政治。民主政治只需要那些有选举权的公民能运用他们的选举权,这种能力是不难训练的。凡知道英美政治的人,都知道他们的国会与地方议会都不需要特别出色的专家人才;而他们的选民很少是能读伦敦《太晤士报》或曼哲斯脱《高丁报》①的。可是近十年中起来的现代独裁政治(如俄,如意,如美国现时)就大不同了。这种政治的特色不仅仅在于政权的集中与弘大,而在于充分集中专家人才,把政府造成一个完全技术的机关,把政治变成一种最复杂纷繁的专门技术事业,用计日程功的方法来经营国家人民的福利。这种政治是人类历史上的新鲜局面:他不但需要一个高等的"智囊团"来做神经中枢,还需要整百万的专门人才来做手足耳目:这种局面不是在短时期中可以赶造得成的。(俄国今日需要的一百五十万的专家,固然一部分是赶造成的,然而我们不要忘了俄国有二百年的大学与科学院,还有整个欧洲做他们的学术外府。)兢兢业业的学民主政治,刻鹄不成也许还像只鸭子;若妄想在一个没有高等学术的国家造成现代式的独裁政治,那就真要做到画虎不成反类狗了。

以上的讨论,都在民国二十二年的年底。二十三年一月中,出来了三篇拥护独裁的文字:

---

① 编者注:《曼哲斯脱高丁报》即《曼彻斯特卫报》(Mauchester Guardian)。

（一）钱端升先生的《民主政治乎？极权国家乎?》(《东方杂志》第三十一卷第一号）

（二）蒋廷黻先生的《论专制，答胡适之先生》(《独立》第八十三号）

（三）吴景超先生的《革命与建国》(《独立》第八十四号）

钱端升先生的文章分成四节。第一节泛论"民主政治的衰颓"，叙述欧战后民主政治所以衰颓，是因为两个大原因：一是无产阶级的不合作，一是民主政治的不能应付现代国家的经济问题。第二节叙"现代的独裁制度及极权国家之诞生"，分说苏俄，意大利，土耳其，德国的独裁政权的性质。第三节论"何者为适宜于现代的制度?"在这一节里，钱先生指出，经济的民族主义的发达，使各国都不得不采用统制经济；而俄意两国的独裁制都比民主政治更适宜于统制经济。但钱先生也指出英美人也许用"一种智识阶级及资产阶级的联合独裁"来实现统制经济。钱先生说：

> 我所敢言的只有三点：第一，民主政治是非放弃不可的。第二，紧接民主政治而起的大概会是一种独裁制度。第三，在民族情绪没有减低以前，国家的权力是无所不包的——即极权国家（Totalitarian State）。

他又对我们说：

> 大家对于独裁也不必一味害怕。若以大多数人民的福利而论，独裁也不见得不及民主政治。……独裁既真能为大多数人（几乎是全体人民）增进福利，则又乌能因少数人的自由之被剥夺，而硬要维持谋福利不及独裁的民治？

钱先生的第四节论"中国将来的政制"，他说：

> 我以为中国所需要者也是一个有能力，有理想的独裁。中国急需于最短时期内成一具有相当实力的国家。……在一二十年内沿海各省务须使有高度的工业化，而内地各省的农业则能与沿海的工业相依辅。……欲达到工业化沿海各省的目的，则国家非具有极权国家所具有的力量不可。而要使国家有这种权力，则又非赖深得民心的独裁制度不为功。

钱先生最后的结论是：

　　一切制度本是有时代性的。民主政治在五十年前的英国尚为统治阶级所视为不经的，危险的思想；但到了1900以后，即保守党亦视为天经地义了。我们中有些人——我自己即是一个——本是受过民主政治极久的熏陶的，这些人对于反民主政治的各种制度自然看了极不顺眼。但如果我们要使中国成为一个强有力的近代国家，我们恐怕也非改变我们的成见不可。

钱端升先生这篇文章是这一年中讨论这个大问题的一篇最有条理又最恳挚动人的文章。可惜此文发表以来，还不曾得着国中政治学者的批评与讨论。我虽然不是政治学者，却也是"受过民主政治极久的熏陶的"一个人，很想在这里对他这篇长文的主旨提出一点"门外汉"的意见。

先讨论他的概论世界政治制度趋势的部分。我要向他指出两点。第一，他说"欧战的结局实为民主政治最后一次的凯旋"，他固然可以举俄、意、土、德诸国作例，但历史的大趋势不能完全取证于十几年的短期事实。若把眼光放的远一点，我们也可以说欧战的终局实在是民主政治进入一个伟大的新发展的开始。这个新发展在数量的方面是民主政治差不多征服了全欧洲：从俄、德、奥、土四个最根深蒂固的帝制的颠覆，直到最近西班牙的革命和南斯拉夫专制王亚历山大的被刺，都是这一个大趋势的实例。在质的方面这个新发展的最可注意之点在于无产阶级的政治权力的骤增，与民主政治的社会化的大倾向。前者的表现实例，有苏俄的无产阶级专政，有英国劳工党的两度执政权：这都是大战前很少人敢于想像的事。后者的实例更多了。在十九世纪下半以来，各国早已感觉十八世纪的极端个人主义的民治主义是不够用的了；一切"社会的立法"，都是民主政治社会化的表现。在大战时，国家权力骤增，民族生存的需要使多数个人不能不牺牲向来视为神圣的自由权利。大战之后，这个趋势继续发展，就使许多民治国家呈现社会主义化的现象。至于苏俄的以纯粹社会主义立国，更不用说了。凡能放大眼光观察世变的人，都可以明白十八九世纪的民主革命，和十九世纪中叶以后的社会主义运动，并不是两个相反的潮流,乃是一个大运动的两个相连贯又相补充的阶段;乃是那个民治运动的两个连续的大阶段。所以我们可以说:欧战以来十几年中,民主政治不但不曾衰颓崩溃,竟是在量的方面有了长足的进展,在质的方面也走上了一条更伟大的新发展的路。读史的人若单指出某种形式上的不合英美范型,就认为民主政治的衰颓,这是我们认为大错误的。钱先生文中曾指出苏俄的共产党有二百万人,意大利的法西斯蒂党有四百万人。试问二十年前,苏俄能有二百万人专政吗?意大利能有四百万人专政吗?

第二,钱先生把"经济的民族主义"认作需要统制经济的主要原因,而统制经济的要求又是独裁"无可幸免"的主要原因。我们对于这段理论颇怀疑作者未免忽略了一些同样重要的事实。(一)"经济的民族主义"不是每个国家都能做到的;全世界有此资格的,只有美国,俄国,不列颠帝国,这三国在天然富源上,和经济组织上,都充分够得上"经济的民族主义"的资格。其次是日本,意大利,法国,德国,他们都受天然或历史的限制,原料的供给远不能比上述的三国,他们的高度工业化是很大的努力的结果。然而他们的"经济的民族主义",正因为不能不用侵略或倾销一类的方法来补救天然的缺陷,都成为国际战争的地雷,将来一触即爆发,现在正不知能支持到若干时日。这七国之外,世界无一国能有"经济的民族主义"的资格,——中国包括在内,因为中国是地大而物不博的,重工业的发展是很少希望的,——所以钱先生的议论的适用的范围是很有限的。(二)在欧洲已有一些小国家试行了各种自由组合的合作制度,如消费合作,生产合作,运输合作等,他们的成绩是很好的,而他们的方法并不是独裁政治之下的经济统制。这些方法当然也可以算是计划的经济,只不需要独裁的政治而已。(三)英美民治国家在近年也有走上计划的经济的倾向,但这几年的事实都能使我们明白英美的计划经济(除战时非常状态外)大概不会走上意俄的方式;也不是钱先生所推测的"智识阶级及资产阶级(即旧日的统治阶级)的联合独裁";而成者是一种智识阶级,资产阶级,劳工阶级,三方面合作的社会化的民主政治。英国近三年的"国民政府"与美国近一年多的罗斯福

"复兴政策"都不是撇开劳工的:在英国的工党当然已是统治势力的一部分了;就在美国,复兴政策的精神正在用政府的力量使劳工势力抬头,劳工的力量是政府制裁资本家的重要工具的一种。美国的政治向来受十八世纪的分权论的影响过大,行政部太受牵掣,所以去年国会骤然将大权授与总统,就使世界震惊,以为美国也行独裁制了。但这种大权,国会可以随时收回;国会不收回时,每两年人民可以改换国会,每四年人民可以改换总统:罗斯福的背后决没有棒喝团或冲锋队可以维持他的政权不倒的。所以这种政治不能算是独裁的政治,只是一种因社会化的需要而行政权力高度增加的新式民主政治而已。(四)我们不要忘了,英美近年的行政权增高,与计划的经济的运动,都是为了要救济国内的经济恐慌,不是为了"经济的民族主义"的推进,更不是为了"预备民族间的斗争而起"。

总之,钱先生的概论部分,我们初看了都觉得很动人,细看了就不能完全叫人心服。他把"民主政治"的定义下的太狭窄了,所以他不能承认欧战后的民治主义的发展。他又把"经济的民族主义"看的太普遍了,故武断"不论在那一个国家"都不能免统制经济,也就不能幸免独裁的政制了。

最后我要讨论他的中国需要独裁论(引见上文)。他所以主张中国需要独裁制度,为的是要沿海各省的工业化。这个理论是很短见的。第一,沿海各省根本上就很少具有工业区域的基本条件的,如煤铁产地等等。第二,在现时的国际形势之下,一个没有海军的国家是无力保护他的沿海工业的。所以翁文灏、陶希圣诸先生都曾主张要建设内地的经济中心。第三,中国的工业化,不能单靠政府权力无限的增加。无限的权力不能平空添出资本,不能随便印纸作现金,不能从空中生出许多必需的专门人才来,不能在短时期中征服一个放任惯了的无政府态度的民族习惯。钱先生的中国独裁论,我们不能认为有充足理由的。

和钱先生的文章同月发表的,还有蒋廷黻、吴景超两先生的文字。蒋先生的《论专制》一文的大旨是这样的:

> 我们必须有一个中央政府。……中国的现状是数十人的专制。……我所提倡的是拿一个大专制来取消这一些小专制。……破坏统一的就是二等军阀；统一的问题就成为取消二等军阀的问题。……惟独更大的武力能打倒他们。中国人的私忠既过于公忠，以个人为中心比较容易产生大武力。

他的专制论，其实只是主张武力统一。

吴景超先生的《革命与建国》是根据他从前研究中国内乱史的结论出发的。他分析中国的内乱（例如楚汉之争）的结果，觉得每次内乱可以分为三个时期，八个阶段：

第一时期　苛政——→人民不安——→革命——→现状推翻。
第二时期　群雄争权——→统一完成。
第三时期　善政——→和平恢复。

他指出我们今日还在第二时期的"群雄争权"阶段，在这时期内，"除却武力统一的方式外，我们看不出还有什么别的方式可以完成统一的使命"（《独立》第八十四号）。

因为这两篇都主张武力统一，所以我在《独立》第八十五号发表了一篇《武力统一论》答复他们两位。在这一篇里，我指出这二十年中，统一所以不曾完成，"毛病不在军阀，在中国的意态和物质状况"。这句话本是蒋先生说的，但我说的"意态"是指中国智识思想界的种种冲突矛盾的社会政治潮流，包括"打倒专制"的喊声，共产党的思想和运动，"反对内战"的口号，以及在外患国耻下造成的一种新民族观念。我说的"物质状况"是指中国疆域之大，交通之不便。我说：

> 简单的说，中国人今日的新意态不容许无名的内战；中国的物质状况也不容许那一点子中央军去做西征南伐的武力统一工作。

在几个月之后，我在《中国无独裁的必要与可能》一篇里（《独立》第一三〇号），重提到这个问题：

> 今日统一的障碍也不完全是二等军阀的武力，某些"意态"也是很有力量的。共产党的中心意态，不用说了。"反对独裁"

也是今日不能统一的一个重要原因。蒋廷黻先生也说过:"每逢统一有成功可能的时候,二等军阀就连合起来,假打倒专制的名,来破坏统一"。"打倒专制"的口号可以使统一不能成功,这就是一个新时代的新意态的力量,不是刘邦、朱元璋的老把戏所能应付的了。吴景超先生曾分析中国历史上的内乱,建立他的内乱八阶段说(《独立》第八四号),也以为只有武力统一可以完成统一的使命。但他忘了他那八阶段里没有"打倒独裁"一类的阶段。这一类的新意态不是武力能够永久压伏的。在今日这些新意态已成不可无视的力量的时代,独裁决不是统一政权的方法。所以从统一政权的观点看,我们也不信独裁制度是必要的。

我在《独立》第八十六号又发表了一篇《政治统一的途径》,我说:我们要认清,几十年来割据的局势的造成是因为旧日维系统一的种种制度完全崩坏了,而我们至今还没有建立起什么可以替代他们的新制度。

所以我主张今日必须建立起一个中央与各省互相联贯的中央政府制度,方才有个统一国家的起点。我在那篇文字里举出"国会"的制度做一个例子。我说:

> 国会的功用是要建立一个中央与各省交通联贯的中枢。它是统一国家的一个最明显的象征,是全国向心力的起点,旧日的统一全靠中央任命官吏去统治各省。如今此事既然做不到了,统一的方式应该是反其道而行之,要各省选出人来统治中央,要各省的人来参加中央的政治,帮助中央统一全国。这是国会的意义。

我至今还相信这种民主政治的方式是国家统一的最有效方法。

常燕生先生在太原读了《独立》上的讨论,写了一篇《建国问题平议》(《独立》第八十八号)。他不赞成武力统一,也不赞成专制与独裁。他那篇文章里有几段很精采的议论,例如他论民治思想的势力:

> 我们诚然知道在中国今日谈民治,是很幼稚,很可怜的。然

而就这一点幼稚可怜的思想,也不可以完全忽视。三百年的满清政府是被这个思想打倒的,袁世凯的中华帝国也是被这思想打倒的。民治主义在今日中国,正所谓"成事不足,败事有余"。

又如他论独裁政治在中国所以不能成功:

中国传统地是一个无治主义的国家,中国民族传统地是一个无治主义的民族,服从领袖的心是有限的,崇拜英雄的心是有限的,遵守严格纪律的心是有限的。在俄国,斯达林可以开除托洛斯几;在中国,手创共产党的陈独秀不免落伍。这就是两个民族根本的异点。特别是在现在轻薄成风的社会,以骂人为时髦,以挖苦人为幽默,以成人之美为有作用,学生可以随便驱逐师长,军队可以随便反对长官的时候,而希望任何形式的专制可以成功,这是梦想。

所以他虽然主张"中国要谈建设,要谈统一,必须先从创造中心势力入手",他却相信那个中心势力"应该使人民爱之如慈母,奉之如严师,至少也要使大家觉得彼善于此"。他相信中央政府并不是没有控制地方割据势力的工具。他说:

这工具就是民意。古代的霸主得力的秘诀是"尊王室",现在王室没有了,但四万万国民就都是天子。天子是无实力的,但霸主偏要把他尊重起来,因为这样才可以制诸侯的跋扈。现在的国民实力并不比古之天子更弱,中心实力派应该抓住这个有力的工具。

他的结论是:

国家的真正统一,只有在这样民权伸张之后才能实现。武力统一和专制的结果,只有使人民敢怒而不敢言,地方实力派反得挟扶民意以与所谓中央者抵抗,国家统一是永远无办法的。

常燕生先生的见解,我很赞同。他劝中央实力派学古人"挟天子以令诸侯"的秘诀,把人民当作天子,善用民心民意来做统一的工具,这话好像是迂腐,其实是很近情理的议论。我说的国会制度,也就是实行这个意思的一个方法。有位署名"寿生"的青年人发表了一篇《试谈专制问题》(《独立》第八十六号),他指出现代的独裁政治其实都是他所谓"旨趣专制",而不是古代的"权力专制"。如意大利和苏俄的独裁政治,其实是许多人因旨趣的赞同而愿望其实现的行动。"寿生"先生这个观察是不错的。他又指出民主国家的议会制度也是一种"旨趣专制",也是"以理论来征服人民,是取获人民的信心,是以他们的意见酿成全国的意见";"不过英美的旨趣专制是多元的,互换的,而意俄是一尊的,欲无限的延长其旨趣罢了"。我也曾说过,今日的中国实在没有一种有魔力的"旨趣"可以号召全国人的感情与理智;所以独裁政治的无法成功,只是因为今日大家口头背诵宣传的和强迫小孩子记诵的一些主义都没有成为全国人民的信仰的魔力了。只有那个"成事不足,败事有余"的民治思想,在今日还有不少的潜势力。不但满清帝制是这个思想打倒的;不但袁世凯、张勋是这个思想打倒的;不但曹锟、张作霖是这个思想打倒的,——就是十六年的清共,南京政权的成立,根本上都还是因为这个民权民治的思想在人心目中,所以不能长久忍受那个暴民专制的局面。这个思想所以能有如许大的潜势力,是因为他究竟有过比较长时期的宣传,究竟有比较容易叫人悦服的理论上的根据,究竟有英、美、法等国的历史成绩叫人信得过,所以"民主政治是资本主义的副产物"一类的幼稚见解终久不能动摇中国成年一辈人(就是受过二三十年的民治思想宣传的一辈人)对于民权民治思想的信念。这里面也许还有更深刻的民族历史的原因:中国的社会构造是经过二千年的平民化了的,加上二千年的"天高皇帝远"的放任政治养成的"无治主义的民族性",这都是近于民主政治,而其远于铁纪律的独裁政治的。以此种种原因,我绝对相信常燕生先生的从民权伸张做到国家统一的议论。在一个长时期民治训练之后,国家统一了,政治能力提高了,组织也健全了,物质状况也进步了,那时候,在非常状态之下,在非常得全国人心的伟大领袖之下,也许万一有一种现代的"旨趣独裁"的可能。但在今日的一切状况之下,一切歌颂独裁的理论都是不切事实的梦想。

一年中"民治与独裁"的问题的讨论,要点不过如此。在这一年中,有一个很奇怪的矛盾现象:一方面是党部人员公然鼓吹"领袖独裁政治",而一方面又是政府郑重的进行制定宪法的工作,正式准备开始所谓"宪政时期"。已公布的宪法草案,是经过一年的讨论与修正的结果,这几天就要提交五中全会去议决了。然而"领袖独裁"的喊声并不因此而降低。最近(10月20日)北平出版的《人民评论》第五十七期上有《斥胡适之自由思想》一文,有这样的议论:

> 吾人主张党政一体由党产生党魁以宣布独裁,乃救时之良剂。
>
> 时至今日,已届非常之变局,急起救亡,惟在领袖独裁制之实现。

同一期里,又有《为五全大会代表进一言》一文,其中有这样的建议:

> 国民党第五次全国代表大会行将举行,我人对此早有一根本之建议:即由党产生党魁以宣布独裁,既不必再循训政之故辙,亦不必急于召开空洞无物,徒供军阀政客贪污土劣利用之国民大会。而党务之推动及政治之设施,则于党魁兼摄行政领袖之后,以少壮干部及统制人才为之辅,大刀阔斧,斩除党内之腐恶份子及行政机关之贪污官吏,为党国造一新局面。

然而在11月27日,汪精卫、蒋介石两先生联名通电全国,其中却有这样一句重要的宣言:

> 盖中国今日之环境与时代实无产生意俄政制之必要与可能也。

同日蒋介石先生发表他答复日本大阪《每日新闻》记者的谈话,其中也有这样一句重要的宣言:

> 中国与意大利、德意志、土耳其国情不同,故无独裁之必要。

我个人当然是欢迎汪蒋两先生这种宣言的。他们承认中国今日无独裁的必要与可能,这种见解,很可以对一般求治过急的人们下一种忠告。在这个国家和平统一最有希望的时机,在中央政府将要正式实行民主宪政的时期,这种郑重宣言是最需要的。

二十三,十二,九

(原载1935年1月1日《东方杂志》第32卷第1号)

汪蒋通电里提起的自由

11月27日汪蒋两先生联名通电全国,说明他们所要想向五中全会"建议以期采纳而见实行"的主张,其中共有两大原则:一是明定中央与地方的权限,一是声明"国内问题取决于政治,不取决于武力"。

关于第一项,原电文内列举了五项子目,这五项如果能实行,应该可以做到"中央与地方之扞隔必日臻消融"的希望。

关于第二项,原电文内没有具体的方案,只提出了一条很重要的原则:

> 人民及社会团体间,依法享有言论结社之自由。但使不以武力及暴动为背景,则政府必当予以保障而不加以防制,

又加上了一句说明:

> 盖以党治国固为我人不易之主张,然其道当在以主义为准绳,纳全国国民于整个国策之下,为救国建国而努力,决不愿徒袭一党专政之虚名,强为形式上之整齐划一,而限制国民思想之发展,至反失训政保育之精神。

又加上了一句总说明:

> 盖中国今日之环境与时代,实无产生意俄政制之必要与可能也。

我们对于这个原则,当然是完全赞成的。因为原电文没有详述施行的办法,所以我们把我们想得到的办法写几条出来,供汪蒋两先生的考虑:

第一,政府应该明令全国,凡"不以武力及暴动为背景"的结社与言论,均当予以保障而不加以防制。原电文用"不以武力及暴动

为背景"一语,比宪法草案里用的"依法"和"非依法律"一类字样,清楚多了。但"背景"二字也颇含混,也需要一种更明确的解释。试举个极端的例:假如十来个青年学生组织一个社会主义研究会,或者组织一个青年团来试行他们"各尽所能,各取所需"的理想生活,这都应该可以享受法律的保障的,都不应该让热心过度的警察侦探曲解为"以几千里外某地的红军为背景"！最好是索性不用"背景"一类容易误解的字样,而用"方法"或"手段"来替代,那就更合理了。

第二,政府应该明令中央与各省的司法机关从速组织委员会来清理全国的政治犯,结束一切证据不充分的案件,释放一切因思想或言论犯罪的拘囚;并且应该明令一切党政军机关不得因思想言论逮捕拘禁人民。肯思想的青年,不满意于政治社会的现状,容易受一个时代的激烈思潮的诱惑,这都是很自然的现状。不如此,就算不得有血气的青年了。法国的"老虎"政治家克利蒙梭曾说:"一个少年人到了二十岁不做无政府党,是个没出息的东西。可是若到了三十岁还是无政府党,那就更没出息了！"他那时代的激烈思想是无政府主义;若在今日,也许他要换上马克思主义了。少年人应该东冲西撞,四面摸索,自己寻出他安身立命的思想。偶然跌一两交,落到某种陷坑里去,也算不得大不幸的事。撞了壁,他可以走回头;落了坑,他可以增长见识与经验。这样自由摸索出来的思想信仰,才够得上安身立命的资格。最靠不住的是重重保护之下长大起来的青年人,好比从没出过绣房的千金小姐,一旦到了大世界里,见个白脸小伙子对她一笑,就失魂落魄的害起单相思来了。今日许多因思想言论,(可怜呵！小孩子的思想,小孩子的言论！)而受逮捕拘禁的青年人,实在太多了。当局的人实在不明白脚镣手铐和牢狱生活决不是改善青年思想的工具。青年人嫌政治不好,你却拿脚镣手铐等等来证明政治实在不好。青年人嫌法律不好,你却拿军法审判糊涂证据等等来证明法律的确不好。青年人爱充好汉,你却真叫他们做好汉！我们参观过北平好几处的监狱和反省院,不能不感觉今日有彻底大清理全国政治犯的迫切需要。这件事不可以再缓了。

第三,政府应该即日禁止公安与司法机关以外的一切机关随意逮捕拘押人民。以我们所见所闻,我们简直数不清中国今日究竟有多少机关可以行使搜查,逮捕,拘押,审讯的权力!汪蒋两先生通电发出的前后几天,北平一处就发生了无制服无公文的人员到北京大学东斋搜查并在路上拘捕学生的事,和清华大学文学院长在办公室里被无公文的人员拿出手枪来逮捕,并用手铐押送到保定行营的事。这种办法也许可以多捉几个人,可是同时也是努力替政府结怨于人民,使人民怨恨政府,怨恨党部。

第四,政府应该明令取消一切钳制报纸言论与新闻的机关。报纸与杂志既须正式登记立案,取得了出版发行的权利了,政府至少应该相信他们自己能负责任。他们的新闻有错误,政府可以命令他们更正;言论有失当,政府与党部可以驳正。今日种种检查审查的制度实在是琐碎而不必要的。至于因为一条两条新闻或一篇两篇社评的不合某人的脾胃而就执行停止邮寄,或拘捕记者,或封禁报馆,——这种事件实在是把一个现代政府自己降低到和旧日张宗昌一辈人的政府做同辈,即使真能做到人人敢怒而不敢言的快意境界,快意则快意矣,于国家人民的福利,于政府的声望,究竟有一丝一毫的裨补吗?今日政府领袖既揭起言论自由的新旗帜来了,我们盼望第一件实行的就是一切言论统制的取消。

第五,领袖诸公应该早日停止一切"统制文化"的迷梦。汪蒋两先生已宣言不愿"限制国民思想之发展"了。但今日有一些人还在高唱"统制文化"的口号。可怜今日的中国有多少文化可以统制?又有多少专家配做"统制文化"的事?在这个文化落后的国家,应该努力鼓励一切聪明才智之士依他们的天才和学力创造种种方面的文化,千万不要把有限的精力误用到消极的制裁压抑上去。试举文学艺术做个例。有人说:"凡挑动阶级斗争的感情的文学艺术都应该禁止;"并且有许多小说和某些电影片已因此被禁止或被删削了。如果这个见解是对的,那么,杜甫的名句"朱门酒肉臭,路有冻死骨"也该挖板焚毁了!诗经里"不稼不穑,胡取禾三百廛兮"一类的名句也该禁止发行了!亚圣孟夫子的"庖有肥肉,厩有肥马,野有饿莩"也该毁板禁止了!举此一例,可见"文化统制"不是可以轻易谈或做的事。我们此时还不曾梦见现代文化是个什么样子;拼命的多方面的发展,还怕赶不出什么文化来。若再容许一些无知妄人去挑剔压抑,文化就许真不上咱们门上来了!

以上五事,不过是随便想出的几种具体事项,来充实汪蒋两先生的大原则。可是这些具体事项若不能做到,他们的原则就难叫我们信仰了。

(原载 1934 年 12 月 9 日天津《大公报》星期论文,又载 1934 年 12 月 16 日《独立评论》第 131 号)

国际危机的逼近

我们这几天看报纸上记的世界新闻,真有令人不寒而栗的情形。

伦敦的海军预备会议是无结果而散的了,虽然现在还不曾真"散"。这一次预备会议里,日本与美国对唱黑脸,英国做东道主,当然只唱红脸。日本要求的海军军备平等,美国坚决的不承认;美国总代表台维斯并且在一篇席后演说里非正式的宣布美国对这问题的立场。日本不能等待华盛顿海军条约的满期,已决定要单独宣告那个条约的废止了;现在废止华盛顿条约的全案已经12日枢密院审议通过了,天皇虽有全权可以否决政府决定的政策,然而在现时局势之下,谁也不梦想日皇肯行使这种否决权。美国对策的倾向,依我们看来,当然是要等日本担负单独废约的完全责任以后,开始海军建造的新竞赛。美国国内有许多爱护世界和平的分子,向来是反对海军军备的大扩张的。现任的大总统罗斯福做过海军次长,是一个接近海军扩张派的人,却也不能不顾虑到这种有力的和平派主张。不幸这三年中的日本暴行已使那种和平派的舆论失去不少势力;去年的海军大建造案居然没有遇到多大的反对。现在日本公然单独宣告华盛顿海约的废止,这正是使英国和美国的军备扩张派得着一件最有力的宣传工具,海军造舰的竞争是无法避免的。现在英国表示愿意宣布她的五年造舰程序,这是英国的调和方案中的"各国单方宣告其海军需要"的建议。日本对于这一点,似乎有接受的倾向,因为在日本军人的心目中,这样各自宣告其海军军力的需要,也可以说是取消海军军力比率的原则了。美国对这个办法现在还没有表示。无论这种调和方案是否能得三大海军国的公认,这个办法其实还是回到1922年以前的无限制的军备竞争的状态。所不同者,往日是各不相谋的,以后至多是彼此互相照会的海军竞造而已。

日本的决心打破一切海军军备的拘束,使世界至少退回去十二年,使全世界的人都不能不感觉第二次世界大战的黑云真是逼人而来,无可幸免的了。当英美日三国的海军预商代表还在阿斯脱尔夫人的别墅里作高尔夫球戏时,新加坡正在开始英国海陆空军的大演习。当新加坡的英国海陆空军大会操开始的次晨,——12月14日——上海的日本军队二千五百人也在公共租界的北中两区作大规模的战争演习,从虹口一直到大马路,从早上七点一直到十一点。昨天早晨(16日)上海公共租界的万国商团全体举行"防卫大演习"。同时报纸上也记载着新加坡和圣狄哀哥搜查日本军事间谍的新闻,和日本外务省正式撤消"驻东京的外国使馆语学武官的外交官待遇特权"的事实和说明。这都是国际的猜疑仇忌已到了十分露骨的时期,大家都渐渐把和善的假面具揭开,不再企图隐讳或遮饰了!

在七个多月以前,我在《一个民族的自杀》的一篇短文(4月29日《大公报》;又《国闻周报》第十一卷十八号)里,曾摘述英国研究现代国际关系史的专家学者陀音贝先生(Arnold J. Toynbee)的预言,说:

> 即使人人承认日本向英语国家挑战是疯狂的行为,这也不能担保日本的军人不走这条疯狂的路。况且,在某种情形之下自杀,本来是日本民族的遗风。如果这种情形一旦发生了,整个日本民族毅然走上"切腹"的路也不是决不可能的事。

陀音贝先生也曾想像到美国对于日本的反应。他说:

> 日本军人相信美国人民今日正用全力应付经济恐慌引起的内部问题,无暇顾及国外的事,所以他们也许趁此机会得步进步,用刀子在那个美国巨怪的厚皮上刺戳,刺进了一层,更进一层,总有一天戳到了那个巨怪的嫩肉上,他会跳怒起来的。我们可以想像日美关系上一大串可能的事件,起初全世界必定很诧异美国人民好像全不感觉日本的挑衅,到后来全世界必定又很诧异美国人民好像不看见别的,只看见日本的挑衅了。

这是一个英国学者（伦敦大学的国际史教授，英国国际关系研究所的研究主任，《世界国际大事年鉴》的主编者。）在一年前的预言。这一年中的事实使我们时时感觉这个预言真不是轻易耸人听闻的谣言。日本今日的行为真快到"戳到了那个巨怪的嫩肉上"的地步了。安格鲁撒克逊民族的嫩肉在两块地方：一是海上霸权，一是契约的信守。你可以说这都是英美人的"伪善"的症结所在。但是揭破人的"伪善"，正是戳穿人的嫩肉。英语国家是决不肯抛弃海上霸权的，也决不甘袖手坐视一个维系英美海上霸权的条约被任何国家"一厢情愿"的废止的。在日本军人的迷梦里，那个《华盛顿海约》也许不过是"又一张废纸"。但那张废纸和它附带的另一张废纸都是大战后英美国家团结合作的重大的成绩。《九国公约》已被日本军人撕碎了，现在竟撕到那张更重要的条约了。无疑的，华府海约废止的日本通牒出来之日必然是英美国家的精诚团结开始之时。况且我们看法意两国拒绝日本同时废约的要求，可以想见今日世界列强也不能不默认海上霸权在英美国家的手里究竟比在日本人的手里稳当的多。日本的单独废止海约，正是日本绝对孤立的实现，也正是"民族切腹"的逼近了。

我们在这几年中，对于日本的前途，虽然不愿意存幸灾乐祸的浅薄心理，终不能不感觉我们这位邻居的确是大踏步的走上自杀的死路。这个奇特的民族在六十年中几乎自己做成了一个"亚东的英吉利"了，但在今日看来，他们好像真是疯狂了，鄙薄英吉利而不为，偏要自己做成一个大战后的德意志！德意志在 1914 年 7 月以前，无论在科学，哲学，文艺，工业，军事的任何方面，都占全世界最优越的地位。不消四年的工夫，那样卓绝的光荣都烟销雾散，成了历史的陈迹。日本今日的地位，还没有当日德意志的稳固，而她今日造成的危机已超过 1914 年的危机。如果我们不信"灵迹"的可能，我们的邻居自招的厄运大概是无可幸免的。

最可怜的是，我们自己还不配怜悯我们的邻人的前途。我们至今还在过危幕上安巢的燕子的生活！"邻之厚"固然是"君之薄"；然而"邻之薄"就真可以成为"我之厚"了吗？幸运满天飞，决不会飞到不能自助的人们头上,也决不是仅仅能幸灾乐祸的人们所能平安享受的!

廿三,十二,十七晨

(原载1934年12月23日《独立评论》第132号)

答丁在君先生论民主与独裁

丁在君先生的星期论文被飞机耽误了,直到星期二(12月18日)始登出。我仔细读了两遍,很感觉失望。他对于英美的民主政治实在不很了解,所以他不能了解我说的民治是幼稚园政治的话。民主政治的好处正在他能使那大多数"看体育新闻,读侦探小说"的人每"逢时逢节"都得到选举场里想想一两分钟的国家大事。平常人的政治兴趣不过尔尔。平常人的政治能力也不过尔尔。然而从历史上看来,这班阿斗用他们"看体育新闻,读侦探小说"的余闲来参加政治,也不见得怎样太糊涂。即如英国,那些包办"骗人的利器"的人们,当真能欺骗民众于永久,岂真能长期把持政权了吗?伦敦的报纸,除了《每日前锋》(Herald)外,可以说全是保守党的。在几年之前,《前锋》报(工党报)的销路小极了,直到最近几年中,他们才采用"读者保险"计划,才能与其他通行的大报竞争。然而英国在这几十年中,保守党是否永执政权?工党何以也能两度大胜利?自由党的得政权以及后来的瓦解,——更奇怪了!——却正和他们的党费的盈绌成反比例!美国的全国财权当然是操在共和党的手里,然而我留学以来,不过二十四年,已看见民主党三度执政了。可见这班看棒球新闻,读侦探小说,看便宜电影,听Jazz音乐的阿斗,也不是永久可欺骗的啊!所以林肯说的最公允:"你可以欺骗民众于一时,而不能欺骗他们于永久。"英美的民主政治虽然使韦尔斯、罗素诸人不满意,却正可证明我的意见是不错的。英美国家知道绝大多数的阿斗是不配干预政治,也不爱干预政治的,所以充分容许他们去看棒球,看赛马,看Cricket,看电影,只要他们"逢时逢节"来画个诺,投张票,做个临时诸葛亮,就行了。这正是幼稚园的政治,这种"政治经验"是不难学得的。（请注意：我不曾说过，"民主政治是要根据于普选"。我明明说过："民主政治的好处在于……可以逐渐推广政权，有伸缩的余地。"英国的民权，从古以来，只是跟着时代逐渐推广，普选是昨日的事。所以说普选"然后算是民主政治"是不合历史也不合逻辑的。）

现代的独裁政治可就大不同了。独裁政治的要点在于长期专政，在于不让那绝大多数阿斗来画诺投票。然而在二十世纪里，那是不容易办到的，因为阿斗会鼓噪造反的。所以现代的专制魔王想出一个好法子来，叫一小部分的阿斗来挂一个专政的招牌，他们却在那招牌之下来独裁。俄国的二百万共产党，意大利的四百万法西斯党，即是那长期专政的工具。这样的政治与民主政治大不同之点在于过度利用那班专政阿斗的"权力欲"，在于用种种"骗人的利器"哄得那班平日"看体育新闻，读侦探小说"的阿斗人人自以为是专政的主人：不但"逢时逢节"却做画诺投票的事，并且天天以"干部"自居，天天血脉奋张的拥护独裁，压迫异己，诛夷反动。

换句话说：民治国家的阿斗不用天天干政，然而逢时逢节他们干政的时候，可以画"诺"，也可以画"No"。独裁政治之下的阿斗，天天自以为专政，然而他们只能画"诺"而不能画"No"。所以民主国家的阿斗易学，而独裁国家的阿斗难为。民主国家有失政时，还有挽救的法子，法子也很简单，只消把"诺"字改做"No"字就行了。独裁国家的阿斗无权可以说一个"No"字，所以丁在君先生也只能焚香告天，盼望那个独裁的首领要全知全德，"要完全以国家的利害为利害，要彻底了解现代化国家的性质，要能够利用全国的专门人才"。万一不如此，就糟糕了。

在君先生难道闭了眼睛，不看见独裁国家的"靠政治吃饭的人"也充分利用的"骗人的利器——宣传"吗？他难道不知道在俄、意、德三国里这种利器的利用比在英在美在法更厉害的多多吗？所不同的是："在西欧选举权普遍的国家"，宣传的法螺吹过之后，那些"出党费，开报馆，办无线电广播的人"终无法叫那绝大多数的阿斗不画一个No字。而在独裁国家里，就不容易制造出一个No字来。同是

"骗人的利器",其效用不同,如此而已。

独裁政治之难学,不光是"独裁的首领"难得,也不单是专门人才难得,还有那二百万或四百万的"专政阿斗"最不易得。凡独裁政制之下,往往有许多残暴不合理的行为,并非是因为那独裁首领要如此做,只是因为(如丁在君先生说的)"多数人对于政治根本没有兴趣",你要他们丢了棒球新闻来做你的棒喝团,抛了侦探小说来做你的冲锋队,你就不能太摆上等人的臭架子,东也有所不为,西也有所不为。你只好充分利用他们的劣根性,给他们糖吃,给他们血喝,才能领他们死心塌地的替你喊万岁,替你铲除反动,替你拥护独裁。独裁政治的成绩的大小,和独裁政制之下民众与国家受的福利或祸害,往往系于这二百万或四百万的"专政阿斗"的程度与经验。这是一个国家的生死关头。学者立言,为国家谋福,为生民立命,在这种紧要关头,是可以一言兴邦,一言丧邦的。岂可以用"实行独裁政治所需要的条件或者不至于如此的苛刻"一类的模棱论调轻轻放过吗?

今日提倡独裁的危险,岂但是"教猱升木"而已,简直是教三岁孩子放火。钱端升先生说:"我们更要防止残民以逞的独裁之发生。"丁在君先生也说:"大家要打倒的是改头换面的旧式的专制。"我可以断断的预言:中国今日若真走上独裁的政治,所得的决不会是新式的独裁,而一定是那残民以逞的旧式专制。

二十三,十二,十八

(原载 1934 年 12 月 30 日《独立评论》第 133 号)

新年的梦想

新年前的两日,我正在作长途的旅行。寂寞的旅途是我最欢迎的,因为平常某日有应作的事,有不能不见的客,很少有整天可以自由用来胡思乱想的;只有在火车和轮船上,如果熟人不多,大可以终日关在一间小房间里,靠在枕头上,让记忆和想像上天下地的自由活动,这在我们穷忙的人是最快乐的一件事。

这两天在火车上,因为要替《大公报》写新年的第一篇星期论文,虽然有机会胡思乱想,总想从跑野马的思路里寻出一个好题目来做这篇应节的文字,所以我一路上想的是"我盼望我们这个国家在这新开始的一年里可以做到的几件什么事?"我是向来说平实话的,所以跑野马的结果也还是"卑之无甚高论"。

我上了火车,就想起上次十月底我南行时在火车上遇着的一位奇特的朋友。这人就是国联派来的卫生专家史丹巴(Stamper)先生,他是犹哥斯拉夫国的一个伟人,他在他自己国内曾尽力做过长期的乡村运动,很受人民的敬爱。他在中国十二个月,走遍十六个省份,北到宁夏,南到云南,到处创设卫生机关。在中国的无数外国专家,很少(也许绝无)人有他那样勤苦尽力的。

在平浦的火车里,史丹巴先生和我谈了许多话,其中有一段话我最不能忘记。他说:"先生,中国有一个最大的危险,有一件最不公道的罪恶,是全世界文明国家所决不容许的。中国整个政府的负担,无论是中央或地方政府,全都负担在那绝大多数的贫苦农民的肩背上;而有资产的阶级差不多全没有纳税的负担。越有钱,越可以不纳税;越没钱,纳税越重。这是全世界没有的绝大不公平。这样的国家是时时刻刻可以崩溃的。"

史丹巴先生悲愤的指出的罪恶,是值得我们深刻的惭愧,诚恳的忏悔,勇猛的补救的。我们的赋税制度实在是太不公道了。抽税的轻重应该是依据纳税的能力的大小,而我们的赋税却是依据避税的本领的大小:有力抗税则无税,有法嫁税则无税,而无力抗税又无法嫁税的农民则赋税特别繁重。不但钱粮票附加到几倍或几十倍,小百姓挑一担菜进城,赶一只猪上市,甚至于装一船粪过河,都得纳重税。而社会上最有经济能力的阶级,除了轻微到不觉得的间接税之外,可以说是完全不用纳税。在许多地方,土豪劣绅不但不用纳税,还可以包庇别人不纳税,而他们抽分包庇的利益。都市里有钱有势的人们,连房捐都可以不纳,收税机关也不敢过问。所得税办到今天,还只限于官吏和公立学校的教员;而都市商家,公司银行,每年公布巨大赢余,每年公然分俵红利,国家从不能抽他一个钱的所得税。国家财政所靠的三五项大宗收入,关税,盐税,田税,统税,其最大负担都压在那百分之九十几的贫苦农民身上。人民吃不起盐了,穷到刨削地土上的硝盐,又还要犯罪受罚!

这种情形真是一个文明国家不能容许的。所以我的第一个新年梦想是梦想在这个新年里可以看见中国赋税制度的转变,从间接税转变到注意直接税,从贫民负担转变到依纳税能力级进的公开原则。遗产税是应该举办的;所得税应该从速推进到一切有营利可以稽查的营业。

我这回在火车上遇着一位在上海做律师的朋友,他告诉我一个故事,也使我很感动。他说有一天,他同了一位俄国朋友到上海新开幕的"国际大饭店"去吃饭,那位俄国朋友参观了那个最新式的大饭店的种种设备,忍不住说了一句话:"华丽和舒服都够得上第一等了,可惜不是中国今日顶需要的?"他接着说:"中国今日还不能解决人民的吃饭问题,中国资本家不应该把他们的财力用到这种奢侈事业上去。"

我听了这个故事,很替我们的国家民族感觉惭愧。我们谈这件事的时候,火车正到了符离站,车站两旁的空地上满堆着一袋一袋的粮食,一座一座的小山,用芦席盖着,在那濛濛细雨里霉烂着,静候

"车皮"来运输！站上的人说车辆实在太少了,实在不够分配。我眼里望着那一山一山的粮食袋,心里想着江南的许多旱区的饥民,想着那每年两万万元的进口外国粮食,又想着前几天报纸上详细记载着的交通部新官邸的落成典礼,——我的脑筋又在那儿跑野马了。我想起民国十六年我过日本时看见大地震后的第四年东京的政府机关多数还在洋铁皮的屋顶之下办公,我不能不感觉这几年我国政府新建筑的一些官邸未免太华丽了,不是我们这个不曾解决人民吃饭问题的多难国家顶需要的。我又想:铁道部和交通部为什么不能合并作一部呢？为什么这些国家交通事业不能减政裁人省出一点钱来多买一些必需的车辆呢？为什么要让人民的粮食堆积在雨地里受湿呢？我又想起广东去年起开征外国米进口税,暹罗政府就立刻免除暹罗米的出口捐,所以暹逻米入口额仍旧不减退,而湖南运来的米,还不能和洋米竞争。我这样胡思乱想,就引起了我的第二个新年梦想了。我梦想的是:在这一年里,我们的政府能充分运用关税政策和交通政策来帮助解决民食的问题；单有粮食进口税是不够的,广东的先例可以借镜；我们必要充分办到全国粮食的生产与需要的调剂,方才可以避免某一区域丰收成灾而某一区域嗷嗷待哺的怪现状。国家的交通机关必须要充分效率化,必须要节省浪费来补充必要的车辆与船只,必须把全国粮食的调剂为国家运输政策的一个最重要部分。如果这一年外国粮食进口额能从两万万多元减少到一万万元以下,那才不枉负我们又痴长一岁了。

新年的梦想还多着呢！我当然梦想全国的真正统一,当然梦想全国的匪患肃清,当然梦想全国精诚一致的应付那逼人而来的绝大国际危机,当然梦想中国的学术界在这一年中有惊人的进步……。但火车震动的太厉害了,太长的好梦容易惊破,所以我只能把这两个小希望写出来,作为我给《大公报》的读者贺新年的祝辞。

二十三,十二,三十夜,平浦车中

(原载 1935 年 1 月 6 日《大公报》星期论文)

编辑后记[①]

1

△本期里最有趣味的一篇文字,自然要算小招先生的《参加福州人民代表大会记》了。这篇文字是从福州寄来的。

△小招先生提到福州大会时空中飞的飞机,使我们想到这几天中外报纸上记载着飞机在南昌福州漳州轰炸的消息,更使我们回想到去年五六月里北平空中每天飞着的日本飞机。当日本飞机在北平市空中成队飞行的时候,南苑清河的中国飞机都不知道飞到那儿去了!

△我们也知道打仗是打仗,说不上什么人道不人道。但我们终不忍不希望各方面飞机上的勇士要想想"杀的是中国同胞,毁的是中国地方"。

△吴景超先生的《革命与建国》也是讨论蒋廷黻先生和我在本刊前几期讨论的"革命,专制,建国"的问题的。吴先生是清华大学的社会学教授,这半年中他在本刊发表过许多篇重要的论文。

△陈运煌先生的《冒险过伪国记》是他从德国写给他的朋友吴学蔺、钱临照两先生的长信的一部分。承吴、钱两君抄写送给我们发表,我们很感激。

△清华大学沈同先生的短文《民族的优生》,提醒我们一个很迫切的大问题。三十多年前,严复先生译完《天演论》,在自序中说:"祖父虽圣,何救子孙之童昏也哉?"一个民族决不能依靠祖宗的光荣过日。祖宗的光荣是祖宗的,救不了我们亡国灭种的大祸。我们

[①] 编者按:《编辑后记》均在《独立评论》每期后面,现将本年度胡适所写作的《编辑后记》放在一起按时序排列,编号为编者所加。

这个民族现在走的没有一条不是民族自毁的路!

△何德明先生寄赠一册《幸福的哀歌》(北新书局,价二角半),薄薄的小册子,只有十五首诗,都是很清丽的情诗。我们抄一首我们喜欢念的《你问我》:

> 你问我对你有多少爱?
> 这话叫我怎样回答;
> 正如问天有多少大,
> 谁也不易知一个梗概。
>
> 你问我对你有多少情?
> 这也叫我无法说明;
> 正如问海有多少深,
> 谁个也不会衡量得清。
>
> 请你别再问我一个字,
> 你的心也别这样痴;
> 我要爱你爱你到死,
> 你要不要我再起个誓?

近来做诗的人好像努力求人不懂,很少有这样流利可喜的诗句了。

(适)

(原载 1934 年 1 月 7 日《独立评论》第 84 号)

2 △北平邮政管理局通知我们说:"兹准南京邮局验单内称:'由北平寄交南京,如皋,太仓,盐城,金山,仪征,涟水,昆山,海门,扬中,阜宁,横林,正义,黄渡,各地之《独立评论》,共一百二十一件,业经首都宪兵司令部邮电检查员扣留,应请通知寄件人。'……"我们现在才知道扣的是第八十一期。这些地方的阅者收不到本刊时,请通知本社。

△本期有"闵仁"先生从欧洲寄来讨论"科学种子"的长文,和任叔永先生的答复。他们讨论的原文,题目是"还是心理与人的问题"。我读了他们的辩论,忍不住要唱两句我们做小孩子时惯听着的神童诗:"将相本无种,男儿当自强",无论他们的争点谁是谁非,我们总得努力追上前去,做我们在世界科学里能贡献的贡献。

△平心说来,"闵仁"先生和叔永先生都有是有非,有得有失。在大体上,我赞成"闵仁"先生的说法:西洋近代科学的种子确是种在西洋古代"那种研究自然的精神"。我们不要忘了,欧克里得的《几何原本》是希腊文化留给后世科学的最大遗产;亚基米德的物理学,亚里士多德的搜集研究动植物,也都是实验科学的重要先例。这种种科学遗产,在中古的大学里得着了"再生"的机会,就继续造成近世的科学。反过来看,中国古代传给我们的文化,实在太侧重伦理而太忽略自然了;实在太偏重文字而太不注意实物了。虽有炼丹采药的方士,终敌不过那养神坐忘的道家;虽有格物致知的科学理想,终于因为没有一点研究自然的风气,所以"即物穷理"不久就变成了"读书穷理"。所以我是赞成"闵仁"先生的科学种子说的。

△任叔永先生太看重论理学书上所谓"归纳"方法了。科学的方法并不全靠归纳,耶方斯以来早已有许多人说过。几何学就是很明显的例。最重要的一点是要知道:单有了科学方法,未必产生自然科学。三百年来的考证学方法是无可疑的科学方法,然而所以终不产生自然科学,只是因为科学方法只用在文字书本上,而不曾用在自然界的实物上。方法固然重要,材料的性质更重要。科学方法用在文字书本上,就产生了科学的考证学(汉学,朴学);用在自然界的实物上,就产生了自然科学。希腊文化的重要就在它给后世开了一个研究自然的风气。

△"闵仁"的理论大致虽然不错,但他太恭维古西洋人了,说他们竟是"为宇宙而研究宇宙"。那是没有的事。科学的起原终离不开人事的应用。就是近世的葛理略和解白勒也都不是为宇宙而研究宇宙。他们都是为人生而研究自然,所以能走上自然科学的路。中国古圣贤的大错误就在妄想离开自然而研究人生。我们的"自然哲学"发达的

太早了,庄子淮南子要"不以人易天";荀子要人"不与天争职"。他们撇开了自然,专说人事,所以断绝了自然科学的路。

△中国也不是没有科学的种子。依我看来,至少有两件:第一是我们有个格物致知的科学目标;第二是我们有了三百年的考证学的科学方法。我们今日走进自然科学之林,还不至于完全感觉陌生,只是因为除了西洋人之外,我们中国人还不是完全与科学绝缘的。

（适之）

（原载1934年1月21日《独立评论》第86号）

3

△"君达"是一位社员的笔名。我们读了他的文章之后,在报纸上看见汪精卫先生在四中全会开幕的演说,末尾有两句警句:"我们要拿十二分的勇气来担当一切,拿十二分的虚心来接受一切。"君达先生此文里的几条建议,也不过是希望政府"拿十二分的勇气来担当一切"而已。不知有人能拿十二分的虚心来接受否。

△徐旭生先生即是前北京大学哲学教授,前北平师范大学校长,徐炳昶先生。他现在西安做考古的工作。

△汪敬熙先生是北京大学心理学教授。他在本刊第十二,第十五,第十九,第二十六,第三十八,第四十,第四十九等期,发表过讨论中国科学的现状与将来的文章。我们希望他今回发起的科学"闲谈"可以继续写下去。

△丁文江先生又旅行去了,他的"漫游散记"暂时停两期。寒假后他要把"东川铜矿"一章写完,就把"漫游散记"暂时停止了。以后他要在本刊里陆续发表他去年游历欧美考察苏俄的新游记。全篇的标题大概是"苏俄见闻录";他说要用美国游记作引子,用德国游记作尾声。好一个大结构,值得我们大吹大擂的预告!

△我们每年只出五十期,在旧历新年的前后,要休刊两期。下一期(第八十八号)出版之后,二月十一日和十八日为本刊休刊之期。第八十九号在二月二十五日继续出版。

△我们盼望福州的"小招"先生把最近的住址告诉我们。

4 △本期投稿《论专制与独裁》的作者胡道维先生曾在北平几个大学里担任过政治学的课程,他现在专力翻译政治思想的名著,已译成了 Coker《政治思想史料选读》,Merriam 的《美国政治思想史》。他在此文中所引的 McIver 的《近代国家论》也是他新翻译完的一部书。

△胡道维先生是《独立》投稿最勤的一位作者,他曾在本刊发表过三篇《权利是什么》,分论英国人,美国人,欧洲人对权利的见解和保障权利的制度(第四二,四三,四五号)。他又有一篇《宪与宪法》,登在第五十号。

△《做好做歹连拖带打》的作者"寿生"先生是一位北平投稿者,住在近人所谓"中国的拉丁区"。他在本刊第八十六期发表过一篇《试谈专制问题》。

△"小招"先生曾在本刊发表过两篇文字,一篇是《参加福州人民代表大会记》(第八四号),一篇是《福州经济的崩溃》(第八五号)。

△《独立》的读者在这十天以来,一定和我们一样,都很关切翁文灏先生的状况。翁先生于3月16日在京杭国道上因汽车误撞桥柱,受了重伤,因流血过多,曾昏晕至一日以上。当时各地朋友读了初次传出的恶消息,都十分焦虑。幸得京、杭、沪三处朋友协力医护,经牛惠霖、沈克非诸先生诊治,翁先生现已出险。他的脑部虽受震动,并未损伤;面部诸伤,据说都不甚厉害。大概他经过较长期休养之后,可以复原,当消息最坏的第一天,他的一位北平朋友写信给人说:"如此天才,如此修养,岂但是一国之瑰宝,真是人世所希有!"还有一位朋友对人说:"翁咏霓是五十万条性命换不来的!"我们天天祝他早日恢复健康。

△上月二十七夜,独立评论社聚餐,主人家中恰有体重计,我们都试磅自己的重量,翁先生连衣服皮鞋只有九十磅。他笑说:"我又掉了两磅了!"我们都劝他休息,他说:"我明天到陕西去旅行,就是要去休息。只有旅行可以给我休息。"他从西安回来就到南京,从南

京坐汽车往杭州,路上竟遇此大险,我们盼望他能利用这个强迫休息的时期,绝对安心静养,——就是周口店再发现一个完整的"北京猿人"的脑壳出来,他也不必过问!

△八十九期汪敬熙先生的《闲谈》(六)评论的一部卫生学,是教育部审定的,文中误记为国立编译馆审定的。汪先生嘱我们替他更正。

(原载1934年3月4日《独立评论》第90号)

5 △陶希圣先生是北京大学政治系教授。他曾在《独立评论》上发表过好几篇文章(第二十,二四,三三,七二,七五,八一等号)。他说我的无为政治论是要"在官僚政治之下求一较好的办法",这句话,我可以相当的承认。可是他又说:"无为政治本是官僚政治之下的最高理想的政治。"这句话似乎未必能成立。德国与日本的官僚政治,何尝不可以大有为?我所以主张无为政治,不过是因为这时候实在不是可以有为的时候。

△陈衡哲女士根据她的经验,提出一个关于儿童教育的意见。我们希望她的"学园"可以早日有个出现的机会。

△关于林森先生的一篇短文,是我在一个月前为《独立》第八八号写的。那一期有许多好文章,我就把这篇抽出了。今天没有工夫写文字,恰好寻得这篇旧稿,改作了几段,登在这里充篇幅。

△"刑天"君是一个清华大学毕业生,现在日本读书。他的字迹好难认!他的署名好像是"刑王",我想起陶渊明"刑天舞干戚"的诗句,暂定他为"刑天"。倘若我认错了,请他来信抗议。

(原载1934年3月11日《独立评论》第91号)

6 △白银问题是今日的绝大问题,我们早就想请专家学者替《独立评论》撰文讨论。现在何廉先生寄了一篇七千字的长文来,我们非常感谢。何廉先生是南开大学经济学院的主任,是《经济统计季刊》的主编者,著有《中国六十年进出口物量指数物价指数及交易指数之说明》等书。

△《宪法初稿》公布以来,我们也想参加讨论。本期先发表陈受康先生的讨论。陈先生是北京大学政治学系的教授;他很谦逊的告诉我们说这是他第一次用白话作文章。

△"闵仁"先生现在法国里昂大学研究院。

△汪敬熙先生的《科学闲谈》,下期续登。他在第八十九号《闲谈》内提到程瀚章先生的《初中卫生学》,误记为国立编译馆审定的;我们在第九十期曾替他更正,说是教育部审查的。其实教育部也不曾审定。我们收到国立编译馆刘英士先生来信说:

> 程瀚章著《复兴初中卫生学》,未经国立编译馆审定,即由商务印书馆擅自发行。国立编译馆对这本书已审查两次。第一次的总评是:"本书内容错误及欠妥之处甚多,应令修正后,准予审定。"第二次的总评是:"本书虽经修正,但错误之处尚属不少,应再行修正后,准予审定。"

(原载 1934 年 3 月 18 日《独立评论》第 92 期)

7

△《如何提高中国行政效率》的作者赵锡麟先生在他的文章里,已介绍他自己了。他是全国经济委员会的一位专员。他提出的九项办法,我们特别注意他的第四项——限定人数。我们应该记得,在明清两朝的法律里,都有不准添设官吏的严格规定。《清律》的《吏律》有一条云:

> 凡内外各衙门,官有额定员数,而多添设者,当该官吏(指典选者)一人杖一百;每添三人加一等,罪止杖一百,徒三年。

现在屁股可以免打了,但这条法律的精神似乎还有恢复的必要。

△熊十力先生是北京大学哲学系的特约讲师,是研究佛学很有心得的学者。他在去年五月曾有五千字的长信给我,登在《独立》第五十一号,题为"要在根本处注意"。

△章元善先生在华洋义赈会服务了十三年之久,他是最关心农村问题的。他在《独立》发表过《国难中救灾问题》(第十二号),《皖赣农赈》(第四四号)两篇文字。

△我们收到北平邮政管理局第七二一一号公函,知道《独立》第

九十一号被南京邮电检查员扣留了一百三十九包。我们自己检查那一期的内容,猜想扣报的原因是一篇论《溥逆窃号与外部态度》的文字。

△上一期《独立》因为印刷所机器损坏了,所以印刷误了一天半,我们希望读者原谅。

△我在第九十期的《编辑后记》里谈起翁文灏先生受伤以后的状况,其中有这样几句话:

> 当消息最坏的第一天,他的一位北平朋友写信给人说:"如此天才,如此修养,岂但是一国之瑰宝,真是人世所希有!"还有一位朋友对人说:"翁咏霓是五十万条性命换不来的!"

我不料这几句话引起了一位"子明"先生的抗议,他写信来说"这很像一个青年男子跪倒在他底爱人面前所说的话,……未免有些肉麻吧?本来在这'台里喝采','互相标榜'(引用贵刊同期页一七语)盛行的今日中国,我们是用不着多说的。但这见于贵刊,却不能不使人惊讶了。"

我很感谢"子明"先生见教的好意。但我要借这个机会向他说一句话。一个人在他的朋友受伤的消息最坏的时候说的悼惜那个朋友的话,就和他眼里滚出的热泪一样的神圣,是值得人类的同情的,是不应该受轻薄的嘲笑的。

"如可赎兮,人百其身!"不是至今还能得我们的同情吗?——至于说的话是否过火,自有说话的人负担其责任。

(适)

(原载 1934 年 4 月 8 日《独立评论》第 95 号)

8 △"愈贫弱愈要有为"的作者"伯庄",许多朋友一定认得他是陈伯庄先生,他是经济学者,现在为国防设计委员会来华北调查交通事业。

△"定县主义论"的作者巫宝三先生现在北平社会调查所服务。独立评论创刊以来,登载过许多关于定县平民教育事业的文章,最近一期(九五)有章元善先生的"从定县回来",读者可以参看。

△谈广西民团制度的"心吾"先生是广西人,最近两年在广西一个中学教书。

△谈"新旧交替时代的游移性"的"寿生"先生,在独立第八六号有过一篇"试谈专制问题",又在第九十号有过一篇"做好做歹,连拖带打"。他来信说他是一个不满二十岁的青年。

△"古舞"先生从四川来信,谈四川的情形有"变成地狱"的危险。我因为这种喊声是应该让全国人听见的,所以不曾得他的同意,就发表在此地。

△我在"建设与无为"(第九四号)里,曾说,"据专家的估计,浙江全省的清丈,必须有二千四百万元,才能完事。"现在我们收到何廉先生来信,他说:

> 浙江省办理清丈,已花费了一百二十万元。若把全省清丈完成,最低估计,需要七千五百万元。此数较该省全年预算,约多四倍。先生文内所云"二千四百万元"之说,恐系讹传。

我谢谢何先生的指正。

9 △在翟象谦先生的《建设问题》的下半篇里,他主张建设要从破坏下手,要多多的扫除一些旧势力。汪敬熙先生在他的《闲谈》(十六)里,也很感慨到今日旧势力的伸张。我很赞成他们俩的主张。在好几年前,我曾指出:"凡是狭义的民族主义的运动,总含有一点保守性,往往倾向到颂扬固有文化,抵抗外来文化势力的一条路上去。这是古今中外的一个通例,国民党自然不是例外。"(《人权论集》,页一二七)近来提倡国医国拳,反对考古发掘,提倡读孝经,提倡扶轮法会……的先生们,在二十年前何尝不是最新的革命党?今日许多开倒车的举动,根本原因只在一个"陋"字,只在不能认清这个新鲜世界所能贡献给我们的神奇法术。苏俄的革命领袖认清了这个新世界的最伟大的工具是科学与工艺,此外都不足爱惜,所以他们肯把俄皇所藏的一部世界最古的圣经写本卖给伦敦博物院,卖了十万金镑,拿来购买最新的机器。不知道戴传贤、焦易堂、邹鲁诸公看了这一宗交易,作何感想!

△再过两期,《独立评论》要满一百期了。我们不打算庆祝这个两周岁的婴孩,只希望我们的朋友们多给我们寄些好文章来。

(原载 1934 年 4 月 29 日《独立评论》第 98 号)

10　△论"管理的货币"的张兹闿先生在《独立》第九三号,第九七号,曾有两篇论银价问题的文章。

△论中国初等教育的爱培尔(J. D. F. Herbert)先生是一位法国人,通晓好几国文字,曾在许多国际会议席上做襄助译述的事业。最近他来游中国,写了这篇富于友意的批评的文章,托北平法文《政闻报》和《独立评论》代他发表。我们托北京大学教育系教授吴俊升先生代他翻译成中文。我们很感谢爱培尔先生和吴先生的好意。

△陈受康先生是北京大学政治系教授,他在《独立》九十二号有过一篇《论宪法初稿》。

△傅葆琛先生是北平大学农学院的教授。他诘问我的话,是因为我说过北方没有一个像样的农科大学。这句话似乎不是我一个人的私见。我很盼望农学专家肯平心静气的提出事实来证明这句话的错误。

(原载 1934 年 5 月 6 日《独立评论》第 99 号)

11　△蒋廷黻先生因为今年夏天要往美国去,在出国之前要赶成一些未完的书稿,所以他有许久没有为《独立》作文了。这一期我们很感谢他在百忙中写了一篇长文,讨论一个很重要的问题。

△外间有人传说:因为蒋廷黻和胡适之的政治主张不同,所以蒋先生不给《独立评论》作文章了。这是最大的笑话。我们在第一号的《引言》里就说过:"我们都不期望有完全一致的主张,只期望各人都根据自己的知识,用公平的态度,来研究中国当前的问题。"我们出了一百期了,议论尽管不一致,辩争尽管很激烈,这一点根本态度是始终不会抛弃的。

△通信讨论建设问题的"永分"先生是一位作者的笔名。

△顾一樵先生是曾在本刊投过几次稿的顾毓琇先生,他是清华

大学的工程学教授,又曾写过许多篇历史戏剧。他现在四川做考察的工作,他在专门方面的考察,另有报告。这里发表的是他记述风景和社会情形的游记。

△丁文江先生的《信仰》,是我们大家都愿意知道的,所以我们从《大公报》的星期论文上转录了这一篇短文。

△这一期是《独立》第一百期,这一个小小的刊物居然满两周岁了。当我们最初发行这个刊物时,我们的目的不过是想借此逼我们自己多留意一点中国的重要问题,多发表一点负责任的言论,多减除一点我们自己良心上的谴责。这两年来,承国内外许多朋友的同情,赐给我们许多稿件,使我们不费一文钱的稿费,能支持至两年之久。这是我们最感激,同时又最感觉安慰的。我们借这个机会,向这许多好朋友最诚恳的道谢。

△我们在最短时期内,要印行一个《〈独立评论〉一百期的索引》。

△丁文江先生的《苏俄见闻录》,我们在第八十七号曾登出一条"大吹大擂的预告"。不幸他在这几个月之中,病了两次,旅行了两次,这部游记还没有工夫整理出来。现在他答应在《独立》第百零一期上开始发表他的《苏俄见闻录》,作为《独立》两周年的贺礼。

(原载 1934 年 5 月 13 日《独立评论》第 100 号)

12 △张佛泉先生今年新从美国回来,他现在《大公报》和《国闻周报》的编辑部。这回承他抽出工夫来给我们写文章,我们非常感谢。

△汤尔和先生最近从日本回来,他的朋友见了他,总要请他谈日本的情形。他如今写了这篇《从日本归来》(题目是我加的),我们读了至少可以知道一部分的日本人对于中日问题的见解。这篇文字里报告别人的谈话,有用虚线表示省略的地方,都是依他原文的。

△两年前,周岂明先生最初听说我们要办一个唱低调说老实话的刊物,他就写信给我,劝我不要干这种傻事。其实他心里是赞成这种傻事的。这回这个傻孩子过两周岁,岂明先生特地寄一篇《太监》

来,并且说明是"奉贺《独立评论》之百一期"。我们盼望他常时捎点糖果给这个傻小子,不要等到过年过节才送礼。

△"涛鸣"先生是国内做研究最有成绩的少数科学家之一,他来谈"科学研究",一定是值得我们留意的。

△丁文江先生的《苏俄游记》,今回正式开始发表了。他在百分忙碌的时候,才写了这一段最有趣味的《楔子》,又被公事打断了,我们盼望他从此一气继续写完这部游记。他的《西南游记》,搁了二十年,我们读了还觉得很新鲜。但苏俄的进步是日新而月异的;他的游记材料若搁在箱子里太久了,就不适用了。

△《独立评论》的两周年,恰巧在我的重伤风里过去了。我只能借这个机会,重说我屡次说过的话:我们十分诚恳的向这两年来投稿的许多朋友表示感谢,并且盼望他们继续帮助这个小刊物的长成。

△请各位读者注意本期附送的"《独立评论》两周年纪念优待券",请各位朋友用这券帮助我们征求长期的读者。

(原载1934年5月20日《独立评论》第101号)

13

△千家驹先生现在社会调查所做研究。他曾用"一之"的笔名在《独立评论》发表过几篇文字。

△有些朋友时时写信来劝我们多登载一些关于思想文艺的文字;其实我们并不曾有意拒绝这一类的材料,不过因篇幅的关系,这一类的文字往往被政治外交经济的讨论挤出去了。我们希望此后可以多登一点比较有趣味的读物。这一期登的一篇《谭嗣同集外文》就是一个例子。

△丁文江先生的《苏俄旅行记》,才登出一篇楔子的楔子,他又因中央研究院的公事到南京去了。《旅行记》要停一期才能续下去。

(原载1934年5月27日《独立评论》第102号)

14

△"闵仁"是一位留学法国的朋友的笔名,他在《独立评论》里投过不少的稿,有时候又用"弘伯"的笔名。

△顾一樵先生的《川游小记》的第一第二段登在《独立》第一百号。

△"寿生"先生的文章本是送来贺《独立》的两周年的;因为我想写一篇讨论的文字,所以压到今天才登出来。我在第九十六号介绍他,曾说他是一位不满二十岁的青年;后来他对我说,那是我误记了,他今年二十三岁。

(原载1934年6月3日《独立评论》第103号)

15 △张弘先生就是"弘伯",也就是"闵仁"。他在国外留学,却有工夫细读国内杂志上的讨论,还能参加这种讨论,这是我们很惊异的。

△熊十力先生现在北京大学讲唯识哲学。他的论文可与张弘先生的主张参看。

△胡先骕先生是静生生物调查所的所长。他是国内植物学界的一个领袖。

△《我所知道的翁咏霓》引起了许多读者来信。现在我们发表了两封。

(原载1934年6月10日《独立评论》第104号)

16 △不幸的很,丁文江先生的游记没有寄到,赶不上这一期了。

△王次凡先生是北平师范大学毕业的,在河北大名的师范学校教过书。他这篇文字写他自己家里的经验,写的十分亲切,很有趣。他提出的问题:"农村地主的生活还不如都市的贫民",是值得大家想想的。

△"鸣岐"先生是一位国立大学的法律教授。

△何鲁成先生介绍自己是一个青年。他指出的青年的苦痛与出路,我们读了很感动。对于他的三条路之中的"团结"一条,我们格外赞同。现在学校之中太缺乏自动的"读书会"、"学会"一类的组织了。何先生的提议是值得全国青年人与中年人的考虑与实行的。

△我的一篇《信心与反省》(第一○三号)引起了不少的讨论,我们现在先发表吴其玉先生的一篇。

△傅孟真先生在"忙的发昏"的时候,居然腾出工夫给《独立》作文字,是编者特别感谢的。

(原载1934年6月24日《独立评论》第106号)

17

△郑沛疁先生是今年清华大学心理系的毕业生。

△闻亦传先生与张锡钧先生都是在北平协和医学校做研究工作的。

△寿生先生说我的《信心与反省》错怪了他,读走了他的原文,这是我应该向他道歉的。他的抗议,颇多动了感情的话,我因篇幅的关系,删去了一部分,也要请他原谅。

△我的《三论信心与反省》是答上一期吴其玉先生的长文和本期寿生先生的抗议的。关于这个问题,承认多朋友寄稿,我们很感谢;但因篇幅有限,恕不能全登出了。

△我们很高兴的报告,翁文灏先生已在六月十六日移出协和医院,回家静养。他的神智已完全恢复,体重已由七十磅回到八十五磅,他已能读书散步,有时还能送朋友出大门了。

(原载1934年7月1日《独立评论》第107号)

18

△区少干先生自己介绍自己是"一个逐末的商人",他在《独立》第七十六号有过一篇《无为与有为》。

△"詹詹"女士是在燕京大学做过两年教授的,她今年因为家庭的关系,辞职南去。她来信说,"我现在以去职教员的资格,为燕大说几句话,想也是读者所许可的罢!"

△"小文"先生的文字是从绥远寄来的,宋士英先生的文字是从清华大学寄来的,他们都是山西人,说山西的事。"小文"先生说的尤其沉痛动人。

△因为宋士英先生谈起"统制经济"的问题,所以我把丁文江先生为《大公报》做的星期论文转载在此,供读者的参证。

(原载1934年7月8日《独立评论》第108号)

19 △读了叔永先生《为全国小学生请命》,我们当然对他很表同情。但平心而论,今日的白话文固然有许多毛病可以指摘,今日报纸公文的文言文不通的才多哩!我们盼望将来有人研究今日文言作品,写一篇"为全国人请命"。

△"田生"是我们替一位朋友取的笔名,他的原稿用一个"C"字署名,我们嫌它太普通了,大胆替他改了这个名字。他的文章可以和上期(一〇八)里的丁文江先生的《统制经济的条件》参看。

△七月四日,法国的大科学家居里夫人(Madame Marie Sklodowska-Curie)死了。我们感谢衡哲女士为我们写篇哀悼她的短文。衡哲女士在《独立》第四十四号曾发表一篇《居里夫人》,叙述很详细,读者可以参看。

(原载 1934 年 7 月 15 日《独立评论》第 109 号)

20 △周先庚先生是清华大学的实验应用心理学教授。参看《独立》第一〇七号郑沛暻先生的《我们需要怎样的心理学》。郑先生是周先庚先生的学生。

△"励民"先生在《独立》第一〇五号有过一篇《英国国库之1933 年度决算盈余》。

△衡哲女士的《从北平飞到太原》是她第一次飞行的印象。此次同行的蒋梦麟先生也应许我们一篇记载太谷教育的文章,下次可以登出。

△七月十四日北大教授刘复先生死在北平协和医院。他的病是"回归热",加上黄疸病,又因心脏不强,就至于无救。回归热的病菌,在内蒙古一带,往往由蚤虱传染,土人称此病为"蒙古伤寒"。刘先生此次冒大暑热,到绥远调查方言,搜集歌谣,直到百灵庙,途中得病,他还扶病工作,可说是为学术尽瘁而死。我们感谢他的旅伴白涤洲先生(北大研究院语音实验室的助教)在百忙中给《独立评论》写这篇哀悼的文字。刘复先生,号半农,江阴人,生于 1891 年,巴黎大学文学博士,死时仅年四十四岁。他的著述甚多,最近编《半农杂

文》第一集已印成,日内在北平出版,他已不及见了。

（原载 1934 年 7 月 22 日《独立评论》第 110 号）

21 △最近美国的工潮,因为旧金山的总罢工,颇引起了中国报纸的注意。但因为记载太简略了,我们至今还不曾看见有系统的说明与评论。我们现在请张兹闿先生为《独立评论》写这篇《美国的工潮》,使国内读者可以明了美国最近一年来各地发生的工潮的争点所在。本来罗斯福总统的复兴政策是一种和平的革命,含有节制资本,扶助劳工的用意,所以政府制定业规的总则里一面减少工作时间,维持最低工资标准,一面承认劳工组织对资方的"团体的磋商"（张先生译为"共同议价"）的权利。在这种明白示意之下,劳工组织的活跃是自然的现象;而雇主方面的恐慌,猜疑,顽固,舞文巧避,都自然增加劳资之间的冲突。依现时的情形看来,美国工潮的结果当然是劳工运动的突飞的进步,组织加大,势力加强,地位加高。张先生虽说这些工潮不是一种政治的运动,然而这个运动当然富有极大的政治意义。在美国的经济组织之下,节制资本不是容易的事。培养劳工运动的力量正是政府制裁资本统治工业的一种最有力的工具。这是复兴政策之下的工潮的政治意义。

△顾颉刚先生是不用介绍的。他是一位埋头做历史研究的学者,但我们和他相熟的人都知道他那学者的长袍底下遮着一腔最热烈的社会同情心和社会改革的志愿。这一篇《旅行后的悲哀》一定可以引起读者无限的同情。

△蒋梦麟先生的《太谷之行》和上期登出的衡哲女士的《从北平飞到太原》互有详略,可以参看。

△魏建功先生是北京大学中国文学系的副教授,他这篇回忆刘半农先生的文字,可以和上期白涤洲先生的《悼刘半农先生》参看。

△吴景超先生的好朋友梁实秋先生常说:"景超是个顶聪明的人,学什么都好,只是不应该去学社会学!"实秋对于社会学是有成见的;可是我们每读景超先生的文章,总觉得社会学应该是"学什么

都好"的顶聪明人才配学的。不知实秋先生以为如何。

(原载1934年7月29日《独立评论》第111号)

22 △陈之迈先生是哥仑比亚大学的哲学博士,现在清华大学政治学系教宪法等科。他这篇批评宪法修正稿,虽然也有我们不能完全同意的地方,我们觉得是很能指出修正稿的得失的一篇文字,值得关心宪法的人的注意。

△申新纱厂的失败,是今日实业界的绝大事件。"旁观"先生的讨论,劝债权人眼光注射到大利害上,以保存申新为救济原则,这种看法是我们最赞同的。

△"了一"先生与何鲁成先生的文章都是讨论"中小学文言运动"的(参看《独立》第一〇九号)。这个问题,我们本不愿继续讨论;但因为他们两位先生的文章(尤其是"了一"先生论今日拥护古文的人实在不通古文的一大段)都有一些未经别人说过的意见,所以我们把这两篇都在这里发表了。"了一"先生是一个国立大学的语音学教授;何先生是南京一个中学的教员。

△丁文江先生的《苏俄旅行记》的续稿还不曾寄来。

(原载1934年8月5日《独立评论》第112号)

23 △周先庚先生是清华大学的心理学教授,他在《独立》第一一〇号有过关于心理建设的文章。

△"古舞"先生通信内提及的"二月底通信",登在《独立》第九十六号,题为"救救四川"。

△张景钺先生是北京大学的生物学系主任。他信内提及的张锡钧先生的文字,登在《独立》第一〇七号。

△江绍原先生是国内研究宗教史与民俗学的专家。他近年住在北平,专心做著书译书的工作。

△丁文江先生的《苏俄旅行记》稿子至今还没有寄来。他现在威海卫陪伴翁文灏先生。

△我在第一〇六号的《后记》里,曾用"忙的发昏"四个字介绍傅

孟真先生。昨天(8月5日)他和俞大彩女士在北平结婚。在座的客人大概可以明白我在一个半月前用那四个字并非过当吧?

(原载 1934 年 8 月 12 日《独立评论》第 113 号)

24

△孟真先生在蜜月中给《独立》赶成了这样重要的一篇文字,这是我们最感谢的。

△小招先生是福州的一位投稿者,他在《独立》第八四,八五,九〇号有过三篇文字。

△小招先生的文章,我们读了,颇有一种复杂的矛盾的感想。他信仰自由,"要有最大量的自由和涵忍";同时他又主张打倒一切宗教,限制他们的宣传。这岂不是矛盾吗?他在开篇主张"目前对各种宗教信徒的信仰生活和宗教行动,在不妨害公安或公益的范围之内,我们许给他们以绝对的自由"。但他在篇末又主张"限制宗教宣传,加以合理的检查,宗教仪式不得无限制的随便举行"。这又岂不是矛盾吗?我想小招先生并不是不明白这种矛盾;他是诚心信仰"最大量的自由和涵忍"的,但他在那个传教气味最浓的福州城,忍受不住那浅陋的宣教师的麻烦,又看不起今日全国迷信气焰的高张,所以他有这样一篇反宗教的提议,顾不得他的主张的矛盾了。其实这种矛盾是很基本的,是无法避免的。要"最大量的自由和涵忍",就不能打倒一切宗教;要打倒一切迷信,就不能有那"最大量的自由和涵忍"。小招先生不赞成苏俄反宗教的方式;可是苏俄的方式是反宗教的唯一有效的方式。天下决没有在"最大量的自由和涵忍"之下可以打倒一切宗教的。

△小招先生的矛盾,我想,都是因为他不曾分别他私人的立场和他所希望的政府立场。一个私人尽可以一面绝对不信宗教,一面又可以主张"最大量的自由和涵忍"。可是一个政府在这个科学昌明的新时代,是不能迷信那十八世纪的绝对自由论的。在绝对自由论之下,吸鸦片也是个人的自由,打吗啡也是个人的自由。然而现代的政府大都明白这种自由是不应该受保障的了。在同样的逻辑之下,如果一个政府承认某种宗教迷信是有害于国民的理智的健康

的,——正如鸦片有害于国民的身体的健康一样,——那么,那个政府对于这种迷信应该有"合理的检查",应该有相当的取缔。这不是"打倒一切宗教",也不是"包容一切"。这不过是二十世纪的政府对人民应该的一种责任。——这样的把私人的立场和政府的立场分开来说,也许可以避免一部分的矛盾吧?(小招先生此文原题为"反宗教运动引论",我因为上述的一些矛盾,所以大胆把他的题目改了)

△关于这个宗教问题,我们将来另有专文讨论。

△容肇祖先生现在是北平辅仁大学的教授。

△曹翼远先生是在南京市政府服务的。

(原载1934年8月19日《独立评论》第114号)

25 △傅孟真先生前两星期在《大公报》上发表了一篇《所谓国医》,引起了南北各地的"国医"和他们的护法者的大骂。《大公报》的星期论文是十个星期轮到一次的,孟真先生等不及了,所以在《独立评论》里发表他《再论所谓国医》的文字。我们要为使读者明了这场官司的起点,所以把那篇《所谓国医》转载在这里。

△关于这个新旧医的问题,我也颇有点意见,等孟真先生的话说完了,我也想写一篇文字。

△关于这个问题,我们当然欢迎讨论。但我们要声明一点:像天津中医公会陈泽东君所发表的五行六气阴阳奇偶"哲学之极顶"一类的文字,恕不发表。

△《乡音》的作者王伏雄先生是清华大学的学生。他这篇文字写的凄惨极了,我们读了很感动。

△吴晗先生是清华大学史学系本年毕业的,现在清华作助教。关于本年大学入学考试的成绩,下一期还有别位阅卷先生的文字发表。

(原载1934年8月26日《独立评论》第115号)

26 △因为远东国际形势的骤然紧张,又因为现在国内的舆论似乎太不注意这一个很严重的问题了,所以傅孟真先生把国医的讨论搁起一期,先给《独立》写了一篇讨论日俄关系的文章。

△"寿生"先生的小说《新秀才》写的是贵州的情形,据他说,"这篇文章全是实情,只怕说的不够,断不会说过火"。读者对于这个问题若有兴趣,请参看我在《大公报》(8月19日)发表的一篇《教育破产的救济方法还是教育》(转载在《国闻周报》第十一卷第三十四期)。

△上期发表了一篇《中学历史成绩》,这一期又发表一篇《中学地理成绩》。这篇的作者杨遵仪先生是清华大学的教员,最近他得了北平研究院的地学奖金。

△丁文江先生在长江轮船上用航空快信寄来这段《苏俄旅行记》,我们十分感谢。不过他说,下星期他又得告假一次了。

（原载1934年9月2日《独立评论》第116号）

27

△傅孟真先生这一周有点小病,——我问他是不是伤风,他说,不是,是流行性感冒,——他许下的文章要搁一期才能做。

△我们收到的关于国医问题的讨论,都送给孟真先生看去了。

△写《苦旱的故乡》的吴辰仲先生,是从浙江金华出来的一个青年。他现在交通大学研究所做书记,想积几十块钱明年进大学。他描写的故乡,和《独立》一一五号王伏雄先生的《乡音》描写的故乡相去很近,读者可以参看。

△艾莲先生的《如此贵州》是从重庆寄来的。

△甘肃通信半叶,是从一位朋友收到的通信上剪下来的。

△这一期有三篇描写各地人民苦痛的文字,一篇写西南的贵州,一篇写西北的甘肃,一篇写向来富庶的浙江的一县。我们读了这些文字,真有无限的感慨。我们盼望各地的朋友给我们写这样的文字来。我们不能鼓吹休明,也不配统制文化,只希望做个献"流民图"的郑侠而已。

（原载1934年9月9日《独立评论》第117号）

28

△傅孟真先生的《所谓国医》和《再论所谓国医》的前半,都登在第一一五号上。

△邵德润先生的《哀江南》,写的也是浙东的一县。他是中

央政治学校的学生。他来信说:他看了《独立》第一一五号王伏雄先生的《乡音》,才写这一篇。王伏雄先生的家乡是邵先生的邻县。

△许多少年人每苦于作文没有好材料。其实材料是遍地遍人间都有的,真所谓"俯拾即是"了。少年人不肯"俯拾",偏要高攀:不肯写眼前的生活,偏要搬弄口头的名词来变戏法,所以写不出好文章来。如王伏雄先生的《乡音》,如邵先生的《哀江南》,便是用眼前现成材料,老老实实写出来的好文字。

△我们登载了许多描写农村痛苦的文字,也看了无数谈农村救济的文字。昨天在《大公报》上读了吴景超先生的一篇《发展都市以救济农村》,我们觉得这是第一次有人抓住了一个重要的观点,所以把全文转载在这里。我们还希望吴先生将来要多多的发挥这一个扼要的论点。

△张民觉先生是清华大学心理学系的助教。

(原载1934年9月16日《独立评论》第118号)

29

△"九一八"的纪念文字,《独立》里有过这些:

《"九一八"一年了!》(孟真,十八期)

《惨痛的回忆与反省》(胡适,十八期)

《九一八的责任问题》(蒋廷黻,十八期)

《九一八——两年以后》(蒋廷黻,六十八期)

△但我们在"九一八"三周纪念日最不可不读的,是本期里"小招"先生的《强暴下的罪恶》一篇。我们十分诚恳的请求全国的人细读这一篇哀喊的文字。

△吴其玉先生是燕京大学的政治学教授;他近年很留心研究中国边疆的问题。

△"寿生"先生的小说用了不少的贵州土话;但我们希望读者们不会让这几句土话埋没了这一篇很有意思的小说。

(原载1934年9月23日《独立评论》第119号)

30

△宋益清先生从成都寄来的《从四川匪区回来》，是一篇很有史料价值的文字。他自己说他"匍伏在乱纸，灰泥，粪便中，寻找我认为值得珍贵的材料"。他有了这种史学家的精神，他的记载自然可以当作史料读了。

△张心一先生是一位农业统计专家，又是甘肃人，他论"开发西北农业"的文章是值得大家注意的。读者可以参看《独立》第三第四期里翁文灏先生的《中国人口分布与土地利用》。

△讨论"国医"问题的文字，本期先发表一篇。"志云"先生是天津一个纱厂的会计。孟真先生答语里猜想他是一个"行中医者"，不知有错否？因篇幅关系，我大胆删去了此文的一部分，要请"志云"先生原谅。

△提到了翁文灏先生，我们很高兴的报告；他的身体已经复原了，前天他还答应我不久要给《独立》写文章了。

（原载1934年9月30日《独立评论》第120号）

31

△徐敦璋先生是南开大学的政治学教授，他是最熟悉国联的组织和历史的。他评论《中国运动国联理事连任失败之意义》的长文，剖析国联的形势最清楚，大可以补救我在上期写的短评的许多缺陷。

△鲁学瀛先生从南京寄来《四川》一文，题目是我改的，文字也因篇幅关系删去了一部分。他今年春天曾在四川大学教课。

△"满洲国"视察的记载，是 Manchester Guardian 的驻中国记者田伯烈先生的通信稿，前半是朱企霞先生译的，后半是本社中人译的。

△"国医"问题的讨论，我们先后发表了两篇，这一次讨论的作者刘学浚先生是一位研究实验语音学的学者。

（原载1934年10月7日《独立评论》第121号）

32

△陶葆楷先生是清华大学的土木工程教授。他的《绥萨旅行观感》，记载绥远民生渠一带的情形，是最值得读的。

△陶先生报告民生渠的工程的失败，使我们回想起翁咏霓先生

在《独立》第五号发表的《建设与计划》一篇文字。

△我们近来收到了许多描写各地农村苦痛的文字,大部分都是很值得读的。现在先发表"季珍先生"的《故乡之今昔》。前几次我们发表的都是描写浙江农村的。"季珍"先生写的是河北井陉县的一个村庄。

△敦福堂先生是清华大学心理学系的助教。

△"明生"先生是我们最敬爱的一个朋友,他最爱读书,又喜欢闲谈。现在他开始给《独立》做一些读书的闲谈,准备每两周写一段,所以题为《双周闲谈》。

△关于"国医"问题,我们也收到一些赞成孟真先生的主张的文字。因为篇幅关系,我们现在暂且停止这个问题的讨论了。

(原载1934年10月14日《独立评论》第122号)

33

△这一期里,我们又发表了两篇描写农村苦痛的文字。写浙东缙云县的张公量先生是北京大学的学生,写河北大城县的董浩先生是辅仁大学的学生。

△蒋廷黻先生从莫斯科寄来了两段游记,今天先登出第一段。

△《悲观声浪里的乐观》一篇,可以补充我的《写在孔子诞辰纪念之后》(第一一七期)和《双十节的感想》(第一二二期)的不足,所以转载在这里。

(原载1934年10月21日《独立评论》第123号)

34

△翁咏霓先生果然写了一篇文章送来了!我知道国内外无数读者看了这篇文字,知道他果然从九死一生中完全恢复了他的健康,一定会十分高兴的。

△蒋廷黻先生从莫斯科来信,说他的游记的第一部分——从中国起程到离开苏俄,——大约共有七篇,现在我们已收到三篇了。我们因此有点替丁在君先生着急:大概蒋先生的苏俄游记要赶在丁先生的苏俄游记之前登完了!

△我前回介绍"明生"先生的"双周闲谈"时,说错了一句话。我

说他要写一些"读书的闲谈",他后来对我说:他要写的不全是读书的闲谈。果然,他的第二周就不关读书了,这回的题目是"太太救国论"。

△《独立》第一二一号十一页第九行译田伯烈先生的文字中有音译的"嘉木寺"一个地名。我们感谢南开大学经济研究所王药雨先生来信指出,这地名应作"佳木斯",其地在松花江下游,属吉林省桦川县;佳木斯即是那县城一带的古地名。

△我们很感谢张兹闿先生给我们写了一篇《财政部开征银出口税》。张先生在《独立》上发表过好几篇关于银价问题的文字(第九三号《提高银价对策之商榷》;第九七号《再论银价问题》;第九九号《管理的货币浅说》),读者可以参看。

△在这一期里,我们又发表了两篇描写内地农村苦痛的文字。一篇《如此天堂》写的是浙江海盐,硖石,王店一带的旱灾区域;作者徐燮祥先生,生长在硖石,现在住在硖石,海盐是他的祖居,所以他能说他记的是他"耳闻目睹的事"。

△还有一篇是郑达泉先生写的《谈谈广东的乡村》,作者介绍他自己是一个小学教员,他写的是广东三水县的乡村。

△徐燮祥先生写的浙江农村的蚕业,使我们想起茅盾先生前年发表的小说《春蚕》。《春蚕》所写的地方似乎是嘉兴一带,徐先生写的王店也是属嘉兴的。茅盾写的时代是在旱灾之前两年,那时农家的经济情形已够可怜了,何况在这大旱灾之后呢?(近年新出的小说,《春蚕》是最动人的第一流作品,我们在这里附带介绍给不曾读过此书的读者。)

(原载1934年10月28日《独立评论》第124号)

35

△吴景超先生的长文《我们没有歧路》是一篇很重要的文章,应该可以矫正今日所谓"农本政治","以农立国"等等错误的议论。他在《独立》第四十号上发表过一篇《都市教育与乡村教育》,又《独立》第一一八号转载他在《大公报》发表的《发展都市以救济农村》,都是发展同样观点的文字,读者可以参看。

△翁文灏先生来信说:"弟又为《独立》做了一篇。"就是这篇材料丰富又最有趣味的《中国的土壤与其相关的人生问题》。前几年,有人提议要做中国土壤调查,中华教育文化基金董事会每年拿出一笔经费来,委托北平地质调查所办理这件全国土壤调查的事,这就是翁先生文中说的"兼管土壤调查"的历史。这篇文章与翁先生在《独立》第三第四期发表的《中国人口分布与土地利用》,都是使我们认识我们自己的国家的重要材料,不仅仅是翁先生很谦逊的说的"不过是一般社会应该知道的几点常识"。

△我在第八十三号的《编辑后记》里曾提起翁文灏先生"说他自己不很得意的文字就用他的别号,更不得意的就用他种笔名"。我说这句话的时候,没有顾到翁先生是一位最谦卑的人,他从那回以后就不好意思再用"翁文灏"的名字在《独立》上发表文字了!这两期他的文章原来都署名"咏霓",都是编辑人替他改过来的。我这样泄漏"编辑室的秘密",不但是向他道歉;并且借此声明上述的翁先生作文署名的通则,因为泄漏了,所以作废了!

△谈《工业心理技术》的郑丕留先生,他在本文之内已指出,就是《独立》第一〇七号讨论"我们需要怎样的心理学"的郑沛畛先生。

(原载 1934 年 11 月 4 日《独立评论》第 125 号)

36

△陈之迈先生在《独立》第一一二号曾发表一篇《读宪法修正稿》,这回他又替我们写了一篇《评宪草》。他这两篇文字可以参照着看。例如此文中提及修正稿中的"变相总统制",他在第一一二期(页七)有简要的说明。

△陈西滢先生(武汉大学文学院院长)的《苏俄的青年》,是他在武汉大学的一篇讲演稿。他自己说,此文的材料大半根据 Klaus Mehnert 的 *Youth in Soviet Russia*(1933)。西滢先生的讲演全文有八千多字,材料是最扼要的事实,文字是他最擅长的明快生动的文字,《独立》的读者不可不读这篇最有趣味的长文。

△蒋廷黻先生的第五篇游记——《苏俄的英雄》——我们本想

留在下一期发表。后来我们觉得这一篇最可以和西滢先生的一篇相印证,所以我们决定提前在这一期里登出来。《苏俄的青年》和《苏俄的英雄》共占了十四页篇幅,这一期真成了"苏俄专号"了。

(原载 1934 年 12 月 2 日《独立评论》第 129 号)

37

△在这一期里,清华大学供给了三篇文字:周先庚先生是心理系的教授,洪思齐先生是地学系的讲师,李侠文先生是学生。清华大学真是独立评论的好朋友,差不多没有一期《独立》上没有清华园寄来的文字。

△徐中玉先生是国立山东大学的学生。

△这几期因为篇幅的关系,把一些记载各地人民痛苦的文字都搁下来了。这一期里徐中玉、李侠文两先生的文字都属于这一类。

(原载 1934 年 12 月 9 日《独立评论》第 130 号)

38

△王子建先生是中央研究院社会科学研究院的研究员,他论"棉纱统税"的一文,立论很平允,很值得财政当局的注意。

△张佛泉先生是《大公报》和《国闻周报》的记者,现在北京大学政治系做讲师。

△有人说,北平的沙滩一带,从北河沿直到地安门,可说是北平的"拉丁区"。在这里,有许多从各地来的学生,或是预备考大学,或是在北大的各系"偷听",或是自己做点专题研究。北大的"偷听",是一个最有趣的制度:"旁听"是要考的,要缴费的;"偷听"是不考的,不注册的,不须缴费的。只要讲堂容得下,教员从不追究这些为学问知识而来的"野"学生。往往讲堂上的人数比点名册上的人数多到一倍或两倍以上。"偷听"的人不限于在沙滩一带寄住的学生,其中也有北平各校的学生,但多数是那个"拉丁区"的居民。——"寿生"先生也是这个"拉丁区"的一个居民,他这篇《走直道儿》里就用了不少关于北大的琐事做材料。他在"拉丁区"里听来的舆论,得来的观察,也许是我们大家都乐意听听的罢。

△贺岳僧先生是湖南人,他这篇文字是响应吴景超先生的《我

们没有歧路》(《独立》一二五号)的。

（原载1934年12月16日《独立评论》第131号）

39

△这一期又有两篇讲人民痛苦的文字：一篇《盐民的生活》的作者王明先生是北大的学生；一篇《农村经济一夕谭》的作者关玉润先生是辅仁大学的毕业生，现在山东济宁代庄的崇德师范服务。

△《语言的变迁》的作者"了一"先生，读者大概知道是清华大学专任讲师王力先生。

△"寿生"先生又用他的贵州土白写了一篇小说，下期可以登完。

△蒋廷黻先生又寄了一段游记来，写的是苏俄的娱乐。我们看他记的莫斯科戏剧的新倾向，也可以明白苏俄这回延请梅兰芳先生去演戏不是完全无意义的。

（原载1934年12月23日《独立评论》第132号）

40

△这一期有三篇讨论《民主与独裁》的文字：一篇是丁在君先生在《大公报》上驳我的原文，一篇是我答他的一篇短文。还有"明生"先生的《双周闲谈》也是论这个问题的。这一期也可以说是一个"民主与独裁"的专号了。

△蒋廷黻先生曾发表过一些赞成专制的言论。但他在他的游苏联最后感想中，却很明白的指出中国的统治阶级太落伍了。这是中国最吃亏的一点。这个观察，我们认为很对的。但我们要问：统治阶级这样落伍的国家，是不是配行新式独裁的政治？我们疑心蒋廷黻先生的专制论似乎有点转变了罢？

△《中国与国际》的作者张忠绂先生是北京大学政治系的主任教授。在这个大家漠视世界国际形势的时候，他的警告是值得政府的深切注意的。

△这一期出版的时候，已是民国廿三年除夕前一天了。我们在这里恭恭敬敬的给国内外的读者贺新年，很诚恳的祝祷我们的国家在这一年里无灾无难的天天有进步！

（原载1934年12月30日《独立评论》第133号）

1935 年
从民主与独裁的讨论里求得一个共同政治信仰

出游了五个星期,回家又得了流行感冒,在床上睡了五六天。在病榻上得着《大公报》催促星期论文的通告,只好把这一个多月的报纸杂志寻出来翻看一遍,看看有什么材料和"灵感"。一大堆旧报里,最使感觉兴趣的是一班朋友在三四十天里发表的讨论"民主与独裁"的许多文章。其中我读到的有吴景超先生的《中国的政制问题》(12月30日《大公报》星期论文,《独立评论》一三四号转载)。张熙若先生的《独裁与国难》(1月13日《大公报》星期论文)。陶孟和先生的《民治与独裁》(《国闻周报》新年号);陈之迈先生和陶希圣先生的两篇《民主与独裁》(《独立评论》一三六号);丁文江先生的《再论民治与独裁》(1月20日《大公报》星期论文,《独立评论》一三七号转载)。我现在把我读了这些文字以后的几点感想写出来,虽然是旧事重提,但在我个人看来,这个讨论了一年多的老题目,这回经过了这几位学者的分析,——尤其是吴景超、陈之迈两先生的清楚明锐的分析,——已可算是得着了一点新的意义了。

吴景超先生把这个问题分成三方面:(一)中国现在行的是什么政制?这是一个事实问题。(二)我们愿意要有一种什么政制?这是一个价值问题。(三)怎样可以做到我们愿望的政制?这是一个技术问题。他的结论是:在事实上,"中国现在的政治是一党独裁的政治,而在这一党独裁的政治中,少数的领袖占有很大的势力"。在价值问题上,"中国的智识阶级多数是偏向民主政治的,就是国民党在理论上,也是赞成民主政治的"。在技术问题上,他以为实行民主政治的条件还未完备,但"大部分是可以教育的方式完成的"。

陈之迈先生的六千多字的长文,他的主要论点是:"被治者有和平的方法来产生及推倒(更换)统治者,这是民主政治的神髓,抓住了这层便有了民主政治"。所以他指出汪蒋感电说的"国内问题取决于政治,不取决于武力"正是民主政治的根本。所以他的结论是:

> 我个人则以为中国目前的现状,理论上,实际上都应该把"国内问题取决于政治而不取决于武力",因此绝对没有瞎着眼去学人家独裁的道理。……同时我们对于民主政治,不可陈义太高,太重理想,而着眼于把它的根本一把抓住;对于现存的带民主色彩的制度,如目前的国民党全代会,能代表一部分应有选权的人民,并能产生稍为类似内阁制的政府,应认为是一种进步。对……宪草里规定的国民大会,则应努力使它成功。

我对于陈之迈先生的主张,可以说是完全同意。他颇嫌我把民主政治看的太容易,太幼稚。其实我的本意正是和他一样,要人"对于民主政治不可陈义太高,太重理想",所以我说民主宪政只是一种幼稚的政治,最适宜于训练一个缺乏政治经验的民族。许多太崇尚民主政治的人,只因为把民主宪政看作太高不可攀的"理智的政治"了,所以不承认我们能试行民治,所以主张必须有一个过渡的时期,或是训政,或是开明专制,或是独裁,这真是王荆公的诗说的"扰扰堕轮回,只缘疑这个"了!

陈之迈先生劝我们对于现有的一切稍带民主色彩的制度应该认为一种进步,都应该努力使它成功。这个意见最可以补充吴景超先生所谓"技术问题"一项。民主政治的好处正在于教人人都进幼稚园,从幼稚园里淘练到进中学大学。陈之迈先生虽然不赞成我的民治幼稚观,他的劝告却正是劝人进幼稚园的办法。这个看法是富有历史眼光的,是很正确的历史看法。陶希圣先生也说:"现行的党治,在党外的人已经看着是独裁,在党内还有人以为算不得独裁。"陈之迈先生从历史演变的立场去看,老实承认国民党的现行制度还是一种"带民主色彩的制度";固然(如陶希圣先生说的)"即令按照

《建国大纲》召开国民大会,那个誓行三民主义的县民代表会议也与多党议会不同",虽然如此,陈之迈先生也愿意承认这是一种进步,一种收获,我们应该努力使它成功,为什么呢?因为这都是走民主政治的路线:这都是"国内问题取决于政治而不取决于武力"的途径。

陶希圣先生说:"胡适之先生主张的民主政治,很显然的是议会政治。"关于这一点,我在这里要声明:我所主张的议会是很有伸缩的余地的:从民元的临时参议院,到将来普选产生的国会,——凡是代表全国的各个区域,象征一个统一国家,做全国的各个部分与中央政府的合法维系,而有权可以用和平的方法来转移政权的,都不违反我想像中的议会。我们有历史眼光的人,当然不妄想"把在英美实行而有成效的民主政治硬搬到中国来",但是我们当然也不轻视一切逐渐走向民主政治的尝试与练习。

陶希圣先生又说:"如果以议会政治论和国民党相争,国民党内没有人能够同意。"我们现在也可以很明白的告诉陶先生和国民党的朋友:我们现在并不愿意"以议会政治论和国民党相争",因为依我们的看法,国民党的"法源",《建国大纲》的第十四条和二十四条都是一种议会政治论。所以新宪草规定的国民大会,立法院,监察院,省参议会,县议会等,都是议会政治的几种方式。国民党如果不推翻孙中山先生的遗教,迟早总得走上民主宪政的路。而在这样走上民主宪政的过程上,国民党是可以得着党外关心国事的人的好意的赞助的。

反过来说,我们恐怕,今日有许多求治过急的人的梦想领袖独裁,是不但不能得着党外的同情,还可以引起党内的破裂与内讧的。宪政有中山先生的遗教作根据,是无法隐讳的;独裁的政制如果实现,将来必有人抬出中山遗教来做"护法"、"救党"的运动。求统一而反致分裂,求救国难而反增加国家的危机,古人说的"欲速则不达"的名言是不可不使我们三思熟虑的。

所以我们为国家民族的前途计,无论党内或党外的人,都应该平心静气考虑一条最低限度的共同信仰,大略如陈之迈先生指出的路线,即是汪蒋两先生感电提出的"国内问题取决于政治而不取决于武力"的坦坦大路。党内的人应该尊重孙中山先生的遗教,尊重党内重要领袖的公开宣言,大家努力促进宪政的成功;党外的人也应该明白中山先生手创的政党是以民主宪政为最高理想的,大家都应该承认眼前一切"带民主色彩的制度"(如新宪法草案之类),都是实现民主宪政的历史步骤,都是一种进步的努力,都值得我们的诚意的赞助使它早日实现的。

我们深信,只有这样的一个最低限度的共同信仰可以号召全国人民的感情与理智,使这个飘摇的国家散漫的民族联合起来做一致向上的努力!

(原载1935年2月17日天津《大公报》星期论文,又载1935年3月10日《独立评论》第141号)

中日提携，答客问

日本新闻联合社的北平访员山上正义先生，前几天拟了十一个问题，征求我的答案。我把这些答案都写出来送给他，另抄了一份在这里发表。问题的汉文是山上先生的原文。

一、先生信最近中日两国关系真渐好转欤？

（答）我不信中日两国关系真渐好转。因为两国间的友谊的根本阻碍至今尚未除去。此根本阻碍即是"满洲国"之存在，使日本侵害中国之铁证永永留在我们的心目中。

二、若真见好转，请问对此之高见如何？

（答）两国政府间当然有恢复常态邦交的需要。但如上月日本报纸所传某项某项条款，只是日本重新压迫中国而已，只是使两国邦交更恶化而已。近日报纸所记，两国使馆升为大使，日本全国举行孙中山先生忌辰祭，在我私见看来，也还不是根本的挽救。

三、情形如此相信不久得以融和中日两国民之感情而恢复两国之睦谊欤？

（答）这事全在日本国民的根本觉悟与如何使此觉悟得着事实上的表现。"解铃还须系铃人"，此言最好。报纸上说，日本政府希望中国停止一切排日之行动。贵国人士须知，凡政治权力所能制止的排日行动，在今日已是绝无而仅有。但一个民族排日的心理，是中国政府绝对无法制止的。贵国人士至今还不能了解中国国民的心理，所以我不信两国民之感情容易融和。

四、认日本毕竟为军部所支配，所谓广田外交，事实上不能有何等作为欤？抑相信日本外交已渐恢复本来之位置欤？

（答）我们当然希望日本的文治派能大有作为，矫正军部侵略政策所造成的危机。但迄今为止,我们只见日本外交家对于军部的主张未敢有根本的挽救,只是为军部弥缝过失而已。

五、先生去年自太平洋会议归国,当时所抱之"日本观"与今日之"日本观"有无变化?若有之,其差异如何?

(答)我那时的"日本观",是日本已走上了"整个民族自杀"的路。我今日的"日本观",是日本还在这条"整个民族自杀"的路上,并不曾回头。一年半的观察,我很抱歉,还不能变更我的"日本观"。

六、日本军部对华北有出于行使武力之举之虞乎?

(答)上月察东事件,使我们相信日本军人随时可有行使武力侵略的行为。请注意,我们中国人心目中的"华北",当然是包括东北四省与察哈尔绥远在内的。

七、相信日本对于打开中国之经济的困难得为何等协力欤?如果能之,其方法如何?

(答)我不是经济学者,不能作专家的观察。但以我的私见看来,治标之法是日本货物倾销之制止。治本方法是中日国际关系得着真正根本的解决,使中国政府在内乱削平后不必继续增加军备。

八、想以外交交涉解决满洲问题非常困难,相信依然以由外交解决为中日和好之根本条件欤?

(答)我深信"以外交交涉解决满洲问题"是中日和好之根本条件。我也深信此事有"非常困难"。但伟大的政治家不应该因畏难而苟安。况此事虽难,总比"整个民族自杀"的路容易多多了,总比"与全世界为敌"容易多多了。

九、非解决满洲问题两国民之国民的握手为绝对不可能欤?

(答)我认为绝对不可能。

十、解决满洲问题应用何方策?愿闻先生高见。

(答)鄙见以为李顿(Lytton)调查团的报告书第九章,和1933年2月17日国联通过的建议案第二章,所提出的原则与办法,在今日尚值得日本政治家与国民的反省。

十一、就今日之状态先生对于日本之思想家,外交家,军部等,有否提议之处?若有之,可得而闻欤?

（答）我对他们有一个建议：他们在今日不可不慎重考虑"他们期望日本将来成一个何等国家"？东亚的英国呢？战后的德国呢？失败后的西班牙呢？悬崖勒马，此其时矣。

(原载1935年3月25日《独立评论》第143号)

纪念"五四"

"五四"是十六年前的一个可纪念的日子。民国八年五月四日（星期）下午，北京的十几个学校的几千学生集会在天安门，人人手里拿着一面白旗，写着"还我青岛"，"诛卖国贼曹汝霖、陆宗舆、章宗祥"，"日本人之孝子贤孙四大金刚三上将"等等字样。他们整队出中华门，前面两面很大的国旗，中间夹着一付挽联，上款是"曹汝霖、陆宗舆、章宗祥遗臭千古"。下款是"北京学界泪挽"。他们沿路散了许多传单，其中最重要的一张传单是这样写的：

北京学界全体宣言

现在日本在万国和会要求并吞青岛，管理山东一切权利，就要成功了！他们的外交大胜利了！我们的外交大失败了！山东大势一去，就是破坏中国的领土！中国的领土破坏，中国就亡了！所以我们学界今天排队到各国公使馆去要求各国出来维持公理。务望全国工商各界一律起来设法开国民大会，外争主权，内除国贼。中国存亡，就在此一举了！今与全国同胞立两个信条道：

中国的土地可以征服而不可以断送！

中国人民可以杀戮而不可以低头！国亡了！同胞起来呀！

他们到东交民巷西口，被使馆界巡警阻止不得通过，他们只能到美国使馆递了一个说帖，又举了六个代表到英、法、意三国使馆去递说帖。因为是星期日，各国公使都不在使馆，只有参赞出来接见，表示同情。

大队退出东交民巷，经过户部街，东长安街，东单牌楼，石大人胡同，一直到赵家楼的曹汝霖住宅。曹家的大门紧闭，大家齐喊"卖国贼呀！"曹宅周围有一两百警察，都站着不动。有些学生用旗杆捣下房上的瓦片,有几个学生爬上墙去,跳进屋去,把大门打开,大家就拥进去了。这一天,曹汝霖和章宗祥都在这屋里,群众人太多了,反寻不着这两个人。他们捉到曹汝霖的爹,小儿子,小老婆,都放了出去。他们打毁了不少的家具。后来他们捉到了章宗祥(驻日公使),打了他一顿,打的头破血流。这时候,有人放了火,火势大了,学生才跑出去。警察总监吴炳湘带队赶到,大众已散去了,只捉去了在路上落后的三十三个人。

这是"五四"那天的经过。(那时我在上海,以上的记载是根据《每周评论》第二十一期的材料。)

这一天的怒潮引起了全国的波动。北京政府最初采用压迫的手段,拘捕学生,封禁《益世报》,监视《晨报》、《国民公报》,下令褒奖曹、陆、章三人的功绩。学生被拘禁了四天,由各校校长保释了。北京各校的学生天天组织露天讲演队,劝买国货,宣传对日本的经济抵制。全国各地的学生也纷纷响应。日本政府来了几次抗议,使中国青年格外愤慨。这样闹了一个多月,到6月3日,北京政府决心作大规模的压迫,开始捉拿满街讲演的学生。6月4日,各校学生联合会也决议更大规模的爱国讲演。6月3、4两日被捉的学生约有两千多人,都被拘禁在北河沿北京大学法科。越捉越多,北大法科容不下了,马神庙的北大理科也被围作临时监狱了。5日的下午,各校派大队出发讲演,合计三千多人,分做三个大纵队:从顺治门到崇文门,从东单牌楼到西单牌楼,都有讲演队,捉也无从捉起了。政府才改变办法:只赶跑听众,不拘捕学生了。

那两天,两千多学生被关在北大法科理科两处,北河沿一带扎了二十个帐棚,有陆军第九师,步兵一营和第十五团驻扎围守,从东华门直到北大法科,全是兵士帐棚。我们看6月4日警察厅致北京大学的公函,可以想象当日的情状:

> 径启者:昨夜及本日迭有各学校学生一二千人在各街市游行演说,当经本厅遵照五月二十五日大总统命令,派出员警尽力制止,百般劝解,该学生等终不服从,犹复强行演说。当时地方秩序颇形扰乱,本厅商承警备总司令部,为维持公安计,不得已

将各校学生分送北京大学法科及理科,酌派军警监护,另案呈请政府,听候解决。惟各该校人数众多,所有饮食用具,应请贵校速予筹备,以资应用。除函达教育部外,相应函达查照办理。此致北京大学。八年六月四日。

6月4日上海、天津得着北京大拘捕学生的电报,各地人民都很愤激,学生都罢课了,上海商人一致宣布罢市三天。天津商人也宣布罢市了。上海罢市消息传到北京,政府才惊慌了,5日下午,北河沿的军队悄悄的撤退了,二十个帐棚也撤掉了。

这回学生奋斗一个月的结果,最重要的有两点:一是曹汝霖、陆宗舆、章宗祥的免职,二是中国出席和会的代表不敢在断送山东的和约上签字。政府屈服了,青年胜利了(以上记载参用《每周评论》第二十五期的记事)。

"五四运动"一个名词,最早见于八年五月二十六日的《每周评论》(第二十三期)。一位署名"毅"的作者,——我不记得是谁的笔名了,——在那一期里写了一篇《五四运动的精神》,那篇文章是值得摘抄在这里的:

什么叫做"五四运动"呢?

民国八年五月四日北京学生几千人,因山东问题失败,在政府高压的底下,居然列队示威,作正当民意的表示。这是中国学生的创举,是中国教育界的创举,也是中国国民的创举。大家不可忘了!……这次运动里有三种真精神,可以关系中国民族的存亡。

第一,这次运动是学生牺牲的精神。……一班青年学生奋空拳,扬白手,和黑暗势力相斗,……这样的牺牲精神不磨灭,真是再造中国的元素。

第二,是社会裁制的精神。……这次学生虽然没有把他们(卖国贼)一个一个的打死,但是把他们在社会上的偶像打破了!以后的社会裁制更要多哩!……

第三,是民族自决的精神。……这次学生不问政府,直接向

> 公使团表示,是中国民族对外自决的第一声。不求政府,直接惩办卖国贼,是对内自决的第一声。

这篇文章发表在"五四运动"收到实际政治的效果之前,这里的三个评判是很公道的估计。

现在这个壮烈的运动已成了十六年前的史迹了。我们现在追叙这个运动的起源,当然不能不回想到那个在蔡元培先生领导之下的北京大学。蔡先生到北大,是在六年一月。在那两年之中,北大吸收了一班青年的教授,造成了一点研究学术和自由思想的风气。在现在看来,那种风气原算不得什么可惊异的东西。但在民国七八年之间,北大竟成了守旧势力和黑暗势力最仇视的中心。那个时代是安福俱乐部最得意的时代;那一班短见的政客和日本军阀财阀合作,成立了西原借款和中日军事协定。在那强邻的势力和金钱的庇护之下,黑暗的政治势力好像是安如泰山的了。当时在北方的新势力中心只有一个北京大学。蔡先生初到北大,第一天就提出"研究学术"的宗旨,这是不致引起政府疑忌的。稍稍引起社会注意的是陈独秀先生主办的《新青年》杂志,最初反对孔教,后来提倡白话文学,公然主张文学革命,渐渐向旧礼教旧文化挑战了。当时安福政权的护法大神是段祺瑞,而段祺瑞的脑筋是徐树铮。徐树铮是林纾的门生,颇自居于"卫道君子"之流。《新青年》的同人攻击旧文学与旧礼教,引起了林纾的反攻;林纾著了几篇短篇小说,登在上海《新申报》上,其中《荆生》一篇,很明显的攻击陈独秀,胡适,钱玄同三人,并且希望有个伟丈夫荆生出来,用重十八斤的铜锏,来制伏书痴。那篇小说的末尾一唱三叹的论赞,中有云:

> 如此混浊世界,亦但有田生(陈)狄生(胡)足以自豪耳!安有荆生!

这是反激荆生的话,大家都很明白荆生暗射小徐将军,——荆徐都是州名。所以在八年的春初,北京早已闹起"新旧思潮之争",北大早已被认为新思想的大本营了。

但单有文学礼教的争论,也许还不至于和政治势力作直接冲突。七年的《新青年》杂志是有意不谈政治的。不谈政治而专注意文艺思想的革新，那是我的主张居多。陈独秀，李大钊，高一涵诸先生都很注意政治的问题。蔡先生也是关心政治的改善的。这种政治兴趣的爆发是在欧战终了（七年十一月十一）的消息传来的时候。停战的电报传出之夜，全世界都发狂了，中国也传染着了一点狂热。北京各学校，十一月十四日到十六，放了三天假，庆祝协约国的战胜。那几天，"旌旗满街，电彩照耀，鼓乐喧阗，好不热闹！东交民巷以及天安门左近，游人拥挤不堪"（用陈独秀的克林德碑文中的话）。这时候，蔡先生（他本是主张参战的）的兴致最高，他在那三天庆祝之后，还向教育部借了天安门的露天讲台，约我们一班教授做了一天的对民众的"演说大会"（演说辞散见《新青年》五卷五号及六号）。他老人家也演说了好几次。

　　这样热烈的庆祝协约国的胜利，难道蔡先生和我们真相信"公理战胜强权"了吗？现在回想起来，我们在当时都不免有点"借他人之酒杯，浇自己之块垒"。我们大家都不满意于国内的政治和国际的现状，都渴望起一种变化，都渴望有一个推动现状的机会。那年十一月的世界狂热，我们认作一个世界大变局的起点，也想抓住它作为推动中国社会政治的起点。同时我们也不免都受了威尔逊大总统的"十四原则"的麻醉，也都期望这个新世界可以使民主政治过平安日子。蔡先生最热心，也最乐观，他在那演说大会上演说"黑暗与光明的消长"（《蔡先生言行录》页八四——九十），他说：

　　　　我们为什么开这个演说大会？因为大学职员的责任并不是专教几个学生，更要设法给人人都受一点大学教育。在外国叫做平民大学。这一回的演说大会就是我国平民大学的起点。

这几句话可以显出蔡老先生的伟大精神。这是他第一次借机会把北京大学的使命扩大到研究学术的范围以外。他老人家忍了两年，此时他真忍不住了！他说：

　　　　但我们的演说大会何以开在这个时候呢？现在正是协约国战胜德国的消息传来，北京的人都高兴的了不得。请教为什么要这样高兴？

　　　　诸君不记得波斯拜火教吗？他用黑暗来比一切有害于人类

的事,用光明来比一切有益于人类的事。所以说世界上有黑暗的神与光明的神相斗,光明必占胜利。这真是世界进化的状态。……距今一百三十年前的法国大革命,把国内政治上一切不平等黑暗主义都消灭了。现在世界大战争的结果,协约国占了胜利,定要把国际间一切不平等的黑暗主义都消灭了,别用光明主义来代他。

  第一是黑暗的强权论消灭,光明的互助论发展。
  第二是阴谋派消灭,正义派发展。
  第三是武断(独裁)主义消灭,平民主义发展。
  第四是种族偏见消灭,大同主义发展。

我们在十六七年后回头重读这篇伟大的演说,我们不承认蔡先生的乐观完全失败了。但我们不要忘记:第一,蔡先生当日的乐观是根据于他的哲学信仰上的乐观,他是诚意的信仰互助论必能战胜强权论的,所以他的乐观是有热力的,能感动人的。第二,他的乐观是当日(七年十一月)全世界渴望光明的人们同心一致的乐观,那"普天同庆"的乐观是有感动人的热力与传染性的。这种乐观是民国八年以后中国忽然呈现生气的一个根苗,而蔡先生就是散布那根苗的伟大领袖。若没有那种乐观,青年不会有信心,也决不会有"五四""六三"的壮烈运动起来。"五四"的事件固然是因为四月底巴黎和会的恶消息传来,威尔逊总统的理想主义完全被现实政治的妥协主义打消了,大家都深刻的感觉那六个月的乐观的幻灭。然而正因为有了那六个月的乐观与奢望,所以那四五月间的大失望能引起有热力的反动。况且我们看那几千学生5月4日在美国使馆门口高喊着"大美国万岁!威尔逊大总统万岁!大中华民国万岁!世界永久和平万岁!"我们不能不承认那引起全世界人类乐观的威尔逊主义在当日确是"五四"运动的一种原动力。蔡先生和当日的几个开明的政治家(如林长民、汪大燮)都是宣传威尔逊主义最出力的人。

  蔡先生这篇演说的结语也是最值得注意的。他说:

    世界的大势已到这个程度,我们不能逃在这个世界以外,自然随大势而趋了。我希望国内持强权论的,崇拜武断(独裁)主义的,好弄阴谋的,执着偏见想用一派势力统治全国的,都快快抛弃了这种黑暗主义,向光明方面去呵!

这是很明显的向当日的黑暗政治势力公开宣战了!从这一天起,北京大学就走上了干涉政治的路子,蔡先生带着我们都不能脱离政治的努力了。

天安门演说之后,不多几天,我因母亲死了,奔丧南下。我走之后,独秀、守常先生更忍不住要谈政治了,他们就发起《每周评论》,用白话来做政治的评论。《每周评论》12月22日出版,它的发刊词也可以使我们看出那个狂热的乐观时代的大影响:

> 自从德国打了败仗,"公理战胜强权"这句话几乎成了人人的口头禅。……凡合乎平等自由的,就是公理;倚仗自家强力侵害他人的平等自由的,就是强权。……这"公理战胜强权"的结果,世界各国的人都应该明白,无论对内对外,强权是靠不住的,公理是万万不能不讲的了。美国大总统威尔逊屡次的演说都是光明正大,可算得现在世界上第一个好人。他说的话很多,其中顶要紧的是两个主义:第一不许各国拿强权来侵害他国的平等自由,第二不许各国政府拿强权来侵害百姓的平等自由。这两个主义不正是讲公理不讲强权吗?……我们发行这《每周评论》的宗旨也就是"主张公理,反对强权"八个大字。

这里固然有借题发挥的话,但独秀和蔡先生在那时候都是威尔逊主义麻醉之下的乐观者,他们天天渴望那"公理战胜强权"的奇迹的实现,一般天真烂漫的青年学生也跟着他们渴望那奇迹的来临。八年四月底,巴黎的电报传来,威尔逊的理想失败了,屈伏了!克里蒙梭和牧野的强权主义终于战胜了!日本人自由支配山东半岛的要求居然到手了!这个大打击是青年人受不住的。他们的热血喷涌了,他们赤手空拳的做出一个壮烈的爱国运动,替国家民族争回了不少的权利。因为如果没有他们的"五四运动",我们的代表团必然要签字的。签了字,我们后来就不配再说话了。三年之后,华盛顿会议的结果,使我们收回山东的失地,其中的首功还得算"五四运动"的几千个青年学生。

最后,我们要引孙中山先生评论"五四运动"的话来做这篇纪念文字的结论。孙先生说:

> 自北京大学学生发生五四运动以来,一般爱国青年无不以新思想为将来革新事业之预备,于是蓬蓬勃勃,发抒言论,国内各界舆论一致同倡。各种新出版物为热心青年所举办者,纷纷应时而出,扬葩吐艳,各极其致。社会遂蒙绝大之影响。虽以顽劣之伪政府,犹且不敢撄其锋。此种新文化运动在我国今日诚思想界空前之大变动。推原其始,不过由于出版界一二觉悟者从事提倡,遂至舆论放大异彩,学潮弥漫全国,人皆激发天良,誓死为爱国之运动。倘能继长增高,其将来收效之伟大且久远者,可无疑也。吾党欲收革命之成功,必有赖于思想之变化。兵法攻心,语曰革心,皆此之故。故此种新文化运动实为最有价值之事。(九年一月二十九日,《与海外同志书》)

中山先生的话是"五四"之后七个多月写的。他的评判,我们认为很公允。他的结论"吾党欲收革命之成功,必有赖于思想之变化",这是不可磨灭的名言。我们在这纪念"五四"的日子,不可不细细想想今日是否还是"必有赖于思想的变化"。因为当年若没有思想的变化,决不会有"五四运动"。

二十四,四,二十九夜

(原载 1935 年 5 月 5 日《独立评论》第 149 号)

杂碎录(一)

何键的佳电(民国廿四年)

2月14日香港《循环日报》登出湖南省政府主席兼追剿军总司令何键致广东当局的"佳"电,全文如下:

顷读余子敬诸先生《孔子教化与最近二十年的关系之窥测》一文,深切严明,狂澜砥柱,敬佩曷既!孔子集列圣之大成,数千年来,礼教人伦,诗书典则,赖以不坠,教化所被,如日月丽天,无远弗届,有识同钦。虽后儒穿凿附会,学昧本源,究无损于大道之光明。自胡适之倡导所谓新文化运动,提出打倒孔家店口号,煽惑无知青年,而共产党乘之,毁纲灭纪,率兽食人,民族美德,始扫地荡尽。我政府惩前毖后,近特隆重礼孔,用端趋向。举国上下,莫不翕然景从。独胡氏惧其新文化领袖头衔不保,复于《独立评论》撰文,极词丑诋,公然为共匪张目,谓其慷慨献身,超越岳飞、文天祥及东林诸君子之上。丧心病狂,一至于此,可胜浩叹!据闻胡氏生平言论矛盾,教他人以废弃文言,而其子弟,仍然读经。如果属实,则居心更不堪问。键身膺剿匪重任,深恐邪说披猖,动摇国本,故敢略抒所感,以为同声之应。甚愿二三卫道君子,扶持正义,转移劫运,无任祷企。何键叩,佳印。

何键先生提起的《独立评论》的文章是第一一七号里我的《写在孔子诞辰纪念之后》一篇。那篇文章是歌颂这二十多年的中国大进步的,我今天又重读一遍,不曾寻出有一字一句当得起"极词丑诋"的考语。只有何键先生自己说的"丧心病狂"、"居心不堪问"、"邪说披猖"那才是"极词丑诋"哩。自从孟子骂杨墨为"禽兽"以来,多少自命"卫道君子"的人开口就"极词丑诋",毫不觉得惭愧。我们受过科学文明的洗礼的人是不会"丑诋"的。

袁世凯的祀孔令（民国三年）

我刚读了何键先生的佳电，恰好亚东图书馆送了我的《藏晖室札记》的校样来。我校对这本二十多年前的旧日记，忽然读到民国三年九月袁世凯的祀孔命令。那是二十一年前的尊孔文献，也是当时的"卫道君子"的大手笔，也抱着"扶持正义，转移劫运"的弘愿，不过那时候的"替罪羊"还不是胡适之罢了。我现在把这道命令也全抄在这里：

> 中国数千年来，立国根本，在于道德。凡国家政治，家庭伦纪，社会风俗，无一非先圣学说发皇流衍。是以国有治乱，运有隆替，惟此孔子之道，亘古常新，与天无极。经明于汉，祀定于唐，俎豆馨香，为万世师表，国纪民彝，赖以不坠。隋唐以后，科举取士，人习空言，不求实践，濡染酝酿，道德寖衰。近自国体变更，无识之徒误解平等自由，逾越范围，荡然无守，纲常沦致，人欲横流，几成为土匪禽兽之国。幸天心厌乱，大难削平。而黉舍鞠为荆榛，鼓钟委于草莽，使数千年崇拜孔子之心理缺而弗修，其何以固道德藩篱而维持不敝？本大总统躬行重任，早作夜思，以为政体虽取革新，而礼俗要当保守。环球各国，各有所以立国之精神，秉诸先民，蒸为特性。中国服循圣道，自齐家治国平天下，无不本于修身。语其小者，不过庸德之行，庸言之谨，皆日用伦常所莫能外，如布帛菽粟之不可离。语其大者，则可以位天地，育万物，为往圣继绝学，为万世开太平，苟有心知血气之伦，胥在范围曲成之内。故尊崇至圣，出于亿兆景仰之诚，绝非提倡宗教可比。前经政治会议议决祀孔典礼，业已公布施行。九月二十八日为旧历秋仲上丁，本大总统谨率百官举行祀孔典礼，各地方孔庙由各该管长官主祀，用以表示人民，俾知国家以道德为重，群相兴感，潜移默化，治进大同，本大总统有厚望焉。此令。

二十一年前，胡适之还在外国做大学生，然而那时代的人已是"误解平等自由,逾越范围,荡然无守,纲常沦斁,人欲横流,几成为土匪禽兽之国"了。"幸天心厌乱",袁大总统"谨率百官举行祀孔典礼,各地方孔庙由各该管长官主祀,用以表示人民,群相兴感,潜移默化,治进大同"。又不幸天心未厌乱,不久就有胡适之起来,"倡导所谓新文化运动","而共产党乘之",结果又是"毁纲灭纪,率兽食人,民族美德始扫地荡尽"。幸天心又厌乱了,我政府又"隆重礼孔,用端趋向"了,又有何键诸公与"二三卫道君子,扶持正义,转移劫运"了。二十年前袁世凯的未竟之志,未遂之功,现在又有二三卫道君子继起担承了。胡适之造成的劫运,现在当然要转移了。这是多么可喜的消息啊!

(原载1935年5月5日《独立评论》第149号)

个人自由与社会进步

再谈五四运动

5月5日《大公报》的星期论文是张熙若先生的《国民人格之修养》。这篇文字也是纪念"五四"的,我读了很受感动,所以转载在这一期。我读了张先生的文章,也有一些感想,写在这里作今年五四纪念的尾声。

这年头是"五四运动"最不时髦的年头。前天五四,除了北京大学依惯例还承认这个北大纪念日之外,全国的人都不注意这个日子了。张熙若先生"雪中送炭"的文章使人颇吃一惊。他是政治哲学的教授,说话不离本行,他指出五四运动的意义是思想解放,思想解放使得个人解放,个人解放产出的政治哲学是所谓个人主义的政治哲学。他充分承认个人主义在理论上和事实上都有缺点和流弊,尤其在经济方面。但他指出个人主义自有它的优点:最基本的是它承认个人是一切社会组织的来源。他又指出个人主义的政治理论的神髓是承认个人的思想自由和言论自由。他说:

> 个人主义在理论上及事实上都有许多缺陷和流弊,但以个人的良心为判断政治是非之最终标准,却毫无疑义是它的最大优点,是它的最高价值。……至少,他还有养成忠诚勇敢的人格的用处。此种人格在任何政制下(除过与此种人格根本冲突的政制)都是有无上价值的,都应该大量的培养的。……今日若能多多培养此种人材,国事不怕没有人担负。救国是一种伟大的事业,伟大的事业惟有有伟大人格者才能胜任。

张先生的这段议论,我大致赞同。他把"五四运动"一个名词包括"五四"(民国八年)前后的新思潮运动,所以他的文章里有"民国六七年的五四运动"一句话。这是五四运动的广义,我们也不妨沿用这个广义的说法。张先生所谓"个人主义",其实就是"自由主义"(Liberalism)。我们在民国八九年之间,就感觉到当时的"新思潮"、"新文化"、"新生活"有仔细说明意义的必要。无疑的,民国六七年北京大学所提倡的新运动,无论形式上如何五花八门,意义上只是思想的解放与个人的解放。蔡元培先生在民国元年就提出"循思想自由言论自由之公例,不以一流派之哲学一宗门之教义梏其心"的原则了。他后来办北京大学,主张思想自由、学术独立、百家平等。在北京大学里,辜鸿铭、刘师培、黄侃和陈独秀、钱玄同等同时教书讲学。别人颇以为奇怪,蔡先生只说:"此思想自由之通则,而大学之所以为大也。"(《言行录》页二二九)这样百家平等,最可以引起青年人的思想解放。我们在当时提倡的思想,当然很显出个人主义的色彩。但我们当时曾引杜威先生的话,指出个人主义有两种:

(1)假的个人主义就是为我主义(Egoism),他的性质是只顾自己的利益,不管群众的利益。

(2)真的个人主义就是个性主义(Individuality),他的特性有两种:一、是独立思想,不肯把别人的耳朵当耳朵,不肯把别人的眼睛当眼睛,不肯把别人的脑力当自己的脑力。二、是个人对于自己思想信仰的结果要负完全责任,不怕权威,不怕监禁杀身,只认得真理,不认得个人的利害。

这后一种就是我们当时提倡的"健全的个人主义"。我们当日介绍易卜生(Ibsen)的著作,也正是因为易卜生的思想最可以代表那种健全的个人主义。这种思想有两个中心见解:第一是充分发展个人的才能,就是易卜生说的:"你要想有益于社会,最好的法子莫如把你自己这块材料铸造成器。"第二是要造成自由独立的人格,像易卜生的《国民公敌》戏剧里的斯铎曼医生那样"贫贱不能移,富贵不能淫,威武不能屈"。这就是张熙若先生说的"养成忠诚勇敢的人格"。

近几年来,五四运动颇受一班论者的批评,也正是为了这种个人主义的人生观。平心说来,这种批评是不公道的,是根据于一种误解的。他们说个人主义的人生观是资本主义社会的人生观。这是滥用名词的大笑话。难道在社会主义的国家里就可以不用充分发展个人的才能了吗?难道社会主义的国家里就用不着有独立自由思想的个人了吗?难道当时辛苦奋斗创立社会主义共产主义的志士仁人都是资本主义社会的奴才吗?我们试看苏俄现在怎样用种种方法来提倡个人的努力(参看《独立》第一二九号西滢的《苏俄的青年》,和蒋廷黻的《苏俄的英雄》),就可以明白这种人生观不是资本主义社会所独有的了。

还有一些人嘲笑这种个人主义,笑它是十九世纪维多利亚时代的过时思想。这种人根本就不懂得维多利亚时代是多么光华灿烂的一个伟大时代。马克斯、恩格尔,都生死在这个时代里,都是这个时代的自由思想独立精神的产儿。他们都是终身为自由奋斗的人。我们去维多利亚时代还老远哩。我们如何配嘲笑维多利亚时代呢!

所以我完全赞同张熙若先生说的"这种忠诚勇敢的人格在任何政制下都是有无上价值的,都应该大量的培养的"。因为这种人格是社会进步的最大动力。欧洲十八九世纪的个人主义造出了无数爱自由过于面包,爱真理过于生命的特立独行之士,方才有今日的文明世界。我们现在看见苏俄的压迫个人自由思想,但我们应该想想,当日在西伯利亚冰天雪地里受监禁拘囚的十万革命志士,是不是新俄国的先锋?我们到莫斯科去看了那个很感动人的"革命博物馆",尤其是其中展览列宁一生革命历史的部分,我们不能不深信:一个新社会、新国家,总是一些爱自由爱真理的人造成的,决不是一班奴才造成的。

张熙若先生很大胆的把五四运动和民国十五六年的国民革命运动相提并论,并且很大胆的说这两个运动走的方向是相同的。这种议论在今日必定要受不少的批评,因为有许多人决不肯承认这个看法。平心说来,张先生的看法也不能说是完全正确。民国十五六年的国民革命运动至少有两点是和民国六七八年的新运动不同的:一是苏俄输入的党纪律,一是那几年的极端民族主义。苏俄输入的铁纪律含有绝大的"不容忍"(Intoleration)的态度,不容许异己的思想,这种态度是和我们在五四前后提倡的自由主义很相反的。民国十六年的国共分离,在历史上看来,可以说是国民党对于这种不容异己的专制态度的反抗。可惜清党以来,六七年中,这种"不容忍"的态度养成的专制习惯还存在不少人的身上。刚推翻了布尔什维克的不容异己,又学会了法西斯蒂的不容异己,这是很不幸的事。

"五四"运动虽然是一个很纯粹的爱国运动,但当时的文艺思想运动却不是狭义的民族主义运动。蔡元培先生的教育主张是显然带有"世界观"的色彩的(《言行录》一九七页)。《新青年》的同人也都很严厉的批评指斥中国旧文化。其实孙中山先生也是抱着大同主义的,他是信仰"天下为公"的理想的。但中山先生晚年屡次说起鲍洛庭同志劝他特别注重民族主义的策略,而民国十四五年的远东局势,又逼我们中国人不得不走上民族主义的路。十四年到十六年的国民革命的大胜利,不能不说是民族主义的旗帜的大成功。可是民族主义有三个方面:最浅的是排外,其次是拥护本国固有的文化,最高又最艰难的是努力建立一个民族的国家。因为最后一步是最艰难的,所以一切民族主义运动往往最容易先走上前面的两步。济南惨案以后,九一八以后,极端的叫嚣的排外主义稍稍减低了,然而拥护旧文化的喊声又四面八方的热闹起来了。这里面容易包藏守旧开倒车的趋势,所以也是很不幸的。

在这两点上,我们可以说,民国十五六年的国民革命运动,是不完全和五四运动同一个方向的。但就大体上说,张熙若先生的看法也有不小的正确性。孙中山先生是受了很深的安格鲁撒克逊民族的自由主义的影响的,他无疑的是民治主义的信徒,又是大同主义的信徒。他一生奋斗的历史都可以证明他是一个爱自由爱独立的理想主义者。我们看他在民国九年一月《与海外同志书》(引见上期《独立》)里那样赞扬五四运动,那样承认"思想之转变"为革命成功的条件;我们更看他在民国十三年改组国民党时那样容纳异己思想的宽大精神,——我们不能不承认,至少孙中山先生理想中的国民革命是和五四运动走同一方向的。因为中山先生相信"革命之成功必有赖于思想之转变",所以他能承认五四运动前后的"新文化运动实为最有价值的事"。思想的转变是在思想自由言论自由的条件之下个人不断的努力的产儿。个人没有自由,思想又何从转变,社会又何从进步,革命又何从成功?

二十四,五,六

(原载 1935 年 5 月 12 日《独立评论》第 150 号)

又大一岁了

这两天忙着替这个小孩子收受各位好朋友赏给它做三周的糖果,我自己竟没有工夫给它办点寿果了。我现在只能代表这孩子十分诚恳的向各位好朋友谢谢赠送糖果的好意。

这个孩子是民国二十一年五月二十二日出世的。我们在他周岁的时候(第五十一号),曾说过:

> 我们办这个刊物,本来不希望它做我们这十一二个人的刊物,也不希望它成为我们的朋友的刊物;我们自始就希望它成为全国一切用公心讨论社会政治问题的人的公共刊物。

这三年来,我们的希望可以说是渐渐实现了:《独立评论》渐渐成为全国用公心讨论政治社会问题的人的公共刊物了。

试举一件值得报告的事实。《独立》在这三年之中,总共发表了七百九十六篇文章(编辑后记不计),其中

```
社员作的      372 篇     占百分之四六·七
社外投稿      424 篇     占百分之五三·三

总    计      七九六
```

试分年比较如下:

	篇数	社员稿	百分比	社外稿	百分比
第一年	274	157	57.3	117	42.7
第二年	244	109	44.7	135	55.3
第三年	278	106	38.2	172	61.8

这样我们原来创办人的文字逐年递减,从全数百分之五七降到百分之三八;而社外投稿逐年递加,从百分之四三加到百分之六二。这不

是《独立》渐渐成为一个全国公共刊物的实证吗?

三年的八百篇文字,其中四百二十四篇是社外朋友义务的投稿,这个孩子当然是大家公共生育抚养的了。

我说这段话,当然不是有意抹煞《独立评论》社的各位社员的创办和维持的苦心。远在《独立》出版之先,从民国二十一年一月起,《独立》社员就开始捐款,每月抽出他们的固定收入的百分之五;后来刊物稍有入款了,他们的捐款才减到百分之二·五。直到最近一年多,捐款才停止。捐款总数为四千二百零五元。这是他们对这个孩子经济上的供给。

社员常作文的不过八个人,这些各有职业的忙人,在三年之中为《独立》写了三百七十篇文字,真可说是绞乳汁喂养这个孩子了。这是他们在文字上的供给。

自从《独立》开办以来,时常有人疑心这个孩子不是这十来个穷书生供养得起的,背后必然受有什么"后台老板"的津贴。日子久了,这种疑心逐渐消灭了。现在我们不妨借这机会报告一句:《独立》所以能维持到今日,不全靠那四千二百元的社员捐款。它的最大的经济助力是那八百篇不取稿费的文字。这三百万字的文稿,依五块钱一千字计算,就要一万五千元了。我们不能不感谢这八百篇文章的作者:若没有他们的公心和热诚,这个孩子早已断乳饿死在摇篮里了。

在这贺周岁的日子,我们不要忘了这个孩子还有一位忠心的看护妇。我们创办这刊物的时候,就请黎昔非先生专管发行所的事务。说也惭愧,我是实行我的无为政治的,我在三年之中,只到过发行所一次!这三年的发行,校对,杂务,全是黎昔非先生一个人支持。每到星期日发报最忙的时候,他一个人忙不过来,总有他的许多青年朋友赶来尽义务,帮他卷报,装封,打包,对住址。还有我的朋友罗尔纲先生,章希吕先生,他们帮我做最后一次的校对,也都是这孩子应该十分感谢的。还有北平浙江兴业银行的几位朋友,他们尽义务替《独立》管账查账,也是我们十分感激的。

我们特别感谢陈之迈先生送来贺寿的一篇《教孩子的方法》。他在这篇文字里,特别发挥我们所期望的"独立"的精神。独立的精神就是自由思想的精神。我们在第一期的发刊《引言》里就说过:

> 我们都不期望有完全一致的主张,只期望各人都根据自己的知识,用公平的态度,来研究中国当前的问题。……
>
> 不倚傍任何党派,不迷信任何成见,用负责任的言论来发表我们各人思考的结果:这是独立的精神。

这寥寥两句话里,两次用了"各人"二字,这不是偶然的。在"九一八"事件发生之后不久,我们一二十个朋友曾几次聚会,讨论东三省的问题。我们公推蒋廷黻先生起草一个方案,我个人也起了一个方案。廷黻的方案已够温和了,我的方案更温和。大家讨论了许久,两个方案都不能通过;又公推两位去整理我们的草案,想合并修正作一个方案。结果是整理的方案始终没出现。我在那时就起了一个感想:如果我的一个方案不能一致通过这十来个好朋友,我还能妄想得着多数国民的接受吗?这是一个很悲观的结论。但我又转念一想:我有什么特殊资格可以期望我的主张一定成为大家一致接受的方案呢?我的主张不过是我个人思考的结果;我要别人平心考虑我思考的结果,我也应该平心考虑别人思考的结果。我的思想有被接受的期望,别人的思想也都可以有被接受的期望。最好的方法是承认人人各有提出他自己的思想信仰的自由权利;承认人人各有权利期望他的思想信仰逐渐由一二人或少数人的思想信仰变成多数人的思想信仰。只要是用公心思考的结果,都是值得公开讨论的。

所以我们在半年后开办《独立评论》,就采用这个"各人"自己负言论责任的根本态度。除了第一期的《引言》不署名之外,篇篇文字各用作者自己的姓名发表。这个态度最初还不能完全得着社员的了解。例如我的《论对日外交方针》(第五号)发表后,傅孟真先生曾对我说:"这篇文字要是先经过聚餐会的讨论,恐怕就登不出来了。"可见那时候聪明的孟真也还看不惯这种各人自己负责任的办法。但这个方法后来逐渐用惯了,大家也都不很觉得奇怪了。例如国联调查团的报告书公布时,《独立》(第二十一至二十二号)就发表了三篇很不同的评论:我不妨称它为"一个代表世界公论的报告",孟真不妨称它为"一件含糊的杰作"。此外更明显的例子是独裁与民治的讨论,武力统一的问题,建设与无为的问题,西化的问题等等,我们总是充分登载不同的主张,有时候,独立到《独立》社员自己开起很激烈的笔战来了!

我们很可以安慰自己的就是我们从不曾因为各人主张的不同而伤害朋友的交情。《独立》社员至今没有一个散伙的。有一次,我的一篇《保全华北的重要》(第五十二三号)引起了孟真的抗议,他写信来说他要永远脱离《独立》了。但后来我们当面谈过,彼此也都谅解了,孟真至今还是《独立评论》的台柱子。

我拉杂写了这些往事,只是要说明这种独立的态度在这一群朋友之间的意义。关于这种精神在社会政治上的功用,我们很热心的介绍陈之迈先生的寿文。

最后,我们十分高兴的感谢我们的七千读者。他们能忍耐这样一个说平实话的刊物到三年之久,这是我们最感觉安慰的。

二十四,五,十四

(原载 1935 年 5 月 19 日《独立评论》第 151 号)

今日思想界的一个大弊病

现在有一些写文字的人最爱用整串的抽象名词,翻来覆去,就像变戏法的人搬弄他的"一个郎当,一个郎当,郎当一郎当"一样。他们有时候用一个抽象名词来替代许多事实;有时候又用一大串抽象名词来替代思想;有时候同一个名词用在一篇文章里可以有无数的不同的意义。我们这些受过一点严格的思想训练的人,每读这一类的文字,总觉得无法抓住作者说的是什么话,走的是什么思路,用的是什么证据。老实说,我们看不懂他们变的是什么掩眼法。

我试从我平日最敬爱的一个朋友陶希圣先生的《为什么否认现在的中国》一篇里引一些例子。

(1) 在先,资本主义的支配还不大厉害的时候,中国人便想自己也来一番资本主义,去追上欧美列强。

我们试想"也来一番资本主义"这句话是不是可以替代庚子拳祸以前的一切变法维新的企图?设船厂,兴海军,兴教育,改科举,立制造局,翻译格致书籍,派遣留学生等等,这都可以用"也来一番资本主义"包括了!这不是用抽象名词代替许多事实吗?

(2) 胡先生在过去与封建主义争斗的光荣,是我们最崇拜最愿崇拜的。

这里说的是我自己了。然而我搜索我半生的历史,我就不知道我曾有过"与封建主义争斗的光荣"。压根儿我就不知道这四十年的中国"封建主义"是个什么样子。所以陶先生如果说我曾提倡白话文,我没法子抵赖。他恭维我曾与封建主义争斗,我只好对他说"小人无罪"。如果我做过什么"争斗",我打的是骈文律诗古文,是死的文字,是某种某种混沌的思想,是某些某些不科学的信仰,是某个某个不人道的制度。这些东西各有很长的历史,各有他的历史演变的事实,都是最具体的东西,都不能用一个抽象名词(如"封建主义")来解释他们,形容他们,或概括他们。即如骈文律诗,在中国古代封建制度的的确确存在的时代,何尝有骈文律诗的影子?骈文律诗起于比较很晚的时代,与封建主义何干?那个道地的封建制度之下,人们歌唱的(如《国风》)是白话,写的(如《论语》)也是白话。后来在一个统一的帝国之下,前一个时代的活文字渐渐僵死了,变成古文,被保留作统一帝国的交通工具,这与封建主义何干?又如我们所攻击的许多传统思想和信仰,绝大部分是两千年的长期印度化的产物,都不是中国古代封建制度之下原有的东西。把这些东西都归罪到"封建主义"一个名词,其错误等于说痨病由于痨病鬼,天花由于天花娘娘,自缢寻死由于吊死鬼寻替身!

以上的例子都是用一个抽象名词来替代许多具体的历史事实。这毛病是笼统,是混沌,是抹煞事实。

(3) 没有殖民地,我们想像不到欧美的灿烂光华。

他们的灿烂光华是向殖民地推销商品和投下资本赚下来的。

(4) 没有殖民地,资本主义便不能存在。

这样的推理,只是武断的把一串名词排成一个先后次序,把名词的先后次序替代了因果的关系。"没有殖民地,就没有了资本主义;没有了资本主义,就没有了欧美的灿烂光华。"多么简单干脆的推论!中国没有殖民地(?),中国就没有资本主义。德国的殖民地全被巴黎和约剥夺了,德国也就没有资本主义了,也就不会有灿烂光华了。明儿美国让菲律宾独立了,或者菲律宾和夏威夷群岛都被日本抢去了,美国的资本主义也就不能存在了。况且在三十六年前,美国压根儿就不曾有过一块殖民地,美国大概就没有资本主义了吧?大概也就没有什么"灿烂光华"了吧?这是史实吗?

以上的例子是用连串名词的排列来替代思想的层次,来冒充推理的程序。这毛病是懒惰,是武断。

(5)灿烂的个人自由的经济经营时代,至少是不能在中国再见的了。自由的旗帜高张起来也是空的。有组织有计划的生产,自然与自由主义的思想不相容。不过,民主或自由的思想在中国虽然空的很,却有一些重大的使命。这是因为封建主义还有存在。在对抗封建主义的阵容一点上,民主与自由主义是能够叫动社会同情的。如果误解这种同情的到来,是说中国的文化必走上民主自由的十九世纪欧美式上,那便推论得太远了一点了。

这一段文章里用"自由"一个名词,凡有六次。第一个"自由"是经济的,是自由竞争的经济经营。第二个"自由"好像是指民七八年以来我们一班朋友主张的自由主义的人生观和要求思想言论自由的政治主张。第三个"自由"就不好懂了:明明说的是"自由主义的思想",却又是和"有组织有计划的生产"不相容,又好像是指自由竞争的经济经营了。我们愚笨的很,只知道"自由主义的思想"和专制政治不相容,和野蛮黑暗的恶势力不相容;我们就没听见过它和"有组织有计划的生产"不相容。姑且不说大规模集中生产的资本主义也是"有组织有计划"的。试看看丹麦和其他北欧各国的各种生产合作制度,何尝不是"有组织有计划的生产"?又何尝与自由主义的思想不相容?所以这第三个"自由"当然还是第一次提到的自由竞争的经济经营。第四个"自由"又是指我们的思想言论自由的民治主张了。第五个"自由"也是如此。第六个"自由"的意义又特别扩大了,扩大到"十九世纪欧美式"的文化,这当然要包括自由竞争的经济制度和思想言论自由的政治要求等等了。

这里用"自由"六次,至少有三个不同的意义:(1)自由竞争的经济经营;(2)我们一班朋友要求思想言论自由的民治主张;(3)"十九世纪欧美式"的自由主义的文化。这三个广狭不同的意义,颠来倒去,忽下忽上,如变戏法的人抛起三个球,滚上滚下,使人眼睛都迷眩了,究竟看不清是一个球,还是三个球,还是五六个球。这样费大气力,变大花头,为的是什么呢?难道真是要叫读者眼光迷眩了,好相信胡适之不赞成"中国本位的文化建设"就是要"回转十九世纪欧美自由主义的路";而"回转十九世纪欧美自由主义的路"就等于犯了主张资本主义的大罪恶!

这样的例子是滥用一个意义可广可狭的名词,忽而用其广义,忽而用其狭义,忽而又用其最广义。近人用"资本主义","封建主义"等等名词,往往犯这种毛病。这毛病,无心犯的是粗心疏忽,有心犯的是舞文弄法。

这些例子所表示的,总名为"滥用名词"的思想作文方法。在思想上,它造成懒惰笼统的思想习惯;在文字上,它造成铿锵空洞的八股文章。这都是中国几千年的文字障的遗毒。古人的文字,谈空说有,说性谈天,主静主一,小部分都是"囊风囊雾""捕风捉影"的名词变戏法。"色不异空,空不异色;色即是空,空即是色。"这是人人皆知的模范文体。"用而不有,即有真空,空而不无,玄知妙有。妙有则摩诃般若,真空则清静涅槃。般若无照,能照涅槃;涅槃无生,能生般若。"我们现在读这样的文字,当然会感觉这是用名词变戏法了。但我们现在读某位某位大师的名著,高谈着"封建主义时期","商业资本主义时期","落后资本主义时期","亚细亚生产方式时期","资本主义文化","社会主义文化","中国本位文化建设","创造的综合","奥伏赫变","迎头赶上",……我们就不认得这也是搬弄名词的把戏了。

这种文字障,名词障,不是可以忽视的毛病。这是思想上的绝大障碍。名词是思想的一个重要工具。要使这个工具确当,用的有效,我们必须严格的戒约自己:第一,切不可乱用一个意义不曾分析清楚的抽象名词。(例如用"资本主义",你得先告诉我,你心里想像的是你贵处的每月三分的高利贷,还是伦敦纽约的年息二厘五的银行放款。)第二,与其用抽象名词,宁可多列举具体的事实:事实容易使人明白,名词容易使人糊涂。第三,名词连串的排列,不能替代推理:推理是拿出证据来,不是搬出名词来。第四,凡用一个意义有广狭的名词,不可随时变换它的涵义。第五,我们要记得唐朝庞居士临死时的两句格言:"但愿空诸所有,不可实诸所无。"本没有鬼,因为有了"大头鬼""长脚鬼"等等鬼名词,就好像真有鬼了。滥造鬼名词的人自己必定遭鬼迷,不可不戒!

二十四,五,二十七夜
(原载1935年6月2日《独立评论》第153号)

"无不纳闷,都有些伤心"

最古本《红楼梦》第十三回写秦可卿忽然死了,下文说:
> 彼时合家皆知,无不纳罕,都有些疑心。

既然"合家皆知",又何以"无不纳罕"?又何以"都有些疑心"?这十五个字好像讲不通,所以后来的本子索性改成了"彼时合家皆知,无不纳闷,都有些伤心"。这五六天的华北情势,时时使我们想起这几句话。

这几天(从5月29日以来),日本驻华北的武官向北平军分会提出几项要求,据伦敦的路透电说的,是很"严重"的。从天津外国报纸上登出的零碎消息里,我们知道这些要求的发动是因为两件事:一是天津日本租界内有两家报社的社长被暗杀了,日本方面疑心这是中国人干的;一是上月热河土匪孙永勤部侵入遵化县境,日本方面指摘遵化县长有庇护孙永勤的嫌疑。

从同样的消息里,我们又知道日本武官提出的要求的大概,其中有撤换河北省政府主席,天津市长,停止华北的党部工作,等等。外间的传说,还有他种更严重的要求,例如把平津划作非战区域之类。

从同样的消息和天津朋友的报告里,我们又知道,这几天,天津河北省政府公署的门前,有许多行为,使于学忠主席和他的属员很难忍受的。6月1日平津《太晤士报》(英文)有一篇社论,题为"Much Ado……"。其中有一段说:

> 这一周里,每天有大批武装日本兵士到省政府衙门去,这种情形在眼前紧张情势里是可惋惜的。……高级日本军人曾指出这样上衙门是平常日本操演的一部分;但是,用铁甲车装了一百多个兵士,后面跟着坦克车,容许他们在衙门的门边盘旋,对着

衙门卫队的脸上开照相机,还做出他种不庄重的行为(Commit other indignities),——这未免是一种危险的操演罢。

于主席和他的部下,在这种情形之下所忍受的精神上的苦痛,是值得我们最深刻的同情的。

这些消息都是我们的报纸上看不到的。昨天(6月2日)《大公报》有一条短评,题为"不着一字",我们读了都很伤心,我们把它全抄在这里:

古人说,不着一字,尽得风流,幼时读此,不能理会,现在才理会一点。

不着一字,有两解。不能着,也不必着。

凭文字理会的事,是些粗义;是些枝节;至于真正要点,不着一字,也自然可以理会得。

不见泰山顶上的秦皇没字碑有多么庄严!

中国报纸,快要做没字碑了,但我相信全国人一样可以了解。

练习纳闷,也是一种工夫,全国人都能常常纳闷,就等于个个了解。

世界上有这样过日子的人吗?请大家自问自思一下。

5月31日下午三时四十分,我国驻日本的大使蒋作宾到外务省访问广田外相,说"中国政府对于华北问题,愿竭诚商量解决方法,希望竭力避免事件的重大化"。广田外相回答说,他愿意"把中国政府的意旨转达军部,并叩询其意见"。(6月1日电通社电)

6日1日上午九时,外务省派东亚局长桑岛到参谋本部访问第二部长冈村,有吉大使也参加,会议了三点钟。陆军方面非正式的发表会议的内容如下:"陆军当局认定,如外务省所熟知,本问题为关于停战协定内属于军司令官的统帅事项,而非外交事项,故不可移于外交交涉,想应由驻在军部当局处理之。"(同日新联社电)

同日电通社电说,"日本陆军方面认为外务省不宜向军部要求解决华北问题,或出于斡旋行为,而当仅止于传达华方意向之程度"。

同日的英国《曼哲斯脱高丁报》评论此事，曾说："我们真不妒羡日本广田外相的地位。他刚对于某一国作友谊的表示时，他就不知道日本的陆军方面会不会忽然决定向那一国进行攻击。"《曼哲斯脱高丁报》的社论作者说这话时，他还没有料到日本陆军当局会老实告诉广田外相他的任务"当仅止于传达华方意向之程度"。

这是我们早已推想到的。在两个月之前，新联社的北平访员曾问我们一个问题，原文是：

> 先生认日本毕竟为军部所支配，所谓广田外交，事实上不能有何等作为欤？抑相信日本外交已渐恢复本来之位置欤？

我当时曾答他道：

> 我们当然希望日本的文治派能大有作为，矫正军部侵略政策所造成的危机。但迄今为止，我们只见日本外交家对于军部的主张未敢有根本的挽救，只是为军部弥缝过失而已。（《独立》第一四三号）

广田外交对中国表示的"提携"，不过是不顾陆军的反对，决心做到了中日两国使节升格为大使。这一件事，本来无关弘旨，何况"满洲国"也同样同时改派大使了，广田外交的最大努力，结果还只是请蒋作宾和谢介石受同等的待遇。何况有吉大使还不曾出发，而驻在华北的日本军部早已做出一个下马威来，把广田外交所谓"提携"的脆弱根据全揭穿了。他们要中国人，要全世界人，都充分认识"日本毕竟为军部所支配"。在这一点上，我们不会更有疑义了。

据6月1日的新联社电，5月30日，日本外务省曾训令驻英美法瑞各国大使公使向各国政府解释华北的形势。训令大旨凡有六项（详见6月2日平津《太晤士报》第十二版），其中第一项是原则："关东军所要求的是依据塘沽协定，恢复非战区的和平与秩序；华北日本驻军所要求的是更严格的履行辛丑和约。"这是很可注意的。广田外交现在双手把辛丑条约的执行问题也让给华北日本驻军去过问了！外务省完全退居"传达意旨"的地位了。

我们早就相信广田的外交不能使中日两国关系真正好转,因为两国间友谊的根本阻碍至今尚未除去(《独立》第一四三号)。但我们更相信日本军部的带甲拳头只能使两国间的关系更日趋于恶化。在这几天的紧张空气中,居然没有一家中国报纸敢登载全世界皆知的事实,居然没有一声微弱的抗议,然而在这沉默与忍受之中,日本的近视的武人把我们两个民族间的裂痕割的更深了!一年以来的"提携"宣传所引起的一点点幻觉,五七日的带甲拳头都打破了,都毁灭了。这固然不是中国之福,然而难道这是日本之福吗?

廿四,六,三夜

(原载1935年6月9日《独立评论》第154号)

略答陶希圣先生

陶希圣先生这篇驳论指出他的思想方法和我的方法的区别,这当然是我很欢迎的。我今天刚收到他的文章,匆匆不能详细答复,只希望在这里指出几点:

(1) 指出小脚,八股,骈文,律诗,贞节牌坊等等具体的事实,不是掩眼法,是开眼法,要使眇者能视,睁开眼睛看看那个"中国本位文化"底下藏包着一些什么具体的项目。难道陶先生能说这些不是中国固有文化的项目吗?当然我绝对欢迎别人列举一些其他的项目。

(2) "脊椎动物"是一个类名,有很清楚的界说,不能乱用。人和狗当然可以叫做"脊椎动物";但"设船厂,立制造局,兴学校,废科举",当然不能叫做"来一个资本主义",难道"非资本主义"就不用船厂,不立制造局,不要学校了吗?陶先生难道忘了清末的船厂与制造局都是国家经营的,如何安得上"资本主义"的招牌?

(3) 实验主义的哲学并不反对人用一个抽象的观念来连贯一些现象。但它的主要方法是要人先把那个抽象名词的意义弄得明白清楚。如果"中国的封建主义"一个名词"我们尚须研究",那么,在我们研究的明白清楚之前,不得滥用。

(4) "相干"也是一个很含混的名词,也应该有精细的分析。陶希圣先生和我同时,同事,又是朋友,而且他"也曾从旁受过我的一点影响",至少有二四层"相干"了。然而谁也不能用陶希圣来替代胡适,也不能用胡适来代替陶希圣。资本主义也许与自由主义相干,但陶先生不得用"资本主义"来代替"自由主义"。封建制度也许与骈文古文相干,但陶先生不得用"封建主义"来替代骈文古文。如果陶先生只说骈文古文与封建制度"有关系",或"相干",那是他的看法,正如说他和我有某种"相干"一样。但他若说胡适打骈文古文就是打封建主义,那我就不懂了,那就等于说"你打胡适一下,就是打陶希圣一下,因为他们俩在某某方面是相干的!"

二十四,六,三夜

(原载1935年6月9日《独立评论》第154号)

沉默的忍受

从5月29日到我们发稿的时候,这两个星期里,我们在不声不响,咬紧了牙齿的严肃空气里,又忍受了一次很严重的患难。

日本驻屯华北的军部代表向何应钦部长提出的要求,究竟是些什么,我们至今还不清楚。但我们现在知道了我们的当局已经做到的是些什么。

一,河北省政府迁移到保定,从六月一日起实行。

二,河北省政府主席于学忠调任川陕甘边区剿匪总司令。遗缺由民政厅长张厚琬代理。

三,于学忠统辖的第五十一军,也调离原防。

四,商震调任为天津警备司令。

五,天津市长张廷谔免职,改任王克敏为天津市长,王克敏未到任之前,市长由商震兼代。

六,北平军分会政训处处长曾扩情辞职,政训处停止工作。

七,中央宪兵第三团团长蒋孝先辞职,全团士兵调往南方。

八,河北省和平津两市的党部都奉中央命令停止一切工作。

九,驻扎在北平附近的中央军第二师的一旅,和第二十五师的一旅,都奉令调防。北平市的中学生集中军训,本由第二十五师主办的,现因二十五师调防,黄寺的集中训练于六月十日提早结束。

十,国民政府十日下"对于友邦务敦睦谊"的命令,禁止"排斥及挑拨恶感之言论行为",并禁止"以此目的组织任何团体"。

我们看这张单子的十项,可以推知5月29日和6月9日日本军部代表提出的要求的内容了。

这十几天之中,全国人的悲愤,绝大沉静中的悲愤,是不消说的。即如今天下午,北平黄寺的军训停止的消息证实时,就有许多中年青年的人感慨到堕泪的。但我们在这悲愤之中,也不能不感觉到今番事件的远大的意义,惨痛的教训。这种教训虽然不能给我们多大的慰藉,至少是值得我们的深刻记念的。

第一,今番日本军人的行为使全世界对于日本得着更深切的认识。八日的伦敦路透电说:"就是向来对日本极亲善的英国人士,也都惋惜日本军人的示威行为,这种行为可以使日本人的名誉在全世界都引起不利的反响。日本惯用的政策,今天鸣刀示威,明天又高谈绝无侵略之意,此次又实行此种政策,而不肯宣布其要求的真相,各方观察者对于此点都表示疑虑。"这样的用事实向世界宣示带甲拳头完全支配一个国家,是最有力量的宣传。

第二,今番日本军人的行为惊醒了这一年以来的"中日提携"的迷梦,使我们全国稍有心肝的人都澈底明白我们在今日还够不上妄想同一个强邻"提携"。"提携"这个名词只配用在平等国家的相互关系上。而所谓"平等"也决不是使节升格一类的无聊形式所能表现的。如果我们从这种悲惨的教训里能觉悟出来,能深刻的明白民国十四五年对付英国人的那一点昙花一现的胜利是靠不住的,而"九一八"以来日本给我们的教训才是真实的教训,——如果我们能有这种大觉悟,我们还可以有自救的一线希望。

第三,今番的事件,使我们更明白救国不是轻易的事,不但口号标语全无用处,就是血诚,热泪,单独的义愤,悲壮的牺牲,都还不是最有效的方法。救国的唯一大路是齐心合力的爱护我们的国家,把我们个人的聪明气力都充分发展出来好为她服务,为她尽忠。只有我们的力量都成为国家的力量之时才是国家得救之日。今日国家所以不能不忍辱,只是因为我们太不争气,太无力量。国家为我们忍辱,我们必须把国家的耻辱化成我们的骨血志气,使骨头硬,使血热,使志气坚忍刚毅,时时提撕警醒自己,时时认定"人一能之,己十之;人百能之,己千之"的真理,时时训练自己要做一个有用有力量的人。救国是任重而道远的大事,没有捷径,没有躲懒的法子。

第四,我们不必悲观。看呀! 在这沉默忍受的苦痛之中,一个新的民族国家已渐渐形成了! 能在这种空气里支持一种沉默,一种镇静,一种秩序,这是力量的开始。能在这种耻辱的空气里任免有实力的领袖,调动大批的军队,而没有微细的抗违,这是力量的开始。这是国难的训练,这是强邻的恩赐。统一的国家,同心协力的民族,都可以建筑在这三年多的国难的真实之上。多难兴邦的老话是不欺人的历史事实。我们不必悲观。

廿四,六,十一晨

(原载 1935 年 6 月 16 日《独立评论》第 155 号)

答陈序经先生

陈序经先生这篇文字是前天收到的。那天晚上我就见着他,——我们通信多年,这回还是第一次见面。我们畅谈这个问题,似乎意见不很相远。我当日提议用"充分世界化"来替代"全盘西化",正是因为"充分""尽量"等字稍有伸缩力,而"全盘"一字太呆板了,反容易引起无谓的纷争。如今陈序经先生说:"在所谓百分之九十九或九十五的情形之下,还可以叫做全盘。"那就是他也承认"全盘"一字可作活用,也可以稍有伸缩余地了。但我的愚见以为"全盘"是个硬性字,还是让它保存本来的硬性为妙;如要把它弹性化,不如改用"充分""全力"等字。至于有人滥用"充分""尽量"等字,来遮盖他们的复古倾向,那是不可避免的,我们尽可以不必介意。

其次,我不信"理智"的作用是像陈序经先生说的那么眇小的。在各种文化接触的时期,有许多部分的抗拒与接受确然是不合理性的。最明显的例子是今日的新式结婚仪节中的许多盲目的模仿,如新妇披面纱,如新郎穿大礼服;如来宾在行礼之前用色纸片,色纸条,碎米等等掷击新郎新妇,把他们的盛装都毁坏了;有时候,我看见新郎进门手拿一个铜盘遮住面部,以防碎米细砂抛入眼睛里去!在这些方面,理智的作用似乎很少。正如女人剪发和烫发的形式,女人袖子的长短,嘴唇上胭脂的深浅,这都不是理智所能为力的。

但文化上的大趋势,大运动,都是理智倡导的结果,这是毫无可疑的。如文学革命的运动,如女子解放的运动,都是理智倡导到了一个很高的程度,然后引起热烈的情感,然后大成功的。最明白的例子是苏俄这十七年的大试验,无论在经济方面,思想方面,宗教方面,政治方面,教育方面,都是由"理智"来计划倡导,严格的用理智来制服一切迷恋残骸的情感，严格的用理智来制服一切躲懒畏难苟且的习惯。所以我们必须承认，在文化改革的大事业上，理智是最重要的工具，是最重要的动力。

我们不可滥用理智来规定女人袖子的长短或鞋底的高低，但我们必须充分用理智来倡导那几个根本大方向，大趋势，大原则。凡文化上的惰性都是情感的成分居绝大部分，其中很少理智的分析与了解。今日倡导复古的人们都是不能充分运用理智来征服他们自夸或苟安的情感。

我们理想中的"充分世界化"，是用理智来认清我们的大方向，用理智来教人信仰我们认清的大方向，用全力来战胜一切守旧恋古的情感，用全力来领导全国朝着那几个大方向走，——如此而已。至于一两个私人在他们的私生活上爱读仁在堂的八股文，或爱做李义山的无题诗，或爱吃蛇肉，或爱听《二进宫》，那才是我们的理智"无所施其技"的。

廿四，七，九

（原载 1935 年 7 月 21 日《独立评论》第 160 号）

平绥路旅行小记[①]

　　从7月3日到7月7日，我们几个朋友——金旬卿先生，金仲藩先生和他的儿子建午，任叔永先生和他的夫人陈衡哲女士，我和我的儿子思杜，共七人——走遍了平绥铁路的全线，来回共计一千六百公里。我们去的时候，一路上没有停留，一直到西头的包头站；在包头停了半天，回来的路上在绥远停了一天，大同停了大半天，张家口停了几个钟头。这是很匆匆的旅行，谈不到什么深刻的观察，只有一些初次的印象，写出来留作后日重游的资料（去年7月，燕京大学顾颉刚，郑振铎，吴文藻，谢冰心诸先生组织了一个平绥路沿线旅行团，他们先后共费了六星期，游览的地方比我们多。冰心女士有几万字的《平绥沿线旅行记》；郑振铎先生等有《西北胜迹》，都是平绥路上游人不可少的读物）。

　　我们这一次同行的人都是康乃尔大学的旧同学，也可以说是一个康乃尔同学的旅行团。金旬卿先生（涛）是平绥路的总工程师，他是我们康乃尔同学中的前辈。现任的平绥路局长沈立孙先生（昌）也是康乃尔的后期同学。平绥路上向来有不少的康乃尔同学担任机务工务的事；这两年来平绥路的大整顿更是沈金两位努力的成绩。我们这一次旅行的一个目的是要参观这几个同学在短时期中造成的奇迹。

　　平绥路自从民国十二年以来，屡次遭兵祸，车辆桥梁损失最大。民国十七八年时，机车只剩七十二辆，货车只剩五百八十三辆（抵民

[①] 编者按：此文据《独立评论》第163号《编辑后记》改正了三处行文错误，纠正之处不再另注。

国十三年的三分之一),客车只剩三十二辆(抵民国十五年的六分之一),货运和客运都不能维持了。加上政治的紊乱,管理的无法,债务的累积,这条铁路就成了全国最破坏最腐败的铁路。丁在君先生每回带北大学生去口外作地质旅行回来,总对我们诉说平绥路的腐败情形;他在他的《苏俄游记》里,每次写火车上的痛苦,也总提出平绥路来作比较。我在北平住了这么多年,到去年才去游长城,这虽然是因为我懒于旅行,其实一半也因为我耳朵里听惯了这条路腐败的可怕。

但我们这一次旅行平绥路全线,真使我们感觉一种奇迹的变换。车辆(机车,货车,客车)虽然还没有完全恢复此路全盛时的辆数,然而修理和购买的车辆已可以勉强应付全路的需要了。特别快车的整理,云岗与长城的特别游览车的便利,是大家知道的。有一些重要而人多忽略的大改革,是值得记载的:(一)枕木的改换。全路枕木一百五十多万根,年久了,多有朽坏;这两年中,共换了新枕木六十万根。(二)造桥。全路拟改造之桥总计凡五百五十七孔,两年中改造的已有一百多孔;凡新造的桥都是采用最新式之铁筋混凝土梁。(三)改线。平绥路有些地方,坡度太陡,弯线太紧,行车很困难,故有改路线的必要。最困难的是那有名的"关沟段"(自南口起至康庄止)。这两年中,在平地泉绥远之间,改线的路已成功的约有十一英里。

平绥路的最大整顿是债务的清理。这条路在二十多年中,借内外债总额为七千六百余万元,当金价最高时,约值一万万元。而全路的财产不过值六千万元。所以人都说平绥是一条最没有希望的路。沈立孙局长就职后,他决心要整理本路的债务。他的办法是把债务分作两种,本金在十万元以上的债款为巨额债户,十万元以下的为零星债户。零星债款的偿还有两个办法:一为按本金折半,一次付清,不计利息;一为按本金全数分六十期摊还,也不计利息。巨额债款的偿还办法是照一本一利分八百期摊还。巨额债户之中,有几笔很大的外债,如美国的泰康洋行,如日本的三井洋行与东亚兴业株式会社,都是大债主。大多数债户对于平绥路,都是久已绝望的,现在平绥路有整理债务的方案出来,大家都喜出望外,所以都愿意迁就路局的办法。所以第一年整理的结果,就清理了六十二宗借款,原欠本利总数为六千一百八十五万余元,占全路总债额约十分之八,清理之后,减折作三千六百三十万余元。所以一年整理的结果居然减少了二千五百五十余万元的负债,这真可说是一种奇迹了。

我常爱对留学回来的朋友讲一个故事。十九世纪中,英国有一个宗教运动,叫做"牛津运动"(Oxford Movement),其中有一个领袖就是后来投入天主教,成为主教的牛曼(Cardinal Newman)。牛曼和他的同志们做了不少的宗教诗歌,写在一本小册子上;在册子的前面,牛曼题了一句荷马的诗,他自己译成英文:You shall see the difference, now that we are back again,我曾译成中文,就是:"现在我们回来了,你们请看,要换个样子了。"我常说,个个留学生都应该把这句话刻在心上,做我们的口号。可惜许多留学回来的朋友都没有这种气魄敢接受这句口号。这一回我们看了我们的一位少年同学(沈局长今年只有三十一岁)在最短时期中把一条最腐败的铁路变换成一条最有成绩的铁路,可见一二人的心力真可以使山河变色,牛曼的格言是不难做到的。

当然,平绥路的改革成绩不全是一二人的功劳。最大的助力是中央政治的权力达到了全路的区域。这条路经过四省(河北,察,山西,绥),若如从前的割据局势,各军队可以扣车,可以干涉路政,可以扣留路款,可以随便作战,那么,虽有百十个沈昌,也不会有成绩。现在政治统一的势力能够达到全路,所以全路的改革能逐渐实行。现在平绥路每年只担负北平军分会的经费六十万元,此外各省从不闻有干涉铁路收入的事;察哈尔和绥远两个省政府各留一辆包车,此外也绝无扣车的事。现在各省的军政领袖也颇能明白铁路上的整顿有效就是直接间接的增加各省府的财政收入,所以他们也都赞助铁路当局的改革工作。这都可见政治统一是内政一切革新的基本条件。有了这个基本条件,加上个人的魄力与新式的知识训练,肯做事的人断乎不怕没有好成绩的。

我们这回旅行的另一个目的是游览大同的云岗石窟。我个人抱了游云岗的心愿,至少有十年了,今年才得如愿,所以特别高兴。我们到了云岗,才知道这些大石窟不是几个钟头看得完的,至少须要一个星期的详细攀登赏玩,还要带着很好的工具,才可以得着一些正确的印象。我们在云岗勾留了不过两个多钟头,当然不能作详细的报告。

云岗在大同的西面,在武州河的西岸,古名武州塞,又称武州山。从大同到此,约三十里,有新修的汽车路,虽须两次涉武州河,但道路很好,大雨中也不觉得困难。云岗诸石窟,旧有十大寺,久已毁坏。顺治八年总督佟养量重修其一小部分,称为石佛古寺。这一部分现存两座三层楼,气象很狭小简陋,决不是原来因山造寺的大规模。两楼下各有大佛,高五丈余,从三层楼上才望见佛头。这一部分,清朝末年又重修过,大佛都被装金,岩上石刻各佛也都被装修涂彩,把原来雕刻的原形都遮掩了。

道宣《续高僧传》卷一《昙曜传》说:

> 昙曜……住恒安石窟通乐寺,即魏帝之所造也。去恒安西北三十里,武州山谷北面石岩,就而镌之,建立佛寺,名曰灵岩。龛之大者,举高二十余丈,可受三千许人。面别镌象,穷诸巧丽;龛别异状,骇动人神。栉比相连,三十余里。东头僧寺,恒供千人。碑碣现存,未卒陈委。

以我们所见诸石窟,无有"可受三千许人"的龛,也无有能"恒供千人"的寺。大概当日石窟十寺的壮丽弘大,已非我们今日所能想像了。大凡一个宗教的极盛时代,信士信女都充满着疯狂的心理,烧臂焚身都不顾惜,何况钱绢的布施?所以六朝至唐朝的佛寺的穷极侈丽,是我们在这佛教最衰微的时代不能想像的。北魏建都大同,《魏书·释老志》说,当太和初年(477),"京城内寺,新旧且百所,僧尼二千余人。四方诸寺六千四百七十八,僧尼七万七千二百五十八人"。太和十七年(493)迁都洛阳,杨炫之在《洛阳伽蓝记序》中说:"京城表里凡有一千余寺。"杨炫之在东魏武定五年(547)重到洛阳,他只看见

> 城廓崩毁,宫室倾覆,寺观灰烬,庙塔丘墟。墙被蒿艾,巷罗荆棘。野兽穴于荒阶,山鸟巢于庭树;游儿牧竖踯躅于九逵,农夫耕稼艺黍于双阙。

我们在一千五百年后来游云岗,只看见这一座很简陋的破寺,寺外一道残破的短墙,包围着七八处大石窟;短墙之西,还有九个大窟,许多小窟,面前都有贫民的土屋茅蓬,猪粪狗粪满路都是,石窟内也往往满地是鸽翎与鸽粪,又往往可以看见乞丐住宿过的痕迹。大像身上有许多大大小小的圆孔,当初都是镶嵌珠宝的,现在都挖空了;大像的眼珠都是用一种黑石磋光了嵌进去的,现在只有绝少数还存在了。诸窟中的小像,凡是砍得下的头颅,大概都被砍下偷卖掉了。佛力久已无灵,老百姓没有饭吃,要借诸佛的头颅和眼珠子卖几块钱来活命,还不是很正当的吗?

日本人佐藤孝任曾在云岗住了一个月,写了一部《云岗大石窟》(华北正报社出版),记载此地许〔多〕石窟的情形很详细,附图很多,有不能照像的,往往用笔速写勾摹,所以是一部很有用的云岗游览参考书。佐藤把云岗分作三大区:

东方四大窟　中央十大窟(在围墙内)

西方九大窟　西端诸小窟

东方诸窟散在武州河岸,我们都没有去游。西端诸窟,我们也不曾去。我们看的是中央十窟和西方九窟。我们平日在地理书或游览书上最常见的露天大佛(高五丈多),即在西方的第九窟。我们看这露天大石佛和他的背座,可以想像此大像当日也曾有龛有寺,寺是毁了,龛是被风雨侵蚀过甚(此窟最当北风,故受侵蚀最大),也坍塌了。

依我的笨见看来,此间的大佛都不过是大的可惊异而已,很少艺术的意味。最有艺术价值是壁上的浮雕,小龛的神像,技术是比较自由的,所以创作的成分往往多于模仿的成分。

中央诸窟,因为大部分曾经后人装金涂彩,多不容易看出原来的雕刻艺术。西方诸窟多没有重装重涂,又往往受风雨的侵蚀,把原来的斧凿痕都销去了,所以往往格外圆润老拙的可爱。此山的岩石是沙岩,最容易受风蚀;我们往往看见整块的几丈高岩上成千的小佛像都被磨蚀到仅仅存一些浅痕了。有许多浮雕连浅痕也没有了,我们只能从他们旁边雕刻的布置,推想当年的痕迹而已。

因此我们得两种推论:第一,云岗诸石窟是一千五百年前的佛教美术的一个重要中心,从宗教史和艺术史的立场,都是应该保存的。一千五百年中,天然的风蚀,人工的毁坏,都已糟塌了不少了。国家应该注意到这一个古雕刻的大结集,应该设法保护它,不但要防人工的继续偷毁,还要设法使它可以避免风雨沙日的侵蚀。

第二,我们还可以作一个历史的推论。唐初的道宣在《昙曜传》里说到武州山的石窟寺,有"碑碣见存"的一句话。何以今日云岗诸窟竟差不多没有碑记可寻呢?何以古来记录山西金石的书(如胡聘之的《山右石刻丛编》)都不曾收有云岗的碑志呢?我们可以推想,当日的造像碑碣,刻在沙岩之上,凡露在风日侵蚀之下的,都被自然磨灭了。碑碣刻字都不很深,浮雕的佛像尚且被风蚀了,何况浅刻的碑字呢?

马叔平先生说,云岗现存三处石碑碣。我只见一处。郑振铎先生记载着"大茹茹"刻石,可辨认的约有二十字,此碑我未见。其余一碑,似乎郑先生也未见。我见的一碑在佐藤书中所谓"中央第七窟"的石壁很高处,此壁在里层,不易被风蚀,故全碑约三百五十字,大致都还可读。此碑首行有"邑师法宗"四字,似乎是撰文的人。文中说,

> 太和七年(483)岁在癸亥八月三十日邑囗信士女等五十四人……遭值圣主,道教天下,绍隆三宝,……乃使长夜改昏,久寝斯悟。弟子等……意欲仰酬洪泽,……是以共相劝合,为国兴福,敬造石庙形象九十五区,及诸菩萨。

造像碑文中说造形像九十五区,证以龙门造像碑记,"区"字后来多作"躯"字,此指九十五座小像,"及诸菩萨"及是大像。此碑可见当日不但帝后王公出大财力造此大石窟,还有不少私家的努力;如此一大窟乃是五十四个私人的功力,可以想见当日信力之强,发愿之弘大了。

云岗旧属朔平府左云县。关于石窟的记载,《山西通志》(雍正间觉罗石麟修)与《朔平府志》都说:

> 石窟十寺,……后魏建,始神瑞(414—415),终正光(520—524),历百年而工始竣。其寺一同升,二灵光,三镇国,四护国,五崇福,六童子,七能仁,八华严,九天宫,十兜率。孝文帝亟游幸焉。内有元时石佛二十龛。(末句《嘉庆一统志》,作"内有元载所修石佛十二龛"。元载是唐时宰相。《一统志》似有所据,《通志》与《府志》似是妄改的。)

神瑞是在太武帝毁佛法之前,而正光远在迁都洛阳之后。旧志所记,当有所本。大概在昙曜以前,早已有人依山岩凿石龛刻佛像了。毁法之事(446—451)使一般佛教徒感觉到政治权力可以护法,也可以根本铲除佛法。昙曜大概从武州塞原有的石龛得着一个大暗示,他就发大愿心,要在那坚固的沙岩之上,凿出大石窟,雕出绝大的佛像,要使这些大石窟和大石像永永为政治势力所不能摧毁。《魏书·释老志》记此事的年月不很清楚,大概他干这件绝大工程当在他做"沙门统"的任内。《释老志》记他代师贤为"沙门统",在和平初年(约460),后文又记尚书令高肇引"故沙门统昙曜昔于承明元年(476)奏",可知昙曜的"沙门统"至少做了十七八年。这是国家统辖佛教徒的最高官,他又能实行一种大规模的筹款政策(见《释老志》),所以他能充分用国家和全国佛教徒的财力来"凿山石壁,开窟五所,镌造佛像各一,高者七十尺,次六十尺,雕饰奇伟,冠于一世"。我们可以说,云岗的石窟虽起源在五世纪初期,但伟大的规模实创始于五世纪中叶以后昙曜作沙门统的时代。后来虽然迁都了,代都的石窟工程还继续到六世纪的初期,而洛都的皇室与佛教徒又在新京的伊阙山"准代京灵岩寺石窟"开凿更伟大的龙门石窟了。(龙门石窟开始于景明初,当西历五百年,至隋唐尚未歇。)故昙曜不但是云岗石窟的设计者,也可以说是伊阙石窟的间接设计者了。

昙曜凿石作大佛像,要使佛教和岩石有同样的坚久,永不受政治势力的毁坏。这个志愿是很可钦敬的。只可惜人们的愚昧和狂热都不能和岩石一样的坚久!时势变了,愚昧渐渐被理智风蚀了,狂热也渐渐变冷静了。岩石凿的六丈大佛依然挺立在风沙里,而佛教早已不用"三武一宗"的摧残而自己毁灭了,销散了。云岗伊阙只够增加我们吊古的感喟,使我们感叹古人之愚昧与狂热真不可及而已!

二十四,七,二十八夜

(原载 1935 年 8 月 4 日《独立评论》第 162 号)

苏俄革命外交史的又一页及其教训

前两星期，丁文江先生作《大公报》的星期论文（7月21日），题为"苏俄革命外交史的一页及其教训"，他记叙的是1917年11月27日到明年3月3日苏俄和德国休战议和的一段故事。这段故事的主要事实是苏俄革命政府为了要完成革命工作，不惜委曲求全的和德国单独讲和，最初苏俄希望一种光荣的和议，——所谓不割地，不赔款，"民主的和议"（Democratic Peace），——但德国的军阀不允许这种条件，结果是所谓布赖司特——立陶乌斯克的和约（The Peace Treaty of Brest-Litousk）：不但赔款至十五万万元美金之多，还割去了很大的地土。除乌克兰（Ukrainia）和芬兰宣布为独立国之外，还割去了爱沙尼亚（Esthonia），里封尼亚（Livonia），古尔兰（Couland），里杜安尼亚（Lithunia），波兰；在高加索山一带，还割去了三省（Eriuan, Kars, Batum）。这回割去的土地约占俄国全国的百分之三十。（此据Schapidro 的现代欧洲史，页七六六。）真可算是绝大的委曲求和了！

主持签字议和最有力的是列宁。他说："我们的革命比任何其他为重要。我们一定要使它安全，——不论出任何的代价。"

丁文江指出这段故事的教训是：

> 我愿我们的头等首领学列宁，看定了目前最重要的是那一件事，此外都可以退让。我们的第二等首领学托洛茨基，事先负责任，献意见；事后不埋怨，不表功，依然的合作。我愿我们大家准备到堪察加去。

我们很希望丁文江先生继续写第二篇，把那个《布赖司特——立陶乌斯克和约》以后的三年内的苏俄故事也写出来，让大家看看那一次的绝大牺牲,绝大的委曲求全,是不是做到了列宁理想中的目的。因为丁先生叙述的那个故事只是一个故事的前一半。可惜丁先生不能每个星期为《大公报》作文,所以我今天提议来讲那个故事的后半段,那后半段也有一个教训足供我们的借镜。

话说苏俄革命政府在1918年3月和德国签订了割地赔款的和约之后,国中就起了绝大的分裂。("社会革命"派就脱离了政府,公然攻击波儿雪维克派的卖国。政府用了最严厉残酷的手段,才勉强把这些内部反对分子划除驱逐完了。而帝政党的"白俄"又早已得着协约国的援助,四面八方的倡起武装反革命来了。一九一八年十一月十一日,欧战停止了;四年的空前大战争终止了,然而革命的俄国却还要继续作三年的苦战,三年的内战和间接的国际战争。西南两边海岸上是协约国的舰队;美国兵占据了阿曲安吉尔(Archangel),东边是日本和美国的军队占据了海参威。白俄军队的新式武器全是协约国供给的。

一九一八年,在西伯利亚的掩克斯(Omsk)建立了柯尔察(Kolchak)将军的政府。柯尔察的军队屡次打败了赤俄的军队,一直打向西去,几乎打到了莫斯科的附近。这一支反革命直到一九一九年的年底才得结束。

柯尔察之乱还没有平定,邓尼铿(Denikin)将军又从俄国南部起兵打到北方来了。同时于德尼区(Judenitch)将军也从西境上爱沙尼亚起兵,建立"西北政府",大举侵入苏俄了。这两股反革命都到一九二〇年的春初方才平定。

一九二〇年,波兰出兵侵入苏俄。同时南部白俄又卷土重来,拥戴蓝格尔男爵(Wrangel)为领袖,大举北伐。在这西南双方夹攻之中,苏俄政府决心和波兰讲和,丧失了不少的土地;然后用全力攻破蓝格尔的白俄军队。蓝格尔的乱事平定之后,武装的反革命才算结束了。

托洛茨基的自传里,有三章(三十三,四,五)记载他作战的经过。三十三章写他如何解郭山(Kazan)之围,救了莫斯科;三十五章写他如何解彼得格拉之围。在最危急的时候,苏俄政府管辖的地方不过七省而已,往往国库里拿不出一块金卢布来!在协约国的经济封锁之下,红军的军械是很缺少的,他们往往须从白俄军队的手里去抢军械来用!红军的总司令是托洛茨基,他在一辆列车上整整住了两年半的日子!(以下是三年苦战的史事,从略。)

当革命政府最初决心委曲求全的时候,列宁的目的是要谋得一个喘气的时期,来完成国内的革命工作。为了这一个喘息时期,列宁不惜"任何代价"以求和平。赔款到十五万万金圆,割地到全国的三分之一,然而和平终不可得。因为苏俄当日有两大群敌人:一群是那战败的中欧国家,一群是那将战胜的协约国家。议和之后,不到几个月,中欧国家解体了,无力再侵害苏俄了。然而那另一群大敌国,忘不了苏俄中道讲和的仇恶,更怕那新兴的"世界革命"的口号,所以他们决心要援助苏俄的奸人,封锁苏俄的四境,要推翻那个可怕的新政权。

苏俄的和平不是1918年3月3日割地赔款的和约带来的,是三年的苦战打出来的。苏俄的统一政权也是那三年的苦战打出来的。

我们今日为国家设计,当然要如丁文江先生说的:"看定了目前最重要的是那一件事,此外都可以退让。"但是我们也得进一步问:"如果万分退让的结果,还换不到那'最重要的一件事',我们应该走什么路?我们应该准备走什么路?"

列宁曾说:万不得已时,准备到堪察加去。然而1919年7月国防会议的命令却是:"死守彼得格拉,守到最后一滴血流干的时候!不退出一尺地,准备在彼得格拉的街上作巷战!"

所以,在退到堪察加之前,还有不少的工作要准备做!

这是苏俄革命外交史的另一页的教训。

二十四,八,三

(原载1935年8月4日天津《大公报》星期论文,又载1935年8月11日《独立评论》第163号,又载1935年8月20日《国闻周报》第12卷第31期,与丁文江的《革命外交史的一页及其教训》合在一起,改题《苏俄革命外交史上的两个教训》)

政制改革的大路

《独立》第一六二号有两篇讨论政制改革的文章。一篇是陈之迈先生的《政制改革的必要》，一篇是钱端升先生的《对于六中全会的期望》。他们两位同有两个大前提：

（1）今日的政制有改革的必要。

（2）今日不必开放政权，取消党治。

谈到具体主张，他们就不同了。陈之迈先生主张两点：

1 承认国民党里各种派别，让它们组织起公开的集团，各提出政纲来，由中执委拣选一个集团来组织政府。到了中执委不信任政府时，可以更换政府，另推别个集团来组织政府。

2 中政会的组织应改革：中政会是代表中执委监督政府的机关，政府须对它负责，故中政会里须有代表两个政团以上的中执委。政府不能履行它的政纲时，中政会得召集中执委全会来更换政府。

钱端升先生主张三点：

1 党内各派应在一个最高领袖之下团结起来。——这个领袖，钱先生承认只有蒋介石先生最适宜。

2 蒋先生虽做最高领袖，但不宜做一个独裁者，——只可做一个"不居名而有其实的最高领袖"。

3 改革中政会议的组织，人数减至十五人至二十人，委员绝对不兼任何官职，任何官员亦绝对不参加决议。

在这六中全会将召集之时，中枢政制将有个改革的机会，我们当然欢迎政制改革的讨论。现在这种讨论已由钱陈两位政治学者开始了，我们盼望关心国事的人都认真想想这些问题，都参加这种讨论。

我虽不是政治学者,读了钱陈两位先生的文章,也有一点门外汉的意见,现在写出来,请他们两位和别位政论家切实指教。

先讨论他们共同的大前提。

关于今日有改革政制的必要,我完全赞同。钱先生说:"中央现行的政制,既不合政治学原理,又不适目前的国情,无怪其既无力量,又无效率。"陈先生也说"现在的政治制度根本有不妥当的地方"。这都是我完全同意的。

但是钱陈二先生都不主张开放政权,解除党治。这一个前提,我始终不很能了解。钱先生说:

> 我们的讨论仍以党治为出发点,因为我们深信在此国难严重之中,维持党政府的系统为最方便的改良内政之道。

陈先生说:

> 我的意思并不是说现在要开放政权,叫别的人组织别的党在国民党的卧榻之旁鼾睡。这是不可能的事实:在民主政治未曾确立以前没有主权者来裁判那个政党应当执政,那个政党应当下台,现在去玩民选的把戏是不会比民初或民二十高明多少的;事实上我们目今也找不到一班人能组织一个政党和那创造共和提倡三民主义的国民党抗衡的,勉强开放党禁只有重新开演民初党派合纵连横的怪剧。

这些理由,我看都不很充足。第一,维持党政府的系统并不一定是"最方便的改良内政之道"。这个道理很容易说明:"党的内部组织不健全,派别是纷歧的,并且没有一个集团有力量消灭其他的集团,不特在各省如此,在中央亦是如此。"这是陈先生的话。这样的状态是不是最方便的改良内政之道?就拿钱先生主张的最高领袖制来说罢,钱先生也说:"七八年来,党的分裂,党的不能团结,几无不以反蒋,或不与蒋合作为主因。"这样的状态是不是最方便的改革政制的条件?

第二,陈先生顾虑到"在民主政治未曾确立以前,没有主权者来裁判那个政党应当执政,那个政党应当下台。"这也不成问题。在

"宪法修正稿"里,这个主权者是国民大会和国民委员会。在"宪法草案"里,这个主权者是国民大会。在"宪草"的总统制之下,总统就可以任免行政院长。这都是主持政权更替的合法机关。

第三,陈先生又说:"事实上我们目今也找不到一班人能组织一个政党和那创造共和提倡三民主义的国民党抗衡的。"这正是不妨开放政权的绝好理由。在最近期间,国民党的政权是很稳固,不怕新兴的政党起来夺取的。但因为开放之后,政权有个可以被人取而代之的可能,国民党的政权也许可以比现在干的更高明一点。今日党治的腐败,大半是由于没有合法的政敌的监督。树立一个或多个竞争的政党正是改良国民党自身的最好方法。

我们为"那创造共和提倡三民主义的国民党"设想,此时正是绝好的开放政权的时机了。在一个多月之前,中央曾因华北问题取消了河北全省和平津两市的党部,党内无人抗议,党外也无人抗议,政府也无法抗拒。其实在党权高于一切的政体之下,取消一个大省的党部,就等于英国取消国会一样的严重。这样严重的事件,应该可以使党内贤明的领袖大觉大悟了。这样的政权是很难维持下去的。救济的方法,只有抛弃党治,公开政权的一条路子。

抛弃党治,公开政权,这不是说国民党立即下野。我的意思是说,国民党将来的政权应该建立在一个新的又更巩固的基础之上。那个新基础就是用宪法做基础,在宪政之下,接受人民的命令,执掌政权。上文已说过,我们眼前决不会有第二个政党可以同国民党抗衡的。不过在那个新的政制之下,名义是正的,人心是顺的,所以基础就也更稳固了。

所以我主张,改革政制的基本前提是放弃党治;而放弃党治的正当方法是提早颁布宪法,实行宪政。这是改革政制的大路。

次谈钱陈两先生的具体主张。

陈先生不主张党外有党,却主张党内有派,他要国民党内各派都分化成公开的政团,公开的提出政纲来作政治的竞争。"党内无派"的口号久已抛弃了,当日创此半句口号的人也早已建立新派系了。

还有那上半句"党外无党",也没有存在的理由。既许党内有派,何以不许党外有党,如果有负责任的国民提出"具体的应付内政外交的策略",何以不许在国民党各派以外去组织政党?

老实说,我是不赞成政党政治的。我不信民主政治必须经过政党政治的一个阶段。此话说来太长,现在表过不提。我只要说,我不赞成政党,我尤不赞成"党权高于一切"的奇谈。我的常识告诉我:人民的福利高于一切,国家的生命高于一切。如果此时可以自由组党,我也不会加入任何党去的。可是我的意思总觉得,为公道计,为收拾全国人心计,国民党应该公开政权,容许全国人民自由组织政治团体。

陈钱两先生都提到国民党内部的团结问题。陈先生要用分化合作的方式来谋党内的团结,钱先生要在一个最高领袖之下谋党内的团结。我要指出一个重要观点:今日需要团结的,是全国的人心,不是三五个不合作的老头子,也不是三五组不合作的私人派系。陈钱两先生的方案,都只顾到了那三五人,或三五小组,而都忽略了那更广大的全国人心。司太林放逐了托洛茨基,何妨于他建国的大计?我们现在读托洛茨基的自传,最感觉不愉快的是他那悻悻然刻画私人党争的琐细,把司太林,齐诺维夫诸人都骂的不值半个纸卢布。其实最要紧的是要问:抓住政权的人们是不是真能拼命做出一点建国的成绩来,使绝大多数人的心理都公认他们抓住政权不是为一二人或某一组的私利?

所以今日当前的问题,不是三五人的合作不合作,也不是三五个小组的团结不团结。今日的真问题是收拾全国的人心。当九一八事件之后,政府的领袖首先谋党内的团结,开了许久的团结会议,结果还是至今没有团结成功。然而这四年的国难却渐渐使得国家统一大进步了。今日政府力量之强,远过四年前的状况,这是有目共睹的事实。四年中政治统一的进步,并不是由于三五个人的团结;今日政府的弱点也并不是由于三五个人的不合作。

这四年的历史的教训是:统一全国容易,团结党内很难。全国的人心是容易收拾的:当淞沪血战的时期,全国的人真是"万众一心"的拥护十九路军。但福建的"人民政府"起来时,十九路军的枪尖转向内,就不能得到各地的响应了。这样"捷如影响"的反应,难道我们不看见!党内的私斗就不同了。他们的争点或是私怨,或是私利,又往往不敢公然承认,总要借几个大名目大口号来作遮掩。他们骂政府不抗敌,他们自己抗敌了吗?他们骂政府贪污,他们自己不贪污了吗?他们骂政府压迫言论自由,他们自己真容许言论自由了吗?在这种私斗重于公谊的态度之下,党内的团结是很难做到的。

所以我主张,政制改革的下手方法是要把眼光放大些,着眼要在全国人心的团结,而不在党内三五人的团结。能团结全国人心了,那三五人也不会永远高蹈东海之滨的;若不能团结全国的人心,即使一两个天下之大老扶杖来归,也何补于政治的改革,何益于建国的大计?

而今日收拾全国人心的方法,除了一致御侮之外,莫如废除党治,公开政权,实行宪政。在宪政之下,党内如有不能合作的领袖,他们尽可以自由分化,另组政党。如此,则党内派别的纷歧,首领的不合作,都不了而自了了。

这是政制改革的大路。

其次,钱陈两先生都主张改革中政会议。在我提出的宪政前提之下,中政会议本不成问题。钱陈二先生要的是一个和平更替政权的机关。我在上文已说过,在宪政之下,这个和平更替政权的机关是国民大会。宪法初稿和修正稿都有"行政院设院长一人,由总统提经国民大会或国民委员会之同意,任免之"一条。去年立法院最后通过的宪法草案把这个国民委员会取消了。宪草在中政会议审查时是否还可以修正,现在我们不能预言。但无论如何,在宪法之下,我们不愁没有一个合法的政权更替的机关。

中政会议的全名是"中国国民党中央政治会议"。在现在的党治之下,党内重要领袖都要管部管院;既管院部了,又都不愿上头有个最后决议的机关管住他们,所以他们又都要兼任中政会议的委员。结果当然成了陈先生说的"监督者和被监督者,负责者和负责的对象,同是一班人"的怪现象。钱陈两位都主张把"这两个东西分开",

但他们都不明白这个怪现象所以形成的事实。原来国民党的党政组织太繁重了，事实上一个部长只是一个第六级的小官，部长之上有院长，院长之上有五院合组的国民政府，政府之上有中政会议，中政会议之上有中执委全会，最后还有全国代表大会。四中全会改革的国民政府组织法，把行政院升作政府，把国民政府主席改作盖印画诺的机关，于是这六层宝塔并作四级了。然而最重要的可以冲突的两级——五院与中政会议——依然存在。既舍不得部院的实权，又不愿得了实权而反受人管辖牵制，于是非兼职不可了。事实上，政府的决议如果天天有被中政会议否决的危险，也不是行政效率上所应该有的事。所以这种办法也自有它存在的理由。钱陈二位的建议，完全不能解决这个事实上的困难，我可以断定这个办法是不会被接受的。

当九一八事变之后，上海南京大谈全国团结，当时就有人建议，把中政会议放大，请党外名人加入十八人。吴稚晖先生就指出中政会议是"中国国民党中央政治会议"，加入的党外委员必须有中委两人的介绍，加入党籍。可是那就又不成其为"开放政权"的表示了。于是一场议论终于没办法而散。现在钱端升先生又提议中政会议"少数不妨为国内其他的领袖"，"非党员的领袖不妨由全会特予党籍"。这个办法正是四年前的老话。我想"国内其他的领袖"恐怕不十分热心接受这种特予的荣誉罢。

所以中政会议是无法改革的。因为它是代表党来监督政府的，现在党的势力实不能监督政府，而政府也实不愿受党的监督，于是只有自己监督自己了。

所以改革中政会议也不如实行宪政，让人民的代表机关来监督政府。这是改革政制的大路。

最后，我们可以谈谈钱先生要请蒋介石先生作最高领袖但又不要他独裁的主张。

第一，钱先生为什么一面要蒋先生做党内的最高领袖，一面又要我们党外人"一致的拥护承认"呢？蒋先生是不是一个党的最高领袖,那不过是一党的私事,于我们何干？何必要我们"非党员,不反蒋,而又多少能领导国民的人们"来拥护他,承认他？况且我们党外人又如何能"力促党内非蒋各派……拥他为领袖"？例如钱先生说的胡展堂先生的态度,岂是我们党外人能转移的吗？

我要用孟子的话对钱先生说："先生之志则大矣,先生之号则不可。"我们此时需要一个伟大的领袖来领导解救国难,但是这个领袖必须是一国的领袖,而不是一党一派的领袖。他自己尽可以继续站在党内做一党的领袖,正如他尽可以站在军中做一军的领袖一样。但他的眼光必须远超出党的利益之外,必须看到整个国家的利益。不能如此的,决不够资格做一国的领袖。

蒋介石先生在今日确有做一国领袖的资格,这并不是因为"他最有实力",最有实力的人往往未必能做一国的领袖。他的资格正是钱先生说的"他近几年来所得到的进步"。他长进了；气度变阔大了,态度变和平了。他的见解也许有错误,他的措施也许有很不能满人意的,但大家渐渐承认他不是自私的,也不是为一党一派人谋利益的。在这几年之中,全国人心目中渐渐感觉到他一个人总在那里埋头苦干,挺起肩膀来挑担子,不辞劳苦,不避怨谤,并且"能相当的容纳异己者的要求,尊重异己者的看法"。在这一个没有领袖人才教育的国家里,这样一个能跟着经验长进的人物,当然要逐渐得着国人的承认。

所以蒋先生之成为全国公认的领袖,是个事实的问题,因为全国没有一个别人能和他竞争这个领袖的地位。

但是钱先生又说："蒋先生不应做独裁者。"这个主张出于主张极权主义的钱端升先生的笔下,是很可惊异,也很可佩服的。

只可惜钱先生没有充分说明蒋先生应该如何做方才可以做最高领袖而又不独裁。他只说：

（1）在名义上,此时绝不宜为总理及总统。

（2）务须做事比普通领袖多,责任比普通领袖重,而名义及享受则无别于别的领袖。

（3）他应继续为最高的军事长官。其他的事项,得主管院及中政会的同意后,亦可划归军事机关全权办理；但为保持行政系统起见,不应轻易支划。蒋先生应留意于大政方针的贯彻,及国民自卫力量的充实;但为分工合作起见,应充分信赖其他人材来分司各部行政。二三年来南京各机关的缺乏推动能力是不足为训的。

这里的三点,应该合看。他不宜做总理或总统,只应继续做军事最高领袖。他的责任应该划分清楚,应该充分信赖各部主管长官,使他们积极负责,他不应越俎代谋。

钱先生提出的三点,前两点是蒋先生能做的,后一点是他不容易做到的。蒋介石先生的最大缺点在于他不能把他自己的权限明白规定,在于他爱干涉到他的职权以外的事。军事之外,内政,外交,财政,教育,实业,交通,烟禁,卫生,中央的和各省的,都往往有他个人积极干预的痕迹。其实这不是独裁,只是打杂;这不是总揽万机,只是侵官。打杂是事实上决不会做的好的,因为天下没有万知万能的人,所以也没有一个能兼百官之事。侵官之害能使主管官吏不能负责做事。譬如一个校长时常干预教务长的事,则教务长的命令必不能被人看作最后的决定,而人人皆想侥幸,事事皆要越过教务长而请命于校长。如此则校长变成教务长,而教务长无事可办了。结果是校长忙的要命,而教务的事也终于办不好。所以古人说:

> 庖人虽不善庖,尸祝不越俎而代之矣。

又说:

> 处尊位者如尸,守官者如祝宰。尸虽能剥狗烧彘,弗为也;弗能,无亏也。俎豆之列次,黍稷之先后,虽知,弗教也;弗能,无害也。

这两段政治哲学,都是蒋先生应该考虑的。蒋先生的地位,和墨索里尼不同,和希忒拉也不同。他的特殊地位是双重的,一面他是一个全国的领袖,一面他又是一个军事最高长官。以前者的资格,他应该实行"处尊位者如尸"的哲学;以后者的资格,他却应该实行"守官者如祝宰"的哲学。军事长官是"守官"之责,有他的专门职责;有专守的职责而干预其他部分的职责,就成了尸祝越俎而干预庖人,他的敌人就可以说他"军人干政"了。最高领袖是"处高位",他的任务是自居于无知,而以众人之所知为知;自处于无能,而以众人之所能为能;自安于无为,而以众人之所为为为。凡察察以为明,琐琐以为能,都不是做最高领袖之道。

所以钱先生说的最高领袖而不独裁,正是明白政治原理的学人的看法。可惜他没有明白指出蒋先生的双重地位,所以他说的方案还不能说的透澈。透澈的说法,好像应该是这样的:蒋先生应该认清他的"官守",明定他的权限,不可用军事最高长官的命令来干预他的"官守"以外的政事。同时,他的领袖地位使他当然与闻国家的大政方针,他在这一方面应该自处于备政府咨询的地位,而不当取直接干预的方式。最浅近的比例是日本的西园寺公,西园寺无一兵一卒,而每次国家的政府首领都由他决定,决定之后他即退藏于密,不再干预。西园寺的地位完全是备政府咨询顾问而已,而他越谦退,他的地位却越隆高,他的意见越有效力。何况今日一个掌握全国军事大权的最高领袖呢?

这是我为钱先生的"最高领袖而不独裁"的主张下的解释。这三年多,蒋先生的声望的增高,毁谤的减少,其间也很得力于他的让出国民政府主席,让出行政院,而用全力做他的军事职责。蒋汪合作的大功效在此。因为他不当政府的正面,独裁的形式减少了,所以他的领袖地位更增高了。这也可以证明最高的领袖不必采取独裁的方式。

倘使蒋先生能明白这段历史的教训,他应该用他的声望与地位,毅然进一步作宪政的主张,毅然出来拥护宪法草案,促进宪政的实行,使国家政制有一个根本改革的机会,使政府各部分的权限都有一个宪法的规定,使全国的政权重新建立在宪法的基础之上;而他自己则不做总统,不组政府,始终用全力为国家充实自卫的力量,用其余力备政府的咨询顾问,作一个有实力的西园寺公,作一个不做总统的兴登堡,——倘使他能如此做,那才是真正做到了不独裁的全国最高领袖。只有一个守法护宪的领袖是真正不独裁而可以得全国拥戴的最高领袖。那是政制改革的大路。

二十四,八,五夜

(原载 1935 年 8 月 11 日《独立评论》第 163 号)

国联的抬头

从我们中国人的观点看来,这一个多月的国际形势真使我们亦忧亦喜。忧的是意大利和阿比西尼亚的斗争也许引起绝大的国际战争,不但牵动非洲和欧洲,也许竟会牵动全世界,而我们的国家也许不免做那大火里被殃及的鱼鳖(喜的是这一次意阿的纠纷居然惊起了国际联盟的瘫病,使国联各会员国都觉悟到一个强国的欺陵〔凌〕一个弱国不仅仅是那两个国家的事,乃是关系国联盟约存废和国联自身存亡的问题)。这个觉悟来的太晚了三四年,然而一个晚了的觉悟总比不觉悟好,一种晚了的努力总比不努力好。所以这一回国联的努力可算是它的自赎自救的挣扎。我们对它曾抱很大的希望的人们,当然祝福它这回奋斗的最后胜利。

阿比西尼亚是和意大利结下了历史的仇恨的。意大利(和德国一样)建立统一的民族国家太晚了,不曾能够在海外抢夺到有利的殖民地;因为等到意国能够向外发展时,亚非两洲的落后民族的土地都早已被几个先进的强国差不多瓜分完了。只有非洲正东南角上的阿比西尼亚,那时还不曾被英法两国抢完,所以意国自从1870年以后,就决心要在阿国建立她的殖民帝国。四十多年前,意国和阿国打了几年的仗,直到1896年,阿都瓦(Adowa)之战,意国的军队打了一次大败仗,伤亡近七千人,俘虏过二千五百人。这一仗挡住了意大利的野心,同时也建立了阿国的独立。1896年10月的和约里,意大利承认了阿国是绝对独立的国家。但意大利永远忘不了阿都瓦大败的耻辱,也永远没有抛弃她征服阿国的野心。

意大利的属地有两处,一处在阿国的正北,名为厄里特里亚(Eritrea),在红海的西南岸上。一处是在阿国的东南,在印度洋上,名为意属梭马里兰（Italian Somaliland）。这两块地是不相连的，中间不但隔着一个整个的阿国，还夹着一块法属梭马里兰（在厄里特里亚之南）和一块英属梭马里兰。阿国的海岸线上，北是意属，东是法属英属，东南又是意属，全在三个强国的手中。往内地去，从西北直到正南，都和英国属地接界。这四十年中，英法意三国的屡次协商给了阿国一种均势之下的苟安局面。

在1911年，意大利和土耳其开战，在地中海的南岸，埃及的西边，占有一大块北非洲的土地（Tripoli）。那一次的胜利，使意大利的人民很兴奋，更引起了殖民帝国的雄心。所以在莫梭里尼独裁统治之下的意大利就下了决心要征服阿比西尼亚，或把她变成意大利的保护国。但这种企图是处处要和英国的利害起冲突的。英国最关切的有几点：第一是埃及与英属苏丹的主要河流都发源于阿国高原，英国和阿国订有条约，阿国担保不妨害尼罗河的两道河源的水。英国是不愿这河源地归到一个强国手里的。第二，英国掌握地中海的两头门户，而苏彝士运河的出路是红海，所以英国又要掌握红海南口两对面的亚丁（Aden）和英属梭马里兰。倘使红海南口上建立了一个强大的意大利殖民帝国，那就足够动摇苏彝士运河和红海的霸权，印度洋和大西洋交通的大道就不容易完全归不列颠帝国掌握了。第三，英国的海上霸权的枢纽在地中海与红海，而意大利近年的极力扩张海军与空军，目的也正是要争夺地中海的霸权。如果意大利得了控制红海的地位，英国在地中海的霸权就更不容易维持了。地中海和红海的霸权失去之后，英国在印度洋和太平洋的地位就都动摇了。

这回意大利和阿国的冲突起于边界问题。阿国境上的两处意国属地的边界都没有明白的勘定，所以常常发生问题。这回的争点在阿国南部的瓦尔瓦尔市（Walwal）。意国认此地是属意国的，就用兵队占据了；阿国认此地是在阿境四十英里以内的内地，有意国殖民部发行的非洲地图为证。证据虽强，意国的带甲拳头终不肯承认。去年12月初，意国军队向阿国军队开火，阿国死者一百零十人。据当时见证人向调解委员会的报告，此举分明是意国军队开衅。但意国反把此次开火的责任完全归到阿国方面，更调集重兵压在南北两境上。

阿国是国联的会员,就把瓦尔瓦尔事件提出国联伸诉,国联行政院也受理了。后来经英法两国的调停,意阿两国情愿依据1908年的意阿条约直接交涉。但从此以后,两国时时发生纠纷,两国都调兵队布防,形势更紧张了。本年3月间,英法调停的结果,阿国接受了意大利的要求,划出六十公里为阿国与意属梭马里兰之间的中立地带,双方均不驻兵,然后继续谈判。但意国仍继续增加军队,输送军火,积极备战,并且拒绝第三国的干涉。

5月20日,国联行政院开会,英法提出仲裁办法,但意国一面接受仲裁,一面继续调集军队,又引起了武装冲突。7月6日,仲裁委员会宣告失败。8月3日国联决定续开仲裁委员会,并决定9月4日开行政院会议。8月14日,英法意三国代表在巴黎开会,商议阿意纷争的问题,意国坚决要求在阿国的经济特权和政治宗主权。8月17日英法提议承认意大利可在阿国获得经济利益并要求政治保障。意国政府不肯接受英法提案,三国会议就破裂了。

意大利的备战工作是很可惊的。据政府的报告,她已花了二十万万利尔(Lire),约合英金三千三百五十万镑了!现在东非的意国军队已近三十万人,战斗飞机在五百架以上,设有飞机场六十处,无线电台五十处。

阿比西尼亚的皇帝海勒赛拉西(Haile Selassie)就是四十年前打败意大利的皇帝曼尼里克(Menelek)的侄儿,也是一个不肯轻易屈伏的领袖。在战祸迫切之下,在完全缺乏新式军备的形势之下,他居然也能积极备战,对世界宣言:他愿意把南部倭加登(Ogaden)一省割让给意大利,去换得一个出海的港口;但他决不肯让他的国家变成意大利的保护领土。如果战争终不能避免,他情愿凭藉天然的险要,竭力抵抗他的国家的仇敌,直到最后一滴热血流干为止!

世界人民的同情当然多在阿国的方面。据9月16日路透社的电报,有五万爱尔兰人,三千法国人,几百英德俄比人,都自请到阿国去当兵。还有各地的黑人都纷纷捐款赠送阿国政府。

但这种私人的同情,零星的援助,都不能救济阿国的危亡,也不能制止意国的侵略政策。重要的关键还在那国联的两根台柱子,英国和法国。

英国在大战以后,实在不愿意再被卷入任何战祸了,所以她的外交政策总是想"得过且过",息事宁人。四年前的远东大变局,虽然一度惊醒了英国人的和平梦,然而他们的得过且过政策还不曾起根本上的大变换,至多不过是赶造新加坡的海军根据地,做点雨后补屋漏的工作而已。这回阿比西尼亚的问题,如上文所说,大有动摇不列颠帝国在地中海和红海的霸权的危险,这才是火烧到眉头的紧急问题了。英国的政治忽然表现大活跃的形势了。

几个月之前,英国民间曾举行一次大规模的民意测验,测验的主题是人民对于集团安全保障的态度。投票的有一千一百多万人。测验的结果是绝大多数表示承认拥护国联盟约为最可靠的集团安全保障,并且有三分之二以上的人主张不惜用"制裁"来拥护国联盟约。

民意的表示如此,国家的实际利害又如彼,于是英国政治采取了一个"挟天子以令诸侯"的强硬态度,那就是要在"拥护国联盟约"的大题目之下做到制裁意大利侵略政策的工作。8月17日三国会议失败之后,22日英国内阁召集全体紧急会议,决定了大政方针,但对外无所表示。9月4日,国联行政院开会,意大利代表亚洛锡声明意国保留行动的完全自由,英国的国联部长艾顿(Eden)在演说中表示希望国联各会员国努力拥护国联盟约。6日,行政院依据盟约第十五条,任命英,法,西班牙,波兰,土耳其五国代表为"五人委员会",研究意阿纠纷及其和解的可能方案。6日晚上,五人委员会开会,推定西班牙代表马达里亚加为主席。7日以后,委员会继续开会。

9月11日,国联大会(The Assembly)开会。英国外交部长贺尔(Hoare)发表了一篇世界公认为国联历史上划分时代的大演说。在那篇演说里,他郑重声明:

> 代表英王陛下的政府,我可以说,他们要竭尽他们的能力来担负国联盟约加在他们肩上的责任,在这点决心上他们是不让任何人的。

他说:

> 英国政府的态度向来是对于国联尽忠不移；今日英国政府的立场只是这个原则的继续，而并不是一种例外。

他很明白的说：

> 所谓集团安全保障（Collective Security），意思只是用集团的动作来组织和平，防止战争。这不是简单的，乃是一个很复杂的观念。它不仅仅指平常所谓"制裁"，也并不仅仅指盟约第十六条。它是指那整部的盟约。……最后，还有采用集团行动来终止任何不顾盟约的战争行为的义务。

最可注意的是他特别指出最近英国民意测验的结果。他说：

> 最近人民公意的表现，可以显示全国人民怎样一致赞助政府充分担负国联会员国的义务。英国国民所表示的拥护，不是对于某种特殊举动，乃是对于国联的原则的拥护。

贺尔的演说是世界第一强国的代表的郑重宣言。我们从这里可以明白英国政府现在的决心是要"挟国联以制裁意大利"。意大利的忿怒是不用说的。最可玩味的是9月17日伦敦路透电传出的英国政府非正式的答复意大利的责难。罗马的责难大致是这样的：本年上季意大利政府曾邀请英国政府讨论英意两国在阿国的相互利益，当时英国政府对于罗马的邀请何以只有推托敷衍的回答呢？何以到现在又忽然摆出仗义执言的架子来了呢？英国政府的答辩是这样的：

> 如果英国政府不曾因意大利的提议而明白规定英国在阿比西尼亚的利益，那只是因为新起的局面之下，集团安全的更广大的利益必须移在第一位了。那个新局面是当时没有预料到的，直到意大利政府明白表示要在阿国采取一种当初没人料到而含有远瞩性质的政策的时候。

这样的答辩是值得我们想想的。难道当初英国真没有料到意大利敢下决心用全国武力来吞并阿国建立红海上的霸权吗？恐怕未必吧？英国对意阿纷争的态度，正和1914年8月以前对欧战的态度一样的暧昧。她要等候一个好时机，更要等候一个好名义。

好时机是意大利发了疯，运了几万兵到北非洲的特里波利

(Tripoli),直压到埃及的西境上！这样对埃及的威吓是英帝国的人民不能忍受的。所以英国在最短时期内也调遣海军空军,把地中海的各处要塞都布防了,从吉布罗陀海峡一直到苏彝士运河！

好名义是意大利始终不肯受国联的调解,要保留行动的完全自由。英国抓住这个拥护国联盟约的大题目,抓住了那个绝对不敢抛弃国联的法国做副手,于是在9月11日在日内瓦大唱拥护国联的全部盟约的高调了。

果然,9月13日国联大会席上,法国外长拉佛尔(Laval)也郑重宣言:

> 在现在的局势之下,人人都得担负一分义务。我代表法兰西也担负一分义务;我声明我们对于国联盟约的信心。法兰西向来追求集团安全的主张,我们怎么能让它死掉？一切理智和公道都不容许我们那样干。我们的一切国际协定都建立在日内瓦的基础之上,妨害了日内瓦就是妨害了我们自己的安全。……我们很高兴能和大不列颠合作,共同拥护和平,共同保障欧洲。

于是日内瓦的两根大台柱子共同合作来拥护国联的全部盟约的神圣了。

英法协力的表示是很重要的。因为在9月以前,大家都知道法国和意国有密切关系,都不敢深信法国肯决然抛弃意大利的友谊。9月13日拉佛尔演说之后,大家才相信英国外交的大胜利,法国决心站在英国的一边,意大利是孤立的了。

这不是说英国一定要和意大利作战。这样的布置是要叫意大利明白英国的决心。这个情形,颇有点像1914年大战爆发时的情形。"比利时的中立"就等于今日"国联的盟约"。今日英国明白宣布:谁不顾国联盟约而作战,就同当日谁破坏比利时的中立一样,英国是要出来裁制的！

在英法的宣言出来之后,国联的五人委员会的调解方案也做好了。方案的内容至今没有发表,但就已泄漏的部分和意国政府的宣言中看来,大概这个方案是很牵就意大利的。其中大概有这样的提议:(1)国际承认意大利有拓展殖民地的需要,(2)阿比西尼亚割让南部倭加登(Ogaden)的土地给意大利,(3)另由英国让出英属梭马里兰的一块土地,法国也让出一块毗连的土地,偿给阿国,使阿国可以有波斯湾上的柴拉(Zeila)的海口。(4)阿国政府受国联的指导,聘请外国顾问,整顿内政,政革警政,司法,运输等等。

这个建议,阿国政府大概可以接受。但9月20日莫梭里尼召集国务会议,讨论五人委员会的报告书,讨论之后,通过了下列的决议案:"国务会议虽然感谢五人委员会的努力,但因为这些提议不曾顾到意大利的权利和切近的利益,不能提供一种可使这些权益实现的实际办法的最低限度基础,所以国务会议认为不能接受。"这好像是坚决的拒绝了。然而21日意国代表亚洛锡告诉五人委员会主席马达里亚加说,这个答复不可认作绝对拒绝。所以伦敦、巴黎和日内瓦方面的观察都说"交涉的门是关闭了,但还没有上锁"。也许意大利还愿意提出进一步的谈判。英国代表艾顿前几天曾说过:这次五人委员会的方案可算是最后的让步,过此限度,英国就不能承认了。

难道五人委员会还愿意考虑意大利的新提案吗?若不然,国联只好走上盟约第十六条的"制裁"的路了。

意大利的莫梭里尼早就说过:制裁就是战争。制裁应取何种方式呢?制裁是否能制止意阿的战事呢?是不是要引起地中海的大战,因此更牵动第二次国际大战争呢?

在这一二十天之内,这些疑问应该可以得着一些解答。

1935,9,24 晨

(原载1935年9月29日《独立评论》第170号)

从一党到无党的政治

最近几个月中,因为中国国民党六中全会和五全大会的召集有了定期,关心国事的人颇有一些关于政制改革的讨论。这些讨论之中,引起最多驳论的是放弃党治开始宪政的主张。《大公报》也曾有过这种主张,我在《独立评论》(第一六三号)上也曾承认这是改革政制的大路。我的主张是很简单的,我只希望现在审查中的宪法草案能提早颁布,国民党连年对全国声明的宪政诺言能早日实行。这种主张并不是我们向国民党"乞求"宪政,只是我们对于当国的政党的一点友谊的诤言。我们不期望一个堂堂的政党失信于全国,也不期望一个堂堂的政府两年来大吹大擂公开征求讨论经过几次修正的宪法草案居然变成儿戏。

批评这个宪政主张的人,大致是怀疑宪政实行时全国人民程度还够不上做宪政之下的选民。例如陈之迈先生说:

> 没有现代经济制度所造成的交通便利,货物交换,优美普及的教育,参加政治的闲暇,而希求吃草根树皮观音粉的芸芸众生侈谈内政,关切外交,监督政府,是人之常情所不容许的,无论你颁布如何优美宪法。(《独立》第一六六号)

我们忍不住要问:没有这些摩登条件而希望一党专政的成功,是不是常识所容许的?宪政不是定要一跳就做到"芸芸众生"的普遍选举,也并不希求"芸芸众生"一时都来"侈谈内政,关心外交,监督政府"。即如宪法草案里规定的人民四年一次或两年一次的选举权,也不过是每县选出一个国民大会的代表。这点责任,比起现在各地党员推举出席全国代表大会的党代表来,也不见得繁难许多吧?

我个人观察这七八年的党治,不能不感觉今日的党治制度决不是孙中山先生的本意,也许创首不是国民党的领袖诸公的本意。国民党原来不认一党专政是永久的;党治的目标是训政,是训练民众作宪政的准备。七八年训政的经验,民众所得训练在那里?在这个时候,我们是不是应该想想:绝少数的人把持政治的权利是永不会使民众得着现代政治的训练的。最有效的政治训练,是逐渐开放政权,使人民亲身参加政治里得到一点政治训练。说句老话,学游泳的人必须先下水,学弹琴的人必须先有琴可弹。宪政是宪政的最好训练。

还有一些怀疑的人以为宪政必须是许多政党竞争的政治,所以有人忧虑"到重演民初党派合纵连横的怪剧",也有人忧虑到"造许多饭碗给自命不凡的忧国之士去享用"。

依我这个门外汉的观察,这种顾虑是不关重要的。民国初元的政党怪剧都由于当时人迷信民主政治必须是政党政治,所以大有画老虎画成了狗的怪现象。二十多年的世界政治趋势,使人们对于政党政治的迷信减低了不少;在这个本来厌恶政党政治的国家,对政党的信用更减低了。我们可以预料在将来的中国宪政之下,政党的竞争必定不会很热闹的。试看这四年的国难之下,国家意识越增高,党派的意识就越降低,这不单是中国一国的现象,世界各国(包括德意志)的"全国政府"的倾向也是有同样的意义。有远识的政治家应该抓住这种大趋势,公开的建立"国家高于一切"的意识,造成全国家的,超党派的政治。

况且孙中山先生的"五权宪法",如果真能逐渐实行,也可以防止政党政治的流弊。依我个人的看法,五权宪法的精神是"无党政治"的精神。五权之中,司法当然应该是无党的(在文明的国家早已如此,法官与军人都是无党的)。考试权也应该是无党的:考试的意思是为事择人,只求得人,不应问人的政治派别(在这一点上,英国的文官考试制度最可取法)。监察权也当然是无党的:监察制度起于"铁面无私"的监察御史,内不避亲,外不避仇,何况党派?剩下的只是行政和立法两权了。立法一权,在外国属于议会,而在中山先生的政治思想里,议会的质问弹劾权已划到监察权去了,分赃式的任官承认权也被考试制度替代了,所以立法权只成了一种制定法律和修改法律的专门技术事业,这当然也可以无党的了。所剩的只有行政一部,然而一切事务官如果全用考试制度,那么,行政权的绝大部分也可以不受党派政争的支配了。

所以,如果将来的宪政能够逐渐实行"五权宪法"的精神,中国的宪政大可以不必重演政党纷争和分赃的老路。从一党的政治走上无党的政治,使政治制度在中国建立一个足为世界取法的特殊风范,这似乎是孙中山先生的本意,也不是完全不可能的吧?

(原载 1935 年 9 月 29 日天津《大公报》星期论文,又载 1935 年 10 月 6 日《独立评论》第 171 号)

再记国联的抬头

我在《国联的抬头》一篇里(第一七〇号),记载意大利对阿比西尼亚的纷争,到9月20日意国内阁会议正式拒绝国联五人委员会的提议为止。21日,意国代表在日内瓦表示还有商量的余地。22日,意国代表阿洛锡和五人委员会主席谈话,他宣读意国政府给他的训令,对五人委员会提议的办法有些批评,并提出新建议。这些新建议,五人委员会认为不能接受。

五人委员会的建议书,于9月23日由国联秘书处公布了。建议书的首段说:国联会员国的独立和领土的完整安全是必须尊重的;但阿比西尼亚加入国联时,曾声明担保,凡国联行政院的建议,事属可行的,阿国当接受;况且阿国代表在本年9月11日曾宣言,凡可以提高阿国经济政治财政状况的任何建议,阿国均愿意接受。五人特委会根据这种情形,拟定了一些建议。

这就是说,五人委员会的建议是不能尊重这个可怜的会员国的"独立和领土的完整安全"的了。果然,他们建议有四大条:(1)阿国的公共治安,由外国专家委员团组织警察和宪兵来维持。(2)关于经济发展,凡垦殖,探矿,国外贸易,邮政,电信,公共工程,交通等项,均可由外国人与本国人合作举办。(3)在财政方面,阿国政府应订立国家预算,由国家统制一切出款,税收,及专利事业。(4)关于司法和教育方面,也有改革的建议。——为执行以上各项改革计,每一种公共服务机关应有一个外国顾问作领袖;各领袖顾问均受国联代表委员的指导,或受一个委员会的指导,其委员会主席同时为国联的代表。国联行政院得以阿国皇帝的同意,委派国联代表及领袖顾问;其低级顾问则由国联代表提出请阿皇任命。

关于土地的割让，建议书中也有由意阿两国和平协商的提议。建议书中并说，英法两国代表曾向特委会声明：在意阿两国协议土地问题时，如有必要，英法两国愿意在梭马里兰海岸一带让出一块土地以抵偿阿国的损失。

这种建议，一面是承认了意国在阿国有扩大领土，伸张经济特殊权益的要求，一面是把阿国放在一种国际共管的制度之下，总算是十分迁就意大利的争点了。但意大利还不肯接受。意大利提出的新要求，据说包括（1）割让的土地须使北边的厄里特里亚能和南边的梭马里兰相衔接；（2）阿国出海的路须经过厄里特里亚，（3）阿国陆军须解除武装，由意国改编。

五人委员会不能接受意国的新要求，就于24日将报告书提交国联行政院，自认他们的努力失败了。

依据国联盟约第十五条第四节："行政院经全体或多数之表决，应缮发报告书，说明争议之事实及行政院认为公允适当之建议。"9月26日行政院开会，决定适用第十五条第四节的办法，由行政院全体会员（除意国，共十三人）组成特委会，草拟意阿争执的报告书及建议案。

据报纸所记，行政院所以不肯采用五人委员会的报告和建议，而必须另行起草者，实在是因为国联最初希望能制止意阿的战祸，故五人特委会不惜十分迁就意国的利益，不惜令阿国多吃点亏；行政院十三国之中，有苏联，土耳其，罗马尼亚三国都狠反对五人特委会的报告书，认为太偏袒意大利了；然而那样偏袒意国的建议，还不能叫她接受，所以行政院只好把五人特委会的报告书搁起，另由全体起草报告书。

9月28日，十三人委员会开会，决定了令国联秘书处草拟报告书，就休会了，定于10月3日再开会。同日国联大会也宣告休会，但主席宣告大会可随时召集。

本来盟约第十五条之下所能唱的戏，差不多全唱完了。第四节的报告与建议的手续，本来可短可长；要缩短，就可以采用五人特委会的报告书；要延长，也可以像中日问题的李顿调查团那样跋涉长途,费很长的时间,制成报告书与建议案。

当秘书长爱文诺先生从容开始准备起草的时候,意大利正加速运送军队往东非洲,阿比西尼也只好准备下总动员令。另一方面,英法两国之间正在进行重要的谈判。9月10日,——英国外长贺尔在国联大会演说的前夕,——法国政府询问英国驻法大使,"万一在欧洲有破坏国联盟约而使用武力的事,——特别是欧洲的国家有在欧洲使用武力的事,无论是否国联会员国,——英国是否能担保引用盟约第十六条所载的一切制裁?"到了9月26日,英国外长贺尔方才正式答复法国的询问。在这复文里,贺尔屡次称引他在国联大会的演说词,再三声明英国有拥护盟约的决心,此种决心并非专为对意阿争端,乃是因为全国人民表示遵守国联盟约的原则,不仅仅遵守其某种特殊方面的表现而已。贺尔又声明,国联的立场与英国的立场,同是要公同维持盟约的全部,尤其是要坚决的,共同的抗拒"一切无理由的强暴行为"。他很坦白说:"我想大家都会承认,一个国联会员国在某种特殊事件发生以前预先表明它的政策;没有能比我说的这几句话更明白更坚决的了。"

贺尔的复文,法国舆论颇认为太空泛,但法国政府认为"完全满意,没有比这更切实的了"。所以德国《柏林日报》评论此事说:"英国现在已准备和法国共同担任欧洲的警察,要在英法领导之下控制欧洲大陆了。"

贺尔的复文是9月29夜公布的。10月2日意阿的战事已爆发了。意军分两路进攻阿国:北路猛袭阿都瓦(Adowa),南路从意属梭马里兰进攻倭加登省。一切最新式的武器都使用出来了。阿国政府一面报告国联,一面也下动员令应战了。这几天的战事都很激烈。

国联的努力,想迁就强者以求避免战争,算是完全失败了!第十五条的种种办法是用不着的了。

依据盟约第十六条,"国联会员国如有不顾本约第十二条,第十三条,或第十五条所定的规约,而从事战争者,则据此事实,应即视为对于一切国联会员国有战争行为"。现在意大利是适合这种资格的了,是应该受"制裁"的了。

第十六条规定的"制裁",共有四项。先说第四项:"任何会员国违犯盟约的一项的,经列席行政院的其他会员国的投票表决,即可宣告令其退出国联。"这是最无效用的制裁,近年自行退盟的多了,开除会员更算不得惩罚了。意大利政府早已宣言过:除非国联逼意大利出盟,她是不退出国联的。这样的顽皮手段,开除盟籍是不够应付的。

次说那其余三项:

（一）……其他各会员国担任立即与它断绝各种商业上或财政上的关系,禁止其人民与那破坏盟约国的人民的各种往来,并阻止其他国家（无论是否国联会员）的人民与该国的人民的财政上或商业上的往来。

（二）遇此情形,行政院应担任向各政府建议,使各会员国各出陆海空的实力,组成军队,以维护国联盟约的实行。

（三）当采用经济及财政的制裁时,各会员国应互相扶助,使各国的损失减少至最低限度;如破坏盟约国对某一会员国施行任何特殊办法,各会员国也应互相扶助以抵制之;其协同维护国联盟约的任何会员国的军队,应享有假道的便利。

这三项之中,有轻有重。经济的制裁为最轻。第二项可说是一种"勤王军队",含有用共同武力执行盟约的意义。第三项的第二分句:如破坏盟约的国家对某一会员国施行任何特殊办法,各会员国应互相扶助以抵制之。——这一条的意义是最重要的。例如英国近日询问法国,万一意大利攻击英国在地中海的海军,法国将取何态度,这种质问即是根据这一句。10月4日法国已正式答复:"将来英国倘因执行某种办法而发生事端,且此种办法事前是曾得法国同意的,法国当担负其一切责任。"这可见第三项的重要了。

意大利开始战争之日,莫梭里尼举行全国公民总动员演习,他在罗马的三十万法西斯党员面前,作很激昂的演说。但他的激昂之中,也不免露出一点戒惧的态度。他说:

他国若用经济制裁对付我们,我们应该用我们的勤劳,纪律,和牺牲精神,去应付。他国若采取军事步骤,我们也用同样步骤答复他。他国若实行战争,我们也用战争回报他。

他又说:

> 我现在郑重保证,我当竭力避免因一种殖民地的冲突引起欧洲的战争。

10月4日,莫梭里尼又有"诚恳的书翰"送达英法两国的外交部长,声明意大利在阿国的行动并不曾改变莫梭里尼决心避免事件扩大的本意。他并且声明愿意和英法两国继续谈判。

但英国的态度是很明显的,她不承认当前的问题是英国对意大利的斗争,她只承认这是国联对意大利的问题,——是国联盟约被破坏的问题。换句话说,因为意大利破坏了盟约,对阿国作战,所以国联的各会员国应该执行第十六条规定的制裁。

关于制裁的执行方法与程序,英法两国正在磋商之中。现在他们已决定的原则是对意大利施行"有限度的,渐进的制裁",大约是"纯粹经济的与财政的性质"。这是第十六条第一项的制裁。据10月4日的巴黎路透电,法国外长已得着全体阁员的赞助,决定法国必须贯澈到底履行国联盟约之下的义务。至于具体方式,法国内阁已决定的是(1)宣布意大利为侵略国,应受盟约规定的制裁;(2)拒绝对意国的借款,并禁原料输入意境;(3)禁绝意国货物输入法国。

国联行政院已推定五人小组委员会草拟意阿争端报告书。小组委员会的草案已经十三人委员会讨论过两次了。10月5日,行政院开会,详情我们还不知道。现在已定10月9日开国联大会。

以上是这十几天的经过。我在这篇长文里,完全不曾加评论。这是因为我们中国人对这问题的同情心大概完全在阿国的方面,我们对国联制裁侵略者的决心也是完全赞成的,所以用不着评论了。我现在要指出的只有两点:

第一,国联的努力虽然不曾阻止意大利侵略阿国,但这回的事件仍不能不说是"国联的抬头"。因为意大利不接受国联的建议而开始战争,所以意大利成为盟约破坏的国家,成为国际新公法之下的侵略者,成为应受国际制裁的犯罪者。

第二，最重要的是此次受制裁的是一个强国，是世界七大强国之一，是国联会员之中仅存的三大强国之一。国联已到了日暮途穷的境地，忽然兴奋起来，大起胆子来批龙鳞，拔虎须了！这是我们在三年前日日渴望，夜夜梦想，而终不曾实现的事。现在这个奇迹居然来临了！我们应当热烈的欢迎这第一次正义的制裁的实现，应当一致的督责我们的政府训令出席国联大会的我国代表明白的投赞成制裁的票，切不可假借什么理事选举的问题逃避不出席。我们要澈底觉悟，在国际政治上，动机的纯朴是不关重要的，最关重要的是行为，是事实，是结果。古人说的好："久假而不归，乌知其非有也。"今日我们赞成的是国联会员国用共同的力量来抗拒"一切无理由的侵略行为"，我们要使这个原则建立在倒不了的基础之上！

廿四，十，七晨

（原载 1935 年 10 月 13 日《独立评论》第 172 号）

用统一的力量守卫国家！

凡有感觉的中国人，总都能感觉到我们这个民族现在是被环境逼迫，被时势驱使，在四个整年的惨痛经验的训练之下，快要走上一条比较有希望的大路上去了。

这条大路是统一护国，是用统一的力量来守卫国家！

这几天在南京召集的五全大会虽然是一个当国的政党的集会，然而他的意义却不限于一个政党。阎锡山、冯玉祥两位先生的先期到会，西南几十位领袖的络续赶到，党内的人也许只认这是党内的团结，党外的全国人民却不能不承认这是国家统一的象征。他们当年的分携离散是为了个人的政见或党内的争执而分携离散。他们今日的重聚一堂是为了整个国家而团结统一。为了整个民族国家眼前的危机和未来的前途，他们忘了他们的私怨，"埋葬了他们的斧头"，同到南京来商量讨论民族国家的大计。所以在我们人民的眼里，这一次南京的大会是国家统一的象征。因为如此，这个大会给了我们不少的兴奋，不少的希望。

我们相信，这一次全国政治军事的领袖会集于一堂，他们在解决一些党的问题和国内政治的问题之外，必定能够集中他们的心思才力来研究那整整四年不曾澈底想过的国难问题。我们相信，他们讨论的结果应该可以得到一个有办法的方案。

这个方案，我们现在还不知道，也无从预测。但我们希望这个方案的精神是一个字，是一个"守"字。这就是说，我们希望，全国的领袖现在要决定我们的国策是用统一的力量来守护我们的疆土和我们的主权。

在两年半之前，翁咏霓先生发表了一篇《我们还有别的路么？》

(《独立评论》四十七号），他指出我们能走的路不是武力战争收回失地，也不是签字承认屈服，乃是和与战之间的一条路，就是"未失的土地应该如何保守勿失"。我们的路是"守"。

翁先生在两年半之前，就很沉痛的指出说：

> 我们在自己的领土内筑炮台，安高射炮，这是我们最低自卫的权利。……防御工程对于守势的战事是极重要的。工程建筑得愈坚固，我们的牺牲愈小，他们的牺牲愈大。但是坚固的工事临时往往来不及，是必须预先建筑的。……明知胜败利钝没有把握，但保守疆土是政府最大的天职，必须尽其力之所及，积极做去。我们应取的态度是始终不好战争不尚武力，对于一切国际的纷争只准备以公理来解决。但同时更坚决的表明对于自己的国土一寸不能放松，步步为营，处处抵抗，失了一线，还有一线，使敌人知道我们中国人还是人，不能专以武力叫我们屈服。

这样沉痛的话，说在热河失陷以后塘沽协定之前，在这两年半之中，始终不曾引起政府与人民的充分注意，这是最可惋惜的。

我们的最大错误是只看见了战与和两条路。而没有充分认识那更重要的"守"的一条路。必须能守，然后能战；也必须能守，然后能和。没有自守自卫的能力，妄想打倒什么，抵抗什么，都是纸上的空谈。甚至于连屈伏〔服〕求和都不配，因为我们若没有守卫的能力与决心，屈辱之后还有更大的屈辱，永永没有止境，永永不会到一个饱和点。

我是当年曾替华北停战协定辩护的人。当时我的主要理由是："华北停战虽不能使敌人将东四省退出一尺一寸，至少也应该使他们不得在东四省以外多占一尺一寸的土地。"（《独立》第五十三号）现在看来，我完全错了。塘沽协定成立以来，两年半之中，我们完全忽略了守御的工作，所以我们不能禁止别人得寸进尺的野心！

这几年来我们虽有种种自欺欺人的口号，其实都因为全不注意一个"守"字，所以"抵抗"既绝对没有，而"交涉"也只有一再屈服，一切口号都成了不能兑现的空头支票。所谓错了一着，输了全盘，其关键全在输了这个"守"字。

我们也承认,这几年之中,政府不能用全力注意到疆土的防守,一半是因为剿匪的工作需要很大的注意和很大的兵力,一半也是因为国内不统一,各方的猜嫌不能全消,甚至于有两年前福建的事变,所以不容易有整个的国防计划。

正因为如此,所以这一回南京大会给我们的全国统一的象征是最能使我们兴奋的一件事。我们希望这回的统一是真正的统一,是在救亡图存的共同觉悟之下的精诚团结。

统一做到了,政府应该用这个统一的力量来积极布置整个国家的疆土主权的守卫工作。政府应该明白宣布,我们的国策是守卫我们的疆土和主权。我们不能,也不准备,和任何国家作战:这是全世界人共见的。我们现在应该光明正大的唤起全国的人心,同心协力的实行这个守卫国家的国策。

在这个明白宣布的国策之下,政府应该用全力积极布置。也只有这样明白宣布的统一护国的国策,可以消释近时外间一切浮言与谣传,可以安定全国的人心,可以振作全国的民气,可以领导整个民族向着救亡图存的新路上走。

二十四,十一,十六

(1935 年 11 月 17 日天津《大公报》星期论文)

敬告日本国民

"告于日本国民"的题目,是室伏高信先生提出来的。我接到了这个题目,三个月不曾下笔,一小半是因为我太忙,一大半是因为我深怀疑这种文章有何用处。说面子上的假话吗?我不会。说心坎里的真话吗?我怕在此时没有人肯听。

但今天我决定写这篇文章了,因为我不忍不说我心坎里要说的真话。凡是真话都是不悦耳的,我要说的话,当然不能是例外。所以我先要乞求日本读者的耐心与宽恕。

我要说的第一句话,是:我十分诚挚的恳求日本国民不要再谈"中日亲善"这四个字了。我在四年之中,每次听到日本国民谈这四个字,我心里真感觉十分难受,〔——同听日本军人谈"王道"一样的难受。老实说:我听不懂。明明是霸道之极,偏说是王道;明明是播种仇恨,偏说是提携亲善!日本国民也有情绪,也有常识,岂不能想像在这种异常状态之下高谈"中日亲善"是完全没有意义的吗?〕

你们试想想,这四年来造成的局势,是亲善的局势呢?还是仇恨的局势呢?

本年6月间,〔日本的军人逼迫中国的政府下了一道"睦邻"的命令,禁止一切反日的言论与行动。〕这个命令的功效,诚然禁绝了一切反日的言论与行动了。然而政府的法令是管不到人民的思想与情绪的。中国人民心里的反日的情感与思想,——仇恨的情感与思想——因为无处发泄了,所以更深刻,更浓厚。这是人情之常,难道日本的军人与国民不能明白吗?

在那"带甲的拳头"之下,只有越结越深的仇恨,没有亲善可言。在那带甲的拳头之下高谈"亲善",是在伤害之上加侮辱。

所以我敬告日本国民的第一句话是：请不要再谈"中日亲善"了。今日当前的真问题是如何解除"中日仇恨"的问题，不是中日亲善的问题。仇恨的心理不解除，一切亲善之谈，在日本国民口中是侮辱，在中国国民口中是虚伪。

我要说的第二句话，是：请日本国民不要轻视一个四亿人口的民族的仇恨心理。"蜂虿尚有毒"，何况四亿人民的仇恨？

在这几年之中，中国政府与人民对日本的态度总可以算是十分委曲求全了。这是因为中国的领袖明白日本武力的优越，总想避免纷争的扩大，总想避免武力的抵抗，总想在委曲求全的形势之下继续努力整顿我们自己的国家。

〔但我们现在观察日本军人的言论，我们知道日本军人的侵略野心是无止境的。满洲不够，加上了热河；热河不够，延及了察哈尔东部；现在的非战区还不够作缓冲地带，整个华北五省又都有被分割的危险了。这样的步步进逼，日本军人的侵略计划没有止境，〕但中国人的忍耐是有尽头的。仇恨之上加仇恨，侮辱之上加侮辱，终必有引起举国反抗的一日。

阿比西尼亚（Abyssinia）反抗意大利的榜样，最可以引起中国人民的反省，最可以令中国人民感觉新的惭愧与新的兴奋。"我们难道不能学阿比西尼亚吗？"这是处处听得见的问话。

自然，学阿比西尼亚也不是容易的事。但是，我可以警告日本国民：如果这个四亿人口的国家被逼到无路可走的时候，被逼到忍无可忍的时候，终有不顾一切，咬牙作困斗的一天，准备把一切工商业中心区，一切文化教育中心区，都在二十世纪的飞机重炮之下化成焦土。前年日本的领袖曾有"焦土外交"的口号。我们审察今日的形势，如果日本军人的言论真可以代表日本的政策，中国真快到无路可走的时候了。无路可走的中国，只有一条狭路，那就是困兽的死斗，用中国的"焦土政策"来应付日本的"焦土政策"。

所以我的第二句话是：日本国民不可轻视中国民族的仇恨心理。今日空谈"中日亲善"，不如大家想想如何消释仇恨。日本国民必须觉悟：两国交战，强者战胜弱者，这是常事，未必就种下深仇恨。日俄战后，不出五年，日俄已成同盟国了。中日战后，不出十年，当日俄战时，中国人大多数是同情于日本的。普鲁士战胜奥国，不久两国就成了同盟国。故我说，战胜未必足以结仇恨，只有乘人之弱，攻人之危，使人欲战不能，欲守不得，这是武士道所不屑为，也是最足使人仇恨的。仇恨到不能忍的时候，必有冲决爆发之患，中国化为焦土又岂是日本之福吗？

我要说的第三句话，是：日本国民不可不珍重爱惜自己国家的过去的伟大成绩和未来的伟大前途。

日本国民在过去六十年中的伟大成绩，不但是日本民族的光荣，无疑的也是人类史上的一桩"灵迹"。任何人读日本国维新以来六十年的光荣历史，无不感觉惊叹兴奋的。

但东方古哲人说过："靡不有初，鲜克有终。"一个伟大的国家也可以轻易毁坏的。古代大帝国的崩溃，我们且不论。西班牙盛时，占有半个西半球，殖民地遍于世界，而今安在哉？德意志的勃兴，其迅速最像日本；当1914年大战之前夕，德意志的武备，政治，文化，科学，工业，商业，哲学，音乐，美术，无一不占全世界第一位。四年的战争竟使这个最可羡慕赞叹的国家陷入最纷乱最贫苦的境地，至今二十年，还不能恢复战前的地位。

我们看这些明白的史例，可以觉悟"人事不可怠终"的古训是最有意义的。百年创业之艰难，往往毁于三年五载的轻率。

日本帝国的前途是无限的。没有他国可以妨害她的进展，除非她自己要毁坏她自己。

三年前，一个英国研究国际关系史的专家 Arnold Toynbee 曾指出日本军人的行为是一个全民族"切腹"的行为。这个史学者的警告是值得日本国民的深省的。

我是一个最赞叹日本国民已往的成绩的人。我曾想像日本的前途，她的万世一系的天皇，她的勤俭爱国的人民，她的武士道的遗风，她的爱美的风气的普遍，她的好学不厌的精神，可以说是兼有英吉利与德意志两个民族的优点,应该可以和平发展成一个东亚的最可令人爱羡的国家。

但我观察近几年日本政治的趋向,很使我替日本担忧。第一,六十年来政治上很明显的民治宪政的趋势,在短时期中被截断了,变成了一种武人专政的政治。第二,一个最以纪律秩序著名的国家,在几年之中,显出了纪律崩坏的现象,往往使外国人不知道日本的政权究竟何在,军权究竟何在。第三,一个应该最可爱羡的国家变成了最可恐怖的国家,在偌大的世界里只有敌人,而无友国。第四,武力造成的国际新局势,只能用更大的武力去维持,所以军备必须无限制的扩充;而无限制的军备扩充适足以增加国际上的疑忌,因而引起全世界的军备竞赛,也许终久还要引起国际的大战祸。——仅仅举这四大端,已够使外人替日本担忧了。

一大块新占有的土地在手里,一个四亿民族的仇恨在心里,一个陆军的强邻在大陆上,两个海军的敌手在海上,——这个局势是需要最神明睿智的政治眼光与手腕来小心应付的。稍一不慎,可以闹成绝大的爆炸,可以走上全民族自杀之路。

古人说的"悬崖勒马",是最艰难的工作,世界政治史上尚不多见。但苦海无边,回头是岸。不回头的危险是不能想像的。

所以我要说的最后一句话是:日本国民不可不珍重爱惜日本过去的光荣,更不可不珍重爱惜日本未来的前途。我因为不信日本的毁坏是中国之福或世界之福,所以不忍不向日本国民说这最后的忠言。

最后,我感谢室伏高信先生邀我发言的高谊。这种高谊只有说真话可以报答。

中华民国廿四年双十节前一周

(**后记**)这篇文字本是为东京出版的《日本评论》(原名《经济往来》)写的,登在那个刊物的11月号里。我很佩服《日本评论》的编辑人发表此文的"雅量",所以我把此文的原稿发表在这里。日文的译本有三处"遭到不得已的删削",现在都用方括〔〕标明。

(原载1935年11月24日《独立评论》第178号,
又载1935年11月27日天津《大公报》)

华北问题

我们对于近日发生的所谓"华北问题",只有两句话:第一,华北人民并没有所谓"自治"或"独立"的运动。第二,华北今日的当局不可忘了他们自己的责任。

第一,我们亲自听见北平当局在 11 月 19 日招待教育界的席上亲口详细报告,他们说了四十五分钟的话,诉说他们每天至少有三次受某人的逼迫,逼迫宋哲元、秦德纯诸先生赶快决定他们对华北自治的态度。四十五分钟的演说里,没有一个字提到华北人民有这样的要求。当时在座的有国立私立各大学的校长院长和其他学术机关的代表,大家皆听的明明白白,所谓华北自治运动,完全与华北人民无干。

我们在北平教育界服务的人,当然也是人民的一部分,我们曾屡次郑重声明,我们是反对这种破坏国家统一的阴谋的。11 月 24 日北平各大学校长蒋梦麟、梅贻琦、徐诵明、李蒸、陆志韦诸先生和各校教员多人曾发表下列宣言:

> 因为近来外间有伪造民意破坏国家统一的举动,我们北平教育界同人郑重的宣言:我们坚决的反对一切脱离中央或组织特殊政治机构的阴谋及举动。我们要求政府用全国的力量维持国家领土及行政的完整。

这种宣言至少可以代表那有声音的一部分的民意。我们知道平津的当局是能认识这种民意的。

第二,我们相信,华北今日的当局都能明了他们对国家的责任。他们的责任是守土。国家把偌大的土地交给他们,他们责无旁贷,应该积极负责守卫他们统治的地方。守土之外,一切浪人的游说,政治组织的变更,都不是他们应该过问的。

况且华北今日当局诸公,大都是两年前在长城一带为国家苦战的领袖,他们的爱国热诚是天下人共知共见的。他们不但应该明白他们守土的责任不容旁贷,他们更应该明白今日国家已到最危急的关头,全国的领袖正在共同消除过去嫌隙,力谋整个国家的统一与团结,决不能容许任何区域在此时机脱离中央而变成受外人卵翼的独立区域。在这个全国统一的时机,若有任何破坏统一的事变出现,主持的人必定成为全国人痛恨的对象,必定成为历史上孝子慈孙永永不能洗刷的大罪人。"一失足成千古恨",正是我们今日最应该牢记的一句话。

　　况且华北当局诸公要深切觉悟,在今日形势之下,一切委曲求全的计划都是空谈,决不能"枉尺而直寻",只有我退一寸,人进一丈。屈辱是永无止境的,求全是决不可能的。只有我们能守御的力量是屈辱的止境。一切甜蜜的诱说都是骗小孩子的诳语。例如萧振瀛先生向报界和教育界报告的三个条件:一不侵犯主权,二不干涉内政,三不侵占疆土。诸公岂不知道他们逼迫华北"自治"正是一百分的侵我主权,正是一百分的干涉内政,正是一百分的谋我疆土!此等谬说岂可轻信!

　　况且局势既已到了这步田地,当局诸公应该明了,躲闪决不是办法,敷衍也不是办法。华北各省的封疆大吏应该在他们的职责范围以内制止一切奸人的活动;遇必要时应该呈明中央,召集一个华北各省市疆吏的特别会议,在中央的指导之下,商定整个华北的守卫计划。商定之后,大家应该化除一切畛域之见,同力合作,积极负起责任来,努力做去。

廿四,十一,廿四夜

(原载 1935 年 12 月 1 日《独立评论》第 179 号)

冀察时局的收拾

全国注意的冀察局势,到最近一周内才算是有了一个办法。这个办法的大致是这样:

（1）中央政府任命一个冀察政务委员会,委员十七人。

（2）商震辞去河北省政府主席,中央任命宋哲元为河北省政府委员,兼任主席。

（3）天津市长程克辞职,中央任命萧振瀛继任。

（4）中央任命张自忠兼察哈尔省政府主席。

（5）刘峙改任豫皖绥靖主任,商震被任命为河南省政府委员兼主席。

何应钦部长此次奉中央命令北来处理此间的局势,他在北平住了十天,已于12月12日南下了。他临行时曾有一封告别书留给各大学的校长,其中有云:

> 关于冀察时局问题,连日与各地方当局晤洽,经过甚为良好。现由中央明令设立冀察政务委员会,负综理冀察平津政务之责。此间各当局均富有国家思想。人事之变更并不影响国家之统一。

何部长这几句综括的报告,应该使我们关心国家统一的人们放心一点。

我们观察这回中央解决冀察时局的办法,原则上只是承认第二十九军的领袖诸君"均富有国家思想",所以中央把冀察两省平津两市完全付托给他们。这个原则,我们认为不错的。自从6月初旬中央军队撤退之后,北方最前线的守土之责当然担在二十九军的肩上。我们知道,今年6月中,在政府手忙脚乱应付外来的压迫的时候,中央与地方当局之间不免有一点隔阂。但我们深信,二十九军的领袖诸君都受过冯玉祥将军多年的训练,他们对国家的忠心是我们不须疑虑的。他们两年前在喜峰口作战时,曾有八千健儿为国家流过血。一个有过这样悲壮的历史的军队,是不会辜负国家的付托与人民的期望的。

最近一个月之中的华北局势的演变,也可以证明二十九军的领袖始终还站在国家的立场上。如果他们不忠于国家,他们尽可以在11月中跟着殷汝耕去宣布自治了,他们也尽可以在12月初挡何应钦部长的驾了。他们欢迎何部长北来,接受他的处理方案,服从中央的命令,这都可以表示他们对于国家的忠心。宋哲元主席在12月12日曾对新闻记者发表谈话,他说:

> 关于华北交涉问题,过去错误多失败于秘密。余自6月20日交卸察省府主席职,至9月20日就任平津卫戍司令后,仅以拜会性质晤多田一次。对外决无丝毫秘密协定。即将来中日交涉,余亦主张开诚公开讨论。(13日《大公报》)

他这个表示应该可以解除最近一个月中社会人士对他的误会了。

所以我们说,中央此次把冀察的政局完全付托给二十九军的领袖诸君,是一个正当的办法。中央信赖他们,我们人民也应该信赖他们。

现在这个以二十九军领袖为中坚的冀察政务委员会,不日就要成立了。我们站在国家的立场,深切的期望这个政委会用尽忠报国的精神,积极的挑起这两省政务综理的责任来。我们没有什么奢望,只希望这个政委会至少要替国家办到这几件事:

第一,冀东各县是河北省统辖之地,殷汝耕是政府明令拿办的叛国犯人,我们盼望冀察政委会和宋哲元主席在最短期间能拿办殷汝耕,取消所谓"冀东自治"的叛国行为。

第二,冀察平津的人民并没有什么"自治""独立"的要求,这是天下人共知的事实。以后如再有类似香河事件或殷汝耕事件的发生,我们盼望负有守土之责的地方政府毫不迟疑的用实力去弹压制止。这种事件完全是国家的内政,没有一个外国有干涉之权。

第三,察哈尔北部最近发生的"满洲国"军队攻打沽源宝昌等六县的事件,诚如宋哲元主席12月12日的谈话,这"无异于吞并察哈尔全省"。负有守土责任的长官,应该用全力防御此等暴行。张北的事,倘处理不善,大有成为国际战争导火线的危险。所以我们深切盼望察省当局与冀察政委会要十分注意张北的局势。

第四,宋哲元主席曾明白宣言"对外决无丝毫秘密协定",这是全国最欢迎的报告。我们盼望冀察政委会要深切的明了他们并没有同任何国家订立任何"协定"的权力,也没有同任何国家作任何外交磋商的权力。如果他们不能这样认清他们的职权,他们到了作茧自缚,贻误国家的时期,悔之晚矣!

我们很诚恳的盼望冀察政委会垂听我们的忠告,我们很诚恳的祝福他们为国家努力。

廿四,十二,十五

(原载1935年12月22日《独立评论》第182号)

为学生运动进一言

我在十五年前,曾提出一条历史的公式:

> 在变态的社会国家里,政治太腐败了,国民又没有正式的纠正机关(如代表民意的国会之类),那时候,干预政治的运动一定是从青年的学生界发生的。

这条公式是"古今中外"都可以适用的。从东汉北宋的太学生干涉政治,直到近年的"公车上书",留学生组织革命党,五四运动,民十三以后的国民革命,共产党运动等等,这都是"古今一例"的。从中国两千年的学生干政,到欧洲各国最近三百年中的种种政治革命与社会革命,到眼前全世界的各种学生干政运动(例如连日报纸所记埃及学生的排英运动),也都是"中外一理"的。

这个道理是很明显的。中年老年的人,壮气早消磨了,世故深了,又往往有身家之累,所以都容易采取明哲保身的态度,不肯轻易参加各种带有危险性的政治活动。只有少年学生的感情是容易冲动的,胆子是大的;他们没有家室之累,理智也不曾完全压倒情绪,所以他们一受了义愤的鼓动,往往能冒大险,做出大牺牲,不肯瞻前顾后,也不能迟徊犹豫。古今中外,同是一样的。

懂得了这一条很浅近的历史公例,我们就应该明白,这几年中国国难之下青年学生的沉寂只是一种变态,而不是常轨。这沉寂的原因,一部分固然是自身能力脆薄的觉悟,一部分还是政治势力的压抑。绝大多数学生确然觉悟了这回国难的空前严重性,觉悟了口号标语游行示威的绝对无力,所以他们决心向图书馆实验室里去寻求他们将来报效国家的力量。然而这不是近年学生界沉寂的主因,因为这一类学生本来是沉寂的,他们压根儿就不是闹政治运动的材料,凡是干政运动总是少数"好事""好动"的青年们鼓动起来的。而近年"特务机关"的密布,秘密告讦的盛行,往往使各地学校里的好事分子销声匿迹。此项政治活动的策动人物的被压抑,似是近年学生界沉寂的主要原因。

一个开明的政府应该努力做到使青年人心悦诚服的爱戴,而不应该滥用权力去摧残一切能纠正或监督政府的势力。在外患最严重压迫的关头,在一个汉奸遍地的时势,国家最需要的是不畏强御的舆论和不顾利害的民气。我们这个国家今日所缺少的,不是顺民,而是有力量的诤臣义士。因此,近年政府钳制独立舆论和压迫好动的青年的政策,我们都认为国家不幸的事。

我们试回头想想,在三四年前,我们还能自信,国家的军备不能作战时,我们还有经济的武器可以使用。如今呢?可怜我们只许谈经济的提携了!这一项经济的武器的失其效能,一半由于没有政府的后盾,一半也由于舆论和爱国青年的被钳伏。

今年五六月之间,华北受了压迫,报纸不登一条新闻,不发一句评论,全国青年睡在鼓里,无声无息的几乎丢了整个的华北!

独立的舆论,爱国的青年,都无声无息的时候,所谓"自治"运动却公然抬头露面了。这是必然的结果。偌大的地面早已成了"无人之境",奸人们还不公然活动,更待何时!

所以12月9日北平各校的学生大请愿游行,是多年沉寂的北方青年界的一件最可喜的事。我们中年人尚且忍不住了,何况这些血气方刚的男女青年!

那一天下午三点多钟,我从王府井大街往北去,正碰着学生游行的队伍从东安门大街往南来。人数不算多,队伍不算整齐,但我们望见他们,真不禁有"空谷足音"之感了。

那一天的学生反对"自治"大请愿,虽然平津各报都不许记载,(《大公报》虽然登了,但因禁令还未解除,北平看不见。)却是天下皆知的壮举。天下人从此可以说,至少有几千中国青年学生是明白表示不承认那所谓"自治"的傀儡丑戏的。

但是9日以后,各校学生忽然陆续有罢课的举动,这是我们认为很不幸的。

罢课是最无益的举动。在十几年前,学生为爱国事件罢课可以引起全国的同情。但是五四以后,罢课久已成了滥用的武器,不但不能引起同情,还可以招致社会的轻视与厌恶。这是很浅显的事实,青年人岂可不知道?

罢课不但不能丝毫感动抗议的对象,并且决不能得着绝大多数好学的青年人的同情。所以这几天鼓动罢课的少数人全靠播弄一些无根的谣言来维持一种浮动的心理。城内各校传说清华大学死了一个女生;城外各校传说师范大学死了一个女生。其实都是毫无根据的谣言。这样的轻信,这样的盲动,是纯洁的青年学生界的耻辱。捏造这种谣言来维持他们的势力的人,是纯洁的青年运动的罪人。

我们爱护青年运动的人,不忍不向他们说几句忠告的话。第一,青年学生应该认清他们的目标。在这样的变态政治之下,赤手空拳的学生运动只能有一个目标,就是用抗议的喊声来监督或纠正政府的措施。他们的喊声是舆论,是民意的一种表现。用在适当的时机,这种抗议是有力量的,可以使爱好的政府改过迁善,可以使不爱好的政府有所畏惧。认清了这一点,他们就可以明白一切超过这种抗议作用(舆论作用)的直接行动,都不是学生集团运动的目标。

第二,青年学生应该认清他们的力量。他们的力量在于组织,而组织必须建筑在法治精神的基础之上。法治精神只是明定规律而严守他。一切选举必须依法,一切讨论必须使人人能表现其意见,一切决议必须合法。必须如此,然后团体的各个分子可以心悦诚服,用自由意志来参加团体的生活。这样的组织才有力量。一切少数人的把持操纵,一切浅薄的煽惑,至多只能欺人于一时,终不能维持长久,终不能积厚力量。

第三,青年学生应该认清他们的方法。他们都在受教育的时代,所以一切学生活动都应该含有教育自己训练自己的功用。这不是附带的作用,这是学生运动的方法本身。凡自由的发表意见,虚心的研究问题,独立的评判是非,严格的遵守规则,勤苦的锻炼身体,牺牲的维护公众利益,这都是有教育价值与训练功用的。此外,凡盲从,轻信,武断,压迫少数,欺骗群众,假公济私,破坏法律,都不是受教育时代的青年人应该提倡的,所以都不是学生运动的方法。团体生活的单位究竟在于健全的个人人格。学生运动必须注意到培养能自由独立而又能奉公守法的个人人格。一群被人糊里糊涂牵着鼻子走的少年人,在学校时决不会有真力量,出了校门也只配做顺民,做奴隶,而已。

第四,青年学生要认清他们的时代。我们今日所遭的国难是空前的大难,现在的处境已够困难了,来日的困难还要千百倍于今日。在这个大难里,一切耸听的口号标语固然都是空虚无补,就是在适当时机的一声抗议至多也不过临时补漏救弊而已。青年学生的基本责任到底还在平时努力发展自己的知识与能力。社会的进步是一点一滴的进步,国家的力量也靠这个那个人的力量。只有拼命培养个人的知识与能力是报国的真正准备工夫。

(原载 1935 年 12 月 15 日天津《大公报》星期论文,又载 1935 年 12 月 22 日《独立评论》第 182 号)

再论学生运动

我在《为学生运动进一言》一篇里,曾指出:"一个开明的政府应该努力做到使青年人心悦诚服的爱戴,而不应该滥用权力去摧残一切能纠正或监督政府的势力。"我也指出12月9日北平学生反对"自治"的大请愿游行是"天下皆知的壮举"。

但同时我也指出:9日以后各校学生陆续罢课是"很不幸的",是"最无益的举动"。我很诚恳的指出,"罢课不但不能引起同情,还可以招致社会的轻视";"不但不能丝毫感动抗议的对象,并且决不能得着绝大多数好学青年的同情"。

北平学校罢课至今还不曾停止。从12月9日到我写此文的时候,已是整整两个星期了。在这个时期中,12月16日,北平学生又有一次大规模的示威游行,参加的人数有五六千人。不幸军警当局手忙脚乱的弹压制止,在许多地点滥用武器打伤学生多人,刺伤学生多人,受伤的总数约近一百人。有些受伤较重的学生至今还在医院里。据公安局的宣布,警察受伤的也有二十余人。16日以前,罢课的形势颇有收束的可能;16日的惨剧,虽然没有因伤死亡的学生,却给了无数学生一种重大的刺激,同时也给了全国人一种绝大的震动。18日以后,南京、天津、上海、武汉、广州各地的学生也都有大规模的请愿游行;但因为军警用和平手段维持秩序,所以各地都没有发生什么冲突。迄今日为止,各地还没有长时间罢课的表示。北平各校虽有各大学校长的两次劝告同学复课书,罢课的风潮已蔓延到全市中学。12月21日起,各市立和私立中学都被市政府命令提前放假了。各大学至今没有复课的消息。

关于北平两次学生游行的事,我们不能不认当局的处置是错误的。9日的请愿,何应钦部长应该命令军警妥为保护,应该亲自出来接见学生,劝慰学生回校;关在西直门外的学生,他应该亲自开城去见他们,接受他们的请愿,劝慰他们回去。何部长不应该避学生,不应该先一晚避往汤山。这是革命军人不应该做的事。16日的示威游行,军警当局事先不知道学生游行的路线和目的地,——其实,据参加的一些学生自己的谈话,他们自己也很少知道游行的目的地和路线的!——军警在那天上午的手忙脚乱是可以原谅的。(凡大规模的游行,都应该在事前将路线和目的地通告警察机关,然后可以责成警察机关维持秩序。我在民国四年看见纽约市"妇女参政"的五十万人示威大游行,民国二十二年看见纽约市的"蓝鹰运动"五十万人大游行,都没有丝毫纷扰。凡事先没有此种接洽,或军警与游行者有点互相猜疑,都不免有纷扰的结果。)但军警在上午赶打已冲散的学生,用武器刺打徒手的学生,甚至于用刀背打女学生,用刀刺伤女学生,——这都是绝对不可恕的野蛮行为。那天晚上,八点以后,在顺治门外的军警用武器赶打已分散的男女学生,——更是最不可恕的野蛮行为。这都是穿武装的人们的大耻辱。

关于北平学生继续罢课,我们希望他们平心考虑北平各大学校长第二次劝告同学的话。蒋、梅、徐诸校长说:

> 我们对于青年同学爱国心的表现,当然是很同情的。但此等群众行动,有抗议的功用,而不是实际救国的方法。诸位同学都在求学时期,有了两次的抗议,尽够唤起民众昭告天下了。实际报国之事,决非赤手空拳喊口号发传单所能收效。青年学生认清了报国目标,均宜努力训练自己成为有智识有能力的人才,以供国家的需要。若长此荒废学业,虚掷光阴,岂但于报国救国毫无裨益,简直是青年人自放弃其本身责任,自破坏国家将来之干城了。

我们也希望青年学生留意全国舆论界的表示。例如今天《大公报》的短评说:

> 凡中国人而有天良者,对于学生只有感动与悲愧,但不能不劝告〔他们〕从速复课。……请愿的目的为拥护国权。政府已

接受了,表明正在努力。那么,〔他们〕只有一面监视着政府,一面上课。……全世界听见中国青年的呼声了!国难方长,学问上的责任也不容放弃呀!

青年学生要明白,全国舆论对于他们的抗议是完全热烈的表同情的,但对于他们的罢课是绝对不表同情的。我上回说的"罢课不但不能引起同情,还可以招致社会的轻视与厌恶",正是要指出这一点。果然,这几天全国的舆论都是反对罢课的。如果青年人不能接受这样恳切的劝告,他们决不能避免社会的轻视与厌恶的!

所以我们爱护青年的人,不忍不向他们提出一个建议:我们不但希望他们即日复课,并且希望他们请求学校当局取消本学年的年假和寒假,以供补课及考试之用。已提前放假的各校学生,也应该请求学校提早开学,并取消年假和寒假。

廿四,十二,廿二夜

(原载1935年12月29日《独立评论》第183号)

我们要求外交公开

昨天《大公报》社论有一段说：

> 此后外交情形，宜以各种正式或非正式之方法，随时尽量公开，使一般国民随时明了国家之真正地位。按过去两年，凡关外交，宣布极少，故经过及真相如何，一般国民殊不能尽知。当局并无控制局势之把握，而仅统制新闻，使国民闭塞耳目，此为近年之一大错误。现在事态更紧，此后义应随时公开，告知全国。

这一段话，我完全赞同。我不能赞成的只有"此后"两个字。我以为不但"此后"的外交情形应该随时公开，"以前"的外交情形和外交文件更应该即日公开宣布。

为什么呢？因为现在的种种事态大都是以前两三年来种种外交经过的结果。《大公报》社论也曾指出"以冀察论，局势至此，乃6月河北事件之交涉种其总因"。若进一步说，6月的河北事件，又岂不是民国二十二年五月的华北停战交涉"种其总因"，既是"总因"，不但彼方的一切藉口在此，我方的应付方法都不能不受这些交涉经过的拘束或影响。所以我们必须要求政府把这些造成现在局势的各次交涉经过和交涉结果全数正式宣布出来，使一般人民可以明白国家的危机到了什么地步，使一些少数专家学者可以仔细研究如何挽救弥补的方法。

"九一八"以后，直到上海停战的交涉，中国和日本没有外交上的交涉。二十一年三月的上海停战协定是公开宣布的，协定的内容和范围是确定的。自此以后，有下列各项重要的交涉，都不曾有过正式宣布的历史与文件：

（一）二十二年五月三十一日的停战协定（所谓《塘沽协定》）。

（二）二十四年六月初的何应钦梅津的谈判（即日本方面所称《何应钦梅津协定》）。

（三）二十四年六月下旬的察东谈判。

这三项交涉都不是正式外交官员办的，又都是在一种受迫胁的非常状态之下手忙脚乱的办的，所以，据我们所知，这三次交涉的结果，都是范围很不确定的，文字很不严密的。

这两年之中，北方的种种纠纷都起源于这些文字不严密范围不确定的交涉结果。《塘沽协定》的四条文字，我们虽然在报纸上非正式的看见过，但据后来通车通邮种种交涉看来，我们可以说，我们至今不曾知道《塘沽协定》的正确内容和范围。就拿那已经在报纸上见过的四条文字来说，其中所谓"长城线"，所谓"用飞机及其他方法视察"，都是最不严密的文字，种下了后来不少的恶因。这是近两年北方局势的最大祸根，我们人民不应该要求政府正式宣布停战协定的交涉记录和协定正文吗？

今年6月何应钦梅津的谈判，中国政府方面至今没有正式宣布。但据外间的传说，彼方认此为一种协定，而我方始终不承认有何签订的协定或"了解"；或者传说此次谈判的结果只是何应钦部长接受了五七项具体事项的要求，而别方传说则谓具体事项之外还有三个附加的广泛原则。究竟彼方所谓《何梅协定》是一件什么东西呢？是签了字没有呢？有什么内容呢？内容的范围有多大呢？在国际法上有何种拘束的效能呢？这些问题无一项不是极关重要的，我们人民不应该要求政府明白宣布吗？

6月下旬的察东谈判，也是我们全不明白的一件交涉。据我方的报告，这里并没有丧权失地的条件；而据别方的传说，又好像整个察哈尔，除了原来的宣化府属，都在六月下旬决定命运了！究竟那一次的谈判的经过和内容是怎样的一回事呢？我们人民不也应该要求政府明白告诉我们吗？

当然，这两年多的中日交涉不限于这三项。如通车的交涉，如通邮的交涉，如长城战区保安队的交涉，如察东保安队的交涉，以及其他我们全不知道的交涉，都应该在公开宣布之列。

这样的外交文件与历史的公开,总而言之,有种种大益处。第一,公布外交文件可以使"此后"的外交有一个条文字句的根据。外交的依据全在条文,条文的争执全靠定本,所以正式的条约必须一字一句都不放松,又必须在最后声明如有争执均依某种文字为定本。如果外间的传说可信,这两年的中日交涉全是一班门外汉的急就章,字句可作各种解释,范围可伸可缩,甚至于无人能明白指定其所签定有无条约的拘束力。这简直是一本烂账,任凭强者占便宜,而弱者竟不敢捧出账簿来争一点未曾签送掉的权益!公开宣布的第一功用正是翻出条文字句来,让大家看看究竟以前丧失了多少权益,让专家学者看看那些条文应该如何确定范围,如何解释文字,如何规定有效期间,如何挽救将来。

第二,公布交涉经过可以明定交涉者的责任。在一个弱国里向强敌办外交,当然是吃力不讨好的事;身当其冲的政治家,当然要准备为国家牺牲自己,大之准备牺牲自己的生命,小之也得准备牺牲一二十年的政治前途。三十年前,代表日本出席日俄和议的小村专使,归国时几乎不能见容于国民;他代表一个战胜国,尚且如此,何况代表弱国的交涉者?然而只要来去分明,自竭其能力,终久会见谅于国人,追思于后世。罗文干、郭泰祺是签订上海停战协定的人,当时虽有殴伤郭泰祺之事,但国人至今对于罗郭没有责难的话。近两月之中,汪精卫院长被枪伤于南京,唐有壬次长遭惨死于上海,他们的爱国心本是无可疑的,他们的为国事任劳任怨的精神也是将来史家一定原谅赞许的。但我们总疑心汪唐两先生所以不蒙一部分人的谅解,至少其中的一个重要原因是近两年外交的不公开。文件不公布,所以人民不知道究竟丧权辱国到了什么地步。交涉经过详情不公布,所以人民不能充分了解政府当局处境如何困难。三人的传说可以使贤母相信曾参杀人,何况全国人整年坐在闷葫芦里的猜疑呢?所以我们深切的希望政府明白此种不幸事件的教训,毅然决然的把近年一切交涉的经过详细发表出来,使全国人都明晓每次交涉的环境,折冲的详情,屈辱的限度。疑心能生暗鬼,只有公开可以扫除黑暗的疑虑。公开过去的外交可以求得国民的原谅,公开"此后"的外交可以求得国民的后盾，也许还可以减轻外力的压迫。一二个人担负不起的压力，当然只有整个国家来共同担负。外交不公开，就是当局者愿意单独担负屈辱的责任。

（原载 1935 年 12 月 29 日天津《大公报》星期论文，又载 1936 年 1 月 5 日《独立评论》第 184 号）

编辑后记[①]

1 △不消说得,我的第一句话是谢谢吴景超先生替我编了好几期的《独立》。我刚从吴先生的手里把《独立》接过来,又因病把编辑的事托给任叔永先生。我要借这个机会报告:《独立》在他们编辑的时期,增加了好几百份的销路。

△在这个全国人和全世界注目到中日问题的转变的时候,我们极诚恳的盼望政府领袖诸公留意孟真先生的《中日亲善》一篇文字。这两天日本通信社的电报说广田外相不久要亲自到南京来。他若真来,必定是准备了方案来的。我们切盼我们的外交当局也得要做一番最努力的准备工作。孟真说的"准备各种的变局,两国间的及世界的",这是最扼要的忠告!

△顾敦吉先生记述他在伪国作官的故事,我想读过的人没有不受感动的。

△"柯桑"是一个清华大学学生的笔名。他的《一个看法》是他肯用心思把中国许多问题细细想过得来的结论。

△我把我的一篇《大公报》星期论文转载在这里,因为这篇文字和《独立》里的许多文字都有关系。我盼望这个民主与独裁的争论,现在可以暂时告一个结束。

(原载 1935 年 3 月 10 日《独立评论》第 141 号)

[①] 编者按:原《编辑后记》均在《独立评论》每期后面,现将本年度胡适所写作的《编辑后记》放在一起,按时序排列,编号为编者所加。

2 △在陈序经先生的长文里,他提起吴景超先生曾把我算作主张文化折衷的一个人,这一点大概是吴先生偶然的错误。但陈序经先生也说我"虽然不能列为全盘西化派而乃折衷派中之一支流",这个看法也是错误的。我前几年曾在上海出版的 *Christian Year-book* 里发表过一篇 *The Cultural Conflict in China*,(手头无此册,记不清是那一年的年鉴了),我很明白的指出文化折衷论的不可能。我是主张全盘西化的。但我同时指出,文化自有一种"惰性",全盘西化的结果自然会有一种折衷的倾向。例知中国人接受了基督教的,久而久之,自然和欧洲的基督徒不同;他自成一个"中国基督徒"。又如陈独秀先生的接受共产主义,我总觉得他只是一个"中国的共产主义者",和莫斯科的共产党不同。现在的人说"折衷",说"中国本位",都是空谈。此时没有别的路可走,只有努力全盘接受这个新世界的新文明。全盘接受了,旧文化的"惰性"自然会使他成为一个折衷调和的中国本位新文化。若我们自命做领袖的人也空谈折衷选择,结果只有抱残守阙而已。古人说:"取法乎上,仅得其中;取法乎中,风斯下矣。"这是最可玩味的真理。我们不妨拼命走极端,文化的惰性自然会把我们拖向折衷调和上去的。关于这个问题,我将来也许作专文发表。此时我只借此声明我是完全赞成陈序经先生的全盘西化论的。

△衡哲女士幼年曾经为了婚姻问题作过奋斗。她的一篇《父母之命与自由结婚》,是一个吃过苦的大姊姊,因为对于一班年青弟妹的同情,特别向社会提出的忠告。

△我们很感谢蒋梦麟先生让我们发表他的《菲岛游记》。

(原载1935年3月17日《独立评论》第142号)

3 △前几天纽约罗氏基金附设的中国医事基金董事会代表福司狄克(Raymond B. Fosdick)先生看见报纸上清华学生被捕的事件,他问我:"中国有没有人身保障法(Writ of Habeas Corpus)?"我告诉他:"《中华民国训政时期约法》的第八条规定的是人身保障法。"他很奇怪的问道:"那么,这些年轻小孩子被捉去了,怎么他们的家庭不用这条宪法去请求法院提人呢？"他是美国的第一流大律师，我实在想不出话来回答他，只好红着脸请同座的林行规大律师去陪他谈，我就托故走开了。

△最奇怪的是 3 月 5 日政府刚下保障自由的令，墨还未干，各地就有大批拘捕学生的事。难道真如日本有吉公使的报告，保障自由令只是为了保障贩卖日货的商人的吗？

△这一期有两篇论清华学生被捕的事，一篇的作者张荫麟先生是清华大学历史系的教授，一篇的作者李树青先生是清华大学的学生。

△吴辰仲先生是北平交通大学研究所的一个职员。

△《独立》的老友董时进先生现在江西办农村复兴的事业。他来信说："久不为《独立》作文，文思大退了。"果然，他这回写的是文言文！

△王了一先生（力）是清华大学文学院的专任讲师，他这篇讨论"别字"的文章，应该和朱佩弦先生的《论别字》一篇（一三九号）参看。

△这一期稿件太多，我的《南游杂忆》告假一期。

（原载 1935 年 3 月 25 日《独立评论》第 143 号）

4　△陈之迈先生是清华大学政治系教授，他在《独立》上发表过好几篇文字。他这一篇《论司法制度与人才》的文章，指出培养司法人才的需要，在大家轻视法科教育的今日，这是沙漠里的喊声，值得我们注意的。

△欧洲的大学，最古的有两个，都有一千年的历史：第一个是意大利的沙来诺（Salerno），是个医学院；第二是意大利的波罗匿耶（Bologna），是个法学院。医药是救护人的生命的，法律是保护人的权利的。我们中国人向来都轻视这两件最重要的东西，所以医学与法律向来都不列入学校的正式课程。先知的王荆公把律学列入太学，曾受那绝顶聪明的苏东坡的讥讽。今日法科教育之受人轻视，虽然也因为法科多办的不好，其实一半也是因为几千年来轻视法律刑

名的心理习惯在那儿作怪。一班妄人颇嫌今日律师太多,其实中国今日正嫌法家太少。西洋国家政治,无论是地方或中央,至少百分之九十在学法律的人的手里,所以国家与社会的秩序都比较安定。今日的中国正应该尽力整顿法律教育,养成多数的大法学家与大法官。"读书万卷不读律,致君尧舜终无术",这话在东坡当日是一句轻薄的讥讽,在我们今日实在是郑重的忠告。

△前两三个月,萨孟武、何炳松、陶希圣等十位教授发表了一篇《中国本位的文化建设》宣言,颇引起了南北各地人士的注意。南京、上海、北平都曾有"座谈会"的召集,专讨论这篇宣言;各杂志上也都有讨论的文章。《独立》第一三九号有吴景超先生的《建设问题与东西文化》,第一四二号有陈序经先生的《关于全盘西化,答吴景超先生》,都是讨论这个问题的。十教授的宣言出来时,我正在南方旅行;我回到上海时,就有许多朋友来问我的意见。我因为不久就病了,不曾有作文讨论的机会,只在第一四二号的《编辑后记》里,略略表示我的一点意见。上星期日,因为北平文化建设协会召集座谈会讨论这篇宣言,所以我在《大公报》上发表了一篇星期论文,评议此文。现在我把这篇文字收在本期,供《独立》的读者的参考。今天又在《国闻周报》第十二卷第十二期里的读张佛泉先生的一篇《西化问题之批判》,他的论点有一大部分和我此文的主张相同,读者也可以参看。张佛泉先生说:"若在没开诚接受西洋文化之前却先怕自己的文化消灭,那便仍是一种变相的保守主义。"这个结论是我完全同意的。

(原载1935年4月7日《独立评论》第145号)

5

△国立山东大学政治学教授杜光埙先生寄了一篇长文来,叙述欧洲独裁政治的结果。我们本来说过希望民治与独裁的讨论暂时作结束了。杜先生的文章虽然颇有赞助民主主张的嫌疑,但因为他叙说的是历史事实,所以我们破例刊登了这篇文章。

△近来读经问题颇引起了一点注意。傅孟真先生最近发表的《论学校读经》是很值得读的,所以我们转载在这里,我也因为这篇

文字的启发,补充了一篇文字,帮他做一个呐喊队员。

△陶希圣先生最近(4月2日,4日)在《大公报》上发表了一篇《为什么否认现在的中国》,是批评我的《试评所谓中国本位的文化建设》的。他的论题,我至今还不很明白。但他的结论说我"为了反对陈济棠的读经,便否认人们把中国当作一个单位来看一切,那是迁怒,不是逻辑"。如果我的原文(《独立》第一四五号转载)有可以使陶先生得这结论的字句,我很抱歉。但我要郑重声明,我是因为不满意于中国固有文化而反对读经,并不是因为反对某人的读经而反对十教授的文化建设论。

△讨论刘景桂杀人案的作者俞大彩女士是傅孟真先生的夫人。

△我们收到了北京大学教授毛子水先生的一封来信,讨论一个"别字",他说:

编辑先生:

《独立评论》第一四三号了一君《文字的保守》文中有云:

第二是"鱼目混珠"式的别字。……例如"订婚",现在已有些人写作"定婚"。

了一君以"定婚"为"订婚"的别字,我以为适和历史的事实相反。今俗间"下定""定亲""定聘"诸词都作"定"不作"订"。见于俗用文中的,有所谓"文定",当即从《诗·大明》"文定厥祥"一语而来。郑笺以为指纳币言,可见汉世即已言"定"了。"定"的意义就是"决定"。司马氏书仪于纳吉下注云:"婚姻之事于是定",便是这个意思。三十年以前,没有写"订婚"的;要有,亦可看做"定婚"的别字。今俗所用"订"字,当由"订约"一语而来,含有"平议"的意义。"订约"亦可名为"定约",于是便有把"定婚"写做"订婚"的了。

(原载1935年4月14日《独立评论》第146号)

6

△余景陶先生是北京大学教育系的讲师。

△知堂先生是大家都知道的周作人先生。他这篇《杨柳》实在是一篇作文教授法。

△纪念"五四"的文字，本是沈从文先生要我为《大公报·文艺副刊》写的，写成之后，我自己觉得够不上"文艺"，所以留在这里发表。

△下一期（第一五〇号）是《独立》第三年的末一期了。我们打算在第一五一号稍加一点篇幅，不是要替这个三岁孩子做生日，只是想借此多收一些好文章。爱护这个孩子的朋友们，请多给他一点糖果罢。五月十二日截止收稿。

（原载 1935 年 5 月 5 日《独立评论》第 149 号）

7

△张其昀先生是中央大学的地理学教授，他现在参加"西北调查团"的旅行，这篇文章是他从青海西宁寄来的。他在艰难旅行中给《独立》写这样长文，我们很感谢他的厚意。

△张培刚先生现在中央研究院社会科学研究所工作。他在《独立》一三八号里写过一篇《第三条路走得通吗？》

△张熙若先生是清华大学的政治哲学教授，他今年在休假期中。

△薛容先生是清华大学的学生。

△这一期是《独立》第三年的最末一期了。在这三年之中，我们的许多朋友——有许多是我们没有过面的——很慷慨的，很热心的给《独立》写文章。三年之中，我们没花过一文钱的稿费，然而投稿的人只见增加，近来更是大大增加。各地朋友的热诚，真使我们万分感谢，使我们在辛苦困难中得着绝大的安慰。

△我们借这个机会报告：《独立》这两期已销到七千份了，虽然广东近来不许《独立》入境。这个说平实话的报能销到这个数目，这也给我们不少的安慰。

△我们希望下一期能出一册比较扩大的纪念号。

（原载 1935 年 5 月 12 日《独立评论》第 150 号）

8

△这一期共有十二篇文字，作者多是《独立》的读者熟悉的人，多不用介绍了。

△陶孟和先生曾用笔名在《独立》上发表过几篇文字，这回是他

第一次用真姓名给《独立》作文。

△沈从文先生第一次为《独立》作文,我们希望他平时也肯送给糖果给这小孩子。

△吴有训先生是清华大学物理学教授,现任物理系主任。

△陈衡哲女士在《独立》第一四五号上登出一个调查小学儿童健康的表格后,收到不少的答案。这里登出的长文是她费了五个半天整理出来的结果。

△请各位读者注意我们随报附送的三周纪念优待券。

(原载1935年5月19日《独立评论》第151号)

9

△张熙若先生的文章也是送给《独立》过三周岁的糖果,但因为他自己的孩子有病,所以他送给我们的糖果就迟了几天,只好留在这一期发表。

△论黄河工程的张仲伊先生,是清华大学工学院的教授。论读别字的王了一先生,是清华大学文学院的专任讲师。论文法科的地位的池世英先生,是清华大学政治系的学生。加上张熙若先生,他也是清华大学政治系本年休假的教授。这一期真可说是清华园的朋友包办的了。

△关于读别字和写别字的问题,我主张我们应该采用荀卿在两千多年前说的话:"名无固宜,约定俗成谓之宜。"名即是语言文字里用的"字"。语言文字都是依据大家的一种相互了解的。这种相互了解即是荀卿说的"约"。大家都承认了,就是"约定";成为习惯了,就是"俗成"。约定了,用惯了,就是"宜",就是不错的。

△先说"写别字"。最奇怪的别字是"這"字。字书上,"這"音彦,迎也,绝无"此个"之意。据钱玄同先生的推测,古时只有"箇",有时写作"遮箇",抄写的人把"遮"字写成简笔的"这",后人不知是"遮"字,就写作"這"字了。一千年来,约定俗成,这个别字就成了正字了。后世编字典的先生也就不能不承认这个"這"字了。

△这一类的"别字"多极了,真是举不胜举。例如"他"字就是"它"的别字。"你"字就是"尔"的别字。例如说"他有一种很利害

的毛病",据章太炎先生说,毛病的"毛"是"瘄"的别字;又近年有人嫌"利害"不通,往往写成"厉害"。又如"账簿"的"账",古人本作"帐";但今人若写"帐目""帐簿",也许有人要认作别字了。此等别字,既经约定俗成,都应该认为正字。

△次说"读别字"。"這"字本音彦,然而大家都读为"者","者"音既约定俗成,就是正音了。又如"铅"字,字典音"延",但我们现在都读"愆"音,这就是正音了。再举个极端的例,我常听见有人读"酗酒"作"凶酒",这是读偏旁的错误;然而几十年后,也许大家都不认得这个酗字的"煦"音而都读"凶"音了,那也可以说是正音了。

(原载 1935 年 5 月 26 日《独立评论》第 152 号)

10

△"寿生"先生的《文化单位论》是一篇很澈底的主张世界化的文字。

△北京大学的张忠绂先生,因我们的请求,临时赶成一篇讨论暹罗华侨问题的文字,我们很感谢。

△符致逵先生告诉我们:他在国外研究合作主义及在国内讲授合作课程,计共九年。他这篇提倡耕种合作的文字一定是值得读的。

△王炳先生不愿意留下他的职业和住址,但我们从他的文章里知道他是在清华大学读过书的。关于留学的问题,我对他这篇文章的主张很表同情。

(原载 1935 年 6 月 2 日《独立评论》第 153 号)

11

△写《中国劳工问题在那里》的黄开禄先生,是清华大学第二届留美公费生,他不久就要去美国威斯康辛大学专研究劳工问题。我们很感谢他把这篇调查报告给我们发表。

△"长孙密云"是一个清华大学本年毕业生的假名,他的文章我读了很感动,因为这确是一个战士上阵之前的一种真诚的感慨。这篇的题目是我僭改的,不及征求作者的同意了。

△陶希圣先生来信说,"以后辩论小品(不望大作文章)归《独立》一家包了,不在别处发表,表示求教的诚心。将来如发现自己的

确是错的,也不避承认"。这种态度是我们最钦佩的。我也写了一段小品,向他求教。

(原载 1935 年 6 月 9 日《独立评论》第 154 号)

12 △张孜先生曾在北平报界服务,后来到暹罗去,现在是暹罗华侨的一个代表。他曾为暹罗排斥华侨的事在国内杂志上发表过几篇文章(参看《独立》第五十三期张忠绂先生的论文)。

△《独立》曾有过许多关于定县的文字,本期庞永福先生记载的是定县最近的发展。庞先生是北京大学的学生。

(原载 1935 年 6 月 16 日《独立评论》第 155 号)

13 △美国复兴计划的失败是今年世界一件最大事。陈之迈先生的论文是上星期我们请求他写的。我们今天在报上看见美国议会已通过了罗斯福大总统提出的新复兴计划"纲要"案,大概在最近的一年半之中,在不抵触宪法的范围之中,有许多复兴事业还是可以勉强维持下去的。

△讨论贵州鸦片政策的"寿生"先生是亲自做过贵州农家生活,种过稻田和烟田的。他的意见都根据他自己的经验,所以说来最亲切有味,值得政府和舆论界的深切注意。

△梁实秋先生讨论文化问题的星期论文,有许多意见和《独立》上发表过一些文字的主张可以互相补充,所以我们得了他的同意,转载在这里。

△本刊上期(第一五五号)第九页(表Ⅰ),民国十五年之罢工案数是 257,误 275;总十五年来罢工总案是 1 121,误为 1 139。第十一页(表Ⅲ),上海四厂工人数是 3 500,误为 2 500。

(原载 1935 年 6 月 23 日《独立评论》第 156 号)

14 △近来大家对于中央政府的散漫松懈的情形都感觉不满意,这是无可讳言的。现在六中全会已定于九月下半月召集了,这是中央政治大整顿的一个好机会,所以关心国家政治的人都不免有许多期望。本期有陈之迈先生的《政制改革的必要》和钱端升先生的《对于六中全会的期望》，都是发表他们对于政制改革的主张的。

△陈之迈先生不是中国国民党的党员，但他并不主张开放政权，抛弃党治。他只期望国民党自己承认内部的派别，使他们变成几个公开的，有政策的支党，同时他期望有一个和平更换政权的方法，把中政会议变成一主持政治更替的中枢，政府对中政会议负责。

△钱端升先生是中国国民党的党员，他的期望是对于党的六中全会的期望。他有三个期望：（一）党内各派应在蒋介石先生的领袖之下团结起来；（二）蒋先生不应该做一个独裁者；（三）中央应有一个有力量有效能的决议机关，——一个改良的中政会议。

△陈、钱两先生有一点很相同：他们都要把中政会议改成一个有力的中枢机关。但钱先生不期望党内各派继续发展成小政党，而陈先生没有提起一个强有力的领袖。我们很愿意他们或别位政治学者把这两种不同的前提综合起来想想，再看中枢政制应该如何改革。

△钱先生的三点，第一点发挥的最详细。他自己来信说他因为旅行，"末一段也无暇发挥了"。我们觉得他的第二点也没有充分发挥。既要拥戴一个最高领袖，又不叫他独裁，这好像需要一种最巧妙的政治方法。我们希望钱先生旅行回来时替大家想想这种方法。

△吴景超先生今回讨论的问题，和上两期登出的两篇《自信力的根据》有关，读者须参看。

（原载1935年8月4日《独立评论》第162号）

15

△一班朋友在这大热天都懒得写文字了，害我在这一期里赶写一篇八千字的外行文章！我希望社内外的朋友赶快输送粮草来接济米粮库的大饥荒！

△郑昕先生是北京大学哲学讲师。他在这篇《开明运动》里，很慈祥的鼓励我，也很严厉的责备我。我谢谢他的好意。

△这一期转载了《大公报》的两篇星期论文，倒不是完全为了充实篇幅。这两篇论文是应该合起来参看的，不幸中间隔了十四天，所以我们把他们合拢来，让大家可以看看这一个故事的两个半段。

△区少干先生是南方的一个《独立》爱读者,我们曾发表过他的几篇稿子。

△我要谢谢金旬卿先生指出上期我的《平绥路旅行小记》的三处错误:

(1)十四页上第六第七行"全路约有桥五百孔,……凡新造的桥都用钢梁",应改作"全路拟改造之桥总计凡五百五十七孔,……凡新造的桥都是采用最新式之铁筋混凝土梁"。

(2)同页上第十第十一行"改线的路已成功的约有十一英里",应改作"在平地泉绥远之间,改线的路已成功的约有十一英里"。

(3)十五页上十行"每月只担负北平军分会的经费六十万元","每月"应改作"每年",系我原稿上的笔误。

(原载 1935 年 8 月 11 日《独立评论》第 163 号)

16

△"君衡"和"君达"都是《独立》的读者常见的笔名,不用介绍了。

△"硕人"是清华大学一位学政治的学生。

△我的《南游杂忆》,间断了四个月,今回才得续完,懒惰之罪,是要请读者宽恕的。

(原载 1935 年 8 月 18 日《独立评论》第 164 号)

17

△我要借这个机会谢谢吴景超先生替我编辑了五期的《独立》。我只怪他这样顶好的编辑不肯多编几期。

△刘博昆先生介绍自己说:"我为《独立》读者的期间,正与《独立》存在的期间相等。"

△衡哲女士《救救中学生》的喊声应该可以引起国内教育专家出来讨论这个重要问题。

△"寿生"的小说《黑主宰》是写贵州的鸦片毒害的,全文很长,下期登完。

(原载 1935 年 9 月 29 日《独立评论》第 170 号)

18　△君达先生的《全国捐薪建设》的提议，登在《独立评论》第一六四号和一六七号。在第一六七上，他拟有五条办法，大致是全国公务员自动捐助每年薪水的一个月，由全国经济委员会收存保管，并聘请九位专家组织评议会来审定用途，监督用款。

　　△丁文江先生曾说，君达先生"如果生在中世纪，一定是一个苦修的圣者"。其实他活在这个摩登的时代，还是一个苦行的圣者。现在他的提议只是劝我们大家都显出一点点中世修士牺牲精神，来帮助国家多做一点点现代建设事业。他这种热诚，我是很赞成的。但他在第一六七号里曾说："这件事最好由大家自动的热心进行，不用说是为姓甚名谁的任何人所发起。"这一点我不赞成。我以为君达先生既然得了不少赞成的回信，他自己应该负责去和全国经济委员会商量定妥，由经委会指定负责收款的人员，并明白布告全国。君达先生以为何如？

　　△罗隆基先生在七八年前就主张放弃党治建立宪政了。现在他为《独立》写了一篇《训政应该结束了》，还是继续发挥他多年来的主张。关于这个问题，读者可以参看《独立》上登载的一些主张不同的文章：

　　陈之迈：《政制改革的必要》（一六二号）
　　钱端升：《对于六中全会的期望》（同上）
　　胡　适：《政制改革的大路》（一六三号）
　　君　衡：《当前的三个问题》（一六四号）
　　陈之迈：《再论政制改革》（一六六号）
　　刘博昆：《政制与群众》（一七〇号）

　　△寿生先生的《黑主宰》小说，本期登完了。他这篇小说告诉我们鸦片烟的迷人，不光靠鸦片烟本身，还靠那一大套精致奇巧的家伙，帮着造成一个迷人魂魄的颓废环境。这篇小说很可以作鸦片毒祸的史料看。我们常想：中国大部分的民族都显出衰老的状态，需要新血脉的灌注，而这种民族新血脉的一个重要来源当然是那同化较晚的西南各省。所以四川、云、贵各省受鸦片的毒害，等于斩灭我们

整个民族的新血脉的来源,是绝对应该赶紧扫除净尽的。

（原载1935年10月6日《独立评论》第171号）

19　△《再记国联的抬头》是继续第一七〇号的记事的。我们希望以后能这样继续记载这个绝大问题的发展。

　　△张其昀先生是中央大学的地理学教授。

　　△"涛鸣"是我们社里的一位科学家。

　　△"向愚"先生的伤心文字,是大家不可不读的。我们更盼望全国教育当局细读此文。

　　△邵德润先生是中央政治学校的学生。

（原载1935年10月13日《独立评论》第172号）

20　△燕京大学吴其玉先生的《中立问题与国际和平》,是8月里我们请他写的。那时的国际形势和现在大不同,所以他还把英国放在不肯放弃中立国权利的方面。不料这两个月的变局,英国已抛弃了她的"国际个人主义",毅然出头,捐起拥护国联盟约的大旗子,实行制裁破坏盟约国了。更可注意的是美国名为守中立,实际上却又好像愿意援助国联制裁侵略国的原则。美国的中立法案有效期间至明年2月底为止。期满以后,美国是否能放弃中立呢？还有国联会员国之中,五十一国已投制裁的票了,其余的几国,如奥国,如匈牙利,他们不能赞成制裁,是不是能在国联会员国的地位守中立呢？这些问题都和中立制度的沿革有关,所以吴先生说明中立问题的文章还是值得读的。

　　△陈之迈先生的《政制与人事》,和贺岳僧先生的《论改良党务工作》,都谈到人事与制度的关系,都指出制度的改革可以纠正人事的弱点。贺岳僧先生是在一个省党部工作的,所以他能够很恳切的指出党务工作所以腐败是由于委员制的种种流弊。贺先生的文章也是8月中寄来的,我们收到他的文章之后,又在《行政效率》第三卷第三期(9月15日出版)上看见李朴生先生的长文,题为《改善现行委员制的必要》。贺先生说的是党部的委员制,李先生说的是中央

政府里的委员制,然而他们不约而同的公认现行的委员制实在要不得。这是值得我们注意的。委员制的理论是"民主集权",它的实际却成了既非民主,又不集权,"有饭大家吃,而有事没人做"。我们观察西洋人行的委员制,可以明白这种制度并非不可行,但须有三个基本条件:第一,每个委员会须有专任负责的秘书(或秘书厅);第二,须有好主席;第三,每个委员都有参加讨论服从表决的训练。没有这些条件,委员制是行不通的。

(原载1935年10月20日《独立评论》第173号)

21

△讨论"武化"的熊伟先生是在德国学哲学的一个北大毕业生。

△吴俊升先生是北大的教育系主任。他的《土耳其改革文字的经过》,本是我们劝他写的,写成之后,先在《明日之教育》(第九十一期)上登载过。我们因为这篇文字很值得我们中国人的参考,所以把其中最主要的部分摘出来,转载在这里。

(原载1935年10月27日《独立评论》第174号)

22

△11月3日政府颁布的新货币政策,是今日的一件大事,值得多方面的研究与讨论。上期我们发表了陈岱孙先生的一篇《放弃银本位之后》,是一位经济学者对这问题的评论。现在我们又登出两篇同题的评论。一篇是张兹闿先生从河南焦作寄来的,一篇是我在上海时请顾季高先生写的。(因同时《时事新报》也请顾先生撰文,所以此文先在11月6日的《时事新报》上发表,经作者校改后送给我们。)这三篇评论,一篇作于全国财政中心的上海,一篇作于北平,一篇来自内地的焦作,他们的看法各有不同,乐观的程度也各有不同。我们最欢迎这样多方面的讨论。

△"向愚"先生曾在《独立》第一七二号发表一篇《留学日本的面面观》。现在他描的"东京帝大学生的生活"也正是那面面观的一面。

△"向愚"先生的描写使我们得一个感想:我们的读者何不照这

样子描写各人知道最深切的国内或国外的大学学生的生活?

△江暑生先生的短文,是我从他的寄稿里摘出的一段。石瑛先生是我们平日最恭敬的一个朋友,这段故事是值得转载的。

(原载 1935 年 11 月 24 日《独立评论》第 178 号)

23

△洪思齐先生是清华大学的地理学教员。他的《日本的地理条件与其大陆政策》在这个时候很可以帮助我们了解日本的大陆政策。

△李景汉先生是国内最能"深入民间"的社会调查专家,他现在把他在民间的经验告诉我们,就成了一篇很动人的文字。他现在是清华大学的教授。

△寿生先生详述他对于各大图书馆的失望与期望,有许多话是"图书馆学"上没有说过的。

(原载 1935 年 12 月 1 日《独立评论》第 179 号)

24

△《中华民族是整个的》原来是 12 月 1 日《大公报》的星期论文。因为时局关系,原文登出时稍有删节之处。我们得了作者的同意,把全文在这里发表。

△《大公报》在很困难的环境之中,独能不顾危险,登载平津各报不能登载的文电,发表平津各报不敢发表的言论。从 12 月 4 日起,大公报得了停止邮递的处分。这样为正义受损失,是一个舆论机关最光荣的事。我们很诚恳的给《大公报》道贺。

△陈恭禄先生是武汉大学的史学教授。

△王汉中先生是中央政治学校的学生。

△李景汉先生的《深入民间的一些经验与感想》的上半,登在《独立》第一七九号。

△承各地的朋友寄信来赞许我的《敬告日本国民》(第一七八号),我很感谢他们的好意。

(原载 1935 年 12 月 15 日《独立评论》第 181 号)

25

△我们收到了许多讨论罗伏高信先生《答胡适之书》（一八〇号）的文字，无法一一登载，现在只发表"向愚"先生的一篇，因为这是一位在日本留学的朋友的文字，他提出的有些事实是我们在国内看不见的。

△陈卓如先生是伦敦大学心理学博士，曾任英国国立工业心理研究所的研究员，现任中央研究院及清华大学的工业心理研究员。

△我盼望我的《为学生运动进一言》到出版时已成了"明日黄花"了！

二十四，十二，十五夜

（原载 1935 年 12 月 22 日《独立评论》第 182 号）

26

△我们收到了许多关于近日北平学生运动的文字，我们现在挑了三篇发表。第一篇的作者"名甫"是清华大学的学生。第二篇的作者吴世昌先生是燕京大学的毕业生。第三篇的作者吴山马先生是北大的学生。"名甫"与吴山马两先生文中用×与用□之处，均依原稿。

△《论中国人》的作者侯树彤先生是英国利物浦大学的经济学博士。他不久要为《独立》写一篇论中国币制改革的文章。他现在是燕京大学经济学的教授。

△我在《独立》第一七八号的《编辑后记》里曾表示希望读者"描写各人知道最深切的国内或国外的大学学生的生活"。现在我们已收到了两篇这样的描写文字。本期先发表郭子雄先生的《牛津大学的学生生活》。郭先生在英国留学多年，专治国际政治。

△《独立》第一七八，一七九，一八〇，三期的再版，现已出版了。

△这一期报出版时，已近新年了。我们很热诚的祝贺《独立》的一万多个读者和许多寄稿的朋友的新年安吉！我们很热诚的祝福我们的国家平安的胜利的渡过这怀孕着绝大危机的 1936 年！

（原载 1935 年 12 月 29 日《独立评论》第 183 号）

1936 年
再论外交文件的公开

在去年 12 月 29 日《大公报》的星期论文（《独立》一八四号转载）里，我们曾向政府提出一个请求：请求政府把那些造成现在局势的各次交涉经过和交涉结果全数正式宣布出来。我们当时特别举出三项交涉：

（1）二十二年五月三十一日的停战协定。
（2）二十四年六月初的何应钦梅津谈判。
（3）二十四年六月下旬的察东谈判。

在今年 1 月 15 日蒋介石院长召集的全国学校代表谈话会上，北平天津的学校代表提出的四项意见之中，第一项就是请求政府公布那些造成今日华北局势的各种交涉文件。次日蒋院长对学校代表和学生代表有长篇演说，其中有一段是答复平津学校代表的"公开外交文件"的请求的。蒋院长郑重申明了两点：（1）《塘沽停战协定》并无秘密条件，只有几件"申合"事项。（2）去年 6 月初何应钦部长并不曾和梅津司令官订有何种协定；后来何部长虽然曾写一封信给梅津，信内只说某几项事我们均已自动的办了，此外并无他语。

政府的最高行政领袖这样负责声明，当然可以解除我们不少的疑虑了。但我们听了蒋院长的演说之后，总觉得这些交涉既然没有秘密的条件，当然更应该公布了。所以我们希望政府早日公布上述各项交涉的结果，使全国人民都能明白这些文件的真相，使对方不能随便利用这些文件来迫胁地方的当局，或惑乱世人的观听。

试举去年六月初的何应钦梅津谈判为例。第一，我方虽然不承认有任何"协定",而对方在这几个月之中时时宣称有所谓"何梅协定"。所以我们盼望政府能向全国全世界正式声明绝无此种"协定"。第二,据某方传出的文件,何应钦部长写给梅津的书信是这样的:

敬启者:六月九日酒井参谋长所提各事项,均承诺之,并自主的期其遂行。特此通知。此致

梅津司令官阁下。　　　　　　　　　　　　　　何应钦

中华民国二十四年七月六日

这种语句(颇像是从外国文翻译的!)如果是真的,就不是仅仅声明某些事项我们都已自动办了。所以我们十分盼望政府能将何应钦部长当日答书的原文真本发表出来,使全国全世界知道究竟当日何部长说了什么话。第三,"6月9日酒井所提各事项"究竟是些什么?据某方传出的文件,梅津的"觉书"分两个部分:一为中国方面曾经承认实行之事项,总共有九项;二为"附带事项"三条,范围都很广泛,意义都于我国很不利。例如其中第三条说:"关于约定事项之实施,日本方面采取监视及纠察之手段",这是何等宽泛的文句!究竟何部长答书所谓"均承诺之"(如果是真的),是仅仅承诺了那已经"承认实行"的九项具体事项呢?还是连那三个"附带事项"也一并"承诺"了呢?我们知道政府并不曾有承诺这三项附件的意思,所以我们十分盼望政府正式发表我方所认为定本的全文,让全国全世界知道究竟何部长当日所"承诺"的是些什么,所不曾"承诺"的是些什么。

我们听说,有人主张,这些文件的发表可以使他们成为正式外交文件,所以还是不发表为妙。这是很错误的见解。这些文件久已被对方引用作正式外交文件了。只有正式的否认其正式性,只有正式的宣布其非正式性,方才可以明定其没有正式外交文件的价值。如果我们始终秘密,文字随人便宜称引,范围随人自由伸缩,久而久之,积非成是,将来我们有口也难分辩了!

最明显的比例就是近日国际宣传的所谓"广田三原则"。自从去年9月以来,日本常对世界宣传中国政府最高当局已"同意"日本

广田外相的三个原则,而我国政府始终不曾有正式否认的表示,于是不但全国人都起了很大的疑虑,全世界的人也就都以为中国政府真已轻轻的接受了那三个最危险的原则了。直到今年1月下旬广田外相在贵族院演说,竟明白宣言中国业已赞同这三个原则了,中国外交部发言人才于1月22日声明这话"并非事实"。这个否认是近年来中国政府的第一壮举,因为这个否认可以消除一切疑虑,可以杜绝将来一切积非成是的危险。不否认就是默认;只有正式否认可以免得被人指为默认。

所以我们十分欢迎政府此次毅然否认赞同广田三原则的壮举,所以我们十分诚恳的希望政府更进一步,全数公布那些造成今日华北危机的各种交涉文件,并且正式宣布那些部分是政府确已承诺的,那些部分是政府不曾接受的,那些是有效的条文,那些只是无效的要求。有效的,政府应该负责修改挽救;无效的,政府应该正式明白否认。

二十五,一,三十一夜
(原载1936年2月2日天津《大公报》星期论文,又载
1936年2月9日《独立评论》第187号)

东京的兵变

2月26日早晨五点,日本第一师团第三步队的青年将校率领了兵士,分组袭击政府的重要机关和政府重要领袖的私邸,造成了历史上空前的大政变。据那天下午陆军省公布的消息:

本早五时一部分青年将校曾袭击左(下)列各处所:

一,袭击首相官邸,冈田首相殒命。

二,袭击斋藤内大臣于其私邸,斋藤殒命。

三,袭击渡边教育总监于其私邸,渡边殒命。

四,袭击牧野伯爵于其宿舍,牧野生死不明。

五,袭击铃木侍从长于其官邸,铃木负重伤。

六,袭击高桥藏相于其私邸,高桥负伤。

七,袭击《东京朝日新闻》社。

据后来的消息,被杀死的是内大臣斋藤实(七十八岁),陆军教育总监渡边锭太郎(六十三岁);伤重即死的是大藏大臣高桥是清(八十三岁)。首相冈田启介(六十八岁)避在官邸中,叛兵打死了同他面貌相似的松尾大佐,误认作首相,所以冈田能在次日逃出来。铃木受伤,至今未死;牧野无恙。当时被袭击的还有东京警视厅,和元老西园寺公望的私邸,但西园寺逃避了,没有受伤。《朝日新闻》遭难的情形,至今不明。

陆军省公布的后幅又说:

据关系军官发表之宣言声称,此举目的在清君侧。彼等认各首领(冈田等)在日本遭遇各种困难之际,与元老,军阀,财阀,政党首领朋比勾结,应负毁坏国策之罪。宣言并称,彼等意在保护国策,俾能对朝廷尽职(此用《大公报》译电;北平《晨报》

译电与此稍不同,无"清君侧"字样,"破坏国策"作"破坏国体")。

这个陆军省公布里,没有一句责备发难军人的话。从这个公布里转引的"宣言"看来,我们可以明白这一次兵变的目的是"清君侧",是"保护国策"。

为什么要"清君侧"呢?1932年5月15日一班少壮军人枪杀首相犬养毅,他们的目标本是要推翻议会政治和政党内阁,而建立军人的"法西斯"政府。但是一班重臣如牧野内大臣,如仓富枢密院长,都不赞成这种运动,他们抬出元老西园寺来,西园寺征求了各方面的意见,考虑了好几天,才推荐海军耆宿斋藤实组阁。斋藤内阁是一个联合内阁;议会多数党的政友会不得组阁,但军人法西斯运动的文武领袖平沼骐(枢密院副院长)和荒木等也都被压下去,达不到他们的目的。这四年的政权,都在重臣和海军前辈的手里;法西斯化的军人虽然拥有可以支配政策的势力,终不能抓住政权。斋藤辞职之后,继任的还是一位海军领袖,冈田启介。右倾的军人在这几年之中,假借美浓部博士的天皇机关说来做攻击重臣的武器,眼光注射着内大臣牧野,和枢密院长一木。牧野辞职了,然而继任的是前首相斋藤。一木至今不曾退出枢密院(到此次兵变发生后,他才有辞职的表示)。内大臣和枢密院长都是"君侧"备咨询的枢纽重臣,在日本政治上的重要不下于首相。所以"清君测"就是要铲除这些元老重臣。所谓"保护国策"是什么呢?他们的国策是要"使日本人成为世界上最强的民族"。这是法西斯日本的理想。为要达到这个理想,他们要"改造国内的形势",要排除一切调和不彻底的理论,要排除一切维持现状的保守势力,要推翻一切"支配阶级"(政党,财阀,军阀,吏阀)的障害。我们要注意,在这些少壮将校的心目中,日本封建时代遗留下来的"军阀"也正和政党财阀同是他们的建国理想的障碍物。这班少壮军人大都是农村出身的,他们一面抱着对资本主义社会的仇视,一面又都沉醉在那征服世界的军国迷梦里,所以他们的建国理想是一种反资本主义的军权国家的造成。他们是有理想的青年军人,他们的理想往往充满着中古武士的宗教狂热,所以他们往往不顾一切,盲目的往前直冲,正如中古武士狂热的骑马执剑出去拯救世界一样。他们的动人热力在此,他们的可怕也正在此。

照这几天的事变的经过看来,这一次日本少壮将校的政变好像是大失败了。27日戒严令颁布之后,变乱的区域只限于麴町一区。别地方的陆军没有响应,海军的第一舰队奉令开到东京湾,陆战队已登岸防卫了。28日,戒严总司令部奉天皇勅令用武力扫清叛变。在政府军队开始进攻之下,二十八晚以后,变兵陆续自行归顺。29日午前,戒严司令部发表播音报告,说,事变已完全平复了。同日下午,陆军省发表步兵大尉香田清定,安藤辉三,野中四郎以下十九人的免职命令。

当事变初起时,内相后藤奉令代理首相,后因冈田首相未死,后藤免去代理首相之职,冈田奉令留任首相,等待新内阁的成立。新内阁的人选,至今还没有消息。

此次东京兵变,前后经过只有四日,就完全平定了。29日,陆相川岛发表声明书,称引戒严布告,说"此次事件对国内国外极污国家及国军名誉,遗昭和圣代历史以不可拭之污辱",他希望"军队以此次事件为转机,更新一致团结,强化肃正国军"。

我们对于邻国发生这样大不幸的事件,当然表示很深厚的同情;对于遭难死伤的几位政治家,尤其表示哀悼的同情。他们和我们同是一种狂热的暴力的牺牲者。所以我们不能不同情于他们的不幸。像高桥是清博士一流的政治家,在任何国家之中都是瑰宝,都足以引起邻邦的敬重,都足以使他的国家和政府受人敬重。去年,在少壮军人的势力最无忌惮的时期,高桥藏相在他的预算演说里,很大胆的陈说日本孤立的可虑,很大胆的指出日本没有被外国侵略的危险,也没有狂增军备的必要。这样的勇敢,真不愧是武士道遗风之下的大臣风度。这种不带剑的白发勇士,才是一个国家的长城。只可惜今日执着最新式兵器的少壮军人是不能认识这种武士的了!

我们曾说过:

> 日本帝国的前途是无限的。没有他国可以妨害她的进展,除非她自己要毁坏他自己。(《敬告日本国民》)

四年前的"五一五"事件,和今回的"二二六"事件,诚如川岛陆相所说,都是一个国家"不可拭的污辱",都足以毁坏一个国家的前途。我们不能不承认,这种变乱不过是一种外面的表现,暴乱的平定并不够担保这种"自毁灭"的事件的不再发生。这种"不可拭的污辱"应该使我们邻国的人民惕然觉悟这种行为底下的思想的危险性。那个底层思想只是军人万能的迷信。中国哲人说的"兵犹火也,不戢将自焚也",是一句千古不磨的良言。日本这三十多年的宪政的发展,在我们的眼里,只是一种发展文治来制裁武人的努力。这个发展的方向是不错的,因为在这个距离缩小的新世界里,不受制裁的武力和迷信侵略的军人政治都足以引起邻国的疑忌,都足以引导一个国家走上"自焚"的路。宪政的路上不是没有许多不满人意的事情的;然而宪政的流弊还得用宪政的方法去改革矫正。日本的少壮军人,因为不愿受文治的制裁,又不满意于议会政治,屡次不惜用暴力来作改革政治的途径。暗杀国家大臣的凶手,不但可以得着很轻的刑罚,还可以成为国人崇敬的对象。先有个人的狙击,继有十几个穿军服的少壮军人公然袭击首相邸,枪杀八十老翁的首相;到今日当然会有整个军队公然叛乱,造成"不可拭的污辱"的事件了。

所以我们盼望日本国民能觉悟这回大变乱的教训,澈底铲除这种"不可拭的污辱"的根苗。此次变乱若能使日本全国人民觉悟军人政治的危险,若能使军人法西斯运动的声望与信用都低落下去,若能把整个民族从军人万能的迷梦里拯拔出来,上下一致的努力回到文治和宪政的轨道上去,——若能如此,岂但日本可免"自焚"之祸,我们做邻居的人也都可以减轻一点"城门失火,殃及池鱼"的恐惧了!

反过来说,如果这回震惊全世界的恐怖主义还不够阻止日本军人法西斯运动的进展,如果日本的人民经过这回大教训之后还没有能力制裁少壮军人的干政,那么,我们可以断言:日本国民必要走上自焚的绝路,使一个最有希望的国家变成世界上最可恐怖的国家,将来必有更大的"不可拭的污辱"爆发出来。

廿五,三,一夜

(原载 1936 年 3 月 8 日《独立评论》第 191 号)

《洛加诺公约》的撕毁

十年前(1926)我到欧洲,那时全欧洲都正在热烈的颂赞《洛加诺公约》,和造成这公约的三个大外交家:德国的斯特莱斯曼,法国的白里安,英国的张伯伦。那年9月,德国被邀请加入国联;当斯特莱斯曼代表德国到日内瓦时,他受了最热烈的欢迎。那时候,大家都说,《洛加诺公约》奠定了全欧洲的和平,因为它至少暂时解除了德法两国的敌对关系。手造《洛加诺公约》的政治家后来都得了诺贝尔和平奖金。我在英法两国,常听见人们谈话里提到"洛加诺的精神"一个时髦的名词用来代表国际相互了解相互让步的态度。

十年的光阴过的真快,欧洲的局势变的更快。十年前全欧洲赞美的《洛加诺公约》竟在本年3月7日被希特拉撕成碎片了。同日德国军队开进了莱因河两岸的各城,废除了十八年来《凡尔赛和约》与《洛加诺公约》双重保障的"非武装地带"。

《洛加诺公约》的意义是德国在战败后要用外交方式改善她的国际地位,不惜承认《凡尔赛和约》中解除莱因河地带武装的束缚,不惜由德国政府正式宣言承认阿尔沙司、洛伦两省的永远割让,以求解除法国对德国的严重猜忌和严重压迫,以求协约国军队的完全退出莱因河区域。《洛加诺公约》签字之日,即是莱因河协约国驻军开始撤退之日(1925年12月1日)。次年,国联特别为德国设一个永久理事席,很隆重的邀请德国加入国联。这是德国恢复国际平等地位的第一步。在当时德国的环境之下,《洛加诺公约》是德国外交上的大胜利,也是英法外交上的大胜利。

如果斯特莱斯曼一班远见的和平政治家的政策能够维持下去,如果法国和其他各国能够明白凡尔赛和约是德国人终久不能忍受的,如果白里安诸人能够进一步逐渐废除凡尔赛和约里面种种压迫德国的条款,如果德国能够早日得到了国际平等的待遇,——那么,希特拉的国社党运动决不会在短时期中得着德国民众绝大的赞助,中欧的局势也决不会弄到今日的糟糕。

不幸斯特莱斯曼死的太早了,卜鲁宁的政府不能继续他的未竟之功,欧洲的政治家也不能有远大的眼光,不能早日消弭德国人民十八年的积怨。于是希特拉从平地起来,数年之中,掌握了德国政权。在解除国际的压迫与束缚的要求之下,德国人民是一致的。于是希特拉在去年三月宣告凡尔赛和约中限制德国军备的部分完全无效,并且宣布德国自动的武装起来了。今年3月,他又宣告《凡尔赛和约》与《洛加诺公约》所规定的莱因河地带解除武装的束缚不生效力,并且自动的进兵驻守莱因两岸了。

《洛加诺公约》的缔约国是德、比、法、英、意五国。法、比最感受此举的迫胁,所以这两国的态度最强硬,坚持要执行公约中规定的处理破坏公约的国家的手续就是要提出国联行政院,由行政院公布其裁判,各签字国应遵守国联的裁判,实行制裁破坏公约的国家。

在条文上看来,德国的举动当然是破坏公约。公约第八条规定有如何废止本约的手续。希特拉的政府不照这办法而单方废止公约,当然是破坏公约了。

但希特拉同时向《洛加诺公约》各签字国提出了一件备忘录,内含七项提议,作为缔结新协定的基本:

(1)德国愿与法比两国开始谈判,以谋设立相互的非武装区域。

(2)缔结德法比三国互不侵略公约,以二十五年为期限。

(3)请英意两国签字保障上项公约。

(4)荷兰也可以加入上项公约。

(5)西欧各国缔结天空公约。

(6)德国愿与东方邻国缔结互不侵略公约,其内容与德国和波兰于1934年1月26日签订的十年互不侵略协定相同。

(7)完全恢复平等后的德国,准备重新加入国联,并希望以友好的态度,与各国谈判,以谋解决殖民地平等权利之问题,并使国联盟约与凡尔赛和约分开。

这七项提议,在理论上都是很大方,很站得住的。都不是可以轻易拒绝的。

法比两国的态度是要德国先撤退莱因河区域的军队,他们才肯和德国开谈判。意大利一面不抛弃法国的交情,一面又不满意于英国对意阿战事的态度,所以态度很不分明。英国虽然声明了拥护《洛加诺公约》的责任,却并不坚持先撤兵后谈判的立场。英国外相伊顿的调和办法是要德国先撤退一部分的莱因河驻兵,只留下一部分军队,作为"象征的驻屯"。我们执笔作此文之时(15夜),德国只声明了"此次莱因沿岸驻军(包括警察队)只有三万六千五百人,其中既无铁甲车队,也无轰炸机,已可算是'象征的'了"。

《洛加诺公约》签字四国的代表已在巴黎开过几次会了。从3月14日起,国联行政院在伦敦开会。14日正午的非公开会议决定邀请德国以洛加诺签字国的资格,派代表出席国联行政院会议。现在全世界的眼光都注意着伦敦的国联行政院会议。

这是3月7日以来的大致经过。我们对于这个问题的意见是很简单的。《洛加诺公约》在十年前是很有用的,的确值得当时人的赞叹欢迎。但洛加诺应该是一个新欧洲的起点,而不应该是一个止境。在德国国社党登台以后,《洛加诺公约》早已无法维持了。现在需要的是一个新时势的新《洛加诺公约》。这个新公约必须建立在国际的相互平等待遇之上,必须要能根本解除德法两国之间的猜忌,必须要超过新订的法苏公约的范围之上,而谋德法苏三国的互相了解与互相和睦,必须要根本铲除凡尔赛和约种下的种种祸根,而建立一个共存共荣的欧洲。希特拉的政权是国际仇恨造成的,所以只有根本铲除国际仇恨一条路可以拔去希特拉政权的毒牙毒爪,而引导德国回到平和的心理与内政的改善。今日之事固然是希特拉造成一个"已成事实"的局面,而逼迫各签字国来迁就他。然而英法两国有很远见的政治家,他们必定能够忽略这种意气之争,从大处远处着想,努力把一个很危险的局面改造成一个全欧洲集体安全的新基础。凡尔赛和约的弊害在今日已完全暴露了。今日正是拔本塞源的时机了。"塞翁失马,安知非福？"我们很热心的期待着伦敦会议的好消息。

1936,3,15 夜

（原载 1936 年 3 月 22 日《独立评论》第 193 号）

调整中日关系的先决条件
告日本国民

半年前,我在《敬告日本国民》一篇文字里,曾指出:"今日当前的真问题是如何解除'中日仇恨'的问题,不是'中日亲善'的问题。仇恨的心理不解除,一切'亲善'之谈,在日本国民口中是侮辱,在中国国民口中是虚伪。"

最近几个月之中,又有一个好听的新口号出现,叫做"调整中日关系"。这个口号出于日本的广田外相,在几个月之中,又差不多成为报纸上的一个最时髦的名词了。

我的实验主义的训练,使我在一种讨论之前,先把名词的意义弄明白。所以我常常问:"调整中日关系"这句话的正确意义是什么?

在报纸上,在两国政府领袖的公开谈话里,我们都寻不出一个正确的定义。在失望之余,我现在提议,从一个中国国民的立场,给"调整中日关系"下一个界说:

> 中日关系所以需要调整,正因为这四五年来造成的局势是一个仇恨的局势;说的更简单一点,是日本对中国的无限制的侵略和不可容忍的优越感造成的中国人仇恨日本的局势。这个仇恨的心理一日不解除,中日的关系一日不能调整;合作与亲善更谈不到。所以,"中日关系的调整"的唯一可能的意义是要解除这个仇恨的局势,以谋在不太远的将来可以逐渐做到合作与亲善的地步。

我相信,这个定义至少可以得到中国国民多数的同意。

不幸的很,广田外相(现在的首相)在他提出中日关系调整的口号时,忽然对中国蒋作宾大使要求请中国政府先同意所谓"广田三原则"。这就是说,在广田外相的心目中,这三项原则是调整中日关系的"先决条件"。这三个"先决条件",依我国外交部本年1月22日的公布,是这样的:

第一,中国须绝对放弃以夷制夷政策。

第二,中国对于"满洲国"事实的存在必须加以尊重。

第三,中国北边一带地方之防止赤化,中日须共商有效办法。

这三个原则已经有我国外交部在1月22日正式声明中国并不曾承认了,本来我们可以不必再讨论了。但近日报纸上所传东京的消息,又有"中日外交之调整仍按三原则办理"的话(4月5日同盟社东京电)。况且因为共产党侵入山西,日本军部近来更高唱中日联合防共的主张,这也是三原则之一。所以我们应该从国民的立场,坦白的表示我们对于这三个原则的态度。

我们很坦白的告诉日本政府和国民:广田的三原则是增进中日仇恨的条件,不是调整中日关系的先决条件。第一项所谓"以夷制夷",只是联络某个或某些友谊的国家,来防备某个或某些敌对的国家。这本是一切独立国家的自卫权之一。虽然我们中国现在的国势还谈不到联络某国来防御某国,我们至少还可以自由选择我们的与国。凡对于我们国家友谊最大,危害性最小的,都是我们的友邦。凡对于我们的国家侵害最大,侮辱最大的,都是我们的敌国。日本若要得到中国的友谊,就应该努力做到中国人心悦诚服的承认她是我们的友邦。日本尽可以颂扬她自己的"光荣的孤立",我们中国在这个时候是决不愿意孤立的。第二项的"满洲国"的事实存在的承认,我们在这几年的带甲拳头之下,凡可以做的都做到了;凡超过那可以做的限度的事,都是政府不敢做的,因为都是国民的心理不能容许政府做的。"满洲国"的造成,是中日仇恨的一个重要原因;强迫中国承认这个伪国的存在,当然只有增加仇恨的结果。第三项的联合防共,无论这个提议的背后的用意如何,也是全国人民心理决不能容许的。一个政府虽然可以用武力扑灭国内用武力推翻政府的运动,然而一到他借用外国武力来压制国内暴乱的时候,人民就不能容忍了。从前日本曾用实力援助安福部的政府,然而那种援助只可以使那受援助的政府不齿于人民,使他颠覆的更快。今日日本军人提倡的"华北联合防共"的口号,只可以增加中国人民仇忌日本的心理,并且可以减少一般人民对共产党不同情的心理。

所以我们很坦白的告诉日本政府国民:广田的三原则决不配做调整中日关系的先决条件。这三原则的提出,正可以证明日本政府完全不曾了解调整中日关系的唯一可能的意义。

调整中日关系必须以消除中日间的仇恨局势为基本原则。我们也承认,这几年的仇恨结的太深了,不是一朝一夕就能消除的。在这几年之中,日本曾逼迫中国政府禁止一切排日的行为与言论。凡中国政府的权力能禁止的排日,可以说是都做到了。现在中国人民不能抵制日货了,不能发表排日的议论了。然而明眼的人都能明白,这个仇恨的局势只有一天一天的强化,并没有减轻。所以者何? 只因为消除仇恨的锁钥并不在中国政府人民的手里,而在日本政府军部的手里。日本有此锁钥而不肯用,所以这个不幸的仇恨局势只有火上加油,从不见釜底抽薪。

我们从中国国民的立场,也想很坦白的提出我们认为调整中日关系的先决条件。我们深信,如果日本政府领袖有调整中日关系的诚意,这几项是日本必须先做到的:

(1)废止《塘沽停战协定》,取消非战区域。

(2)宣告所谓《何应钦梅津协定》的无效。

(3)日本政府自动的放弃辛丑(1901)和约及其附带文件所规定的平津铁路地带驻兵的权利;日本大使馆迁往南京之后,所有日本驻屯关内的军队一律撤退回国,以为《辛丑和约》其他签字国之首倡。

(4)宣告去年六月的《察东协定》无效,撤退察哈尔境内的"满洲国"军队。

(5)禁止华北各省以及福建境内一切运动伪自治的活动。

(6)日本政府自动的取消中国境内的领事裁判权,以为欧美各国的首倡。

(7)统一外交,由日本政府宣告一切凡非两国正式外交全权代表所签订的文件完全无效。

我们深信这些是调整中日关系的先决条件。这些条件都还不够根本解决中日问题,但我们深信这些条件可以在中日关系史上开辟一个新时代,可以打开一条新路,消极的至少可以使中日两国的关系不至于更恶化,积极的可以减除不少的仇恨,可以打开两国间树立崭新的关系的门路。

如果日本的政治家到今日还认不清我们两个民族的关系日日恶化的倾向,如果日本的政府国民还不肯做一点"釜底抽薪"的努力,如果日本的政府军部到今日还梦想中日关系的调整只是中国单方面的屈服,那么,我们深信我们两国间的关系是无法调整的,只有大家准备扮演同文同种相屠杀的惨剧而已。

(原载 1936 年 4 月 12 日天津《大公报》星期论文,又载
1936 年 4 月 19 日《独立评论》第 197 号)

关于《调整中日关系的
先决条件》

我的一篇《调整中日关系的先决条件》(4月12日《大公报》；《独立》第一九七号)，引起了各方面各种不同的反响。赞成这篇文章的人，说"此真近来论坛上极有价值之文字，可与千驾飞机，百艘军舰争勇武矣"(4月28日一个读者来信)。反对这篇文章的人，说我的话是"奴才们的梦想"(4月14日上海某报)；说我"抹煞了民众的意志"，"喊出了放弃已失土地"，要认我为"民众的敌，国家的敌"(4月25日上海某周刊)。同时日本报纸和日本军人收买的华字报纸也都有激烈的驳论，天津有一家汉奸报公然主张要"驱逐胡适出华北"。同时天津《大公报》也因这篇文字，曾接着日本驻屯军部的严重警告。

这些赞成和反对的话，我都不计较。在本期里，我发表了清华大学学生徐日洪先生给我的一封公开信。这封短信至少可以代表一部分热心爱国的青年人的见地，所以我很愿意解答几句。

徐日洪先生说：

> 我奇怪的是先生所开的七项先决条件，竟无一条涉及我们那被侵占了的东四省。难道东四省是已成事实，就可以撇开不谈了吗？

这是很多人的疑问，有些人因此就说我"喊出了放弃已失土地"。其实这个疑问，徐君在他的公开信里已代我答复了。徐君说：

> 关于这一点，我想先生是看得很清楚的，故在原文中有"'满洲国'的造成，是中日仇恨的一个重要原因；强迫中国承认这个伪国的存在，当然只有增加仇恨的结果"等字句。

这话还不够明白吗?

况且我的原文里明明说着:

> 这些条件都还不够根本解决中日问题,但我们深信这些条件可以在中日关系史上开辟一个新时代,可以打开一条新路。

我说的七个条件只是调整中日关系的"先决条件",所以我明明白白的说"这些都还不够根本解决中日问题"。

中日问题的根本解决,只有两条路:一条是政治的外交的,一条是军事的战争的。后一条路就是我原文说的"同文同种相屠杀的惨剧"。这条路也许是终久不能避免的,但我们如果认定这条路必定不能避免,那就没有什么"调整中日关系"的必要了。

现在两国的政府所以要谈"中日关系的调整",岂不是因为两国政府的领袖还不曾承认那条政治外交的路子已经完全断绝?我们所以要讨论这个"调整"问题,也正是因为我们无论站在国民的立场,或站在舆论界的立场,都应该想想:在何种先决条件之下,这条外交路子才有一线的可能?

我的论文的意思只是要指出:调整中日关系的唯一可能的意义是要用外交的途径来解除中日两国之间的仇恨局势;而广田外相提出的三个原则只是"增进中日仇恨的条件,不是调整中日关系的先决条件"。我要指出,调整两国关系的意义决不是要"中国单方面的屈服";而广田的三个原则正是要"中国单方面的屈服"。所以我说这三项"决不配做调整中日关系的先决条件"。

其次,我要指出,调整中日两国关系,应该分作两个步骤:第一步是先阻止那个仇恨局势的更恶化,第二步才是两国用正式外交方法解决两国间的根本纠纷。我提出的七项,都属于第一步,都是"日本必须先做到的",都只是使那个仇恨局势不至于更恶化的先决条件,而不是那用外交方式调整中日关系的本身。例如我提出的第七项"统一外交",如果日本不能先做到外交的统一,那么,广田首相与有田外相提出的任何调整方案还不只是一张废纸吗?

徐日洪先生说:

> 如果这样,那末,你所说的先决条件,只是中国国民所要求

的一部分,而不是全部分。你只讲了一半我们所要讲的话。
我要告诉徐先生:我讲的正是一半,正是那第一步,只是"调整"的先决条件,而不是那"调整"的本身。我早说过:如果这些先决条件做不到,如果日本的政府军部到今日还梦想中日关系的调整只是中国单方面的屈服,那么,我们深信我们两国间的关系是无法调整的。

最后,我要谈谈徐先生最后的一段议论。他说:

> 观察历来的外交史实,舆论的要求和政府的实际行为,常有一个相当的距离。故舆论的要求不可不稍奢,不可不严格,然后受其监督影响的政府行为可以做到一个适当的程度。如果舆论的要求便是部分的,不是全部的;是畏首畏尾的,不是直截了当的,那末实际的外交进行更可想见了。

但他在前面已说过:

> 我要请先生注意:恐怕就是这一半的话,这一部分的要求,也是难于兑现的。我们很难希望从一个吞了肉的虎口里去挖出一块肉来。既然这样,我们何必不把全部要讲的话都讲了出来呢?

这两段话都使我发生无限感慨。中国舆论的无力,并不完全由于言论的不自由,其中一部分的原因是由于言论家的不负责任。徐君的议论正是替这种不负责任的言论家提出一种哲学来做辩护。徐君的意思,就等于说:舆论的要求,横竖是不能十足兑现的,总得打个折扣的,爽性价钱开的大大的,我漫天讨价,好让别人就地还价。徐先生自己已承认我的七项条件"难于兑现"了,然而他还怪我不更"奢"!这就是不负责任的态度。"严格"在何处?

负责任的言论是平心静气的为一个国家设想,或为一个政府设计,期望自己的主张能十足兑现,不折不扣。"负责任"的意思是自己对自己的主张负完全责任。每立一说,建一议,我们必须平心静气的把这个主张的可能的结果都细细想出来,负责任就是我自己对于这些早已想到的结果负责任。我若主战,我当然期望我的主张十足兑现,我当然要负主战的责任。我若主和,我当然也期望我的主张十足兑现，我当然要负主和的责任。个人的挨骂，被刑罚，被暗杀，只是应负的责任的最小部分。更重要的责任是国家政府因采纳我的主张得着的种种结果，我都得负道德上的责任。自己肯负十足兑现的责任，然后可以希望自己的主张得到他人的考虑和信从。听者藐藐，言者不可不谆谆。"对牛弹琴"，也许有"百兽率舞"的一天。

这种态度，是我们应该勉励我们自己的，也是我们期望一切言论家的态度。至于握着"空心拳头"，"慷慨激昂，气吞山岳"，这一套本领，我惭愧不曾学得，也不愿任何青年人去学。

五四之晨

（原载 1936 年 5 月 10 日《独立评论》第 200 号）

《独立评论》的四周年

《独立评论》今天开始他的第五年了。

我们很感谢各位朋友送了许多糖果来祝贺这个小孩子的四周年生日,我们特别感谢"君衡"先生的祝寿词。"君衡"先生说,《独立》的四周岁有三个值得祝贺的理由:第一,《独立》的销路渐渐增加,可证国人对这个刊物的同情逐渐增加;第二,《独立》能保持他的"智理的公平态度";第三,《独立》能在一个苦痛的时势里保持他的乐观的勇气。

关于销路这一层,我们自己也感觉很大的欣慰。我在第一五一号(三周年纪念号)曾提到"我们的七千个读者",我们现在可以说"我们的一万三千个读者"了。在这一年之中,销路增加到一倍,其中有好几期都曾再版,这是我们最感觉高兴的。

《独立》的销路增加,固然是如"君衡"先生说的,"可知国人如何同情于这个以研究中国当前问题为目的的刊物"。但我们自己的私心总希望这种同情心的增加是因为国中读杂志的人的胃口的逐渐改变。我在三年前(第五十一号)曾说:

> 我们不说时髦话,不唱时髦的调子,只要人撇开成见,看看事实,因为我们深信只有事实能给我们真理,只有真理能使我们独立。有一位青年读者对我们说,"读《独立评论》,总觉得不过瘾!"是的,我们不供给青年过瘾的东西,我们只妄想至少有些读者也许可以因此减少一点每天渴望麻醉的瘾。

在当时我们真感觉那是一种"妄想",因为我们不作刺激性的文字,不供给"低级趣味",又不会搬弄意义模糊的抽象名词,当然不能叫青年读者过瘾,当然不能希望读者的增加。但这三年以来,读者增加了一万,我们的乐观使我们又"妄想"读者的胃口确实改变了,那每天渴望麻醉的瘾确实减少了。

我们今天又从陶希圣先生的文章里得着一个有趣的旁证。陶先生说他在江南听见朋友说"那一带很有些人喜欢《独立评论》,最大的原因是他不唱高调"。

其实"高调"和"低调"都不是确当的名词。在我们的眼里,有许多所谓"高调"都只是献媚于无知群众的"低调"。我们自己说的话,别人尽管说是"低调",我们自己倒往往认为很"高"的调子。所以平心说来,调子没有什么高低可说。所可说的只是:说的话是不是用我们的公心和理智去思考的结果?说话的人是不是愿意对于他的主张负道德上的责任?我们在三年前曾说:

> 孔子曾说:"故君子名之必可言也,言之必可行也。君子于其言,无所苟而已矣。"言之必可行也,这就是"无所苟",这就是自己对自己的话负责任。……作政论的人更不可不存这种"无所苟"的态度。因为政论是为社会国家设想,立一说或建一议都关系几千万或几万万人的幸福与痛苦。一言或可以兴邦,一言也可以丧邦。所以作政论的人更应该处处存哀矜敬慎的态度,更应该在立说之前先想像一切可能的结果,——必须自己的理智认清了责任而自信负得起这种责任,然后可以出之于口,笔之于书,成为"无所苟"的政论。(第四十六号)

这种敬慎的态度当然不能叫人麻醉,不能叫人过瘾。但我们深信,这种态度是我们应该提倡的,至少是我们应该时时督责我们自己严格实行的。我们也深信,这种态度虽然没有麻醉的能力,到底是解救麻醉的有效药剂。清茶淡饭,吃惯了也自然有点味道。这三年的《独立》读者的增加,居然使我们更相信清茶淡饭也许有可以替代吗啡海洛英的一天。

最后,我要报告:这四年之中,《独立》总共登载了一千零七十一篇文字,其中

社员作的	483 篇	约占百分之四五
社外投稿	588 篇	约占百分之五五
共计	1 071 篇	

分年比较如下：

	篇数	社员稿	百分比	社外稿	百分比
第一年	274	157	57.3	117	42.7
第二年	244	109	44.7	135	55.3
第三年	278	106	38.2	172	61.8
第四年	275	111	40.4	164	59.6

在这第四年之中，尤其是最近这半年，社员之中，死了一人，南迁的有七人之多，南迁的社员又都因事务的繁重不能多为《独立》作文字，所以这半年的《独立》，三分之二的稿子是全靠社外朋友供给的：

一五一至一七五号（上半年）

社员稿	73 篇	百分之五三·三
社外稿	64 篇	百分之四六·七
	共 137 篇	

一七六至二〇〇号（下半年）

社员稿	47 篇	百分之三四
社外稿	91 篇	百分之六六
	共 138 篇	

这是我们最高兴又最应该感谢的。我们在三年前就说过：

> 我们办这个刊物，本来不希望他做我们这十一二个人的刊物，也不希望他成为我们的朋友的刊物。我们自始就希望他成为全国一切用公心讨论社会政治问题的人的公共刊物。（第五十一号）

上面的统计数字可以证明这个刊物真能逐渐变成全国人的公共刊物了。四年之中，社外的朋友供给了六百篇文字，——六百篇不取稿费的文字，——这是世界的舆论机关绝对没有的奇事，这是我们最足以自豪的一件事！这也是我们今天最值得祝贺的一件事。

我们借这个机会谢谢黎昔非先生和章希吕先生。他们终年勤勤恳恳的管理《独立评论》的发行，校对，印刷的事务。他们对于这个刊物的爱护和勤劳，常常给我们绝大的精神上的鼓舞。

廿五，五，十夜

（原载 1936 年 5 月 17 日《独立评论》第 201 号）

国联还可以抬头

张忠绂先生在他的《国联的没落》(《独立》二〇一号)里,曾提起我在去年九十月间写的两篇旧文,——《国联的抬头》和《再论国联的抬头》(《独立》一七〇,一七二)。那两篇文章写在英国贺尔外长在日内瓦发表拥护国联盟约的演说之后。那时候,英国和法国很像有合作拥护国联的可能。法国是向来拥护国联的,法国外长拉佛尔去年9月13日在日内瓦说的"我们的一切国际协定都建立在日内瓦的基础之上,妨害了日内瓦就是妨害了我们自己的安全",这话确然可以代表法国这十六年的外交历史。英国的政策向来不曾有过热烈的拥护国联的表示,到了去年夏天,英国忽然采取强硬态度,忽然在短时期内调遣海军空军布防地中海各要塞,并且在日内瓦发表那样坚决拥护国联盟约的政策,这确然是一鸣惊人,使天下人都感觉到一个新时代的降临,使一般国联拥护者都想望国联抬头的日子到了!

当时英国的强硬立场,和国联的五人委员会的调解方案,虽然都不曾阻止意大利实行侵略战的决心,虽然意阿的战事终于在10月2日爆发了,然而在那个战争的初期,我们对于国联抱着信心和希望的人还指望国联五十一个会员国决定的制裁方案能发生一点效力。后来英国外交部因为稍稍表示了一点软化的倾向,竟引起了贺尔外相的辞职,和英年外交家伊顿的继任外相,这事可以表示英国拥护集体安全的舆论的有力,这也是使我们对于国际制裁不绝望的一个原因。

但我们当时的大兴奋,还有一个最大原因。意阿战争问题是国联处理中日问题失败之后的第一个难题。中日问题是国联的能力的第一次大试验,这回是第二次大试验。在国联处理中日问题的时期,国联盟约只引用到第十五条为止,因为强国的劝告,中国代表团始终没有坚持引用盟约第十六条。这一回意阿的争执,意大利不接受国联的调解方案,并且开始战争,所以国联大会进一步引用盟约第十六条的制裁。这是第一次对一个强国施行第十六条,更是国联盟约的效能的生死关头。所以这一次的大试验更足以引起世间爱好和平的人的注意。

这八个月之中,国际制裁完全不曾发生效力,而那具有地利与天时的保障的阿比西尼亚终不能抵御那机械化摩托化的意大利军队。战事在四月底终了了,阿国皇帝出奔;5月10日,意大利宣布并吞阿国,尊意王为阿比西尼亚皇帝。国联行政院的会议,在英国外长伊顿的主席之下,也不能得着何种有效的结论,就延会到下月中旬了。意大利的代表团已离开了日内瓦,声明这并不是退出国联,只是要等待国联改变了她对意大利的态度时再来合作。

这真是国联最倒霉的日子!怪不得许多学者要说国联是已没落的了,国联的威信已完全扫地了。

今天的巴黎电报说,墨索里尼前天告诉法国报馆记者:如果国联要实施经济的惩罚来对付意大利的征服阿国,他准备和全欧洲作战。今天的伦敦(哈瓦斯)电报说:英国伊顿外长回国后的第一件工作是要寻得相当理由来撤销现行的制裁办法!

悲观的人说,这都是国联的丧钟,我们听了当然都感觉凄怆。但在这个替国联准备发讣告丧的时期,我们也还听得一两句乐观的话。例如傅孟真先生说:

> 不过仔细想想看,事情未必如此简单。也许国联的转运靠这次极度的失败,国联的复兴靠这次的沉沦。(《大公报》星期论文,《独立》二〇〇号转载)

我和孟真都是比较乐观的。我也相信,这个有了十七年寿命的国联是欧战以后的国际集体安全的唯一机构,无数爱好世界和平的志士仁人的信心与希望都寄托在这个机构上,他们决不肯轻易容许它经过一两次挫折就夭死的。这一次的大失败也许正足以刺激起国联拥护者的觉悟,使他们努力改革国联现在的松懈柔弱的状况,使国联建立在一个更有力的基础之上。

张忠绂先生说:国联的改组有三种可能的办法:(一)减弱国联的力量;或(二)加强国联的力量;(三)缩小国联的范围而加强国联的力量。

张先生的意见是:"在现时的情形之下,第二种办法是不可能的,第一种同第三种办法都有可能。"(《独立》二〇一号)

我的看法颇不相同。我相信只有第二种办法(加强国联的力量)是可能的。第一种办法(减弱国联的力量),现时确有人主张,例如今天伦敦电报说英国上院议员中颇有人主张抛弃国联盟约第十条与第十六条,把国联的职务改为专务调解,而抛弃威胁的方法。依我们的推测,这种办法在今日决不能得着多大的信从。理由有三:第一,这是明明白白的屈伏于墨索里尼的威胁,不是多数会员国能甘心的。第二,这就等于抛弃现有的唯一的最大集体安全的机构,也不是多数会员国愿意的。第三,这个办法的用意在于"引诱非会员国"(特别是美国)加入改弱后的国联,然而人人皆知此种"引诱"实在没有多大的把握,倘使国联变弱了而美国仍不受引诱,岂非赔了夫人又折兵吗!

第三种办法(缩小范围而加强力量)的意思是侧重"区域安全协定"一类的办法,这种办法可以辅助国联而不能替代国联;如果国联力量因此增加,那就属于第二种办法了。

我相信只有第二种办法是可能的改革方向,我的理由有三点:第一,此次国联对意大利的失败,不是制裁的失败,是制裁太弱的失败。当加拿大代表提议把汽油加入制裁的时候,墨索里尼即宣言,如果汽油列入制裁,意大利就要认为军事敌对行为。因为这一声威胁,国联的制裁委员会竟不敢坚持了。倘使英,苏,荷诸国和汽油最有关系的,能坚持列入汽油,难道墨索里尼真敢向全欧作战?倘英苏两大国坚持下去,法国是不产汽油的国家,难道她宁可牺牲英苏两国而不肯放弃墨索里尼的交情?即此一事看来,将来国联的抬头只有加强力量的一个方向,是无可疑的。

第二,这次对意大利的失败,世界舆论多责备英国,英国确有多分谤议的理由,因为英国如果坚持"义无反顾"的态度,法国决不会顾惜意大利的交情而牺牲英国的援助。英法两国不能合作到底,英国的迟回瞻顾是一个大原因,结果是不但墨索里尼大得其志,希特拉也大得其志,而国联更倒霉了。当日贺尔稍稍软化,就不得不去职,今日伊顿若更软化,有何面目可对那一千一百万拥护国联盟约的英国人民？9月11日英国代表在日内瓦的演词,是代表世界第一强国的政府说的,今日虎头蛇尾的屈辱是不能不挽救洗刷的。挽救之法,洗刷之道,只有联合大英帝国各自治领的力量,作国联的后盾,加强国联的力量。

第三,据熟识国联情形的人的观察,此次国联的惨败,最大的关键不在英国而在法国。法国当外交之冲的恰巧是拉佛尔,他是一个从来没有参预过国联工作的人,并且不信任任何理想主义。他不能了解英国去年忽然采取很强硬的拥护集体安全的政策是诚意的,他不能相信英国真能和法国走上同一条拥护国联的大路,这是最大的不幸。这种大不幸,法国人民早已明白承认了,所以这回法国选举的结果,右派大败了,胜利的是左派,将来组阁的是正统社会党首领李昂伯伦(Leon Blum),担任外长的大概是急进社会党首领赫里欧(Herriot)。李昂伯伦在5月15日演说中曾说:"我们要做的政治试验,需要国内的和平,更需要国外的保安力量(External Police)。"我们可以推测,这个左派(其中有七十二个共产党议员)的法国新政府是能够同苏联合作,拉拢英国,共同加强国联的力量的。

至于国联的弱小会员国的诚意的拥护国联,和苏联的国际理想主义,当然都倾向于加强国联的力量,那更不用说了。

所以我们在这国联最倒霉的日子,还不愿抛弃我们的乐观。我们颇相信,国联还有复兴的机会,国联的力量也许还因为此次的失败格外加强。

二十五,五,十七夜

（原载1936年5月24日《独立评论》第202号）

敬告宋哲元先生

这几天,平津两处的谣言很多,并且都是很可怕的。青年学生的浮动,日本增兵和这些谣言是最大原因。31日的各报上登出宋哲元先生的谈话,使一般人民都感到一种欣慰。我们读了宋哲元先生的谈话,忍不住要提出一些说话,请宋先生注意。

第一,我们十分诚恳的希望宋哲元先生要澈底明白他自己的立场。宋哲元先生在一般民众的心里,是冯玉祥将军的忠实信徒,是国民军的最高代表,是喜峰口作战的好汉。我们要他澈底明白,除此之外,我们不认得第二个宋哲元。我们知道,喜峰口之战,宋先生的军队损失了八九千人。这八千子弟把他们的生命献给了他们的祖国,这是中华民国的人民永永不会忘记的一件大事!我们今日对于宋哲元先生的期望,没有别的,千言万语,只希望他和二十九军的将领不要忘了这为国而死的八千子弟,我们只希望二十九军的将领想想这八千子弟,他们把他们的生命献给了他们的祖国。我们和我们的子孙要想想,我们应该用什么来报答他们的血。——这是我们最关切的一点。

第二,我们希望宋哲元先生明白,凡是中华民国的敌人,都是他的敌人。我们都是拥护中华民国的人;我们深信,在这个时候,国家的命运已到了千钧一发的时机。凡是反对中华民国的人,凡是存心破坏中华民国的统一的人,都是存心遗臭万年的人,我们决不可姑息这种人,必须用全力扑灭这种卖国求荣的奸人。不如此的,在今日是汉奸,在中华民族史上永永是国贼。

第三,我们希望宋哲元先生用明白的语言向我们的"友邦""邻国"表示他的态度。天下只有说真话的人可以得着敌人和友邦的敬重。决没有应酬敷衍可以取信于人的。现在敌人的压迫已到了眉头额角,含糊的辞令,模棱的态度,都是作茧自缚的方法。只有老实的表示拥护国家的立场是唯一的立场。国家把两省的重担子放在宋先生的肩膀上,宋先生处此境地只有明白表现他的爱国立场,也许可以防止敌人的得步进步。稍一不慎,就要堕入敌人"分化"的诡计。"一失足成千古恨",这是古哲人的名言,我们不可不深思。

第四,我们希望宋哲元先生要澈底明了他的力量是站在国家立场的力量。离开了这个国家立场,无论是谁,决不能有力量。熙洽,张景惠,殷汝耕都没有力量,因为他们都脱离了国家的立场,所以永远成了汉奸国贼,他们不能不托庇在敌人的铁骑之下,做了受保护的奴才。这些奴才将来都有在中山墓前铸长跪铁像的资格。我们这个国家现在虽遭厄运,是决不会灭亡的。我们不可不明白这一点:一切脱离国家立场的人,决难逃千万年的遗臭!

第五,最后我们要指出,这个国家立场是整个的,不是支节的。我们在今日决不可减低中央政府的权力与效能。一切迁就调和的行为,其用心无论如何可恕,其实迹都是破坏国家的统一,都是全国人民决不能宽恕的。海关进口税是整个的,司法行政是整个的,高等教育是整个的:凡破坏这些制度的行为,都是破坏中国行政的统一,都是自绝于国人的行为。宋哲元先生昨天(5月30日)对平津报馆记者的表示是"保全中国主权"。这是我们最欢迎的表示。但我们抱着十分诚意,要此间当局的人澈底明白"主权"的单一性。个别的事实是比原则更重要的,主权不损失的原则必须建筑在具体事实不放松的基础之上。具体的事件放松了,我们就无法维持那个不丧失主权的原则了。

我们纵观这二十年中起来的军人领袖,从张作霖到孙传芳,没有一个人不是有特别长处的。他们的成就都是由于他们的长处。他们的失败都是由于用过其长,被一班短见的宵小拥戴到"予智自雄"的地步,终归倒塌下来,为全国人民所唾弃。古人说的最好:"惟善人能受尽言","诸侯有诤臣五人,虽无道不失其国"。我们的直言是十分诚恳的诤言,我们盼望听言的人不要忘了这种古训。

二五,五,三十一夜

(原载 1936 年 6 月 7 日《独立评论》第 204 号)

"亲者所痛,仇者所快!"

当民国二十二年冬天,福建的"人民革命政府"发难时,他们提出的主要口号是"讨蒋,推翻国民党,建立生产人民政权"。他们通电给胡汉民先生们,要求两广领袖的赞助。但胡汉民先生们的回电却责备他们"尽丧所守","必将为亲者所痛,仇者所快"。

现在胡汉民先生的尸体方寒,而两广的军事异动已在"抗日"的招牌之下实现了!据最近的电讯,桂军已到祁阳,粤军已到郴州;又有粤军第三军由寻邬筠门入赣,第三师由饶平大浦入闽之说。衡州以南的中央部队都已奉命向北撤退。国民党中央执行委员会已有电请两广将领严戒所部自由行动,并已决定在一个月内召开二中全会。蒋介石院长也有长电给陈济棠先生,请他"严饬两粤所有北进部队即日停止行进"。全国的舆论对于两广的军事行动,都表示很大的焦虑,都怕万一在这一个万分严重的国难局势之下,抗敌救国的美名真成了掀动内战的烟幕弹,那就真要"为亲者所痛,仇者所快"了。

我们站在国家的立场,要正告两广的领袖诸公:在这个强邻威胁猛进的局势之下,无论什么金字招牌,都不能减轻掀动内战的大责任;无论怎样好听的口号,都不能赎破裂国家危害民族生存的大罪恶。抗敌救国的第一个条件是要在一个统一的政府之下造成一个统一的民族国家。国中无数往日反对国民党或反对南京政府的人,自从九一八之后,深知统一的必要,都不惜抛弃成见,捐除嫌隙,站在国家的立场来拥护政府。这是时势所要求,国难所命令,稍有常识的人都不能不如此做。凡不如此做的,必然要堕入外人的诱惑,认意气为真理,视私怨重于国家民族,逐渐投到对方的怀抱里去,自陷于危害国家的大罪恶而不自知!

当九一八事件之后,国联的李顿调查团报告书发表之前,我们的邻国天天向世界宣传:"中国是一个无组织的国家,不配享受现代国家的待遇。"三年以来,这种喊声渐渐的听不见了,因为没有人肯信了。这三四年的努力,中国的政府渐渐像个样子了,渐渐有组织了,能在很短时期中做到不少的现代建设了,能造成一点国防的军备了。总而言之,这三四年来,中国渐渐像个现代统一国家的样子了。

中国在一个统一的政府之下造成一个统一的国家:这是我们的对方最不愿意的,最妒忌的,最必需用全力破坏的。所以这三年以来,"友邦"的策略全注意在一个方向,就是敌视中央政府,勾结地方的割据政权,减削中央政府的能力,破坏中国的统一。华北的局面,去年六月的事件,十一月以后的自治的运动,冀东的独立,察东的进逼,内蒙的独立酝酿,走私的猖獗,——凡此种种,都只是这一个策略的表现。

"友邦"的策略是路人皆知的:凡可以统一中国的政府必须打倒。这种政策不自今日始。我们试读梁任公的《从军日记》,看他民国五年南下入桂发难讨袁世凯的经过,就知道他的行动全靠某国军人"以全力相助",才能到达海防,由海防入桂境。任公在家书里详述此事,说某国人"殊可感也"。及今思之,某国人何恶于袁世凯?何爱于梁任公?梁任公讨袁,我们应该赞叹。然而梁任公、蔡松坡、陆荣廷倒袁的运动居然能得着某国人"以全力相助",我们不应该深思猛省吗?

我们在今日必须澈底觉悟:局部的抗敌旗帜,是不能损失对方一丝一毫的,是对方绝不畏忌的。对方所忌的是一个沉着的,埋头苦干的有力政府。在我们的心目中,南京政府离我们理想中的政府还不知几千里远。然而这个政府久已是我们友邦的"眼中之钉"了。所以在今日一切割据的倾向,一切离心力的运动,一切分裂的行动,都是自毁我国家一致对外的能力,都是民族自杀的死路,都是"亲者所痛,仇者所快"。

最后,我们当然期望中央政府用最大的忍耐,最开诚布公的态度,最和平的方法,来应付这个很不幸的变局。中央部队在湖南的北退,是全国国民都颂赞的态度。我们希望闽赣两省的中央部队也都有同样的退让。我们希望南粤的领袖到了今日应该澈底明白全国舆论的趋向了。招牌虽好,都不够掩护分裂国家发动内战的大罪恶。悬崖勒马,还可以自赎于国人,见谅于舆论。不然,十九路军的英名,因枪尖对外得来,一旦枪尖向内,就都扫地以尽,最可以作两粤领袖的前车之鉴!

近日天津某报社论有"无条件的反对内战"之说,其要点是:

> 用抗外的题目与中央发生内争者,我们不能同情。……时到今日,"统一"两字亦不是内战的好题目。……对外守土与对内统一,倘不能同时并举,政府应放弃对内统一,从事对外守土。……根据这两点,我们是无条件反对内战。

这种逻辑,我们不能了解。我们反对内战,也反对用统一的招牌来起内战。但我们不反对一个中央政府用全力戡定叛乱。殷汝耕背叛中央,中央应该明令宋哲元讨伐。如果华北将来有某一省背叛国家,我们当然主张中央政府明令讨伐。今日两粤的将领如果不明了全国舆论的向背,如果他们真要捐着抗外的题目作推翻中央政府的叛乱行为,我们当然应该主张中央明令讨伐。

二十五,六,十一日下午

(原载 1936 年 6 月 14 日天津《大公报》星期论文,又载
(1936 年 6 月 21 日《独立评论》第 206 号)

《新青年》重印题辞

　　《新青年》是中国文学史和思想史上划分一个时代的刊物,最近二十年中的文学运动和思想改革,差不多都是从这个刊物出发的。我们当日编辑作文的一班朋友,往往也不容易收存全份,所以我们欢迎这回《新青年》的重印。

胡适

（收入重印本《新青年》第 1 卷,上海亚东图书馆 1936 年 9 月出版）

张学良的叛国

我刚从海外回来。我在国外,眼看见美国的舆论对中国的态度在最近几个月之中逐渐好转。到10月以后国家的统一形态更显明了,对强邻的态度更强硬了。11月9日美联社的社长何华德先生(Roy Howard)从马尼拉发出一个长电,对新兴的中国表示惊异的赞叹。他说:"对这个更生的,统一的中国,欧美人的评判必须改变修正了。向来外国人认为不可能的统一,今天已是一件无疑的事实了。"

我自己也抱着这样的乐观回来,万不料回国刚刚十二天,就遇着了张学良在西安叛变劫持统帅的恶消息!我个人精神上的大打击自不消说;全世界的震惊,我们的国家民族在国际的地位骤然低落,只有我们刚从国外回来的人才能充分感觉到。我们又要许多时不能抬头见人,不能开口说响话了!

张学良和他的部下这一次的举动,是背叛国家,是破坏统一,是毁坏国家民族的力量,是妨害国家民族的进步,——这是毫无疑义的,最奇怪的是今日还有一部分的青年人表同情于张学良,那些人不是居心危害国家,必是无知无识。居心危害国家的人,唯恐国家不乱,因为只有纷乱的状态之下他们可以在浑水里摸鱼,达到他们危害国家的目的。那种人我们可以撇开不谈,因为他们的头脑早已硬化了,什么话都听不进去。至于知识幼稚的青年,他们本是抱着爱国血诚的,只因为情绪太兴奋,忍耐心太薄弱,不明了事实,总感觉到政府对外太软弱,总疑心到政府的领袖有对不住国家的心思。这种错误的感觉到现在应该可以消除了。五年的忍辱不战,所求的是一个统一的国家,齐整的步伐,充实的力量。性急的青年虽然看不到这一

点,我们的强邻可早就明白了。去年9月24日出现的所谓"多田宣言"就很明白的说:

> 要之,蒋介石及其一党与日本帝国之关系,帝国屈伏乎?抑帝国打倒彼辈乎?

我们的青年人应该仔细想想这几句话的涵义。我们的强邻早已认清蒋介石先生领导之下的政府是最可怕的力量,所以他们处心积虑要打倒那个力量。所以凡危害那个力量的行为,都是自坏我们国家民族的抗拒力量,都是危害我们自己的国家,戕贼我们自己的民族,——都是叛国祸国。

特别是在这个绥远前防已开始作战的时期!全国的人民应该明白:这回绥远的作战是第一次由统一的中央政府主持领导的战争。中央的部队已到了前线,军政部次长陈诚已受命指挥绥东国军各部队了。这回作战的第一步计划当然包括三个子目:第一是绥北绥东的肃清,第二是察北察东的收复,第三是冀东的收复。正在这第一个子目还没有做完的时候,正在陈诚次长受命指挥的第二天,张学良忽然造反了,把一个关系全国安危的领袖蒋院长拘留了,把前一天受命指挥绥东国军的陈诚次长和别的几位重要官吏与将领也拘留了!说这是为的要"抗日",这岂不是把天下人都当作瞎子傻瓜!

这回的西安事变,是叛国祸国,毫无可疑。一个政府有戡平叛乱的当然责任,也毫无可疑。政府得到西安叛变的确报之后(十二夜),立刻举行中央常务委员会和中央政治委员会的联席会议,议决行政院由孔副院长负责,军事委员会由冯副委员长及常务委员负责,指挥调动军队由军政部长何应钦负责,并褫夺张学良本兼各职,交军事委员会严办。张学良免职严办的国府命令是十二夜下的,到16日国府才下讨伐张学良的命令。政府的讨伐令所以迟到四天之后才下,大概是因为蒋院长等被困在西安,政府不能不存"投鼠忌器"的疑虑。现在讨伐令已毅然发表了,我们当然赞成政府的处置。12夜政府的决议是健全政府本身在非常时期的组织;16日的讨伐令是全国的要求,我们都认为很正当,很得体的处置。我们现在只希望政府坚持这个立场,不迟疑的,迅速的进兵,在戡定叛乱的工作之中做到营救蒋陈诸先生的目的。这不是不顾蒋陈诸先生的安全。我们要澈底明白,凡奸人劫质绑票,正是要人"投鼠忌器",只有坚持不受要挟不赎票的决心,方才可以使他们所挟持劫质的全归无用。一切迟疑顾忌,都正是奸人所期望的!

蒋介石先生在今日中国的重要,真是如傅斯年先生说的"无可比拟的重要"。西安叛变的突然发生,使全国爱护国家的人们格外感觉到这个领袖的重要。在这几天之中,我见着了至少两三百个来客,有的是白发的学者,有的是青年的学生,有些是平日爱护蒋先生的,有些是时常批评他的,——但在这个时候,这些人都是异口同声的关切蒋先生的安全,都是愁苦焦急的到处探听可靠的消息。一切政见的异同都丢在脑后了,大家只感觉这一个有能力有办法的领袖是一身系国家的安危的。我看见一个北大一年级的学生在十三的早晨真是焦急的要发疯;我知道两个十一二岁的小孩子真急的大哭。这种现象,在这个最不崇拜英雄的民族里,真是最难得的奇迹。这样爱护的热心,不是宣传的力量造成的,也不是武力威权招致的,是最近两三年坚忍苦干的事实逐渐得国人明了认识的自然效果。在他患难之中,全国人对他表示的敬爱与关怀,那才是最真诚的表示,是利禄与威权买不来的好意。

我们在此刻所能确信的消息是端纳(Donald)先生曾飞到西安,亲见蒋先生平安无恙。我们祝他平安出险。我们深信他的平安出险是毫无疑问的。

最后,我们要谈谈最近一年来共产党高唱的所谓"联合战线"。西安的叛变最明白的告示我们,这个联合战线是绝对不可能的。此番的事变至少证明了这几点:第一,向来抱着国际主义的共产党是绝对不能一变就成为爱国主义者的,他们近来高唱的民族主义战线,只是他们在武装叛乱失败时的一种策略。第二,他们谈的抗日作战,只是一种无耻的欺骗,因为决没有真正抗日的人们愿意劫持危害那主持国防建设并且正开始抗敌战争的最高领袖的。打倒蒋介石而拥戴张学良,这是抗日作战的方略吗!第三,他们的行为没有苏联的同情,也决不能得着苏联的援助,这是近日莫斯科的言论早已明白表示的。如果苏俄愿意在远东得着一个有力的帮手,她决不会抛弃了整个中国民族的同情和统一的力量而恋爱一群残破无力的土匪和腐败无战斗力的张学良部队。——这三点都是最近西安事变昭告我们的铁的事实。从今以后,我们应该更觉悟了,欺骗的口号应该再哄不动有常识的人们了罢?

二十五,十二,十八日下午

(1936年12月20日天津《大公报》星期论文)

编辑后记[1]

1　△陶希圣先生的《国际均势与中国的生命》也是答复室伏高信先生的《答胡适之书》(《独立》第一八〇号)。陶先生此文曾登在《日本评论》的新年号。

　　△《日本评论》新年号也登出了我的《答室伏高信先生》(《独立》第一八〇号),这回删节的很少,只删去了"带甲的拳头"和"后天开十列车的军队来",共十五个字(原书第三段似是被译者遗漏了,不是删削的)。《日本评论》社诸君的雅量是我很敬佩的。

　　△白宝瑾先生是北大的一个察哈尔学生。

　　△"参也"是一位研究行政效率的朋友。

(原载 1936 年 1 月 5 日《独立评论》第 184 号)

2　△张忠绂先生是北京大学政治学系主任,他是研究国际关系的专家,他的《秘密外交与公开外交》是今日注意外交问题的人都应该读的。

　　△顾毓琇先生是清华大学工学院院长。

　　△张其昀先生是中央大学地理学系主任。

　　△陶希圣先生提出的问题,并不限于一个大学,实在是今日最重要的教育问题。中学校课程里的公民训练都变成了纸上文章,青年人没有公开发表意见的能力,没有公开讨论问题的经验,没有参加团体生活的训练,所以遇到大问题发生时,只有冲动而没有组织,只有

---

[1] 编者按:《编辑后记》原在《独立评论》每期后面,现将本年度胡适写作的《编辑后记》放在一起,按时序排列,编号为编者所加。

被人牵着鼻子走而没有独立不阿的精神,至多只能作消极的抵制而不能作积极的贡献。关于这个问题,我们将来还有讨论的文字。

△李朴生先生现在行政效率委员会服务。

△这一期《独立》出版时,全国都已知道丁文江先生病死的消息了! 去年十二月八夜,他在衡阳中煤气毒,四十点钟不省人事。后来他虽然恢复了知觉和脑力,但自从12月23日下午以后,他的病势忽然变复杂了,语言艰难,时常昏睡,右手有拘挛的现象,热度增高,医生就疑心他的脑部受伤。1月4日,病势转危,晚间医生电来,疑是脑充血。1月5日下午五点四十分,他死在长沙湘雅医院。这是中国科学界的一个最大损失。他是建立中国地质学的两三个伟大领袖之一,但是他的兴趣最博,不限于他的专门之学,他对于人类学,人种学,史学,地理学,经济学,都有绝大兴趣,都曾有很深的研究。他是一个最热心的人,对于朋友,对于职守,无处不表示热诚。他是一个最能鼓舞青年学生的好教师。如今这一个最可爱敬的朋友,这一个最难得的天才学者,已成了古人了! 我们向丁夫人和他的兄弟表示最深厚的哀悼同情。

△我们希望在最近的将来能出一期纪念丁文江先生的专号。他生于光绪丁亥年(1887),死时还不满四十九岁。

(原载1936年1月12日《独立评论》第185号)

3　△沈惟泰先生是哥仑比亚大学的政治学博士,著有 *China's Foreign Relations* 1842—1860,现任邮政总局秘书。

△王醒魂先生是杭州的一位读者。我们感谢他投寄这篇很有见地的长文。

△"寿生"先生是北大的一个"偷听生",他两次投考北大,都不曾被取,但他从不怨北大的不公道。他爱护北大,也爱护学生运动,他的《对学生运动的感想》的末段劝学生"自己作主人,还要自己作观客";他这篇文字是从一个"观客"的观察点写的,所以值得我们(学生与学校当局)的注意。

△李朴生先生是研究行政效率的专家。

△下一期是"纪念丁在君先生专号",特此预告。

（原载 1936 年 2 月 9 日《独立评论》第 187 号）

4

△丁文江先生是《独立评论》的创办人之一。最初我们一班朋友在"九一八"事变之后,时时聚餐,谈论国家问题,后来有人发起办一个刊物。在君和我都有过创办《努力周报》的经验,知道这件事不是容易的,所以都不很热心。后来因为一些朋友的热心主张,我们也赞成了。在君提议,先由各人捐出每月固定收入的百分之五,先积三个月的捐款,然后开办。恰巧我因割盲肠炎在医院住了四十四天,《独立》的开办因此展缓了两个月,我们差不多积了五个月的捐款,才出版第一期。最初一年半,《独立》的经费全靠我们十来个人的月捐维持,这都是在君的计划。(《努力周报》是他发起的,也是他倡议每月抽百分之五的捐款。)《独立》出版之后,在君撰文最勤,原来的社员之中,我因编辑最久,故作文最多,其次就是在君的文字最多了。他的《漫游散记》和《苏俄旅行记》两个长篇都是《独立》里最有永久价值的文字。就是在他最忙的时候,我的一封告急信去,他总会腾出工夫写文字寄来。他每每自夸是我的最出力的投稿者！万不料现在竟轮到我来编辑他的纪念专号！

△这一期的编辑体例是这样的。纪念的文字,依照内容的性质,分为五类。第一类是通论在君生平的。第二类是专论他在科学上的贡献的。第三类是注重他在中央研究院的工作的。第四类是有关传记的材料：两篇记他最后在湖南的情形,两篇是他的老兄和七弟的叙述,一篇是他的一个学生的记叙。第五类是他的著作目录。

△各位朋友纪念在君的文字,都是出于哀悼的至诚,不用编辑人一一道谢。其中如吴定良先生在客中特别赶成纪念文；如高振西先生（北大地质系助教）既替我们翻译葛利普先生的文章,又因我的嘱托,在短时期中赶成一篇纪念文；如张其昀先生在短时期中编成在君的著作系年目录：这都是我应该特别致谢的。

△在君的著作目录,此时仓卒编成,恐怕遗漏的还不少。我自己知道的,如他在《努力周报》上用笔名"宗淹"发表的文字,如他的《中

国军事近纪》等,都已托章希吕先生(也是在君在南洋中学教书时的学生)补入张其昀先生的原稿了。他的《大公报》星期论文,恐怕不曾全收。他有一年曾替天津《庸报》每周写几篇社论,现在都无法收入,将来当请董显光先生设法编目补入。

△在君的一些朋友在南京发起募集"丁在君先生纪念基金",办法大意是拟将此基金捐给中国地质学会,由地质学会理事会推举委员五人组织保管委员会保管。此项基金应长久保存,所得利息,拟以一部分作为补助丁夫人之用费,其余全数作为纪念奖金,对于地质工作有特别贡献者,每年发给一次。现已由地质学会理事会推出翁文灏先生等五人为保管委员。各地朋友愿意捐助之款,请直接寄给南京珠江路地质调查所翁咏霓先生收。

(原载 1936 年 2 月 16 日《独立评论》第 188 号)

5

△陈岱孙先生是清华大学的经济学系教授,法学院院长。他在《独立》一七七号曾发表一篇《放弃银本位之后》,在那篇文章里,他曾预料到政府不会采用那"粗笨的纸币膨胀政策",但也许被诱上"发行公债,由银行承受,再根据政府公债信用,发行法币"的间接纸币膨胀政策。现在他的预言至少是一部分实现了。他此次写的《统一复兴二公债与中央财政》,是值得政府与人民细读的。

△上期"纪念丁文江先生专号"付印后,我们又陆续收到三篇文字,其中有丁先生病中主任医士杨济时先生的治疗报告,一定是许多朋友渴望得读的。

△本期陈受颐先生(北大史学系主任)批评的一部《中国文化小史》,本来是我和丁文江先生想担任编著而时间不曾容许的。我们现在读这样一部不能满意的书,不能不感觉这也是丁先生的遗憾之一。

(原载 1936 年 2 月 24 日《独立评论》第 189 号)

6

△我读了陈之迈先生《再论政治贪污》之后,很想介绍一部有趣味的书给我们的读者。这部书是 *The Autobiography of Lin-*

coln Steffens(施德芬斯的自传，Harcourt, Brace and Co. 出版)，作者是一个最有名的新闻记者，他的一生事业是专门研究并揭发美国各省各大城市的政治贪污。前罗斯福大总统曾送他一个绰号，叫做"耙粪者"(Muck-raker)。二十世纪初期美国的揭发贪污运动，因此又叫做"耙粪运动"。我们中国也有句老话："挑狗矢惹臭。"耙粪可以使臭气四扬，但耙粪也是除臭秽的最有效方法。我们读这个"耙粪者"的自传，可以明白美国政治贪污的真相，同时又可以明白美国人扫除贪污的努力。这种"耙粪工作"，只有民主政治之下可以存在。在言论不自由的国家里，尽管有用军法严惩贪官污吏的教令，然而如果报馆发表财政官吏操纵公债市场的社论就可以得停止发刊的惩罚，谁还敢来捋虎须做"耙粪"的运动呢？所以我们对于陈之迈先生的主张是完全同意的：民主政治与清廉政治是有密切关联的。

△"向愚"先生的《今后日本对华态度之窥测》，是一位留日学生对于这个大问题的观察。

△论《国防与宣传》的梁士纯先生是燕京大学新闻学系的教员，他是曾为国家做过对外宣传的，现在又正做着训练宣传人才的教育工作，所以他说来最亲切有味。平心说来，宣传固然重要，但最有力的宣传品究竟还是事实。即如梁先生此文中举的一些例子之中，淞沪战事一例，最可以使我们明白"事实是最有力的宣传"。又如意大利的东非洲战争一例，诚然"莫索里尼对于国内国外的宣传是不遗余力的"，他终不能转移世界大多数人对于阿比西尼亚的同情心。有能叫人相信的事实，加上有组织有方法的宣传，那才是有效的宣传。

△陈衡哲女士去冬到四川去了，现在寄来她的第一段《川行琐记》，一定是她的许多朋友愿意看的。

△在这几个月之中，我们收到了许多青年人描写他们的学校生活的文章，我们盼望今后可以陆续整理发表。

(原载 1936 年 3 月 1 日《独立评论》第 190 号)

7

△ "又荪"先生是新从日本东京帝国大学研究院回来的,他对于日本政变应该有比我们看的更亲切的观察。

△ 俞启忠先生是我们不认识的一位投稿者。他的这篇《自诉与请求》我读了很受感动。我相信,现在有无数的青年人(恐怕还要包括不少的中年人)都和俞君有同样的感慨。我们深信,压迫不能使我们团结,只有开诚布公的政治能使我们团结。我们希望今日担着国家责任的诸公能平心静气的听听这一篇陈诉。

△ 叶子刚先生是胶济路的总稽核,他是曾在波士顿大学专研究经济的。

(原载1936年3月8日《独立评论》第191号)

8

△ 这一期可算是"中日关系专号"了,因为这四篇文字都是讲中日的关系的。

△ 张忠绂先生是研究中国外交史的专家,他的一篇回忆是追记从民国四年的二十一条交涉到民国八年的巴黎和会的一段中日交涉史。张先生指出那一个时期的中日交涉和最近四年中的中日关系有许多可以相比较之点。他的结论是:无诚意的合作是不能改善中日邦交的。

△ 沈惟泰先生现在邮政总局服务,他也是研究外交的人,他观察今日中日两国的外交当局所谓"调整中日关系"的运动,他的结论也和张忠绂先生的结论差不多。

△ 皮名举先生是去年才从美国回来的,现在是北京大学的历史系教授。他做留学生的时代,饱听了日本宣传家说的"中国是无组织,无政府,不成一个近代国家"一类的话,所以他现在看了东京的兵变,也要问问:日本是不是一个近代国家?他的结论是,在这样一个"友邦"的手里,我们不要妄想得到和平。

△ 室伏高信先生的《再答胡适之书》原文是在2月号《日本评论》上发表的。这一个月之中,因为有种种特殊事故(如《丁文江先生纪念专号》之类),《独立评论》至今不曾转载这一篇很值得我们细读的言论。我本想写一篇答书与此文一并发表,也因为篇幅关系,只

好留待下期了。此篇是用《国闻周报》第五期"子修"先生的译文,我们要向《国闻周报》社和子修先生道谢。

△室伏高信先生的答书也是一篇中日关系论,所以收在这一期里是最适宜的。在这篇答书里,室伏先生说:

> 我想请各位用稍微远大的眼光,静观中日两国的关系。日本并不是长此继续错误的国民,且日本的国民也不是永久盲从的国民。

在日本国民遭遇了上月底的惨剧之后,我们更抱着同情的希望,希望室伏先生的预言能早日实现。

△丁在君先生的朋友们请注意本期的"丁在君讲演遗音片"的预约广告。

(原载1936年3月15日《独立评论》第192号)

9

△关于北平高中学生郭清在公安局病死的事,我们收到了许多文字,现在我们选了一篇发表。作者是死者的同学。我们对于死者的家属表示哀悼的同情。我们盼望地方当局留意鲍君提出的建议。

△这一期又有两篇纪念丁在君先生的文字。刘基磐先生是湖南地质调查所所长,他的纪载可以补充凌鸿勋、朱经农两先生的纪念文的遗漏。胡振兴先生是在蚌埠一个银行里服务的,他的《谁送给丁先生五千元?》告诉我们一个最美的故事,和三个可爱的人。

(原载1936年3月22日《独立评论》第193号)

10

△张忠绂先生是北大的政治系主任,王化成先生是清华的政治系教授。我们很感谢他们两位撰文讨论这一个全世界注目的问题。

△沈怡先生是上海市政府的工务局局长。他是国内最有历史兴趣和历史见解的一位工程学者。他的《防河与治河》,题目好像很专门,其实是一篇很有历史趣味的好文章。他在此文内特别称许的潘季驯(一五二一——一五九五),是张居正最赏识的一位治河大家,

《明史》卷二二三有传。

△郑庭椿先生是燕京大学的学生,他生在福建永泰县的一个小村里,幼年失学,后来半工半读,读完小学中学的课程。他早年常同农人一同下田耕作。又曾跟着传教士到各乡去传教,所以他是真能认识乡村民众的。

(原载 1936 年 3 月 29 日《独立评论》第 194 号)

11 △陈之迈先生的《近年来中央政治改革》,是他在清华大学的一篇讲演。

△陈岱孙先生的《出超的分析》,是一篇很细密的讨论。我们最感觉兴趣的是他在第二段指出这四五年来入超的逐年减少,渐渐减成负数。我们这种经济学的门外汉读了这一段,颇想问问:入口货的渐减,走私漏税的骤增,是不是都和入口税则有点因果的关系?近年修改关税,是不是太偏重了增加税收,而忽略了杀鸡摸金蛋的格言,因此就使走私成了有厚利可图的营业?我们盼望陈岱孙先生或别位税则专家能答复我们的疑问。

△这一期里有两篇文字都是写四川的现状的。衡哲女士的《四川的二云》写的是四川在那双层密云笼罩之下的黑暗。"寿生"先生的《二十三年代》里面写的那个黑暗惨酷的"桐尖市",他用的地名虽然是捏造的,读者当然认得出那是什么地方。

(原载 1936 年 4 月 5 日《独立评论》第 195 号)

12 △南开大学教授陈序经先生的《乡村建设运动的将来》,是一篇很悲观的观察。我们颇嫌他太悲观了,很想请一位乡村建设工作的朋友写一点商榷讨论。昨天我把陈先生的文字送给平民教育促进会的瞿菊农先生,请他写一篇跋语。不幸瞿先生因为参加哲学会的年会,来不及写文章;要我先登出此文,他允许写一篇讨论。我们欢迎各地做乡建运动的朋友们参加讨论。

△"寿生"先生在《独立》第一八五号发表过一篇《文人不可不知而作》。这一回他又写了一篇《文人不可知而不作》。题目虽不同,

内容都是替人改错。

△因为"寿生"先生的提议,我们发表丁文江先生的一首旧诗《黔民谣》。

△我们收到了不少描写各校学生生活的文章。这一期我们发表一篇写清华大学生活的文章。

(原载1936年4月12日《独立评论》第196号)

13 △我们特别介绍"陶陶"先生的《从日本政变说起》给我们的读者。作者是一位在一个帝国大学作研究的学者。他在这文里,很郑重的要我们充分了解"二二六事件"不是那么不荣誉的一件事。至少我们应该知道在日本人的眼里这件事有怎样的意义。作者是研究历史的,他要我们充分了解,我们今日的真正危机不是幸灾乐祸的心理所能救济的,也不是浅薄的"军事训练""国防化学"所能救济的。

△吴承禧先生是吴景超先生的弟弟,他现在在中央研究院社会科学研究所工作。他的《厦门印象》是一篇很有意义的观察。

△彭光钦先生是清华大学的生物学教授。

△上期"寿生"先生的《文人不可知而不作》,第九页下栏第十五行"到去年11月陶先生的'也是比武'一出",应更正如下:

　　到去年11月《生活教育》第二卷第十七期陶知行先生的《也是比武》一篇里。

(原载1936年4月19日《独立评论》第197号)

14 △从前有人唤我和丁在君先生做"不可救药的乐观者"。现在傅孟真先生能在国联最倒霉的日子推算国联的复兴,他一定可以加入我们这个不可救药的乐观党了。

△写《海军与空军》的陈西滢先生正是《西滢闲话》的作者。他从前本是学政治经济的,平时又是最博览的人,我们欢迎他放下文学闲话来谈谈国家的大问题。

△张素民先生是一位经济学者,他最近有一部《白银问题与中

国币制》由商务印书馆出版。

△刘学浚先生是向来研究语音学的,他这篇《中国文法欧化与国语罗马字》是评论《独立》一九八号"了一"先生的论文的。对于他们两位讨论的问题,我知道有些语音学文法学的学者将来都愿意加入讨论。

△这一期是《独立评论》第四年的最后一期。下一期(第二〇一号)我们要出一个四周年纪念特大号。我们借此机会向各位热心寄稿的朋友致最诚恳的谢意,并且请求他们继续维持这个小小的刊物。

△请各位读者注意本期里优待定报的广告。

△这一期付印之日(5月4日)正是我们的朋友丁在君先生的遗体在长沙下葬之日。我们用他手创的刊物的第四年的最末一行,纪念这一个最难得的人!

(原载1936年5月10日《独立评论》第200号)

15

△"君衡"先生是一个国立大学的政治学教授。他在《独立》上发表过好几篇文字。

△张其昀先生是中央大学的地理学教授。他这篇一万四千字的《中国国势的鸟瞰》,给了我们一个自知自省的底子。

△上期我们转载了傅孟真先生的《国联之沦落和复兴》,他推想"也许国联这次的沉沦正开将来的复兴,变态的复兴"。这一期里我们登出两篇比较悲观的观察:一篇是张忠绂先生的《国联的没落》,一篇是张熙若先生的《世界大混乱与中国的前途》。我个人的看法颇倾向于孟真先生的见解。其实张忠绂先生的意思也只是说现在的国联是没落了,将来的国联复兴必须是一种变相的复兴。他和孟真先生的见解并没有多大的冲突。

△顾毓琇先生的《军事的机械化与科学化》是我们大家都应该知道的一些事实——无论我们是主和或是主战。

△陈受颐先生的《中国的西洋文史学》提出了一个很重要的问题。在二三十年前,中国办学校的人只知道科学教员不容易得;近年我们都知道理工科教员比较易得了,最难寻的是中国文史学的教员。

陈先生警告我们：现在中国文史学的教员比较多了，我们现在缺乏的是西洋文史学的人才。这是中国办大学和研究所的人们都应该猛省的。

△"涛鸣"先生是中国研究科学最有成绩的一位学者，他在国内一个最好的医学校做过十几年的教授，他谈"医务"应该是最内行的。

（原载1936年5月17日《独立评论》第201号）

16

△瞿菊农先生是一个哲学家，近年专力做定县平教会的工作。

△李朴生先生是研究行政效率的学者，曾在《独立》上发表过好几篇文章。

△谈德国教育的张富岁先生现在德国研究乡村教育。

△我们对于彭光钦先生作文追悼的沈敦辉先生表示哀悼的敬意。

△胡汉民先生于本月12日死在广州，享年五十八岁。他的死是国内许多人同声悼惜的。他的爱国心，他对于革命的努力，对于职守的尽忠竭力，个人在政治上的清廉，都是我们最钦佩的。去年一月中，我在香港，曾去访问他，他的兴致很好，谈锋很健。不意十六个月之后，他已成了古人！我们对他的家属表示深厚的哀悼的同情。

（原载1936年5月24日《独立评论》第202号）

17

△陈岱孙先生的《谈经济建设》使我们回想到四年前翁咏霓先生的《建设与计划》(《独立》第五号)，和《独立》上讨论"有为与无为"的许多文字。无为的政治是时势所不容许，我们岂不知道？我们的意见只是和陈岱孙先生指出的一样，只是要指出：有为的政治必须有计划，有人才，方才可以不浪费，不病民。前几天，天津的《平津泰晤士报》有一篇社论，题为《破坏与建设》，其中有一句话说："这三年内，中国地面上的政变（如交通等等的建设）可以说是比以往的三千年内的政变还更大。"这是我们承认的。我们还可以承认，这许多建设之中，大部分是于国家有益的。虽然如此，像陈先生一类

的批评,应该还是此时最需要的。这几年办理建设的经验,加上随时的省察与批评,方才可以逐渐使建设事业走上不浪费不病民的大路上去。

△沈惟泰先生是研究国际关系的学者,他在《独立》上曾发表过一篇《中国的外交政策》(第一八七号),一篇《调整中日关系》(第一九二号)。他在那篇《调整中日关系》里曾说过:"日本方面假使抱了广田三原则的精神来调整中日关系,那我以为中日关系是无法调整的。"那篇文章是2月21日写的。三个月以来,他和许多中国人一样,都得承认"调整"是无望的了。现在他提出他认为"调整"绝望以后应该采取的途径。

△在第一九八号里,张忠绂先生发表了他的《外蒙问题的回顾》,叙述民国八年外蒙取消自治的历史,他的结论说徐树铮氏在这事件上"不仅无功,而且有过"。我们现在发表徐道邻先生的长文。徐先生是徐树铮先生的儿子,家中藏有当时的文电抄稿,所以他颇替他的先人辩护。张忠绂先生是外交史专家,他当然欢迎这些文件的发表。他应许我们下一期写一篇讨论的文字。

(原载1936年5月31日《独立评论》第203号)

18

△《外蒙问题的回顾》引起的讨论,是中国外交史上一件最可欢迎的事。我们希望这场讨论可以使我们格外明了这一件重要事件的真相。

△"向愚"先生是一位留学日本的朋友,他曾在《独立》里发表过几篇文字。

△罗隆基先生驳我的《国联还可以抬头》的文章,虽然不能改变我的乐观的观察,却是我们的读者应该读读的。

(原载1936年6月7日《独立评论》第204号)

19

△这几天全国人最关心的是两广的问题。若照日本同盟社的电讯看来,这问题是十分严重的。前几天中央与两广当局的宣言,都郑重声明:两广并没有军事上的异动。但我们看这两天的消

息,又不能不焦虑了。我们因为报纸登载的消息太简略,现在还不能作详细的评论。我们在二十二年冬天福建人民革命政府起来时,曾说过这样的话:

> 这个政府已够脆弱了,不可叫他更脆弱。这个国家够破碎了,不可叫他更破碎。今日最足以妨害国家的生存的,莫过于内战;最足以完全毁坏国家在世界上残留的一点点地位的,莫过于内战。无论什么金字招牌,都不能解除内战的大罪恶!(《独立》第七十九号)

当那个时候,福建的变局震惊了全国,两广的领袖胡展堂先生们都能明白大义,通电劝告陈铭枢、李济琛诸人,指斥他们的主张"必将为亲者所痛,仇者所快"。现在胡展堂先生的尸骨刚冷,他的遗戒"亲者所痛,仇者所快"八个大字是全国人不可忘记的!

△《谈医务》的陈志潜先生是协和医学校的毕业生,近年在定县平教会做卫生部主任,兼保健院院长。他在定县的公共卫生事业上曾有很大的成绩。

(原载 1936 年 6 月 14 日《独立评论》第 205 号)

20

△本期有三篇论两广异动的文字,这三篇不约而同,都很不赞同两广的行动。今天报纸说广东的军队已撤退到粤边待命;桂军也有停止前进的消息。我们盼望这两个消息都是确的。我们深信两广的领袖都能明白全国舆论所表示的公意;我们十分诚恳的盼望他们能够悬崖勒马,转祸为福。我们也十分诚恳的盼望中央政府用最大的诚意和两广的领袖共商一个推诚合作一致对外的方法。

△陈岱孙先生讨论中美卖银协定,郑林庄先生讨论农本局,这都是今日最重要的问题。因为篇幅的关系,我们把郑先生的文字删去了一大段,一小段,来不及征求作者的同意,要请他原谅。

(原载 1936 年 6 月 21 日《独立评论》第 206 号)

21

△李朴生先生是研究行政效率的,他的《失业大学生救济策》是值得大家考虑的。

△周作人先生提出的"国语与汉字"的问题,我们盼望能得着国内研究语言文字的专家的考虑和讨论。

△我们盼望我们的读者注意本周出版的《地质论评》第一卷第三期,这一期是丁文江先生纪念号,内中有很多有价值的纪念文章。(每册四角,北平西城兵马司九号或南京珠江路九四二号发行。)

(原载 1936 年 6 月 28 日《独立评论》第 207 号)

22 △"黎民"先生《拥护矿权》的文字,指出广西福建两省矿产的危机,是应该引起全国的特别注意的。

△写《留学时代的丁在君》的李毅士先生是国内一位有名的画家。他和丁在君先生同行留学英国,又同住多年,所以他的记载亲切可读。

(原载 1936 年 7 月 5 日《独立评论》第 208 号)

1937年
新年的几个期望

民国二十五年是我们中国多灾多难的一年,可是无一次不是逢凶化吉,灾难都成了锻炼我们这个民族的炉火,经过一次锻炼,国家好像更统一了,民族也更团结了。两广的事件的结果是一个贪污愚昧的军阀的崩溃,两个独立机关的取消,全国统一的初步形成。日本的外交压迫的结果是中央对日外交的严正的应付,第一次做到像个样子的对等外交。绥远方面的匪伪侵扰的结果是统一政府主持之下的民族战争的开始,是百灵庙的大捷,绥北的肃清,全国民族精神的大振奋。到了岁暮,忽然又来了一次大灾难,差不多把那垂成的统一事业倒退回去一二十年,差不多把那刚刚大振奋的民族精神又低降到零点。然而那不幸的西安叛变也终于逢凶化吉,年底六七日的全国欢声使全世界都知道这个国家到底还像个国家,这个民族到底还像个有出息的民族。

多年梦寐里害怕的"1936",居然度过去了。我们在全国欢呼的喊声里送出了旧年,迎进了新年。全国的国民对于这刚开始的新年当然抱着无限的希望。过去一个多灾多难的年头的磨炼使我们对于新年的期望格外大了,格外乐观了。可是我们必须记得:期望太奢,失望也往往更大。我们必须量布裁衣,量米做饭,不存大奢望,也不会大失望。这是保持乐观的惟一妙法。所以我们今天用最平实的态度,提出几个最平实的期望,盼望今年我们这个国家能够做到这几点:

第一,今年必须做到宪政的实行。国民大会的选举和召集已展缓多时了。去年10月15日中常会议决,因为国民大会代表未能如期依法办理完毕,大会应延期召集。这样无限的延期,未免使国民歉望了。

这几年逐渐做到的统一,不完全是武力的统一,是外患压迫和交通进步养成的一种全国向心力的表现。如果国家的统一必须全靠中央的武力来维持,那种统一是靠不住的,是假的统一。今日的政治领袖应该明白一个国家的向心力和统一性都是需要长期培养的政治习惯。在旧日的统一帝国之下,这种政治习惯的养成也不是驻防军队的力量,乃是科举任官等等文治制度的力量。在今日的民国,教育的功用至今还是统一的最大力量。今日最缺乏的是一个维系全国的政治制度。国民大会的组织虽然有许多缺陷可以受政治学者的指摘,然而这个机关究竟是全国国民推举代表来共同参预国家统治的起点。我们唯实论者都明白:今日由中央任命官吏去治理全国各县,已是不可能的了。今日的国民大会和将来的国会都是反其道而行之,都是要各县推举代表来参预中央的政治。这是今日必不可少的维系全国向心力,培养统一习惯的新政制的起点。所以我们期望国民大会必须在今年召集。

第二,我们期望蒋介石先生努力做一个"宪政的中国"的领袖。近年因军事的需要和外患的严重,大家渐渐抛弃了民国初元以来对于行政权太重的怀疑;又因为蒋介石先生个人的魄力与才能确是超越寻常,他的设施的一部分也逐渐呈现功效使人信服,所以国内逐渐养成了一种信任领袖的心理。最近半个多月中,全国人对他的安全的焦虑和对他的出险的欢欣庆祝,最可以表示这种信任领袖的心理。但是那半个多月全国的焦虑也正可以证明现行政治制度太依赖领袖了,这决不是长久之计,也不是爱惜领袖的好法子。一切军事计划,政治方针,外交筹略,都待决于一个人,甚至于琐屑细目如新生活运动也都有人来则政举,人去则松懈的事实。这都不是为政之道。世间没有这样全知全能的领袖,善做领袖的人也决不应该这样浪费心思目力去躬亲庶务。"决狱责廷尉,钱谷责治粟内史",这是中国政治学的古训。就是现代的独裁国家的首领,如希忒拉,如墨索里尼,如斯太林,都是不问庶政的,所以都能有闲暇时间做读书思考之用。斯太林更是深藏不露面,不见客,不演说。上月斯太林的演说,报纸说是斯氏执政以来第二次演说。这是深识为政大体的行为。蒋先生在西安被困的经验,应该使他明白他从前那样"一日万几"(几是极微细的东西)的干法于个人是浪费精力,于国家是不合治体。我们盼望他慎选能担负一方面专责的人才,把局部的事务付托给他们。职守明,付托专,然后人人能尽其职。军事和政治都应该这样做。他自己也应该认清他自己的职权所在,专力去做他职权以内的统筹全局的事业。国家今日需要的是从容优豫统筹全局的领袖,不是千手千眼察察为明的庶务主任。

宪政的实行不仅是颁布宪法,依照条文改换政府机关的名称而已。宪政就是法治,而"徒法不能以自行"。宪政的成功需要法治习惯的养成,而法治习惯的养成又必须有领袖人物以身作则,随时随地把自己放在宪法之下,而不放在宪法之外。英国的前王为了一个女人而牺牲王位,不是"不爱江山爱美人",乃是不爱尊荣爱宪法。那事件的争点是一条很不合时代潮流的不成文法,英国前王的主张也很得许多人民的同情。然而英王终于逊位而去。这真是宪政的精神。宪政的精神是情愿造起法律来束缚自己。不但束缚自己不许作恶事,并且束缚自己不许在法定职权之外做好事。古人说:"重为善,若重为暴";又说:"庖人虽不善庖,尸祝不越俎而代之矣。"这两句话最能写出法治的精神。尸祝越俎代庖人做菜,即使做得好菜,究竟是侵官,究竟是违法。"重为善"即是不轻为善。要把不轻为善看作和不轻作恶一样重要,那才是法治的精神。我们希望蒋介石先生能明白他的地位重要,希望他无论在宪政之前或宪政之下都能用他的地位来做一个实行法治的国家领袖。认清自己的职权的限制,严格的不做一点越俎代庖的事,然后人人有官可守,有职可尽,然后人人能尽其才,能忠其事。

第三,我们期望政府今年能做到整个华北的疆土的收复和主权的重建。我们所谓"华北",当然包括河北、察哈尔、绥远三省在内。此番绥远的作战,当然只是政府解决整个华北问题的一个子目。整个华北问题的解决当然包括三个子目：第一是绥北绥东的肃清，第二是察北察东的收复与肃清，第三是冀东叛逆的肃清。这三个子目全是我们自己扫除叛乱肃清奸匪的工作，中央政府责无旁贷，地方当局也责无旁贷。绥远省府主席傅作义将军在长城抗敌之战他的部队打的是最后一仗，此次在绥北之战他的部队打的是头一仗。现在绥远肃清匪伪的工作差不多做完了。我们期望中央政府用全国的力量，领导晋绥冀察四省的军队，在这一年之内完全肃清察北察东冀东三方面的匪伪叛逆。这三省的匪伪叛逆肃清之后，国家才算做到了长城以南热河以西的疆土的收复和主权的重建，才算洗刷了民国二十四年六月中河北察东的两次大耻辱。华北肃清之后，国家的统一可算是百分之八十完成了。我们然后可以培养国力，观察国际变化，徐图第二步的统一计划。

这三个期望都不是奢望，都是很平易的期望。我们很恳切的期待他们的实现。

二十六年元旦之夜

（原载 1937 年 1 月 3 日天津《大公报》星期论文）

日本霸权的衰落与太平洋的国际新形势

这是我去年在北美洲游历时的一篇讲演的大意。我最初在哈佛大学把这个见解提出同一些国际政治学者讨论,后来又用这个见解在纽约,华盛顿,费城,绮色佳,芝加哥,司波堪(Spokane),西雅图,洛杉矶,及加拿大的文尼白(Winnipeg)各地讲演过十多次,然后写出来,题为"太平洋的新均势"(The Changing Balance of Forces in The Pacific),登在纽约的《外交季刊》(Foreign Affairs)的本年1月号里。我现在把这个见解用本国文字重写出来,稍稍有点增减改写之处,请国内的政治学者指教。

我去年八月到美国的约瑟弥岱(Yosemite)去出席第六次太平洋国际学会的大会,到会的有十一国(中,日,英,美,苏联,法,加拿大,澳洲,纽西兰,菲律宾,荷兰)的代表一百二十八人和国联派来的列席的代表三人。会议的主要论题有五个:

(1)美国的新措施及其国际的涵义。
(2)日本的新进展及其国际的影响。
(3)苏联的新建设。
(4)中国的建设及其国际的涵义。
(5)太平洋势力均衡的变化及和平解决的可能性。

前面四个是分论,最后一个是综合的寻求解决的方案。当然大家都特别注意这最后一组的圆桌讨论。

我在那第五个圆桌会议的四天讨论终结之后,得着一个结论:对于太平洋西部(远东)的问题,大家议论虽多,其实只有两种看法,一是败北主义,一是乐观主义。认这问题没有和平解决的方法的,是败北主义。认它还有和平解决的可能的，是乐观主义。我是生来乐观的，所以始终不肯轻易放弃和平解决的可能性。然而我不能不承认，出席那个会议的人和欧美一般的人，多数，也许是绝大的多数，是抱着前一种败北主义的。这也难怪他们；他们看了日本近年的暴行，看了中国本身的无力，看了国联的失败，看了一切国际条约的撕成废纸，当然不能不承认远东问题是没有和平解决的可能了。

败北主义在各国的实际政策上的表现有多种主张。去年9月中，《新共和》周报(*The New Republic*)曾有一篇社论，主张美国政府命令美国商人和银行全部退出中国，他们的损失可由美国政府从减缩海军所省的经费里拨款赔偿。这是败北主义的一种表现。恰相反的政策，如单方的扩张军备而没有一种积极的国际政策，也是一种败北主义。至于那些主张承认日本用暴力造成的现势的人，那些攻击司汀生的"不承认主义"的人，那更是败北主义者，不用说了。

我曾细想，这种败北主义都是由于观察太平洋形势的错误。他们心目中所谓"太平洋势力均衡的变化"，只是指满洲事变以来日本的强权独霸东亚，打破了一切原有的均衡势力，而一切旧有的国际组织机构对于那个独霸东亚的强权竟无法可施。他们把"太平洋势力均衡的变化"解作了"日本的独霸西太平洋"，当然他们要感觉和平解决的绝望了。因为在一国绝对独霸的局势之下，如果主持那个国家的人决心不顾一切国际的束缚，那么，除非傍的霸国能用有效的强力来和他争霸，别无他种救济方法。在那种独霸形势之下，傍的国家既不肯替人牺牲作战，也只好忍气吞声准备把一切国际信义和条约尊严都暂时搁起，或者希冀在那个独霸的强人嘴里分一杯残羹冷炙，或者(如《新共和》周报主张的)决心抛弃一切可以引起冲突的利益而回到"各人自扫门前雪"的孤立生活了。

依我个人的看法，这种观察是错误的。"日本在西太平洋的独霸"，这一句话已成为过去的史实，而不适用于今日了。

日本的独霸东亚，不在今日，而在"九一八"以前的十七年中(1914—1931)。"九一八"以后，因为他滥用他的霸权，引出了一些新势力，造成了一个新均势的局面，那个独霸的局势就维持不住了。

这是历史的事实。

当1914年欧洲大战爆发的时候,俄国、英国、法国、德国都用全力在欧洲作战,无余力顾到远东,日俄战后的东亚均势局面完全打破了,远东就完全转到英国的同盟国日本的独霸之下了。在那四年的大战期中,并且在那战后的头两三年,——1914到1921——日本独霸西太平洋,没有第二国能和他争霸。因为如此,所以在大战的第二年日本就向中国提出那二十一条的要求;所以就在大战停止之后,在巴黎和会席上,战胜的协约各国还不敢不尊重日本的意志,宁可得罪中国全国人民的情感,宁可抛弃威尔逊的民族自决原则,把山东的德国旧有权益完全送给日本。这七年是日本乘欧战的机会取得的东亚独霸地位,是为日本东亚霸权的第一期。

但这种独霸的形势是使英美两国最不安的。于是在大战结束之后的第三年,因为英领太平洋三个大国(加拿大,澳洲,纽西兰)的要求,因为英美法的合作,才有华盛顿会议(1921)的召集。华府会议的目的是要解决巴黎和会留下的几个大问题。华府会议的结果有四个方面是和太平洋形势有直接关系的:(一)中日之间争执最尖锐的山东问题总算得着了一个和平满意的解决。(二)九国公约签字的八国彼此相约尊重中国的主权,独立,领土及行政权完整;相约给中国一个最充分的机会去自己发展维持一个健全强固的政府;并且相约不得利用中国国内的情形去攫取特殊权利。(三)英日同盟不再继续了,改用四国公约来替代他。(四)采用了"五,五,三"的比率作为英美日三国海军力量的比率。

世人皆知道这些华府条约的目的是要建立一些新约束来限制日本在远东的霸权。其实日本的霸权,因为接受了一种国际的约束,就等于得着了国际的承认,倒反更稳固了。山东问题的解决使得中日之间解除了一种最尖锐的冲突;海军比率的成立解除了其他海军国对日本的猜忌;《九国公约》的成立使得太平洋有关系的各国有了十年的相安。骨子里,日本在远东的威权丝毫不曾减缩。就拿那"五,五,三"的海军比率来说,事实上是英美海军的减缩,而日本独得西太平洋的地利,他的海军势力还是无敌的。所以华府各种条约,从远见的政治家看来,不但没有减低日本的霸权,倒反给日本的霸权加上一层国际条约的保障了。所以在华府会议之后的十年(1921—1931),是日本在远东的霸权最强盛最稳固的时期。这是日本霸权的第二期。

我这种说法,有些人一定看作一种诡辩。其实我说的话只是历史常识。我们必须知道,凡一种势力最无害的时期,正是他最强盛最稳固的时期。例如美国在西半球的霸权,正因为是大家公认为最无害而有利的,所以是最强盛最稳固的。我们看加拿大与美国之间的疆界,凡三千五百英里之长,从没有一兵一卒守卫,就可以知道这"霸权无害"的真意义。华府会议之后十年之中,日本屡次有开明的政治家执政,——原敬,滨口,若槻,币原诸人——他们都不肯轻易滥用日本的霸权,差不多真做到了"霸权无害"的境地。在太平洋上,日本大致遵守着华府会议的结果,对中国总算有点耐心,不轻易利用中国内乱的机会来侵略中国。在欧洲,日本是国际联盟里"四大"之一,安安稳稳的受各强国的尊敬。所以在那十年中,日本的霸权,因为公认为无害,所以最稳固,最强有力。

日本的霸权无害,我可以举一个最有力的实例。民国十六年,我从纽约起程回国,路上忽然看到三月廿四日"南京事件"的恶消息,那时全美国的舆论都很兴奋愤慨。我上船时,已是四月中,四月底到日本,我在东京住了两个礼拜。有一天,外务省的岩村成允先生陪我去看东京《朝日新闻》的新屋,楼上有一层正开着一个"新闻事业展览会",岩村先生带我去看一间特别展览。我进去一看,只见墙上挂满了无数薄纸条子,像是日本电报纸,足足有两三千条。岩村先生对我说:"这是三月廿四南京事件那一天一晚东京《朝日新闻》一家接到的紧急电报。那天南京日本领事馆被攻击了,日本人也有被伤的,据说还有国旗被侮辱的事。那一天一晚,日本各报纸发了无数的号外。人心的愤激,先生请看这些电报就可想而知。但币原外相始终主持不用武力。驻下关的英美炮舰都开炮了,日本炮舰始终没有开炮。"我那时看了那一间小房子墙上密密层层的电报纸,我第一次感觉到日本的霸权的威严,因为我明白日本那时有可以干涉中国革命的霸力而不肯滥用,可以说是无害的霸权了!

我到东京的时候,币原外相已下台了,已是田中内阁的时代了。不到一年,就发生了济南惨案,引起了绝大的中国抵制日货的运动。无害的霸权一旦变为有害,就不能保存向来的尊严了。后来虽然有若槻内阁的耐心弥缝,两三年后,日本的军人终于不满意于那无害的霸权,就冲决了一切国际的约束,滥用暴力,造成满洲事变。从此以后,带甲的拳头越显露,日本的国际地位就越低落了。

当国联盟约和华府条约和《巴黎公约》都还不曾被撕破的时期,太平洋上并没有什么均势的局面,只有一个纸老虎的"新国际秩序",在那个新秩序里,大家无形中默认日本是西太平洋的霸主,是远东的领袖。

一旦那个纸老虎的新国际秩序被戳穿了,不但远东陷入了大纷乱,整个世界的秩序也被搅乱了。九一八以后的种种暴行毁坏了那一套保证日本霸权的国际机构。那个国际纸老虎不能保障中国的被侵略了,同时也就不能保证日本的霸权了。因为日本的滥用霸力,引起了傍的国家的自危心,引出了许多新势力一起来抗拒日本的暴力。于是日本十七年独霸的局面就不能不结束,于是这些引出来的新势力就联合造成一个太平洋的新均势局面了。

日本暴力引出来的种种新势力,综合起来,可以说是有三种:

第一是苏联的回到太平洋上来做一个第一流的强国。当华府会议的时候,苏联在太平洋上还算不得一个强国,他的政府还不曾被各国承认,《九国公约》也没有他签字的份。华府条约有效的十年中,苏俄自己忙着整理内部,也顾不到远东和太平洋。可是自从九一八的一炮之后,日本的大陆政策捆起对付苏俄的招牌,东四省的沦陷又使日本的军事势力直接和苏联直接接触了。于是苏联政府在实行"一面交涉,一面抵抗"的手段之下,积极的调集重大的兵力到远东各境,一面用大力改进西伯利亚的交通,开发远东各地的实业。五六年之中,苏联已调了三四十万精兵到远东,在蒙古西伯利亚的边境上兴造了七千英里的铁路,加长了三千英里铁路的双轨。苏俄的空军是多数人认为世界第一的。在那无限的兵力背后还有苏俄近几年来拼命发展的重工业建设。

无疑的,苏俄现在已成了太平洋上的一个头等强国,富源是无限的,人力是无限的。这是日本霸权的第一个大敌,日本不能不郑重顾虑的。

第二是环绕太平洋上的一切非亚洲民族的国家的新兴的军备。这个新兴军备的大圈子,从太平洋北角上的阿鲁兴群岛（Aleutian Islands）起,南面直到澳洲与纽西兰,西面直到新加坡与荷属东印度。我去年在美国时,美国政府公布七月份外国在美国购买军火的,荷属东印度占第一位。这是预备对付谁的呢？新加坡的英国大海军根据地,在华府会议之后,本来早已搁置了;满洲事变发生之后,淞沪战争之后,英国人才用全力赶造这个海军根据地,现在已完工了。据最近英国报纸的记载,英国将要调集重大的海军长驻新加坡。这又是对付谁呢？香港的防御大计划是已在积极进行的了。加拿大从来没有海军,我到文尼白市的那一天,早起看报,就看见加拿大首相金格在伦敦宣言要创立加拿大海军了！还有那南半球的澳洲与纽西兰,——南太平洋的两个人间乐土,——从来没有梦想到国防的需要的,近年也在那儿积极的扩充自卫军,建筑海防工事,制造军用飞机,努力从煤和片页岩里提取汽油。这又是对付谁的呢？至于美国的海军大扩充,和那从菲律宾直到阿拉斯加的防御工事,更是大家知道的了。

这一大圈子的新兴军备,都是日本近年的暴力招惹起来的,这是日本霸权不能不顾虑的第二组新势力。

第三,虽然最后,却不是最不重要,就是近五六年内新兴的统一的中国。日本在东北四省和华北的暴力行为是促进中国统一的一个重要动力,这是我们不妨大度的承认的。在那严重国难的黑影之下,一个统一的中国民族国家居然很快的渐渐形成了。虽然这个新统一的国家还是很脆弱的,但这六年国难的陶炼,急迫的需要煎逼出来的一点交通建设和军事建设,也居然使我们增加了不少的自信力。至少我们现在可以自信我们是在努力造成一个能够抵御日本侵略的力量了。

中国的软弱无抵抗力,是招致外侮的最大原因。本来"兼弱攻昧,取乱侮亡"是人情之常。我们自己不能振作自强,自然引起邻国的垂涎。最近英国《曼哲司德卫报》有一篇文章里说的最好:"中国之弱在日本人眼里是一种引诱。日本之强可以抵抗一切,只不能抵抗这里引诱。"中国的统一自强正是造成一种叫日本不能不顾虑的新势力。这是太平洋新局势里的第三种新势力。有了一个可以独立自强的统一中国,其他的种种新势力方才有个核心可以附丽集中。

这是近年的日本暴力引出来的三组新势力。加上日本,共有四组势力,渐渐的形成一种太平洋上的新均势局面。在这个新均势里,日本只是几个因子之中的一个因子,他处处不能不顾虑到其余的那些势力,所以就不成一个独霸的局面了。

最后,我们不可不明白,这些新因子是可以造成大战祸,也可以构成一个和平解决的新基础的。为祸为福,全靠政治家能不能充分明了这个新局势,能不能充分运用他。最重要的关键还在于日本的能不能有一种澈底悔祸惧祸的决心。

如果日本还不明了他所造成的太平洋新形势,如果他还在迷梦里自命为支配东亚命运的唯一霸者,如果他还要逼中国走到铤而走险的路上去,——如果这些新兴的势力不能好好组织起来朝着一个共同的目标上去发展,——那么,这个新均势必定引领我们走上世界第二次大战争,先起于中日的冲突,逐渐的把太平洋上的国家一个一个的卷到那奇惨奇酷的大漩涡里去。没有一个太平洋国家可以希望幸免的。

但是,如果世间还有远见政治家,他们一定可以从这个新均势里看出一线和平的新曙光,看出一个"国际新秩序"的新础石。他们应该可以明白,这一群新兴势力正可以用来建立一个太平洋区域的"集体安全"的和平新机构,在那新机构里,苏联,美国,英国(和他的太平洋上属国),和中国日本都应该平等的参加,共同的商榷解决太平洋与全世界的安全和平。有许多问题,彼此不能单独解决的,在那个国际新机构里,应该比较容易有寻得解决的可能。

  总而言之,日本独霸东亚与西太平洋的日子是过去的史实了。为日本的前途计,正如为中国的前途计,我们两国的远见人士都应该睁开眼睛认清这个太平洋上的新局势,都应该想想如何运用他来图谋我们两个国家的长久的安宁进展。"盲人骑瞎马"的蛮干是必定会把我们的国家陷入不堪设想的惨痛里去的!

1937,4,10 夜,改稿

(原载 1937 年 4 月 18 日《独立评论》第 230 号)

中日问题的现阶段

整整一年前,我在《调整中日关系的先决条件》(《独立》第一九七号)一篇文字里,曾提出一个基本原则:"调整中日关系必须以消除中日间的仇恨局势为基本原则。"这回儿玉谦次先生领导的经济考察团到上海,和中国商界银行界的领袖周作民、徐新六诸位先生会谈中日经济提携的问题,周作民先生们很诚恳的对他们说:必须先解除两国间的政治障碍,然后可以谈经济提携。这个答复,我们认为最平实,最忠恳。上海的中国商界领袖说的话,其实是中国人人都要说的话。政治上的障碍不除,就是仇恨的局势常在。天下那有互相仇恨的人可以合伙做经济上的提携事业的?从低级消费者的立场看来,人人当然要买价钱最贱的货物。但这种不受国家观念民族思想的影响的低级消费者,一来购买力太低,二来支配力太少,在整个对外贸易上是影响不大的。中上社会的人,人数虽然比较稍少,但他们有购买力,又能支配他们的团体,所以他们在那个国际仇恨的局势之下宁可忍受经济上损失,而不肯蒙受不爱国的恶名。一个家长可以使他全家不买敌货,一个校长可以使全校不买敌货,一个报馆经理可以使整个报馆不买敌国的纸张材料。这种志愿的经济抵制,是政府的力量不能遏抑的,是强邻的兵力无法制止的。何况在这个政治的仇恨未消的局势之下,正当的商人又谁敢投资去做中日经济提携的事业呢?

我在去年那篇文章里曾提出调整中日关系的七项先决条件。一年以来,国内平实的舆论也渐渐承认那些项目是现阶段内必须做到的先决条件。例如《大公报》2月17日的社论就提出这三项"第一阶段之调整方法":

（1）冀东伪组织必须取消。

（2）察北六县必须归还。

（3）华北各地的特务机关必须完全撤退。

又如王芸生先生在《国闻周报》第十四卷第八期里也提出"最先应该做到的三件事"：

（1）取消冀东组织。

（2）根绝走私。

（3）调整冀察平津等地一切畸形状态（包括恢复察北主权及撤销特务机关等）。

王先生说："这些事是建设中日正常关系的清道工作。"

这些项目比我去年提的七项已经是和平的多了。我也愿意承认这些项目是先决条件中的最低限度。如果连这样平实的"清道工作"都还做不到，我们可以断言我们的强邻是决心要保持这个互相仇恨的局势的绵延的了。

同时，我们当然不应该仅仅妄想我们的强邻一旦革面洗心的奇迹。我们应该责成我们的政府在这一年中完成这几件第一阶段必须做到的事：

第一，政府应该宣布所谓《何梅协定》《察东协定》一律无效。

第二，政府应该责成绥远冀察当局协力克期肃清察北六县的匪伪势力。

第三，政府应该用国家力量协助冀察当局克期肃清冀东的匪伪盘踞。

廿六，四，十八夜

（原载1937年4月25日《独立评论》第231号）

读经平议

前几年陈济棠先生在广东,何键先生在湖南,都提倡读经。去年陈济棠先生下野之后,现在提倡读经的领袖,南方仍是何键先生,北方有宋哲元先生。何键先生本年在三中全会提出一个明令读经的议案,他的办法大致是要儿童从小学到中学十二年之间,读《孝经》,《孟子》,《论语》,《大学》,《中庸》。到了大学,应选读他经。冀察两省也有提倡小学中学读经的办法。

学校读经的问题,傅孟真先生在两年前的《大公报》星期论文(二十四年四月七日)里曾有很详细的讨论(转载在《独立评论》一四六号)。他先从历史上考察,指出三项事实:(一)中国历史上的伟大朝代创业都不靠经学,而后来提倡经学之后,国力往往衰弱;汉唐宋明都是实例。(二)经学在过去的社会里,有装点门面之用,并没有修齐治平的功效;五经的势力在政治上远不如《贞观政要》,在宗教道德上远不如《太上感应篇》。(三)各个时代所谓经学,其实都只是每个时代的哲学;汉宋学者都只是用经学来傅会他们自己的时代思想;我们在今日要想根据五经来造这时代哲学是办不到的了。

傅先生又从现在事实上立论,指出两点:(一)现在儿童的小学中学课程已太繁重了,决不可再加上难读的经书了。(二)经过这三百年来的朴学时代,我们今日应该充分承认六经的难读:"六经虽在专门家手中也是半懂半不懂的东西,一旦拿来给儿童,教者不是浑沌混过,便要自欺欺人。"

傅孟真先生是经史学根柢最深的人,他来讨论这读经问题,正是专家说内行话,句句值得提倡读经的人仔细考虑。当时我十分赞同傅先生的议论,我也在《独立评论》上(第一四六号)发表了一篇《我们今日还不配读经》(收在《胡适论学近著》第一集里),特别引申他的最后一段议论。我指出近几十年来的"新经学"的教训是要我们知道古代经书的难读。博学如王国维先生,也不能不承认"以弟之愚暗,于《书》所不能解者殆十之五,于《诗》亦十之一二"。(《观堂集林》卷一,《与友人论〈诗〉〈书〉中成语》)我举了许多例子,说明古经典在今日还正在开始受科学的整理的时期。我当时说:

> 《诗》,《书》,《易》,《仪礼》,固然有十之五是不能懂的,《春秋三传》也都有从头整理研究的必要,就是《论语》《孟子》也至少有十分之一二是必须经过新经学的整理的。最近一二十年中,学校废止了读经的工课,使得经书的讲授完全脱离了村学究的胡说,渐渐归到专门学者的手里,这是使经学走上科学的路的最重要的条件。二三十年后,新经学的成绩积聚的多了,也许可以稍稍减低那不可懂的部分,也许可以使几部重要的经典都翻译成人人可解的白话,充作一般成人的读物。在今日妄谈读经,或提倡中小学读经,都是无知之谈,不值得通人的一笑。

这都是两年前的老话。不幸我们说的话,提倡读经的文武诸公都不肯垂听。他们偏不肯服从"知之为知之,不知为不知"的古训,很轻率的把几百万儿童的学校课程,体力脑力,都看作他们可以随便逞胸臆支配的事。我们有言责的人,对于这种轻率的行为不能不指摘,对于这种重要问题不能不郑重讨论。

我现在用很简单的语言,表明我个人对于学校读经问题的见解:

第一,我们绝对的反对小学校读经。这是三十多年来教育家久已有定论的问题,不待今日再仔细讨论。小学一律用国语教本,这是国家的法令,任何区域内任何人强迫小学校用古文字的经典教学,就是违背国家法令,破坏教育统一,这是政府应该明令禁止的。何况今日的小学教员自己本来就没有受过读经的教育,如何能教儿童读经?

第二,初中高中的选读古文,本来没有不许选读古经传文字的规定,所以中学教本中,不妨选读古经传中容易了解的文字。今日初中读本往往选《孟子》《论语》《诗经》《左传》《礼记》,高中读本竟有选到《尚书》《小雅》《大雅》的。中学选读古经传,有几点必须特别注意:(一)中学选古经传,必须限于那些学者公认为可解的部分。今日有些选本实在选的不妥当,例如傅东华先生的《高中国文》第一册就选了《小雅》的《六月》和大雅的《民劳》,这正是王国维先生一流学者认为不易解的部分(例如《民劳》的诗的"汔"字,"式"字,傅君皆无注。今年中央研究院丁声树先生发表专文释"式"字,是为此字第一次得着科学的解释)。(二)中学选古经传的文字,与其他子史集部的文字同等,都是把他们看作古人的好文字,都是选来代表一个时代的好文学,都不是"读经"的功课。例如孟子《鱼我所欲也》一章,是最恳切哀艳的美文,无论他是经是传是文集,都应该选读。我们把经史子集里的一切好文章都一律平等看待,使青年学子知道古经传里也有悱恻哀艳的美文,这是引导青年读古经最有效的法门。(三)如果中学生被这些经传美文引诱去读《四书》《诗经》等书,教师应该鼓励他们,指示他们的途径,给他们充分的帮助。但我们绝对反对中学有"读经"的专课,因为古经传(包括《孝经》《四书》)的大部分是不合现代生活的,是十二岁到十七八岁(中学年龄)的一般孩子们不能充分了解的。我们都是尝过此中甘苦的人,试问我们十几岁时对于"天命之谓性""上天之载无声无臭"一类的话作何了解!我们当时只须读几本官板经书,不妨糟蹋一点时间去猜古谜;现在的儿童应该学的东西太多了,他们的精力不可再浪费了!

最后,我有一个愚见,要奉劝今日提倡读经文武诸公。诸公都是成年的人了,大可以读经了,不妨多费一点工夫去读读诸公要小孩子读的圣贤经传。不但一读再读,还应该身体力行。诸公最应该读的,第一是《孝经》的第十五章:圣人说:

> 昔者天子有诤臣七人,虽无道,不失其天下。诸侯有诤臣五人,虽无道,不失其国。大夫有诤臣三人,虽无道,不失其家。士有诤友,则身不离于令名。父有诤子,则身不陷于不义。

诸公试自省,诸公有几个诤臣呢? 第二应该读的是《论语》第十三篇的"定公问一言而可以兴邦"一章,特别是那一章的下半截:

> 曰,"一言而丧邦,有诸?"
>
> 孔子对曰,"言不可若是其几也。人之言曰,'予无乐乎为

> 君,为其言而莫予违也'。如其善而莫之违也,不亦善乎? 如不善而莫之违也,不几乎一言而丧邦乎?"

诸公试自省,诸公提一案,下一令,影响到几百万儿童的学业体力,而诸公属下专司教育的厅长局长是不是都唯唯诺诺奉命唯谨呢? 这是不是已到了"不善而莫之违"的程度呢? 诸公读的圣贤经传,难道不记忆了吗?

廿六,四,十四夜

(原载 1937 年 4 月 18 日天津《大公报》星期论文,又载
1937 年 4 月 25 日《独立评论》第 231 号)

伦敦的英日谈判

日本驻英大使吉田茂和英国外交大臣艾顿,在英王加冕的前一周,曾有关于英日关系的几次谈判,据说其中有一部分是关系中国的。所以中国政府和民间议论都很注意这些谈判,并且很有些人表示深刻的疑虑。

据最近伦敦传来的英国官方消息,艾顿外长在议会答复质问时曾郑重声明英国政府并无赞成恢复在中国的"势力范围"之意。昨日中央社的伦敦电也说:

> 英国官场对于一部分中国报纸所表示英日谈话或将成立一种谅解而危及中国利益之惶惧,认为完全无据。至于英国或可赞成恢复在华势力范围之说,亦被视为笑谈,盖以此种举动将使1926年前外相张伯伦发表宣言后及英政府首席经济顾问李滋罗斯奉命游华后英国对华政策全部趋向为之破坏也。且英国全体人民亦决不许英国对华态度有此变更。……

依我们的观察,艾顿外长的声明虽然有空泛之嫌,不能完全消释我们的疑虑,然而英国政府十年来的政策确有一个明显的倾向,这个倾向在最近一年的有力舆论中更为明显,就是期望中国造成一个有力量能独立的国家。我们依常识判断,英国政府在这个时候不会有足以引起中国人民疑忌英国的行为。所以对于伦敦传来否认英日有危害中国利益的谅解的官方消息,我们是愿意信为可靠的。

进一步观察,我们可以指出,这一次的英日谈话据说是日本方面发动的。如果日本这回真在伦敦提出了关于中国的问题来和英国讨论,这在日本方面已可以算是一大变态了。这六年以来,日本的军部政客总是强悍的不愿意任何国家参预中国问题。狂妄的军人,仰承军人意旨的政客报纸,天天攻击他们所谓中国的"以夷制夷""欧美依存"政策。在他们的心目中,中国久已是日本的俎上之肉,瓮中之鳖,只可以由他们自己任意宰割吞嚼,绝不容许中国人敲锣喊救,也绝不容许任何欧美国家过问中国问题。但这种态度是中国人不承认的,也是别的国家不理会的。这一次日本的驻英大使在伦敦发动谈话,如果真谈到了日英对华问题,无论其中内容如何,结果如何,至少可以说是日本外交的一个大转变了。

5月10日,日本政府举行了一次检讨对华外交的三省会议,与会的是外务,陆军,海军三省。据那晚的日本报纸的记载,会议的结论大要有三条:(1)关于中日关系的调整,此后应依照平等互惠或互让之原则进行;(2)"关于外传中国外交当局拟提倡创立太平洋区域之集体安全制一事,日本必采取完全拒绝的态度";(3)关于恢复日英对华问题的妥协,三相会议认为应保持英国的密切关系,并尊重彼此现有的地位(中央社10日东京电大意)。这种报纸记载如有几分可信,我们看这第三条,可以知道日本在伦敦的谈话大概曾提出"尊重彼此现有的地位"的原则来,所以外间有恢复势力范围的传说。

但我们最感觉趣味的还是那第二条。我们就不知道我们的外交当局在什么时候曾有"太平洋区域之集体安全制"的提议。如果我们政府有这种拟议,我们当然十分赞成。如果日本抱着"完全拒绝"集体安全制的态度去和艾顿谈对华的妥协或合作,我们相信伦敦的英日谈判是不会有结果的。日本的政治家应该明白,用"尊重彼此现有的地位"去和英国商量对中国的妥协,那是"分赃",那是"以夷制华"的分赃,那是中国政府和人民都不能承认的。这种办法决不能解决中日问题,也不能解决中日英问题,更不能解决太平洋的整个问题。这些问题的解决,只有一条大路,那就是由太平洋上的国家,中国,日本,苏俄,英国(和他的太平洋上的自治领),美国,平等的,积极的参加一个集体安全制,共同的商讨解决太平洋各国彼此之间不能单独解决的困难问题。

廿六,五,十六夜

(原载1937年5月23日《独立评论》第235号)

再谈谈宪政

我读了张佛泉先生的《我们究竟要什么样的宪法》,我很赞同他的意见,所以忍不住要写一段短尾巴在后面。

我十分佩服张先生大胆的指出:我们三十年所以不能行宪政,大部分的原因在于国人对宪政的误解,在于把宪政看作了一种高不可攀的理想。张先生要我们明白民治宪政不是个"悬在人民生活以外的一个空鹄的",只是个"活的生活过程"。因为如此,所以"宪政随时随处都可以开始"。因为如此,所以张先生主张宪政开始时规模不妨很小,范围不妨很狭,只要做到"有力便容它发挥"的一步,就算是奠定了民治的基础。

在三四年前,我和蒋廷黻先生讨论"建国与专制"的时候,我曾发表一个"很狂妄的僻见",大致如下:

> 我观察近几十年的世界政治,感觉到民主宪政只是一种幼稚的政治制度,最适宜于训练一个缺乏政治经验的民族。……民主政治的好处在于不甚需要出类拔萃的人才;在于可以逐渐推广政权,有伸缩的余地;在于"集思广益",使许多阿斗把他们的平凡常识凑起来也可以勉强对付;在于给多数平庸的人有个参加政治的机会,可以训练他们爱护自己的权利。……在我们这样缺乏人才的国家,最好的政治训练是一种可以逐渐推广政权的民主宪政。(《独立》第八十二期)

我这个"僻见",蒋廷黻先生不屑答复;有一天他对我说:"你那一段议论简直是笑话,不值得讨论。"过了一年之后,丁在君先生在《大公报》的星期论文里引了我这一段话的第一句,他的批评是:"这句话是不可通的。"(丁先生的全文转载在《独立》第一三三期)这大概是因为我不是专学政治学的人,所以我的"僻见",廷黻先生说是"笑话",在君先生说是"不可通的"。

我自己相信,上文说的僻见并不是笑话,乃是我在美国七年细心观察民主宪政实地施行的结论。我也曾学政治理论和制度,我的运气最好,我最得力的政治学先生是曾在 Ohio 做过多年实际政治改革的 Samuel p. Orth。例如他教我们"政党论",从不用书本子;那年正当 1912 的大选年,他教我们每人每天看三个大党(那年罗斯福组织了进步党)的三种代表报纸,每周做报告;并且每人必须参加各党的竞选演说会场;此外,我们每人必须搜集四十八邦的"选举舞弊法",作比较的分析。我受了他的两年训练,至今看不起那些从教科书里学政治的人们。我对于民主宪政的始终信仰拥护,完全是因为我曾实地观察这种政治的施行,从实地观察上觉悟到这种政治并不是高不可及的理想制度,不过是一种有伸缩余地,可以逐渐改进,逐渐推广政权的常识政治。我在三年前答丁在君的论文里,曾发挥这个意思:

> 民主政治的好处正在他能使那大多数"看体育新闻,读侦探小说"的人每"逢时逢节"都得到选举场里想想一两分钟的国家大事。平常人的政治兴趣不过尔尔。平常人的政治能力也不过尔尔。……英美国家知道绝大多数的阿斗是不配干预政治,也不爱干预政治的,所以充分容许他们去看棒球,看赛马,看 Cricket,看电影,只要他们"逢时逢节"来画个诺,投张票,做个临时诸葛亮,就行了。这正是幼稚园的政治,这种政治经验是不难学得的。(《独立》第一三三期)

我在美国看过两次大选举;去年在美国看了第三次大选举,看了第二个罗斯福在那个全国资本家极力反对的空气之下得到总票数百分之六十四的空前大胜利,我的民主宪政的信念又得了一种最坚强的印证。我更深信:民治国家的阿斗不用天天血脉奋张的自以为"专政",他们只须逢时逢节,在要紧关头,画一个"诺"或画一个"No",这种政制因为对于人民责望不太奢,要求不太多,所以最合于人情,最容易学,也最有效力。

现在我很高兴,政治学者张佛泉先生居然也发表了一篇和我的"僻见"很接近的论文!如果我没有读错他的论点,他的主张是这样的:(1)民主宪政不是什么高不可及的理想目标,只不过是一种过程。这正是我当年立论的用意。我说民主宪政是幼稚的政治,正是要打破向来学者把宪政看的太高的错误见解。(2)宪政随时随处都可以开始,开始时不妨先从小规模做起,人民有力量就容他发挥。这也是和我的"逐渐推广政权"的说法很接近。干脆的说,我们不妨从幼稚园做起,逐渐升学上去!

现在的最大毛病就在不肯从幼稚园做起。即如此次国民大会的选举法规定"中华民国人民年满二十岁经公民宣誓者,有选举国民大会代表之权",这就等于"普选"了!(因为不识字的人也可以教会背诵公民宣誓的。)又如初办宪政就规定一个一千四百四十人的国民大会,这又是不肯从幼稚园做起的大错误。

现在政府把国民大会的职权缩小到制宪和规定宪法施行日期两项,这确是一个救济方法。但我们要注意,国民大会的组织法第十条规定大会会期为十日至二十日,必要时得延长之。既说是"制宪",就不应该是仅仅通过那已成的宪草。我们希望,在国民大会召集之前,大家能多多的,细细的,想想"我们究竟要什么样的宪法"一个大问题。我们希望,国民大会应该有长时期可以从从容容的制宪。我们更希望,国民大会所制的宪法是一种"能行能守"的幼稚园宪法。

廿六,五,廿三夜

(原载 1937 年 5 月 30 日《独立评论》第 236 号)

冀察平津举办国大选举

6月10日中央社的保定电报报告给全国一件最可喜的消息：

国民大会选举，冀察平津四省市均决定依法举行。

冀总监督处十日成立，总监督民厅长张吉墉同时就职。

6月13日平津报纸报告：

津市国民大会选举事，即筹备进行，张自忠市长任选举事务所总监督。

又报告：

关于国民大会代表选举事宜，平市即将开始进行。

我们预料，这一期《独立》出版的时候，北平、天津两市和察哈尔省的总选举监督都已就职了，两省两市的初选都已进行办理了。

我们十分欢迎这些报告，因为他们所代表的意义是很重大的。国民大会有他本身的意义，但冀察平津的国民大会选举是在这国大本身意义之外还有他的特别重要性的。我们试悬想，在那个包括全国并且包括海外华侨代表的国民大会里，若没有冀察平津的代表出席，那成个什么样子！所以冀察平津的举行国大选举，至少有三层特别意义：（一）让全世界知道这两省两市当然是整个中华民国的一个不可分离的部分；（二）让我们的强邻知道一切"分化""特殊化"的阴谋是必须失败的；（三）让全国国民知道冀察平津的军政当局是拥护国家的统一，是不受浪人汉奸的煽惑离间的。

从这件事上我们还得着一个教训。在这样庞大而交通不方便的国家里，中央政府与地方政府之间总不免时时有许多隔膜之点。消除这些隔膜之点，最笨拙的莫如近二三十年来的"代表"往来的办法。代表往往是无权的，无较远大的国家眼光的小政客，他们奔走往来,往往成事不足,而偾事有余。现在全国的交通比较便利了,中央与地方之间若有什么意见的隔阂,利害的摩擦,环境的特殊,最好的解决办法是不用代表往来,而由中央或地方的负责领袖亲自往来访问,当面谈论商量。古人说的好,"百闻不如一见"。负责的领袖聚会于一堂,一切疑猜都可消于一席话,一切是非都可决于片言,一切间阻挑拨都无所施其技,所以是最满意的方法。近年蒋介石先生的时时往来各省,以及韩复榘先生的南下,居正先生与蒋作宾先生的北来视察,都是最好的例子。就举国民大会选举一件事来说,当初冀察平津因环境的困难而缓办选举,结果是全国初选不能完成,决选不能不展缓。当时中央与地方好像都觉得这里面的困难真是不容易解决的了。然而内长蒋作宾先生北来巡视各省市,和各省市的当局开诚相见,大家站在国家的立场来观察这件事,大家都觉得国民大会决不可没有冀察平津的代表,这么一来,一切隔阂迟疑都消释了,大家都决定非赶办国大选举不可了!原则既然一致,其余的细节子目都不难解决了。

所以我们可以说:无论任何地方政府当然不应该自居于被屏弃或被疏远的地位,中央政府也不应该先存一种成见,认定某人为不足与言,或某局势为不易改善,因此就不去图谋疏导改善的方法。我们必须认定,在外患严重压迫之下,在中央政府能维持全国秩序的局势之下,中央与地方之间只要大家能推诚相见,只要能避免一切离间挑拨,决没有不能互相谅解而同力合作的事。

廿六,六,十三

(原载1937年6月20日《独立评论》第239号)

我们能行的宪政与宪法

最近有几位朋友在《独立评论》上讨论中国宪政问题，我们得到的结论颇有出人意外的一致。我现在想把这个结论提出来，供全国国民的考虑评论。

我们的结论的第一点是：宪政不是什么高不可攀的理想，是可以学得到的一种政治生活的习惯。宪政并不须人人"躬亲政治"，也不必要人人都能行使"创制，复决，罢免"各种政权。民主宪政不过是建立一种规则来做政府与人民的政治活动的范围；政府与人民都必须遵守这个规定的范围，故称为宪政；而在这个规定的范围之内，凡有能力的国民都可以参加政治，他们的意见都有正当表现的机会，并且有正当方式可以发生政治效力，故称为民主宪政。这种有共同遵守的规则的政治生活就是宪政，其中并没有多大玄妙，就如同下棋的人必须遵守"马走日字，象走田字，炮隔子打，卒走一步"的规矩一样；就如同打马将的人必须遵守马将规矩一样；就如同田径赛的人必须遵守田径赛规矩一样。下棋的人犯了规矩，对方可以纠正他；打马将的人犯了规矩，同桌的人可以拒绝承认；田径赛的人犯了规矩，同赛的人可以请求评判员公判处罚。这就是小规模的民主宪政。我们能遵守下棋，打马将，打网球，赛跑的规则，我们也学得会民主宪政的生活习惯。

我们的结论的第二点是：宪政可以随时随地开始，但必须从幼稚园下手，逐渐升学上去。宪政是一种政治生活的习惯，唯一的学习方法就是实地参加这种生活。宪政的学习方法就是实行宪政，民治的训练就是实行民治，就如同学游泳必须下水，学网球必须上场一样。但"千里之行，始于足下"，这个"下学而上达"的程序是不能免的。

所以我们几个朋友都不赞成现行的国民大会选举法的"普通平等"的选举方式。我们主张先从有限制的选举权下手,从受过小学教育一年以上的公民下手,跟着教育的普及逐渐做到政权的普及。这不是用教育程度来剥夺多数人的选举权;这只是用选举权来鼓励人民读书识字。我们也不赞成现在的人轻易主张"创制,复决,罢免"三权。这些民治新方式都是在代议制的民主宪政长久实行之后用来补充代议制之不足的。我们此时应该从一种易知易行的代议制下手,不必高谈一些不易实行的"直接民治"的理想。

我们的结论的第三点是:现在需要的宪法是一种易知易行而且字字句句都就可实行的宪法。宪政的意义是共同遵守法律的政治:宪政就是守法的政治。如果根本大法的条文就不能实行,就不能遵守,那就不能期望人民尊重法律,也就不能训练人民养成守法的习惯了。古史上曾有商鞅下移木之令,使人民相信他立的法是必须执行的。汉高祖请叔孙通制定朝仪,他的训令只是这样一句话:

> 可试为之,令易知,度吾所能行者为之。

叔孙通的朝仪草成之后,先在野外搭篷演习,演习了一个多月之后,叔孙通请高祖去参观演习。高祖看了,说:

> 吾能为此。

他然后令群臣学习这个新朝仪。叔孙通的朝仪所以能发生效果,正是因为它是一部试演过的易知易行的制度。如果叔孙通制定了一部理想很高而不能行的朝仪,汉高帝第一个就不能行,那一班酒醉妄呼拔剑击柱的功臣也就不肯遵守了。汉高祖给叔孙通的训令——"令易知,度吾所能行者为之"——真是今日制宪的金玉良言。我们主张,我们的宪法里必不可有一句不能实行的条文。例如宪法草案第一百三十七条规定"教育经费之最低限度,在中央为其预算总额百分之十五,在省区及县市为其预算总额百分之三十"。但我们查今年的国家预算案,教育文化费只占预算总额"百分之四点二八"。宪法颁布之后,是否我们就能每年增加一万万元的教育经费呢!如果不能,这一条可以放在任何种人的论文演说里,而不可留在宪法里做一条具文!依此标准,我们主张暂时把宪草里的第六(国民经济)和第七(教育)两章完全删去。又依此标准,我们主张,宪草第五章(地方制度)里的县长民选和市长民选两条,如果此时不能实行,也都应该删去。至于国民大会职权之中的"创制法律,复决法律",也决不是那每三年集会一个月的国民大会所能行使的,这一类的空文也应该删去。这样删改之后,去年五月五日公布的宪草大概可以成为一个字字句句可以实行的国家根本大法,可以做宪政的开始了。

二十六年,七月,二日

(原载1937年7月4日天津《大公报》星期论文,又载
1937年7月11日《独立评论》第242号)

编辑后记[①]

1 △本期是继续去年11月29日出版的第二二九期的。我们这一次停刊了四个多月（共十七期），劳各地的朋友来信慰问，我们不能一一答谢，只好在这里深深道谢。

△张印堂先生是清华大学的地理学教授。他的《绥东形势》一文是去年11月底写的，我们把它搁到今天，很感觉抱歉。我们深信这篇文字在今日还可以帮助我们了解我们的前线战场的形势。

△我们十分诚恳的盼望国内外爱护《独立》的朋友照旧陆续投寄文稿。《独立》还是原来的《独立》，我们当然盼望各位老朋友的热心赞助。

（原载1937年4月18日《独立评论》第230号）

2 △吴景超先生讨论中国工业化问题的长文，是近日最重要又最有趣味的著作，我们读了可以增加不少的知识，不少的勇气。可惜原文登在《行政研究》的一月号里，得读的人恐怕不很多，所以我们转载在这里。

△陈序经先生又来讨论"乡村建设运动的将来"了。去年济宁的新乡建运动成立以来，这个运动很像转了一个新的方向。我们希望陈先生和其他关心这问题的朋友能考察这个新试验，记载出来，给我们发表。

△陈之迈先生在《独立》第二二七号的《漫游杂感》里，曾提到萧

---

① 编者按：《编辑后记》原在《独立评论》每期后面，现将本年度胡适写作的《编辑后记》放在一起，按时序排列，编号为编者所加。

县的土地陈报,误记为前任县长王公玙办的,其实此事是新任姚雪怀县长自廿四年办起的。陈先生要我们在这里替他更正。

△《独立》复刊之后,我们收到了各地朋友的贺电贺函,不能一一奉复,只好在这里向大家深深道谢。

(原载 1937 年 4 月 25 日《独立评论》第 231 号)

3　△陈之迈先生的《从国民大会的选举谈到中国政治的将来》(这题目是我改定的,来不及征求作者的同意了,要请他恕罪)是一篇很恳切的,善意的批评。此次国民大会的组织法和选举法有了重交立法院的机会,我们很盼望立法院的诸位先生索性利用这个机会彻底修改一次。例如陈先生指出的"宣誓"两种,看来似是小事,其实在我们书呆子的心眼里是有关人格的大事。(孙中山先生在他的学说里曾有一章专论宣誓,可见他也把此事看作大事。)假使我要宣誓,我得先想想誓词是不是我的理智所能完全承认的。假使我得说"从此去旧更新",我要先问问:去什么旧?更什么新?我的"旧"包括我个人的信仰主张等等,是不是都得丢去?又假如说"接受孙先生之遗教",我也得问问:孙先生遗著有几十万字,那一部分的"遗教"是我可以接受的?那一部分是我不能接受的?孙先生的政治主张有早年晚年的不同,而全是遗教,是不是我们全得接受?——以上举的例,是很浅近的,然而都是有关个人操守的事。如果我良心上不能随便宣誓,我岂不是就做不成"公民"了吗?号称"国民大会",而拒人于千里之外,这不是很不对的吗?

四月廿五日
(原载 1937 年 5 月 2 日《独立评论》第 232 号)

4　△张其昀现在是浙江大学的史地系主任,他在《独立》上发表过好几篇文字,是《独立》的一个老朋友。

△陈序经先生现在搁下乡村建设运动的问题,来和我们谈谈他去年南游时看见的"进步的暹罗"。

△吴承禧先生是在中央研究院社会科学研究所做研究的,最近

在浙江省考察农村状况,对于合作事业有些感触,所以有这篇《通盘计划》的提议。

△《独立》第一期是民国廿一年五月廿二日出版的。这一期出版(5月23日)正当《独立》五周岁的日子,只因为中间"虚度"了四个多月,这孩子只好等到第二百五十期再吃生日糖果了。

(原载 1937 年 5 月 23 日《独立评论》第 235 号)

5　△这一期张佛泉先生讨论宪法的文章,引起了我的兴趣,所以我也写了一篇短文做他的文章的跋尾。我相信,我们两人提出的一个观点虽然很浅近平易,是值得大家想想的。

△蔡鼎先生是杭州之江大学的经济学教授。他曾在《独立》上发表过文字。这一次他寄来的长文提出一个根本问题——土地问题——的解决方案,应该可以引起许多专家学者的讨论。

△我们要谢谢清华大学的葛庭燧先生记录萨本栋先生这一篇很有价值的讲演。

△顾正本先生从上海中学寄来一篇通信,指出我们爱发议论人的一个毛病,我们很感谢他的指教。

(原载 1937 年 5 月 30 日《独立评论》第 236 号)

6　△崔书琴先生是中央政治学校的教授,是研究国际法及条约问题的专家。他的《英日谈判与华北》一篇论文里的主张是我们大体赞同的。

△最近我们接到周恩来先生从西安寄来的《我们对修改国民大会法规的意见》,虽然没有月日,我们看其中的说话,可以知道此文是在本年 4 月底立法院修正国民大会两法规之前发表的。现在修改这两法规的机会虽然已成过去了,周先生那篇文字里有一些主张至今还是值得讨论的。我们现在发表陶希圣先生的《论开放党禁》一篇文字,其中讨论的就是周君的主张的一部分。这是周君文中所谓"陕甘宁苏区改成边区后"我们第一次公开的和平的讨论中国共产党人提出的一个政治主张。我们希望这样开始的政论新风气能得着

△卢广绵先生是在河北省主办棉业改进事业最有成绩的,他来谈"合作事业",当然最亲切有味。

△上期登出顾正本先生的一篇通信,其中有批评张佛泉先生的话,我们匆匆的不曾送给张先生作答,现在接到张先生来信,我们摘抄其中的一段:

> 在上一期本报,有一位顾正本先生批评我的《从政治观点论我国教育问题》一文没有指出具体办法。其原因在我的那篇文章写得太简括。像那样的题目,总要一两万字方能将意思开展出来。这样比较长的文字,我曾写过几篇,登在前几年的《国闻周报》上。我在《从政治观点论我国教育问题》文中曾建议添设一"整个教育目标研究委员会",这是很具体的办法。我在署名的文字中早就建议此点,在某大报的社论中也建议过此点,并且曾与教育部长王雪艇先生面谈过这个问题。对于这个大问题没有费过思索的,自然难见到那建议的具体性。我清清楚楚地指出了,从政治观点看,我国的教育有如何的缺欠,而未能借基础教育尽量养成建国的力量。

△张佛泉先生的答辩使我今天又去读他在二三三号的论文。我读了之后,也觉得张先生的答辩是对的。他所谓"政治观点"就是"使教育成为一种救国的力量"一个观点。他的具体办法就是要"由学界的重镇组成一个整个教育目标研究委员会","用几年的工夫,比较详细的订定一个基础教育哲学系统"。至于那个教育哲学系统是什么,那当然不是今日所能具体推测的;即使张先生发表了他的主张,那也只是一个人的私见,而不是他所期望的"学界重镇"共同长期研究的方案。

(原载 1937 年 6 月 6 日《独立评论》第 237 号)

7 △君衡先生是政治思想的专门学者,他来响应张佛泉先生和我的宪政论,使我们对于中国政治思想的前途发生无限的乐观。君衡先生提出补充的几点,我都充分接受。我在八年前(《人权

论集》页二七)曾说过:

> 民治制度的本身就是一种教育。……民治制度本身就是最好的政治训练。这便是中山先生说的"行之则愈知之";这便是中山先生说的"越行越知,越知越行"。

这正是君衡先生特别注意的用宪政作"学习的过程"的意思。

△君衡先生指出,我们的识字读书阶级现在还没有守规则(法治就是守规则)的程度。这一点也不足使我们悲观。我们需要的训练还只是民治的训练。中山先生当时把会议规则叫做"民权初步",真是一种远见!我常想,中学大学里都应该废止"党义"一科,都应该用"民权初步"来替代"党义"。我相信,凡能精通"民权初步"的青年人,都有实行法治的准备。

△明生先生是一个社会科学家,他讨论"会考"制度的失败,和如何替代"会考"的方法,我们都十分赞同。我们十分诚恳的盼望教育部能把近年视察高等教育的精神逐渐转移到视察中学的路上去。中学是大学学生的来源。中学办不好,大学是无法办好的。我们不信教育部没有视察中学的权力。

△南开大学经济研究所的曹康伯先生寄来的论文,是报告青岛的乡村建设工作的。青岛市的乡村建设工作,据各方面的观察,都是值得大家注意的"一个新方式"。

△"絮如"先生来信指摘现在最时髦的"看不懂的新文艺"。这个问题确是今日最值得大家注意一个问题。明朝的文学大家李东阳曾说:

> 作诗必使老妪听解,固不可。然必使士大夫读而不能解,亦何故耶?(《麓堂诗话》)

这句话说的最公平。我们觉得,现在做这种叫人看不懂的诗文的人,都只是因为表现的能力太差,他们根本就没有叫人人看得懂的本领。我们应该哀怜他们,不必责怪他们。

△"絮如"先生举的三个例子,我们不能不说,他的第一个例子有点冤枉。《第一盏灯》是看得懂的,虽然不能算是好诗。其余的两个例子,都是我们所谓应该哀怜的例子。

△金名苏先生鉴：我们不能发表没有真姓名与真住址的文字。投稿和通信都可以用笔名发表，但我们必须知道作者的真姓名和住址。

（原载1937年6月13日《独立评论》第238号）

8

△张熙若先生刚从四川讲学回来，他的第一篇文字就要拿我的政治理论来开刀！他是政治思想史的专门学者，他的钢刀高高举起，我如何敢喊一声"刀下留人"！

△但是张先生这篇文字实在还不曾搔着痒处。他引他的《智识的数量与政制的关系》的议论，和丁在君先生的一百五十万专家论，都和我的议论丝毫无关。我说的只是那代议式的民主"政制"（注意！这里说的是政制）并不需要很高的智识程度，是一种幼稚园政制，只要我们肯进去学，包管拿得到幼稚园毕业文凭。至于一个现代的"政府"（注意！这里说的是政府）当然需要专门技术人才，当然需要领袖人才。这一点我从来不否认。换句话说，我说的是：做那英美式的代议政制下的选民阿斗，是不难学到的幼稚园程度。做那独裁政制下的三五百万的血脉偾张的专政诸葛亮，是最难的事，是研究院的程度，现在没有一个民族配做这事；将来大概也不会有一个民族配做这事！

△好在张先生还要"随后再说"我们的幼稚经验如何能实行民主政治，我很耐心的等候他的"理论与事实两方面的道理"。我相信他的结论一定会和我的差不了多少。

△现在的文明国家之中，没有举行国势普查的，恐怕只有我们这个古国了！我记得前几年世界统计学会副会长威而各克斯（W. F. Wilcox）到中国来游历，在上海的中国统计学会招待席上，一班中国统计学者和他讨论中国人口数目问题，他推算中国人口不过三万五千万，而中国当时的调查是四万五千万。究竟那一个数字对呢？谁也没有真可靠的统计来解答。人口如此，其他必须依据人口为基础的死亡率，人口增加率，文盲百分比，等等，当然都没有确实数字了。现在政府决定试行"国势普查"了，如果准备不充分，人员训练不完

备,普查的结果还是靠不住的。我们感谢中央研究院社会科学调查所的刘南溟先生寄给我们的《论准备中之国势普查》,我们希望这篇讨论可以引起大家对于这件大工作的注意。

△梁实秋先生是不用介绍的。我们欢迎他第一次为《独立》作文,并且诚恳的希望这一篇《关于读经》不过是许多文章的第一篇。

△陶希圣先生在《独立》第二三七号有过一篇《论开放党禁》,这一次他继续讨论那个很有趣味的问题。

△我们特别感谢陈之迈先生给我们写这篇介绍英国社会科学泰斗韦贝夫妇的一千一百多页的大著《苏维埃共产主义》的书评。这几天苏俄国内清党清军的惊人消息又占据了世界报纸的首页地位,又使我们心里不能不重新估计这个新国家的巨大试验究竟有多大的稳固性。在这个时候,一部有权威的批评更是值得大家看看的。

(原载1937年6月20日《独立评论》第239号)

9 △今年4月1日和6日的上海《字林西报》登载:3月28日广东阳江地方的军队把当地的麻疯病人捉去五六十人,全开枪打死了! 这是当地美国教会办的麻疯区的报告,4月初中华医学会在上海开会时曾为此事通过议案,向中央政府请求惩办凶手,并保护麻疯病人。——不料5月初北平上海各报又登出4月25日广州市警察当局枪毙麻疯病人男女二百十五名的消息。当时广州当局即有否认的话。但5月5、6两日的北平《晨报》(香港《珠江日报》同)登出很详细的广州航讯,说访员于4月27日亲身到枪毙麻疯病人的地方——登峰路锣鼓坑——探访,亲见"腥血满地,纵横有十余丈",并检得死者遗物遗书,并亲见埋葬的三个新冢,并访问收殓尸首的作工吴岳,一切都证实4月25日确有广州市警察局长李洁之主持枪毙麻疯病人二百十五人的事! 但6月11日《申报》登出中央社的南京电,还说广东省政府呈复监察院,说"报载枪杀之说系属谣传"!

△我们对于这两件最野蛮的惨杀案子,曾持很慎重的态度,曾托朋友访问,不愿意轻易评论。现在监察院已得着广东省政府的呈复了,我们还不能相信这两件事全属谣传。我们收到了评论此事的文

字不少,我们现在发表岭南大学心理学教授周信铭先生的一篇最平实,最恳切的文字。我们为人道起见,要求监察院不得以"查系谣传"四字轻轻放过;我们要求监察院派监察委员多人亲到阳江广州调查事实,传讯人证,切实勘问这两件关系三百条人命的案子!

△在几个月之前,我读程沧波先生的先父景祥先生的行实,其中一段说:"府君从宜兴徐公质初读律习度支。徐公久游浙中,持躬谨严,公牍疏稿,只字必求核实;然待诸生严,相见不赐坐,行步不许著声,所以督责困练其弟子者备至。府君刻苦力学,前后七年。"我读了这一段,很感觉兴趣,就写信给沧波先生,请他用景祥先生年谱里的材料写一篇《四十年前一个读律学生的生活》。沧波先生现在把这篇文字写了寄来了,这是一篇富于历史兴趣的文字,其中泛论的部分也可以帮助读者了解当日专掌刑名钱谷的幕客在过去的政治制度里的地位。其中记载那位徐师爷教育读律学生的方法,不但是刑名学的史料,并且是教育史的好材料。

△前一期(二三八号)我们登出一封讨论《看不懂的新文艺》的通信,引出了知堂先生和沈从文先生的两篇很有趣味的通信。他们都是最富于同情心的文人,他们对于这个问题的意见是值得我们平心考虑的。

△从文先生表示很盼望听听我对这问题的意见。我对这问题,将来很想写一篇文字,现在只能简单表示一个意见。干脆说来,我十分同情于"有他自己表现的方法"的作家,更同情于"对文字过于注意"的努力。但我的同情有两个条件:第一,"有他自己"可不要忘了他人,文字的表现究竟是写自己以外的"他人"的事业,如果作者只顾"有他自己"而不顾读者,又何必笔之于书,公布于世呢?第二,世间自有"过于注意"而反不如"不过于注意"的。过犹不及,是一句老话;画蛇添足也是一个老寓言。知堂先生引的霭理斯的话:"若从天才之职来说,那么表现失败的人便一无足取",这句话是很公平的。如果我说的"表现能力太差,根本就没有叫人看得懂的本领"一句话使从文先生感觉不平,至少我可以说:有表现能力而终于做叫人看不懂的文字,这也未免是贤智之过罢?

△从文先生的通信里说起"嘲笑明白易懂为平凡"的风气,这正是我说的"贤智之过"。我的愚见总觉得"明白易懂"是文字表现的最基本的条件。作家必须先做到了这个"平凡"的基本条件,才配做"不平凡"的努力。今日"越来越难懂"的文学,似乎总不免受了"不甘平凡"一念的累罢?

△对于从文先生大学校应该注意中国现代文学的提议,我当然同情。从文先生大概还记得我是十年前就请他到一个私立大学去教中国现代文艺的。现代文学不须顾虑大学校不注意,只须顾虑本身有无做大学研究对象的价值。

△第二三九期里论"国势普查"的刘南溟先生是中央大学统计学教授,我在《编辑后记》里误记为中央研究院社会科学研究所的所员,敬此更正。

(原载1937年7月4日《独立评论》第241号)

10

△本年度的国家总预算,上月25日才通过立法院。陈岱孙先生的分析与批评可以帮助我们了解这个重要的问题。

△张忠绂先生去年休假出国,在美国住了半年,又在英国和欧洲大陆住了几个月,最近才回国。他对于"英日谈判的前途"的推测,当然是我们最愿意知道的。我们特别赞同他在这篇文字里建议我国政府对于英日谈判应该提出积极的主张来。我们盼望我国的外交当局不要忽视了这个应该明白表示积极主张的机会。

△陶希圣先生在《独立》上发表了两篇开放党禁的文字,今回又提出一个有趣味的问题来:论"不党者的力量"。

△北京大学经济学教授赵迺抟先生写了一篇《写在庐山谈话之先》,我们因为篇幅关系,发表了全文的第一部分,题为《经济计划与统制》。这篇短文提出的都是大问题,我们很希望他将来能有机会对这些问题一一都有更详细的发挥和更具体的主张。

△任鸿隽先生此次坚决的辞去了国立四川大学校长职务,是我们关心高等教育的人都很惋惜的。他在川大的两年,真可以说是用全副精力建立了一个簇新的四川大学,我们深信他这两年努力种下

的种子不久一定可以显现出很好的结果。这一次他寄来了一篇《进步的基础》的讲演稿子,是一篇很平恕的对四川的观察和期望。

(原载1937年7月11日《独立评论》第242号)

1938年
中国和日本的西化

几乎是同时出版的两本好书,论及中国与日本的转变时期,那就是,最近三百年特别是最近七十年的事。一本是(麦克密伦出版的)休斯(E. R. Hughes)著的《西方对中国的侵略》,另一本是(耶鲁大学印刷所出版的)李德勒与李德勒塞德洛(Emil Lederer 与 Emy Lederer-Seidler)合著的《转变中的日本》。这两本书都是极好的书,可是却有很大的不同。他们对于目前正在交战的两国所论及的文化改变基本上有很不一样的叙述。

休斯先生的书中充满着史实与详细的叙述,可是他极少随意推理。两位李德勒的打算"一步一步由种种现象进行到内在的令人迷惘的事",所以他们所提供我们的是阐述性的理论多于事实的细节。休斯先生曾居留在福建内地为传教士多年,后来又移住在上海和北平,能说国语,他具有英国人特有的实用主义的脑筋来描写中国生活每个阶段逐渐的变化,显然并没有想起有推理的必要。两位李德勒在日本仅仅住了两年。他们日尔曼民族的哲学训练自然而然使他们想要藉理论的帮助来了解日本广泛与复杂的变化。

结果休斯先生的作品往往充塞了名字和细节,其中难免有错误的地方,而李德勒的书,其实不过是一位游方的哲学家,对一个民族所作深入的解释,有时候由于过分推理而没有足够的事实来支持,他们的理论也难免有错误的地方。

休斯的书里所举事例的错误并不是重大的缺点,但是其中几个地方在发行第二版时应当加以更正过来。例如严复从来就不曾翻译过达尔文的《物种原始论》(第二〇九页),而"使他获得名誉和影响力"的译作是赫胥黎的《天演论》。中国耶稣会的学者在第二〇〇页拼音的"李文藻"是正确的,但是在第十一页却拼成为"李其涛"的音。而在索引里的是两个名字都列上去的,似乎是两个人。第一〇七页的辜汉民一定是辜鸿铭的错误。第十一页的顾炎武就是顾亭林,他并不仅是一位地理学家。李石曾(第二一八页)绝不是一个物理学家。而休斯先生选出来代表"汉学派"的崔东壁(第二五七页)恰好是最不受同时代文化思想所影响的人,他主要的思想是最忠实"宋学派"的支持者。

但是这些细节的错误并不减少这本专写中国逐渐西化像一出雄壮戏剧的真实历史的价值。此等史实可以用他自己的话简括如下(第二八六——七页):

第一,于十七世纪初,温文有礼地欢迎耶稣会神父的到来。……

第二,于十八世纪末与十九世纪初对南洋来的粗鲁的商人激起了一种极深的不信任与鄙视的态度,继之而来的是一些负有责任的人承认需要学习这些商人的军事技术。

第三,于十九世纪中叶以后一些学者发现西方民族除了武器之外还有些比中国还要强的地方,那些就是中国所必须加以重视的文化与学问。

第四,在二十世纪中国智识青年突然醒悟了解他们自己文化的衰弱,不适于现代的世界,因为中国在现代的世界必须要加入为生存而奋斗的生物斗争。

第五,对西方的怀疑。认为西方既不像革新派所想的那么友善,也不像他们所想的那么重视道德,认为中国要用自己的方式想法拯救自己的时机已经来到。

最后,……是中国国民革命后的目前的这个阶段。这个阶段中我们获得了一个明确有力的新观点,各阶层的人民显然对他们自己有了信心,并且对整顿他们半传统半新生的国家状态以谋求整个社会的团结、效率与福利的力量也具有信心。

这本书很大部分是详述政治思想、教育、科学与医药,和文学等方面文化改变的各阶段。休斯先生在作者《序言》中谈到他自己研究的态度说:"欧洲文化在中国遭遇同样古老或者可以说在过去历史中更古老的一个文化,那一个文化曾堂皇伟大的表露在文学、诗与艺术中,而且目前是有办法提供推理的思考,并且和西方的接触后结果产生了一个重大的反应。"在这本书中的其他部分(第二七三——四页),他重复了同样的观点:

> 由各方面的情况看来,这个新阶级(有都市思想的阶级)有了广泛的实验,而这个阶级的人已经了解他们所喜欢的是什么地方,不喜欢的是什么地方。他们对一部分西方文化的特点表示欢迎,但拒绝接受另外一部分。他们对于他们所欢迎的是毫无犹豫地加以修改来适合他们的口味。换句话说,一种中国特有的思想正活动起来,包括中国特有的评判力、特有的道德与美学价值的判断力。

这种概括性研究的方式看起来虽然似乎是很简单,但是因为这些话是一个一生献身于传道事业的人所写的,所以使这些话更加有分量,更加令人有深刻的印象,而我们认为大体上说来这些话是正确的。我曾在其他地方说过中国趋向现代化是由于"长久暴露"于与西方思想与制度的接触下所引致的结果。由于中国完全民主化的社会组织以及由于当政的朝代没有、而且无能力领导这些变化,所以在中国的一切西化是由于逐渐把思想流传与散播的结果。通常是少数几个人首先发韧,逐渐获得人们的信从,最后等到许多人都深信这些思想具有优越的便利与功效时,于是就达成了重大的变化。从鞋子到文学革命,从口红到推翻帝制,一切都是自然而然的,而广义说来都是经过"推理"的。在中国没有一样东西是神圣得要加以保护才不会受这种暴露与接触所侵害的。也没有人或者任何阶级强大得能保护任何制度使其不受侵入的文化所感染和瓦解,而且由于这些变化大体上说都是自然而然的,所以也就不会有遗憾和开倒车的事。

当我们读李德勒教授和他太太所写的日本西化的史实,虽然仍旧像是一出雄壮的戏剧,但却是一个完全不相同的事。这个史实也

1938年/中国和日本的西化 727

可用作者们自己的话简括如左〔下〕：

以一个简直无法抛弃其中世纪衣钵的民族的兴盛来说，……所采取这个极重要的步骤乃出自于要精通西洋作战方法的决心。日本接受西方军械的整个系统而达到熟练甚至在应用时达到某种程度的精通的地步。

开始时这个过程的整个含意还不十分清楚，……小泉八云虽然是个西方人，却是日本一般态度的典型人物。他归化为日本人后，热烈关心的是要保留这个民族的精华，支持建立西洋作战装备的观念以使用于建造一层护墙来保护所应当保存不变的事物。

在这个初期阶段简直无法预料到这个步骤竟会坚定不移的引致第二步的发生。

军队一直是代表一个时代工艺水准的高度。要在日本建立一支军队，要使这支军队发挥威力，要使这支军队能适应陆地上特殊的情况，需要与其相符一致的教育与训练，要实施强迫性的军事训练与培养一大批军官意味着有下面的一种必要，即是把整个人口最活跃的一群人所具有的日本特质加以改变来配合，……那又需要发展一个包罗万象的机构，那机构能够设立各式各种的学校，以便给予一切自然科学最完善的技术训练，因此才能在工业工厂中制造战争的器械。

简单的说，既然一个现代国家需要变成为工业化之后才能成为一个具有军备的国家，所以日本必须要朝那方向发展。但是工业与其他各种生产又有经济上的相互关系，所以工业化也意味着其他与进行战争并无重大关系的工业部门的发展。与军国主义一样无法仅限其本身发展的是工业的工艺系统，此种工艺系统也深远的牵涉到社会制度。这里就是西化问题的中心。

（第一七九至一八一页）

作者们在这里这些有力的几段中谈到日本西化的真正历史与意义。开始时日本采用的是军事主义，不久军事器械打败中国与俄国时证明了它的效果，也大大的扩展了军事主义制度不断增加的需要与要求，就以现在来说日本还是集中在李德勒教授巧妙的称为"军国主义的工业制度"上。整个运动是由统治阶级统筹办理加以指挥与控制的，而这个统治阶级恰巧是拥护军国主义的阶级而恰巧是受德川时代（德川时代作者们在另一章中曾有精辟的描写）。中世纪封建制度深刻教养与磨练的阶级，而这个阶级所负的任务就是建立起一个现代战争的作战组织（第一五〇页），等于说，把国家推往西化方向的阶级永远无法了解他们所做的事，也不明白西化运动中所必然包括着的扰乱的、自由主义化的、与甚至革命化的力量。那个统治阶级与小泉八云所想的一样认为建立一个现代战争装备藉以建造一道护墙围绕日本，使德川幕府的日本传统价值可以保存不变。当现代化运动失去控制到了会渐变成为解放与革命化的危险时，这个运动马上就给遏止镇压下来。"西方可以继续为日本生活所接受的部分仅仅是与发展日本为新强国有必要关联的部分"（第一八三页）。而作者们曾具体的指明西方的影响力很少引起日本国家（第一五〇页）宗教，和社会制度（第一八四至一八九页）等生活基本方面的变化。

  两位李德勒勉强但不可避免的达到一个结论，那就是日本虽然经过七十年戏剧性的现代化运动，但古老日本的基本因素还是继续存在，并且继续抗拒一切西化的危险。我也"勉强的"说，因为作者们真正喜爱和钦慕古老的日本，并且有时候甚至认为有些好时尚的人无法有什么发展对日本是"幸运的"（例如：第一八二页）。但是他们是老实的观察者，所以无法不达到以下一个不可避免的结论，那就是"日本古代文化的持续力与有关的活力以及其文化形式所达成的完美状况形成了一股外来因素而不肯轻易同化的力量"（第一九〇页）。在这点来说，有人会想要问一问：作者是否对于这个奇异的现象给了我们一个满意的解释？这个抗拒变化的力量是否真的乃是由于日本"古代文化持续力与有关的活力"或者由于"其文化形式所形成的完美状况"？"活力"与"所达成的完美状况"岂不是矛盾的辞语吗？抗拒改变的力量是否可能更适当的说乃是意味着缺少活力，无法使自己适应情势而不损失其整体性的缺点吗？因此对于新的接触与影响深具恐惧之心而表现出反对危险性的影响的一种不自然的结合与保护自己的反动性。

　　我自己的观点是认为后者的解释似乎较为令人满意。作者们所观察到日本"不受深沉进化力量的辩证法的影响"（第四十七页）的奇怪现象的确感到很大的困惑。我对于其有敏锐脑筋的李德勒教授竟会认为"它是与西洋创造与生长的过程完全不同的生活方式，因为它是缺少辩证和动力的"（序第八页）的想法感到遗憾。这在东方或者整个人类的任何部分来说并不是一件罕有的事。文化的任何阶段在其拓殖地比在其母国较为保守是一种一般性的法则，因为文化在一个拓殖地往往是较为仔细并且是较为有意识的予以保存和持续下去，而在其母国才容许经过进化与改革的自然过程。而有意识的和不自然的保存，往往阻碍变化与渐渐衰退自然过程的作用。举一个例来说，佛教在印度衰落了好几个世纪之后才开始在中国衰落下来，而现在佛教仅在锡兰、缅甸、暹罗和日本等拓殖地苟延残喘。德川幕府时代的日本本质上是中国文化的拓殖地；所以那个时代有许多文化的因素看起来是"不受"变化的影响，那就是说，人为的文化结合力在闭关自守的二百六十年中特别有力，这是很自然的事。举个例来说，席地而坐的习惯在中国早已废除，连桌椅的应用始于何时却很难以断定；但在日本，直到今日还继续席地而坐的习惯。那并不是说席地而坐的习惯有什么特殊的"持续力"或者达到"形式上完全的完美"。

　　所以在日本其国民生活基本观点的抗拒现代化的力量只能解释为反对改革的人为保护传统的努力所致。这是一个不可否认的事实。作者们谈到"国家特征的有意培植"（序第八页），谈到"作战到底以抗拒日本精神为平民化的过程所淹没"（序第十页），而且也谈到"表现在有力的秘密社团组织中的日本古老的精神……那就是要保存国家尊严，采用经济急进主义的作法，与固守传统的精神藉以趋向国家'复兴'，并同时对内在与外在的'敌人'作战，冒着失去日本古老的组织以及冒着失去为世界强国地位的危险公开进行法西斯运动"（序第十一页）。谈到这种日本精神的作者们是不大愿意承认我上述的解释的。但是作者们所提出的理论正就是日本的悲剧,也正就是正确的解释。

两位李德勒的文笔优美——谈论"土地"的第一章读起来像是一首美妙的诗——但并不是没有缺点的。其显明的缺点之一是太喜欢推理。举个例来说,他们想要用"斡旋仲裁的原则"(第四十九页)来解释幕府政治的来源,他们说"日本人都是经由一个调停者来推行与生活有关系的重大事件。日本人几乎无法直接表达一个意愿或者用坚决反对的态度奋战来解决一项冲突",这当然不是实在的。作者们也知道用日本武士为自己的继承权作战的例子来说明他们的"斡旋仲裁的原则"是不适用的。但是荒谬的地方是他们用其他的理论为上述的例子辩护,那就是武士的敌手"与其说是个实在的人,不如说是个形式上的敌人"。

太喜欢推理最大的缺点是在标题所谓"远东四万个象征"那一章中。在那一章中所讨论的是语言的问题。所涉及的许多理论之中又一次看到了"仲裁"的原则(第八十二页)。他们说:"在日本什么事都不是直接说出来的,甚至话的表达也不是直接的。"这当然不是实在的,同一章中作者们又说:"在中国白话文甚至比在日本更缺少基本内容。"(第六十九页)他们是不是了解日语中只有差不多六十个音节的声音,而以声音来说日本话是世界最贫乏的语言?

他们过分推理而没有充分的证据来支持他们的理论。最好的例证是在谈论日本这个国家的那一章中一长段的文字里。其中作者们谈到日本勤王政团对皇帝忠贞的高尚品节时说:"假如忠贞发生冲突时,宁可牺牲父母、妻子、儿女来成全对皇帝的忠贞。对一个中国人来说,这种违反家族感情的事是不可想像的。在日本却是许多悲剧发生的缘由。"(第一四一页)而作者们继续举出一位被流放的贵族 Michizane 的著名的故事为例,证明日本这种特别的美德。Michizane 的儿子的生命是由于他从前的一个家臣的忠心和牺牲所拯救。那位家臣是把他的孙子代替为 Michizane 的儿子奉献出来的。他们又更进一步的评论这个故事说:"这种违反家族之爱对于中国人来说是全然不可想像的事。"(第一四二页)事实上,这个"著名的故事"

不过是中国戏剧"赵氏孤儿"(译者按:即"搜孤救孤")翻版的故事。这个故事是中国戏剧最早译成欧洲语言者之一,是使伏尔泰获得灵感写了一个同样的剧名的剧本,也是中国戏台上现在还常上演的戏本。由此看来,对国家或民族加以概括化是危险的。

(Hu Shih, The Westernization of China and Japan, *Amerasia*, Vol. 2, No. 5, July 1938. 郭博信中译文,收入胡颂平编撰:《胡适之先生年谱长编初稿》第5册)

1940年
关于国民党国际宣传工作的意见(稿)[①]

关于国际宣传,鄙意以为最重要又最有效力者,莫如充分襄助外国大通讯社及大报之驻华记者,充分给与种种便利,使其能赴前线及后防实地考察。盖 A P, Reuters, U P, INS, N Y Times, N Y Tribune, Christian Science Monitor, London Times, Manchester Guardian, 各有其地位,各有其读者,其所电传,人皆作为新闻读,而不作为宣传品读,故最有效力也。其次则为由我方负责机关集中人才,搜罗材料,编纂有条理系统之参考资料,以供外国通讯社及大报之参考,并随时对其所传消息加以友谊的批评,与以有根据的更正。例如去年军委会政治部所编制之每月"敌我全盘态势要图",即是最好之参考资料,可惜不曾续办。又如去年长沙之捷,今年粤北之捷,皆应有专篇之翔实纪载。又如陕北边区特别组织一事,国外至今莫明其真相。Edgar Snow 则引毛泽东之言,谓陕甘宁三省边区有民廿六年七月之行政院令为法律根据。最近又有英国人 Lapwood 谓所谓边区包括晋察冀三省中之七十县。究竟边区一词有何法律根据,其界限如何,其实况如何,其政治性质如何,此时但凭共党之外国友人瞎说,亟宜有一个负责的解释说明。此则不但可供参考,又可更正流传之谬妄。但此种资料,均非去国已久之宣传人员所能为力,故宜由宣传部集合各方面之专家知识确实材料为之。

(收入《胡适来往书信选》下册)

[①] 原编者注:此件约写于1940年,原件无标题,现标题是编者所加。

1947 年
"五四"的第二十八周年

民国八年五月四日到今年整二十八年了,许多人都不记得"五四"是怎么一回事了。所以我要简单的说说那一天的情形。

在那年5月1日至2日之间,从巴黎和会传来的秘密消息说:日本代表团在和会提出的关于山东问题的几种强横要求全都胜利了,威尔逊总统让步了,德国在山东的各种权利都要交给日本接管了。

这个消息传出之后,北京的十几个学校的几千学生就在那个星期日(5月4日)在天安门开了一个大会,人人手里拿着一面白旗,写着"还我青岛"、"还我山东"、"诛卖国贼曹汝霖、陆宗舆、章宗祥"等等字样。他们在大会上决定整队游行。

他们整队出中华门,沿路散了许多传单,其中一张《北京学界全体宣言》有这些话:

> 现在日本在万国和会要求并吞青岛,管理山东一切权利,就要成功了!他们的外交大胜利了!我们的外交大失败了!……所以我们学界今天排队到各国公使馆去要求各国出来维持公理。务望全国工商各界一律起来设法开国民大会。外争主权,内除国贼!

他们到美、英、法、义四国使馆递了说帖之后,学生大队经过户部街,东长安街,东单牌楼,石大人胡同,一直走到赵家楼的曹汝霖住宅。曹家的大门紧闭了。有几个学生爬上别人的肩头,爬上墙,跳进去,把大门打开,大队学生就拥进去了。他们寻不着曹汝霖,只碰到了驻日公使章宗祥,打了他一顿,打的皮破血流。这时候,不知怎样屋子里有一处起了火,火势大了,学生才跑出去。警察总监吴炳湘带队赶到,大众已散去了,警察只捉住了在路上落后的三十三个人。

这是"五四"那天的经过。

北京政府最初采用压迫的手段,拘捕学生,封禁《益世报》,监视《晨报》与《国民公报》,下令褒奖曹陆章三人的功绩。学生更愤激了,他们组织了许多露天讲演队,劝国人买国货,宣传对日本的经济抵制。全国各地的学生也纷纷响应,各地都组织了宣传抵制日货的讲演团。日本政府来了几次抗议之后,北京政府决心作大规模的压迫。6月3日,警察开始捉拿街上讲演的学生,一日之中捉了一千多人,都被拘禁在北京大学法科。6月4日街上讲演的学生更多了,警察又捉了一千多人。北大法科容不下了,于是北大理科也成了临时拘禁所。北河沿一带,有陆军第九师步兵一营和第十五团驻扎围守。从东华门直到北大第三院,全是兵士帐棚了。

6月4日上海天津得着北京拘捕几千学生的消息,学生当日全罢课了。上海的商人一致宣布罢市三天。南京、杭州、武汉、九江、天津、济南、安徽、厦门各地的商人也都起来响应上海,宣布罢市,要求释放学生,并要求罢免曹汝霖,陆宗舆,章宗祥三个亲日的领袖。上海罢市的消息传来,北京政府才惊慌了,6月5日的下午,北河沿的军队悄悄的撤退了。学生都出来了,又上街讲演了。

6月10日,政府罢免交通总长曹汝霖,驻日本公使章宗祥,币制局总裁陆宗舆三人之职。

自从5月4日以后,全国各地与海外的学生会与公共团体都纷纷发电报,警告巴黎和会的中国代表团,不许他们在对德国的和约上签字。在欧洲的中国学生组织了纠察队,日夜监守中国代表的住宅,不许他们去签字。

对德的和约本决定在6月28日下午三时在凡尔赛故宫签字的。那天下午,中国代表没有到场,并通告和会主席,声明中国拒绝签字。

"五四"事件在当时的结果,第一使北京政府罢免曹陆章三人,第二,使巴黎和会的中国代表拒绝凡尔赛和约的签字。这个青年学生爱国运动,后来大家都叫做"五四运动"。

五四不是一件孤立的事。五四之前,有蔡元培校长领导之下的北京大学教授与学生出版的《新青年》、《新潮》、《每周评论》所提倡的文学革命,思想自由,政治民主的运动。五四之后,有全国知识青年热烈参预的新文艺运动,和各种新的政治活动。

孙中山先生在民国九年一月二十九日写信给海外同志,曾有这一段议论:

> 自北京大学学生发生五四运动以来,一般爱国青年无不以新思想为将来革新事业之预备,于是蓬蓬勃勃,发抒言论,国内各界舆论一致同倡。各界新出版物为热心青年所举办者,纷纷应时而出,扬葩吐艳,各极其致。社会遂蒙绝大之影响。虽以顽劣之伪政府,犹且不敢撄其锋。此种新文化运动在我国今日诚思想界空前之大变动。推原其始,不过由于出版界一二觉悟者从事提倡,遂至舆论界放大异彩,学潮弥漫全国,人皆激发天良,誓死为爱国之运动。倘能继长增高,其将来收效之伟大且久远者,可无疑也。吾党欲收革命之成功,必有赖于思想之变化。兵法攻心,语曰革心,皆此之故。故此种新文化运动实为最有价值之事。

中山先生这一番议论,写在"五四"之后的第八个月,最可以表示当时一位深思远虑的政治家对于五四运动的前因后果的公平估价。他说的"出版界一二觉悟者从事提倡",就是指《新青年》《新潮》几个刊物。他说的"学潮弥漫全国,人皆誓死为爱国之运动","虽以顽劣之伪政府犹且不敢撄其锋",就是指五四运动的本身。他说的"一般爱国青年,蓬蓬勃勃,发抒言论,各种新出版物纷纷应时而出,扬葩吐艳,各极其致",就是指五四以后各种新文艺,新思潮的刊物(据当时的统计,民国八九年之间,全国各地的白话新期刊,至少有四百种之多)。中山先生把当时的各种潮流综合起来,叫做"新文化运动",他承认"此种新文化运动在我国今日诚思想界空前之大变动","实为最有价值之事"。

孙中山先生的评判是很正确很平允的。五四运动在两个月之中,轰动了全国的青年,解放了全国青年的思想,把白话文变成了全国青年达意表情的新工具,使多数青年感觉用文字来自由发表思想感情不是一件困难的事,不是极少数古文家专利的事,经过了这次轰动全国青年的大解放,方才有中山先生所赞叹的"思想界空前之大变动"。这是五四运动永久的历史意义。

中山先生是个革命领袖,所以他最能了解这个"思想界空前之大变动"在革命事业上的重要性。他对他的同志们说:"吾党欲收革命之成功,必有赖于思想之变化。"

我们在二十八年后纪念五四,也不能不仔细想想我们今日是否已"收革命之成功",是否还"必有赖于思想之变化"。

(原载 1947 年 5 月 4 日天津《大公报》)

眼前"两个世界"的明朗化

　　人类历史上空前的大战祸还没有结束,议和的主要会议还没有开成,然而人民已都在忧虑第三次世界大战何时爆发了。

　　前几天,一位从内地出来的哲学家写信给我,问我几个问题,第一个问题就是:第三次世界大战能不能避免?同一天,我接到一位中学生的信,他问的第一个问题就是:苏俄与美国的战争真是不能避免了吗?

　　问这种问题的人,心里大概都感觉眼前有两种对峙的大势力,形成了两个世界,壁垒很森严,旨趣很歧异,好像没有调和的可能,好像没有互相了解的可能。所以大家都忧虑这种大势力免不了冲突,也许会演出更可怕的"第三次世界大战"。

　　依据我个人的愚见看来,这种第三次世界大战的悬测似乎是太悲观的过虑。眼前世界上有两种对峙的大势力,这是不可否认的事实。这两种大势力的分野在最近一年中似乎更明朗了,这也是不可否认的事实。但这两个壁垒的明朗化是祸是福,这两个势力会不会就走上武力冲突的路上去,这些问题都还有讨论的余地。

　　依我个人的观察,在最近的将来,至少在最近十年内,大概没有第三次世界大战的危险。最明显的理由是:美国与苏俄都不愿意再打仗了,都愿意求得安全与和平。最明白的证据是:无论在联合国安全理事会里,或在联合国大会里,或在外长会议里,代表这两个大势力的各国尽管在会报上作种种激烈爽直尖利的争论,争论完了,都还是联合国的会员国,没有一国肯放弃退出这个新兴的国际组织。这是最好的国际新生活的训练,也就是最可以使我们乐观的事实。

　　有些人指出最近一年以来美国对苏俄的强硬态度,认为这是美苏冲突的开始,是第三次世界大战的序幕,这也是太悲观的看法。美国、英国自从1914年以来,事事对苏俄让步,处处迁就苏俄。联合国宪章里的强国否决权,雅尔达的几种秘密协定,都是最明显的例子。可是从去年(1946)2月以后,美国的政策开始改变了。去年是美国国会改选之年,众议院全部改选,参议院改选三分之一。在选举之前,民意测验的结果早已表示民主党不能保持十四年来两院多数的优势了。政府为了要求得对外一致,故不能不重新检讨外交政策,特别是对苏俄的政策。新的政策是对苏俄要"坚定而忍耐",这是民主党与共和党共同接受的,也是一年以来美国民意测验表示赞同的。这个政策不是对苏俄挑衅,只是要用坚定的态度叫苏俄明白美国不能退让的限度,同时要用耐心求得苏俄的了解,并保持世界的和平。

总括两年来的世界形势,我们可以说,苏俄与美国都不愿破坏世界的和平,他们都在筹划本身的安全:苏俄要用扩张他的势力范围来谋他本身的安全,美国要用"坚定与耐心"的政策来谋他本身的安全。美国的新政策当然要使这两大势力对峙的局势更明朗化。但明朗化正是避免误解与冲突的有效方法。倘使希特勒当日能明白无疑的知道英国、法国真肯为波兰作战,又能明白无疑的知道那中立法层层束缚住了的美国真会用全力参战,那末,他也许不会那样轻率的发动1939年的战祸罢?

其实何止希特勒的战祸是国际局势缺乏"明朗化"的结果!第一次世界大战爆发时,德国的军阀领袖就没有算准英国会为了比利时中立的破坏而作战,更没有料到威尔逊会为了潜艇战略的复活而参战。(那时没有无线电信,当威尔逊对德绝交之夜,德国外交部长还对美国大使说美国决不会有何举动!)第二次世界大战是日本在中国发动的,当时美国正在孤立主义的最高潮,1937年1月里,美国国会两院一次通过了对西班牙内战禁运军火的法案;同年5月1日,国会成立了中立法案的新修正案,把外国的内战也包括在中立法案里。外国的内战尚且可以适用中立法案,那么,国际战争当然更没有疑问了。5月1日的新中立法案是美国孤立主义的最大胜利,7月7日卢沟桥事变就发生了。将来的史家必有把这两个日子看作不无因果的关系。所以我们可以说，第一次与第二次的世界大战祸，都是当时国际局势没有"明朗化"的恶果。我们也可以说，有力量的国家肯明白宣布他们的国际政策，这正是免除国际战争的重要步骤。

我们读这一年里美国朝野领袖的言论，应该可以明白今日美国对苏俄"坚定而忍耐"的政策，其主要目的只是使美国的立场明白清楚，不容疑虑。今日只有美国与苏俄两个国家有安定全世界的力量，也有破坏全世界和平的力量。这两个大势力之间，有了明朗化的政策，这正是免除误解的起点，也正是全世界和平的新起点。

有了明朗化的国际局势，再加上长期集会的国际新机构与国际新生活的训练，使旨趣不同的国家都有个尽量公开辩难争论的机会，使政体与经济组织不同的各国代表都有个从辩难争论里相互认识了解的机会，那末，十年或十五年的国际对峙形势也可以逐渐进步，演变成一个更调协、更合作的新世界了。

1947，5，18

（收入《独立时论集》第一集，1948年4月北平独立时论社出版）

青年人的苦闷

今年6月2日早晨,一个北京大学一年级学生,在悲观与烦闷之中,写了一封很沉痛的信给我。这封信使我很感动,所以我在那个6月2日的半夜后写了一封一千多字的信回答他。

我觉得这个青年学生诉说他的苦闷不仅是他一个人感受的苦闷,他要解答的问题也不仅是他一个人要问的问题。今日无数青年都感觉大同小异的苦痛与烦闷,我们必须充分了解这件绝不容讳饰的事实,我们必须帮助青年人解答他们渴望解答的问题。

这个北大一年级学生来信里有这一段话:

> 生自小学毕业到中学,过了八年沦陷生活,苦闷万分,夜中偷听后方消息,日夜企盼祖国胜利,在深夜时暗自流泪,自恨不能为祖国作事。对蒋主席之崇拜,无法形容。但胜利后,我们接收大员及政府所表现的,实在太不像话。……生从沦陷起对政府所怀各种希望完全变成失望,且曾一度悲观到萌自杀的念头。……自四月下旬物价暴涨,同时内战更打的起劲。生亲眼见到同胞受饥饿而自杀,以及内战的惨酷,联想到祖国的今后前途,不禁悲从中来,原因是生受过敌人压迫,实再怕作第二次亡国奴! ……我伤心,我悲哀,同时我绝望——
>
> 在绝望的最后几分钟,问您几个问题。

他问了我七个问题,我现在挑出这三个:

一,国家是否有救?救的方法为何?

二,国家前途是否绝望?若有,希望在那里?请具体示知。

三,青年人将苦闷死了,如何发泄?

以上我摘抄这个青年朋友的话,以下是我答复他的话的大致,加上后来我自己修改引伸的话。这都是我心里要对一切苦闷青年说的老实话。

我们今日所受的苦痛，都是我们这个民族努力不够的当然结果。我们事事不如人：科学不如人，工业生产不如人，教育不如人，知识水准不如人，社会政治组织不如人；所以我们经过了八年的苦战，大破坏之后，恢复很不容易。人家送兵船给我们，我们没有技术人才去驾驶。人家送工厂给我们，——如胜利之后敌人留下了多少大工厂，——而我们没有技术人才去接收使用，继续生产，所以许多烟囱不冒烟了，机器上了锈，无数老百姓失业了！

青年人的苦闷失望——其实岂但青年人苦闷失望吗？——最大原因都是因为我们前几年太乐观了，大家都梦想"天亮"，都梦想一旦天亮之后就会"天朗气清，惠风和畅"，有好日子过了！

这种过度的乐观是今日一切苦闷悲观的主要心理因素。大家在那"夜中偷听后方消息，日夜企盼祖国胜利"的心境里，当然不会想到战争是比较容易的事，而和平善后是最困难的事。在胜利的初期，国家的地位忽然抬高了，从一个垂亡的国家一跳就成了世界上第四强国了！大家在那狂喜的心境里，更不肯去想想坐稳那世界第四把交椅是多大困难的事业。天下那有科学落后，工业生产落后，政治经济社会组织事事落后的国家可以坐享世界第四强国的福分！

试看世界的几个先进国家，战胜之后，至今都还不能享受和平的清福，都还免不了饥饿的恐慌。美国是唯一的例外。前年11月我到英国，住在伦敦第一等旅馆里，整整三个星期，没有看见一个鸡蛋！我到英国公教人员家去，很少人家有一盒火柴，却只用小木片向炉上点火供客。大多数人的衣服都是旧的补钉的。试想英国在三十年前多么威风！在第二次大战之中，英国人一面咬牙苦战，一面都明白战胜之后英国的殖民地必须丢去一大半，英国必须降为二等大国，英国人民必须吃大苦痛。但英国人的知识水准高，大家绝不悲观，都能明白战后恢复工作的巨大与艰难，必须靠大家束紧裤带，挺起脊梁，埋头苦干。

我们中国今日无数人的苦闷悲观，都由于当年期望太奢而努力不够。我们在今日必须深刻的了解：和平善后要比八年抗战困难的多多。大战时须要吃苦努力,胜利之后更要吃苦努力,才可以希望在十年二十年之中做到一点复兴的成绩。

国家当然有救,国家的前途当然不绝望。这一次日本的全面侵略,中国确有亡国的危险。我们居然得救了。现存的几个强国,除了一个国家还不能使我们完全放心之外,都绝对没有侵略我们的企图。我们的将来全靠我们自己今后如何努力。

正因为我们今日的种种苦痛都是从前努力不够的结果,所以我们将来的恢复与兴盛决没有捷径,只有努力工作一条窄路,一点一滴的努力,一寸一尺的改善。

悲观是不能救国的,呐喊是不能救国的,口号标语是不能救国的,责人而自己不努力是不能救国的。

我在二十多年前最爱引易卜生对他的青年朋友说的一句话:"你要想有益于社会,最好的法子莫如把自己这块材料铸造成器。"我现在还要把这句话赠送给一切悲观苦闷的青年朋友。社会国家需要你们作最大的努力,所以你们必须先把自己这块材料铸造成有用的东西,方才有资格为社会国家努力。

今年4月16,美国南加罗林那州的州议会举行了一个很隆重的典礼,悬挂本州最有名的公民巴鲁克(Bernard M. Baruch)的画像在州议会的壁上,请巴鲁克先生自己来演说。巴鲁克先生今年七十七岁了,是个犹太种的美国大名人。当第一次世界大战时,威尔逊总统的国防顾问,是原料委员会的主任,后来专管战时工业原料。巴黎和会时,他是威尔逊的经济顾问。当第二次世界大战时,他是战时动员总署的专家顾问,是罗斯福总统特派的人造橡皮研究委员会的主任。战争结束后,他是总统特任的原子能管理委员会的主席。他是两次世界大战都曾出大力有大功的一个公民。

这一天,这位七十七岁的巴鲁克先生起来答谢他的故乡同胞对他的好意,他的演说辞是广播全国对全国人民说的。他的演说,从头至尾,只有一句话:美国人民必须努力工作,必须为和平努力工作,必须比战时更努力工作。

巴鲁克先生说:"现在许多人说借款给人可以拯救世界,这是一个最大的错觉。只有人们大家努力做工可以使世界复兴,如果我们美国愿意担负起保存文化的使命,我们必须作更大的努力,比我们四年苦战还更大的努力。我们必须准备出大汗,努力撙节,努力制造世界人类需要的东西,使人们有面包吃,有衣服穿,有房子住,有教育,有精神上的享受,有娱乐。"

他说:"工作是把苦闷变成快乐的炼丹仙人。"他又说:美国工人现在的工作时间太短了,不够应付世界的需要。他主张:如果不能回到每周六天,每天八小时的工作时间,至少要大家同心做到每周四十四小时的工作;不罢工,不停顿,才可以做出震惊全世界的工作成绩来。

巴鲁克先生最后说:"我们必须认清:今天我们正在四面包围拢来的通货膨胀的危崖上,只有一条生路,那就是工作。我们生产越多,生活费用就越减低;我们能购买的货物也就越加多,我们的剩余力量(物质的,经济的,精神的,)也就越容易积聚。"

我引巴鲁克先生的演说,要我们知道,美国在这极强盛极光荣的时候,他们远见的领袖还这样力劝全国人民努力工作。"工作是把苦闷变成快乐的炼丹仙人。"我们中国青年不应该想想这句话吗?

三十六,六,二十二

(收入《独立时论集》第一集,1948年4月北平独立时论社出版)

争取学术独立的十年计划

我很深切的感觉中国的高等教育应该有一个自觉的十年计划，其目的是要在十年之中建立起中国学术独立的基础。

我说的"学术独立"，当然不是一班守旧的人们心里想的"汉家自有学术，何必远法欧美"。我决不想中国今后的学术可以脱离现代世界的学术而自己寻出一条孤立的途径，我也决不主张十年之后就可以没有留学外国的中国学者了。

我所谓"学术独立"必须具有四个条件：（一）世界现代学术的基本训练，中国自己应该有大学可以充分担负，不必向国外去寻求。（二）受了基本训练的人才，在国内应该有设备够用与师资良好的地方，可以继续做专门的科学研究。（三）本国需要解决的科学问题、工业问题、医药与公共卫生问题、国防工业问题等等，在国内都应该有适宜的专门人才与研究机构可以帮助社会国家寻求得解决。（四）对于现代世界的学术，本国的学人与研究机关应该和世界各国的学人与研究机关分工合作，共同担负人类学术进展的责任。

要做到这样的学术独立，我们必须及早准备一个良好的、坚实的基础。所以我提议，中国此时应该有一个大学教育的十年计划。在十年之内，集中国家的最大力量，培植五个到十个成绩最好的大学，使他们尽力发展他们的研究工作，使他们成为第一流的学术中心，使他们成为国家学术独立的根据地。

这个十年计划也可以分做两个阶段。第一个五年，先培植起五个大学；五年之后，再加上五个大学。这个分两期的方法有几种好处：第一，国家的人才与财力恐怕不够同时发展十个第一流的大学；第二，先用国家力量培植五所大学，可以鼓励其他大学努力向上，争取第二期五个大学的地位。

我提议的十年计划,当然不是只顾到那五个十个大学而不要其余的大学和学院了。说的详细一点,我提议:

(一)政府应该下大决心,在十年之内,不再添设大学或独立学院。

(二)本年宪法生效之后,政府必须严格实行宪法第一百六十四条的规定:"教育文化科学之经费,在中央不得少于其预算总额百分之十五,在省不得少于其预算总额百分之二十五,在市县不得少于其预算总额百分之三十五。"全国人民与人民团体应该随时监督各级政府严格执行。

(三)政府应该有一个高等教育的十年计划,分两期施行。

(四)在第一个五年里,挑选五个大学,用最大的力量培植他们,特别发展他们的研究所,使他们能在已有的基础之上,在短期间内,发展成为现代学术的重要中心。

(五)在第二个五年里,继续培植前期五个大学之外,再挑选五个大学,用同样的大力量培植他们,特别发展他们的研究所,使他们在短期内发展成为现代学术的重要中心。

(六)在这十年里,对于其余的四十多个国立大学和独立学院,政府应该充分增加他们的经费,扩充他们的设备,使他们有继续整顿发展的机会,使他们成为各地最好的大学。对于有成绩的私立大学和独立学院,政府也应该继续民国二十二年以来补助私立学校的政策,给他们适当的补助费,使他们能继续发展。

(七)在选择每一期的五个大学之中,私立的学校与国立的学校应该有同样被挑选的机会。选择的标准应该注重人才、设备、研究成绩。

(八)这个十年计划应该包括整个大学教育制度的革新,也应该包括"大学"的观念的根本改换。近年所争的几个学院以上才可称大学,简直是无谓之争。今后中国的大学教育应该朝着研究院的方向去发展,凡能训练研究工作的人才的,凡有教授与研究生做独立的科学研究的,才是真正的大学。凡只能完成四年本科教育的,尽管有十院七八十系,都不算是将来的最高学府。从这个新的"大学"观念出发,现行的大学制度应该及早彻底修正,多多减除行政衙门的干涉,多多增加学术机关的自由与责任。例如现行的学位授予法,其中博士学位的规定最足以阻碍大学研究所的发展。这部分的法令公布了十六年,至今不能实行,政府应该早日接受去年中央研究院评议会的建议:"博士候选人之平时研究工作及博士论文,均应由政府核准设立研究所五年以上并经特许收受博士候选人之大学或独立学院自行审查考试,审查考试合格者,由该校院授予博士学位。"今日为了要提倡独立的科学研究,为了要提高各大学研究的尊严,为了要减少出洋镀金的社会心理,都不可不修正学位授予法,让国内有资格的大学自己担负授予博士学位的责任。

这是我的建议的大概。这里面我认为最重要又最简单易行而收效最大最速的,是用国家最大力量培植五个到十个大学的计划。眼前的人才实在不够分配到一百多个大学与学院去。(照去年夏天的统计,全国有廿八个国立大学,十八个国立学院,二十个私立大学,十三个省立学院,廿一个私立学院,共一百个。此外还有四十八个公私立专科学校。)试问中国第一流物理学者,国内外合计,有多少人?中国专治西洋历史有成绩的,国内外合计,有多少人?这都是大学必不可少的学科,而人才稀少如此。学术的发达,人才是第一要件。我们必须集中第一流的人才,替他们造成最适宜的工作条件,使他们可以自己做研究,使他们可以替全国训练将来的师资与工作人员。有了这五个十个最高学府做学术研究的大本营,十年之后,我相信中国必可以在现代学术上得着独立的地位。

这不是我过分乐观的话,世界学术史上有许多事实可以使我说这样大胆的预言。

在我出世的那一年(1891),罗氏基金会决定捐出二千万美金来创办芝加哥大学,第一任校长哈勃尔(W. R. Harper)担任筹备的事,他周游全国,用当时空前的待遇(年俸七千五百元),选聘第一流人物做各院系的主任教授,美国没有的,他到英国、欧洲去挑。一年之后,人才齐备了,设备够用了,开学之日,芝加哥大学就被公认为第一流大学。一个私家基金会能做到的事,一个堂堂的国家当然更容易做得到。

　　更数上去十多年,1876年,吉尔门校长(D. C. Gilman)创立霍铿斯大学,专力提倡研究的工作。那时候,美国的大学还都只有大学本科的教育。耶鲁大学的研究院成立于1871年,哈佛大学的研究院成立于1872年,吉尔门在霍铿斯大学才创立了专办研究院的新式大学,打开了"大学是研究院"的新风气。当时霍铿斯大学的人才盛极一时,哲学家如杜威,如罗以斯(Royce),经济学家如伊黎(Ely),政治学家如威尔逊总统,都是霍铿斯大学研究院出来的博士。在医学方面,当霍铿斯大学开办时(1876),美国全国还没有一个医学院是有研究实验室的设备的!吉尔门校长选聘了几个有研究成绩的青年医学家,如倭斯勒(Osler),韦尔渠(Welch)诸人,创立了第一个注重研究提倡实验的医学院,就奠定了美国新医学的基础。所以美国史家都承认美国学术独立的风气是从吉尔门校长创立大学研究院开始的。一个私人能倡导的风气,一个堂堂的国家当然更容易做得到。

　　所以我深信,用国家的大力来造成五个十个第一流大学,一定可以在短期间内做到学术独立的地位。我深信,只有这样集中人才,集中设备,只有这一个方法可以使我们这个国家走上学术独立的路。

卅六,九,十八第十六个九一八周年纪念日

(原载1947年9月28日《中央日报》)

援助与自助

我觉得蒲立德的"访华观感"写得很好,也很公平。他对中国最近廿年来历史的演变看得十分清楚,批评得很公道。我想就是让最公正的中国人自己来写,也不过如此而已。我个人对他的看法是完全赞同的。

蒲立德认为中国是应该帮助的,也是值得帮助的,他这种态度是极严正的。至于他所提出的贷款数目是否够用,我不敢贸然的说,只好让专家们去批评讨论。

我认为麦克阿瑟目前所担任的工作已经够繁重了,不必再劳他来协助中国。

专就援华贷款这一点来讲,我认为中美双方要互相了解对方心理。就美国方面来讲,他应该懂得中国人是最讲究体面,有时宁愿受窘受困,而不肯接受不礼貌的援助。

孟子说:"一箪食,一豆羹,得之则生,弗得则死,嘑尔而与之,行道之人弗受;蹴尔而与之,乞人不屑也。"

《礼记·檀弓》篇上载着这样一个故事:"齐大饥,黔敖为食于路,以待饿者而食之。有饿者蒙袂辑屦,贸贸然来,黔敖左奉食,右执饮曰:嗟,来食! 扬其目而视之曰,予唯不食嗟来之食,以至于斯也。从而谢焉,终不食而死。"

现在中国当然很需要美国的贷款,但是中国还能自力更生,还没有到"得之则生,弗得则死"的境地。

英美人也有一句谚语,叫做"Manners before morals"这意思就是说态度比道义还重要。我希望美国人能了解此点,在贷款时不要提出些有伤别的国家民族尊严的条件,使对方不便接受她援助的盛意。

从中国方面来讲，我们既要借债也应该懂得贷款人的心理。人家希望有不贪污、不浪费的保证，这也是人情之常。我们应该谅解，不能既要借钱，又要完全单独支配用途。同时我们还要知道，人家之所以不完全放心我们，也要怪自己的信用不够。

若果对贷款的管理和支配需要保证的话，我想最好的保证办法就是由我们自己提出对方一定可以相信得过的财政专家，像现任国府委员陈光甫先生这样的人，由他们来主持其事。这样既可以获得彼此的信任，同时也不使我们有因借债而丧失了国家体面的想法。

（原载1947年11月2日《中央周刊》第2卷第2期）

北京大学五十周年

北京大学今年整五十岁了。在世界的大学之中,这个五十岁的大学只能算一个小孩子。欧洲最古的大学,如意大利的萨劳诺(Salerno)大学是一千年前创立的;如意大利的波罗那(Bologna)大学是九百年前创立的。如法国的巴黎大学是八百多年前一两位大师创始的。如英国的牛津大学也有八百年的历史了,剑桥大学也有七百多年的历史了。今年4月中,捷克都城的加罗林大学庆祝六百年纪念。再过十六年,波兰的克拉可(Cracow)大学,奥国的维也纳大学都要庆祝六百年纪念了。全欧洲大概至少有五十个大学是五百年前创立的。

在十二年前,我曾参加美国哈佛大学的三百年纪念;八年前,我曾参加美国彭州大学(University of pennsylvania)的二百年纪念。去年到今年,普林斯敦(Princeton)大学补祝二百年纪念,清华、北大都有代表参加。再过三年,耶尔大学要庆祝二百五十年纪念了。美国独立建国不过是一百六七十年前的事;可是这个新国家里满二百年的大学已有好几个。

所以在世界大学的发达史上,刚满五十岁的北京大学真是一个小弟弟,怎么配发帖子做生日,惊动朋友赶来道喜呢!

我曾说过,北京大学是历代的"太学"的正式继承者,如北大真想用年岁来压倒人,他可以追溯"太学"起于汉武帝元朔五年(西历纪元前124年)公孙弘奏请为博士设弟子员五十人。那是历史上可信的"太学"的起源,到今年是两千零七十二年了。这就比世界上任何大学都年高了!

但北京大学向来不愿意承认是汉武帝以来的太学的继承人,不愿意卖弄那二千多年的高寿。自从我到了北大之后,我记得民国十二年(1923)北大纪念二十五周年,廿七年纪念四十周年,都是承认戊戌年是创立之年(北大也可以追溯到同治初年同文馆的设立,那也可以把校史拉长二十多年。但北大好像有个坚定的遗规,只承认戊戌年"大学堂"的设立是北大历史的开始)。

这个小弟弟年纪虽不大,着实有点志气!他在这区区五十年之中,已经过了许多次的大灾难,吃过了不少的苦头。他是"戊戌新政"的产儿,但他还没生下地,那百日的新政早已短命死了,他就成了"新政"遗腹子。他还不满两周岁,就遇着义和拳的大乱,牺牲了两年的生命。辛亥革命起来时,他还只是一个十三岁的小孩子。民国成立的初期,他也受了政治波浪的影响,换了许多次校长。直到蔡元培、蒋梦麟两位先生相继主持北大的三十年之中,北大才开始养成一点持续性,才开始造成一个继续发展的学术中心。可是在这三十年之中,北大也经过不少的灾难。北大的三十周年(民国十七年,1928)纪念时,他也变成北平大学的一个学院了。他的四十周年(民国二十七年,1938)纪念是在昆明流离时期举行的。

我今天要特别叙说北大遭遇的最大的一次危机,并且要叙述北大应付那危机的态度。

话说民国二十年一月,蒋梦麟先生受了政府的新任命,回到北大来做校长。他有中兴北大的决心,又得到了中华教育文化基金董事会的研究合作费国币壹百万元的援助,所以他能放手去做,向全国去挑选教授与研究的人才。他是一个理想的校长,有魄力,有担当,他对我们三个院长说:"辞退旧人,我去做;选聘新人,你们去做。"

蒋校长和他的同事们费了整整八个月的工夫筹备北大的革新。我们准备9月17日开学,全国教育界也颇注意北大的中兴,都预料9月17日北大的新阵容确可以"旌旗变色",建立一个"新北大"的底子。

民国二十年(1931)9月17日,新北大开学了。蒋校长和全校师生都很高兴。可怜第二天就是"九一八"!那晚上日本的军人在沈阳闹出了一件震惊全世界的事件,造成了第二次世界大战的序幕!

我们北大同人只享受了两天的高兴。9月19日早晨我们知道了沈阳的大祸,我们都知道空前的国难已到了我们的头上,我们的敌人决不容许我们从容努力建设一个新的国家。我们那八个月辛苦筹备的"新北大",不久也就要被摧毁了!

但我们在那个时候,都感觉一种新的兴奋,都打定主意,不顾一切,要努力把这个学校办好,努力给北大打下一个坚实可靠的基础。所以北大在那最初六年的国难之中,工作最勤,从没有间断。现在的地质馆、图书馆、女生宿舍都是那个时期里建筑的。现在北大的许多白发教授,都是那个时期埋头苦干的少壮教授。

我讲这段故事,是要说明北大这个多灾多难的孩子实在有点志气,能够在很危险,很艰苦的情形之下努力做工,努力奋斗。我觉得这个"国难六年中继续苦干"的故事在今日是值得我们北大全体师生记忆回念的,——也许比"五四"、"六三"等等故事还更有意味。

现在我们又在很危险、很艰苦的环境里给北大做五十岁生日,我用很沉重的心情叙述他多灾多难的历史,祝福他长寿康强,祝他能安全的渡过眼前的危难正如同他渡过五十年中许多次危难一样!

胡适　卅七,十二,十三
(收入《北京大学五十周年纪念特刊》,
北京大学出版部1948年12月出版)

1954 年
"宁鸣而死,不默而生"
九百年前范仲淹争自由的名言

几年前,有人问我,美国开国前期争自由的名言"不自由,毋宁死"(原文是 Patrick Henry 在 1775 年的"给我自由,否则给我死""Give me liberty, or give me death"),在中国有没有相似的话。我说,我记得是有的,但一时记不清是谁说的了。

我记得是在王应麟的《困学纪闻》里见过有这样一句话,但这几年我总没有机会去翻查《困学纪闻》。今年偶然买得一部影印元本的《困学纪闻》,昨天检得卷十七有这一条:

> 范文正《灵乌赋》曰:"宁鸣而死,不默而生。"其言可以立懦。

"宁鸣而死,不默而生",当时往往专指谏诤的自由,我们现在叫做言论自由。

范仲淹生在西历 989,死在 1052,他死了九百零三年了。他作《灵乌赋》答梅圣俞的《灵乌赋》,大概是在景祐三年(1036)他同欧阳修、余靖、尹洙诸人因言事被贬谪的时期。这比亨利柏得烈的"不自由,毋宁死"的话要早七百四十年。这也可以特别记出,作为中国争自由史上的一段佳话。

梅圣俞名尧臣,生在西历 1003,死在 1061。他的集中有《灵乌赋》。原是寄给范仲淹的,大意是劝他的朋友们不要多说话。赋中有这句子:

> 凤不时而鸣,

>   乌哑哑兮招唾骂于里间。
>   乌兮,事将乖而献忠,
>   人反谓尔多凶。……
>   胡不若凤之时鸣,
>   人不怪兮不惊!……
>   乌兮,尔可,
>   吾今语汝,庶或我(原作汝,似误)听。
>   结尔舌兮钤尔喙,
>   尔饮啄兮尔自遂,
>   同翱翔兮八九子,
>   勿噪啼兮勿睥睨,
>   往来城头无尔累。

这篇赋的见解、文辞都不高明。(圣俞后来不知因何事很怨恨范文正,又有《灵乌后赋》,说他"憎鸿鹄之不亲,爱燕雀之来附。既不我德,又反我怒。……远己不称,昵己则誉。"集中又有《谕乌诗》,说,"乌时来佐凤,署置且非良,咸用所附己,欲同助翱翔。"此下有一长段丑诋的话,好像也是骂范文正的。这似是圣俞传记里一件疑案;前人似没有注意到。)

范仲淹作《灵乌赋》,有自序说:

>   梅君圣俞作是赋,曾不我鄙,而寄以为好。因勉而和之,庶几感物之意同归而殊途矣。

因为这篇赋是中国古代哲人争自由的重要文献,所以我多摘抄几句:

>   灵乌,灵乌,
>   尔之为禽兮何不高飞而远翥?
>   何为号呼于人兮告吉凶而逢怒!
>   方将折尔翅而烹尔躯,
>   徒悔焉而亡路。
>   彼哑哑兮如愬,
>   请臆对而忍谕:
>   我有生兮累阴阳之含育,

1954 年
"宁鸣而死,不默而生"
九百年前范仲淹争自由的名言

几年前,有人问我,美国开国前期争自由的名言"不自由,毋宁死"(原文是 Patrick Henry 在 1775 年的"给我自由,否则给我死""Give me liberty, or give me death"),在中国有没有相似的话。我说,我记得是有的,但一时记不清是谁说的了。

我记得是在王应麟的《困学纪闻》里见过有这样一句话,但这几年我总没有机会去翻查《困学纪闻》。今年偶然买得一部影印元本的《困学纪闻》,昨天检得卷十七有这一条:

> 范文正《灵乌赋》曰:"宁鸣而死,不默而生。"其言可以立懦。

"宁鸣而死,不默而生",当时往往专指谏诤的自由,我们现在叫做言论自由。

范仲淹生在西历 989,死在 1052,他死了九百零三年了。他作《灵乌赋》答梅圣俞的《灵乌赋》,大概是在景祐三年(1036)他同欧阳修、余靖、尹洙诸人因言事被贬谪的时期。这比亨利柏得烈的"不自由,毋宁死"的话要早七百四十年。这也可以特别记出,作为中国争自由史上的一段佳话。

梅圣俞名尧臣,生在西历 1003,死在 1061。他的集中有《灵乌赋》。原是寄给范仲淹的,大意是劝他的朋友们不要多说话。赋中有这句子:

> 凤不时而鸣,

> 乌哑哑兮招唾骂于里间。
> 乌兮,事将乖而献忠,
> 人反谓尔多凶。……
> 胡不若凤之时鸣,
> 人不怪兮不惊!……
> 乌兮,尔可,
> 吾今语汝,庶或我(原作汝,似误)听。
> 结尔舌兮钤尔喙,
> 尔饮啄兮尔自遂,
> 同翱翔兮八九子,
> 勿噪啼兮勿睥睨,
> 往来城头无尔累。

这篇赋的见解、文辞都不高明。(圣俞后来不知因何事很怨恨范文正,又有《灵乌后赋》,说他"憎鸿鹄之不亲,爱燕雀之来附。既不我德,又反我怒。……远己不称,昵己则誉。"集中又有《谕乌诗》,说,"乌时来佐凤,署置且非良,咸用所附己,欲同助翱翔。"此下有一长段丑诋的话,好像也是骂范文正的。这似是圣俞传记里一件疑案;前人似没有注意到。)

范仲淹作《灵乌赋》,有自序说:

> 梅君圣俞作是赋,曾不我鄙,而寄以为好。因勉而和之,庶几感物之意同归而殊途矣。

因为这篇赋是中国古代哲人争自由的重要文献,所以我多摘抄几句:

> 灵乌,灵乌,
> 尔之为禽兮何不高飞而远翥?
> 何为号呼于人兮告吉凶而逢怒!
> 方将折尔翅而烹尔躯,
> 徒悔焉而亡路。
> 彼哑哑兮如愬,
> 请臆对而忍谕:
> 我有生兮累阴阳之含育,

我有质兮虑天地之覆露。
长慈母之危巢,
托主人之佳树。……
母之鞠兮孔艰,
主之仁兮则安。
度春风兮既成我以羽翰,
眷高柯兮欲去君而盘桓。
思报之意,厥声或异:
忧于未形,恐于未炽。
知我者谓吉之先,
不知我者谓凶之类。
故告之则反灾于身,
不告之则稔祸于人。
主恩或忘,我怀靡臧。
虽死而告,为凶之防。
亦由桑妖于庭,惧而修德,俾王之兴;
雉怪于鼎,惧而修德,俾王之盛。
天听甚迩,人言曷病!
彼希声之凤皇,
亦见讥于楚狂。
彼不世之麒麟,
亦见伤于鲁人。
凤岂以讥而不灵?
麟岂以伤而不仁?
故割而可卷,孰为神兵?
焚而可变,孰为英琼?
宁鸣而死,不默而生!
胡不学太仓之鼠兮,
何必仁为,丰食而肥?
仓苟竭兮,吾将安归!

> 又不学荒城之狐兮,
> 何必义为,深穴而威?
> 城苟圮兮,吾将畴依!
> ⋯⋯⋯⋯⋯⋯
> 我鸟也勤于母兮自天,
> 爱于主兮自天。
> 人有言兮是然。
> 人无言兮是然。

这是九百多年前一个中国政治家争取言论自由的宣言。

赋中"忧于未形,恐于未炽"两句,范公在十年后(1046),在他最后被贬谪之后一年,作《岳阳楼记》,充分发挥成他最有名的一段文字:

> 嗟夫,予尝求古仁人之心,⋯⋯不以物喜,不以己悲,居庙堂之高则忧其民,处江湖之远则忧其君,是进亦忧,退亦忧。然则何时而乐耶?其必曰"先天下之忧而忧,后天下之乐而乐"乎?噫,微斯人,吾谁与归?

当前此三年(1043)他同韩琦、富弼同在政府的时期,宋仁宗有手诏,要他们"尽心为国家诸事建明,不得顾忌"。范仲淹有《答手诏条陈十事》,引论里说:

> 我国家革五代之乱,富有四海,垂八十年。纲纪制度,日削月侵,官壅于下,民困于外,夷狄骄盛,寇盗横炽,不可不更张以救之。

这是他在那所谓"庆历盛世"的警告。那十事之中,有"精贡举"一事,他说

> ⋯⋯国家乃专以辞赋取进士,以墨义取诸科。士皆舍大方而趋小道。虽济济盈庭,求有才有识者,十无一二。况天下危困,乏人如此,将何以救?在乎教以经济之才,庶可以救其不逮。或谓救弊之术无乃后时?臣谓四海尚完,朝谋而夕行,庶乎可济。安得晏然不救、坐俟其乱哉?

这是在中原沦陷之前八十三年提出的警告。这就是范仲淹说的"忧

于未形,恐于未炽";这就是他说的"先天下之忧而忧"。

从中国向来智识分子的最开明的传统看,言论的自由,谏诤的自由,是一种"自天"的责任,所以说,"宁鸣而死,不默而生"。

从国家与政府的立场看,言论的自由可以以鼓励人人肯说"忧于未形,恐于未炽"的正论危言,来替代小人们天天歌功颂德、鼓吹升平的滥调。

纽约读书笔记

(原载 1955 年 4 月 1 日《自由中国》第 12 卷第 7 期)

1956 年
述艾森豪总统的两个故事给蒋总统祝寿

10月19日,我接到胡健中先生的电报,要我赶成一篇短文,依据蒋总统"婉辞祝寿,提示问题,虚怀纳言"的意思,"坦直发表意见"。因为时限太迫近了,我只能说两个故事,都是美国朋友近年告诉我的,都是关于美国现任总统艾森豪先生的故事。我很诚恳的把这两个很有政治哲学意味的故事献给蒋先生。

1956年10月21日
在美国加利福尼亚州立大学

故事一

艾森豪将军就任哥仑比亚大学校长之后,有一天,大学副校长来对他说:"大学里各部分的首长都想来见校长,谈谈他们的工作。可否让我替你安排一个日程,约他们分日来见你,每天可以见两三位,每人谈半个钟头,总够了罢?"艾校长赞成这个提议。副校长又说:"哥仑比亚大学的各学院的系主任太多了,你见不了那么多。我们可以约相关学科的联合部(Division)主任来谈。各学院的院长当然都要约的。"艾校长也赞成了。

过了几天,这个日程就开始了。艾校长每天接见两三位院长或联合学科部主任,他很耐心的听他们述职,有时也很虚心的问问他们各部门的需要。

他接见了十来位先生之后,打电话把副校长请来。艾校长说:

"照你那个日程,一共多少位先生是我必须接见的?"

副校长用铅笔在纸上计算了一下,他说,"一共有六十三位"。

艾森豪校长把两只手举向头上,喊道:"天呵!太多了!太多了!副校长先生,你知道我从前做同盟各国联军的统帅,那是人类有历史以来空前最大的军队,在那个时期,我只须接见三位受我直接指示的将领,——我完全信任这三个人。他们手下的将领,我从来不用过问,也从来不须我自己接见。想不到,我做一个大学校长,竟要接见六十三位主要首长!他们谈的,我大部分不很懂得,又不能不细心听他们说下去。我问的话,大概也不是中肯的话,他们对我客气,也不好意思不答我。我看这是糟塌了他们的宝贵时间,于学校实在没有多大好处!副校长先生,你定的那张日程,可不可完全豁免了呢?"

这个故事是前几年哥仑比亚大学一带盛行的故事。告诉我这个故事的朋友说,这是哥仑比亚"校区"(Campus)里传出来的一个含有讥笑艾校长的意味的故事。

故事二

艾森豪将军在1952年被选出做美国大总统,1953年就职。去年我在纽约听见我的朋友蒲立德先生谈艾总统的一个故事,我也记在这里。

有一天,艾总统正在高尔夫球场上打球,白宫里送来一件公事,是总统的"助理"(约等于"秘书长")亚丹士先生送来的,说有一个问题急须候总统批示可否。亚丹士先生拟了两个批稿子,一件是准备总统批示许可的,一件是准备他批示否决的。

艾森豪总统在球场上拆开公函,看了两件拟稿,他一时不能决断,就在两个拟批上都签了一句话,说,"请狄克替我挑一个罢"。他封好了。交来人带回白宫,他仍继续打他的高尔夫球(狄克Dick是副总统尼克森)。

蒲立德先生说,这是华盛顿传出来的一个讥笑艾总统的故事。

故事的后记①

这两个故事,据说都含有讥笑的意味。但我听了只觉得这两个故事都最可以表示艾森豪先生真有做一国元首的风度。做人类有史以来最大的军队的统帅,而能全权信任三个替他负全责的将领,不必接见第四个人,这是何等风度! 一个第一流的军人做了一个世界有名的大学的校长,而能自己承认没有专门的知识,愿意全权信任负责的首长,不敢轻易"糟塌了他们的宝贵光阴",这是何等风度! 做了世界第一强国的元首,遇着了自己一时不能决断的问题,能够自己不轻易下决断,"请狄克替我挑一个罢",这是何等风度!

中国古代的政治思想家也曾细细想过这个一国元首的风度的问题。我曾指出《吕氏春秋》对于这个问题曾提出很值得政治家思考的说法,一国的元首要努力做到"三无",就是要"无智,无能,无为":"无智,故能使众智也。无能,故能使众能也。无为,故能使众为也。"《吕览》说,这叫做"用非其有,如己有之"。这是最明智的政治哲学。

我们的总统蒋先生是终身为国家勤劳的爱国者。我在二十五年前第一次写信给他,就劝他不可多管细事,不可躬亲庶务。民国二十二年,我在武汉第一次见他时,就留下我的一册《淮南王书》,托人送给他,盼望他能够想想《淮南·主术训》里的主要思想,就是说,做一国元首的法子是"重为善,若重为暴"。"重"是"不轻易"。要能够自己绝对节制自己,不轻易做一件好事,正如同不轻易做一件坏事一

---

① 编者注:这篇文章同时刊载于台北《中央日报》,但是在《中央日报》上,"故事的后记"里第一段"这两个故事……这是何等风度!"二百三十四个字,却变成:
"我觉得这两个故事,颇能描写一种领袖风度,故值得传述。"
这点异动的原委,乃是因为胡适怕《中央日报》有所顾忌,乃分寄此文给《自由中国》,告诉《自由中国》的编者,在征得《中央日报》同意的前提下,可以发表。
后来胡适又觉得"故事的后记"中的第一段,可能会引起美国民主党的误会而认为他在帮共和党的忙,所以打电报来更正,但是《自由中国》已在10月31日出版,于是两种版本就出现了。

样,这才是守法守宪的领袖。

二十多年的光阴轻轻的飞去了。蒋先生今年七十岁了,我也六十六了。我在今天要贡献给蒋先生的话,还只是《淮南王书》里说的"积力之所举,则无不胜(平声)也。众智之所为,则无不成也"。要救今日的国家,必须要努力做到"乘众势以为车,御众智以为马"。

怎样才能够"乘众势以为车,御众智以为马"呢?我想来想去,还只能奉劝蒋先生要彻底想想"无智,无能,无为"的六字诀。我们宪法里的总统制本来是一种没有行政实权的总统制,蒋先生还有近四年的任期,何不从现在起,试试古代哲人说的"无智,无能,无为"的六字诀,努力做一个无智而能"御众智",无能无为而能"乘众势"的元首呢?

(原载1956年10月31日《自由中国》第15卷第9期)

1959 年
容忍与自由

十七八年前,我最后一次会见我的母校康耐儿大学的史学大师布尔先生(George Lincoln Burr)。我们谈到英国史学大师阿克顿(Lord Acton)一生准备要著作一部《自由之史》,没有写成他就死了。布尔先生那天谈话很多,有一句话我至今没有忘记。他说,"我年纪越大,越感觉到容忍(tolerance)比自由更重要"。

布尔先生死了十多年了,他这句话我越想越觉得是一句不可磨灭的格言。我自己也有"年纪越大,越觉得容忍比自由还更重要"的感想。有时我竟觉得容忍是一切自由的根本:没有容忍,就没有自由。

我十七岁的时候(1908)曾在《竞业旬报》上发表几条《无鬼丛话》,其中有一条是痛骂小说《西游记》和《封神榜》的,我说:

> 《王制》有之:"假于鬼神时日卜筮以疑众,杀。"吾独怪夫数千年来之排治权者,之以济世明道自期者,乃懵然不之注意,惑世诬民之学说得以大行,遂举我神州民族投诸极黑暗之世界!

这是一个小孩子很不容忍的"卫道"态度。我在那时候已是一个无鬼论者、无神论者,所以发出那种摧除迷信的狂论,要实行《王制》(《礼记》的一篇)的"假于鬼神时日卜筮以疑众,杀"的一条经典!

我在那时候当然没有梦想到说这话的小孩子在十五年后(1923)会很热心的给《西游记》作两万字的考证!我在那时候当然更没有想到那个小孩子在二、三十年后还时时留心搜求可以考证《封神榜》的作者的材料!我在那时候也完全没有想想《王制》那句

话的历史意义。那一段《王制》的全文是这样的:

> 析言破律,乱名改作,执左道以乱政,杀。作淫声异服奇技奇器以疑众,杀。行伪而坚,言伪而辩,学非而博,顺非而泽以疑众,杀。假于鬼神时日卜筮以疑众,杀。此四诛者,不以听。

我在五十年前,完全没有懂得这一段话的"诛"正是中国专制政体之下禁止新思想、新学术、新信仰、新艺术的经典的根据。我在那时候抱着"破除迷信"的热心,所以拥护那"四诛"之中的第四诛:"假于鬼神时日卜筮以疑众,杀。"我当时完全没有想到第四诛的"假于鬼神……以疑众"和第一诛的"执左道以乱政"的两条罪名都可以用来摧残宗教信仰的自由。我当时也完全没有注意到郑玄注里用了公输般作"奇技异器"的例子;更没有注意到孔颖达《正义》里举了"孔子为鲁司寇七日而诛少正卯"的例子来解释"行伪而坚,言伪而辩,学非而博,顺非而泽以疑众,杀"。故第二诛可以用来禁绝艺术创作的自由,也可以用来"杀"许多发明"奇技异器"的科学家。故第三诛可以用来摧残思想的自由,言论的自由,著作出版的自由。

我在五十年前引用《王制》第四诛,要"杀"《西游记》《封神榜》的作者。那时候我当然没有梦想到十年之后我在北京大学教书时就有一些同样"卫道"的正人君子也想引用《王制》的第三诛,要"杀"我和我的朋友们。当年我要"杀"人,后来人要"杀"我,动机是一样的:都只因为动了一点正义的火气,就都失掉容忍的度量了。

我自己叙述五十年前主张"假于鬼神时日卜筮以疑众,杀"的故事,为的是要说明我年纪越大,越觉得"容忍"比"自由"还更重要。

我到今天还是一个无神论者,我不信有一个有意志的神,我也不信灵魂不朽的说法。但我的无神论和共产党的无神论有一点最根本的不同。我能够容忍一切信仰有神的宗教,也能够容忍一切诚心信仰宗教的人。共产党自己主张无神论,就要消灭一切有神的信仰,要禁绝一切信仰有神的宗教,——这就是我五十年前幼稚而又狂妄的不容忍的态度了。

我自己总觉得,这个国家、这个社会、这个世界,绝大多数人是信神的,居然能有这雅量,能容忍我的无神论,能容忍我这个不信神也不信灵魂不灭的人,能容忍我在国内和国外自由发表我的无神论的思想,从没有人因此用石头掷我,把我关在监狱里,或把我捆在柴堆上用火烧死。我在这个世界里居然享受了四十多年的容忍与自由。我觉得这个国家、这个社会、这个世界对我的容忍度量是可爱的,是可以感激的。

所以我自己总觉得我应该用容忍的态度来报答社会对我的容忍。所以我自己不信神,但我能诚心的谅解一切信神的人,也能诚心的容忍并且敬重一切信仰有神的宗教。

我要用容忍的态度来报答社会对我的容忍,因为我年纪越大,我越觉得容忍的重要意义。若社会没有这点容忍的气度,我决不能享受四十多年大胆怀疑的自由,公开主张无神论的自由了。

在宗教自由史上,在思想自由史上,在政治自由史上,我们都可以看见容忍的态度是最难得,最稀有的态度。人类的习惯总是喜同而恶异的,总不喜欢和自己不同的信仰、思想、行为。这就是不容忍的根源。不容忍只是不能容忍和我自己不同的新思想和新信仰。一个宗教团体总相信自己的宗教信仰是对的,是不会错的,所以它总相信那些和自己不同的宗教信仰必定是错的,必定是异端,邪教。一个政治团体总相信自己的政治主张是对的,是不会错的,所以它总相信那些和自己不同的政治见解必定是错的,必定是敌人。

一切对异端的迫害,一切对"异己"的摧残,一切宗教自由的禁止,一切思想言论的被压迫,都由于这一点深信自己是不会错的心理。因为深信自己是不会错的,所以不能容忍任何和自己不同的思想信仰了。

试看欧洲的宗教革新运动的历史。马丁路德(Martin Luther)和约翰高尔文(John Calvin)等人起来革新宗教,本来是因为他们不满意于罗马旧教的种种不容忍,种种不自由。但是新教在中欧北欧胜利之后,新教的领袖们又都渐渐走上了不容忍的路上去,也不容许别人起来批评他们的新教条了。高尔文在日内瓦掌握了宗教大权,居然会把一个敢独立思想,敢批评高尔文的教条的学者塞维图斯(Servetus)定了"异端邪说"的罪名,把他用铁链锁在木桩上,堆起柴来,慢慢的活烧死。这是 1553 年 10 月 23 日的事。

这个殉道者塞维图斯的惨史,最值得人们的追念和反省。宗教革新运动原来的目标是要争取"基督教的人的自由"和"良心的自由"。何以高尔文和他的信徒们居然会把一位独立思想的新教徒用慢慢的火烧死呢?何以高尔文的门徒(后来继任高尔文为日内瓦的宗教独裁者)柏时(de Beze)竟会宣言"良心的自由是魔鬼的教条"呢?

基本的原因还是那一点深信我自己是"不会错的"的心理。像高尔文那样虔诚的宗教改革家,他自己深信他的良心确是代表上帝的命令,他的口和他的笔确是代表上帝的意志,那末他的意见还会错吗?他还有错误的可能吗?在塞维图斯被烧死之后,高尔文曾受到不少人的批评。1554 年,高尔文发表一篇文字为他自己辩护,他毫不迟疑的说,"严厉惩治邪说者的权威是无可疑的,因为这就是上帝自己说话。……这工作是为上帝的光荣战斗。"

上帝自己说话,还会错吗?为上帝的光荣作战,还会错吗?这一点"我不会错"的心理,就是一切不容忍的根苗。深信我自己的信念没有错误的可能(infallible),我的意见就是"正义",反对我的人当然都是"邪说"了。我的意见代表上帝的意旨,反对我的人的意见当然都是"魔鬼的教条"了。

这是宗教自由史给我们的教训:容忍是一切自由的根本;没有容忍"异己"的雅量,就不会承认"异己"的宗教信仰可以享自由。但因为不容忍的态度是基于"我的信念不会错"的心理习惯,所以容忍"异己"是最难得,最不容易养成的雅量。

在政治思想上,在社会问题的讨论上,我们同样的感觉到不容忍是常见的,而容忍总是很稀有的,我试举一个死了的老朋友的故事作例子。四十多年前,我们在《新青年》杂志上开始提倡白话文学的运动,我曾从美国寄信给陈独秀,我说:

此事之是非,非一朝一夕所能定,亦非一二人所能定。甚愿

> 国中人士能平心静气与吾辈同力研究此问题。讨论既熟,是非自明。吾辈已张革命之旗,虽不容退缩,然亦决不敢以吾辈所主张为必是而不容他人之匡正也。

独秀在《新青年》上答我道:

> 鄙意容纳异议,自由讨论,固为学术发达之原则,独于改良中国文学当以白话为正宗之说,其是非甚明,必不容反对者有讨论之余地;必以吾辈所主张者为绝对之是,而不容他人之匡正也。

我当时看了就觉得这是很武断的态度。现在在四十多年之后,我还忘不了独秀这一句话,我还觉得这种"必以吾辈所主张者为绝对之是"的态度是很不容忍的态度,是最容易引起别人的恶感,是最容易引起反对的。

我曾说过,我应该用容忍的态度来报答社会对我的容忍。我现在常常想我们还得戒律自己:我们若想别人容忍谅解我们的见解,我们必须先养成能够容忍谅解别人的见解的度量。至少至少我们应该戒约自己决不可"以吾辈所主张者为绝对之是"。我们受过实验主义的训练的人,本来就不承认有"绝对之是",更不可以"以吾辈所主张者为绝对之是"。

四八、三、十二晨

(原载 1959 年 3 月 16 日台北《自由中国》第 20 卷第 6 期)

1960年
读程天放先生的《美国论》后记

　　我的朋友程天放先生新著的《美国论》是一百多年来中国学人写的介绍美国、说明美国、了解美国的一部最好的书。

　　程先生在自序里说他在四十七年(1958)四月开始写这本书,整整写了二十个月,到四十八年(1959)十二月中旬方脱稿。《美国论》是三十万字的大书,因为作者前两年(1955—57)在美国讲学时已开始收集资料了,又因为他写作很勤快,所以能在二十个月里写成这部大书。

　　这部书我曾从头读了两遍,我觉得有几点是值得特别指出的。第一,我很佩服作者搜集资料的勤劳,运用资料的谨慎。这书里用的统计资料,绝大部分是最近两三年里发表的最新材料。例如二五六页提到的国债限额,是去年九月初的数字;二五二页提到的七百七十亿美元的国家预算,也是去年提出的1960年会计年度(即是本年度)的预算;二五三页提到的就业人数六千五百六十四万,失业人数三百六十七万,都是去年十一月底的数字,可以说是这本书脱稿前几天的最新数字了。

　　第二,我很佩服天放先生在这本书里用的历史叙述方法。他这本书是一本很好的美国史教本,比一些形式的历史教科书更可读,更有用。他先写一个"得天独厚的国家"(第一章),一个"正在成长的民族"(第二章),一个"三权鼎立的联邦制度"(第六章),这就是美国历史的基本知识。我们继续读他的"政党制度下的民主政治"(第七、八章),"高度繁荣的经济"(第十章),"资本主义下的劳工神圣"(第十一章),"从孤立到领导世界"(第三章),"普及全民的教育"(第十二章),"无远弗届的新闻事业"(第十四章),最后我们回头读他用气力写的两章"反共和反战"(第四、五章):这就是一部很生动,很有趣味,又很有意义的美国历史了。他在每一章里,大致都依照历史发展的层次,叙述各种制度的演变,分开来看,每章是美国社会的一个方面的专史。合起来看,全本书是一部美国史。

第三,我特别敬重天放先生在全书里明白表现出他对美国民族与美国文化的同情热心。他在自序里曾说:我在这本书里描写的美国,……它有许多优点值得别的国家效法,可是它也有不少缺点需要改进。我对于美国的优点,充分地介绍给中国人,自信没有溢美;对于它的缺点,也豪不掩饰地叙述。……

话虽这样说,他对美国的同情心究竟远大过他的批评态度,所以这本书的绝大部分是用很热的同情心写的。我们试看作者在第二章里特别指出"美国人的特质"四点:第一是"拓荒者的精神"(Prioneer spirits),第二是喜欢独立而不愿意倚赖他人,第三是乐观进取的精神,第四是好新奇,喜变动。他在第十七章里又特别指出"美国的生活方式"和欧洲人或亚洲人比较,有若干重要的区别:第一,美国生产事业发达,农产品工业品都非常丰富,所以美国人民物质生活的享用在欧洲人之上,更远在亚洲人之上。第二,美国的生活方式最讲究效率,希望用最少的人力,最短的时间,收到最大的效果。这也是欧亚国家没有做到的。第三,美国人的生活最近于西奥图罗斯福总统提倡的"奋斗生活"(the strenuous life),很紧张,很忙碌,"而不肯让他们生命中的时间白白费掉"。这一点是和欧洲亚洲的老民族"以闲散不做事为享福的观念"最不同的。第四,美国人一切主张独立,同时也最爱合群,"美国合群生活的发达也超过欧洲亚洲的国家"。

这都是最富于同情心的赞美词了,到了最后一章"美国文明的评价",天放先生又特别提出美国的思想和制度"在整个人类文明史上有四种重大的成就"。这四种重大的成就是:第一是进步的人生观。"美国人自殖民(地)时代就承认追求快乐是人类一种基本权利,所谓快乐包括精神方面的发展和物质方面的享受。……他们对于一切学问,一切制度,一切技术,一切生活方式,都是不断的要求改良,要求进步,决不以现状为满足。""这种进步的人生观,对世界上落后国家是一针强心剂,打下去可以起死回生的。"(页四八四)第二是在美国的社会里,个人的聪明才智能够尽量发展。"美国是一个新的国家,有新的环境,加上优越的物质条件,和美国人平等观念与劳工神圣观念,使得每一个人不论在政治,社会,科学,艺术,或工商业方面,都有充分发展他聪明才智的机会。我们不能讲美国百分之百的做到了人尽其才,至少已经做到了百分的八九十。"(页四九一)第三是"民主政治大规模试验"的成功。在这一长段(页四九一——四九七)里,作者指出全世界现在只有十二个国家是"有百年以上民主政治的历史,养成了坚强的习惯,奠定了稳固的基础,……经过了长期试验,而证明民主政治推行顺利的"。在这十二个国家之中,美国的人口特别多(比英国大三倍半,比加拿大大十倍多),美国人的种族问题又非常复杂,所以"美国民主政治的顺利进行,实在是很大的成就"。第四,"美国文明第四个大成就是,以爱好和平的人民,而能建立世界上军力最强的国家,等到成为最强的国家之后,依然能保持爱好和平的心理,不走上侵略的道路"(页四九七,又看页五〇一——五〇二)。"因为美国人爱好和平,厌恶战争,所以美国不会走上侵略的道路,不但过去不曾走,将来也不会走。惟其如此,美国庞大的力量才成为自由民主的保障,是世界的福而不是世界的祸。"(页五〇二——五〇三)

我相信,这都是天放先生诚心相信的话,都是他从多年的观察和成熟的思考得来的结论。我也知道,在这个年头,肯说这样赞扬美国的话,敢说这样坦白的歌颂美国文明的话,都不是容易的事,都需要坚强的信心与智识上的忠实。所以天放先生在这本书里坦白表现他对美国的同情热心,是值得我们诚心敬重的。

在一部三十万字的大书里,要找出一些小错误,当然不是很难的事。朋友们发现错误,可以随时报告作者,使这本书重版时可以修正。我在这里，只想指出这本《美国论》似乎忽略了两个方面，似乎将来应该补叙。第一，我觉得天放先生应该有一章专讲美国人的宗教。北美洲的英国殖民地，其中多数殖民地可以说是争取宗教信仰自由的人创立的。从 1620 年"五月之花"船上的新教徒起，到巴尔提摩勋爵（Lord Baltimore）为天主教徒建立玛丽兰，到那位个性最强的罗杰维廉士（Roger Williams）建立自由民主的罗岛，到十七世纪后期奎克会（贵格会）友建立纽泽西及宾雪文尼亚两个奎克会殖民地——新大陆上这些英国殖民地多少都含有宗教自由的乐土的历史意义。独立建国之后，新宪法的第一条修正案就明文规定，国会不得立法建立宗教，也不得立法禁约宗教的自由。这条宪法修正案是所谓"人民权利清单"（Bill of Rights）的一个重要部分，一百七十年来至今继续有效。美国是宗教派别最多，演变最繁，信仰最自由的国家。无论在乡村，在都市，宗教的势力，宗教的影响，都是很深厚的。所以我觉得在一部《美国论》里似乎不应该没有专讨论美国人的宗教的一章罢？

第二，这本书里有"严重的罪浪"一章，而没有叙述美国的司法制度的专章，似乎也是一个严重的缺陷。"严重的罪浪"一章里，作者用十八页的篇幅来描写"罪浪"，解释"罪浪"，最后方用一页（三九八——三九九）的篇幅来报告读者："我们决不可因此而误认美国社会是一个秩序混乱的社会，美国人民都是违法犯罪的人。相反地，大多数的美国人都是尊重法律而自动地守法的。"我觉得这一章在全书里是最缺乏平衡的一章。天放先生在此章的开篇引了吴稚晖先生说的"善进恶亦进"一句话，认为"真是至理名言"，我觉得那也是太悲观的看法。这种看法和作者在全书里热心歌颂的"进步的人生观"是根本不相容的。如果三五件或三五十件"骇人听闻"的犯罪例子就可以"充分证明'善进恶亦进'的真实性"，那么，进步的人生观就不值得歌颂了。所以我觉得"严重的罪浪"一章是很容易使读者误解的，是大可以删去的。我也觉得，作者应该补写一章记载美国的司法制度，特别叙述陪审制度，人身保护状（habeas corpus），证据法的发达，司法权的真正独立，律师在社会各方面的重要地位，等等,——这样的一章"美国人的司法制度与守法精神"似乎是《美国论》不应该没有的罢?天放先生以为如何?

胡适　1960,4,16夜,在南港

(原载1960年4月26日台北《中央日报·学人》第162期。又收入程天放著:《美国论》修正版,台北正中书局1960年4月出版)